대승기신론 소·별기 상

大乘起信論疏別記 上

원효학 토대연구소
원효전서 번역총서 02

대승기신론 소 · 별기 상
大乘起信論疏別記 上

-

초판 인쇄 2019년 12월 23일
초판 발행 2019년 12월 30일

-

주저자 박태원
발행인 이방원
편　집 정우경 · 김명희 · 안효희 · 윤원진 · 정조연 · 송원빈 · 최선희
디자인 손경화 · 박혜옥 · 양혜진　**영 업** 최성수　**마케팅** 이미선

-

발행처 세창출판사
　　　　신고번호 제300-1990-63호
　　　　주소 03735 서울시 서대문구 경기대로 88 냉천빌딩 4층
　　　　전화 02-723-8660 팩스 02-720-4579
　　　　이메일 edit@sechangpub.co.kr 홈페이지 www.sechangpub.co.kr

-

ISBN 978-89-8411-925-3 94150
　　　978-89-8411-815-7(세트)

_ 이 도서의 국립중앙도서관 출판예정도서목록(CIP)은 서지정보유통지원시스템 홈페이지(http://seoji.nl.go.kr)와
　국가자료공동목록시스템(http://www.nl.go.kr/kolisnet)에서 이용하실 수 있습니다.(CIP제어번호: CIP2019053200)
_ 이 저서는 2015년 정부(교육부)의 재원으로 한국연구재단의 지원을 받아 수행된 연구임
　(NRF-2015S1A5B4A01036232)

원효학 토대연구소

원효전서 번역총서 02

대승기신론 소·별기 상

大乘起信論疏別記 上

'모두 탈 수 있는 큰 수레와 같은 진리에 대해 믿음을 일으키게 하는 이론'(『大乘起信論』)에 대한

원효의 해석(疏)과 연구초록(別記)

원효학 토대연구소 번역

주저자 박태원

세창출판사

박태원

(책임연구자, 울산대학교 원효학 토대연구소 소장)

대학생 때 『기신론소』를 읽으면서 처음 원효(617-686)와 만났다. 대학원 시절에는 원효전서 전체를 원전으로 일람一覽하였다. 박사학위 논문에도 원효를 담았다. 그리고 보니 원효와의 인연이 거의 35년이다.

인간과 세상의 향상진화에 기여할 수 있는 '보편 성찰에 관한 탐구'를 '보편학'이라 불러 본다면, 원효는 한국학・한국철학을 보편인문학으로 승격시키는 데 결정적 가교가 될 수 있는 인물이다. 이런 인물을 탐구한 성취에 기대어 새로운 한국철학・인문학을 수립해 보는 것이 언제부턴가 품게 된 학문적 의지이다. 그리고 이 의지를 구현하기 위해 지성공동체의 협업을 펼쳐 보고 싶은 의욕이 나날이 뜨거워진다.

원효 관련 글을 쓸수록 숙제 하나가 뚜렷해졌다. 원효 저서들을 다시 정밀하게 음미하는 동시에 전체를 번역해 보아야겠다는 생각이 간절하였지만 차일피일 미루고 있었다. 더 이상 미루지 못하게 자신을 압박하는 어떤 계기가 필요했다. 2015년에 한국연구재단 토대연구사업으로 '원효전서 번역'을 수행하기로 함으로써 그 계기가 마련되었다. 전체는 아닐지라도 이미 원효저술의 상당 부분이 번역되어 있고, 『기신론 소・별기』 같은 저술은 다수의 번역이 나와 있다. 저술 일부는 영역英譯도 되어 있다. 그래서 〈이런 상황에서 굳이 원효전서를 다시 번역할 필요가 있는가?〉라는 질문을 자주 접하였다. 나의 대답은 〈반드시 다시 번역해야 한다〉는 것이었다. 학인의 길을 걷는 내내, 기존 번역들의 번역양식과 내용에 대해 비판의식을 갖고 새로운 대안적 번역양식에 대해 지속적으로 궁리해 왔기 때문이었다. 원효전서 번역을 통해 원효학 수립의 든든한 초석을 놓고 싶은 의욕도 소신의 근거였다.

어떤 인물과 그의 사상에 대한 탐구가 '학學(Science)'의 자격을 갖추려면 다층적이고 다원적인 탐구와 독법이 결합되어 하나의 학적 체계를 구성할 수 있어야 한다. 그리고 한반도 지성사에서 '학學'의 대상이 될 수 있는 인물들 가운데서도 원효는 단연 돋보인다. 그런데 '원효학'이라 부를 만한 내용은 아직 그 토대나 내용이 많이 취약하다. 무엇보다 원효저술 전체가 제대로 번역되지 않고 있다는 점이 결정적 원인이다.

새로운 번역양식의 시도

가. 현토형 번역과 해석학적 번역

한문으로 저술한 원효의 글을 읽으면서 번역과 관련하여 품게 된 생각 두 가지가 있다. 하나는, 원문에 대한 자신의 이해를 분명하게 확인하려면 무엇보다도 번역을 해 보는 것이 최고라는 생각이다. 다른 하나는, 현재 통용되고 있는 '한문고전 번역양식'에 대한 방법론적 회의이다.

한문 저술을 원문대로 읽을 때는 원문 특유의 감각을 생생하게 직접 대면할 수 있다는 점이 가장 큰 장점이다. 그러나 원효 저술처럼 고도의 철학적 내용을 담은 글을 읽을 때는 심각한 난제에 봉착한다. 한문이 지니는 어문학적 특징은 철학적 사유의 표현과 전달에 심각한 문제를 발생시키기 때문이다. 한자어는 같은 용어라도 개념의 범주가 넓고 중층적 의미를 담아낸다. 또 한문 문장은 단어와 단어, 구절과 구절, 문장과 문장의 관계를 확인시키는 접속어가 풍부하지도 않고 정밀하지도 않다. 그래서 작자의 의중을 문장에 정밀하게 담아내는 일에, 또한 독자가 필자의 의중에 명확하게 접근하는 일에 많은 장애를 겪게 한다. 무릇 철학적 사유를 글에 담고 또 읽어 내려면, 가급적 개념을 명확히 제한할 수 있는 언어, 문장의 의미를 정확하게 표현할 수 있는 규칙을 정밀하게 구사할 수 있는 언어가 요구된다. 그런 점에서 고전한문을 철학적 사유의 그릇으로 사용하기에는 매우 불편하다.

  문장을 구성하는 요소들 상호간의 관계나 문장 안에서의 역할을 결정해 주는 격변화 법칙이 문장에 정밀하게 적용되는 문어文語, 단어의 개념범주가 분명한 언어는 번역작업을 용이하게 해 준다. 독일어처럼 격변화 법칙이 정밀하고 일관성 있게 반영되는 언어는 철학적 사유를 표현하거나 읽고 이해하는 데 매우 편리하다. 팔리어나 산스크리트어도 격변화 법칙이 분명하고 개념의 범주가 분명하기 때문에 문장 번역이나 이해에서 편차가 줄어든다. 이에 비해 고전한문에는 단어의 격변화 법칙이 없다. 한자어 하나가 어미변화 없이 다양한 품사로 구사된다. 그나마 문장 구성요소들의 관계를 파악하는 데 도움이 되는 허사虛辭들도 소략하다. 정밀하지도 않고 풍부하지도 않다. 그래서 단어들 사이의 관계나 문장 내에서의 역할을 결정하는 일에서 감당해야 할 독자讀者나 번역자의 몫이 너무 크다. 게다가 단어의 개념범주는 넓고도 다층적이다. 사정이 이렇다 보니 한문 해독력이나 문장 구사력을 확보하기 위해서는 다양한 문형들을 거듭 익히는 것이 전통 학습법이 되었다. '백번 읽다 보면 뜻이 저절로 드러난다'(讀書百遍義自見)는 말도 고전한문의 특성과 무관하지 않다.

  원효 시대의 한국어, 특히 구어의 내용이 어떤 것이었는지 정확하게 확인하기는 어렵지만, 현재를 기준 삼아 볼 때 한국어는 접속어나 수사법의 정밀성이나 풍부함이 어디에 내놓아도 손색이 없는 수준이다. 한자어를 포섭하면서 구사되는 현재의 한국어는, 기록과 수사修辭는 물론 철학적 사유의 그릇으로 정말 탁월하다. 그래서 나는 한국어의 주체로 살아가는 것을 크나큰 행복으로 여긴다. 원효 시절의 한국어가 지금처럼 정밀하고 풍요로웠는지는 알 수 없으나, 한문이 한국어의 구어적 정밀성과 풍요로움을 담아내기에는 턱없이 부족했을 것이라 생각한다. 원효는 자신의 정교하고 다층적인 사유를 한자와 한문에 담아내는 데 매우 불편했을 것이다. 그러나 어쩔 수 없이 한문을 문어文語로 사용해야만 하는 시절이었다.

원효의 입장에서 볼 때, 다양한 의미일지라도 어쩔 수 없이 동일한 한자어를 쓸 수밖에 없는 경우가 허다했을 것이다. '불변의 본질', '본연', '특성', '면모' 등의 상이한 의미를 '성性'이라는 한 용어에 담아야 했고, '불변·독자의 실체 없음'과 '헛됨'도 모두 '공空'에 담아야 했으며, '실체 관념', '특징', '양상', '능력', '모습', '차이'라는 다양한 의미도 '상相'이라는 한 용어에 담아야 했다. 또 '가르침', '진리', '방법', '객관세계', '도리', '대상', '바탕', '존재', '온갖 것', '현상' 등의 의미도 모두 법法이라는 말에 담아야 했다. 이런 사례가 부지기수이다. 문장이 전하는 뜻을 결정짓는 핵심개념의 거의 전부가 이런 사정에 노출되어 있다. 게다가 단어와 단어, 구절과 구절, 문장과 문장의 관계를 이어 주는 접속어가 정교하지 않은 탓에, 순접과 역접뿐 아니라 미세하고 중요한 관계의 차이들을 한문 문장으로는 명확히 구현할 수가 없었다. 그의 사유가 보여 주는 극미세한 분석적 정밀성과 다층·다면적 입체성으로 볼 때, 그의 사유와 한문의 관계에는 심각한 불화가 있었을 것이지만 다른 방법도 없었다.

원효 저술뿐 아니라 한문으로 저술된 고전들, 특히 철학적 내용을 담은 고전들에 대한 번역은, 이런 난제들을 얼마나 잘 해결했는가에 따라 번역물의 수준이 결정된다. 그런데 한문고전에 대한 기존의 한글번역본은 과연 이런 난제들을 얼마나 해결하고 있을까? 아니, 번역자나 학인들은 이러한 문제를 해결과제로 인식하고는 있는 것일까? 필자의 생각으로는 회의적이다. 문제의식 자체가 결여되어 있는 것으로 보인다. 그래서 해결의지도 약하고, 해결하려는 시도도 만나기 어렵다.

기존의 원효저서 한글번역본들은 일종의 '현토懸吐형 번역'이다. 원전의 한문용어를 대부분 그대로 채택하면서 최소한의 접속어를 부가하여 한글

문장으로 전환시키고 있다. 현토가 전통한문에 결핍되어 있는 정밀한 조사나 어미, 접속사를 최소한의 방식으로 보완하여 의미파악의 보조수단으로 삼는 수단이었다면, 근대 이후의 한글번역은 현토라는 최소한의 역할을 한글로 보완한 형태라 할 수 있다. 그런 점에서 선행 번역들은 '현토형 번역' 혹은 '전통형 번역'이라 부를 수 있다.

현토형 번역은 원전의 어문적 구성요소들을 가급적 원형 그대로 번역문에 반영한다는 점에서, 의미의 변형이나 훼손을 최소화할 수 있는 번역양식으로 간주되곤 한다. 그래서 원효 저술 번역의 경우, 예컨대 성性·상相·체體·법法이나 이런 개념들과 결합한 복합어를 모두 원전표현 그대로 사용하는 것이 의미훼손을 막을 수 있다고 주장하면서 그대로 번역어로 채택한다. 그러나 같은 용어라도 맥락에 따라서는 상반되거나 다른 의미로 사용되고 있기 때문에, 번역자는 자신의 관점에 따라 그 의미를 결정하여 번역어에 반영하는 것이 원칙이다. 특히 문학이나 비문학, 역사서뿐만 아니라 철학적 문헌인 경우에도 반드시 그렇게 해야 한다. '모든 번역은 해석이다'는 말은 한문으로 된 철학적 문헌, 특히 원효 저술의 경우에도 고스란히 유효하다. 번역자의 관점에 따라 의미를 선택하고 내용을 명확하게 하는 방식으로 번역해 보면, 원문에 대한 번역자의 이해가 타인뿐 아니라 자신에게도 분명해진다. '원문에 대한 자신의 이해를 분명하게 확인하려면 무엇보다도 원전을 읽지 않은 사람, 읽을 수 없는 사람을 고려한 번역을 해 보는 것이 최고'라고 생각하는 이유이다.

그러나 현실의 풍경은 많이 다르다. '풍부한 원어의 의미를 제한하면 안 된다', '심오한 뜻을 훼손시키지 않아야 한다'는 등의 논리를 앞세워 가급적 원전표현을 그대로 사용하려는 태도가 일반화되어 있다. 단순개념이든 복합개념이든 원문용어 그대로 가져와 한글 문장을 만들고 있다. 그런 번역에서는 문장을 구성하는 '용어들의 맥락적 의미'와 '문장의 의미'를 읽어내는 역자의 관점 및 이해가 드러나기 어렵다. 번역자나 독자 모두 문장의 의미에 접근하기 어렵다. 특히 독자는, '읽을 수는 있으나 뜻을 알기 어려운 현토형 한글문장' 앞에서 고개를 젓는다.

　문장의 의미파악을 현토懸吐적 번역으로 처리하는 현토형 번역양식을 채택하는 것은 번역자에게는 매우 유리하고 독자에게는 극히 불리하다. 원전용어의 현토형 배열에는 역자의 이해 수준을 숨길 공간이 넉넉하여, 역자에게는 편할지 몰라도 독자에게는 불편하고, 학문적 기여도는 제한된다. 현토형 번역물들 사이의 비교평가는 그저 한문해석의 어문학적 타당성이나 현토의 차이를 기준 삼아 행할 수 있을 뿐인데, 그런 평가는 너무 엉성하다.

　한문고전의 현토형 번역물을 영어번역과 비교해 보면 현토형 번역의 문제점이 분명히 드러난다. 영어번역은 아무리 단순한 개념을 담은 용어라도 원전표현을 그대로 사용할 수가 없다. 영어에는 한자어가 없기 때문이다. 그래서 번역자가 선택한 해당 용어의 의미를 일일이 영어로 기술해야 한다. 한문을 영어로 옮기려면 모든 용어와 문장에 대한 번역자의 이해를 고스란히 번역문에 반영해야 한다. 따라서 영역본을 읽으면 뜻이 분명하고 이해하기가 쉽다. 원문에 대한 의미파악이 얼마나 정확한지, 얼마나 좋은 번역인지는, 여러 번역본들을 비교하고 평가하는 담론과정에서 결정하면 된다. 달리 말해, 영역은 번역자의 이해가 분명히 드러나므로 차이의 확인과 평가가 용이하다. 그리하여 다른 이해를 반영한 다른 번역이나 더 좋은 번역이 등장하기 쉽다. 영역을 비롯한 외국어 번역본에서는 동일 고전에 대한 새로운 번역이 계속 이어지고, 또 그런 현상을 당연하게 여기는 이유가 여기에 있다. 동일 문헌에 대한 다양한 번역을 통해 번역의 자기진화가 가능하다. 현토형 한글번역과 영역은 모든 점에서 극명하게 대비된다. 이 차이가 무엇을 의미하는지 주목해야 한다.

　전통/현토형 번역의 유용성은 제한된 소수자들만의 협소한 공간에 유폐된다. 전문가를 자처하는 소수자들 사이에서만 유통되고 재생산되는 번역은 폐쇄적 공간에 머물기 마련이다. 학문적 기여가 제한되고, 현재어와의 소통성 부재로 인해 다양한 언어지형들과 상호작용하기가 어려우며, 의미

가독성이 떨어져 연구자들과 대중지성들의 갈증을 채워 줄 수가 없기 때문이다. 그럼에도 불구하고 한국에서의 동아시아 한문고전 번역, 특히 철학/사상 관련 고전들의 번역에서는 아직도 이러한 폐쇄적 방식이 일반형으로 유통되고 있다.

고전한문으로 기술된 철학적 문헌은 관점과 이해한 내용에 따라 번역물 수준의 편차가 특히 심하다. 원효저서의 번역에는 이런 문제가 고스란히 노출된다. 더욱이 원효는 거의 모든 유형의 불교교학을 통섭通攝적으로 다루고 있기에 그의 언어를 번역하기 위해서는 다채로운 역량을 준비해야 한다. 원효저서 번역을 위해서는 어문학적 한문해독력은 물론 모든 불교교학과 원효사상에 대한 심도 있는 탐구, 연관되는 철학적 성찰에 대한 넓고 견실한 소양을 확보해야 한다. 아울러 불교언어의 특수성이 요구하는 근원적 역량도 유념해야 한다. 불교언어는 경험에 의한 검증가능성을 원칙으로 삼는 진리관 위에 수립된 것이기에 사변적 방식만으로 접근하는 것에는 한계가 있다. 따라서 언어에 반영된 그 언어주체의 경험지평에 접근하려는 실존적 노력마저 요구된다. 이 근원적 역량의 향상은 결코 단기간에 가능한 것도 아니고 쉬운 것도 아니지만, 번역대상 언어의 의미파악에서 결정적 역할을 한다. 번역자는 이런 다채로운 역량들에 의거하여 최종적으로 자신의 해석학적 관점을 선택한 후, 그 관점에 따라 포착한 문장의 의미를 명확한 형태로 현재어에 담아내야 한다.

원효저서에 대한 기존의 한글번역들은 현토형 번역양식이 안고 있는 문제점들을 그대로 노출하고 있다. 이런 문제점들을 극복할 수 있는 대안은 '해석학적 번역양식'이다. 원전 내용에 대한 번역자의 이해를 명확히 드러내면서 그 이해를 현재어에 담아내는 것을 '해석학적 번역'이라 불러 보자. 해석학적 번역은, 번역자의 이해를 명확히 드러냄으로써 '의미 가독성'을 높이고 '번역내용에 대한 평가'를 용이하게 하여 더 좋은 번역들이 이어지게 한다. 또한 번역이 현재어와 접속되어 다양한 지식지형의 현재언어들과 상호작용할 수 있는 '소통성'을 높여 준다.

해석학적 번역을 구현하기 위해서는, '모든 한자어의 의미 풀어 쓰기'와 더불어, 문장 의미에 대한 번역자의 이해를 번역문에 명확하게 반영하는 작업이 이루어져야 한다. 이러한 작업을 위해서는 파악한 뜻을 부연하여 설명하고 단어와 문장들의 관계를 정밀하게 연결시켜 주는 보조문의 삽입이 필수적이다. 원문에는 없어도 의미 전달에 필요한 내용을 원문과 차별 가능한 형태로 적절하게 추가해야 한다. 이를 위해 이 '원효전서 번역' 작업에서는 글자 크기를 달리하는 '[ ]' 기호를 사용하여 그 안에 보조문구를 기입하는 방식을 적극 활용했다.

기존의 현토형 내지 전통형 번역을 통틀어 '1세대 번역양식'이라 부른다면, 이제는 기존 번역양식의 한계와 문제점을 보완한 '2세대 번역양식'이 요청된다. 그리고 이 2세대 번역양식은 '해석학적 번역'이어야 한다. 이번에 시도하는 원효전서 번역은 이러한 해석학적 번역양식을 원효 저술을 대상으로 구현해 보려는 것이다. 해석학적 번역본은 원효저서의 외국어번역을 위한 저본으로 사용하기에도 용이하다. 현행 현토형 번역은 외국어 번역의 저본으로 채택하기가 어렵다. 현재 부분적으로 영역되어 있는 것들은 영어권 학자 스스로 원전의 의미를 파악하여 영어로 옮긴 것이다. 원효저서 전체에 대한 신뢰할 만한 영어번역본의 확보는 원효학의 세계적 전개를 위해 시급한 과제인데, 이번의 번역이 그 가교가 될 수 있기를 기대하고 있다. 아울러 한문 불전佛典뿐 아니라 동아시아 고전의 한글번역 방식에 있어 양식 전환의 계기로 작용할 수 있는 한 전범典範을 마련해 보려는 전망까지 품고 있다.

나. 협업적 공동번역시스템에 의한 번역

번역자의 역량이 아무리 출중해도 단독번역 작업은 여러 한계를 수반한다. 아무리 꼼꼼히 챙겨도 놓치는 것이 있다. 관련자료 탐색, 의미파악, 번역문 구성 등 번역의 모든 면에서 혼자서는 해결하기 어려운 문제점들이 발생하기 마련이다. 이런 문제를 해결하려면 다양한 역량을 지닌 사람들이 팀을 이루어 협업하는 방식이 이상적이다.

통상적으로 대형 공동번역은 번역물을 연구자들에게 배분한 후 각 연구자들이 번역한 것을 종합하는 형식이다. 번역어 통일이나 내용의 정합성을 위한 조정과정을 거치기는 해도, 기본적으로는 단독번역들의 종합이 된다. 그러다 보니 문헌마다 담당 번역자의 이해가 단독적으로 반영될 뿐, 의미파악의 타당성을 공동으로 면밀하게 검토할 수 있는 기회가 결여된다. 무엇보다도 다수의 연구자들이 꾸준히 머리를 맞대고 함께 작업할 수 있는 환경을 확보하기가 어렵기 때문이다. 이번 원효전서 번역은 한국연구재단의 재정지원으로 인해 이런 문제점을 극복할 수 있는 협업적 공동번역 시스템을 구성하여 가동할 수가 있었다.

한역漢譯대장경을 산출했던 번역시스템은 탁월했다. 국가적 지원 아래 구성한 번역시스템은 가히 이상적이었던 것으로 보인다. 산스크리트어에 대한 어문학적 해석력, 한문 번역문의 구성력, 불교언어의 뜻을 읽어 내는 의미파악력 등, 번역에 필요한 최고수준의 전문가들이 모여 각자의 역량을 결합시킬 수 있는 시스템이었다. 그런 시스템을 다시 꾸리기는 어려울 것으로 보인다. 그러나 이번 원효전서 번역에서는 그런 시스템의 장점을 조금이라도 닮아 보려고 했다. 그래서 불교학 각 분야 전문연구자들의 역량을 결합할 수 있는 팀을 구성하고, 모든 번역문을 독회세미나를 거쳐 결정했다. 매주 1회 개최되는 '원효전서 독회세미나'에서 연구자들의 역량을 상승적으로 결합시키면서 모든 번역문을 확정했다. 이 팀 번역시스템은 언제나 다음과 같은 3단계의 작업으로 진행하였다.

1단계 참여연구자들은 각자 맡은 번역내용과 관련된 교학이론 및 기존의 연구를 소화하는 동시에, 문장내용, 인용문 원전내용, 전문 교학용어 등 관련 사항들을 꼼꼼히 분석하고 자료들을 종합한다. 또한 기존의 번역이 있는 경우에는 그 번역들과 대비시키면서 해석학적 번역양식에 맞추어 새로운 번역문을 준비하여 책임연구자에게 전달한다.

2단계 책임연구자는 참여연구자들이 작성한 번역문 및 관련자료의 모든 내용을 원문과 대조하여 수정/보완한 새로운 번역문을 작성한다.

3단계 참여연구자들이 준비한 관련자료 및 번역과 책임연구자의 번역을 종합하여, 매주 1회 연구자들이 모두 모인 '원효전서 독회세미나'에서 함께 검토하면서 최종 번역문을 확정한다. 한 용어, 한 구절의 의미나 번역을 둘러싼 다양한 문제와 이견이 제기되고 토론되는 과정에서, 참여자들은 원효사상과 불교철학에 대한 이해 및 번역역량을 향상시켜 간다.

이 모든 과정에서 번역의 일관성과 정합성을 위해 의미파악과 번역문의 최종결정은 책임연구자가 맡았다. 따라서 의미파악의 오류나 번역문의 문제점이 있다면 전적으로 책임연구자의 허물이다. 책임연구자가 꾸준히 원효연구를 진행했기에 그런 역할을 하긴 했지만, 잘못 이해하거나 놓쳐 버린 뜻을 일깨워 주는 참여연구자들의 혜안과 역량이 있었기에 역할 수행이 가능했다. 이러한 협업적 공동번역은 참여연구자들 각자의 공부 향상에도 크게 기여했지만, 무엇보다 나 자신에게 매우 유익했다. 한 단어 한 구절씩 해석학적 양식으로 꼼꼼히 번역하다 보니, 원문으로 읽을 때는 놓치거나 대충 넘어갔던 내용과 의미들을 새롭게 만날 수 있었다. 그동안 원효와 너무 건성으로 만났다는 것을 확인해야 하는 것은 부끄러움이었지만, 새로운 원효를 만난다는 것은 설레는 기쁨이었다. 거듭 새 모습으로서 있는 원효를 만나고, 그를 통해 불교철학에 대한 새로운 독법을 전망해 보는 희열 때문에, 나와 참여연구자들 모두 장기간의 혹독한 과정을 기꺼운 마음으로 감내할 수 있었다. 원효와 대화하면서 비단 불교학이나 종교학뿐만 아니라 인문학과 철학 자체의 새로운 전망까지 품을 수 있었던 것은 행복을 넘어선 행운이었다.

원효사상의 포괄적 성격 때문에, 원효저서를 번역하려면 원효가 탐구했던 모든 유형의 교학과 불교철학을 소화해야 한다. 따라서 번역과정에서 연구자들은 자연스럽게 폭넓고 깊고 유기적인 불교이해와 견실한 학문 역량을 다져 가게 된다. 이러한 성취는 고된 작업과정을 감내해 낸 참여연구자들에게 주어지는 최고의 보상이다. 원효전서 번역과정을 통해 참여연구자들이 확보한 역량은 향후 원효학 수립은 물론 한국 인문학 발전의 소중한 자원이 될 것이다.

올해 봄에 출간한 『열반종요』에 이어 이번에는 『대승기신론 소·별기』를 내놓는다. 원효는 『대승기신론』에 대한 연구성과를 디딤돌로 삼아 자신의 사상을 수립해 갔으며, 『금강삼매경론』에서 평생의 탐구를 총괄하여 마무리하고 있는 것으로 보인다. 『대승기신론 소·별기』는 원효사상의 초석인 셈이다. 게다가 완본으로 전하고 있어 원효 탐구의 확실한 출발지이자 근거지이다. 새로운 한문번역 양식인 해석학적 양식으로 번역히었기에 원효학 수립의 새로운 분기점이 될 것으로 기대한다.

2019년 10월 31일
문수산* 자락 울산대학교 연구실에서

---

* 문수산(옛 영취산)은 원효가 사미 시절 영취산 서북쪽 반고사磻高寺에 있을 때 스승으로 삼았던 낭지朗智스님이 주석하던 곳이다. 이때 낭지스님은 원효로 하여금 『초장관문初章觀文』과 『안신사심론安身事心論』이라는 두 권의 책을 저술하도록 하였는데, 저술을 마친 원효가 낭지스님께 책을 올리며 쓴 게송이 지금도 전한다. 이 영취산 자락에 있는 울산대학교에 원효학 토대연구소가 있고, 이 연구소에서 원효전서를 번역하며 원효를 만나고 있다.

일러두기

❶ 본서는 『한국불교전서韓國佛敎全書』 제1권(677c1~789b5)에 실린 『대승기신론별기大乘起信論別記』와 『대승기신론소大乘起信論疏』 및 『대승기신론소기회본大乘起信論疏記會本』(海印寺藏木板本)을 저본으로 삼았다. 『한국불교전서』의 『별기』와 『소』는 『대정신수대장경大正新修大藏經』 제44권에 실린 『소疏』(元祿九年刊 宗敎大學藏本)와 『별기別記』(萬治二年刊 宗敎大學藏本)의 판본을 사용한 것이다.

❷ 회본會本에 의거하지 않고 『소』와 『별기』를 각각 번역하였다. 또한 『소』와 『별기』의 구문 차이 및 회본과의 차이를 확인할 수 있는 대조표를 만들어 세 가지의 공통점과 차이점을 쉽게 확인할 수 있게 하였다.

❸ 『소』와 『별기』의 내용이 거의 동일하여 구문상의 차이를 대조할 필요가 없는 경우에는 『소』만 번역하고 『별기』 원문과 번역은 생략하였다. 다만 이 경우에도 『소』·『별기』 구문 대조표에는 『별기』의 해당 원문을 게재해 두었다.

❹ 『대승기신론』에 대한 원효의 과문科文은 내용별로 나누어 각주에 소개하였다. 아울러 부록에 전체 과문표와 부분별 과문표 및 『대승기신론』의 해당 구절을 종합해 두었다.

❺ 모든 원문 교감은 해당 원문의 각주에서 교감의 내용 및 그 근거와 이유를 밝히는 것을 기본방식으로 하였다. 문맥에 따른 교감의 경우에는

해당 번역문의 각주에서 그 근거와 이유를 밝히기도 했다. 또한 교감할 필요는 있어도 원효의 의도를 고려하거나 당시 문헌의 판본을 보존하는 의미가 있다고 판단되는 경우라면, 문맥에 저촉되지 않는 사례에 한하여 교감하지 않은 경우도 있다.

❻ 학인들의 연구를 돕기 위해 각 문단마다 해당 원문의 출처를 밝혀 두었다.

❼ 원전 개념어의 뜻을 풀어 번역하는 경우, 번역문은 작은 따옴표(' ')로 표시했고 해당하는 한문 개념어는 괄호 안에 제시했다. 또한 번역문에서 '[ ]'로 표시된 보조문의 내용은 단어와 문장 및 문맥에 대한 번역자의 이해를 나타낸 것이다.

❽ 원전의 개념어나 문맥의 해석을 위해 역주가 필요한 경우에는 관련된 경론經論의 문구를 제시함으로써 해석의 근거를 밝히는 것을 역주 작성의 원칙으로 삼았다. 참고한 사전과 연구서들에 관해서도 출처를 밝혔다.

❾ 『한국불교전서韓國佛敎全書』는 H, 『대정신수대장경大正新修大藏經』은 T, 『만자속장경卍字續藏經』은 X로 약칭했다.

❿ 원효가 인용하고 있는 경론들의 산스크리트본이 현존하는 경우, 해당하는 산스크리트 문구들을 찾아 번역하여 역주에 반영시킴으로써 한역漢譯 내용과 대조해 볼 수 있게 하였다. 원효가 인용하고 있는 경론들의 내용과 현존하는 산스크리트본의 해당 내용을 대조할 때 사용한 참고문헌과 약호는 다음과 같다.

AS(AS^P). *Abhidharmasamuccaya of Asaṅga*, ed. by P. Pradhan, Visva-Bharati Series 12, Santiniketan, 1950.

ASBh. *Abhidharmasamuccaya-bhāṣya*, ed. by N. Tatia, Tibetan Sanskrit Work Series 17, K. P. Jayaswal Research Institute, Patna, 1976.

BoBh. *Bodhisattvabhūmi*, ed. by U. Wogihara, Tokyo, 1930-1936(repr. Tokyo, 1971).

BoBh^D. *Bodhisattvabhūmiḥ*, ed. by Dutt, Nalinaksha, Patna: K. P. Jayaswal Research Institute, 1978.

DśBh. *Daśabhūmīśvaro nāma Mahāyānasūtraṃ*, rev. & ed. by Ryūkō Kondō, 1936(repr, Kyoto: Rinsen Book, 1983).

LAS. *The Laṅkāvatāra Sūtra*, ed. by Bunyiu Nanjio, Kyoto: Otani University Press, 1923.

MAV(MAVBh). *Madhyāntavibhāgabhāṣya*, ed. by Gadjin M. Nagao, Tokyo: Suzuki Research Foundation, 1964.

MSA. *Mahāyānasūtrālaṃkāra*, tome I texte, éd. par Sylvain Lévi, Bibliothèque de l'Ecole des Hauts études, Paris, 1907.

PvsP. I -2 *Pañcaviṃśatisāhasrikā Prajñāpāramitā I -2*, ed. by Kimura Takayasu, Tokyo: Sankibo, 2009.

PvsP. V *Pañcaviṃśatisāhasrikā Prajñāpāramitā IV*, ed. by Kimura Takayasu, Tokyo: Sankibo, 1992.

PvsP. VI-VIII *Pañcaviṃśatisāhasrikā Prajñāpāramitā VI-VIII*, ed. by Kimura Takayasu, Tokyo: Sankibo, 2006.

Triṃś. *Vijñāptimātratāsiddhi. Deux Traités de Vasubandhu: Viṃśatika et Triṃśika*, Paris(Bibliothèque des Hautes Études, Sciences historiques te philologiques, fasc. 245).

RGV. *The Ratnagotra-vibhāga Mahāyānottaratantraśāstra*, ed. by Edward H. Johnston, Patna: The Bihar Research Society, 1950.

ŚrBh. *Śrāvakabhūmi of Ācārya Asaṅga*, ed. by Karunesha Shukla, J. P. Jayaswal Research Institute, Patna, 1973.

Suv. *Suvarṇaprabhāsa sūtra*, ed. by Bunyiu Nanjo & Hokei Idzumi, Kyoto: The Eastern Buddhis Society, 1931.

Suv^N. *Suvarṇabhāsottamasūtra: Das Goldglanz-Sūtra*, ed. by Nobel, Johannes, Liepzig: Otto Harrassowitz, 1937.

VKN. *Vimalakīrtinirdeśa: a Sanskrit edition based upon the manuscript newly found at the Potala Palace*, 大正大学綜合仏教研究所梵語仏典研究会 [編], 2006.

YBh(YoBh). *The Yogācārabhūmi of Ācārya Asaṅga*, Part 1, ed. by V. Bhattacharya, University of Calcutta, 1975.

안성두, 『보살지菩薩地: 인도대승불교 보살사상의 금자탑』, 서울: 세창출판사, 2015.

⓫ 『열반종요』 서문에 게재했던 「원효학의 철학적 과제와 전망」(박태원)을 상권에서 「이해와 마음 −원효와 붓다의 대화(Ⅰ)」라는 글로 대체하였다. 상권의 「원효전서를 번역하면서」와 하권의 「원효의 삶을 증언하는 기록들(三大傳記)」 「원효의 생애 연보年譜」는 다시 게재하였다.

⓬ 본본·말末 두 부분으로 나뉘어 있는 『별기』를 기준 삼아 책 전체를 상·하 2권으로 나누었다. 『별기』의 내용으로 볼 때 상권은 『별기』의 본권本卷까지의 내용이 수록되어 있고, 하권은 그 이하의 내용이다.

『대승기신론大乘起信論』 전문 번역
'모두 탈 수 있는 큰 수레와 같은 진리'(大乘)에 대해
'믿음을 일으키게 하는'(起信) 이론(論)

『대승기신론소大乘起信論疏』와 『별기別記』
『대승기신론』에 대한 원효의 해석(疏)과 연구초록(別記)

마음(分別智相應染)

(ㄹ) '識識이 나타낸 유형적인 대상'에 의식 차원에서는 서로 응하지 않는

오염된 마음(現色不相應染)

(ㅁ) '주관이 된 마음'에 의식 차원에서는 서로 응하지 않는 오염된 마음

(能見心不相應染)

(ㅂ) '근본무지에 의한 애초의 움직임'에 의식 차원에서는 서로 응하지 않는

오염된 마음(根本業不相應染)

(ㄹ) 근본무지를 다스려 끊는 단계를 드러냄(顯無明治斷位地)

(ㅁ) 서로 응함과 서로 응하지 않음의 뜻을 밝힘(明相應不相應義)

(ㅂ) '올바른 이해를 가로막는 방해'와 '번뇌로 인한 방해'의 뜻을 밝힘

(辨智礙煩惱礙義)

㉺ 입의분立義分에서 말한 '근본무지에 따라 생멸하는 양상'을 자세하게 설명함

(廣上立義分中生滅之相)

ㄱ. 근본무지에 따라 생멸하는 '뚜렷하거나 미세한 양상'을 밝힘(明生滅麤細之相)

ㄴ. '뚜렷하거나 미세하게 생멸함'의 의미를 드러냄(顯麤細生滅之義, 明生滅義)

ㄱ) 근본무지에 따라 생겨나는 인연을 밝힘(明生緣)

ㄴ) 근본무지에 따라 생겨난 것이 사라지는 뜻을 드러냄(顯滅義)

(나) '모든 현상을 생겨나게 할 수 있다'는 말에 따라 거듭 밝힘(因言重明)

㉮ '거듭 영향을 끼침'의 뜻을 총괄적으로 밝힘(總明熏習之義)

㉯ 오염과 온전함의 '두 가지 거듭 영향을 끼치는 것'을 하나씩 밝힘

(別明二種熏習)

ㄱ. '오염시켜 가는 거듭 영향을 끼침'을 밝힘(明染熏)

ㄴ. '온전하게 하면서 거듭 영향을 끼침'을 밝힘(明淨熏)

ㄱ) 진여훈습眞如熏習과 망심훈습妄心熏習에 관해 간략히 밝힘(略明)

ㄴ) 망심훈습妄心熏習과 진여훈습眞如熏習에 관해 자세히 설명함(廣說)

(ㄱ) '잘못 분별하는 마음에 거듭 영향을 끼치는 것'을 밝힘(明妄熏)

(ㄴ) '참 그대로에 거듭 영향을 끼치는 것'을 밝힘(明眞如熏習)

㉠ 하나씩 밝힘(別明)

A. '참 그대로의 면모가 지닌 본연의 특징'이 거듭 영향을 끼치는 것을

밝힘(明自體相熏習)

③ 직접 체득하여 깨달음을 향해 마음을 일으킴(證發心)

　가. 모든 열 가지 본격적인 수행단계에 한꺼번에 의거하여 직접 체득하여 깨달음을 향해 마음을 일으킴을 밝힘(通約諸地明證發心)

　나. 열 가지 본격적인 수행경지에 하나씩 의거하여 그 각각의 단계에서 완성된 이로운 능력을 드러냄(別就十地顯成滿德)

4) 믿는 마음을 수행하는 부분(修行信心分)

(1) 수행하는 사람을 내세워 핵심내용을 간략히 제시함(擧人略標大意)

(2) '수행의 도리'에 나아가 '수행하는 양상'을 자세하게 구별함(就法廣辨行相)

① 믿음의 종류에 대한 질문에 대답함(答信)

② 수행에 대한 질문에 대답함(答修行)

　가. '널리 베풀고 나누는 수행'(施門)·'윤리적 행위규범을 지켜 가는 수행'(戒門)·'참아 내는 수행'(忍門)·'열심히 노력하는 수행'(進門)을 간략히 밝힘(略明)

　나. '빠져들지 않고 그침'(止)과 '사실대로 이해함'(觀)의 수행법을 자세히 설명함(廣說)

　가) 간략하게 밝힘(略明)

　나) 자세히 설명함(廣辨)

　(가) 지止와 관觀을 각각 수행하는 것을 밝힘(別明止觀)

　㉮ '빠져들지 않고 그침'의 수행에 대해 하나씩 밝힘(別明止門)

　ㄱ. '빠져들지 않고 그침'을 닦는 방법을 밝힘(明修止方法)

　ㄴ. '빠져들지 않고 그침'을 닦아 얻는 뛰어난 능력을 밝힘(明修止勝能)

　ㄷ. 수행과정에서 생겨날 수 있는 방해하는 현상들을 밝힘(明起魔事)

　ㄱ) 지止 수행을 방해하는 현상들을 치유하는 방법에 대해 간략히 설명함

　(略說魔事對治)

　ㄴ) 자세하게 해석함(廣釋)

　ㄹ. 지止 수행의 이로움을 나타냄(示利益)

　㉯ '사실대로 이해함의 수행'을 밝힘(明觀)

　(나) '빠져들지 않고 그침'(止)과 '사실대로 이해함'(觀)을 합하여 닦음(合修)

(3) 수행에서 퇴보하지 않는 수단과 방법을 제시함(示不退方便)

5) 수행의 이로움을 권하는 부분(勸修利益分)

이해와 마음 —원효와 붓다의 대화(Ⅰ)

박태원

1. 왜 '이해와 마음'을 주목하는가?

원효와 붓다를 한자리에 불러내어 대화하게 한다. 물론 그 대화 자리를 마련한 사람이 양자의 말을 통역해야 한다. 정확히 말하자면, '자리를 마련한 사람의 통역 내용에 따라 펼쳐지는 대화'이다. 자리를 마련하고 붓다와 원효의 말을 통역하려는 사람이면 처음부터, 그리고 언제나 되물어야 하는 질문이 있다. 〈인간은 어떤 독특한 조건들을 발현시켜 갖추었는가? 그 조건들은 어떤 현상을 발생시켜 왔는가? 또 어떤 현상을 발생시킬 수 있는가? 붓다와 원효는 이 질문에 어떤 대답을 하고 있는 것인가?〉라는 물음이다. 이 물음에 어떻게 답하는가에 따라 그들의 말에 대한 통역내용이 결정된다.

다행히 근자에는 철학·문학·역사의 인문적 탐구 외에도 생물학·인류학·물리학·의학·뇌과학·사회과학·예술 등 다양한 학문 분야에서의 인간 이해가 급속도로 고도화되어 이 물음을 탐구하는 데 요긴한 다양한 시선들을 접할 수 있게 되었다. 인류의 역사상 가장 정밀하고 풍부한 '인간 이해의 관점들'을 참고할 수 있게 되었다. 이것은 그 어느 시대보다 붓다와 원효의 말을 음미하는 데 좋은 조건들이 형성되었다는 것을 의미한다. 이런 조건들에 기대어 붓다와 원효를 초대하여 대화의 장을 마련해 본다는 것은 실로 가슴 벅찬 삶의 축복이다. 그 어느 때보다 깊고 풍요로운 대화내용을 이끌어 낼 가능성이 있기 때문이다.

〈인간에게 갖추어진 독특한 조건들은 어떤 것인가? 어떤 현상들이 그 조건을 원인으로 발생하는가? 인간은 또 어떤 새로운 조건을 선택할 수 있으며, 그 조건에서 어떤 새로운 현상을 발생시킬 수 있는가? 붓다와 원효가 권하는 길은 이런 물음에 어떤 대답을 하는 것일까?〉 —그 대답을 탐구하는 출발지와 도착지 입구에 대문이 있다고 한다면, 그리고 그 문 안에 난 길을 걸어야 출발과 도착이 성공할 수 있다고 한다면, 그 문은 무엇일까? 그 대문은 두 짝의 문으로 이루어져 있다고 생각한다. 한 짝은 '이해'이고, 다른 한 짝은 '마음'이다. '이해'와 '마음'의 두 문을 열고 들어가야 도착지로 이어지는 길에 오를 수 있다고 본다.

불교해석학이란 '붓다의 말을 이해해 온 해석의 체계'를 지칭하려고 채택한 용어다. 여기에는 전통교학과 수행론, 현대 불교학이 모두 포함된다. '붓다의 말에 담긴 내용'과 '불교해석학'은 일치하지 않는다. 상응하는 내용도 있고 그렇지 않은 내용도 있다. 상응과 불상응의 정도도 편차가 심하다. '상응'에만 가치를 부여하는 입장도 있고, '불상응'을 발전과 확대의 풍요로 평가하는 입장도 있다. 어떤 입장을 선택할지는 결국 각자의 몫이다.

지금까지 '이해'와 '마음'을 주목해 왔던 불교해석학에서는 일종의 '신비주의 시선'을 목격할 수 있다. '신비주의 시선'이라는 말은 〈가변적이고 다양한 모든 현상의 이면에 있는 불변의 유일한 실재', '모든 현상을 발생시키는 원점으로서 변하지 않고 완전한 궁극실재'가 존재하며, 그 실재와의 만남이 '이해와 마음'의 목적이고 의미이다〉라는 관점을 지시한다.

'신비주의 시선'은 불교해석학 내부에 다양한 유형으로 포진하고 있다. 뿐만 아니라 불교 이외의 철학과 종교에서도 다양한 방식으로 광범위하게 퍼져 있으며, 강력한 영향력을 확보하고 있다. 필자는 이러한 신비주의 시선을 반영하는 철학이나 종교언어에 동의하지 않는다. 경험 사실에 부합하지도 않고 무지의 기만으로 삶과 세상을 다양한 형태로 해롭게 한다고 보기 때문이다. 불교해석학 안에 자리 잡은 신비주의 시선은 붓다의 말과 상응하기 어려워 붓다와의 대화를 방해하거나 왜곡시킨다.

신비주의 시선으로 '이해'를 중시하게 되면, '현상에 대한 관찰과 이해' (觀法) 수행의 궁극목적은 '불변의 궁극실재에 관한 이해'가 된다. 현상 이면/이후의 불변실재(自性)를 보는 '신비한 이해', 그런 이해에 의해 만나는 '신비한 실재'가 관심사가 되고 만다. '이해 신비주의'라고 불러 본다. 또한 신비주의 시선으로 '마음'을 중시하게 되면, '불생불멸의 궁극실재로서의 마음'이 수행의 목표가 된다. '대상을 판단하고 평가하여 분별하는 마음', '변하면서 갖가지 내용이 역동적으로 교체되고 동거하는 오염된 마음'에서 떠나, '대상과 무관하게 전지全知의 절대적 지혜를 지녔으며 불변의 순수하고 완전한 본질을 지닌 마음'을 참된 마음으로 간주하여 체득하려고 한다. '마음 신비주의'라고 불러 본다.

'이해 신비주의'와 '마음 신비주의'로 이해와 마음을 다루면 구도의 길이 왜곡되고 도착할 곳이 없어진다. 비장한 의지와 엄격한 자기절제, 치열한 노력은 목격될 수 있지만, 있지 않기에 도착하지 못할 곳을 향해 열심히 걷는 행보와 여정은 요란하지만 공허하다. 붓다와 원효와 대화하려면, '이해 신비주의'와 '마음 신비주의'가 수립한 독법讀法들과 결별하고 새로운 독법을 마련해야 한다. 새로운 독법으로 『대승기신론』과 원효철학을 읽어야 한다. 그 새로운 독법 수립에 필요한 나름의 생각을 글에 담아 본다.

2. 이 해

1) '동식물이 파악하는 의미'와 '인간이 파악하는 의미'

'이해理解'는 인간의 경험에서 발생하는 독특한 현상이다. 어쩌면 지구 상에서는 '오직 인간'에게서만 발생하는 현상일지 모른다. 만약 그렇다면, 이해는 '인간 경험의 특수성'을 대표하는 현상이다. 그런데 '이해'라는 말은 어떤 내용을 지시하는 기호인가? 일단 '대상이나 상황의 의미를 파악하는 현상'이라 정의해 보자. 그리고 '의미'는 대상이나 환경과의 관계에서 발생하는 '이로움과 해로움의 차이'라고 정의해 보자. 이 정의는 '생존 욕구'라는 생물학적 보편충동을 고려한 것이다. 그렇다면 모든 생물은 환경이나 사태의 의미를 파악할 수 있다고 말해야 한다. 그렇다면 동식물도 환경과 사태를 '이해'하는 것인가? 그렇게 말할 수는 없다. 동식물은 환경의 의미를 파악하지만 '이해'하지는 못한다. '이해'는 '의미를 파악하는 인간의 현상'에 붙여지는 말이다.

　동식물이 환경의 이로움과 해로움을 분간해 내는 것은 본능적이고 직감적 수준에서의 의미 파악이다. 그러나 같은 상황에서 이로움과 해로움을 분간해 낸다고 해도, 인간이 파악하는 의미는 동식물의 본능이나 직감이 파악하는 것보다 훨씬 복잡하다. 종류가 다르고, 양상과 내용이 다르다. 동식물이 파악하는 의미는 '안전과 위험'에 관한 원초적 분간을 넘어서지 않는 것으로 보인다. 이에 비해 동일한 안전과 위험 분간일지라도 인간이 파악하는 의미는 복잡한 수준의 판단과 평가, 분석과 예측이 반영된다. 또한 그 의미는 이유와 근거를 제시하는 논리와 이론을 담은 법칙적 현상이다. 인간이 파악하는 의미는 '어떤 안전/위험인가?, 왜 안전/위험한가? 언제 어떻게 안전/위험할 것인가?' 등을 포함하고 있다. 인간이 파악하는 의미에는 차이들의 비교·종합·분석에 의한 이해·판단·평가·예측이 함께하고 있다. 동식물은 의미를 '감지'하지만, 인간은 의미를 '이해'한다.

　'인간이 파악하는 의미'는 '언어적·기호적·추상적 기준들과 논리·이론을 갖춘 견해·관점으로 짜인 이해의 그물을 통과한 것'이다. 그런 점에서 동식물이 환경과의 관계에서 안위만을 기준으로 파악하는 직감적·본능적 의미와는 내용이 다르다. '인간이 파악하는 의미'는 '논리·이론을 지닌 관점과 견해로써 직조된 이해의 그물을 통과한 것'이라는 점에서 '법칙적 현상'이다. 그런 점에서 붓다가 담마(Dhamma, 法)라는 용어로써 '가르침, 이론, 도리, 법칙'과 '현상'이라는 뜻을 모두 지칭하는 것은 주목된다.

행동과 감정을 비롯하여 인간이 보여 주는 모든 현상은 '이해를 조건으로 삼는 법칙적 현상'이다. 인간의 모든 경험과 행위에서 이해는 어떤 경우라도 제외할 수 없는 요인이다. 이해는 인간 경험의 특이성을 결정하는 근원적 조건이다.

2) 이해의 발생과정에 관한 조건인과條件因果 ─그 연기緣起적 발생에 관한 추정

인간이 현재 보여 주는 인지능력과 '이해하는 사유'는 어떻게 생겨난 것일까? 본래 있던 완결된 내용이라는 신비주의 시선, 우연히 기적적으로 생겨났을 것이라는 비합리적 상상, 창조자가 일거에 완결된 내용으로 만들어 낸 것이라는 창조론적 시선에 동의하지 않는다면, 어떤 접근이 가능할까? 인간이 향상시켜 온 인과적 사유와 과학적 탐구 성과를 결합시키는 방식이 합리적이라고 본다. 지구 행성 위에서 환경에 적응하기 위해 진화해 온 변화의 과정에 집중하는 것이 맞다고 생각한다.

생물학과 인류학의 관점을 경청하면서 필자는, 〈환경과 세계의 변화하는 차이현상들을 대면하여 안전/이로움은 선택하고 위험/해로움은 회피하려는 생물학적 보편본능'→'차이를 기호(언어)에 담아 분류하는 능력의 발현'→'기호로 분류된 차이들을 비교·구분하는 기준수립 능력의 발달'→'논리와 이론 능력의 발현'→'논리와 이론을 갖춘 견해와 관점을 수립하는 능력의 발현'→'법칙적 의미를 파악하는 이해능력의 발현'→'이해를 직조하는 사유능력'과 '직조된 이해체계'의 정립〉이라는 조건인과적·연기적 발생의 연쇄를 추정해 본다.

풀어 쓰면 이렇다. 〈다른 생물종들에 비해 현저한 차이를 보여 주는 인간의 인지능력과 이해사유의 발생은 그 출발점이 '환경과 세계의 변화하는 차이현상들을 대면하여 안전/이로움은 선택하고 위험/해로움은 회피하려는 생물학적 보편본능'이었다. 그리고 '차이를 기호(언어)에 담아 분류하는 능력의 발현'이 이해사유와 인지능력이라는 특이점 발생의 결정적 분기점이었다. 차이들을 기호에 담아 분류함으로써 비교가 용이하고 정밀해질 수 있었고, '안전/이로움과 위험/해로움의 차이를 구분하는 기준'을 수립하는 능력이 발달하였다. 그리고 기준들의 우열을 비교하고 선택하는 능력을 발전시키는 과정에서 기호/언어로 분류한 차이들의 특징과 관계를 파악하는 능력이 발현하였고, 그 능력에 수반하여 '논리와 이론 능력이 발현'하였으며, 급기야 '논리와 이론을 갖춘 견해와 관점'을 수립하는 능력이 발현하였다. 그리고 논리와 이론을 갖춘 견해와 관점에 의거하여 '현상의 법칙적 의미를 파악하는 이해능력'이 발현되었고, 이해능력을 기반으로 '이해를 직조하는 사유능력'과 '직조된 이해의 체계'가 정립되었다.〉

동식물이 파악하는 의미와 인간이 파악하는 의미의 현저한 차이는 이러한 과정에서 발현한 것이다. 그런데 인간 특유의 의미파악 현상인 '이해'가 발생하는 과정에서 결정적 분기점은 뭐니 뭐니 해도 '언어 능력'의 돌연변이적 발현이었던 것으로 보인다. 이때의 '언어 능력'은 단순히 안전과 위험을 알리는 신호전달 능력이 아니라 '유사한 차이들을 기호에 담아 분류하는 능력'이다. 환경 적응능력을 발전시켜 가는 과정에서 발생한 것이겠지만, 인간은 안전/이로움과 위험/해로움의 분간과 대처능력을 발달시키는 과정에서, '필요에 따라 차이들을 세밀하게 분류하고 그 분류된 차이들을 기호에 담아 처리하는 능력'을 점차 고도화시켰다. 음성기호에서 문자기호까지 아우르는 이 '차이분류와 처리능력'은 차이들의 정밀한 비교를 가능케 했다. 그리고 비교가 정밀해짐에 따라 기준수립과 선택능력도 고도화되어 갔다. 인간이 현재 보여 주는 차이비교 능력, 논리·이론 능력, 논리·이론을 갖춘 견해·관점에 의한 판단·평가·분석 능력은, 그 '차이분류와 비교처리 능력의 고도화' 과정에서 발현한 것이라 본다. '이해 능력'은 이 고도화 과정의 산물이다.

3. 마 음

1) 재인지 능력의 발현

'재인지 능력'이란 자신의 경험을 괄호 치듯 대상화시켜 재인지하는 능력이다. 나는 '내가 먹고 있다'는 현상을 대상 관찰하듯 '알면서' 먹을 수 있다. 그저 먹는 현상에 갇히는 것이 아니라, '먹는 현상을 관찰하는 자리'에 설 수 있다. 그 관찰의 자리로 이전한다고 해서 관찰 대상인 현상이나 행위가 증발하지는 않는다. 인간의 인지능력은 자신의 인지력 범주 안에서 이러한 '자리 이전'을 행한다. 관찰을 위해 이전하는 자리와, 그 자리에서 관찰되는 대상을, '모두 동시에' 인지경험 범주에 동거시킨다. 독특한 면모다.

경험하는/경험된 모든 것들뿐 아니라 관찰자 자신마저도 대상화시킨다. 이것은 주/객관의 모든 경험들에 갇히거나 매이지 않을 수 있는 '거리의 발생'을 의미한다. 이 거리 발생은 물리적 거리의 발생이 아니다. 인지 범주 안에서 '재인지를 가능케 하는 좌표의 발생'을 의미한다. '괄호 치듯 대상화시켜 놓고 재검토할 수 있는 좌표로 끊임없이 미끄러지듯 옮겨 갈 수 있는 능력'이 '재인지 능력'이다. 인간은 이 재인지 능력이 고도화되어 있다.

인간의 이러한 재인지 능력은 역동적으로 변화하는 환경과 세계 속에서 〈안전/이로움과 위험/해로움의 차이를 선택하는 기준들을 더 좋은 것으로 바꾸어야 환경에 적응한다〉는 생물학적 요청의 산물이다. 마치 환경의 변화에 맞추어 피부색을 바꾸면서 자신을 보호하는 카멜레온처럼, 인간도 변화하는 환경/세계에 맞추어 차이들의 선택기준을 필요할 때마다 바꾸어야 한다. 차이에 대한 판단·평가·선택의 기준, 관점과 견해를 수립하는 논리와 이론들, 관점·견해로 법칙적 의미를 파악하는 이해 ―이 모든 것들은 지속적으로 그 적절성을 다시 검토받아야 하고 수정·보완해야 한다. 예외 없이 역동적으로 변하는 환경과 세계이기에, 안전/이로움과 위험/해로움의 차이를 판단하고 평가하며 선택하게 하는 기준들도 변할 수밖에 없다.

더 적합한 기준과 방식을 확보하기 위해서는 기존의 것에 갇히거나 매이지 않는 능력이 필요하다. 이미 선택한 기준·관점·견해·이해를 재평가하고 수정·보완하거나 새로운 것으로 대체하려면, 기존의 것들과 거리를 두려는 능력이 요청된다. 마치 떨어져서 보듯, 괄호치고 보듯, 이미 확보하여 가동하고 있는 기준·판단·평가·관점·견해·이해로부터 거리를 확보해야 한다. 대상화시켜 재음미할 수 있어야 한다. 이 대상화와 거리두기의 필요에 따라 발현된 것이 '재인지 능력'이었을 것이다. 〈안전/이로움은 키우고 위험/해로움은 줄이는 더 좋은 방법과 능력을 지속적으로 향상시켜야 한다〉는 생물학적 보편본능의 요청에 응하는 과정에서, 인간 특유의 '재인지 능력'이 발생하여 고도화된 것으로 보인다.

대상화/거리두기 능력이 고도화되면서 마침내 인간은 자기에게 발생하는 '모든 경험현상'을 '다시 아는 자'가 되었다. '모든 것'을 '대상'으로 괄호치고 '그것들을 아는 자리'로 이전하여 자신의 경험을 '재인지'하는 능력자가 되었다. 밥을 먹으면서 '밥 먹은 행위를 아는 자리'에 설 수 있고, 생각하면서 '생각한다는 것을 아는 자리'에 설 수 있는 능력을 확보하였다. 행위나 감정은 물론 지식·관점·판단·평가·이해 등의 추상적 경험마저도 '재인지의 대상'이 된다. 재인지 능력은 '차이들→기호·언어에 의한 분류→기준의 수립→논리와 이론→관점과 견해→이해'의 조건인과적 연쇄에서 가장 늦게 발현되었지만, 그 계열에 배치된 모든 것들을 재인지의 대상으로 삼을 수 있게 되었다. 심지어 '대상화시켜 재인지하는 현상'마저도 다시 대상화시켜 재인지한다. 인간이 확보한 인지능력에서 가장 주목할 만한 현상이라고 생각한다. 인간의 모든 위대한 가능성과 희망이 이 재인지 면모에서 비롯된다고 생각하기 때문이다. 모든 것을 '성찰의 대상'으로 삼는 능력을 소중히 여겨 그 능력을 향상시켜 온 '성찰 지성의 진보행진'도 이 재인지 능력의 표현이다.

　재인지 능력은 인간경험의 모든 것을 대상으로 삼아 재성찰할 수 있게 하여 '사실에 더 맞는 진실'과 '더 나은 이로움'을 만들어 가는 길을 밝히는 등대이다. 그러나 재인지 능력이 언제나 희망의 길잡이인 것만은 아니다. 밝은 희망만큼이나 어두운 재앙의 길로도 이끌어 간다. 재인지 능력이 '불변·독자의 실체나 본질 관념'을 재인지의 대상에 투영시킬 때가 그 재앙의 출발이다. 신체현상과 정신현상, 사회현상에 실체와 본질의 옷을 입힐 때 재앙의 큰 길에 올라선다. 사실을 왜곡하고 오염시키는 정교한 기만. 이 기만을 무기로 삼아 휘두르는 폭력의 칼춤, 그에 열광하는 무지의 광기. ―인간 특유의 이 괴물 같은 면모도 재인지 능력에서 힘을 얻는다. '불변·독자의 실체/본질 관념에 의해 일그러진 이해'를 불교철학에서는 '분별分別'이라 부르곤 하는데, 이 분별의 산출과 확대재생산의 원동력도 바로 재인지 능력이다.

　재인지 능력은 그야말로 양날의 검이다. 잘 쓰면 인간과 세상을 두루 이롭게 하는 활인검活人劍이고, 잘못 쓰면 닥치는 대로 베어 죽이는 살인검殺人劍이다. 붓다는 이 재인지 능력을 활인검으로 쓰는 법을 가장 깊숙한 수준에서 확보하여 일러 준 분으로 보인다. 그러기에 그의 길에 동참하려는 후학들은 붓다가 일러 준 활인 검법을 제대로 익혀야 한다. 원효는 그 활인 검법을 탐구하여 전수하고 있다.

2) '재인지 사유'와 '이해 사유' 그리고 마음

　인간의 인지능력이 보여 주는 가장 현저한 특징은 '사유 활동'이다. 차이를 기호(언어)에 담아 분류한 후, 기호로 분류된 차이들을 비교하고 선별하는 기준을 만들며, 선별기준을 정당화시키는 논리와 이론을 마련하고, 논리·이론을 갖춘 견해와 관점을 수립하며, 그 견해와 관점에 의거하여 현상의 법칙적 의미를 파악하는 이해를 펼치는 것. ―이 모든 것이 사유 활동에 속한다. 그리고 이 사유 활동의 중심축은 단연 '이해'라 할 수 있다. 모든 사유 활동의 내용은 이해를 향하고, 이해는 다른 모든 사유 활동의 동기와 방향 및 내용을 규정한다. 이런 사유를 '이해 사유'라 불러 보자.

'재인지 현상이나 능력' 역시 사유 범주에 속한다. 그런데 이 '재인지 현상 및 능력'은 이해와 결합되어 있으면서도 이해에 갇히지 않는다. '이해조차 재인지의 대상으로 처리'할 수 있는 것이 '재인지 현상'이기 때문이다. 그런 점에서 재인지 현상과 이해 현상은 같은 사유 범주에 속하면서도 동일하지가 않다.

만약 재인지 현상과 이해 현상이 같은 것이라면, 이해를 괄호 치고 대상으로 삼는 재인지 현상은 불가능하다. 기존의 이해와는 다른 자리로 이동할 수 있어야 그 이해들을 재인지의 대상으로 삼을 수 있기 때문이다. 재인지가 기존의 이해와 같은 것이고 완전히 겹치는 것이라면, 사유는 과거의 이해에 갇힐 수밖에 없다. 더 이상 이해를 수정하거나 새로운 이해로 바꿀 수가 없다. 그런데 현실의 사유는 과거의 이해를 바꾼다. 수정하고 보완하며 대체한다. 기존의 이해 안에 갇히지 않고 밖으로 나올 수 있어야 가능한 현상이 사유에서 발생하고 있다. 이러한 사유는 '재인지 사유'라고 불러 보자.

이렇게 보면 인간의 사유에는 두 가지 다른 유형이 섞여 있다. 하나는, '이해로 수렴되고 또 이해로부터 규정되는 사유'이다. '이해 사유'가 그것이다. 다른 하나는, '기존의 이해 자체를 대상화시켜 처리하는 사유'이다. 과거와 현재의 이해에 갇히지 않고 기존의 이해들을 수정·보완·대체하는 사유이다. '재인지 사유'가 그것이다. 그리고 이 '이해 사유'와 '재인지 사유'를 모두 품은 사유현상을 '마음'이라 부를 수 있다. 따라서 마음의 내용은, 이해 사유와 재인지 사유가 상호적으로 작용하면서 역동적으로 이루어진다.

3) '이해 사유'와 '재인지 사유'의 관계 –'같지도 않고 별개의 것도 아니다'(不一而不二)

　재인지 사유와 이해 사유가 동일한 것이라 할 수 없지만, 완전히 무관한 것이라고도 할 수 없다. 어떤 이해의 흠결을 인지하는 사유가 발생했다고 하자. 그럴 때 그 사유 현상은, 흠결 있는 이해를 대상화시켜 처리하는 자리에서 발생하는 것이다. 눈이 눈을 볼 수 없듯이, 그 이해 안에 갇혀 있다면 관찰과 평가가 불가능하다. 눈을 거울에 비추어 대상화시켜야 눈에 대한 관찰이 가능하고 눈 상태에 대한 판단과 평가가 이루어진다. 재인지 사유도 마찬가지다. 재인지 사유는, 거울을 보는 자리처럼, 이해를 대상화시켜 관찰할 수 있는 자리에서 발생한다. 이런 점만을 고려한다면 재인지 사유와 이해 사유는 범주가 다르기 때문에 다른 것이라 할 수 있다. 그러나 이해 사유와는 다른 자리에서 발생하는 재인지 사유는 어떤 경우에도 이해 사유와 무관할 수 없다. 대상이 된 이해에 대한 그 어떤 대응과 처리도 그 이해에 기대어 있지 않을 수 없기 때문이다. '좋은 이해', '맞는 이해'라는 판단·평가도, '좋지 않은 이해', '틀린 이해'라는 판단·평가도, 재인지의 대상이 된 이해를 조건 삼아 발생한다. 또한 수정된 이해나 새로운 이해도 기존의 이해를 조건으로 한다. 틀린 이해가 없으면 맞는 이해가 성립할 수가 없다. 이런 점에서는 재인지 사유와 이해 사유는 완전히 무관한 다른 것이라고 할 수 없다. 재인지 사유는 이해 사유와 언제나 서로 맞물려 있다.

　이처럼 재인지 사유는 언제나 이해 사유를 조건으로 삼아 발생하고 작용한다. 연기적緣起的 상호의존 관계의 전형이다. 어느 한쪽이 없으면 다른 쪽도 성립하지 못하며, 그 결과 사유 자체가 제대로 작동하지 못한다. '이해 사유의 의미 규정력'이 없다면 사유의 그릇이 비게 되고, '재인지 사유의 이해 구성력'이 없다면 사유 그릇의 내용물이 썩는다. 이해 사유와 재인지 사유는, 원효의 말을 빌리면, '같지 않으면서도 별개의 것이 아닌' (不一而不二) 관계를 맺고 있다. 이해 사유와 재인지 사유는 '같은 것도 아니고 다른 것도 아니다'(不一不異). 마음은 〈이해 사유와 재인지 사유가 '같은 것도 아니고 다른 것도 아닌 관계'로 역동적으로 상호작용하는 '사유의 장場'〉이다.

4) 이해 사유의 의미

인간의 사유는, 어떤 수준 어떤 정도 어떤 양상이건, '차이현상들을 언어·기호에 담아 처리하는 과정이자 그 결과'이다. 인간의 인지능력 기관(六根)에서 발생하는 모든 경험은 '차이들에 대한 언어·기호적 처리'와 연관되어 있다. 언어·기호적 처리와 무관한 경험 현상은 없다. 붓다는 이러한 점을 가장 깊은 수준에서 가장 철저히 통찰했던 것으로 보인다.

> 도반들이여, 어떠한 것이 명색名色이고, 어떠한 것이 명색의 발생이고, 어떠한 것이 명색의 소멸이고, 어떠한 것이 명색의 소멸에 이르는 길입니까? 도반들이여, 그것 가운데는 느낌, 지각, 의도, 접촉, 정신활동이 있으니 이것을 명이라고 부르고, 네 가지 물질요소, 또는 네 가지 물질요소에서 파생된 것을 색이라고 부릅니다. 의식이 생겨나므로 명색이 생겨나고, 의식이 소멸하므로 명색이 소멸합니다. 명색의 소멸에 이르는 길이야말로 여덟 가지 고귀한 길이니 곧, 올바른 견해, 올바른 사유, 올바른 언어, 올바른 행위, 올바른 생활, 올바른 정진, 올바른 새김, 올바른 집중입니다.
> 도반들이여, 고귀한 제자가 이와 같이 명색을 잘 알고, 명색의 발생을 잘 알고, 명색의 소멸을 잘 알고, 명색의 소멸에 이르는 길을 잘 알면, 그는 완전히 탐욕의 마음을 제거하고 분노의 마음을 제거하고 '나는 있다'라고 하는 자아의식의 마음을 제거하고 무명을 버리고 명지를 일으키며 지금 여기에서 괴로움의 종식을 성취합니다. 이렇게 하면 고귀한 제자는 올바른 견해를 지니고, 견해가 바르게 되어, 가르침에 흔들리지 않는 확신을 갖고, 올바른 가르침을 성취합니다.[1]

또한 수행승들이여, 명색名色이란 무엇인가? 그것에는 감수, 지각, 사유, 접촉, 숙고가 있으니 이것을 명이라 부르고 네 가지 물질요소, 또는 네 가지 물질요소로 이루어진 형태를 색이라고 부른다.[2]

그런데 차이들에 대한 '언어·기호적 처리과정'은 '논리와 이론을 요구하는 비교·판단·평가'이며 그 모든 과정에서 발생하는 현상이 '이해'이다. 그래서 '이해'는 '인간에게 발생하고' '인간이 경험하는' '법칙적 현상'이다. 그리고 '의미'나 '뜻'은 '법칙적 현상으로서의 이해'와 맞물려 있는 현상이다. '언어·기호적 처리과정과 결과'는 인간에게 '의미·뜻'으로 경험되는 것이다. 이처럼 인간에게 '의미·뜻'이란 본능적 양상이 아니라 기호적 양상이다. 음악이나 미술 같은 예술적 경험도 '이해 및 의미'와 무관하지 않아 보인다. 가락이나 조형에 대한 인간의 심미적 경험은 운율이나 조형의 기호적 질서에 의거하기 때문이다.

결국 사유를 채우는 것은, '논리와 이론을 갖춘 비교·판단·평가'를 통해 발생하는 '이해한 의미들의 역동적 체계'라 할 수 있다. 그런 점에서 사유의 구체적 내용을 규정하는 것은 '이해'다. 차이 현상을 처리하는 기준과 방식, 그와 관련된 논리·이론·관점·견해, 그리고 그것들에 의해 현상의 의미를 이해로써 읽어 낸 다음, 사유는 그 의미들로 자신을 채운다. 그래서 '이해'는 '사유 구성'의 중추적 지위를 차지한다. 이해 여하에 따라 사유의 내용이 결정된다.

사유의 내용을 결정하는 최후의 조건이 이해이기 때문에, 어떤 이해를 선택하는가에 따라 사유를 채우는 내용의 질이 달라진다. 그리고 인간세상의 개인적·사회적 현상들은 결국 사유의 표현이며, 사유의 내용을 규

---

1 『맛지마니까야』 9경 「올바른 견해의 경(Sammādiṭṭhi Sutta)」(전재성 역, 한국빠알리성전협회, 2009), p.167.
2 『쌍윳따니까야』 (12:2) 「분석경(Vibhaṅgaṃ Sutta)」(전재성 역, 한국빠알리성전협회, 1999), p.31.

정하는 것은 이해이기 때문에, 인간이 만든 모든 문제들의 원인과 해법은 근원적으로 이해의 문제로 귀결된다. 개인적/사회적 세상의 내용 구성, 이로운 현상과 해로운 현상의 선택은, 결국 '어떤 이해를 수립하거나 선택할 것인가'의 문제로 귀결된다. 국가와 시장의 이익다툼 당사자들이 너 나 할 것 없이 지식과 논리와 이론의 우위확보에 진력하는 것은 그래서 자연스럽다. 불의不義하고 불공정한 이익을 차지한 자들도 그 기득권을 방어하는 데 유리한 지식과 논리 · 이론 확보에 사활을 걸기 마련이고, 그들을 비판하며 의롭고 공정하며 합리적인 세상을 추구하는 사람들도 그 의지와 목표를 관철하는 데 유효한 지식 · 논리 · 이론의 계발과 공유, 확산에 명운을 건다. 더 나은 삶, 더 좋은 세상을 지향하는 진보지성의 생명력은 '좋은 보편가치 구현에 기여하는 지식 · 논리 · 이론과 그에 의거한 더 이롭고 더 나은 이해'이다. 이런 점에서 인류의 행적을 '이해를 결정하는 지식 · 논리 · 이론의 경합'으로 읽을 수 있다. 지금도 그렇고 앞으로도 그럴 것이다. 현상의 법칙성을 포착하여 기호에 반영해 보려는 모든 유형의 과학적 탐구도 언제나 '더 좋은 이해를 가능케 하는 지식 · 논리 · 이론의 계발'이 그 행적을 관통한다.

삶과 세상의 해로움은 치유/제거하고 이로움은 만들어 내고 키우려는 사람들의 모든 노력은, 〈이해가 사유의 내용을 결정하고, 사유의 내용이 삶과 세상의 내용을 구성해 간다〉는 측면을 주목할 수밖에 없다. 더 좋은 이해의 선택과 수립, 그것을 가능케 하는 지식 · 논리 · 이론을 확보해야 그 선의善意가 목표를 성취한다. 문제를 잘 풀어 주는 이해, 더 이로운 현상을 발생시키는 이해를, 수립하고 선택하며 적용해야 한다. 인간 향상진화의 관문에는 언제나 '이해 문제'가 문 앞에 버티고 서 있다. '이해의 수립과 선택 및 적용'을 이로움과 해로움의 분기점으로 만든 것은 인간이 스스로 선택한 독특한 조건이다. 이 독특한 조건으로 인해 인간은 지구 행성 위 그 어떤 생물종보다도 위대한 가능성을 품게 된 동시에, 가장 끔찍한 공멸共滅의 파멸적 가능성도 품게 되었다. 어느 가능성에 더 힘을 실을지는 전적으로 인간의 선택지이다.

'사유내용의 구성에서 이해가 행하는 역할'과 '삶과 세상의 구성에서 사유가 감당하는 역할'을 고려할 때, 불교의 깨달음이나 해탈수행을 '이해 중심으로 파악하는 시선'은 자연스럽다. 모든 것을 '불변·독자의 시선으로 보는 이해'를 버리고 '변화와 조건인과 관계의 현상으로 보는 이해'를 선택하고 수립하려는 노력을 깨달음과 수행의 핵심으로 보는 것은 '인간과 사유 및 이해의 관계'를 고려할 때 정당하다. '모든 것은 변한다는 이해를 수립하여 간수해 가려는 노력'(無常觀), '그 어떤 존재나 현상에도 불변·독자의 실체나 본질은 없다는 이해를 수립하여 간수해 가려는 노력'(無我觀), '모든 현상은 조건에 따라 인과적으로 발생한다는 이해를 수립하여 간수해 가려는 노력'(緣起觀)을 해탈수행으로 간주하는 것은 '사유하는 인간'이라는 독특한 조건을 잘 반영한 것이다.

그런데 이해를 사실에 맞는 것으로 교정하고 바꾸려는 노력이 단지 '지식습득 수준'에 그쳐서는 그 이해가 실존에서 힘을 발휘하기가 어렵다. '확신할 수 있는 수준'이 되어야 사유와 세상을 바꾸는 힘으로 작동하는 이해가 될 수 있다. 〈몸과 마음의 현상을 면밀히 관찰해야 한다. 그러면 무상無常·고苦·무아無我를 직접 볼 수 있다〉라는 주장은 이러한 요청을 반영한 것으로 보인다. 이른바 '위빠사나 행법'(관법觀法 수행)이다. 심신 현상에 대한 주의 깊고 면밀한 관찰은 분명 필요하다. '불변과 독자의 것'으로 보던 선先이해는 '경험적 근거가 없는 인상'이고 '충족 불가능한 기대'에 불과하다는 점을 자각하고 확신하기 위해서는, 건성으로 선입관에 맡기던 태도에 제동을 걸고 경험현상을 대면적對面的으로 살필 필요가 있다. 그래야 현상을 '변화와 관계의 관점'에서 이해할 수 있는 분석과 판단 능력이 향상·심화되기 때문이다. 그런 점에서 위빠사나 행법의 지침 가운데 〈몸과 마음의 현상을 면밀히 관찰해야 한다〉는 주장은 타당하다.

하지만 위빠사나 행법의 지침 가운데 두 번째 명제인 〈무상·고·무아를 직접 볼 수 있다/보아야 한다〉는 주장은 그 타당성이 의심스럽다. '무상·고·무아라는 이해'는 차이현상을 언어·기호에 담아 분류하여 비교·분석·판단·평가하는 사유과정에서 발생하는 현상이지 그것과 무관한 직접경험이 될 수가 없다. 다시 말해, '무상·고·무아라는 이해'는 어디까지나 '차이현상들을 언어·기호적으로 처리하는 과정'에서 발생하는 현상이지, 이런 과정이나 그 조건들과 무관하게 이루어지는 경험현상이 아니다. 만일 〈직접 본다〉, 〈직접 체득해야 한다〉는 말의 의미를, 〈비교·분석·판단·평가하는 언어·기호적 과정이나 그 조건들을 빼 버리거나 그것들과 무관하게 관찰자가 현상을 직접 만나는 것〉이라고 여긴다면 무지다. 인간의 어떤 경험도 언어·기호적 처리 없이 현상과 직접 만나 발생하는 것은 없으며, 이해는 더더욱 그렇다. 〈분석이나 추론 없이 직접 안다〉는 '직관'도 '언어·기호적 차이처리 과정'을 조건 삼아 발생하는 한 양상이라 보아야 한다. 그럼에도 불구하고 위빠사나 행법을 수용하는 사람들 가운데는, 〈무상·고·무아를 직접 볼 수 있다/보아야 한다〉는 말을 〈'비교·분석·판단·평가하는 언어·기호적 과정이나 그 조건들'과 무관하게 이루어지는 체험을 해야 한다〉는 뜻으로 여기면서 그 체험이 '깨달음의 체득'일 것이라고 기대하는 경우가 적지 않은 것 같다.

'차이현상들에 대한 언어·기호적 처리과정이나 그 조건들'과 무관하게, 마치 눈이 사물을 마주하듯 직접 볼 수 있는 '무상·고·무아의 현상'을 인간은 만날 수가 없다. 인간의 지각/경험 조건이 그러하기 때문이다. 무상·고·무아의 사태는 볼 수 있는 대상이 아니라 이해의 대상이다. 〈무상·고·무아라는 현상을 직접 볼 수 있다〉라고 주장하는 사람들은 그 경전적 근거로 니까야/아함에 빈번하게 등장하는 〈'사실 그대로' (yathābhūtaṃ) '보아야 한다'(daṭṭhabbaṃ)〉라는 구절을 제시할지도 모른다. 그러나 이 말이 등장하는 문구의 전후 맥락을 보면 이 말도 '이해'를 조건으로 하는 용법이다. '오온五蘊의 무상·고·무아'를 설하는 법문에서 붓다는 이렇게 말한다.

비구들이여, 그러나 색은 무상하고 변화하는 것임을 '알고 나면'(viditvā) 탐욕에서 벗어나고 적멸한다. 과거의 색이거나 현재의 색이거나 그 모든 색은 무상하고, 고이며, 변화하는 것이라고, 이와 같이 있는 그대로 바른 지혜로써 '보게 되면'(passato) 슬픔, 비탄, 고통, 근심, 고뇌인 것들은 사라진다. (이하 수상행식 반복구 동일)[3]

비구들아, 색은 무상하다. 무상한 그것은 고다. 고인 그것은 무아이다. 무아인 그것은, '이것은 내 것이 아니고, 이것은 나가 아니며, 나의 실체도 아니다.' 이와 같이 이것은 올바른 지혜로써 '사실 그대로'(yathābhūtaṃ) '보아야 한다'(daṭṭhabbaṃ). … (이하 수상행식 반복구 동일)[4]

〈'사실 그대로'(yathābhūtaṃ) '보아야 한다'(daṭṭhabbaṃ)〉라는 말은 어디까지나 무상・고・무아라는 것을 '아는/이해하는'(viditvā, vidati) '올바른 지혜'의 작용을 지시하는 것이다. 붓다는 〈무상하다고 '알고' 무아라고 '알아야 한다'〉고 했지 〈무상・무아를 '직접 보아야 한다'〉라고 말하지 않았다. 직관적 이해든 분석적 이해든, 이해의 양상은 다를 수 있어도 '무상・고・무아에 대한 앎'은 모두가 '이해범주의 현상'이다. 〈이해가 아닌 무상・고・무아의 사실을 직접 보았다〉고 주장하는 사람이 있다면 무지의

---

3 상윳따 제22 '존재의 다발' 43(SN.Ⅲ, 42~43). "rūpassa tveva bhikkhave aniccataṃ viditvā vipariṇāmaṃ virāgaṃ nirodhaṃ. pubbe ceva rūpam etarahi ca sabbaṃ rūpam aniccaṃ dukkhaṃ vipariṇāmadhammanti evam etaṃ yathābhūtaṃ sammappaññāya passato ye sokaparidevadukkhadomanassupāyāsā te pahīyanti."; 『잡아함경』(T2, 8b5~10). "若善男子. 知色是無常已變易離欲滅寂靜沒. 從本以來, 一切色無常苦變易法知已. 若色因緣生憂悲惱苦. 斷彼斷已無所著. 不著故安隱樂住, 安隱樂住已, 名爲涅槃. 受想行識亦復如是."

4 상윳따 제22 '존재의 다발' 12~15(SN.Ⅲ, 22). "Rūpaṃ bhikkhave aniccaṃ. yad aniccam taṃ dukkhaṃ. yaṃ dukkhaṃ tad anattā. yad anattā taṃ netam mama neso ham asmi na meso attā ti. Evam etaṃ yathābhūtaṃ sammappaññāya daṭṭhabbaṃ."

착각이거나 기만이다.

변화와 관계 속에 생멸하는 현상의 모습을 실감나게 확인하고 싶다면 차라리 고도의 전자현미경으로 관찰하는 것이 나을 것이다. 그러나 전자 현미경을 통한 관찰에서 발생하는 경험 역시 이미 '비교·분석·판단·평 가하는 언어·기호적 차이처리 과정'이 전제되어 있다. 그러므로 〈몸과 마 음의 현상을 면밀히 관찰해야 한다〉는 것은 타당하지만, 〈무상·고·무아 를 직접 볼 수 있다/보아야 한다〉는 것은 그 말의 의미를 제한적으로 해석 해야 한다. 이때 〈직접 보아야 한다〉는 말은 〈흔들림 없이 확신할 수 있는 수준의 이해까지 나아가야 한다〉는 정도의 뜻으로 수용하는 것이 좋다고 본다. 그렇지 않으면 자칫 '언어·사유·이해를 부정하거나 건너뛰려는 신비주의의 덫'에 걸리기 쉽다. 일단 이 신비주의의 덫에 걸리면 '언어·사 유·이해와 맞닿아야 발생하는 경험주의적 합리성'은 너무도 쉽게 망실하 게 된다. 가장 경계해야 할 대목이라고 본다.

5) 재인지 사유의 의미

사유의 내용을 결정해 가는 이해의 압도적인 '규정적 구성력'은 확정적 이지 않다. 내용을 규정할 정도로 강력하지만 닫힌 완결이 아니다. 이해 자체가 바뀔 수 있기 때문이다. 이해는 '강력한 규정력'을 지녔지만 '가변적 인 열린 가능성'이다. 좋은 이해의 선택과 수립을 통해 문제를 이롭게 해결 해 가려는 노력이 유효한 이유는 이해가 변화에 개방된 것이기 때문이다. 위빠사나 행법이 실제 삶을 치유하고 바꾸는 변화를 보여 줄 수 있는 것도 '사실과 맞지 않는 이해'를 '사실과 맞는 이해'로 바꿀 수 있기 때문이다.

〈이해가 이해를 바꾼다〉고 말하기는 어렵다. 이해는 일종의 창窓이다. 규격과 색에 맞추어 세상의 모습을 받아들이는 창과 같은 것이다. 그런데 이미 형성된 창이 스스로 창의 규격이나 두께 등을 바꾸어 새 창으로 변해 가는가? 그렇다면 이해의 의미 규정력은 미약하고 불안정하여 문제해결력을 발휘하기 어렵다. 〈이해 자체의 능동적 가변성 때문에 이해가 변한다〉고 하기보다 〈이해와는 범주를 달리하는 어떤 작용이 이해를 바꾼다〉고 하는 것이 타당하다. 만약 이해 자체에 자율적 수정능력이 내재되어 있어 이해가 바뀌는 것이라고 한다면, 누구나 적절하고 수월하게 이해를 바꾸는 모습을 보여야 한다. 그러나 현실은 이해 바꾸는 능력과 정도가 사람마다 큰 편차를 보인다. 〈이해 자체가 이해를 바꾸는 것이 아니라 '이해 아닌 것'이 이해에 작용하여 이해가 바뀐다〉고 보는 것이 합리적이다. 그렇다면 '이해를 대상화시켜 처리할 수 있는 능력'이 있다고 보아야 한다. 그 능력을 가동할 수 있는 실력의 정도에 따라 이해 바꾸기의 편차가 발생한다고 보는 것이 타당할 것이다. 그 능력은 바로 재인지 사유의 능력이다. 나는 '나의 견해'가 어떤 것이라고 '알 수 있다'. 이때 '나의 견해'와 '견해를 아는 것'은 동일한 것이 아니다. 재인지하는 작용은 재인지의 대상과 거리를 확보하기에 겹치지 않는다. 이것은 경험적 사태다. 인간의 사유/인지능력에는 '이해 작용'과 '이해에서 빠져나오는 작용'이 동거한다. 이 '빠져나오는 능력과 작용' 때문에 이해를 대상화시켜 선택하기도 하고 밀어내기도 하며 수정하기도 하고 대체하기도 한다.

이해는 본래부터 있는 것이 아니다. 없다가 형성된 것이고 수립된 것이다. 무엇이 이해를 형성하는가? 제3의 전능자를 설정하여 창조론적으로 설명하는 것은 현상의 내재적 인과관계를 외면하는 불합리한 방식이기에 거절하겠다. 관찰 가능한 현상들 사이에서 작용하는 내재적 인과관계를 주목하는 것이 모든 탐구의 합리적이고 타당한 방식이라고 생각한다. 그래서 '이해 현상'은 인간 생명현상의 진화적 전개에서의 인과적 계열에서 발생하였다고 본다. '이해 현상'을 발현시킨 조건들과 그 인과관계의 정확한 과정이나 시점을 소급하여 알 수는 없지만, 앞서 거론한 '사유발생의 조건인과적 발생연쇄에 관한 추정'에 따른다면, 적어도 '차이들을 언어·기호에 담아 처리하는 능력'의 발생이 '이해현상 발생의 선행조건'이라고 보는 것은 타당할 것이다. 그리고 언어·기호적 처리능력을 발생시킨 것은

'생명체의 개별적 인과계열에서 작용하는 일정한 범주적 능력'으로 보인다. '일정한 범주적 능력'이라는 말은 생명의 개별적 인과계열에서 여러 조건이나 현상들을 유기적으로 엮어 주면서 그 계열 내에서 새로운 조건이나 현상들을 인과적으로 전개시켜 가는 '통합적 중심축' 혹은 '통합적 상위작용'을 지칭하기 위해 선택하였다. 개별 생명의 인과계열에서 발생하는 조건인과적 현상들을 통합적으로 수렴하고 이어 주면서 거듭 새로운 창발적 현상을 가능케 하는 근거가 있다고 보아, 그것을 '일정한 범주적 능력'이라 불러 보는 것이다. 필자는 이 '일정한 범주적 능력'이 '차이들에 대한 언어·기호적 처리능력'부터 '이해를 직조하는 사유능력'까지의 창발적 발현을 가능케 한 토대라고 생각한다.

사유능력이 발현된 이후 이 '일정한 범주적 능력'은, 인지적 경험의 모든 것을 대상화시켜 '재인지하면서 재구성하는 능력'으로 자신을 표현하는 것으로 보인다. 기존의 관점·견해·이해를 평가하여 수정하기도 하고, 다른 것으로 대체하기도 하며, 새로운 이해를 수립하기도 하는 창발적 현상의 근거로 작용한다. '이해 사유'의 강력한 규정력을 거부하면서 이해 내용을 보완·수정해 가고 새로운 이해로 바꾸어 가는 '재인지 사유의 창발적 구성력'이 그것이다. 이 '재인지 사유의 창발적 구성력'을 주목하여 그것을 '선先이해체계/문법에서 풀려나는 능력' 및 '이해들을 이로운 것으로 수정하거나 수립하는 능력'으로 포착한 후 그 능력을 의도적으로 계발하여 고도화시켜 가는 길을 마련한 것이 붓다였다고 본다. 붓다와 그의 길에 동참한 전통이 주목한 '재인지 사유의 창발적 구성력'을 불교전통에서는 '마음'이라 부르는 경우가 있다. 앞서 '이해 사유'와 '재인지 사유'를 모두 품은 사유현상을 '마음'이라 불러 보았는데, 이 경우의 '마음'은 이해의 강력한 규정력을 거부하고 재구성할 수 있는 '재인지 사유의 창발적 구성력'을 지칭하는 것이다. 따라서 '마음'에 관한 전자의 정의定義는 '이해 사유'와 '재인지 사유'를 모두 포괄하는 '광의의 마음'이고, 후자는 그 가운데 특히 '재인지 사유의 창발적 구성력'만을 주목하는 '협의의 마음'이라 하겠다. 불교해석학/교학과 수행론의 계보 속에는 이러한 두 의미의 마음이 공존한다. 이해를 조정하고 선택하며 수정하거나 새로운 것으로 바꾸는 위상을 지닌다는 점에서, '마음으로서의 재인지 사유'는 '이해 사유'보다 상위의 지위에 있다고 할 수 있다. 이해를 바꿀 수 있는 것은 이 '마음 작용' 때문이다. 잘못된 이해를 치유할 수 있는 것도 이 마음 작용 때문이고, 잘못된 이해를 선택하거나 만들어 낼 수 있는 것도 이 마음 작용 때문에 가능하다. 사실에 맞지 않는 이해·관점·견해를 사실에 부합하는 것으로 바꿈으로써 삶의 근원적 치유와 행복을 구현하려는 '이해 수행'(觀, 위빠사나 행법)도 이 마음 작용이 받쳐 주어야 완전해진다.

유념할 것은, 두 가지 가운데 어떤 의미의 마음일지라도 그것은 예외 없이 변하는 것이라는 점이다. '불변의 것'이 '변화하는 것'을 만들 수는 없다. 무엇인가를 만들어 내려면 자신도 변해야 한다. '만든다'는 현상은 만드는 것과 만들어지는 것 쌍방의 역동적 상호관계이기 때문에 '변화'를 조건으로 해야 가능하다. 그런 점에서 '불변의 것'은 '변화하는 것'을 만들 수가 없다. 〈불생불멸하는 아트만/브라만/궁극실재/본체/실체가 생멸 변화하는 현상세계를 만들어 냈다〉거나 〈불생불멸하는 영원한 신이 생멸 변화하는 세상을 창조했다〉는 발상 자체가 모순이고 오류다. '불변'과 '변화'는 이처럼 결합될 수 없는 것임에도 불구하고, '변화하는 현상을 만들어 내는 불변의 그 무엇'을 인간은 너무 안이하게 설정하고 너무 오랫동안 붙들어 왔다. '변화의 불안'을 '불변하는 것에 의한 안정'으로 극복하려는 사유가 근거도 없이 위세를 떨쳐 왔고 지금도 그러하다.

특히 마음을 불변의 실재로 간주하는 경우는 예외 없이 신비주의에 빠져든다. 필자가 말하는 '신비주의'는 〈언어·사유와 무관하게, 그 이면이나 초월의 범주에서, 완전하고도 불변하는 실재가 본래 있고, 수행이나 깨달음을 통해 문득 그 불변의 완전한 실재와 결합하여 하나가 되면, 존재의 완성과 진리구현과 구원이 이루어진다〉는 관점과 신념을 지칭한다. 이런 내용의 신비주의는 인도 우파니샤드 전통에서 그 오래된 전형이 목격된다. 또한 이런 신념은 경험적 근거가 없다고 비판하며 인도 전통사유를 비판하고 해체시킨 붓다의 집안에서도 여러 변형된 모습으로 빈번하게 목격된다. 특히 후기 선종의 언어에 기대어 깨달음을 성취하려는 과거와 현재의 구도자들 가운데서 많이 보인다. 최고수준의 깨달음을 '불생불멸의 실재와 하나가 된 경지를 깊은 잠 속에서도 놓치지 않는 것'이라고 여기고 그 경지에 도달하기 위해 초인적 노력을 기울이기도 한다. 아비담마 교학에 의지하여 위빠사나 혹은 사마타 행법에 몰두하는 구도자들 가운데서도 내심 '불변의 실재'(自性)를 보는 것을 궁극목표로 삼는 경우가 드물지 않아 보인다. 모두 '변화의 불안'을 '불변존재의 확보'로 극복하려는 사유의 변주이고, 붓다의 길에서는 벗어나 있다.

4. 마음 탐구의 두 가지 유형

불교해석학/교학의 계보에서 마음을 탐구하는 것은 크게 두 유형으로 구분된다. 하나는 인식론적 · 심리학적 접근이다. '인식 · 심리의 주체'(心王)와 '인식 · 심리의 현상'(心所)을 다양한 방식과 내용으로 분석하고 체계화시켜 설명하려는 것이다. 근본무지에 오염되어 발생한 주관 · 객관의 심리현상을 여러 기준으로 분류하고 분석하며, 이롭거나 이롭지 못한 마음현상들을 번쇄할 정도로 분석하고 복잡하게 체계화시킨다. 이와 관련하여 아비담마가 수립한 분석체계의 기본 틀은 대승 유식학에까지 마음현상 탐구의 기본체제로 작동한다. 다른 하나는 해탈론적 접근이다. 깨달음 · 해탈의 근거나 구현과정 및 깨달은/해탈된 마음의 특징과 작용을 탐구하거나 설명하려는 접근방식이다. 인식론적 · 심리학적 접근도 크게는 해탈론의 맥락에서 이루어지는 것이긴 하지만, 이 후자의 접근방식은 깨달음 · 해탈의 근거와 과정 및 작용에 대해 보다 직접적이고도 집중적인 관심을 보여 준다는 점에서 '해탈론적 접근'이라 구분해 본다. 이 접근방식은 유식・여래장・『대승기신론』・선종 계열에서 두드러지는 현상이다. 7세기 이후 동북아시아 불교지성계의 지배적 경향성으로 부각되는 '긍정형 언어・기호들과 긍정형 서술'은 이 '해탈론적 접근'의 계열에서 발생하는 현상이다. 원효는 인식론적・심리학적 접근과 해탈론적 접근, 이 양자와 관련된 내용을 모두 탐구하여 탁월한 안목과 계발적인 내용을 풍부하게 펼치고 있다.

불교교학이 거론하는 '마음'은 고스란히 '인간의 사유현상'이다. 그리고 사유현상은 앞서 거론한 '이해 사유'와 '재인지 사유'의 상호작용으로 발생하는 것이다. 따라서 인식론적・심리학적 접근이든 해탈론적 접근이든, '이해 사유와 재인지 사유의 상호작용에 의해 발생하는 사유현상'을 관심에 맞추어 탐구하는 것이다. 그런데 사유의 구체적 내용을 근원적/최종적으로 결정하는 것은 '이해'이지만, 사유라는 그릇에 담긴 것이 온통 '지적・논리적・이론적 현상으로서의 이해'인 것만은 아니다. 사유의 그릇을 채우는 '이해한 의미들'은 '이성적 현상들'에 국한되지 않기 때문이다. 욕망・감정・느낌・충동・정서 등의 '감성적 현상들'도 '이해와 관련된 의미체계'에 해당한다. 그러므로 '마음'은 이성적 현상과 감성적 현상을 모두 그 내용으로 한다. 동시에 이성적 현상과 감성적 현상은 모두 '이해한 의미들과 연관된 현상들'이다. 필자가 '이해 사유와 재인지 사유의 상호작용에 의해 발생하는 사유현상'이 '사유'이며 또한 '마음'이라고 말하는 것에는 이러한 의미가 모두 반영되어 있다.

'인식론적・심리학적 접근에서의 마음 탐구'가 거론하는 '마음 현상'에는 '이해 사유와 재인지 사유의 상호작용에 의해 발생하는 이성적 현상과 감성적 현상'이 모두 포함되어 있다. 그러나 '이성적 현상'은 물론이거니와 '감성적 현상' 역시 '이해'와 무관하지 않다. 인간의 모든 지각과 경험은 원초적으로 '이해'와 연계되어 있다. 이해와 연계된 정도나 양상에 따라 '이성적・지적・이론적・논리적 현상'으로 분류하기도 하고 '감성적・정서적 현상'으로 분류하기도 하면서 구분할 뿐이다. 언어로 차이현상들을 처리하는 능력이 고도화된 이후의 인간감관에서 발생하는 지각이나 경험은, 그것이 아무리 본능적이고 감각적이라 해도, '그 어떤 수준과 양상에서의 이해'와 연관되어 있다. 원효는 유식학이나 『대승기신론』의 탐구를 통해 '오염된 마음 현상'을 '번뇌의 장애'(煩惱障, 煩惱碍)와 '이해의 장애'(所知障, 智碍)로 분류하여 분석하면서 체계화하고 있다. '번뇌의 장애'는 탐욕적 욕망이나 폭력적 분노와 연계되는 다양한 정서적 마음현상들과 관련되고, '이해의 장애'는 관점·견해·논리·이론의 허물과 결핍인 이성적·지적·이론적·논리적 마음현상과 관련된다. 이 두 가지 장애는 별개의 독자적인 것이 아니라 상호 연계되어 있고 상호 작용하는 것인 동시에, '이해의 장애'가 더욱 근원적이라 할 수 있다. 원효가 '현상에 대한 이해의 미혹'(法執)을 치유하는 것이 가장 어렵다는 관점을 다양한 방식으로 개진하고 있는 것은 이런 점에서 정확하다.

깨달음·해탈의 근거와 과정 및 작용을 탐구하거나 설명하려는 '마음에 대한 해탈론적 접근'의 경우, 그 관심의 초점을 '오염된 마음현상의 분석적 분류'보다는 '잘못된 마음현상의 치유' 혹은 '왜곡되고 오염된 마음현상에서 풀려남'에 집중한다. 구체적으로는, '치유/해탈능력의 근거'와 '치유/해탈의 방법' 및 '치유/해탈된 마음의 현상이나 작용'에 관심을 집중한다.

'치유/해탈 능력의 근거'를 마음 범주에서 밝혀 보려는 관심은 그 근거를 긍정형 기호들로 표현한다. 불성佛性, 여래장如來藏, 본각本覺, 일심一心, 자성청정심自性淸淨心 등이 대표적이다. 이들 용어들을 통해 〈인간의 마음에는 '스스로 오염시킨 마음현상들'을 '스스로 치유하며 풀려날 수 있는 능력 내지 가능성'이 누적적으로 발전하여 마침내 뚜렷한 근거로서 내면화되어 있다〉는 인간관을 표현한다.

'치유/해탈된 마음의 현상이나 작용'에 대해서는, 자신·타인의 삶과 세상에 '좋은 이로움'을 발생시키는 마음현상과 작용을 적극적으로 기술한다. 특히 원효는 〈'깨달음의 본연'(本覺)과 '비로소 깨달아 감'(始覺)의 통섭通攝적 하나 됨〉을 축으로 삼아, 그곳으로 수렴되어 가고 또 그로부터 발산해 가는 현상과 작용 및 그것들을 펼칠 수 있는 능력/실력을, 다양한 맥락에서 거론한다. '자기를 이롭게 하는 행위'(自利行)와 '타자를 이롭게 하는 행위'(利他行)가 근원에서 결합하면서 펼쳐질 수 있는 지점인 '보살수행의 열 가지 본격적인 단계'(十地)의 '첫 번째 단계'(初地)를 이러한 능력/실력의 실존적 분기점으로 강조하고 있다.

특히 주목되는 것은 '치유/해탈의 방법'을 마음현상과 관련하여 밝히려는 노력들이다. 필자가 보건대, 이들은 기본적으로 유식학의 성과 위에서 등장하고 있으며, 『대승기신론』과 이에 대한 원효의 해석에서 '공관空觀을 안은 유식관唯識觀'의 방식으로 나타난다. 이에 관한 원효의 관점은 그의 말기저술인 『금강삼매경론』에 이르러 완결적인 모습을 보여 준다. '완결적'이라 표현한 것은 '치유/해탈 능력의 근거'와 '치유/해탈의 방법' 그리고 '치유/해탈된 마음의 현상이나 작용'을 가히 통섭적通攝的으로 결합시켜 종합하고 있기 때문이다. 그리고 이 '공관을 안은 유식관'은 선종이 보여 주는 새로운 선관禪觀의 철학적 토대이기도 하다. 아울러 원효의 '공관을 안은 유식관'과 선종의 선관은, '붓다의 선禪/정학定學의 요점'을 잘 파악하고 있는 것으로 보인다. 이로 인해 정학·선·삼매 수행을 '대상 집중'으로 읽어 오던 시선들과 결별하고 붓다의 선/정학 법설과 새롭게 대화하고 제대로 소화해 낼 수 있는 전환이 이루어졌다. ―필자는 이렇게 생각한다. 이런 견해를 기회 있을 때마다 피력해 왔는데, 이 글에서는 그것을 토대로 더 발전시켜 본다.

5. 이해 바꾸기

1) '이해 바꾸기'가 갖는 중요성과 의미

인간의 경험은 사유에 담긴 이해에 의해 내용이 형성된다. 이해의 종류와 내용에 따라 경험세계의 내용이 결정된다. 그런데 이해에 따라 발생하는 경험현상은 이롭거나 해롭다. 이로움과 해로움에도 각각의 질적 수준 차이가 있고 다양한 유형이 있다. 자기에게는 이롭지만 타인(들)에게는 해로운 것이 있고, 타인(들)에게는 이롭지만 자기에게는 이롭지 못한 것이 있다. 모두에게 이롭거나 모두에게 해로운 것도 있다. 수준 높은 이로움이 있고 저급한 이로움이 있으며, 나쁜 이로움/해로움도 있고 좋은 이로움/해로움도 있다. 이로워도 해로운 것이 있고, 해로워도 이로운 것이 있다. 이로움과 해로움의 내용, 그것을 발생시키는 조건들과 관계가 복잡하고 가변적인 만큼, 이로움과 해로움을 발생시키는 이해·관점·견해의 유형을 일률적으로 규정하기는 불가능하다. 〈나와 남 모두에게 이로워야 한다〉는 불교적 이로움(哲)의 요청도, 실제 상황을 반영하려면 복잡하고 난해한 문제들에 봉착한다.

그러나 '이로움을 발생시키는 이해'와 '해로움을 발생시키는 이해'를 구분하거나 선택할 수 있는 보편적·근원적 기준이 없다고는 보지 않는다. 인간의 개인적·사회적·역사적 경험들은 이 보편적 기준에 점차 눈뜨게 했다고 본다. 더 좋은 가치를 추구해 온 지성들은 보편적 설득력을 가진 기준이 무엇인지를 성찰해 왔고 또 제안해 왔다. 그 성찰과 제안들이 수렴되는 곳이 있을까? 있다면 어떤 것일까? 철학적 관심으로 볼 때, 그것은 '불변·독자의 실체나 본질을 설정하는 이해'와 '실체나 본질을 부정하고 해체하는 이해'로 압축된다. 붓다의 관점이 대표적이다. 〈탐욕과 분노와 무지'라고 불리는 현상을 발생시키는 이해는 해롭고, 그 현상들을 치유하고 제거하는 이해는 이롭다〉고 하는 붓다의 말도 이런 맥락에서 등장하고 있다.

'모든 유형의 실체·본질주의를 지지하는 이해'는 전반적·근원적·궁극적으로 해로움을 발생시킨다. 일시적으로는 이로워 보여도 근원적·궁극적으로는 이롭지 않으며, 특정 개인이나 집단에게만 이로운 배타적·폐쇄적인 이로움이라서 보편성이 없다. 이런 이해에 의거한 이로움은 강력한 배타적 결집력을 발생시켜 얻은 것이라서 폭력적이고 저질이고 불안하다. 또한 아만, 독선, 증오, 배타적 이기심, 소유에 대한 집착, 기만적 무지 등을 발생시키는 이해이기에 해롭다. 이익을 발생시켜도 좋은 이익, 보편가치에 다가서는 이로움이 되지 못한다. 역사가 넘쳐나는 사례들로 증언한다. 인간의 길에는 본질·실체 환각에 묶인 이해가 펼쳐 놓은 그럴듯한 기획들이 가득하다. 날카로운 가시덤불이다.

이에 비해 '불변·독자의 실체나 본질을 부정하거나 해체하는 이해'는 전반적·근원적·궁극적으로 이로움을 발생시킨다. 비록 본질·실체주의적 이해로 펼치는 기획처럼 '폐쇄된 이익의 배타적 성취'에는 기여하지 못할지라도, 더 좋고 더 깊고 더 크고 더 보편적인 이로움을 발생시킨다. 일상세계와 역사는 이 점을 증언하는 사례들도 넘치도록 제시한다.

인간의 행위나 욕망, 감정은 어떤 수준 어떤 방식으로든 판단이나 평가에 연루된다. 그리고 판단·평가의 내용을 결정하는 것은 관점·견해·이해다. 따라서 이로움을 생겨나게 하는 관점·견해·이해는 선택하거나 수립하여 힘을 실어 주어야 한다. 반면에 해로움을 생겨나게 하는 관점·견해·이해에서는 벗어나야 하고 수정해야 한다. 근원적 수준에서는, '불변·독자의 실체나 본질을 부정하거나 해체하는 관점·견해·이해'는 수립하여 살려야 하고, '모든 유형의 실체·본질주의를 지지하는 관점·견해·이해'는 고쳐야 한다. '이해하는 언어·사유 인간'의 운명적 과업이다. 언어·사유에 의해 이해하는 능력이 고도화된 이후로 줄곧 이 과제와 씨름해 왔고, 앞으로도 집중해야 한다. 인간에게는 '이해의 치유'가 좋은 삶과 세상을 만드는 근원적 조건이다. 보편가치를 합리적 방식으로 추구해온 지성의 행보도 결국 '해로운 이해의 극복'과 '이로운 이해의 확보'였다. 붓다는 이 이해의 문제를 가장 깊은 근원에서 다루어 성공했던 것으로 보인다. 따라서 붓다의 길에 동참하려는 불교전통은 이에 관해 남다른 실력을 펼쳤어야 마땅하다. 이런 요청에 얼마나 성공적으로 부응하였는지를 묻는 것은 현재 학인들의 몫이다.

그런데 '이해 바꾸기'는 기대처럼 쉽게 이루어지지 않는다. 인간 사유의 그릇 안에는 이미 강력한 '이해 체계들'이 축적되어 있다. 그 이해체계들은 지각되는 차이현상들을 선별·가공하여 처리한다. 그리고 인간의 경험은 이해체계를 통해 해석된 의미들로 채워진다. 뇌 과학의 기술방식으로 보면, 이 선先이해체계는 감관을 통해 입력된 정보들을 처리하는 신경시스템에 해당할 것이다. 뇌에 자리 잡은 신경시스템의 정보처리 방식은, 비록 재구성 및 변화가능성을 인정한다고 할지라도, 가소성可塑性보다는 '같은 방식이 재현되는 패턴'이 압도적일 것이다. 마찬가지로, 사유에 내재된 선先이해체계도 차이현상들의 해석방식에 있어서 거의 같은 내용을 반복할 정도로 안정적이다. 욕구와 감정, 행동의 방향과 내용을 규정하다시피 하는 이해, 그리고 그 이해들이 얽히고설켜 형성된 체계는, 강력한 관성을 지니고 있다. 같은 방식을 반복하면서 안정적으로 작용한다. 〈사람은 안 변한다〉는 통념의 근거이기도 하다.

　사유에 내면화된 이해체계가 불변으로 보일 정도로 안정적인 것은 자연스럽다. 현재 작동하고 있는 개인적/사회적 선先이해체계는 장기간에 걸쳐 검증된 환경적응 방식이기 때문이다. 환경적 조건들은 비록 가변적이지만 문제유형들은 반복적으로 발생하는 경우가 대부분이기 때문에, 그에 대응하여 수립된 이해들은 유사한 문제해결을 위해 반복적으로 채택된다. 만일 같거나 유사한 문제들에 대해 그때마다 상이한 이해들로 대응한다면, 문제해결력은 불안정해지게 된다. 게다가 문제에 대응하기 위해 수립된 이해들은 집단적으로 공유하고 전승하는데, 그 과정에서 전통·문화·종교·제도와 같은 지속적/안정적 방식들과 결합된다. 이런 사정들로 인해 사유에 이미 자리 잡은 이해체계는 바꾸기 어려울 정도로 안정적으로 작동한다.

　그러나 아무리 안정적이고 바꾸기 어려울지라도 기존의 이해체계가 불변의 것은 아니다. 원래 없던 '개인적/사회적 선先이해체계'를, 그 자신도 변하는 '개인적/사회적 마음'이, 역동적으로 구성한 것이기 때문이다. 선先

이해체계와 마음 모두 역동적으로 변하는 현상이다. '일정한 범주적 능력'인 마음은, 개인적 범주의 것이든 사회적 범주의 것이든, 그 작용과 내용이 역동적으로 변하는 것이었기에, '차이들에 대한 언어·기호적 처리능력'부터 '이해를 직조하는 사유능력'까지의 창발적 변화와 구성이 가능하였다. 또한 '이해들과 그 체계'도 그 역동적인 마음에 상응하여 변하면서 수립된 것이다. 그러므로 비록 안 변할 것처럼 안정적이고 굳건한 '이해들과 그 체계'일지라도 변할 수 있다. 개인적·사회적 마음의 '변화에 열린 작용'에 의해 새로운 내용으로 바뀔 수 있다. 그 변화 가능성 때문에 문화와 문명도 바뀌어 왔다. 또 그 가능성 때문에 인간은 진보의 희망을 품을 수 있었고, 완만하게나마 실제로 향상 진보의 길도 걸을 수 있었다.

2) '이해 바꾸기'의 방법론적 성찰

그런데 이 지점에서 중요한 질문이 등장한다. 〈이해들은 어떻게 바꿀 수 있는가?〉라는 질문이다. '이해 바꾸기'의 요청에 응하려면 '이해 바꾸는 방법'을 탐구해야 한다. 의지나 요청만으로는 바뀌지 않는다. 적합한 방법론이 확보되어야 성공할 수 있다. 방법의 적절성 여하에 따라 이해 바꾸기의 정도와 성패가 좌우된다. 그런데 '이해 바꾸기'의 중요성은 강조되어도 방법론에 관한 관심과 탐구는 기대에 미치지 않는다. 가장 널리 승인되어 온 방식은 '성찰하기', '비판적으로 생각하기', '편견이나 선입견에 지배받지 않기', '다른 이해를 경청하기', '열린 태도' 등이다. '방법론에 대한 탐구'와 '실험을 통한 검증'이 집중적이고 체계적으로 진행되는 경우는 현재도 목격하기 어렵다. 붓다의 경우는 그런 점에서도 돋보인다.

이해의 강력한 규정력에 매이지 않고 이해 자체를 바꾸어 간다는 점에서, '마음으로서의 재인지 사유'는 '이해 사유'보다 상위의 지위라 할 수 있다. 그런데 재인지 사유의 이 '이해 바꾸기 작용'은 구체적으로 어떻게 이루어지는 것일까? '이해 바꾸기의 기능적 구조', 그 '이해 바뀜의 메커니즘'

은 어떤 것일까? 앞서 언급한 것처럼, 재인지 사유는 언제나 이해 사유를 조건으로 삼아 발생하고 작용한다. 연기적緣起的 상호의존 관계의 전형이다. 어느 한 쪽이 없으면 다른 쪽도 성립하지 못하며, 그 결과 사유 자체가 제대로 작동하지 못한다. '이해 사유의 의미 규정력'이 없다면 사유의 그릇이 비게 되고, '재인지 사유의 이해 구성력'이 없다면 사유 그릇의 내용물이 썩는다. 이해 사유와 재인지 사유는, 원효의 말을 빌리면, '같지 않으면서도 별개의 것이 아닌'(不一而不二) 관계를 맺고 있다. 이해와 마음은 '같은 것도 아니고 다른 것도 아니다'(不一不異). 이해와 마음, '이해 사유'와 '재인지 사유' 양자의 이 '같지 않으면서도 별개의 것이 아닌 관계'(不一而不二)를 주목하면 '이해 바뀜의 메커니즘'을 풀어 볼 단서가 잡힌다.

'재인지 사유'가 보여 주는 '이해 바꾸기 작용'은 두 가지 방식으로 작동되는 것으로 보인다. 하나는, 〈어떤 이해가 재인지 사유의 선택작용을 촉발시켜 재인지 사유로 하여금 새 이해를 선택하게 하는 방식〉이다. 예컨대 '불변·독자의 실체는 없다'(無我, 空)는 이해가 재인지 사유의 선택작용을 촉발시켜, 마침내 재인지 사유가 '불변·독자의 실체가 있다'는 이해를 '불변·독자의 실체는 없다'는 이해로 바꾸는 경우이다. 〈재인지 사유의 선택작용을 촉발하는 이해의 등장→재인지 사유의 선택→이해 바꾸기〉의 메커니즘이라 할 수 있다. 다른 하나는, 〈어떤 이해가 재인지 사유의 '붙들려 갇히지 않고 빠져나오는 작용'을 촉발시키면, '빠져나온 자리/붙들지 않는 자리'로 옮아간 재인지 사유가 그 '붙들거나 갇히지 않는 자리'에서 상이한 이해들을 만나고, 그 재인지 자리의 '매이지 않는 자유의 힘'으로 비교·검토하여 좋은 이해를 선택하거나 새로 수립하는 방식〉이다. 예컨대 '불변·독자의 실체는 없다'(無我, 空)는 이해가 재인지 사유로 하여금 '불변·독자의 실체가 있다'는 이해에 갇히지 않고 빠져나가게 하는 작용을 촉발시키고, 빠져나감으로써 확보하게 된 '붙들거나 갇히지 않는 자리'에서 '자유의 힘'을 지닌 채 다시 두 상이한 이해들과 접속하며, 마침내 '불변·독자의 실체는 없다'(無我, 空)는 이해의 선택이 이루어지는 경우이다.

〈재인지 사유의 '빠져나가는 작용'을 촉발하는 이해의 등장→'빠져나온 자리/붙들지 않는 자리'의 확보→좋은 이해의 선택이나 수립〉이라는 메커니즘이다. 이 두 가지 방식의 '이해 바꾸기'가 가능한 것은, '이해 사유'와 '재인지 사유'가 '같지 않으면서도 별개의 것이 아닌 관계'(不一而不二)에서 상호작용하기 때문이다. 또 기존에 없던 새로운 이해의 발생현상도, '이해 사유'와 '재인지 사유'가 '같지 않으면서도 별개의 것이 아닌 관계'(不一而不二)에서 상호작용하는 과정에서 이루어지는 것으로 보인다.

뇌과학이나 신경과학이라면 이러한 '이해 바뀜의 메커니즘'을 물리·전기화학적 현상으로 환원시켜 설명할 것이다. '이해'라는 현상, '이해 사유'와 '재인지 사유'의 현상, 재인지 사유가 이해를 바꾸는 두 가지 방식 등을 물리·전기화학적 용어로 바꾸어 그 메커니즘을 가시화시켜 탐구해 볼 수 있을 것이다. 그러나 뇌과학이나 신경과학의 설명방식이 마지막 안고 있는 난제는 '창발적 현상'으로 보인다. '학습에 의한 뇌 신경시스템의 가소성可塑性'을 인정한다고 해서 이 문제가 해결되지는 않는다. 학습내용의 선택적 차이들도 '이미 주어진 신경시스템 구조와 환경들과의 상호작용'으로 설명해 버린다면, 순환적 결정론에서 벗어나기가 어렵다. 인간의 사유에서 발생하는 '자율적 선택에 의한 창발적 현상'을 설명하기 위해서는 더 좋은 관점의 '창발'이 필요하다.

3) 붓다가 제시한 '이해 바꾸기 방법론' ―삼학三學

과거와 현재를 통틀어 '이해 바꾸기의 의미와 필요성 및 방법론'을 집중적으로 탐구하고 검증해 온 유일한 사례는 붓다의 전통이라고 생각한다. 붓다의 법설과 수행론은 고스란히 '이해 바꾸기의 의미와 필요성 및 방법론에 관한 가르침'이기도 하다. 붓다의 법설과 후학들의 해석학 및 수행론을 이렇게 읽으면, 놓쳤던 의미와 내용들이 새롭게 살아난다. 이른바 계戒·정定·혜慧 삼학三學은 '이해 바꾸기 방법론'으로 종합체계로 볼 수 있다.

계학戒學은 '행위 선택을 통해 이해를 바꾸어 가는 방법론'이다. '이해와 행위의 밀접한 상관관계'를 고려한 방법론이다. 행동심리학이 주목하고 있듯이, '행위의 변화'는 '인지나 심리의 변화'를 발생시키는 강력하고도 효과적인 방법이다. 견해와 인식의 변화가 원인이 되어 행동의 변화가 발생한다는 인지심리학이 '견해·이해의 변화→행동의 변화'라는 인과관계를 중시하는 것이라면, 행동심리학은 그 반대방향의 인과관계를 중시한다. 계학은 행동심리학적 관점과 그 유효성을 '이해 바꾸기 방법론'에 반영한 것으로 볼 수 있다.

혜학慧學은 '바른 이해에 기대어 잘못된 이해를 바꾸어 가는 방법론'이다. 선각자에 의해 제시된 '사실과 부합하는 이해'를 거울로 삼아 '사실과 부합하지 않는 이해'를 반성하고 수정하는 방식이다. 예컨대 붓다가 설하는 '불변·독자의 실체나 본질은 어디에도 없다'(無我)는 이해를 거울로 삼아, 본질과 실체가 있다고 생각하는 모든 유형의 이해를 비판적으로 성찰하여 잘못된 이해를 치유한다. 또한 '모든 현상은 조건에 따라 인과적으로 생겨난다'(緣起)는 이해를 거울로 삼아, 모든 유형의 무조건적 이해나 절대주의적 이해를 수정한다.

그런데 붓다에 따르면, 혜학은 두 가지 조건을 요구한다. 하나는 〈비록 선각자에 의해 제시된 이해일지라도 그 타당성을 검토하기 위해 아무런 전제 없이 성찰해야 한다〉는 것이다. 스승, 성전, 전통 등의 권위에 매이지 말고 자유롭게 그 타당성을 검토해야 한다. 그 검토과정에서는 특히 '경험적 검증가능성'과 '인과적 합리성'을 중시하라고 붓다는 조언한다. 다른 하나는 〈스스로 충분히 탐구하고 실험하여 확신의 근거를 자기 안에서 마련해야 한다〉는 것이다. 선각자가 제시한 이해에 대한 지적 공감이나 존중만으로는 기존의 이해를 성공적으로 바꾸기가 어렵다. 이해를 바꾸고, 그 새로운 이해가 실존에서도 힘을 쓸 수 있는 정도가 되려면, '확신의 자기근거'를 마련해야 한다. 그것이 '수행'의 의미이기도 하다.

이러한 '혜학 방법론'은 '이해 사유'의 역할과 '재인지 사유'의 역할이 결합해야 성공한다. 바른 이해에 기대어 잘못된 이해를 고치려는 것은 이해 사유의 역할을 중시하기 때문이다. 이해는 사유 활동의 동기와 방향 및 내용을 규정하여 욕구와 행위, 정서 등 인간 경험의 내용을 결정한다. 〈인간 삶의 내용과 경험은 궁극적으로 이해에 의해 결정된다〉는 점을 주목하여 혜학은 이해 바꾸기를 통해 '이해 사유의 역할'을 이로운 것으로 만들고자 한다. 그런데 이미 거론한 것처럼, 이해 스스로 이해를 바꾸지는 못한다. 어떤 자율적 변화의 힘이 이해에 내재하여 스스로 이해를 바꾼다고 하기는 어렵다. '특정 이해에 갇히지 않으면서 이해를 대상으로 처리할 수 있는 사유능력'이 있다고 보는 것이 경험에 비추어 봐도 논리적으로 따져 봐도 합리적이다. '이해들과 맞닿아 있으면서도 이해들에 갇히지 않고 이해를 바꿀 수 있는 사유능력'이 있다고 보아야 한다. 그 사유를 '재인지 사유'라고 불러 보았다. '바른 이해에 기대어 잘못된 이해를 바꾸어 가는 혜학 방법론'에서 '바꿈'이 가능하려면 이 '재인지 사유에 의한 새로운 선택작용'이 있어야 한다. 이렇게 볼 때 '혜학 방법론'은 이해 사유가 지닌 '내용규정의 힘'과 재인지 사유의 '바꾸는 힘'을 결합시켜야 유효하다. 특히 재인지 사유의 '선택작용의 능력'을 얼마나 의도적으로 향상시켜 활용하는가에 따라 혜학의 성공 정도가 결정된다.

정학定學은 '마음의 힘에 기대어 어떤 이해에도 갇히지 않으면서 이해를 가꾸어 가는 방법론'이다. 여기서 '마음'은 이해를 비롯한 모든 경험현상을 괄호 치고 거기에서 빠져나와 그것을 재처리할 수 있는 재인지 사유의 면모이다. 그리고 '힘'은 이해·욕구·행동·정서 등 모든 경험현상에 갇히거나 매이지 않고 빠져나온 자리에서 관계 맺는 능력이다. 모든 대상, 모든 경험들과 접속을 유지하면서도 그것들에 갇히거나 묶이지 않을 수 있는 힘, 그러기에 더 좋은 현상들과의 관계를 위해 자유롭게 자리를 옮겨 가는 유영遊泳의 힘이다. 혜학에서 작용하는 재인지 사유의 힘이 '바꾸는 선택작용'에 그 초점이 있다면, 정학에서 주목하는 재인지 사유의 능력, 그 마음의 힘은 '빠져들지 않고 만나기', '갇히지 않고 접속하기', '붙들려 매이지 않고 관계 맺기'에 그 초점이 있다. 니까야/아함이 전하는 붓다의 선禪 · 정념正念 · 정학 · 육근수호 법설, '공관空觀을 안은 유식관唯識觀'에 입각하여 펼치는 원효의 마음철학과 선관禪觀, 선종의 선관에 대한 탐구를 종합하여 수립한 이해인데, '정학의 의미와 내용'이 여기에 있다고 필자는 생각한다.

이와 관련하여 필자가 이미 거론했던 내용이 있어 그대로 옮겨 본다.

〈사마타 행법을 '마음 집중'으로 간주하는 시선은, 삶과 세계에 대한 마음범주에서의 왜곡 및 오염이 '마음의 동요'에서 비롯된다고 생각하는 것으로 보인다. 그리고 마음 동요의 극복방안으로서 '대상에 마음을 매어 움직이지 않는 집중능력'을 선택한다. 그러나 마음에 의한 삶과 세계의 왜곡과 오염은 마음 동요나 산만의 문제가 아니다. 그렇게 보는 것은 의근意根/의식/마음에 의해 펼쳐지는 인식적 사유현상에 대한 피상적 이해의 표현이다. 의근/의식/마음이라 칭하는 인식범주의 현상은, '설정된 기준들에 따라 마련된 관점 · 이해와 욕구의 다양한 방식들이 상호적으로 얽혀 중층적으로 누적된 인지기능적 체계'의 작동이며, 지각/인식 경험의 구체적 내용을 구성적으로 채워 가는 '해석 · 가공의 경향적/관성적 메커니즘'의 작용이다. 따라서 마음에 의해 삶과 세계가 왜곡되고 오염되는 것은, 마음작용의 기능적 동요나 산만함 때문이 아니라, 마음범주 안에 자리 잡은 '설정된 기준들과 그에 따라 분류 · 선별 · 해석 · 가공하는 방식들' 때문이라고 보는 것이, 더 적절한 인과적 이해이다.

그렇다면 '이해의 근원적 결핍'(근본무지)에 오염된 마음범주를 치유하거나 그 지배력에서 벗어나려면, 그 마음범주의 문법 · 지평 · 계열 · 체계에 '빠져들지 않는 선택'이 필요하다. 그런데 마음집중은 그 선택이 되기 어렵다. 마음작용의 기능적 집중은 여전히 오염된 문법 · 범주 · 지평 · 계열 · 체계 내부에서의 일일 수 있기 때문이다. 마음집중이 오염된 마음범주의 정화나 그로부터의 탈출에 무익하다고는 할 수 없지만, 가장 필요한 것은 '현상에 대한 무지'가 유효하게 작용하는 마음범주의 지평 · 계열 · 체계에 '더 이상 휘말려 들지 않는 마음자리/마음국면'의 계발과 확보이다. '마음범주에 의한 왜곡'은 '마음범주 속'에서는 그쳐지지 않는다.

무지를 조건으로 형성된 마음범주의 문법·계열·체제·지평을 '붙들어 의존하고' '따라 들어가 안기고', 그 안에 '빠져들고' '휘말려 드는' 관성(업력)에 떠밀리는 한, 아무리 집중하고 무아·공의 이해를 수립하여 애써 적용한다 해도, 무명의 그늘에서 빠져나오기는 어렵다.

선 수행을 '마음방식의 수행'이라 부른다면, 그리고 그 '마음 수행법'이 '오염된 마음범주'에 더 이상 농락당하지 않을 수 있는 행법일 수 있으려면, 현상/존재/세계를 왜곡하고 오염시키는 문법으로 작용하는 '마음범주의 선先계열/체계'에 '빠져들지 않는 마음국면', '휘말려 들지 않는 마음국면', '그 마음범주를 붙들고 달라붙지 않는 국면', '그 마음계열 전체를 괄호 치고 빠져나오는 국면'을 열어야 하고, 그 마음범주에서 '전면적으로 빠져나오는' 마음자리를 확보해야 한다. 마음의 '범주·지평·계열 차원의 자기초월'이 이루어져야 하는 것이다.〉[5]

정학/선 수행의 초점과 내용은 '대상에 대한 집중'이 아니다. 정학/선 수행의 초점은, 이미 자리 잡아 안정화된 그 어떤 이해들이나 그 이해에 의거한 욕구·행동·정서들에 '붙들려 빠져들지 않는 마음자리', '매여 갇히지 않는 재인지 자리'를 자율의지에 따라 확보할 수 있는 힘을 키우는 노력에 있다. 또한 그 '붙들지 않고 갇히지 않아 빠져나온 자리'에서 그 대상들과 접속하고 관계 맺어 조정할 수 있는 힘을 키우는 노력에 초점이 있다. 그리하여 그 어떤 이해체계 안에도 매이거나 갇히지 않으면서 더 좋은 내용을 수립하고 선택하며 고쳐 가는 자유의 힘을 키우는 일이 정학/선 수행이다. 불교전통에서 입버릇처럼 사용하는 〈집착하지 않는다〉라는 말은 이런 맥락에서 유효한 것이다.

정학/선정/삼매 수행에서 힘을 얻는다는 것은 집중력이 고도화되는 일이 아니다. 집중력 향상과 무관하지는 않지만, 선수행의 초점과 내용 및 목표가 집중력은 아니다. 〈선정의 힘을 얻어 '동요하지 않는 평온'을 성취

---

5 박태원, 「티베트 돈점논쟁과 선(禪)수행 담론」(『철학논총』 제84집, 새한철학회, 2016).

했다〉는 것은 마음이 분산되지 않는 집중의 힘 때문에 평온을 유지한다는 의미가 아니다. 특정한 이해나 욕구, 감정이나 행동을 집착하듯 붙들면, 그리하여 그것에 갇히거나 매이면, 그 이해·욕구·감정·행동이 기대와 달라질 때 불안하고 동요하게 된다. 그러다가 어떤 이해·욕구·감정·행동도 붙들지 않고 빠져나온 자리에서 관계 맺는 힘, 갇히지 않는 자리에서 접속하는 힘을 얻으면, 이해·욕구·감정·행동에 따른 불안과 동요가 근원적으로 잦아든다. 이 '풀려난 자유로 인한 평온'이 선정/삼매/정학의 평온이다.

정학/선 수행의 초점과 내용을 이렇게 본다면, 〈선 수행으로 깨달음을 성취했다〉든가 〈선정의 힘을 얻었다〉는 말의 의미도 달리 생각해야 한다. 선정의 힘이나 깨달음의 힘은 '집중력의 유지로 동요하지 않을 수 있는 경지'가 아니다. 이런 부류의 시선은 선정이나 깨달음을 일종의 기능적 힘으로 처리한다. 견해·이해·관점을 선택하여 판단과 평가를 펼치는 '사유와 언어의 힘'은 무시하기 십상이다. 좋은 이해와 가치를 선택하여 추구할 수 있는 지성과 성찰의 힘은 흔히 '쓸데없는 세속의 분별'로 치부된다. 과연 그럴까? 만약 선정이나 깨달음의 힘이 그런 것이라면 추구할 가치가 있기는 할까? '집중력'이라는 힘은 양날의 검이다. 이로움 추구의 집중력으로 쓸 때는 활인活人의 날이 되지만, 해로운 신념과 의지를 집중력을 가지고 흔들림 없이 추구할 때는 살인과 살생의 날이다. 사유의 힘, 이해·판단·성찰의 힘과 무관한 집중력은 매우 위험하다. '대상 집중' 훈련을 통해 성취한 집중력이 궁극적 지혜/이해나 해탈지평과 인과적으로 연결될 것이라는 기대는 얼마나 타당한 것일까? 무지의 뻔뻔함, 기만과 폭력의 당당함을 지탱해 주는 '흔들림 없는 집중력'은 '대상 집중의 힘'과 무관할까?

선정이나 깨달음의 힘은 '집중력의 유지로 동요하지 않을 수 있는 실력'이 아니라, '그 어떤 이해·욕구·감정·행동도 붙들지 않고 빠져나오는 자리를 확보하여 그 자리에 관계 맺으면서 더 좋은 이해·욕구·감정·행동을 선택하고 수립하는 힘'이다. 아무리 강력하게 안정화된 견해나 이론,

이해와 욕구일지라도 그것들에 갇히지 않는 마음자리로 이전할 수 있는 힘을 얻어, 그 풀려난 마음자리에서 접속하면서, 허물은 고치고 장점은 살려 내며 부족한 것은 채워 더 이로운 내용으로 바꾸어 가는 실력이다. 그러하기에 선 수행을 통해 득력得力하거나 깨달음이라 할 만한 변화를 성취했다면, '성찰과 지성의 능력'을 향상시켜 가는 힘이 수행하지 않은 사람들보다 수승해야 한다. 자신의 견해에 집착하지 않고 특정한 이해를 고집하지 않는 힘, 언제든지 기꺼이 더 좋은 견해로 옮아갈 수 있는 힘, 얼마든지 다른 이들의 더 좋은 이해를 수용할 수 있는 힘이, 범인들보다는 나아야 한다. 만약 수행이력을 내세우면서도 자기견해에 대한 배타적 고집이 강하고, 이해를 바꾸고 향상시키는 능력이 저하되어 있으며, 성찰하고 판단하는 실력이 수준 이하임에도 부끄러워할 줄 모르고 뻔뻔하다면, 그의 선 수행은 길을 잘못 든 것이다. 집중력은 돋보이지만 좋은 이해를 가꾸어 가는 지성의 힘에 관심 없거나 무능하다면 정학의 힘은 아니다. 모든 지적知 的 관행과 욕구 전통 및 행동 양식에도 갇히지 않는 자리에 서는 힘, 그 자리에서 이해·욕구·행동과 접속하면서 더 좋은 것들로 바꾸어 가는 힘 ─정학의 힘은 이런 실력으로 표현되어야 한다.

『대승기신론』과 원효가 보여 주는 '지관止觀 수행'에 대한 관점은 이런 이해를 뒷받침해 준다. 『대승기신론』은 말한다.

어떻게 〈'[빠져들지 않고] 그침'(止)과 '[사실대로] 이해함'(觀)의 수행〉(止觀門)을 익히며 실천하는가? '[빠져들지 않고] 그침'(止)이라는 것은 〈모든 '[불변·독자의 실체로 간주하는] 대상[을 수립하는] 양상'(境界相)[에 빠져드는 것을 그치는 것〉 (止一切境界相)을 말하니, 〈'[빠져들지 않고] 그침을 통해 [사실대로 이해하면서] 바르게 봄'(奢摩他觀, 止觀)의 측면(義)〉(奢摩他觀義, 止觀義)에 따르는 것이다. '[사실대로] 이해함'(觀)이라는 것은 '원인과 조건에 따라 생거나고 사라지는 양상'(因緣生滅相)을 이해(分別)하는 것을 말하니, 〈'[사실대로] 이해함을 통해 [빠져들지 않고 그쳐서] 바르게 봄'(毗鉢舍那觀, 觀觀)의 측면〉(毗鉢舍那觀義, 觀觀義)에 따르는 것이다. 어떻게 따르는가? 이 두 가지 측면을 점차 익히면서 서로 배제(捨)하거나 분리(離)되지 않게 하여 쌍으로 [함께] 나타나게 하는 것이다.[6]

원효가 화답한다.

처음인 '간략하게 밝히는 것'에서 말한 〈모든 '[불변·독자의 실체로 간주하는] 대상[을 수립하는] 양상'[에 빠져드는 것을 그치는 것을 말한다]〉(謂止一切境界相)라는 것은 [다음과 같은 뜻이다.] 앞서 [불변·독자의 실체나 본질이 있다는 견해에 따르는] 분별 때문에 '[불변·독자의 실체로 간주하는] 온갖 대상들'(諸外塵)을 지어내다가 지금은 '[사실대로] 깨닫는 지혜'(覺慧)로써 '[불변·독자의 실체로 간주하는] 대상들[을 수립하는] 양상'(外塵相)을 깨뜨리니, '[불변·독자의 실체로 간주하는] 대상들[을 수립하는] 양상'(塵相)이 이미 그쳐 [불변·독자의 실체로 간주하여] 분별되는 것이 없다. 그러므로 〈[빠져들지 않고] 그침〉(止)이라고 부른다.
다음으로 말한 〈'[원인과 조건에 따라] 생겨나고 사라지는 양상'을 이해한다〉(分別[因緣]生滅相)라는 것은 [다음과 같은 뜻이다.] '[근본무지에 따라] 생멸하는 측면'(生滅門)에 의거하여 '현상의 [연기적緣起的] 양상'(法相)들을 관찰하는 것이니, 그러므로 〈이해한다〉(分別)라고 하였다. 이를테면 『유가사지론』「보살지菩薩地」에서 [다음과 같이] 말한 것과 같다. 〈이 중에서 보살은 '모든 현상'(諸法)에 대해 [불변·독자의 실체나 본질이 있다는 견해로] 분별하는 것이 없으니 [이것을] '[빠져들지 않고] 그침'(止)이라 부른다는 것을 알아야 하고, 만약 '모든 현상'(諸法)에서 '[사실대로 보는] 탁월한 내용의 이해'(勝義理)로써 이르는 '사실 그대로 이해하는 참된 지혜'(如實眞智)와 갖가지 한량없이 많은 '언어에 담은 이해'(安立理)로 도달하는 '세속을 사실대로 이해하는 오묘한 지혜'(世俗妙智)라면 [이것을] '[사실대로] 이해함'(觀)이라 부른다는 것을 알아야 한다.〉

---

6 『대승기신론』(T32, 582a). "云何修行止觀門? 所言止者, 謂止一切境界相, 隨順奢摩他觀義故. 所言觀者, 謂分別因緣生滅相, 隨順毗鉢舍那觀義故. 云何隨順? 以此二義, 漸漸修習, 不相捨離, 雙現前故."

그러므로 '참 그대로인 측면'(眞如門)에 의거하여 온갖 '[불변·독자의 실체로 간주하는] 대상들[을 수립하는] 양상'(境相)을 그치므로 [불변·독자의 실체로 간주하여] 분별되는 것이 없어 곧 〈[불변·독자의 실체나 본질이 있다는 관점에 의거한] 분별'이 없는 바른 이해〉(無分別智)를 이루고, '[근본무지에 따라] 생멸하는 측면'(生滅門)에 의거하여 '갖가지 [연기적으로 생멸하는] 양상들'(諸相)을 이해(分別)하므로 갖가지 [현상들이] '[연기의] 이치대로 나아감'(理趣)을 관찰하여 곧 '[깨달음을 성취한] 후에 얻어지는 '[사실 그대로' 이해하는] 지혜'(後得智)를 이룬다는 것을 알아야 한다.

"〈'[빠져들지 않고] 그침을 통해 [사실대로 이해하면서] 바르게 봄'(奢摩他觀, 止觀)의 측면(義)〉에 따르고, 〈'[사실대로] 이해함을 통해 [빠져들지 않고 그쳐서] 바르게 봄'(毘鉢舍那觀, 觀觀)의 측면〉에 따른다"(隨順奢摩他觀義, 隨順毘鉢舍那觀義)는 것은 [다음과 같은 뜻이다.] 그들 [인도인]이 사마타奢摩他(samatha)라고 말한 것을 이들 [중국인]은 '지止'로 번역하였고, 비발사나毘鉢舍那(vipassanā)는 이들 [중국인]이 '관觀'으로 번역하였다. 다만, 지금 이 『기신론』을 번역한 이는 '수단과 방법[을 통한 이해]'(方便[觀])와 '곧바로 사실대로 이해함'(正觀)을 구별하려 했기 때문에 '곧바로 사실대로 이해함'(正觀)에 대해서는 그들의 언어[인 산스크리트]를 그대로 쓴 것이다. 만약 모두 이쪽 [중국]의 언어를 갖추어 쓴다면 〈'[빠져들지 않고] 그침을 통해 [사실대로 이해하면서] 바르게 봄'(止觀)의 측면에 따르고, 또한 '[사실대로] 이해함을 통해 [빠져들지 않고 그쳐서] 바르게 봄'(觀觀)의 측면에 따른다〉(隨順止觀義, 及隨順觀觀義)라고 말해야 한다. '[빠져들지 않고] 그침'(止)과 '[사실대로] 이해함'(觀)을 쌍으로 [함께] 운용할 때 바로 '곧바로 사실대로 이해함'(正觀)이 [성취된다]라는 것을 드러내고자 하기 때문에 '[빠져들지 않고] 그침을 통해 [사실대로 이해하면서] 바르게 봄'(止觀)과 '[사실대로] 이해함을 통해 [빠져들지 않고 그쳐서] 바르게 봄'(觀觀)이라고 말한 것이다.

'수단과 방법'(方便)[에 의거하는] 때에는 모든 '[불변·독자의 실체로 간주하는] 대상들[을 수립하는] 양상'(塵相)을 그쳐야 '곧바로 사실대로 이해하는 그침'(正觀之止)에 따를 수 있으니, 따라서 "'[빠져들지 않고] 그침을 통해 [사실대로 이해하면서] 바르게 봄'의 측면(義)]에 따른다"(隨順止觀[義])라고 말했다. 또 '[원인과 조건에 따라] 생겨나고 사라지는 양상을 이해'(分別[因緣]生滅相)할 수 있기 때문에 '곧바로 사실대로 이해하는 이해'(正觀之觀)에 따를 수 있으니, 따라서 "[사실대로] 이해함을 통해 [빠져들지 않고 그쳐서] 바르게 봄'의 측면(義)]에 따른다"(隨順觀觀[義])라고 말했다.

〈어떻게 따르는가?〉(云何隨順) 이하는 이 뜻을 곧바로 해석한 것이다. 〈점차 익힌다〉(漸漸修習)라는 것은 〈따를 수 있는 '수단과 방법'〉(能隨順之方便)을 밝힌 것이고, "[쌍으로 함께] 나타나게 한다"([雙]現前)는 것은 〈따르게 된 '곧바로 사실대로 이해함'〉(所隨順之正觀)을 밝힌 것이다.

여기서는 '[빠져들지 않고 그침'(止)과 '[사실대로] 이해함'(觀)의 뜻을 간략하게 밝혔는데, 특징(相)에 따라 논하면 선정(定)은 '[빠져들지 않고 그침'(止)이라 부르고 지혜(慧)는 '[사실대로] 이해함'이라 부르게 되며, [수행의] 실제내용(實)에 의거해 말하면 선정(定)은 '[빠져들지 않고 그침'과 '[사실대로] 이해함'에 [모두] 통하고 지혜도 그러하다.[7]

계·정·혜 삼학三學이라는 붓다 자신의 법설 분류방식에는 〈계학은 정학의 토대조건이 되고, 정학은 혜학의 토대조건이 된다〉는 관점이 반영되어 있다. 삼학에 대한 전통 해석학도 이러한 의미를 계승하고 있다. 수행과정과 깨달음의 성취에 대한 붓다 자신의 회고에서부터 이 점은 분명히 천명되고 있다. 현존 기록에 의하는 한, 고타마 싯다르타의 수행과정은 '선정수행(1, 2)-고행-선정(3)-깨달음 완성'의 순서이고, 고행 이후의 선정과 깨달음 완성 사이에 세 가지 특별한 체득(三明: 숙명통, 천안통, 누진통)이 언급되고 있다. '선정수행(1, 2)-고행-선정(3)-삼명-깨달음 완성'의 과정에 관한 회고를 통해 붓다는 자신의 성공 요인을 알려 주려 한다. 12연기 성찰과정은 붓다가 된 직후에 펼쳐지고 있기에, 〈12연기를 성찰하여 깨달음을 성취하고 붓다가 되었다〉는 이해는 타당하지 않다. 생략된 내용이 있건,

---

7 『소』(H1-727a~b).

변형·추가된 내용이 있건 간에, 현재 주어진 자료에서 그 성공 요인을 탐색해 갈 때, 필자로서는 고타마 싯다르타의 성공 요인 네 가지를 주목하게 된다. 첫 번째는 〈'이해/언어'와 '탈脫이해/탈脫언어'의 차이 및 관계에 대한 개안〉이고, 두 번째는 〈연기적 사유에 대한 성찰적 개안인 '조건적 발생에 대한 이해'〉이며, 세 번째는 〈모든 경험현상과 그 발생조건들에 갇히지 않는 능력의 확보를 가능케 하는 새로운 선禪의 확보〉이고, 네 번째는 〈조건인과적 발생〉(緣起)에 대한 체득적 확인에 의한 연기 깨달음의 완전한 성취〉가 그것이다.[8] 붓다가 되기까지의 수행과정에 대한 회고에서부터, '선정→연기 이해의 완성' 다시 말해 '선정과 궁극적 지혜/이해의 인과적 발생'이 목격되는 것이다. 뿐만 아니라 붓다가 된 이후의 설법에서도 〈선정을 토대로 삼아 '궁극적 지혜/이해'(明知, 解脫知見)가 밝아진다〉는 내용이 기회 있을 때마다 천명되고 있다. 따라서 선/정학 수행은 궁극적 지혜/이해의 성취와 인과적으로 연결되어야 한다.

그런데 선정 수행을 '대상에 대한 집중'으로 해석하는 견해로는 이 인과관계를 설명하기가 어렵다. 그저 〈집중해 가다 보면 어느 순간 궁극적 지혜/이해가 별안간 밝아질 것이다〉라는 식의 신비주의적 기대로써 설명을 대신할 수밖에 없어 보인다. 선종의 간화선 화두참구를 집중수행으로 간주하는 수행자들의 기대와도 흡사하다. 그러나 이러한 신비주의 시선으로 붓다의 선/정학을 이해한다면, 붓다의 선법禪法이 확보한 독특함은 발견되지 않는다. 기존의 집중수행법들과의 차이가 드러나지 않는다. 만약 붓다의 선법도 집중수행의 일종이라면, 붓다가 무아와 연기라는 전혀 새로운 이해지평에 설 수 있었던 것은 남다른 우연한 행운이어야 한다. 그리고 고타마 싯다르타에게 선정 수행을 지도한 두 스승들의 가르침(집중수행 유형들로 추정된다)과 결별한 이유도 찾기 어렵게 된다. 또 만약 간화선도 집

---

8 박태원, 「고타마 싯닷타는 어떻게 붓다가 되었나? ―네 가지 성공요인에 대한 철학적 음미―」(『철학논총』 제88집, 새한철학회, 2017).

중수행으로 간주해 버린다면, 간화선의 집중력만이 굳이 깨달음 성취에 요긴한 것이라고 설명할 수 있는 근거를 제시하기가 어렵게 된다.

'선/정학 수행'과 '지혜/이해 성취' 양자의 인과관계를 이해하거나 더 잘 설명할 수 있는 길이 있다. 선/정학의 초점이 '집중력의 계발과 그로 인해 동요하지 않을 수 있는 안정'에 있는 것이 아니라, '그 어떤 이해 · 욕구 · 감정 · 행동도 붙들지 않고 빠져나오는 자리를 확보하여 그 자리에서 관계 맺으면서 더 좋은 이해 · 욕구 · 감정 · 행동을 선택하고 수립하는 능력'의 계발에 있다고 보면, 그 길이 열린다. 〈선정이 토대가 되어 '궁극적 지혜/이해'(明知, 解脫知見)가 밝아진다〉는 것을 조건인과적/연기적으로 설명하는 더 좋은 길이 열린다. 어째서인가.

이해 · 욕구 · 감정 · 행동은 상호 조건적으로 얽혀서 발생하고 또 작용하면서 삶의 내용을 채워 가고 세상을 구성해 간다. 그리고 이들 연관체계의 내용과 방향을 선택하는 결정적 요인은 '이해'이다. '차이들을 언어로 처리하는 능력을 토대로 삼은 사유인간'이기에 그렇다. 이해, 욕구, 감정, 행동 가운데 어느 하나의 내용변화는 다른 것들의 내용변화에 어떤 정도라도 영향을 끼친다. 이들이 영향을 주고받는 것은 '상호 인과적'이다. 그러나 이해의 변화가 다른 것들에 미치는 인과적 영향이 가장 근원적이다. 따라서 인간에게 있어 경험세계 내용의 질을 향상시키는 마지막 관건은 결국 '이해'이다. 경험세계 내용의 최고수준을 지시하려고 채택하는 불교적 기호인 '해탈'이나 '열반', '궁극 깨달음'이라는 말의 내용을 마지막으로 완성시키는 요인은 '이해'라고 보아야 한다. '이해 수립'이 중요한 이유가 여기에 있고, '좋은 이해를 수립할 수 있는 능력과 방법'을 주목해야 하는 이유가 여기에 있다. 그리고 붓다의 법설과 불교 공부/수행에서 '사실에 맞는 이해의 수립과 실천'에 모든 노력들이 수렴되는 것도 이러한 이유에서이다.

좋은 이해, 사실에 맞는 이해, 그래서 더 나은 이로움을 발생시키는 이해의 확보가 궁극적으로 중요하기에, '이해 자체'보다는 더 수승한 이해를 수립하기 위해 '이해들을 보완하고 수정하며 바꾸는 능력과 방법'의 계발이 더 중요한 과제가 된다. 붓다가 제시하는 계戒·정定·혜慧 삼학三學은이 문제에 대한 응답이다. '행위선택을 통해 이해를 바꾸어 가는 방법론'(계학)과 '바른 이해에 기대어 잘못된 이해를 바꾸어 가는 방법론'(혜학) 및'마음의 힘에 기대어 어떤 이해에도 갇히지 않으면서 이해를 가꾸어 가는방법론'(정학)의 상호인과적 종합체계인 삼학三學은, '이해가 인간존재에서갖는 의미와 중요성'에 대한 불교적 대응이다. 이와 관련하여 앞서 거론한내용의 핵심을 요약하면 이렇다.

〈'혜학 방법론'은 '이해 사유'가 지닌 '내용규정의 힘'과 '재인지 사유'가지닌 '선택 작용'을 결합시켜야 성공할 수 있는데, 특히 재인지 사유의 '선택작용의 능력'을 얼마나 의도적으로 향상시켜 활용하는가에 따라 혜학의성공 정도가 결정된다. 이에 비해 정학에서는 재인지 사유의 면모 가운데'빠져들지 않고 만나게 하는 능력', '갇히지 않고 접속하게 하는 능력', '붙들려 매이지 않고 관계 맺게 하는 능력'에 초점을 둔다. 정학/선 수행의 초점과 내용은, '대상에 대한 집중'이 아니라, 이미 자리 잡아 안정화된 그 어떤이해들이나 그 이해에 의거한 욕구·행동·정서들도 '붙들어 빠져들지 않는 마음자리', '매여 갇히지 않는 재인지 자리'를 스스로 확보할 수 있는 힘을 키우는 데 있다. 또한 그 '붙들지 않고 갇히지 않아 빠져나온 자리'에서그 대상들과 접속하고 관계 맺어 조정할 수 있는 힘, 그 어떤 이해체계에도매이거나 갇히지 않으면서 더 좋은 내용을 수립하고 선택하며 고쳐 가는자유의 힘을 키우는 노력이 정학/선 수행이다. 그러므로 선정수행으로 얻는 힘은, '집중력의 유지로 동요하지 않을 수 있는 실력'이 아니라, '그 어떤이해·욕구·감정·행동도 붙들지 않고 빠져나오는 자리를 확보하여 그자리에 관계 맺으면서 더 좋은 이해·욕구·감정·행동을 선택하고 수립하는 힘'이다.〉

정학/선 수행의 내용과 의미를 이렇게 파악하면, '선/정학 수행'과 '지혜/이해 성취'의 인과관계가 분명해진다. 정학/선 수행으로 '그 어떤 이해·

욕구·감정·행동도 붙들지 않고 빠져나오는 자리를 확보하여 그 자리에 관계 맺으면서 더 좋은 이해·욕구·감정·행동을 선택하고 수립하는 힘'을 계발하면 그 연장선에서 인과적으로 궁극적 지혜/이해를 전망하게 된다. 〈정학/선정을 토대로 삼아 '궁극적 지혜/이해'(明知, 解脫知見)가 밝아진다〉는 말을 연기 설법으로 파악할 수 있게 되는 것이다.

그런데 〈정학/선정을 토대로 삼아 '궁극적 지혜/이해'(明知, 解脫知見)가 밝아진다〉는 말을 '특별한 내용을 지닌 확정적 이해를 성취하는 것'이라고 보는 것은 부적절하다. '궁극적 지혜/이해'(明知, 解脫知見)가 정학/선 수행을 조건으로 삼아 생겨나는 것이고, 또한 정학/선 수행은 그 어떤 이해들에서도 '빠져나온 채 접속하는 힘이 발휘되는 인지지평', '붙들려 매이지 않고 관계 맺는 능력을 펼칠 수 있는 마음자리'를 열어 확립하는 것이라는 점을 아울러 고려한다면, 〈어떤 이해에도 붙들려 갇히지 않는 힘을 조건 삼아 '특정한 내용의 특정한 이해'를 성취한다〉는 말은 모순이 되기 때문이다. 수행과 깨달음 성취과정에 대한 붓다 자신의 회고내용을 보아도, 붓다는 그 어떤 현상과 그것들의 발생조건에도 매이지 않을 수 있는 능력을 성취한 이후에 '궁극적 지혜/이해'(明知, 解脫知見)가 밝아졌다고 한다.[9] 그렇다면 〈정학/선정을 토대로 삼아 '궁극적 지혜/이해'(明知, 解脫知見)가 밝아진다〉는 말이 지시하려는 인지경험 지평은 어떤 의미로 읽는 것이 적절한가?

'빠져나온 채 접속하는 힘이 발휘되는 인지지평', '붙들려 매이지 않고 관계 맺는 능력을 펼칠 수 있는 마음자리'는 그 어떤 이해에도 갇히지 않는 자리이지만, 그 재인지/마음의 자리에서 펼치는 그 어떤 현상도 이해와 무관하지 않다. '이해들에서 빠져나온 자리에서 그 이해들과 접속하면서 전개하는 현상'은 언제나 이해와 맞물려 있다. 빠져나온 이해들, 붙들지 않

---

9 박태원, 「고타마 싯닷타는 어떻게 붓다가 되었나? ─네 가지 성공요인에 대한 철학적 음미─」(『철학논총』 제88집, 새한철학회, 2017).

는 이해들에 갇히지 않으면서도 그것들에 기대어 발생하는 현상의 내용은, 또한 '이해의 속성'을 지닐 수밖에 없다. '이해들'에 기대어, 그것들을 조건 삼아 발생하기에, 발생하는 현상 자신도 '이해의 속성을 지닌 것'일 수밖에 없다. 그러나 '이해를 조건으로 생겨나는 또 다른 이해'이지만 '어떤 이해에도 매이거나 갇히지 않은 채 겪는 이해경험'은, 이해에 매이거나 갇혀 있는 이해들에서 발생하는 경험들에 비해 전혀 새로운 지평에 놓인다. '매이고 갇힌 이해'에서 발생하는 경험은, 새로운 이해로 이전하기 어렵고 더 나은 이해를 수립해 가기 어려운 '지적 굼뜸', '부자유와 속박', '폐쇄적 협애狹隘' 등의 특성으로 점철되어 있다. 이에 비해 '이해에 기대어 있지만 매이지 않는 능력', '접속한 채 빠져나오는 자리에서 기존의 이해들을 조건으로 삼아 새로운 이해를 역동적으로 수립해 가는 능력'에서 펼쳐지는 경험은, 더 나은 이해를 향해 마음껏 옮겨 가는 '역동의 활력'과 '이해력의 향상', 계속 풀려날 수 있음에서 생겨나는 '홀가분한 자유', 갇히지 않아 세상과 전면적으로 만나는 '광활한 전일감소―感과 열린 우호', 머물지 않고 만나는 '유영遊泳의 유희', 빠져나온 자리에서 접속할 수 있기에 누리는 '근원적 평온', 특정의 이해·신념·욕망·행위에 붙들려 갇히지 않기에 생겨나는 '무지·독단·편견을 자각하는 성찰력과 사실 이해력 및 치유력' 등을 특성으로 품는다. 이런 특징들을 압축하는 용어가 '해탈'(근원적 자유)이고 '열반'(근원적 안식)이라 읽을 수 있다.

붓다의 수행경험담 회고의 의미를 〈그 어떤 현상과 그것들의 발생조건에도 매이지 않을 수 있는 능력을 성취한 이후에 '궁극적 지혜/이해'(明知, 解脫知見)가 밝아졌다〉는 것으로 읽는다면, 그리하여 붓다의 정학/선 법설은 〈정학/선정을 토대로 삼아 '궁극적 지혜/이해'(明知, 解脫知見)를 밝힌다〉는 것으로 읽는다면, 그 '궁극적 지혜/이해'(明知, 解脫知見)의 의미는 이렇게 읽을 수 있을 것이다; 〈궁극적 지혜/이해(明知, 解脫知見)는 '이해에 매이거나 갇히지 않는 자리에서의 이해경험'이다. 달리 말해, '접속하면서도 붙들지 않는 자리에서 사실에 맞고 이로운 이해를 역동적으로 수립하여 굴려 가는 이해지평'이자 '자유의 유희와 평안의 안식이 이해와 맞물려 구현되는 지평'이다. 붓다는 이런 능력과 실력이 궁극의 수준에 이른 인간이다. 그리고 붓다의 길을 따라 걸으려는 사람들은 이런 능력과 실력을 키운 만큼 나아간 것이다.〉

해탈·열반·깨달음을 '이해·언어·사유와 무관한 신비체험'이나 '모든 지각경험을 초월해 버린 제3의 범주'라고 보는 것은 붓다의 법설과 맞지 않는다. 모든 신비주의 전통이 내세우는 신비체험이나 '궁극실재와의 합일 체험'이 만일 이해·언어·사유와 무관하거나 상호 배제적인 것이라면, 그리고 그런 신비체험을 동경하거나 고취한다면, 그것은 '경험할 수 없는 것으로 세상을 속이는 기만'이고 '경험세계의 문제해결 의지와 실력향상을 원천에서 무력화시키는 거세去勢의 덫'이라고 본다. 불교를 비롯한 모든 종교의 교리와 제도가 혹 그런 기만과 거세의 올가미로 작동하고 있는 것은 아닌지 정직하게 성찰할 필요가 있다.

정학/선 수행에서 성취한 능력을 토대로 밝아진 '궁극적 지혜/이해'(明知, 解脫知見)는 '지고至高의 내용을 지닌 확정적 이해'가 아니다. 또한 '아무리 수승한 내용을 지닌 이해현상일지라도 붙들거나 매이지 않을 수 있는 자리/지평'은 '불변의 확정적 좌표'가 아니다. 그 자리/지평은 '가변적인 이해들'에 기대어 그것들을 조건 삼아 발생하기에, 그 자신도 '가변적·역동적으로 발현하는 자리/지평'이다. 그 어떤 이해·욕망·느낌·행위도 붙들지 않고 갇히지 않으며 매이지 않는 자리도 역동적으로 발현하는 것이고, 그 자리에서 발생하는 이해현상인 '궁극적 지혜/이해'(明知, 解脫知見)도 역동적으로 펼쳐지는 것이며, 그 자리에서 누리는 '자유와 평안의 지복至福', 그 파도타기의 유희현상도 역시 역동적이다. 이 '역동적 현상'을 '지속적'으로 간수해 가는 것이 깨달음의 궁극이라고 본다.

역동적 변화 현상이 어떻게 지속적 안정성을 확보할 수 있는가? 〈동일성을 유지해야 안정이 지속될 수 있다〉는 생각은 재고되어야 한다. 그런 생각은 경험세계의 현실을 반영하지 못한다. 감관능력으로 지각하는 경험세계 현상 그 어디에도 '동일성의 지속'은 없다. 그럼에도 불구하고 우리는 지속적 안정성을 경험할 수 있다. '변화와 관계 속에 펼쳐지는 일련의 인과계열 현상에 대한 통합적 자각'을 유지하면서 '지속적 안정성'을 경험한다. 예컨대, 걷고 있는 현상을 '알면서 걷고 있는 인지'를 '자각적 선택'으로 유지해 갈 수 있다. 그런 국면을 유지하는 동안은 '지속적 안정'을 경험한다. 이때 이 '지속적 안정의 경험'을 발생시키는 조건들은 모두 역동적으로 변화하는 것이다. 변화하는 조건들, 그리고 그것들에 의해 발생하는 변화하는 현상들 속에서, 우리는 '지속적 안정'을 경험한다. 이것은 지각경험 범주에서 검증가능한 일이다. 다만 이 '자각적 선택 국면'을 얼마나 지속시킬 수 있는가의 문제에서 개인별 편차가 발생한다. 인간의 가능성을 토대로, 의지와 노력에 따른 성취에 의거하여, 그 지속능력을 얼마나 이어갈 수 있는가에 대해서는 알 수가 없다. 붓다의 경우는 상상하는 것 이상의 수준이나 지평이었을 것으로 추정할 뿐이다. 만약 붓다의 경지를 '동일성이 영속되는 궁극실재와 하나가 되어 해탈이라는 지복至福 상태를 지속시켜 가는 것'이라고 생각한다면, 그런 생각은 적어도 붓다 법설에서는 근거를 확보하지 못한다. 또 선사의 깨달음이나 '오매일여寤寐一如의 경지'를 그런 경지라고 본다면, 우파니샤드 아트만사상의 변주일 뿐 불교적 정체성은 상실된다.

'변화하는 차이현상들과 접속한 채, 자신도 변하면서 자유와 평안의 유희를 누리는 길', 그 길에서의 자유와 평안을, '파도타기'에 비유할 수 있을 것이다.

경험 주체도 변하고 경험 대상도 변하면서 양자의 관계에서 주체가 평안과 자유를 누릴 수 있는 것은, 마치 파도를 타고 즐기는 서핑(surfing)과도 같다. 부침하고 생멸하는 파도에 서핑하는 사람(주체)이 빠지지 않으려면, 변화하는 파도에 맞추어 끊임없이 자신의 몸과 정신 상태를 변화시켜야 한다. 서핑 능력자는, 자신도 변하면서, 변하는 파도와 접속한 채 자유와 평온의 유희를 즐긴다. 부침하고 변하는 파도에서 떠나지도 않고 파도에 빠져들지도 않으며, 파도와의 만남과 헤어짐을 동시에 이루어 내면서, 역동하는 파도를 타고 자유와 즐거움과 평안을 누리는 실력을 확보했기 때문이다. 그는 '파도가 그쳐 잔잔한 상태'나 '파도에서 아예 떠난 평온'을 구하는 것이 아니다. 그가 보여 주는 '파도를 타고 가면서도 파도에 빠져들지 않아 자유와 평안과 즐거움을 누릴 수 있는 능력', '파도 그대로와 만나면서도 파도 상태를 제대로 파악하여 파도에 빠지지 않는 능력'은, 깨달은 자의 능력과 흡사하다. 생멸 변화하는 파도와 같은 세계에 몸담을 수밖에 없는 인간, 파도를 떠나면 삶도 없어지는 인간. ㅡ그런 인간이 세계 속에서 추구하고 또 누릴 수 있는 안락은, '파도타기의 능력'이고 '파도 타고 노는 유희'이다.

6. 공관空觀을 안은 유식관唯識觀

선관禪觀의 해석학적 계보를 보면서 필자가 품는 문제의식을 다시 요약해 본다. 긴 글의 논점이 흩어지지 않게 하기 위함이다.

〈선·선정·삼매·정학의 요점을 '대상에 대한 마음집중'으로 읽는 선관禪觀은 붓다가 설한 선 법설과 맞지 않아 보인다. 어쩌면 붓다의 직제자들에서부터 이러한 해석학적 불연속이 발생하였고, 이런 선관은 남방 상좌부와 대승에 이어졌고 현재의 구도 현장이나 명상에서도 광범위하게 채택되고 있다. 그런데 이러한 '대상 집중의 선관'과 입장을 달리하는 새로운 선관이 목격된다. 원효와 선종의 선관이 그것이다. 이들 선관의 특징을 필자는 '공관空觀을 안은 유식관唯識觀'이라고 불러 본다. 원효와 선종의 선관은 같은 시선의 다른 표현이다. 이들의 선관은 붓다의 선 법설을 전혀 새롭게 읽게 하며, 붓다 선관의 초점에 접근하는 데 더 적합해 보인다. 필자는 붓다의 선 법설을 가장 잘 전하고 있는 것이 '육근수호의 법설'이라 보는데, 원효와 선종의 선관은 '육근수호 및 정념의 정지正知(sampajānāti)'[10]의 요점

을 새롭게 만나게 해 준다.〉

'육근수호 및 정념의 정지正知'가 알려 주려는 새로운 선禪의 지평, 인도 전통철학이나 종교 및 수행론에서는 일찍이 없었던 전혀 새로운 선, 그리고 이 붓다의 선을 막고 있던 장벽을 걷어 내는 새로운 선관禪觀으로 보이는 〈원효와 선종이 공유하는 '공관空觀을 안은 유식관唯識觀'〉의 통찰. ─ 지금까지 '이해와 마음'이라는 주제 아래 '이해 사유와 재인지 사유', '이해 바꾸기의 의미와 방법론적 성찰' 등을 거론한 것은 이런 생각을 풀어 보려는 일종의 터 닦기였다. 이제까지의 논의를 엮어 '공관을 안은 유식관'의 의미를 풀어 본다. 그리하여 붓다와 원효 그리고 선종을 연속시켜 보는 견해의 근거를 밝혀 본다.

필자는 정학/선 수행의 중요한 초점이 유식학唯識學에 계승되고 있다고 생각한다. 유식학을 '마음의 현상학', '모든 현상의 유심론적 발생에 관한 이론', '모든 것을 심리현상으로 환원시켜 분석하는 체계' 등으로 읽는 시선들은 유식학의 지말적 해석학이라고 생각한다. 심리현상이나 '주관능력의 구성적 지위' 등을 소상히 분석하고 그에 맞추어 수행과정을 체계화시키는 작업이 유식학 이론의 많은 비중을 차지하고 있지만, 그 모든 통찰의 출발이자 귀결로서 유식학이 제시하려는 것이 〈마음/식識이 모든 것을 만들어 낸다〉는 창조론적 관념론은 아니라고 본다.

그렇다면 유식의 근본통찰이 겨냥하는, 혹은 겨냥할 수 있는 것은 무엇인가? 〈인간의 모든 지각·인식·경험 현상은, 마음범주에 이미 자리 잡은 선先이해 체계인 '분류·선별·판단·평가하며 해석·가공하는 문법'에 의해 구성된 것이다. 따라서 '이해의 근원적 결핍'(근본무지)에 오염된 마음범주 현상을 치유하거나 그 지배력에서 벗어나려면, 그 마음범주를 지배하는 선先 문법·지평·계열·체계에 '빠져들지 않는 마음자리의 확

---

10 이 용어를 필자는 현재 '모두 앞으로 세우면서 안다'라고 번역하고 있다. 차후 관련된 생각들을 체계적으로 정리해 볼 계획이다.

보'가 필요하다.〉 —이것이 〈오로지 식識에 의한 구성만 있을 뿐, 식의 구성과 무관한 객관적 대상은 없다〉(唯識無境) 내지 〈모든 현상은 오로지 식識에 의한 구성이다〉(萬法唯識)라는 유식 통찰이 궁극적으로 알려 주려는 것, 혹은 알려 줄 수 있는 것이라고 본다.

공관空觀은 '불변·독자의 실체나 본질은 없다'(空)는 이해로써 모든 현상을 이해하려고 하는 노력이다. '바른 이해에 기대어 잘못된 이해를 바꾸어 가는 혜학慧學 방법론'의 전형이고, 니까야/아함의 무아관無我觀을 고스란히 계승하고 있다. 앞서 거론한 것처럼, '바른 이해에 기대어 잘못된 이해를 바꾸어 가는 혜학 방법론'은, 이해 사유가 지닌 '내용규정의 힘'과 재인지 사유가 지닌 '바꾸는 힘'을 결합시켜야 성공한다. 그리고 혜학에서 작용하는 재인지 사유의 '바꾸는 힘'은, '이해에 의해 촉발된 재인지 사유의 선택 작용'에 그 초점이 있다. 그런데 유식관唯識觀은 〈모든 현상은 식識에 의해 구체적 내용이 구성되는 것이고, 따라서 식識 작용과 무관하게 존재하는 불변·독자의 실체나 본질은 없다〉는 이해를 천명한다. 〈불변·독자의 실체나 본질은 없다〉는 통찰을 천명하는 점은 같지만, 공관은 '현상·존재의 공空한 속성에 대한 이해'에 집중하는 데 비해, 유식관은 '현상에 대한 식識의 구성력에 대한 이해'에 초점을 맞추고 있다. 이것은 어떤 차이를 의미하는가?

유식학 탐구자들이 궁극적으로 직면하는 질문이 있다. 〈유식무경唯識無境·만법유식萬法唯識이라는 명제는 해탈수행과 관련하여 무엇을 알려 주려는 것인가? 혹은 알려 줄 수 있는 것인가?〉 —이 질문에 어떤 내용으로 답하는가에 따라 유식학 이해가 결정된다. 유식학의 이론체계와 내용을 분석·종합하며 해설하는 방식의 탐구방법은 '식識이 구성하는 심리현상의 갖가지 양상'을 음미하면서 유식의 통찰을 심리학적 통찰의 보고寶庫로 평가하거나, 〈식識이 모든 것을 만들어 낸다〉는 창조론적 유심론/관념론으로 유식학의 궁극적 의미를 읽기도 한다. 특히 후자의 경우, 창조의 원점에 위치시킨 식識을 '궁극 실재'로 보는 시선과 쉽게 결합하곤 한다. 그리고 이 궁극의 마음실재를 본래 존재하는 '불변의 실재', '만능의 실재', '완전한 실재'로 간주하기도 한다. 아울러 〈그 실재는 본체이고, 현상은 그 본체의 나타남이거나 본체가 만들어 낸 것이다〉라는 본체·현상론으로 미끄러져 들어가기도 한다. 이런 문제점을 예의 주시한 공관空觀 계열에서는 유식학에 대해 〈결국은 실체/본질주의의 변형이 아니냐?〉라는 의심의 시선을 거두지 않는다.

'유식무경唯識無境·만법유식萬法唯識이라는 이해'는 해탈수행과 관련하여 어떤 기여를 하려는 것일까? 혹은 어떤 길을 열어 줄 수 있는 것인가? 앞서 '이해 바꾸기의 방법론적 성찰'에서 '재인지 사유'가 보여 주는 '이해 바꾸기 작용'이 두 가지 방식으로 작동되는 것으로 추정해 보았다. 하나는 〈어떤 이해가 재인지 사유의 선택작용을 촉발시켜 재인지 사유로 하여금 새 이해를 선택하게 하는 방식〉이고, 다른 하나는 〈어떤 이해가 재인지 사유의 '붙들려 갇히지 않고 빠져나오는 작용'을 촉발시키면, '빠져나온 자리/붙들지 않는 자리'로 옮아간 재인지 사유가 그 '붙들거나 갇히지 않는 자리'에서 상이한 이해들을 만나고, '매이지 않는 자유의 힘'으로 비교·검토하여 좋은 이해를 선택하거나 새로 수립하는 방식〉이다.

공관空觀은 첫 번째 방식의 '이해 바꾸기 방법론'에 속하는 것으로 보인다. 〈'불변·독자의 실체는 없다'(空)는 이해(觀)의 제시→재인지 사유의 선택작용 촉발→'불변·독자의 실체는 없다'의 이해를 선택→이해 바꾸기의 완성〉을 구현하려는 방법론이다. 이에 비해 유식관唯識觀은 두 번째 방식의 '이해 바꾸기 방법론'에 속하는 것으로 보인다. 〈'모든 현상은 식識에 의해 구성된다'(唯識)는 이해(觀)의 제시→재인지 사유의 '붙들려 갇히지 않고 빠져나오는 작용' 촉발→'빠져나온 자리/붙들지 않는 자리'로 옮아감→'붙들거나 갇히지 않는 자리'에서 상이한 이해들과 접속→'매이지 않는 힘'으로 비교·검토하여 좋은 이해를 선택하거나 수립→이해 바꾸기의 완성〉을 구현하려는 방법론이다.

이렇게 본다면, '모든 현상은 식識에 의해 구성되는 것'(唯識)이라고 보는 이해(觀)는, 그 어떤 이해·욕구·감정·행동체계에도 '붙들려 빠져들지 않는 마음자리', '매여 갇히지 않는 자리'로 옮아가는 재인지 사유에 힘을 실어 그 자리로 이전하게 하는, '마음자리 이동의 촉매와 사다리 역할'을 수행하는 것으로 보인다. 사유 안에서 그 초점을 '이해에서 마음으로', 다시 말해 '이해 사유로부터 재인지 사유로' 옮아가게 하는 '연결고리 역할을 하는 이해'가 유식관唯識觀이다. 그런데 이해와 마음, 이해 사유와 재인지 사유는 '같지도 않지만 별개의 것도 아닌'(不一而不二) 관계이므로, 이 '옮아 감'은 한 집에서 다른 집으로 이사하는 것이 아니다. '사유'라는 한 집 안에서 자리를 옮겨가는 것이며, 그것은 단지 무게중심의 초점을 이동하는 것이다.

유식관唯識觀과 관련하여 『대승기신론 소·별기』에서 만나게 되는 원효의 다음과 같은 말들을 이런 독법으로 읽으면 그 의미가 분명해진다.

"'뚜렷하게 분별하여 집착하는 양상'을 버리기 때문에 '[[사실 그대로와 만나는] 근원적 마음'(心源)에 가까워진] 비슷한 깨달음'이라 부른다"(捨麤[分別執著[相故, 名相似覺)라는 것은, 안과 밖으로 '[불변·독자인] 나'(我)와 '나에 속한 [불변·독자인 것'(我所)을 생각하여 분별하는 것을 '뚜렷하게 [분별하여] 집착함'(麤執着)이라고 하고, 비록 이와 같은 '[불변·독자의 실체나 본질이 있다는 생각으로] 뚜렷하게 분별하여 [집착하는] 생각'(麤分別想)은 버렸지만 아직 '[모든 현상은] 오로지 분별하는 마음[에 의한 구성]일 뿐이라는 실제 면모'(唯識實性)는 증득하지 못한 것을 '[[사실 그대로와 만나는] 근원적 마음'(心源)에 가까워진] 비슷한 깨달음'(相似覺)이라 부르니, 이것은 '깨달음의 범위'(覺分齊)[를 말한 것이다.[11]

〈그러므로〉(是故) 이하에서는 '[모든 현상은] 오로지 분별하는 마음[에 의한 구성]일 뿐'(唯識)이라는 [이치로써] 결론지은 것이니, 앞에서 설명한 다섯 가지 식識들

---

11 『별기』(H1, 685b~c). "捨麤執著故, 名相似覺者, 分別內外計我我所, 名麤執着, 雖捨如是 麤分別想, 而未證知唯識實性, 名相似覺, 是覺分齊."

은 별도의 '자기 실체'(自體)가 없고 모두 '하나처럼 통하는 마음'(一心)에 의거한다는 뜻 때문에 〈[욕망세계(欲界)·유형세계(色界)·무형세계(無色界), 이] 세 가지 세계는 실재가 아니며 '오직 마음[의 분별]이 지어낸 것'이다〉(三界虛僞, 唯心所作)라고 하였다.12

두 번째인 〈[집착이] 끊어지지 않는 것에 서로 응하는 오염[된 마음]〉(不斷相應染)이라는 것은, '[근본무지에 따라 처음] 움직이는 식'(業識)·'[불변·독자의 실체로 간주되는 주관으로] 바뀌어 가는 식'(轉識)·'[불변·독자의 실체로 간주되는 대상을] 나타내는 식'(現識)·'분별하는 식'(智識)·'[분별을] 서로 이어 가는 식'(相續識), 이 다섯 가지 의意 가운데 '[분별을] 서로 이어 가는 식'(相續識)이다. '현상에 불변·독자의 실체나 본질이 있다고 하는 집착'(法執)에 서로 응하면서 '[분별을] 서로 이어 감'(相續)을 생겨나게 하는 것이니, "[집착이] 끊어지지 않음"(不斷)은 바로 '[분별을] 서로 이어 감'(相續)의 다른 명칭이다. '[진리에 대한] 이해가 확고해지는 열 가지 단계'(十解位, 十住位)에서부터 '[모든 현상은] 오로지 분별하는 마음[에 의한 구성]일 뿐이다'(唯識)는 것을 성찰하는 '사유 착수'(尋)와 '사유 심화'(思)라는 '수단과 방법'(方便)을 익히고, '[십지十地의] 첫 번째 경지'(初地)에 이르러 [유식학에서 말하는] '세 가지에 모두 각자의 본질이 없음'(三無性)을 직접 체득하면, '현상에 불변·독자의 실체나 본질이 있다고 하는 집착'(法執)으로 행하는 분별이 나타나 작용할 수 없다. 그러므로 〈[대승보살 수행단계 가운데 십지十地의 '첫 번째 경지'(初地, 歡喜地)인] '온전한 마음의 경지'를 성취하여 궁극적으로 벗어날 수 있는 것이다〉(得淨心地究竟離故)라고 말했다.13

[세 번째로 말한] 〈이전의 '[잘못 분별된] 대상세계'는 [본래] 없다는 것을 사실 그대

---

12 『별기』(H1, 691b). "是故以下, 結成唯識, 是上所明五種識等, 無別自體, 皆依一心義故, 三界虛僞, 唯心所作也."
13 『소』(H1, 717a). "第二不斷相應染者, 五種意中之相續識. 法執相應相續生起, 不斷即是相續異名. 從十解位, 修唯識觀尋思方便, 乃至初地證三無性, 法執分別不得現行. 故言得淨心地究竟離故也."

로 알기 때문에〉(以如實知無前境界故)라는 것은, '[열 가지 본격적인 수행경지'(十地)의 첫 번째 경지'(初地)인 '[진리다운] 이해를 밝혀 가는 수행'(見道)에서 '[모든 현상은] 오로지 분별하는 마음[에 의한 구성]일 뿐이라는 이해'(唯識觀)가 성취됨을 밝힌 것이다.[14]

이 [제6의식으로서의] '[현상을 [불변·독자의 실체로 간주하여] 분별하는] 식'([分別事]識)은 모든 대상세계(塵)가 '오로지 분별하는 마음[에 의한 구성]일 뿐'(唯識) [이라는 사실]을 알지 못하니, 따라서 마음의 밖에 '[독자적 실체로서의] 대상세계'(境界)가 실제로 있다고 집착한다.[15]

[그리하여] 모든 보살은 〈마음이 [불변·독자의 실체로 나누는] 분별에 따라 움직인 것이지 [불변·독자의 실체로 존재하는] 별도의 대상세계는 없다〉(知心妄動, 無別境界)는 것을 알아 '모든 현상들은 오로지 식이 [분별로] 헤아린 것일 뿐'(一切法唯是識量)이라는 것을 이해하여 모든 이전의 '뚜렷한 집착'(麤執)이 '[근본무지에 따라 처음] 움직이는 식의 양상'(業識相)과 비슷해지니, 따라서 〈'[근본무지에 따라 처음] 움직이는 식'에 거듭 영향을 끼치는 것〉(業識熏習)이라 부르고, 또한 〈의意에 거듭 영향을 끼치는 것〉(意熏習)이라고도 한다. [이것은] 근본무지(無明)가 일으킨 '[처음] 움직이는 식'(業識)을 말하려는 것이 아니라, ['처음 움직이는 식의 면모'(業識義)에 따라 '오로지 분별하는 마음[에 의한 구성]일 뿐'(唯識)이라는 도리를 깨달아 알 수 있는 것을 말한다. 다름 아닌 ['처음 움직이는 식의 면모'(業識義)에 따라 '[모든 현상은] 오로지 분별하는 마음[에 의한 구성]일 뿐'(唯識)이라는 도리를 깨달아 아는 것을 말한다.[16]

---

14 『소』(H1, 720c). "以如實知無前境界故者, 是明初地見道, 唯識觀之成也."
15 『소』(H1, 720c). "此識不知諸塵唯識, 故執心外實有境界."
16 『별기』(H1, 696a~b). "此諸菩薩, 知心妄動, 無別境界, 解一切法唯是識量, 皆前麤執似業識相, 故名業識熏習, 亦名意熏習. 非謂無明所起業識, 即能覺知唯識道理也."

처음에 말한 〈현상을 [불변·독자의 실체로 간주하여] 분별하는 식'에 의거한다〉 (依分別事識)라는 것은 [다음과 같은 뜻이다.] 보통사람(凡夫)과 '[성문聲聞, 연각緣覺] 두 부류의 수행자'(二乘)는 아직 '[모든 현상은] 오로지 분별하는 마음[에 의한 구성]일 뿐'(唯識)임을 알지 못하여 '바깥의 대상세계'(外塵)가 [식識이 보는 그대로] 있다고 헤아리니, 이것이 바로 '현상을 [불변·독자의 실체로 간주하여] 분별하는 식'(分別事識)의 면모이다. 지금 '부처의 몸'(佛身)을 보더라도 역시 마음 바깥에 [있는 것이라고] 헤아려 '[제6]의식意識의 [분별하는] 면모'(意識義)에 따르기 때문에 〈'현상을 [불변·독자의 실체로 간주하여] 분별하는 식'(分別事識)에 의거하여 '[참 그대로'(眞如)의 작용인 부처 몸을] 본다〉(依分別事識見)고 말한다. 이 사람은 자신의 '[불변·독자의 실체로 간주되는 주관으로] 바뀌어 가는 식'(轉識)에 의거하여 '[형태나 색깔이 있는] 모습'(色相)을 나타낼 수 있음을 알지 못하니, 그러므로 〈'[불변·독자의 실체로 간주되는 주관으로] 바뀌어 가는 식'이 나타낸 것임을 알지 못하기 때문에 [마음] 바깥에서 온 것으로 본다〉(不知轉識現故, 見從外來)라고 말했다.[17]

'[참 그대로'(眞如)의 작용인] '[진리성취의] 결실인 부처 몸'(報身)[을 드러내는 곳]에서 말한 〈'[근본무지에 따라 처음] 움직이는 식'에 의거한다〉(依於業識)라는 것은 [다음과 같은 뜻이다.] '[진리에 대한] 이해가 확고해지는 열 가지 단계'(十解/十住) 이상의 보살들은 〈'[모든 현상은] 오로지 분별하는 마음[에 의한 구성]일 뿐'(唯心/唯識) [식識이 보는 그대로의] '바깥 대상세계'(外塵)는 없다는 뜻〉(唯心無外塵義)을 이해할 수 있어서 '[근본무지에 따라 처음] 움직이는 식'(業識)의 면모에 따라 '부처의 몸'(佛身)을 보기 때문에 〈'[근본무지에 따라 처음] 움직이는 식'에 의거하여 [참 그대로'의 작용인 부처 몸을] 본다〉(依於業識見)고 말한 것이다.[18]

---

17 『소』(H1, 722b). "初中言依分別事識者, 凡夫二乘未知唯識, 計有外塵, 即是分別事識之義. 今見佛身, 亦計心外, 順意識義故, 說依分別事識見. 此人不知依自轉識能現色相, 故言不知轉識現故, 見從外來."

18 『소』(H1, 722b). "報身中言依於業識者, 十解以上菩薩, 能解唯心無外塵義, 順業識義, 以見佛身故, 言依於業識見也."

원효의 저술에서는 '이해 바꾸기'의 공관적空觀的 방식과 유식관적唯識觀的 방식이 모두 목격된다. 그러나 원효는 이 두 방식을 단순히 병렬시키지 않는다. 그는 도처에서 〈유식관唯識觀이야말로 '본격적인 이해수행'(正觀)이고, 다른 이해수행(觀)들은 '본격적 이해수행에 오르기 위한 보조수단'(方便觀)이다〉라는 견해를 천명한다. 그러나 그는 유식관을 이해수행의 상위上位에 두면서도 공관을 버리지 않는다. 유식관을 펼치고 해설하는 모든 경우에 언제나 공관을 결합시키고 있다. 유식관을 상위에 두면서도 공관을 토대로 삼는 것이다. 이러한 그의 태도를 '공관空觀을 안은 유식관唯識觀'이라 불러 본다.

종래 원효사상을 평가할 때 가장 흔히 거론되는 관점이 '중관과 유식의 종합'이라는 설명이다. 이러한 관점은 기본적으로 〈원효는 공관空觀과 유식관唯識觀을 각각 천명하는 중관학과 유식학의 지위를 병렬적으로 두고 양자를 종합했다〉는 이해가 깔려 있다. 그러나 원효는 분명 유식관의 우월적 지위를 확실히 한다. 그러면서도 언제나 '공관을 토대로 한 유식관의 우월적 지위'를 천명한다. 원효의 관점은 '공관을 안은 유식관'이라 불러야 적절할 것이다.

7. 붓다와 선종의 '빠져나오게 하는 방식'

1) 붓다의 정지正知(sampajānāti, 모든 것을 앞세우듯 하면서 알아차림) 방식

정학/선 수행에서 계발하려는 재인지 사유의 능력, 그 마음의 힘은, 그 어떤 현상과 그것의 발생조건들에도 '빠져들지 않고 만나는 자리', '갇히지 않고 접속하는 자리', '붙들려 매이지 않고 관계 맺는 자리'의 확보에 그 초점이 있다. 그리고 원효는 그 자리를 확보하는 방법론으로 '공관을 안은 유식관'을 선택하는 것으로 보인다. '공관을 안은 유식관'이 재인지 사유가

지닌 자리이동의 힘을 촉발하고 마침내 그 어떤 이해·욕구·감정·행동 체계에도 '붙들려 빠져들지 않는 마음자리', '매여 갇히지 않는 재인지 자리'로 옮아가게 한다고 보는 것 같다. 이러한 관점은 원효가 붓다 이후 불교해석학 계보 내의 거의 모든 주요내용을 탐구한 결과이다. 특히 대승교학의 양대 축인 중관과 유식의 상이한 개성을 통섭적通攝的으로 결합시켜 보려는 노력의 산물로 보인다.

그런데 붓다는 재인지 사유에 힘을 실어 그 자리로 이전하게 하는 '마음자리 이동'을 촉발시키는 방법으로 어떤 것을 설하고 있을까? 무아관無我觀·무상관無常觀·연기관緣起觀 등의 이해를 수용한 후 그 이해를 체득적으로 확인하고자 관찰로써 탐구하는 이해수행(위빠사나 행법)만으로 그 자리로의 이동이 가능할까? 무아관·무상관·연기관으로 그 이해를 바꾸려는 노력은 '불변(常)·실체자아(我)로 보는 이해' 및 '무조건적·절대적으로 보는 이해'에 갇힌 상태에서 풀려나게 하는 유효한 지적 수단인 것은 분명하다. 그러나 이러한 '이해에 의해 이해에서 빠져나오는 방식'은 개별적 이해들을 대상으로 진행된다는 점에서, 그것에 의해 성취할 수 있는 것은 '빠져나오기의 부분적·개별적 능력'이라 할 수 있다. 이 능력은 '그 어떤 이해에도 갇히지 않고 빠져나오는 전면적 능력'이라 할 수는 없다. 다만 전면적 능력을 발현하는 데 필요한 조건은 될 수 있다. '이해로써 이해 바꾸기' 방식으로 성취하는 부분적·개별적 능력이 전면적이고 온전한 능력이 되기 위해서는 또 다른 어떤 도움이 필요하다. 붓다는 그 도움을 정학/선정 법설로 제시하는 것으로 보인다.

그런데 만약 정학/선정 수행의 초점이 '집중능력 계발'에 있는 것이라면, 그 도움 방식은 유효해 보이지 않는다. 〈집중력을 고도화시키면 '이해 바꾸어 빠져나오기'의 부분적 능력이 어느 순간 완전한 전면적 능력이 될 것이다〉라는 기대는 그 인과관계가 의심스럽다. 불교 이외의 모든 영역에서도 일반적으로 채택되는 능력향상 기법인 '대상 집중을 통한 집중력 계발'은, 집중력 향상에 따른 몰입능력은 기대할 수 있다. 그러나 '빠져나오기

능력'은 집중능력과는 그 결이 다르다. '빠져나오는 힘을 키우는 일'에 '집중'할 수는 있지만, 그리고 그런 점에서 '집중력의 기여분'을 인정할 수는 있지만, 집중력 자체가 '빠져나오는 힘'은 아니다. '이해로써 이해 바꾸기' 방식으로 성취하는 부분적·개별적 능력이 전면적 능력이 되기 위해서는, '빠져나오는 힘'의 발현과 밀접한 인과관계가 있는 그 어떤 방식이 요청된다. 이런 점에서도 붓다의 정학/선정을 '집중 수행'으로 이해하는 것은 설득력이 없다.

그렇다면 정학/선 수행(사마타 행법)에서 알려 주는 방법은 무엇일까? 그것이 '대상 집중' 수행이 아니라면, 이해·욕구·감정·행동 등 그 어떤 경험현상에도 갇히지 않고 빠져나오게 하고 그 풀려난 자리에서 현상들과 관계 맺을 수 있게 하는 방법이라면, 사마타 행법은 어떤 내용을 설하고 있는 것일까? 정념과 육근수호 법설에서 설하는 '정지正知(sampajānāti) 수행'이 그것으로 보인다. 이 sampajānāti를 '정지正知'로 번역하면서 일종의 '이해수행'으로 간주하는 것이 학계와 수행자들의 통념이다. 이런 견해에서는 정지正知의 구체적 수행법이 '대상이나 현상의 속성을 이해하기 위해 알아차리면서 관찰하는 것'이 된다. 예컨대 정념 수행이나 육근수호에서 설하는 '몸동작에 대한 정지正知'의 의미를 『대염처경』의 주석서는 이렇게 해설하고 있다.

'분명히 알아차리면서 행한다'라는 것은 분명히 알면서 모든 행위를 하거나 분명하게 아는 것만을 오직 행하는 것을 말한다. 그는 참으로 나아가는 등에 대해서 분명히 알아차리는 것을 행하며 어디서든 분명히 알아차림이 없지 않기 때문이다. 여기서 분명히 알아차림에는 1) 이익됨을 분명히 알아차림, 2) 적당함을 분명히 알아차림, 3) 영역을 분명히 알아차림, 4) 미혹하지 않음을 분명히 알아차림의 네 가지 분명히 알아차림이 있다. 먼저, 나아가는 마음이 일어날 때에 그 마음만을 통해서 가지 않고 '내가 여기에 가서 무슨 이익이 있는가? 아니면 없는가?'라고 이익이 있음과 없음을 잘 파악한다. 이처럼 이익을 분명히 파악하는 것을 '이익됨을 분명히 알아차림'이라고 한다. (『중부 주석서(MA)』의 「염처경 주석」)[19]

〈현상의 특징이나 속성을 이해하기 위해 '면밀히 관찰하는 알아차림'이 정지正知의 의미이자 수행법이다〉라는 관점은, 관찰하려는 특징이나 속성 내지 수행기법 등에서 약간의 편차를 보이지만, 지금까지도 구도자나 학자들의 이해를 대부분 장악하고 있는 것으로 보인다. 이런 관점에서는 정학의 핵심인 정념수행마저도 이해수행(위빠사나 행법)으로 치환되어 버린다. 그렇다면 '이해들에서 빠져나오는 수행법', '풀려나는 수행법'(해탈수행)으로서 붓다는 '이해로써 이해 바꾸기' 방식만을 설하는 셈이 된다. 정학/선정 수행을 '대상 집중'으로 간주하여 수용하려는 사람이라면 거기다가 '집중수행'을 추가할 것이다. 과연 그럴까? 그런 방식으로 충분할까? 그렇다면 철학을 비롯한 모든 영역에서 가동해 온 '새로운 이해를 수립하여 묵은 이해를 대체하는 방식'은 위빠사나 행법과 얼마나 다른 것일까? 위빠사나 이해수행만이 해탈에 유효하다는 근거는 무엇일까?

필자는 붓다의 모든 법설을 위빠사나 류類의 이해행법으로 치환해 버리는 시선에 동의하지 않는다. 정지正知는, 현상을 면밀히 관찰하여 특징을 '이해'하는 데 초점이 있는 것이 아니라, 동작·느낌·마음상태·이해 등 모든 경험현상을 '괄호 치고 알아차려 그것에 갇히거나 매이지 않고 빠져나오는 마음자리'에 눈뜨게 하는 데 초점이 있다고 본다. 그 '빠져나오는 마음자리'에 눈떠 그 자리로 옮아간 후, 그 자리에서 경험현상들을 만나는 힘을 키우게 하는 방법론적 매개가 정지正知의 '알아차림'이다. 그래서 필자는 'sampajānāti'를 〈모든 것을 앞세우듯 하면서 알아차린다〉라고 번역한다.[20]

---

19 『네 가지 마음챙기는 공부 ―대염처경과 그 주석서―』(각묵 역, 초기불전연구원, 2003), pp.115-117.

20 'sampajānāti'를 이렇게 번역하는 것은 낯설게 보일 것이다. 『청정도론』을 비롯한 남방논서들의 관점이나 학계에서 통용되는 이해와는 다르기 때문이다. 필자가 이렇게

니까야/아함을 통해 붓다와 대화할 때 특히 주목되는 것은 '육근수호六根守護 법설'이다. 육근수호 법설의 핵심은 〈눈·귀·코·혀·몸·마음이 그에 상응하는 대상과 관계 맺을 때 그 대상의 '전체적 차이/특징'(nimitta, 相)과 '부분적 차이/특징'(anuvyañjana, 細相)을 움켜쥐지 말라〉는 말, 그리고 nimitta와 anuvyañjana를 움켜쥐지 않을 수 있으려면 〈모든 경험현상을 앞으로 세우듯 하면서 알아차린다〉(sampajānakārī hoti, 正知)는 말에 있는 것으로 보인다. nimitta와 anuvyañjana는 분명 '현상이 지니는 특징적 차이'들을 지시한다. 그리고 '움켜쥠'(gāha)과 '움켜쥐지 않음' 및 '모든 것을 앞으로 세우듯 하면서 알아차림'(sampajānakārī hoti)은, '현상이 지닌 특징적 차이들'과의 '관계방식'을 말한다. 붓다는 변하는 차이현상 이면에 그 어떤 불변의 본체나 궁극실재가 있다거나 그것을 체득해야 부처가 된다는 말을 한 적이 없다. 〈감관에서 발생하는 경험현상의 가장 초기조건은 '특징적 차이들'이며, 그 차이들에 어떻게 대응하는가에 따라 삶의 이로움과 해로움이 결정된다〉는 것, 달리 말해 〈깨달음이나 해탈의 이로움을 누리려면 차이들과 만나는 관계능력을 바꾸어야 한다〉는 것. ─이것이 육근수호 법설의 요점이라고 본다. 그리고 붓다 법설의 핵심과 요점은 이 육근수호 법설에 압축적으로 담겨 있다고 본다. 차이현상들을 만나는 인지능력과 관련하여 이런 소식을 전하는 것은 아직까지 어떤 철학과 종교에서도 목격할 수 없다. 이것은 인간의 궁극 진화를 구현시켜 주는 통찰로 보인다.

붓다는 '모든 것을 괄호 치듯, 앞세우듯 하면서 알아차리는' 방법을 설하여 '그 어떤 경험현상에서도 빠져나오는 마음자리'에 체득적으로 눈뜨게 하는 행법을 펼친다.

그는 눈으로 형색을 봄에 그 표상(全體相)을 취하지 않으며, 또 그 세세한 부분상

번역하는 이유와 논거들을 충분히 거론하자면 긴 글이 된다. 관련된 생각의 개진은 별도의 기회로 넘긴다.

(細相)을 취하지도 않는다. 만약 그의 눈의 기능(眼根)이 제어되어 있지 않으면, 욕심과 싫어하는 마음이라는 나쁘고 해로운 법(不善法)들이 그에게 [물밀듯이] 흘러들어 올 것이다. 따라서 그는 눈의 감각기능을 잘 단속하기 위해 수행하며, 눈의 감각기능을 잘 방호하고, 눈의 감각기능을 잘 단속한다. 귀로 소리를 들음에 … 코로 냄새를 맡음에 … 혀로 맛을 봄에 … 몸으로 감촉을 느낌에 … 마노(意)로 법을 지각함에 그 표상(全體相)을 취하지 않으며, 또 그 세세한 부분상(細相)을 취하지도 않는다. 만약 그의 마노의 기능(意根)이 제어되어 있지 않으면, 욕심과 싫어하는 마음이라는 나쁘고 해로운 법(不善法)들이 그에게 [물밀듯이] 흘러들어 올 것이다. 따라서 그는 마노의 감각기능을 잘 단속하기 위해 수행하며, 마노의 감각기능을 잘 방호하고, 마노의 감각기능을 잘 단속한다. 그는 이러한 성스러운 감각기능의 단속을 구족하여 안으로 더럽혀지지 않는 행복을 경험한다. 그는 나아갈 때도 돌아올 때도 [자신의 거동을] 분명히 알아차리면서(正知) 행한다. 앞을 볼 때도 돌아볼 때도 분명히 알아차리면서 행한다. 구부릴 때도 펼 때도 분명히 알아차리면서 행한다. 법의(法衣)·발우·의복을 지닐 때도 분명히 알아차리면서 행한다. 먹을 때도 마실 때도 씹을 때도 맛볼 때도 분명히 알아차리면서 행한다. 대소변을 볼 때도 분명히 알아차리면서 행한다. 갈 때도 서 있을 때도 앉아 있을 때도 잠잘 때도 깨어 있을 때도 말할 때도 침묵할 때도 분명히 알아차리면서 행한다.[21]

이 번역문에서 '분명히 알아차리면서 행한다'라고 번역된 정지正知(sampajānāti)를 필자는 〈모든 것을 앞세우듯 알아차리면서 행한다〉라는 의미로 읽는다. 일상의 모든 동작을 '괄호 치듯 묶어 재인지(알아차림)의 대상으로 처리하면서 빠져나오는 국면'을 일깨워 간수하는 것이 이 정지正知(sampajānāti) 행법의 초점이라고 생각한다.

인간의 '걸어가는 동작'은 언제 어떤 양상에서나 '이해들'과 연관되어 있다. 그래서 '걸어간다'는 것은 '걷는 것에 연관된 이해들과 함께 하는 행위'

---

21 『맛지마니까야』 2권 「깐다라까의 경(Kandarakasutta)」 M1:339(대림 역, 초기불전연구원, 2002), pp.428-429.

90

이다. 그런데 대개 우리는 그 걸어가는 행위에 연루된 이해를 붙들고 있거나 그것에 매여 있다. 그리하여 그 이해에 기대어 생겨난 목적이나 욕망을 쫓아가는 데 급급하다. 이러한 태도를 유지하는 한 '걸어가는 행위에 얽힌 이해들'에서 자유롭기가 어렵다. 이해들에서 빠져나와 재조정하는 능력을 발휘하지 못한다. 그런데 목적이나 욕망 등을 이끌어 가는 이해를 바꾸는 일은 일상적 방식으로도 가능하다. 걸어가다가 생각을 바꾸어 목적지를 바꿀 수 있고, 생각을 달리하여 욕망도 바꿀 수 있다. '이해를 다른 이해로 바꾸어 행위를 바꾸는 방식'은 일상에서 자연스럽게 작동한다. 이러한 일상적 이해 바꾸기 방식은 비非자율적 조건에 기인하여 발생하기도 한다. 목적지를 바꾸라는 타인의 명령에 따라 생각을 바꾸는 일도 흔하다.

그러나 이러한 '부분적·개별적·비자율적 대응 방식'으로는 불충분하다. '빠져나와 관계 맺을 수 있는 능력'의 더욱 근원적이고 전면적이며 자율적인 유형이 요구된다. 이 요구에 부응하는 것이 바로 '스스로 재인지의 마음자리로 옮겨 가 그 자리에서 이해들과 접속하는 능력의 계발'이다. 걸어갈 때는 '걸어가는 행위를 마치 괄호 치듯 묶어 재인지하는/알아차리는 의도적 노력'을 하여 '걸어가는 행위에 붙들려 갇히지 않고서 걸어감'에 눈떠 챙겨 간다. 그것은 곧 '그 행위에 얽힌 이해/생각들에 매이지 않고 빠져나온 채 그 이해/생각들과 접속하는 능력'을 확보해 가는 일이다. 그리고 이 능력은 근원적이고 전면적이며 자율적인 힘이다. 비록 특정 행위를 매개로 삼았을지라도 거기서 발생시켜 확보하는 능력은 근원적이고 전면적이다. '걷는 행위 알아차리기'를 통해 확보하는 '빠져나와 관계 맺는 능력'은, 모든 행위(身), 모든 느낌(受), 모든 마음상태(心), 모든 이해/지식(法)에도 동일하게 대처할 수 있는 보편능력이다. 그러기에 특정 동작 하나에서만이라도 제대로 정지正知 국면을 열어 확보하면 된다. 한 동작에서 눈떠 챙긴 '정지正知 자리에 서는 능력'은 모든 심신현상에 그대로 적용되기 때문이다. 만약 〈몸을 대상으로 하는 정지正知〉와 '느낌을 대상으로 하는 정지'의 목표가 각각 다른 내용이다〉고 생각한다면, 흡사 〈이 화두의 목표가 다르고 저 화두의 목표가 다르니 모든 화두공안을 일일이 타파해야 한다〉고 주장하는 것과 같다. 화두 하나에서 제대로 마음자리를 챙기면 되는 것이라고 본다.

'모든 이해에 갇히지 않고 빠져나온 국면/자리에서 이해들과 접속하여 성찰하고 조정하며 수립할 수 있는 근원적·전면적·자율적 능력'의 계발과 확보를 위한 방법. 그것을 붓다는 정학/선정 수행으로 설하는 것으로 보인다. 그리고 그 핵심은 정지正知(sampajānāti) 행법이며, 이것은 '모든 심신 현상을 괄호 치듯 묶어 그것을 재인지함으로써 그것들에서 빠져나오는 국면/자리를 일깨워 간수해 가는 것'이다. 이해로써 이해를 바꾸어 빠져나오는 이해행법은 부분적·개별적 대응이라는 점에서 한계가 있지만, 동시에 개별적이고 부분적인 만큼 용이한 지적 대응일 수 있다. 그래서 요긴하다. 또한 인간의 어떤 경험도 이해와 맞물려 있지 않을 수 없다는 점에서 이해행법은 삶의 모든 향상에 필수조건이다. 이러한 이해행법의 장점을 안으면서도 그 부분적·개별적 대응의 한계를 넘어서게 하는 것이 정학/선정의 정지正知 행법으로 보인다. 정지 행법을 마음행법이라 불러 본다면, 이해행법(慧學)과 마음행법(定學)이 어울려 상호작용하고, 거기에 행동행법(戒學)이 가세할 때, 비로소 '근원적 자유'(해탈)와 '근원적 안식'(열반)을 경험 가능한 목표로 추구할 수 있다. '접속하면서도 붙들지 않는 자리에서, 사실에 맞고 이로운 이해를 역동적으로 수립하여 굴려 가는 이해 지평', '자유의 유희와 평안의 안식이 이해와 맞물려 구현되는 지평', 그 '궁극적 지혜/이해'(明知, 解脫知見)를, 향상의 최종 목적지로 삼을 수 있게 된다.

2) 선종 선문의 관점과 방식

붓다의 정학/선 행법을 이렇게 읽을 때, 선종 선문의 선관禪觀은 붓다 선관과의 연속성을 보여 준다는 점에서 매우 흥미롭다. 정학/선 행법을 '대상 집중행법'으로 이해하는 시선과는 달리, 선종은 정학/선 행법의 취지와 초점을 앞서 거론한 내용으로 파악하고 있다. 필자가 보기에는 그렇다. 선정 수행을 '대상에 대한 집중수행'으로 보는 시선은 인도 대승불교의 유가 행중관파 수행론에서도 고스란히 이어지고 있는데, 이런 전통에 대해 선종禪宗이 전혀 새로운 선관을 천명하면서 공개적으로 대론對論을 펼친 일이 있었다. 8세기 말에 티베트에서 펼쳐진 이른바 돈점頓漸논쟁이다. 이 논쟁은 수행과 깨달음에 대한 선종의 시선과 유가행중관파의 시선이 맞닥뜨려 각자의 관점을 논쟁적으로 피력한 격렬한 진리담론이다. 그리고 이 논쟁의 핵심은 선禪 수행에 관한 '이해방식과 마음방식'의 차이문제였다.[22] 선종을 대변했던 마하연摩訶衍 화상 측은 선 수행에 관한 선종의 관점을 돈오頓悟의 문제로써 개진하였고, 인도불교 전통을 대변했던 까말라씰라 (Kamalaśīa, 蓮華戒, 740?-795?) 측은 선 수행에 대한 관점을 인도전통의 시선에 의거하여 유가행중관파의 입장으로 펼쳤다. 티베트 논쟁은 선 수행을 둘러싼 상이한 두 시선을 통해 붓다 정학定學에 대한 이해를 한 차원 높일 수 있는 의미심장한 담론이었지만 성공적이지는 못했다.

티베트 논쟁을 흔히 인도불교의 점문漸門과 중국 선종의 돈문頓門의 대립으로 기술한다. 그리고 점문은 '연속적 행법에 의한 점차적 성취'를, 돈문은 '비연속적인 행법에 의한 단박의 성취'를 의미하는 것으로 이해되곤 한다. 그러나 논쟁의 실제내용을 보면, 인도불교 측 점문은 〈대상(所緣)집중 행법'(무분별영상, 사마타)과 '이해사유 행법'(유분별영상, 위빠사나)의 지속적 축적을 통한 무분별지의 성취〉를 주장하는 것이고, 선종 마하연 측돈문은 〈분별의 개념환각을 붙들고 쫓아가는 마음지평·계열·범주로부터의 해방을, '마음시선 바꾸기 행법'(看心)을 통해 생각마다 단박에 성취하는 것〉을 천명하는 것이다. 이 두 시선의 차이가 끝내 평행선을 달린 것

---

22 박태원, 「티베트 돈점논쟁과 선(禪)수행 담론」(『철학논총』 제84집, 새한철학회, 2016). 여기서 거론하는 내용은 이 논문에서 가져온 것이다.

이 티베트 논쟁의 전말이다. 필자는, 까말라씰라가 대변하고 있는 인도 유가행중관파의 수행관을 '이해방식', 마하연이 대변하는 선종의 수행관을 '마음방식'이라 부른다.

마하연이 전하는 선종 간심看心 행법의 핵심내용은 '불사不思·불관不觀·부작의不作意'에 관한 새로운 관점으로 제시된다. 그리고 이에 대한 까말라씰라, 쫑카빠 등 유가행중관파의 비판 요점은, 간심 행법이 '이해 사유'에 의한 수행을 외면하고 있다는 것이다. 마하연이 피력하는 '불사불관不思不觀의 간심看心 행법'에 대한 인도불교 유가행중관파 고승들의 이해와 비판의 초점은 한결같다. 〈마하연은 '이해사유 행법'(觀)을 외면하고 있으며, 일체의 이해·사유·인식활동을 중지·폐기하는 잘못된 삼매수행을 설한다. 따라서 선종의 간심 행법은 불교 선 수행의 요점인 지관止觀수행이라 할 수 없다〉는 것이다.

까말라씰라에게 있어서 사마타(止) 수행은, '선택한 특정대상에 마음의 시선을 붙들어 매어 움직이지 않게 하는 것'이어서, '그 대상을 이해하려고 하지 말고'(무분별영상) 그저 '마음이 산만하거나 동요하지 않게 집중시켜 가는 것'이다. 이에 비해 위빠사나(觀) 수행은 '대상의 속성이나 본질을 제대로 이해하려는 사유관찰'로서 '대상을 공성空性으로 이해하는 사유를 지속적으로 유지·발전시켜 가는 지적 노력'이다. '집중으로 인한 마음의 안정'(止)과 '지적 성찰로 인한 이해의 계발'(觀)이 상호작용하여, 모든 개념환각(희론)에서 풀려나고, 마침내 궁극적 지혜가 드러나는 최고의 깨달음 경지를 성취하게 된다는 것이다. 이러한 까말라씰라의 수행론은 비단 대승불교 유가행중관파의 관점에 국한되는 것이 아니라, 지관止觀 수행에 대한 남방과 북방의 일반적 이해로 보아도 무리가 없을 것이다. 다시 말해, 정학定學 내지 선 수행에 관해 현재까지도 광범위하게 공유되고 있는 관점이다.

이러한 유가행중관파의 지관止觀 해석학은 지止와 관觀을 종합하고 있지만, 지와 관이 같은 지위로 취급되는 것은 아니다. 그들이 일관되게 중시하는 것은 '이해를 위한 사유와 관찰'이다. '이해 수행'이 없이는 마음집중(止)이 의미를 지니지 못한다. 수행의 성공여부와 중심축을 '이해 수행'에 두고 있다는 점에서, '이해방식을 축으로 삼는 수행해석학'이다. 유가행중관파로서는 자신의 수행론이 '이해방식과 마음방식'을 구족하고 있다고 말할 것이다. 따라서 그들의 수행론을 '이해방식'이라 부르는 것에 동의하기 어려울 것이다. 그러나 유가행중관파의 수행론에서 '이해 행법'(觀)이 차지하는 위상과 의미는 명백히 '중심부'를 차지하며, '집중 행법'(止)은 보조 내지 보완 역할을 수행한다. 그리고 사마타(止)를 '대상 집중'으로 이해하고 있다.

그러나 마하연이 전하는 선종의 '간심看心 행법'은 사마타(止)에 대한 이해가 다르다. 마하연이 말하는 '불사불관不思不觀의 간심법看心法' 내용을 들어 보자.

> 묻는다. 무엇을 '마음을 보는 것'(看心)이라 하는가? 답한다. 마음의 본원을 돌이켜 비추는 것이니, 마음의 상想이 움직이면 그 마음을 보아 있음(有)과 없음(無), 깨끗함(淨)과 '깨끗하지 못함'(不淨), 공(空)함과 '공하지 않음'(不空) 등(개념적 분별)을 모두 헤아리지 않으며, 관觀하지 않는다는 것도 헤아리지 않는다.[23]

> 묻는다. '일체의 상想'이라 한 것은 그 상想이 무슨 뜻인가? 답한다. 상想이란 마음의 생각이 일어나 움직여 바깥 대상을 취하는 것이다.[24]

> 묻는다. 어떤 방편을 써서 망상과 습기를 제거할 수 있는가? 답한다. 망상이 일어나는 걸 깨닫지 못하는 것을 생사生死라고 부른다. 깨달으면 마침내 '망상을 따라

---

23 왕석王錫, 『돈오대승정리결頓悟大乘政(正)理決』(『大藏經補編』 35권, 台北, 1986), p.821. "舊問. 云何看心? 答. 返照心源, 看心心想若動, 有無淨不淨空不空等, 盡皆不思, 不觀者亦不思."

24 같은 책, p.820. "舊問. 言一切想者 其想云何? 答. 想者心念起動, 及取外境."

가 업을 짓는 것'을 하지 않는다. (망상을) 붙들지도 (망상에) 머무르지도 않아, 생각마다 바로 해탈반야이다.[25]

마하연 화상이 설하는 '불사불관의 간심 행법'은 선종 돈오행법의 핵심을 잘 요약하고 있다. 그 의미는 이렇게 풀어 볼 수 있을 것이다. 〈대상에 대한 인간의 지각경험은 '있음(有)과 없음(無), 깨끗함(淨)과 깨끗하지 못함(不淨), 공(空)함과 공하지 않음(不空)' 등 다채로운 존재론적·가치론적 개념다발이다. '대상'(境界)이라는 것 자체가 인간에게는 이미 개념적 구성의 산물이다. 마음 시선이 개념의 동일성·실체성 환각으로 착색된 대상들을 향해 나아가 그것들을 붙들고 거기에 다시 이해와 분석, 비교와 판단 등의 인식적 구성을 추가한 것이 상상이며, 이 '상상 계열의 마음작용'이 망상이다. 마음이 행하는 이 상상의 망상 작용을 마음 스스로 '알아차리면'(覺), 더 이상 망상을 '붙들고 따라가고 거기에 머무는 일'을 '그치는 국면'이 열린다. 그럴 때 개념 환각으로 착색된 대상을 거듭 환각적으로 가공하던 상상 놀음에 휘말리지 않는 마음자리가 확보된다. 환각적 분별에서 전면적으로 풀려날 수 있는 '마음의 조건'이 확보되는 것이다. 상상 계열로 빠져드는 것을 '알아차리는' 국면을 챙기면, 그 국면을 챙기는 순간에 즉시 분별환각 계열·범주에서 전면적으로 풀려날 수 있다(念念卽是解脫). 이것이 선종의 '마음보기'(看心) 수행법이다.〉

선종의 불사불관不思不觀은 '사유와 인식작용의 정지나 폐기'가 아니라 '사유나 인식의 계열·범주·문법으로부터의 자리이동/전이轉移'를 지시하는 용어로 보는 것이 적절하다. 그러나 이 '불사불관'에 대한 까말라씰라 내지 유가행중관파의 이해와 해석은 전혀 다르다. 논자가 보기에 까말라씰라 진영의 시선은 과도할 정도의 오해로 점철되어 있다. 마하연이 설하

---

25 같은 책, p.821. "舊問. 作何方便 除得妄想及以習氣? 答. 妄想起不覺, 名生死. 覺竟不隨妄想作業. 不取不住, 念念卽是解脫般若."

는 선종의 간심看心 행법을 전혀 이해하지 못하고 있는 것으로 보인다.

마하연 화상의 불사불관不思不觀에 대해, 쫑카빠는 『응악림첸모(密宗道次第廣論)』에서 다음과 같이 비판하고 있다.

(마하연 화상은) 〈사유가 있음은 부처를 성취하는 심오한 도의 수행이 아니다. 왜냐하면 사유인 이상 그것은 분별이며, 분별은 또한 탐착의 유형에 속하거나 아니면 불탐의 유형에 속해서 탐착과 탐착의 여읨을 일으키게 되고, 그것에 의해서 윤회에 결박당하기 때문이다. 그러므로 전혀 사유하지 않음으로써 탐과 불탐의 유형에 속하는 분별을 벗어나게 되고, 그것을 벗어나게 되면 윤회를 벗어나게 되어서 성불하게 되는 것이다. 그러므로 부처를 증득하는 길은 일체를 사유하지 않는 무사無思이며, 그 밖의 다른 분별의 삼마지가 아닌 것이다〉(라고 한다.) ―(이에 대해)『오차제광석五次第廣釋』에서 〈여기서 만약 무사지가 부처를 얻게 하는 것이라면 (不思가 이루어지는) 그때 일체의 유정들이 어째서 부처가 되지 못하는 것인가? 그들 또한 깊은 숙면 중에는 무사지에 들어가게 되어서, 탐하는 사물들을 애착하지도 않으며, 탐하지 않는 사물들에 애착의 여읨도 또한 없는 것이다〉라고 하였다.[26]

'간심 행법'의 마음방식 수행은, 대상에 마음을 붙들어 매어 산만하거나 동요하지 않게 하는 집중이 아니라, '분별망상의 계열·범주·지평에 휘말려 들지 않는 마음국면/마음자리를 열고 챙겨 가는 수행'이다. 지止에 대한 이해가 전혀 다른 것이다. 따라서 유가행중관파의 수행론에서 '이해행법'이 차지하는 각별한 위상, 그리고 지止의 마음수행에 관한 선종의 상이한 시선, 아울러 그 새로운 마음 행법이 선종 돈오의 핵심부를 차지하고 있다는 점 등을 모두 고려할 때, 유가행중관파와 선종의 수행론적 특징을

---

26 중암, 『까말라씰라의 수습차제 연구 ―쌈예의 논쟁 연구―』(불교시대사, 2006), p.165.

대비적으로 분명히 하기 위해서는 양자의 수행론을 각각 '이해방식'과 '마음방식'의 수행이라 구분하는 것이 적절해 보인다.

티베트 논쟁은 수행 내지 선 수행을 보는 유가행중관파의 '이해방식' 시선과 선종의 '마음방식' 시선이 맞닥뜨린 것이다. 그리고 유가행중관파의 '이해방식' 시선은, 선종의 '마음방식' 행법이 낯설고 이해하기 어려운 선관禪觀이었기에, 왜곡에 가까운 오해, 비난에 가까운 비판으로 대응했다. 반면 마하연은 선종의 '마음방식' 행법을 상대측에 이해시키는 데 실패하였다.

사마타(止) 행법에 대한 통념적 이해는 '대상에 대한 마음집중'이다. 니까야 주석서와 아비담마 전통, 인도 대승교학 전통 모두에 이러한 시선이 일반화되어 있다. 사마타 행법은 '대상에 마음을 붙들어 매어 움직이지 않게 하는 수행'이라는 것이다. 결국 남/북의 불교전통은 전반적으로 선 수행의 두 축인 지止와 관觀을 '대상에 대한 마음 집중'과 '이해 계발'로 간주하고 있다. '무아·공성의 관점과 이해를 수립하여 대상에 적용하는 수행'(위빠사나, 관)과 '대상에 마음을 붙들어 매어 동요하거나 흩어지지 않게 하는 수행'(사마타, 지)을 통해, 무명환각에 지배되는 오염된 이해와 마음현상 및 행위로부터 완전하게 해방될 수 있다는 것이, 남/북 전통의 일반적 지관止觀 수행관이다.

그런데 흥미로운 것은 니까야가 전하는 붓다의 정학 설법에서는 그런 식의 설명을 확인할 수 없다는 점이다. 사마타 행법을 '대상에 대한 마음 집중'으로 이해하는 것은 후학들의 해석학적 선택이지 붓다의 의중과 부합한다고 말하기 어렵다. 그렇다면 붓다의 정학을 탐구하는 새로운 관점이 불교전통에서 존재하였을까? 필자는 원효와 『대승기신론』 그리고 선종을 그 대표적 사례로 꼽고 싶다. 원효와 『대승기신론』 그리고 선종의 새로운 선관은 사마타(止)에 대해 어떤 새로운 관점을 제시하는 것인가? 이미 앞서의 논의에서 거론된 내용이지만, 요점을 재확인한다.

마음에 의한 '삶과 세계의 왜곡과 오염'은 마음 동요나 산만의 문제가 아니다. 인간의 인식 현상은, '설정된 기준들과 그에 따른 관점·이해·욕구의 다양한 방식들이 상호적으로 얽혀 중층적으로 누적된 해석체계'의 산물이며, '분류·선별·판단·평가하는 해석·가공의 경향적/관성적 메커니즘'의 전개양상이다. 따라서 마음에 의해 삶과 세계가 왜곡되고 오염되는 것은, 마음작용의 기능적 동요나 산만함 때문이 아니라, 마음범주 안에 자리 잡은 '해석체계와 문법' 때문이라고 보는 것이, 더 적절한 인과적 이해이다. 그렇기에 왜곡과 오염에서 벗어나려면, 마음을 지배하는 문법체계에 '빠져들지 않는 능력'이 필요하다. 그런데 마음집중이 그 능력을 감당하기는 어렵다. 마음의 기능적 집중은 여전히 오염된 문법체계 안에서의 일일 수 있기 때문이다. 마음집중이 오염된 마음의 정화나 그로부터의 탈출에 무익하다고는 할 수 없지만, 가장 필요한 것은 〈무지의 문법체계가 지배하는 마음 지평·계열에 '더 이상 휘말려 들지 않는 마음자리/마음국면'의 계발과 확보〉이다. 근본무지를 조건으로 형성된 마음의 문법체제를 '붙들어 의존하고', '따라 들어가 안기고', 그 안에 '빠져들고 휘말려 드는' 관성(업력)에 지배되는 한, 무아·공의 이해를 수립하고 애써 적용하는 것만으로는 그 문법체계·계열에서 충분히 빠져나오기가 어렵다. '이해로써 이해를 바꾸는 방식'만으로는 충분하지가 않다.

'마음방식의 수행'인 정학/선은 이 부족분을 채워 주는 행법으로 보인다. 현상·존재·세계를 왜곡·오염시키는 문법으로 작용하는 '마음을 지배하는 선先체계'에 '빠져들지 않는 마음국면/자리', '휘말려 들지 않는 마음국면/자리', '붙들고 달라붙지 않는 국면/자리', '계열 전체를 괄호 치고 빠져나오는 국면/자리', '전면적으로 빠져나오는 마음자리'를 열어 확보해야 한다. 그리고 그 '풀려난 마음국면/자리'에서, 마음을 채우는 기준·관점·이해들을 이로운 것으로 만들어 가는 실력을 발휘해야 한다.

선종의 선관禪觀에 관한 필자의 이해가 타당하다면, 선종의 돈오頓悟는 이러한 선관의 단적인 표현이다. 이에 관한 필자 생각의 요지는 이렇다. 〈근본무지를 조건 삼아 형성된 마음의 범주·계열·문법 '안에서' 왜곡과 오염을 수습하려는 모든 노력은, '차츰차츰·점차로·차례대로·단계적' 이라 할 수 있는 개량적 개선이다(漸). 그것은 마음을 왜곡·오염시키는 문법이 유효한 범주 내에서 성취되는 향상이라는 점에서, 아무리 수준 높은 것일지라도 여전히 왜곡과 오염의 문법 안에 놓여 있다. 반면 그 문법 체계에 갇히지 않고 빠져들지 않는 마음국면/자리로 이전하는 것은, '단박에·몰록·단번에·한꺼번에·갑자기'라 할 수 있는 '전면적으로 빠져나옴'이다(頓). 이 전면적 국면전환과 자리바꿈은 현상을 왜곡하고 오염시키던 마음의 문법 전체에서 풀려나는 자리이동이기에, 계열의 비非연속적 이탈이고, 범주이탈적 자리바꿈이며, 지평의 전면적 전의轉依로서, 돈오라 부르는 것이 적절하다.)[27]

지눌知訥(1158-1210)의 저술은 이러한 선종의 선관禪觀을 확인시켜 주는 내용으로 가득하다. 선종의 선사상을 종합적으로 연구하여 체계화시키는 작업에서 단연 돋보이는 선학先學은 지눌이다. 선종의 활로를 모색하는 그의 노력과 역량, 그리고 성취는 선문禪門 내에서 유례를 찾기 어려울 정도로 탁월하다. 그는 선종의 선관, 그 마음방식 수행론의 초점과 요점을 적실하게 추려 내어 알려 준다.

묻습니다. 〈당신께서는 '한꺼번에 깨달음'(頓悟)과 '점차로 익혀감'(漸修) 두 방식(門)이 모든 성인이 밟아 온 길이라 하였습니다. [그런데] 깨달음이 이미 '한꺼번에 깨달음'(頓悟)이라면 어째서 '점차로 익혀감'(漸修)을 빌려야 하고, 익힘(修)이 만약 '점차로 익혀감'(漸修)이라면 어째서 '한꺼번에 깨달음'(頓悟)이라 말합니까? '한꺼번에 [깨달음]'(頓[悟])과 '점차로 [익혀감]'(漸[修])이라는 두 가지 뜻을 다시 설명

27 이에 관한 논의는 「돈오의 의미지평 ―돈오의 두 시원을 중심으로―」(『철학논총』 제49집, 새한철학회, 2007); 「돈오의 두 유형과 반조 그리고 돈점논쟁」(『철학연구』 제46집, 고려대학교철학연구소, 2012); 「'깨달음'과 '깨달아 감' 그리고 '깨달아 마침'」(『깨달음, 궁극인가 과정인가』, 운주사, 2014); 「티베트 돈점논쟁과 선(禪)수행 담론」(『철학논총』 제84집, 새한철학회, 2016)에 있다.

하여 남은 의심을 끊게 해 주십시오.〉

답하겠다. 〈'한꺼번에 깨달음'(頓悟)이란 것은 [다음과 같은 것이다.] 범부가 미혹할 때는 네 가지 물질적 조건(四大)[이 모인 것]을 몸이라 여기고 망상妄想을 마음이라 여겨, '스스로의 온전한 본연'(自性)이 '참된 진리의 몸'(眞法身)인 줄 모르며, '자신이 지닌 지혜롭게 아는 능력'(自己靈知)이 '참된 부처'(眞佛)인 줄 모른다. [그리하여] 마음 밖으로 부처를 찾아 이리저리 달리다가 문득 선지식의 가리켜 보임을 만나 [바른] 길에 들어 '한 생각에 마음의 시선을 돌이켜'(一念廻光) '자신의 온전한 본연을 본다'(見自本性). 그런데 이 '온전한 본연의 자리'(性地)에는 원래 번뇌가 없고 '[번뇌가] 흘러들어 옴이 없는 지혜면모'(無漏智性)가 본래 스스로 갖추어져 있어서 곧 모든 부처님과 조금도 다르지 않으니, 그러므로 '한꺼번에 깨달음'(頓悟)이라고 말한다. '점차로 익혀감'(漸修)이라는 것은 [다음과 같은 것이다.] 비록 '본래의 온전한 본연'(本性)이 부처와 다르지 않음을 깨달았으나 시작을 알 수 없는 때부터의 '누적된 경향성'(習氣)은 갑자기 '한꺼번에 제거'(頓除)하기 어려우므로 깨달음에 의지해 익히는 것이니, 점차로 거듭 익혀서 성취(功)가 이루어지고 '성스러움의 싹'(聖胎)을 오랫동안 길러 오래도록 성스러움을 이루어 가는 것이니, 그러므로 '점차로 익혀감'(漸修)이라고 말한다. 비유하자면 마치 어린아이가 처음 태어났을 때 모든 감관이 갖추어져 다른 사람과 다름이 없지만 그 힘은 아직 충실하지 못하여 어느 정도 세월이 지나야 비로소 성인成人이 되는 것과 같다.〉[28]

묻습니다. 〈저의 입장에서 본다면 어떤 것이 '불변·독자의 실체나 본질이 없고 본래 분별의 동요가 없이 고요하며 지혜롭게 아는 능력을 펼치는 마음'(空寂靈知

---

[28] 『수심결』(H4, 709c~710a). "問. 汝言頓悟漸修兩門, 千聖軌轍也. 悟旣頓悟, 何假漸修, 修若漸修, 何言頓悟? 頓漸二義, 更爲宣說, 令絶餘疑. 答. 頓悟者, 凡夫迷時, 四大爲身, 妄想爲心, 不知自性是眞法身, 不知自己靈知是眞佛也. 心外覓佛, 波波浪走, 忽被善知識指示, 入路一念廻光, 見自本性. 而此性地, 原無煩惱, 無漏智性, 本自具足, 卽與諸佛, 分毫不殊, 故云頓悟也. 漸修者, 雖悟本性, 與佛無殊, 無始習氣, 卒難頓除故, 依悟而修, 漸熏功成, 長養聖胎, 久久成聖, 故云漸修也. 比如孩子, 初生之日, 諸根具足, 與他無異, 然其力未充, 頗經歲月, 方始成人."

之心)입니까?〉

답하겠다. 〈그대가 지금 나에게 묻는 그것이 바로 그대의 '불변·독자의 실체나 본질이 없고 본래 분별의 동요가 없이 고요하며 지혜롭게 아는 능력을 펼치는 마음'(空寂靈知之心)이다. 어째서 돌이켜 비추지 않고 오히려 밖으로 찾는가? 내가 지금 그대의 입장에 의거해서 '본래의 [온전한] 마음[자리]'(本心)를 곧바로 가리켜 그대로 하여금 곧 깨닫게 할 것이니, 그대는 마음을 깨끗이 하고 내 말을 들어 보아라. 아침부터 저녁까지 하루 종일, 보기도 하고 듣기도 하며, 웃기도 하고 말하기도 하며, 성내기도 하고 기뻐하기도 하며, 옳다고도 하고 그르다고도 하면서 갖가지로 펼치면서 움직여 가니, 필경 이것은 누가 능히 그렇게 움직이면서 펼치는 것인지를 말해 보라. 만약 육신이 [그렇게] 움직여 간다고 말한다면, 어째서 방금 목숨이 끊어진 사람은 아직 [그 육신이] 완전히 무너져 문드러지지도 않았는데도 눈은 스스로 보지 못하고, 귀는 듣지 못하고, 코는 냄새를 맡지 못하고, 혀는 말을 하지 못하고, 몸은 움직이지 못하고, 손은 잡지 못하고, 발은 움직여 달리지 못하는가? 그러므로 보거나 동작하는 것은 반드시 그대의 '본래의 마음'(本心)이지 그대의 육신이 아님을 알아야 한다. 하물며 이 육신은 [그것을 이루고 있는] '네 가지 물질적 조건'(四大: 地水火風)의 성품에 불변·독자의 실체가 없는 것이 마치 거울 속의 형상과 같고 또한 물에 비친 달과 같은데, 어떻게 또렷이 항상 알고 밝고 밝아 어둡지 않아서 [대상에] 감응하면서 갠지스 강의 모래알처럼 많은 묘한 작용에 통할 수 있겠는가. 그러므로 〈신통과 묘한 작용이여, 물 긷고 나무 나르는 것이로다〉고 하였다.

그리고 진리에 들어가는 문은 많지만, 그대에게 한 문을 가리켜서 그대로 하여금 근원으로 되돌아가게 하겠노라. 〈그대는 저 까마귀 우는 소리와 까치 지저귀는 소리를 듣는가?〉 〈듣습니다.〉 〈그대는 그대가 듣고 있는 성품을 돌이켜 들어 보아라. [듣는 것을 돌이켜 듣는 자리에도] 다시 많은 소리가 있는가?〉 〈이곳에 이르러서는 일체의 소리, 일체의 분별을 모두 얻을 수가 없습니다.〉 〈기특하고 기특하다. 이것이 '소리를 돌이켜 알아'(觀音) 진리에 들어가는 문이다.〉 내가 다시 그대에게 묻는다. 〈그대가 말하길, '이곳에 이르러서는 일체의 소리, 일체의 분별을 모두 얻을 수가 없다'고 했는데, 이미 [일체를] 얻을 수가 없다면 그러한 때는 허공이

아니겠는가?〉〈원래 아무 것도 없음이 아니며, 밝고 밝아 어둡지가 않습니다.〉
〈그러한 [작용을] 일으키는 것이 '아무 것도 없음이 아닌 것'의 바탕인가?〉〈[이것
은] 또한 형태 있는 모습이 없으니, 말로 표현할 수가 없습니다.〉〈이것이 모든 부
처님과 조사들의 생명이니, 다시는 의심하지 말라.〉[29]

  돈오頓悟, 자성自性, 본성本性, 본심本心, 영지靈知, 공적영지심空寂靈知
心, 일념회광一念廻光, 견성見性(견자본성見自本性) 등은 선종이 자신의 선관
禪觀을 담아내기 위해 채택하는 핵심용어들이다. 이 용어들의 의미를 어떻
게 이해하느냐에 따라 선종 선사상에 대한 전체 이해의 방향이 결정되다
시피 한다. 그리고 이들 용어를 다루는 학인들의 시선에서는 일종의 신비
주의 독법이 흔히 목격된다. 〈자성·본성·본심·영지·공적영지심·진
심眞心 등의 용어가 지시하는 것은 '변하는 현상의 이면이나 이후에 존재
하는 완전한 불생불멸의 궁극실재'이며, 이 궁극실재는 언어·사유·차
이·욕망들을 끊은 것이고, 돈오·일념회광·견성(견자본성) 등은 그 궁극
실재와 '하나가 되는 합일의 체득'을 말하는 것이며 이것이 바로 깨달음이
고 존재의 완전한 구원이다〉라는 식의 독법이 거의 일반화되어 있는 것으
로 보인다.
  신비주의 독법은 여기저기서 등장하는 '합일 체험의 다양한 증언들'을

---

29 『수심결』(H4, 710b~c). "問. 據吾分上, 何者是空寂靈知之心耶? 答. 汝今問我者, 是汝空
  寂靈知之心. 何不返照, 猶爲外覓? 我今據汝分上, 直指本心, 令汝便悟, 汝須淨心, 聽我言
  說. 從朝至暮, 十二時中, 或見或聞, 或笑或語, 或瞋或喜, 或是或非, 種種施爲運轉, 且道,
  畢竟是誰能伊麼運轉施爲耶. 若言色身運轉, 何故有人一念命終, 都未壞爛, 卽眼不自見, 耳
  不能聞, 鼻不辨香, 舌不談論, 身不動搖, 手不執捉, 足不運奔耶? 是知能見搏作, 必是汝本
  心, 不是汝色身也. 況此色身, 四大性空, 如鏡中像, 亦如水月, 豈能了了常知, 明明不昧, 感
  而遂通恒沙妙用也. 故云, 神通幷妙用, 運水及搬柴. 且入理多端, 指汝一門, 令汝還源. 汝還
  聞鴉鳴鵲噪之聲麼? 曰, 聞. 汝返聞汝聞性. 還有許多聲麼? 曰, 到這裏, 一切聲, 一切分
  別, 俱不可得. 曰, 奇哉奇哉. 此是觀音入理之門. 我更問儞. 儞道, '到這裏, 一切聲, 一切分
  別, 總不可得', 旣不可得, 當什麼時, 莫是虛空麼? 曰, 元來不空, 明明不昧. 曰, 作麼生, 是
  不空之體? 曰, 亦無相貌, 言之不可及. 曰, 此是諸佛諸祖壽命, 更莫疑也."

이 독법의 경험적 근거로 삼는다. 그 합일 체험의 증언들이 일상적 유형의 경험양상은 아니지만, 그 증언자들의 신비경험을 신비주의가 상정하는 궁극실재와의 만남으로 간주해야 하는 근거는 없다. '변화와 관계에 연루된 현상'을 '언어·사유·차이·욕망의 지평'에서 만나는 경험 범주 내에서도 조건들에 따라서는 얼마든지 비일상적 신비체험이 발생하기 때문이다. 신비체험의 '비일상성'에 현혹되기보다는 그 비일상적 현상을 발생시키는 경험적 조건들의 인과관계를 주목하는 것이 더 합리적이다. 그리고 이러한 경험주의적 합리성에 의해 충분히 검증해 보면, 신비주의가 강조하는 신비체험들의 인과적 발생도 '변화와 관계를 반영하는 언어·사유·차이·욕망의 경험적 범주'에서 벗어나지 않음이 드러난다고 생각한다.

신비주의 독법의 가장 심각한 문제는 너무도 쉽게 본질·실체주의 문법과 결합할 수 있다는 점에 있다. '불변·독자의 실체/본질'과 '변화·관계의 다양한 현상들'을 이원화시킨 후 양자를 주종主從/본말本末의 발생론이나 창조론으로 설명하려는 본질·실체주의 기획은 신비주의와 쉽게 결합한다. 〈모든 가변적 차이현상 이면에 있으면서 자신은 불변하고 평등한 궁극실재가 있다〉라든가 〈가변적 차이현상들을 발생시키는 원천이면서 자신은 불생불멸의 완전한 상태인 궁극실재/본체本體/기체基體가 존재한다〉라는 식의 본체설이나 기체설은 신비주의 독법과 동일한 사유방식의 변주로 보인다. 만약 선종의 핵심용어들을 이해하는 학인의 시선이 신비주의 독법에 속하는 것이라면, 선종의 선사상, 정확하게는 선종의 용어들을 그렇게 이해하는 학인의 사상은, 전형적인 본질·실체주의 사유방식이다. 그리고 그 학인의 시선이 타당하다면, 선종은 불교적 정체성을 상실한다. 이런 문제는 『대승기신론』이나 원효의 긍정형 기호들을 탐구하는 학인들에게도 고스란히 유효하다.

선종의 핵심 용어들을 신비주의 독법으로 읽게 하는 원인 가운데 하나는, 한문용어에 반영된 철학적 의미를 숙고하는 것을 방해하는 '읽기와 번역 및 이해'의 방식이다. 원전용어 그대로 한글로 음차해 읽으며 한자의 관습적 이미지를 투영하여 그 의미를 직관적으로만 형성하는 읽기방식, 원전용어를 그대로 채용하면서 문장의 한글화를 위한 최소한의 조사와 접속사만 붙여 번역하는 현토懸吐형 번역방식, 그리고 그런 번역문에 등장하는 원전용어에 대해 한자의 일상적 용법을 적용시켜 구성해 내는 이해방식. ─이런 요인들의 상호결합이 신비주의 독법으로 기울어지게 하는 원인 가운데 하나로 보인다. 그런 용어들이 등장하고 채택되는 철학적 배경과 맥락 등에 대한 충분한 탐구와 성찰이 결핍되면 이런 문제점에서 벗어나기가 어렵다. 필자의 상기 번역문은 이런 문제점을 고려한 것이다. '한꺼번에 깨달음'(頓悟), '스스로의 온전한 본연'(自性), '자신이 지닌 지혜롭게 아는 능력'(自己靈知), '한 생각에 마음의 시선을 돌이킴'(一念廻光), '자신의 온전한 본연을 봄'(見自本性), '본래의 온전한 본연'(本性), '본래의 [온전한] 마음[자리]'(本心), '불변·독자의 실체나 본질이 없고 본래 분별의 동요가 없이 고요하며 지혜롭게 아는 능력을 펼치는 마음'(空寂靈知之心) 등의 번역에는 나름대로 숙고한 철학적 근거가 있다. 그 철학적 근거를 밝히려면 상세한 논변이 요구되는데, 이것은 다른 기회로 넘긴다.

선종의 선관禪觀을 담아내는 용어들은 붓다의 정학/선 법설의 취지를 잘 계승하고 있는 것으로 보인다. '마음을 구성하는 이해문법의 선先계열·체계'에 '빠져들지 않는 마음국면/자리', '휘말려 들지 않는 마음국면/자리', '붙들고 달라붙지 않는 국면/자리', '괄호 치고 빠져나오는 국면/자리', '전면적으로 빠져나오는 마음자리'의 확보가 선禪 수행의 요점이라는 것을 잘 드러내고 있다. 더욱 흥미로운 것은, 이러한 '갇히지 않고 자유로이 빠져나오는 국면', '휘말려 들지 않으면서 대상(境界, 차이현상들)을 만나는 마음자리'를 일깨워 주는 방식마저 붓다의 방식을 계승하고 있다는 점이다. 붓다는 심신에서 발생하는 경험현상을 '행위(身)와 관련된 현상'·'느낌(受)과 관련된 현상'·'마음상태(心)와 관련된 현상'·'이해/지식(法)과 관련된 현상'의 네 부류로 구분한 후, 그 현상들을 '괄호 치듯 묶어 알아차리는 국면'을 일깨워 간수해 가는 정지正知 행법을 설한다. 예컨대 행위와 관련해서는 〈나아가는 동작, 돌아오는 동작, 앞을 보는 동작, 뒤돌아보는 동작, 구부리는 동작, 펴는 동작, 앉거나 일어서는 동작, 먹거나 마시는 동작, 옷 입거나 그릇 집는 동작, 말하거나 침묵하는 행위 등을 알아차리면서 행하라〉고 설한다. 〈일상의 모든 행위를 '앞세우듯 괄호 치고 알아차리는 국면/자리'를 확보하라〉는 것이다. 그런데 붓다가 설하는 정지正知 행법의 구체적 방법과 지눌의 다음과 같은 말은 놀랍게도 겹치지 않는가.

그리고 진리에 들어가는 문은 많지만, 그대에게 한 문을 가리켜서 그대로 하여금 근원으로 되돌아가게 하겠노라. 〈그대는 저 까마귀 우는 소리와 까치 지저귀는 소리를 듣는가?〉〈듣습니다.〉〈그대는 그대가 듣고 있는 성품을 돌이켜 들어 보아라. [듣는 것을 돌이켜 듣는 자리에도] 다시 많은 소리가 있는가?〉〈이곳에 이르러서는 일체의 소리, 일체의 분별을 모두 얻을 수가 없습니다.〉〈기특하고 기특하다. 이것이 '소리를 돌이켜 알아'(觀音) 진리에 들어가는 문이다.〉 내가 다시 그대에게 묻는다. 〈그대가 말하길, '이곳에 이르러서는 일체의 소리, 일체의 분별을 모두 얻을 수가 없다'고 했는데, 이미 [일체를] 얻을 수가 없다면 그러한 때는 허공이 아니겠는가?〉〈원래 아무 것도 없음이 아니며, 밝고 밝아 어둡지가 않습니다.〉〈그러한 [작용을] 일으키는 것이 '아무 것도 없음이 아닌 것'의 바탕인가?〉〈[이것은] 또한 형태 있는 모습이 없으니, 말로 표현할 수가 없습니다.〉〈이것이 모든 부처님과 조사들의 생명이니, 다시는 의심하지 말라.〉[30]

선종 선문禪門의 화두로 유명한 '이 무엇인가?'(是甚麼)는 붓다가 설하는 사념처 정지正知 행법의 선종적 계승이라고 보는 것이 적절하다. 선종의

---

30 『수심결』(H4, 710b~c). "且入理多端, 指汝一門, 令汝還源. 汝還聞鴉鳴鵲噪之聲麼? 曰, 聞. 曰, 汝返聞汝聞性. 還有許多聲麼? 到這裏, 一切聲, 一切分別, 俱不可得. 曰, 奇哉奇哉. 此是觀音入理之門. 我更問儞. 儞道, '到這裏, 一切聲, 一切分別, 總不可得', 旣不可得, 當伊麼時, 莫是虛空麼? 曰, 元來不空, 明明不昧. 曰, 作麼生, 是不空之體? 曰, 亦無相貌, 言之不可及. 曰, 此是諸佛諸祖壽命, 更莫疑也."

언어를 반야공관般若空觀의 '이해 수행'으로 처리하거나, 선종의 중·후기부터 선문 내에 자리 잡기 시작하는 것으로 보이는 '신비주의 시선'에 의거하여 공안과 화두 참구법을 읽어 버리면, 선문 언구 본래의 생명력과 불교적 정체성이 심각하게 훼손될 수 있다. 그리고 그런 굴절현상은 과거와 현재를 통틀어 상당히 만연漫然한 것으로 보인다.

선종의 선관은 붓다의 정학/선 수행에 관한 새로운 관점을 천명하고 있고, 이러한 새로운 관점의 철학적 기초는 흥미롭게도 원효와 『대승기신론』에서 확인된다. 그리고 원효와 『대승기신론』 그리고 선종의 새로운 선관은 그 인식론적 기초를 공히 유식唯識 통찰에서 마련하고 있다. 그런데 이들이 유식 통찰의 의미와 초점을 정학/선 수행론에 적용시키는 내용은 남·북전 전통에서 일반적으로 목격되는 유식학唯識學 이해나 선관禪觀과는 달라 보인다. 원효와 『대승기신론』 및 선종의 관점에서는 그 핵심과 토대에서 흥미로운 공통점이 목격된다. 그 공통지대에 입각하여 이들은 선수행 방법론과 내용에 대한 관점을 새로운 길 위에 올려놓는다. 그리고 이 새로운 선관은, 필자의 소견으로는, 붓다 선 법설의 핵심과 취지를 읽어내는 데 기존의 선관보다 더 적합한 것으로 보인다.

이 새로운 선관은 경시되거나 왜곡된 사마타 수행 전통을 제대로 복원시키려는 노력으로도 볼 수 있다. 초기불교 탐구의 주요 과제 가운데 하나는, 굴절된 사마타 수행전통을 붓다의 법설에 상응하는 내용으로 복원시키는 일이라고 본다. 니까야 자체의 의미 맥락을 자유롭게 탐구하면서, 주석서와 『청정도론』 및 아비담마 교학의 사마타 이해에 내재한 문제점들을 확인하는 동시에, 대승교학과 현대 선학에서 통용되는 선관도 과감하게 재성찰해야 그 복원의 길이 열릴 것이다.

8. 원효의 '하나처럼 통하는/통하게 하는 마음'(一心)

1) 일심一心을 읽는 부적절한 독법들

『대승기신론』과 원효가 펼치는 일심一心의 언어에 대한 이해에는 소위 '본체·현상 존재론'이 적용되는 경우가 흔하다. 일심에다가 '모든 생멸하는 현상들을 지어내거나 포괄하는 본체'의 지위를 부여한 후, '생멸하는 현상들'과 '생멸현상으로부터 벗어나 불생불멸하는 본체'의 상호관계를 설명해 보려는 시도가 많다. 일일이 적시하기가 어려울 정도로 일반화된 경향성이다. 이런 시선은 '생멸生滅'과 '진여眞如'라는 개념도 각각 현상과 본체에 배정하곤 한다. 또 수행이나 구도의 현장에서는, 일심을 모든 현상을 지어내는 원점 능력으로 간주한 후 그 능력의 주체가 되어 보려고 한다. 학인과 구도자들의 이런 시선들이 결합하여 '일심의 깨달음'으로 거론되곤 한다.

일심一心을 이런 시선으로 읽는 한, 원효나 『대승기신론』 및 대승의 일심철학을 우파니샤드 아트만 사상의 범주에서 구출해 내기는 어렵다. 〈일심은 아트만과 같은 실체가 아니다. 공空한 마음이다〉라는 식의 논리로는 성공하기가 어렵다. 불변의 본체든 공한 본체든, '본체·현상 존재론'으로 일심에 접근하는 한, 우파니샤드의 사유구조에서 탈출하기가 어렵다. '본체·현상 형이상학'의 인도적 틀에 빠져드는 것은 시간문제일 뿐이다. 새로운 독법이 필요하다.

그런데 흥미로운 것은, 정작 원효가 펼치는 일심一心의 언어에는 어디에서도 '본체·현상 존재론'이라 할 내용이 목격되지 않는다는 점이다. 『대승기신론』의 경우도 마찬가지이다. 만약 원효나 『대승기신론』의 일심 언어가 펼쳐 내는 내용이 '본체·현상 존재론'이 아니라면, 그렇다면 이상한 일이 아닌가? 일심에 대한 '본체·현상적 이해'가 난무하는 현상은 어디에서 비롯하는가? 두 가지 이유를 주목하고 싶다. 인간에게는 '본체·현상 존재론'을 쉽사리 수긍하는 사유방식이 내면화되어 있을 가능성이 그 하나이고, 용어에 대한 일상 언어적 이해가 다른 하나이다.[31]

일상 언어적 이미지가 부적절하게 적용되어 원효나 『대승기신론』 사상 나아가 긍정형 기호들을 구사하는 대승불교의 사유를 본체·현상론으로 읽게 하는 또 하나의 대표적 용어는 '생멸生滅'과 그 대칭인 '불생불멸不生不滅' 혹은 '불생멸不生滅'이다. '생멸'이라는 말이 그저 '현상의 생겨남과 사라짐'을 지시하는 경우도 있지만, 붓다의 언어계보에서 채택하는 '생멸'이라는 용어는 특수한 '조건적 용법과 의미'를 드러내기 위해 사용하는 경우가 더 많고 더 중요하다. 그 용어의 의미를 발생시키는 조건들을 반영하여 '생멸生滅'의 불교적 의미를 최소한으로 푼다면 이렇게 된다. ―〈관계 속에서 변화하는 차이현상들에게 '불변·동일·독자·절대·순수'라는 개념 환각을 덧씌운 후, 차이현상들과의 관계에서 그 '환각적 기대를 충족시키려는 행위의 모든 양상'과 '충족되지 않음과 관련한 모든 경험현상'에서 발생하는 '인식적 동요와 불안'을 총칭하는 용어가 '생멸'이다.〉

불교철학적 의미로 볼 때, '생멸生滅'은 '근본무지에 따라 요동치는 동요와 불안'이라면 '불생불멸不生不滅'은 '근본무지를 치유한 지혜에 의해 환각적인 동요와 불안이 그친 평온'이다. 그러나 '본체·현상론'의 사유로 이 용어의 의미를 읽을 때는 이런 식이 된다. 〈현상의 변화와는 무관할 뿐 아니라 모든 현상의 원인이자 원천인 '불생불멸의 본체' 혹은 '불생불멸의 궁극 실재'를 모르거나 만나지 못한 것이 근본무지(無明)이고, 그리하여 변화하며 윤회하는 삶인 것이 '생멸'이다.〉 이때 '불생불멸의 본체'나 '불생불멸의 궁극 실재'를 칭하는 말은 다양할 수 있지만, 같은 사유의 다른 표현일 뿐이다.

인도 우파니샤드 전통 속에서 대답하려는 사람은 그것이 아트만/브라만

---

31 자세한 내용은 박태원, 「원효의 일심과 깨달음의 의미 ―깨달음 담론의 구성을 위한 둘째 관문의 시론―」(『불교철학』 제4집, 동국대 세계불교학연구소, 2019)에 있다.

이라 할 것이고, 대승교학의 언어 속에서 본체·현상론 사유로 대답하려는 사람은 일심一心, 진여眞如, 불성佛性, 여래장如來藏, 본각本覺, 진심眞心, 자성청정심自性淸淨心 류類의 언어 가운데 하나 혹은 모두를 고를 것이다. 아비담마가 설정한 자성自性(svabhāva)도 인도전통 우파니샤드 본체·현상론의 변주일 가능성이 높다. 아트만/브라만을 선택한 사람은 그 본체나 궁극실재를 '불변·독자·절대·순수의 본질로 채워진 전능의 실체'라고 할 것이고, 대승교학의 긍정형 기호를 선택한 사람은 '공空한 실재'라고 부를 것이다. 아트만 개념을 선택한 사람에게 '생멸生滅'은 아트만이 만들어 낸 '모든 변화하는 것들'이고, '불생불멸不生不滅'은 그 변화하는 것들 배후에 있는 아트만의 속성일 것이다. 유식계열에서 긍정형 기호를 선택하여 '생멸 변화하는 마음'의 배후에 있는 '불생불멸하는 마음', '생멸 변화하는 마음'에 가리어 있는 '불생불멸의 마음'을 설정한 후 그것을 추구한다면, 전형적인 본체·현상론의 덫에 걸리게 된다. 아무리 '불생불멸의 마음'이 아트만 같은 실체가 아니라 '공한 실재'라고 한들, 구조적으로는 '본체·현상론'이다. 중생심을 '생멸 현상'으로, 진여眞如·진여심眞如心·일심一心·진심眞心·자성청정심自性淸淨心·청정무구淸淨無垢의 제9식識을 '불생불멸의 궁극실재'로 간주한다면, 영락없는 본체·현상 이원론이다. 실제로 유식·여래장 계열 속에서는 이런 관점과 사유방식이 존재하는 것으로 보인다. 그것도 드물지 않게. 또 유식·여래장 계열의 언어를 탐구하는 학인들이나 그 긍정형 기호들에 의거하여 깨달음을 추구하는 구도의 현장에서도 이러한 사고방식과 관점을 빈번하게 접할 수 있다.

　'생멸生滅'과 '불생불멸不生不滅'이라는 용어의 불교적 의미를 성립시키는 조건들에 대한 성찰이 결여된 채 이 용어를 이해하거나 구사하게 되면, 거의 예외 없이 '불생불멸의 본체/실재'와 '생멸 변화하는 현상'을 이원화시켜 양자의 관계를 설명하려는 본체·현상론에 빠져들게 된다. 이럴 경우, 유식·여래장 계열의 언어는 〈'생멸하는 현상들'(분별심)을 벗어나 본래 완전한 '불생불멸의 마음'(무분별심. 아마도 제9식·자성청정심自性淸淨

心・진심眞心・일심一心 등을 여기에 배정할 것이다)으로 귀환하는 소식〉이거나 〈생멸하는 모든 것을 만들어 내는 마음을 체득하여 생멸변화의 현상에서 초월하는 소식〉이 될 것이다. 과연 이런 것이 '유식무경唯識無境 만법유식萬法唯識'의 소식일까? 혹 많은 유식・여래장 학인들이 알게 모르게 본체・현상론의 사유를 유식・여래장의 언어를 읽는 독법으로 채택하고 있는 것은 아닐까? 유식을 '궁극실재로서의 마음을 겨냥하는 이론'으로 보는 '궁극 실재론'이나 '모든 현상을 창조・발생시키는 식識/마음에 관한 이론'으로 보는 '창조론적 관념론', 아니면 '본체・현상론의 인식론적 변형'으로 취급하고 있는 것은 아닐까? 만약 유식・여래장의 언어에 담긴 통찰을 '창조・발생의 궁극실재론'이나 '본체・현상론'의 사유가 아니라고 이해한다면, 학인들은 그 이해를 소상하게 밝혀 주어야 한다.

인간이 경험하는 모든 현상은 '언어・사유로 직조된 인식적 그물에 포획된 구성적 산물'이라는 점은 분명하다. 유식 이론이 이 점을 정밀하게 확인시켜 주고, 서양철학의 관념론적 성찰도 이 점을 드러내고 있다. 문제는 바로 이 지점에서 발생한다. 〈모든 현상은 언어・인식적 구성의 산물이다〉라는 성찰의 지점에서부터 어떤 길로 접어드는가의 문제가 생겨난다. 크게 볼 때 두 길에 사람들이 몰려 북적거린다.

하나는 '사변의 길'인데, 서양철학의 사변전통 속에서 두드러진다. 〈모든 경험현상이 인식적 구성이라면, 인식주관 너머에 있는 대상에 대해 우리는 어떻게 알 수 있는가?〉 〈객관대상은 어떻게 알 수 있으며, 인식주관과 객관대상의 관계는 어떻게 설명해야 하는가?〉 〈자신과 타인이 공지共知하는 대상은 주관인가 객관인가?〉 등이 이 길에서의 핵심질문이다. 이 질문에 그럴듯한 대답을 마련하는 것이 이 길에 올라선 학인들의 주요 관심사다. 경험론과 관념론을 종합하였다고 평가받는 칸트의 대답은 〈인식이라는 구성의 베일 너머에 있는 것은 '인식 구조상 결코 확인할 수 없지만, 있다고 설정해야 할 그 무엇'이라 하고 세상을 설명하자〉는 것이 요점으로 보인다. 〈인간의 모든 경험현상은 어쩔 수 없이 인식적 구성의 산물일 수밖에 없다는 점은 거부할 수가 없다〉는 것을 재확인하고 있는 것이 기도 하다.

다른 하나는 '신비의 길'인데, 인도전통이 대변한다. 일종의 '마음 신비주의'이다. 모든 것을 구성해 내는 마음/인식 능력을 신비화시켜 '창조·발생의 원점인 궁극실재'나 '근본 원리' 혹은 '궁극 법칙'으로 간주해 버리는 시선이다. 그리고 그 '창조와 발생의 원점인 불변의 궁극실재'나 '궁극 원리'를 직접 지각하거나 그것과 하나가 된다면 삶의 궁극적 완성과 진리체득이 이루어질 것이라는 기대가 이 시선에 수반된다. 〈모든 현상은 언어·인식적 구성의 산물이다〉라는 성찰 지점에서 갈라진 이 신비주의의 길에서는, 궁극실재를 직접 확인하기 위한 온갖 수행론적 발상들이 등장한다. 그러나 이 신비주의의 길이 그 목적지로 설정한 '창조와 발생이 수렴되는 불변의 궁극실재'는 애초부터 허상이다. 따라서 이 길을 걷는 이들의 의지는, 〈존재하지 않고 그러기에 확인할 수 없는 것을 직접 확인하겠다〉는 것이어서 공허하다. 처음부터 허구를 디딤돌로 삼아 올라선 길이기에 성공할 수가 없다. 그리고 잘못된 전제와 공허한 의지를 진실인 양 포장하는 과정에서 거대한 '무지의 기만체계'가 번성할 수밖에 없다. 이 길에서는 집중수행, 기도, 주술, 명상, 요가 등의 수행법과 그에 따른 심리·신체적 변화 및 체험들을 '목적지를 향해 다가서는 징표들'로 선전하지만, 목적지 자체가 애초부터 존재하지 않는 것이다.

〈모든 현상은 언어·인식적 구성의 산물이다〉라는 성찰 지점에서 갈라진 '사변의 길'과 '신비의 길' 이외에 다른 길은 없을까? 있다. 붓다가 바로 그 다른 길을 열어 알려 준 분이며, 중도中道가 그 길로 보인다. 〈언어·사유에 의한 구성적 산물일 수밖에 없는 차이현상들〉과의 이로운 관계능력과 방식을 근원적 수준에서 열어 가는 새로운 길〉이 붓다의 선택이었다고 본다. 그리고 그 '차이현상들과 관계 맺는 이로운 능력의 계발'을 '이해'(慧學)와 '마음'(定學) 및 '이해·마음과 연관된 행위'(戒學)의 범주에서 알려 주는 것이 붓다의 법설이다. 중관과 유식의 언어도 이 길에서 벗어나지 않을 때라야 본연의 생명력이 살아난다. 만약 중관과 유식의 언어를 '사변의 길'에 올려놓으면 서양철학의 식구가 되어 버리고, 자칫 '신비의 길'에 올려놓으면 '붓다가 비판하고 결별한 인도전통'으로 회귀하는 문이 되어 버린다.

해탈이나 깨달음의 추구는 인간의 감관지각에서 발생하는 경험현상의 범주를 벗어나지 말아야 한다. 그리고 그 경험범주는 예외 없이 '관계 속에 변화하는 무수한 차이현상들'로 채워져 있고 그 차이현상들을 조건으로 발생하는 것이다. 지혜·자비·자유·평안의 경험도 마찬가지이다. 제아무리 밝은 이해이고 수준 높은 자비와 자유, 평안의 경험지평일지라도, 속박의 부자유와 불안을 발생시키는 '변화와 관계의 차이현상들'을 조건으로 삼아 생겨나며, 그것에 기대어 성립한다. 무지와 속박 및 고통을 발생시키는 '변화와 관계의 차이현상'이 없다면, 지혜와 자유 및 평안의 경험도 없다. 이롭거나 해로운 인간의 모든 경험은 '생멸하면서 관계 속에서 변화하는 차이들' 때문에 발생한다는 점을 사실 그대로 수용해야 한다. '관계' '변화' '차이' 가운데 어느 하나라도 결여되면 인간의 경험은 생겨나지 않는다. '절대·독자적'이고 '불변하며' '순일한' 것이 실제로 있다면, 그곳에 서는 순간 모든 현상은 정지된다. 이런 존재 상태는 허무와 같다. 경험도 아니고 경험될 수도 없는 적막한 허무다. 만약 이런 상태에다가 '깨달음'이니 '해탈의 지고한 안락'이니 '열반의 평온'이니 '진리와의 합일'이니 하는 이름을 붙여 추구한다면, 아무런 의미나 가치도 없고 성공 가능성도 전무하다. 그런 상태의 인지적 경험과 체득은 아예 불가능하다. 그러한 '모든 것의 그침과 단일함'은 그저 깜깜한 죽음이다. 만약 깨달음과 해탈·열반의 길에서 언급하는 '생멸의 그침'이 그런 상태가 아니라고 생각한다면, '생멸'이라는 용어의 '의미를 성립시키는 조건들'과 그 조건들에 맞는 용법과 의미를 명확히 해야 한다. 그러지 않으면서 〈'불생불멸'은 불변·절대·순일한 실체를 지시하는 것이 아니고 허무의 단멸론도 아니다〉고 강변하는 것은 이 문제의 해결에 도움이 되지 않는다.

인지능력을 특징으로 하는 인간은 차이현상들을 '언어와 개념의 창'을 통해 만난다. 그리하여 인간의 감관에서 발생하는 경험은 어떤 유형 어떤 수준 어느 범주에서든 언어·개념과 연관된다. 결국 인간이 어떤 경우에도 벗어날 수 없는 운명적 조건은 '언어·개념의 창으로 들어오는 관계와 변화의 무수한 차이현상들'이다. 따라서 〈언어 이전에 있는, 언어가 개입하기 이전의 순수한 실재를, 직접 경험/체득할 수 있다〉거나 〈그 실재를 만나는 것이 지혜의 완성이고 깨달음이며 해탈의 성취다〉라는 주장들은 공허하다. 인간은 어떤 경우라도 비非언어적 실재를 경험할 수가 없기 때문이다. 붓다도 그런 주장을 한 적이 없다.

또한 인간은 '관계와 변화 속에 생멸하는 차이현상들'과 어떤 방법으로도 접속 자체를 끊을 수가 없다. 세계 속에 불변동일·절대독자·절대순수의 존재나 현상은 없으며, 인간의 경험범주에서도 그러하다. 따라서 '언어와 무관한 불변동일·절대독자·절대순수의 본체/실재'는 개념이 불러일으킨 환각일 뿐 존재하지 않는다. 이러한 사유를 반영한 '본체·현상론'도 그래서 허구다. 본체·현상론으로 인간과 세계를 설명하는 것도 무지의 허구이고, 그런 사유방식으로 깨달음과 구원을 추구하는 것도 무지의 허구다. 붓다는 그런 길의 무지와 허구를 폭로하고 새 길을 연 분으로 보인다.

인간은 〈언어와 연관되어 있으면서 관계와 변화 속에 역동적으로 생멸하는 차이현상들과의 접속을 유지한 채〉 문제를 풀어 가야 한다. 살아있는 인간은 생멸 변화하는 차이현상과의 접속이 끊어지는 때가 없으며 끊을 수 있는 방법도 없다. 〈생멸 변화하는 차이와 만나면서도 그로 인한 삶의 훼손을 치유하는 길〉만이 유일한 선택지이다. 그렇기에 길은 분명해진다. 생멸 변화하는 신체적, 물리적 차이현상들로 인한 삶의 훼손이 깨달음으로 치유해야 할 문제는 아니다. 병들 수밖에 없고 죽을 수밖에 없다. 건강 유지를 위한 의학적, 환경적 대응은 가능할지라도 그것이 깨달음의 길을 채울 수는 없다. 그렇다고 신체적 불사不死나 영원불멸의 삶에 기웃거리는 것이 깨달음의 길일 수도 없다. 의지와 노력으로 해결 가능한 문제가 깨달음의 대상이 되어야 하고, 그것은 '인간의 인지능력이 만들어 낸 인위적 문제'일 수밖에 없다. 그리고 그 인위적 문제 가운데서도 근원적인 지점에 놓인 것들이 궁극적으로 깨달아야 할 대상이 되어야 한다.

그 근원적이고 궁극적인 인위적 문제에 대한 붓다의 조언은 정곡을 찌른다. 〈관계 속에서 변화하는 차이현상들 위에 불변·동일·독자·절대·순수라는 개념 환각을 덧씌운 것, 그리고 그 환각을 조건으로 발생하는 사유와 욕망을 충족시키려고 하는 것'이 풀어야 할 문제이고 또 풀 수 있는 문제〉라는 것이다. 그리고 그 문제를 해결하기 위한 길 안내도 분명하다. 〈차이들에 언어·개념의 환각을 덧씌운 언어적 인지능력을 포기하거나 언어 이전으로 퇴행하는 것이 아니라, 언어적 인지능력을 한 차원 더 발전시키는 향상진화의 길을 걸어야 한다. 또한 그 길은 '생멸 변화하는 차이현상들과 접속하면서도 차이현상에 덧씌운 무지의 환각에 빠져들지 않고 그 환각의 병증을 치유할 수 있는 능력을 계발하는 여정'이다〉는 것이다. 〈언어를 통해 차이를 만나면서도 언어 환각에 빠지지 않고 그 언어 환각의 후유증들을 치유하는 이로운 언어능력', '생멸 변화하는 차이현상들과 접속한 채 지혜와 자비, 평온과 자유와 같은 이로움을 누릴 수 있는 이해와 마음의 능력'을, 열고 향상시키고 그 주인으로 살아가는 길이 깨달음의 길이다〉. ―이것이 붓다의 길에서 놓치지 말아야 할 요점이라고 본다.

인간은 언어·개념의 창을 통해 세계를 만날 수밖에 없다. 따라서 인간의 모든 지각은 속속들이 언어·개념과 연루되어 있고 또 그럴 수밖에 없다. 그리고 인간은 어떤 방법으로든 '언어·개념에 의해 구성된 세계' 밖으로나 이전으로 나갈 수 없다. 따라서 '언어·개념 이전의 존재/실재'를 알려고 하는 것은 인지능력의 구조상 원초적으로 불가능하므로 그런 시도는 성공할 수 없다. 언어·개념과 무관하거나 언어·개념을 벗어 버린 그 어떤 지각과 인식도 인간에게는 불가능하다. 따라서 '언어·개념 이전의 순수한 존재/실재와 그에 대한 직접지각'을 설정하는 것은 공허하다. 인간이 추구해야 할 것은, 그리고 성취할 수 있는 것은, 비非언어·개념적 존재/실재나 그에 대한 직접지각이 아니라, '언어·개념적 구성세계와 이로운 관계를 맺을 수 있는 새로운 관계방식'이고, '이로운 관계를 가능케 하는 이로운 능력'이다. '이미 언어에 연루된 현상들과의 이로운 관계', '그 이로운 관계를 가능케 하는 능력의 계발'이 성취 가능한 목표이다.

언어와 무관한 존재/실재 그 자체는 인간에게 알려질 수가 없다. 인간의 지각조건이 그러하기 때문이다. 인간에게 지각되는 모든 것들은 이미 '언어·개념의 체계에 의해 구성된 것'이다. 따라서 인간에게는, '언어의 창을 통과하기 이전의 존재나 실재 그 자체'가 목적이 아니라 '언어의 창을 통과한 것들과의 이로운 관계 맺기'가 목적이어야 한다. 붓다의 법설은 그 점을 알려 주려는 것이라 생각한다. '불립문자不立文字, 불가언설不可言說, 불가사의不可思議, 비사량처非思量處, 막존지해莫存知解, 개구즉착開口則錯'도 그에 관한 소식으로 읽어야 '불교적' 의미를 확보한다. 직접 지각할 수 있는 것들을 대상으로 삼아 진리를 말하겠다는 것이 붓다의 일관된 태도이다. 그의 법설을 관통하는 이러한 입장과 진리관을 붓다 이후의 불교전통에서 얼마나 충분히 이해하였고 잘 계승하였는지는 되짚어 볼 대목이 많아 보인다.

'언어·개념 능력과 지각의 결합'은 주어진 숙명이다. 언어·개념에 의해 '구성된 세계' 안에서 살아가는 것이 인간의 운명이며, 누구든 이 운명의 옷을 벗어버릴 수가 없다. 아니, 굳이 벗을 필요가 없다. 언어·개념에 의해 세계를 풍요롭게 구성할 수 있다는 것은 인간에게 주어진 축복이기도 하다. 그러나 동시에, 언어·개념에 의한 지각·사유·욕망·행동의 오염은 있다. 그것도 매우 강력하고 해악적으로. 그런데 언어·개념의 오염에서 벗어나는 길은 '언어·개념의 부정'으로가 아니라 '언어·개념과의 이로운 관계능력의 확보'로 열어야 한다. 붓다는 그 길에 눈떴고 그 길을 알려 준 스승으로 보인다. 붓다의 모든 법설을 이런 시선으로 읽으면 새로운 독법이 가능해진다.

2) 원효 일심一心철학의 의미

원효는 그가 눈뜬 삶과 세상의 궁극 지평을 '일심一心'이라는 용어에 담곤 한다. 그의 저술을 관통하는 특징이다. 또한 원효는 '一'이라는 기호에 자신의 모든 성찰과 체득을 압축하고 있다. '일심一心, 일각一覺, 일미관행一味觀行, 일미一味, 일상一相, 일여一如, 일행삼매一行三昧, 일법一法, 일성一性, 일실一實, 일심여一心如, 일의一義, 일제一諦, 일처一處, 일행一行' 등이 그런 사례들이다. 원효는 이런 기호들을 적재적소에 사용하면서 '一'의 의미 지평을 다양하게 변주하고 있다. 그의 말기저술로서 평생의 탐구와 성취를 반영하고 있는 것으로 보이는 『금강삼매경론』에서는 특히 그런 태도가 두드러진다. 이러한 용법들에서 '一'은 수사나 형용사가 아니라 '역동적인 동사적 국면/내용'을 반영하고 있다. 그래서 필자는 원효가 보여 주는 성찰들을 종합적으로 반영하여 '일심'을 '하나처럼 통하는/통하게 하는 마음'이라 번역하고 있다.

원효는 일심一心의 의미와 지평을 『대승기신론』에 등장하는 본각本覺·시각始覺·불각不覺과 연관시키면서 깨달음(覺)에 관한 그의 통섭적通攝的인 사유를 체계화시켜 간다. 그리고 일심과 깨달음의 관계에 관한 성찰과 체득은 말기저술인 『금강삼매경론』에서 완성된 모습으로 나타난다. 『금강삼매경론』에서 원효는 일심과 본각·시각·불각의 관련체계를 여래장如來藏개념과 결합시키는 작업을 마무리하는 동시에, '일각一覺'이라는 용어에다가 깨달음에 관한 그의 모든 성찰과 체득을 수렴시킨다. 본각·시각·불각의 성찰과 체득은 〈'하나처럼 통하는 깨달음' 혹은 '하나처럼 통하게 하는 깨달음'〉(一覺)을 여는 것이어야 하고, 이 '하나처럼 통하는 깨달음'(一覺)이 열릴 때 '하나처럼 통하는 마음'(一心)의 지평에 올라선다.

원효의 깨달음(覺) 사상을 구성하는 이러한 개념체계는 정밀하게 음미하면서 현재언어에 담아 보아야 그 철학적 의미가 드러난다. 여러 층이 결합되어 있는 지층을 탐구할 때는, 각 층을 각각의 결대로 다루어 가는 미시적 정밀성과 더불어, 그 결들의 다층·다양한 결합을 통섭적으로 다루어 가는 거시적 총체성이 모두 요청된다. 그리고 이런 정밀성과 총체성은 원전용어와 논리를 그대로 채택하면서 재구성하여 체계화시키는 연구방법론으로는 확보할 수 없다. 일심一心·본각本覺·시각始覺·불각不覺·일각一覺·여래장如來藏 등의 개념과 관련된 원효의 다층적 사유체계의 안뜰에 들어가려면, 여러 문들을 열고 있는 원효 언어의 의미를 현재언어의 그릇에 담아 섬세하게 다루어야 한다.

'하나처럼 통하는/통하게 하는 마음'(一心)은 '삶과 세상의 향상적 변화를 가능하게 하는 근거'(여래장如來藏으로서의 일심一心)이자 '향상변화의 목적지'이다. 원효의 모든 통찰과 언어는 이 출발지와 도착지 및 그 과정에 관한 것이다. 그런데 그 모든 과정을 관통하는 중심축은 '[사실대로] 이해하는 수행'(觀行)이다. 이 관행觀行의 요점을 『금강삼매경론』에서는 '한 맛[처럼 서로 통하는] 이해와 [그 이해에 의거한] 수행'(一味觀行)의 문제로 종합하고 있다.

원효는 '[사실대로] 이해하는 수행'(觀行)을 크게 유형으로 분류한다. 하나는 '수단이 되는 이해수행'인 방편관方便觀이고, 다른 하나는 '온전한/본격적인 이해수행'인 정관正觀이다. 자리행과 이타행을 하나로 결합시킬 수 있는 관행이면 '온전한/본격적인 이해수행'(正觀)이며, 그렇지 못하면 그런 경지에 접근하기 위해 '수단이 되는 이해수행'(方便觀)이라 구분하기도 한다. 정관은 '참된 이해수행'(眞觀)이라고도 하는데 진여문眞如門(참 그대로와 만나는 측면)에 들어가게 되는 것은 정관에 의해서이다. 방편관은 자아를 포함한 대상들에 대한 실체관념(相)의 제거를 겨냥하는 것이고, 정관은 대상들에 대한 실체관념뿐 아니라 '실체관념을 제거하는 마음(能取) 자체에 대한 실체관념'마저 제거하는 것이다.

또한 정관正觀/진관眞觀은 '[빠져들지 않고] 그침'(止)과 '[사실대로] 이해함'(觀)을 하나의 지평에서 융합적으로 펼쳐 가는 수행이다. 구체적으로는, 〈[인간의 지각 경험에서 모든 현상은] 오로지 마음[에 의한 구성]일 뿐 [마음과 무관한] 독자적 객관대상은 없다〉(唯識無境)는 유식의 이해를 기반으로 '그침'

(止) 국면과 '살핌/이해'(觀) 국면을 동시적으로 펼쳐 가는 수행이다. 이것을 '그침과 이해를 동同근원적으로 함께 굴림'(止觀雙運)이라 부른다. 이러한 정관正觀에 의거하여 '사실/참 그대로'(眞如)에 직접 접속하게 되고, 마침내 〈'비로소 깨달아 감'(始覺)의 내용이 바로 '깨달음의 본연'(本覺)〉이라는 것을 체득하게 되는 '하나처럼 통하는/통하게 하는 깨달음'(一覺)의 지평에 올라선다. 이후의 과제는 '깨달음의 본연'(本覺)과 통하는 정도를 확장해 가는 것이다. 통하는 정도를 확대시켜 가다가, [차이들을] 평등하게 볼 수 있는 깨달음의 경지'(等覺位)에서 성취하게 되는 금강삼매金剛三昧에 의거하여 마침내 [차이들을] 사실대로 함께 만날 수 있는 깨달음의 경지'(妙覺位)에 오른다. 이때 '비로소 깨달아 감'(始覺)의 내용과 '깨달음의 본연'(本覺)이 완전하게 하나가 된다.[32] 그리고 이 모든 과정의 가능근거이자 귀결로서 최상위 지위를 차지하는 인지의 면모가 '하나처럼 통하는/통하게 하는 마음'(一心)이다.

인간이 '하나처럼 통하는/통하게 하는 마음'(一心)의 주체가 되는 과정에서 부각되는 개념들의 인과적 연쇄를 원효의 안내에 따라 정리하면 다음과 같다. '일심一心 여정旅程'의 이정표 내지 거치게 되는 기착지에 대한 선별적 안내문인 셈이다.[33]

〈향상의 잠재적 가능성이자 근거인 '여래장如來藏으로서의 일심一心'→ '불변·독자의 실체나 본질은 없다는 이해'(空觀)→'현상을 유식唯識으로 이해함'(공관空觀을 안은 유식관唯識觀)→'온전한 이해수행'(正觀)인 [빠져들지 않고 그침'(止)과 [사실대로] 이해함'(觀)의 융합(止觀雙運)→'자기를 이롭게 함'(自利行)과 '타인을 이롭게 함'(利他行)의 결합적 전개→'비로소 깨달아 감'(始覺)의 내용이 바로 '깨달음의 본연'(本覺)임을 체득하게 되는 '하나처럼

---

32 이에 관한 구체적 논의는 박태원, 「자기이익 성취와 타자이익 기여의 결합 문제와 원효의 선(禪) —자리/이타의 결합 조건과 선(禪)」(『불교학연구』제40호, 불교학연구회, 2014)에 있다.
33 이 밖에도 중요한 개념의 군群들이 있지만 이 글의 논지에 맞추어 선별한 것이다.

통하는/통하게 하는 깨달음'(一覺)→'하나처럼 통하는/통하게 하는 마음'(一心)〉.

이 조건인과적 연쇄를 통해 걸어가는 길의 의미를 풀면 이렇게 될 것이다.

인간은 진화과정에서 새로운 향상의 가능성을 발현시켜 품었다. 언어능력에 수반하여 발생한 것으로 보이는 '불변·독자의 실체/본질 관념'은 차이들 사이에 분리와 배제의 벽을 세웠지만, 다시 그 장벽을 해체시키고 차이들과 '하나처럼 통하면서 만날 수 있는 인지능력/마음'(一心)을 발현시킬 수 있는 가능성을 품게 되었다. 원효는 그것을 '여래장如來藏으로서의 일심一心'이라 부른다. 그러기에 '불변·독자의 실체나 본질은 없다는 이해'(空觀)는 이 가능성을 구현하는 토대이다. 이 토대를 딛고 서서, 〈[인간의 지각 경험에서 모든 현상은] 오로지 마음[에 의한 구성]일 뿐 [마음과 무관한] 독자적 객관대상은 없다〉(唯識無境)는 유식唯識의 이해를 사닥다리로 삼아, 또 한 번 도약한다. 원효는 그 도약 방법을 '공관空觀을 안은 유식관唯識觀'으로 제시한다. '공관을 안은 유식관'에 의거하여, '모든 경험현상을 괄호 치고 거기에서 빠져나오는 마음국면/자리'를 확보하고, 그 국면/자리에서 이해들을 만나 '더 좋은 이해로 바꾸어 가는 능력'을 확보한다. '공관을 안은 유식관'을 디딤돌 삼아 성취하는 이 능력을 원효는 '온전한 이해수행'(正觀)이라 부른다. 〈주·객관의 모든 현상에 '빠져들지 않고 그침'(止)〉과 〈그친 국면/자리에서 '사실대로 이해함'(觀)〉을 동시에 펼칠 수 있는 능력이다. 지관쌍운止觀雙運의 정관正觀이 그것이다.

그런데 이 '온전한 이해수행'(正觀)은 '자기를 이롭게 하는 이해의 수립 및 실천'(自利行)과 '타인들을 이롭게 하는 이해의 수립 및 실천'(利他行)을 하나로 결합시켜 펼칠 수 있는 실력을 키워 가는 것이기도 하다. 개인 구제와 사회 구제가 '별개의 것이 아닌 관계'(不二, 不異)로 맺어지는 지평이 비로소 제대로 꽃을 피우는 단계이다. 이후에는 모든 차이현상과 '하나처럼 통하면서 만날 수 있는 깨달음'(一覺)이 뚜렷하게 되고, 마침내 모든 차이들과 '하나처럼 통하는/통하게 하는 마음'(一心)이라 부르는 궁극의 인지 능력이 성취된다.

이 모든 향상과정은 고스란히 '개인과 사회의 생활세계 문제해결력 향상과정'이기도 하다는 점을 간과하지 말아야 한다. 이 일심 여정에서는, 불변·독자의 실체·본질 관념으로 차이들을 왜곡하고 오염시켜 부당하게 다루어 오던 실체·본질주의 기획의 갖가지 해로운 민낯이 고스란히 폭로된다. 동시에 종교·철학·문화·전통·관습·제도의 옷을 걸치고 국가의 보호 아래 위세를 떨치던 실체·본질주의의 기만과 폭력을 치유하는 능력이 향상한다. 이 성찰과 치유의 여정은 '조건 인과적 합리성'을 경험세계 내에서 구현시켜 간다. 모든 현상을 '조건에 따라 인과적으로 발생'(緣起)한 것으로 이해하는 연기적 이해능력으로 '차이현상들의 있는 그대로'를 드러내고, 그 차이들과 서로 막힘없이 공명共鳴하며 호혜적 관계를 만들어 가는 '조건 인과적 합리성의 광대한 구현과정'이 그 여정의 풍경이다. 조건 인과적 합리성을 개인적·사회적으로 고도화시키는 최고수준의 능력을 원효는 '하나처럼 통하면서 만날 수 있는 깨달음'(一覺)으로 노래한다. 그리고 '하나처럼 통하는/통하게 하는 마음'(一心)은 그 여정의 시작이고 여러 기착지이며 최종 목적지이다.

이 '일심一心 여정'에서는, 〈'어떤 이해나 경험에도 붙들려 갇히지 않고 빠져나오는 국면/자리'를 열고, 그 자리에서 이해들을 만나, 더 좋고 더 이로운 것으로 바꾸어 가는 능력〉을 키워 주는 붓다의 정학/선 법설이, 정교한 논리와 풍부한 이론에 담겨 재구성되고 있다. 〈'공관空觀을 안은 유식관唯識觀→'빠져들지 않고 그침'(止)과 '사실대로 이해함'(觀)의 동시 결합적 전개→'자기를 이롭게 함'(自利行)과 '타인들을 이롭게 함'(利他行)의 나뉘지 않는 실천→'하나처럼 통하면서 만날 수 있는 깨달음'(一覺)의 성취→'하나처럼 통하는/통하게 하는 마음'(一心)의 완전한 발현〉으로 재기술되고 있는 것이다. 그런데 붓다는 '빠져나오는 마음자리'에 눈뜨게 하는 수행인 정지正知(sampajānāti)의 구체적 방법을 '일상의 심신현상에 대한 알아차림'

의 방식으로 제시해 준다. 그리고 선종은, 붓다의 정학/선 법설의 취지를 계승하고 있을 뿐 아니라, 정지正知에 관한 방법론적 장치마저도 붓다의 방식을 계승하고 있다. 이에 비해 원효의 '일심 여정'에는 붓다와 선종에서 목격되는 것과 같은 '빠져나오기 방식'의 일상적 기법에 관한 언급은 없다. 그러나 정학/선의 의미와 내용을 정밀하게 밝혀 주는 철학, 붓다와 선종이 제시하는 '정지正知의 일상적 방법'이 제대로 작동할 수 있는 철학적 근거와 토대는 탁월한 모습으로 펼쳐진다.

원효와 『대승기신론』 및 선종의 선관은 붓다의 정학/선 수행에 관한 새로운 관점을 천명하고 있다. 그리고 이들은 그 새로운 관점의 철학적 기초를 공히 유식唯識 통찰에서 마련하고 있다. 그런데 선종은 자신의 유식적 기반을 간명한 형태와 압축적 방식으로 표현하는 데 그치고, 대부분의 관심을 '빠져나오는 마음국면/자리'를 확보하는 방법론적 행법에 집중한다. 선종의 언어는 철학적 내용을 담은 것일지라도 결국은 이 방법론적 행법을 이론적으로 분명히 하려는 의도와 관련되어 있다. 이에 비해 원효는 '빠져나온 마음국면/자리의 확보'와 '그 국면/자리에서 이해들을 만나 더 좋은 이해로 바꾸어 가는 능력' 및 그 능력의 계발방법을 드러나게 하는 풍요로우며 고도화된 철학적 내용과 이론을 밑그림으로 펼치고 있다. '정학/선의 철학적 근거'를 체계적으로 수립하여 '철학의 땅에 뿌리 내린 정학/선의 나무'를 키워 내고 있다. 선종은 자기언어의 철학적 근거와 이론을 원효로부터 제공받을 때, 선종 내부에 자리 잡은 신비주의 및 사유·언어의 결핍 현상을 극복할 수 있는 힘을 얻는다.

멋진 그림이 그려진다. 붓다의 법설과 원효의 철학 그리고 선종의 창발적인 방법론적 언어가 어우러진 그림이다. 깊은 뿌리인 붓다의 법설, 그 뿌리에서 제공하는 풍부한 수분과 양분으로 거목이 된 원효, 그 거목의 가지에 주렁주렁 열린 선종의 열매. 그 뿌리는 또 다른 나무를 키워 내고, 그 나무에는 또 다른 열매가 열릴 것이다.

일심에 관한 원효의 말 몇 구절을 들어 보자.

처음 ['본연의 측면에서 총괄적으로 펼침'(就體總立)] 중에서 〈현상이라고 하는 것은 중생의 마음을 말한다〉(所言法者, 謂衆生心)라는 것은, [대승] '자신의 [온전한] 본연'(自體)을 현상(法)이라 말하는 것이다. 지금 대승에서는 모든 현상에 다 각자의 실체가 없으며 오로지 '하나처럼 통하는 마음'(一心)을 그 '자신의 [온전한] 본연'으로 삼으니, 그러므로 〈현상이란 중생의 마음을 말한다〉(法者, 謂衆生心)라고 하였다. 〈이 [중생의] 마음이 곧 [세간과 출세간의] 모든 것을 포섭하고 있다〉(是心卽攝一切)라고 한 것은, '대승[에서 말하는] 현상'(大乘法)이 '소승[에서 말하는] 현상'(小乘法)과 다름을 드러낸다. 참으로 이 [중생의] 마음이 모든 현상(法)을 '통틀어 끌어안기'(通攝) 하기 때문에 '모든 현상 자신의 [온전한] 본연'(諸法自體)은 오로지 '하나처럼 통하는 마음'이니, 소승에서 〈모든 현상에는 각각 자신의 실체가 존재한다〉(一切諸法各有自體)고 말하는 것과는 같지 않은 것이다. 그러므로 '하나처럼 통하는 마음'(一心)이 '대승의 현상'(大乘法)이라고 말하는 것이다.[34]

〈'하나처럼 통하는 마음'이라는 도리를 세운다〉(立一心法)는 것은 저 첫 번째 의문[인 '진리(法)에 대한 의문']을 제거하는 것이니, '대승의 진리'(大乘法)에는 오직 '하나처럼 통하는 마음'(一心)만 있다는 것을 밝히는 것이다. '하나처럼 통하는 마음' 이외의 또 다른 진리(法)란 없으니, 단지 근본무지(無明)가 있어 스스로의 '하나처럼 통하는 마음'을 미혹하게 하여 온갖 [분별의] 파도를 일으켜 '여섯 가지 미혹의 세계'(六道)에 떠돌아다니게 한다. [그러나] 비록 '여섯 가지 미혹의 세계'(六道)라는 파도를 일으키더라도 '하나처럼 통하는 마음'(一心)이라는 바다에서 벗어나지 않는다. 실로 '하나처럼 통하는 마음'(一心)으로 말미암아 '여섯 가지 미혹의 세계'(六道)를 움직여 생겨나게 하는 것이므로 [중생을] 널리 구제하겠다는 서원'(弘濟之願)을 일으킬 수 있는 것이며, 또한 '여섯 가지 미혹의 세계'(六道)가 '하나처럼 통하는 마음'(一心)에서 벗어나지 않기 때문에 '한 몸으로 여기는 크나큰 연민'(同

---

34 『소』(H1, 704a). "初中所言法者, 謂衆生心者, 自體名法. 今大乘中, 一切諸法皆無別體, 唯用一心爲其自體, 故言法者, 謂衆生心也. 言是心卽攝一切者, 顯大乘法異小乘法. 良由是心通攝諸法, 諸法自體唯是一心, 不同小乘一切諸法各有自體. 故說一心爲大乘法也."

體大悲)을 일으킬 수 있게 된다. 이와 같이 의문을 제거하면 '[깨달음을 구하려는] 크나큰 마음'(大心)을 일으킬 수 있는 것이다.[35]

'두 측면'(二門)이 [나뉘는 것이] 이와 같은데, 어째서 '하나처럼 통하는 마음'(一心)이라 하는가? 오염되었거나 청정하거나 그 모든 것의 '본연적 면모'(性)는 '[불변·독자의 실체나 본질에 의해] 둘[로 나뉨]이 없기에'(無二) '참됨과 허구라는 두 측면'(眞妄二門)은 [본질적] 차이(異)가 있을 수 없으니, 그러므로 '하나'(一)[처럼 통함]이라 부른다. [그리고] 이 '[불변·독자의 실체나 본질에 의해] 둘[로 나뉨]이 없는'(無二) 자리에서 모든 것을 실재대로이게 하는 것은 [이해하는 작용이 없는] 허공과는 같지 않아 〈'본연적 면모'(性) 자신이 지혜롭게 사실대로 이해하니〉(性自神解[36]), 그러므로 '마음'(心)이라 부른다. 그런데 이미 '둘'(二)[로 나뉘는 불변·독자의 실체나 본질이 있지 않다면 어떻게 '하나'[처럼 통함]이라는 것이 있을 수 있으며, '하나'[처럼 통함]이 있지 않다면 무엇에 입각하여 '마음'이라 하겠는가? 이와 같은 도리는 '언어적 규정에서 벗어나고 분별하는 생각을 끊은 것'(離言絶慮)이어서 무엇으로써 지칭해야 할지 알 수가 없지만 억지로나마 '하나처럼 통하는 마음'(一心)이라 부른다.[37]

원효가 '일심一心'이라는 기호에 담아내려는 것은, '모든 것을 지어내면서 자신은 불생불멸하는 본체'가 아니다. 일심은, 〈차이 현상들 위에 근본무지가 실체·본질 관념을 덧씌워 수립한 '허구적 이해'(분별)의 성채에 갇

35 『소』(H1, 701b~c). "立一心法者, 遣彼初疑, 明大乘法唯有一心. 一心之外更無別法, 但有無明迷自一心, 起諸波浪流轉六道. 雖起六道之浪, 不出一心之海. 良由一心動作六道, 故得發弘濟之願, 六道不出一心, 故能起同體大悲. 如是遣疑, 得發大心也."
36 '神解'의 '神'은 확정되지 않는 면모를 지시하는 개념으로서 불교철학으로는 '분별적 구획에 갇히지 않음'을 지칭한다.
37 『소』(H1, 705a). "二門如是, 何爲一心? 謂染淨諸法其性無二, 眞妄二門不得有異, 故名爲一. 此無二處, 諸法中實, 不同虛空, 性自神解, 故名爲心. 然旣無二, 何得有一, 一無所有, 就誰曰心? 如是道理, 離言絶慮, 不知何以目之, 强號爲一心也."·

히지 않고 빠져나와, 그 '잘못된 해로운 이해들'을 '사실적 사태에 부합하는 이로운 이해들'로 바꾸어, '차이들의 사실적 지위'를 살려 내는 동시에 부당한 차별의 벽을 허물어 버리는 능력을 펼치는 마음〉이다. 그리하여 차이들로 하여금 '허구적 이해'(분별)로 만든 기만과 폭력의 감옥에서 풀려나게 하여, 〈왜곡과 배제를 일삼는 '본질·실체주의의 덫'에 갇히지 않은 채 서로 만나며〉(通), 〈실체·본질의 벽에 막히지 않고 공명共鳴하여 이롭게 관계 맺으며 상호작용함으로써〉(攝), '더 나은 이해'로 나아가 '더 좋은 이로움'을 만들고 '더 널리 함께 누리는 길'을 걸어갈 수 있는 사유의 수준이다. 그러기에 '하나처럼 통하는/통하게 하는'(一) '마음'(心)이다.

원효의 '일심一心'은 '파도 타는 실력'과 관련된 기호이다. 일심은, 차이들을 싣고 가는 '이해의 파도'에 빠지지 않으면서 '이해의 파도타기'를 즐기는 유영遊泳의 사유능력이다. '차이들의 변화와 관계에 접속한 채' '역동적이면서도 지속적으로' '자유와 평안의 유희'를 펼칠 수 있는, 사유의 새로운 능력이다. 이 능력은, '개념과 판단에 갇히지 않으면서도 개념과 판단에 접속하여 적절하게 개념·판단을 굴리는 힘'이고, '더 좋은 판단을 역동적으로 구성해 가는 열린 성찰의 힘'이며, 그 활짝 열린 자리에서 서서 '더 이로운 행위를 선택하여 펼칠 수 있는 능력'이다. 언제나 언어·사유·차이들과의 접속 고리를 끊지 않은 채, 언어·사유·차이들에서 발생하는 허구와 그로 인한 삶과 세상의 훼손을 치유하는 힘, 차이들과 만나는 언어와 사유의 이로운 능력과 수준을 열어 끝없이 향상시키는 마음의 힘. ㅡ그것이 '하나처럼 통하는/통하게 하는 마음'인 일심이다.

붓다와 원효의 길은, 언어·사유·차이들이 존재의 집일 수밖에 없는 인간이, 그 집에 살면서도 근원적인 안락과 자유의 이로움을 누릴 수 있는 길이다. 이 길이 혹 무성한 잡초에 가려 있는 것은 아닐까? 그것도 집안 내부의 잡초들에 의해서. 인문人文 학인에게 붓다와 원효의 길은 새로운 수준의 인문의 길(道)이기도 하다. 이 길이 제대로 걷기 어려울 정도로 풀숲이 되어 있다면, 그것은 언어·사유·차이와의 접속 고리를 끊어 버리는 후학들의 해석들 때문이다. 이 접속 고리를 다시 복원하는 것이 불교철학을 비롯하여 보편지혜를 탐구하는 인문 학인들의 과제다. 원효는 등 뒤를 밀어 주는 강력한 등 바람이다. 그 등 바람을 빌리면 숲길 헤치고 가는 행보가 훨씬 수월해진다. 원효의 언어는 든든한 순풍이다.

『대승기신론』과 『대승기신론 소 · 별기』

『대승기신론大乘起信論』이라는 문헌과 원효의 안목

『대승기신론』은 아직 그 저자와 역자 및 성립배경 등에 대해 확정할 수 없는 문헌이다. 다양한 추정만 분분할 뿐이다. 산스크리트본이나 티베트본이 발견되지 않는 한 이런 문헌학적 문제상황은 지속될 수밖에 없다. 『대승기신론』은 현재 두 가지 한역본漢譯本으로만 전해지고 있다. 두 가지 모두저자는 마명馬鳴으로 기재되어 있고, 한역漢譯은 각각 진제眞諦(Paramārtha, 499-569)와 실차난타實叉難陀(Śikṣānanda, 652-710)로 기재되어 있다. 이 두가지 한역본 가운데 진제의 번역본이 시기도 앞서고 문장의 통일성이나 정합성에서도 뛰어나기 때문에 대부분의 고대 주석자들과 현대 연구자들이진제 역본에 의지하고 있다. 원효의 『대승기신론 소 · 별기』도 이 진제 역본에 의거한 것이다. 실차난타 역본에 의거한 주석서로는 명대明代 지욱智旭(1599-1655)의 『대승기신론열망소大乘起信論裂網疏』와 이를 다시 풀이한 일본 관국觀國의 『대승기신론열망소강록大乘起信論裂網疏講錄』만 있다.

한역본만 전하는 『대승기신론』에 대한 문헌비판 연구는 기본적으로 인도찬술설과 중국찬술설이 맞서고 있다. 『대승기신론』의 내용을 고려하면인도불교의 교학이나 사상적 맥락의 연장선에서 성립되었을 것으로 보는것이 합리적으로 보인다. 『대승기신론』이 등장한 6세기 중엽 중국불교의독자적 맥락 속에서 찬술되었을 것으로 보는 주장은 설득력이 떨어진다.다만 찬술 장소와 찬술/번역 주체(들), 성립배경 등에 관해서는 다양한 추정 가능성이 열려 있다.

6세기 중반 『대승기신론』의 등장은 중국 · 한반도 · 일본의 동북아시아 대승불교권에 커다란 반향을 불러 일으켰다. 공空사상과 유식唯識사상을 여래장如來藏・진여眞如와 같은 긍정형 기호들과 결합시켜 탁월한 불교 종합이론을 펼치고 있기 때문이었다. '대승불교의 모든 통찰과 이론을 탁월한 체계와 내용으로 종합하고 있는 논서'(大乘總攝說)로 평가받으면서 동북아시아 불교사상계의 독보적 지위를 확보한 『대승기신론』은, 이후 화엄종・선종의 전개에 사상적으로 깊은 영향을 끼친 것으로 보인다.

『대승기신론』은 유식사상의 통찰을 토대로 하면서 공사상과 대승교학에서 새롭게 채택한 긍정형 용어들을 거의 망라하여 수용하고 있다. 긍정형 용어들로서는 '일심一心' '심진여心眞如' '여래장如來藏' '진여眞如' '진여성眞如性' '진여정법眞如淨法' '진여법眞如法' '진심眞心' '심원心源' '구경각究竟覺' '본각本覺' '진각眞覺' '자성청정심自性淸淨心' '심체心體' '자성自性' 등이 모두 채택되고 있다. 그런데 이러한 긍정형 기호들의 적극적 채택은 『대승기신론』사상에 대한 다양한 신비주의 독법을 발생시켰다. 원효의 주석에 거의 전적으로 의존하면서도 『대승기신론』의 여래장 개념을 부각시켜 '여래장 중심의 사상평가설'(如來藏緣起宗說)을 펼친 법장法藏(643-712)의 시선[38]도 이 신비주의 독법에서 자유롭지 못하다. 원효는 이러한 신비주의 덫에 걸리지 않은 대표적 사례이다. 『대승기신론』에 대한 그의 이해뿐 아니라 그의 모든 저술은 그가 얼마나 성공적으로 신비주의 독법을 극복하고 있는지를 확인시켜 준다. 『대승기신론』과 원효사상에 대해 적용시켜 온 신비주의 독법에 대한 반성과 대안 마련은 향후 학인들의 주요과제가 되어야 한다. 이 책에서 해제를 대신하여 쓴 「이해와 마음」이라는 글은 원효와 불교철학을 읽는 신비주의 독법을 비판적으로 검토하고 대안 독법을 제시하려는 하나의 시도이다.

---

38 『대승기신론』사상을 평가하는 관점들에 대한 논의는 필자의 학위논문 「『대승기신론』 사상평가에 관한 연구」(고려대, 1990) 및 『대승기신론사상연구(1)』(민족사, 1994)에 있다. 법장의 관점을 비판적으로 검토하면서 원효의 관점을 거론하였다.

〈'모두 탈 수 있는 큰 수레와 같은 진리'(大乘)에 대해 '믿음을 일으키게 하는'(起信) 이론(論)〉이라는 의미의 『대승기신론』은 세 부분으로 구성되는데, '의지하고 공경함과 『대승기신론』을 지은 뜻에 관한 게송'(歸敬述意偈)과 '본론' 그리고 '총괄하여 끝맺고 모든 공덕을 중생에게 되돌리는 게송'(總結廻向偈)이 그것이다. 그리고 '본론'은 다섯 부분으로 이루어진다. '인연을 밝히는 부분'(因緣分) · '[대승의 현상과 면모에 관한] 뜻을 세우는 부분'(立義分) · '해석하는 부분'(解釋分) · '믿는 마음을 수행하는 부분'(修行信心分) · '수행의 이로움을 권하는 부분'(勸修利益分)이 그것이다. 이 가운데서도 해석분이 내용으로나 비중으로 핵심에 해당한다. 그리고 해석분의 전체 내용을 총괄하는 것은 '일심이문一心二門'이다.

『대승기신론』이 '일심이문一心二門'을 통해 밝히려는 통찰은 매우 흥미롭다. 특히 이에 대한 원효의 안목은 가히 경이롭다. 『대승기신론』과 원효는 일심이문을 통해 불교철학의 요점을 압축적으로 수렴하는가 하면 다양한 측면(門)으로 펼쳐 낸다. 그러면서 '사유 주체로서의 인간'이 그 사유능력을 어떤 수준으로까지 향상시켜 어떤 수준의 삶과 세상까지 겨냥할 수 있는가에 대한 통찰을 제시한다. 이 통찰은 '지금 여기 우리의 삶'에 어떤 의미로 다가와 어떤 기여를 할 수 있는가? 해제 글 가운데의 내용 일부를 인용하여 이 질문에 대한 원효의 안목에 접근해 본다.

인간은 진화과정에서 새로운 향상의 가능성을 발현시켜 품었다. 언어능력에 수반하여 발생한 것으로 보이는 '불변 · 독자의 실체/본질 관념'은 차이들 사이에 분리와 배제의 벽을 세웠지만, 다시 그 장벽을 해체시키고 차이들과 '하나처럼 통하면서 만날 수 있는 인지능력/마음'(一心)을 발현시킬 수 있는 가능성을 품게 되었다. 원효는 그것을 '여래장如來藏으로서의 일심一心'이라 부른다. 그러기에 '불변 · 독자의 실체나 본질은 없다는 이해'(空觀)는 이 가능성을 구현하는 토대이다. 이 토대를 딛고 서서, 〈[인간의 지각 경험에서 모든 현상은] 오로지 마음[에 의한 구성]일 뿐 [마음과 무관한] 독자적 객관대상은 없다〉(唯識無境)는 유식唯識의 이해를 사다리로 삼아,

또 한 번 도약한다. 원효는 그 도약 방법을 '공관空觀을 안은 유식관唯識觀'으로 제시한다. '공관을 안은 유식관'에 의거하여, '모든 경험현상을 괄호 치고 거기에서 빠져나오는 마음국면/자리'를 확보하고, 그 국면/자리에서 이해들을 만나 '더 좋은 이해로 바꾸어 가는 능력'을 확보한다. '공관을 안은 유식관'을 디딤돌 삼아 성취하는 이 능력을 원효는 '온전한 이해수행'(正觀)이라 부른다. 〈주·객관의 모든 현상에 '빠져들지 않고 그침'(止)〉과 〈그친 국면/자리에서 '사실대로 이해함'(觀)〉을 동시에 펼칠 수 있는 능력이다. 지관쌍운止觀雙運의 정관正觀이 그것이다.

그런데 이 '온전한 이해수행'(正觀)은 '자기를 이롭게 하는 이해의 수립 및 실천'(自利行)과 '타인들을 이롭게 하는 이해의 수립 및 실천'(利他行)을 하나로 결합시켜 펼칠 수 있는 실력을 키워 가는 것이기도 하다. 개인 구제와 사회 구제가 '별개의 것이 아닌 관계'(不二, 不異)로 맺어지는 지평이 비로소 제대로 꽃을 피우는 단계이다. 이후에는 모든 차이현상과 '하나처럼 통하면서 만날 수 있는 깨달음'(一覺)이 뚜렷하게 되고, 마침내 모든 차이들과 '하나처럼 통하는/통하게 하는 마음'(一心)이라 부르는 궁극의 인지능력이 성취된다.

이 모든 향상과정은 고스란히 '개인과 사회의 생활세계 문제해결력 향상과정'이기도 하다는 점을 간과하지 말아야 한다. 이 일심 여정에서는, 불변·독자의 실체·본질 관념으로 차이들을 왜곡하고 오염시켜 부당하게 다루어 오던 실체·본질주의 기획의 갖가지 해로운 민낯이 고스란히 폭로된다. 동시에 종교·철학·문화·전통·관습·제도의 옷을 걸치고 국가의 보호 아래 위세를 떨치던 실체·본질주의의 기만과 폭력을 치유하는 능력이 향상한다. 이 성찰과 치유의 여정은 '조건 인과적 합리성'을 경험세계 내에서 구현시켜 간다. 모든 현상을 '조건에 따라 인과적으로 발생'(緣起)한 것으로 이해하는 연기적 이해능력으로 '차이현상들의 있는 그대로'를 드러내고, 그 차이들과 서로 막힘없이 공명共鳴하며 호혜적 관계를 만들어 가는 '조건 인과적 합리성의 광대한 구현과정'이 그 여정의 풍경이다. 조건 인과적 합리성을 개인적·사회적으로 고도화시키는 최고수준의 능력을 원효는 '하나처럼 통하면서 만날 수 있는 깨달음'(一覺)으로 노래한다. 그리고 '하나처럼 통하는/통하게 하는 마음'(一心)은 그 여정의 시작이고 여러 기착지이며 최종 목적지이다" (박태원, 「이해와 마음」).

원효의 『대승기신론소大乘起信論疏』와 『별기別記』 그리고 회본會本

원효는 『대승기신론』 연구초록에 해당하는 『별기別記』를 먼저 저술하였다. 이후 유식학을 중심으로 번뇌론을 정밀하게 탐구하여 그 성과를 『이장의二障義』에 담는다. 그러고는 다시 본격적인 연구서인 『대승기신론소大乘起信論疏』를 저술하였다. 『대승기신론』 연구의 초기성과를 『별기』에 간략하게 정리하고, 이후 번뇌론 연구를 통해 심화된 불교이해에 의거하여 다시 『대승기신론』에 대한 안목을 주석서인 『소』의 형태로 저술한 것이다. 따라서 『대승기신론』에 관한 원효의 연구와 해석은 두 단계에 걸쳐 진행된 것인데, 이 과정에서 나타난 변화내용과 그 의미를 제대로 탐구하기 위해서는 『별기』와 『소』를 각각 따로 탐구해야 한다. 비록 『별기』 내용의 많은 부분이 『소』에서 그대로 채택되거나 반영되고 있지만, 해석의 변화사례도 적지 않게 확인된다. 해석이 달라진다는 것은 이해가 달라졌다는 것을 의미한다. 이것은 원효사상의 변화 내지 발전양상을 추정할 수 있는 근거가 되기 때문에 주목해야 한다. 그런데 종래 『대승기신론 소·별기』에 대한 연구나 번역은 대부분 『별기』와 『소』를 합하여 편집한 회본會本에 의거하고 있다. 현존 『회본』은 누군가에 의해 『별기』와 『소』 합본으로 편집된 것인데, 편집자의 이해와 의도에 따라 취사선택한 내용이 적지 않다. 따라서 회본으로는 『별기』와 『소』의 내용을 따로 탐구하기가 어렵다.

현재 신수대장경과 한국불교전서에 등재된 『별기』는 1659년(萬治 2년)에 간행된 판본(일본 宗敎大學 藏本)이고, 『소』는 1696년(元祿 9년)에 간행된 판본(일본 宗敎大學 藏本)이다. 그런데 이 『소』 내용에는 내용상 착간이 있다(H1, 730b15~731a4). 이번 번역과정에서 발견한 것이다. 이 번역에서는 이 착간을 바로잡았는데, 해당 부분의 각주에 그 내용을 자세히 밝혀 두었다. 그런데 이 착간부분을 바로잡을 수 있었던 것은 회본 덕분이었다. 회본을 보면 이 착간부분이 바로 되어 있는데, 『회본』 편집자가 착간이 없는 제대로 된 『소』 판본을 사용했기 때문이다. 현존 『회본』은 편집자가 자신이 입수한 『소』와 『별기』 판본을 자신의 관점에 맞추어 종합적 재편집을 시도한 것이어서, 『회본』으로는 『소』와 『별기』의 차이를 정확하게 확인할 수 없다는 문제점을 안고 있다. 그러나 『회본』 편집자가 활용한 『별기』와 『소』 판본 때문에 신수대장경과 한국불교전서에 등재되어 있는 『소』의 착간내용을 바로 잡을 수 있다.

『별기』와 『소』의 경우, 국내에서 확인할 수 있는 『회본』 이외의 판본은 별도로 존재하지 않는 것으로 보인다. 일본 판본보다 약 200여 년 앞서는 『소』가 국내에 있다고 하여 소장자를 수소문하여 판본을 직접 확인해 보았으나, 원효의 『소』가 아니라 법장의 『대승기신론의기』였다. 따라서 현재로서는 신수대장경과 한국불교전서의 판본으로 채택된 일본 소장본 『소』와 대조해 볼 수 있는 것은 『회본』 편찬에 사용된 『소』일 뿐이다. 그리고 양 판본을 대조해 볼 때, 문제가 되고 있는 부분은 『회본』이 전하는 『소』의 내용이 정확하다. 현재 통용되는 일본 소장본 『소』에는 착간이 있다는 점, 그리고 『회본』이 채택한 『소』의 내용을 통해 그 착간을 교정할 수 있다는 점을 확인한 것은 이번 번역과정에 얻은 서지학적 성과이기도 하다. 기존에 방치되고 있던 서지학적 문제점을 발굴하고 해결할 수 있었기 때문이다. 이 책의 번역에서는 착간으로 보이는 통용본 『소』의 내용을 『회본』의 해당 내용으로 대체하여 교정한 후 전체 착간이 끝나는 지점까지는 『회본』의 문장에 따라 번역하였다.

『대승기신론 소·별기』에서 인용된 경론과 인용 횟수

순번	인용 경론	인용 횟수	비고
1	입능가경入楞伽經(십권능가경)	29	
2	능가아발다라보경楞伽阿跋多羅寶經(사권능가경)	24	
3	대방광불화엄경大方廣佛華嚴經	9	
4	승만사자후일승대방편방광경勝鬘獅子吼一乘大方便方廣經	7	
5	보살영락본업경菩薩瓔珞本業經	7	
6	불설인왕반야바라밀경佛說仁王般若波羅蜜經	8	
7	대반열반경大般涅槃經	5	
8	마하반야바라밀경摩訶般若波羅蜜經	3	
9	금광명최승왕경金光明最勝王經	3	
10	대방등대집경大方等大集經	2	
11	부증불감경不增不減經	2	
12	불설십지경佛說十地經	2	
13	해심밀경解深密經	2	
14	합부금광명경合部金光明經	2	경 114개
15	증일아함경增一阿含經	1	
16	불설법집경佛說法集經	1	
17	유마힐소설경維摩詰所說經	1	
18	금광명경金光明經	1	
19	대보적경大寶積經	1	
20	대승동성경大乘同性經	1	
21	문수사리소설반야바라밀경文殊師利所說般若波羅蜜經	1	
22	범망경梵網經	1	
23	보살지지경菩薩地持經	1	
24	유가사지론瑜伽師地論	13	
25	섭대승론석攝大乘論釋	8	
26	대법론對法論(대승아비달마잡집론大乘阿毘達磨雜集論)	6	
27	대승광백론석론大乘廣百論釋論	6	논 56개
28	중변분별론中邊分別論	5	
29	대지도론大智度論	4	
30	구경일승보성론究竟一乘寶性論(보성론寶性論)	2	
31	섭대승론攝大乘論	2	

32	불지경론佛地經論	2	
33	전식론轉識論	2	
34	대방등대집경大方等大集經	2	
35	현양성교론顯揚聖教論	1	
36	대승장엄론大乘莊嚴論	1	
*	미확인 전거	2	
	총계	170	

원효의 저술

　원효저서의 목록은 80여 부 200여 권이 확인된다. 그 가운데 완본으로 현존하는 것은 『금강삼매경론』·『대승기신론별기』·『대승기신론소』·『이장의』·『열반경종요』·『보살계본지범요기』·『대혜도경종요』·『법화종요』·『미륵상생경종요』·『무량수경종요』·『아미타경소』·『발심수행장』·『대승육정참회』등의 13부이며, 잔본殘本으로 현존하는 것은『화엄경소』·『본업경소』·『범망경보살계본사기』·『판비량론』·『중변분별론소』·『십문화쟁론』등 6부와,『해심밀경소서』·『미타증성게』등이 있다. 총 20종의 저서가 현존하는 것이다.

　잔본의 경우,『화엄경소』는 60권『화엄경』에 대한 주석으로 원래 10권이었지만 지금은 서문과 권3만이 남아있다. 원래 상·중·하 3권으로 되었던『본업경소』는 현재 하권만 전하며,『범망경보살계본사기』는 상·하 2권이었지만 지금은 상권만 남았다. 『판비량론』은 25지紙 분량의 1권이었는데, 지금은 후반부 약 19지 분량과 책 말미의 회향게廻向偈 7언4구와 지기識記가 전한다. 최근 일본에서 전하던 내용 일부가 더 확인되었다. 『중변분별론소』는 모두 4권이었지만 지금은 권3만 남았다. 원래 2권이었던 『십문화쟁론』은 지금 해인사에 목판 3매가 남았을 뿐이다. 『해심밀경소』는 현재 서문만 남았고, 미타증성게는 7언12구가 남아 있다.

『대승기신론大乘起信論』 전문 번역

'모두 탈 수 있는 큰 수레와 같은 진리'(大乘)에 대해

'믿음을 일으키게 하는'(起信) 이론(論)

마명보살馬鳴菩薩이 저술하고

양나라 때 인도에서 온 삼장법사三藏法師 진제眞諦가 번역하다

(馬鳴菩薩造梁天竺三藏法師眞諦譯)

독자들의 이해를 돕기 위해『대승기신론』내용번역 부분만을 따로 편집하여 소개한다. 여기서의『대승기신론』내용구분은 크게 '귀경술의게歸敬述意偈' '정립론체正立論體' '총결회향게總結廻向偈' 세 부분으로 나누고, '정립론체'는 다시『대승기신론』이 명시하고 있는 내용구분에 따라 '인연분因緣分' '입의분立義分' '해석분解釋分' '수행신심분修行信心分' '권수이익분勸修利益分'의 다섯 부분으로 나누었다. 그리고 이 가운데 '해석분'을 다시『대승기신론』의 구분에 따라 '현시정의顯示正義' '대치사집對治邪執' '분별발취도상分別發趣道相'의 세 부분으로 나누어 제목을 달았다. 원효는 주석과정에서 더욱 세분된 내용구분을 치밀하게 펼치는데, 그 내용은 원효의『소』와『별기』를 번역하는 본문에서 밝히기로 한다. 여기서는 가독성을 위해 더 이상의 내용구분을 위한 세목細目은 생략한다. 또한『대승기신론』구절들의 단락구분은 원효의 주석내용에 맞춘 것이다.

1. '의지하고 공경함'과 『대승기신론』을 지은 뜻'에 관한 게송(歸敬述意偈)

歸命盡十方, 最勝業偏知, 色無礙自在, 救世大悲者, 及彼身體相, 法性眞如海, 無量功德藏, 如實修行等.

『논』(T32, 575b12~15); 『회본』(1-735a15~17)

온 세상에서 '가장 수승한 행위'(殊勝業)와 '두루 통하는 지혜'(遍知)를 갖추고, '몸이 걸림이 없어 자유자재'(色無礙自在)하며 '세상을 구제하시는 크나큰 연민을 지닌 분'(救世大悲者, 佛)과, 그 [부처님] 몸의 [온전한] 본연'(體)이 지닌 특징(相)인 '현상의 본연인 참 그대로의 바다'(法性眞如海, 法)와, '한량없는 이로운 능력의 창고'(無量功德藏)인 '사실 그대로 익히고 실천하는 분들'(如實修行等, 僧)에게 목숨 바쳐 귀의하옵니다.

爲欲令衆生, 除疑捨邪執, 起大乘正信, 佛種不斷故.

『논』(T32, 575b16~17); 『회본』(1-736b23~24)

[이 논論을 펼치는 것은] 중생으로 하여금 의문을 제거하고 잘못된 집착을 버리게 하여 대승에 대한 바른 믿음을 일으켜 부처님 [깨달음의] 종자가 끊어지지 않게 하려 하기 때문입니다.

2. 『대승기신론』의 본연을 곧바로 세움(正立論體)

論曰. 有法能起摩訶衍信根, 是故應說. 說有五分, 云何爲五? 一者因緣分, 二者立義分, 三者解釋分, 四者修行信心分, 五者勸修利益分.

『논』(T32, 575b18~21); 『회본』(1-737a19, b2~4)

[이제부터] 논하여 보자. 도리(法)가 있어 대승大乘을 '믿는 능력'(信根)을 일으키게 할 수 있으니, 그러므로 [그 도리를] 설하고자 한다. [그 도리를] 설함에 다섯 부분이 있으니, 어떤 것이 다섯 부분인가? 첫 번째는 '인연을 밝히는

부분'(因緣分)이고, 두 번째는 '[대승의 현상과 면모에 관한] 뜻[^1]을 세우는 부분'(立義分)이며, 세 번째는 '해석하는 부분'(解釋分)이고, 네 번째는 '믿는 마음을 수행하는 부분'(修行信心分)이며, 다섯 번째는 '수행의 이로움을 권하는 부분'(勸修利益分)이다.

1)『대승기신론』을 지은 인연을 밝히는 부분(因緣分)

初說因緣分. 問曰. 有何因緣而造此論? 答曰. 是因緣有八種, 云何爲八? 一者因緣總相, 所謂爲令衆生離一切苦得究竟樂, 非求世間名利恭敬故. 二者爲欲解釋如來根本之義, 令諸衆生正解不謬故. 三者爲令善根成熟衆生, 於摩訶衍法堪任不退信故. 四者爲令善根微少衆生修習信心故. 五者爲示方便消惡業障善護其心, 遠離癡慢出邪網故. 六者爲示修習止觀, 對治凡夫二乘心過故. 七者爲示專念方便生於佛前必定不退信心故. 八者爲示利益勸修行故. 有如是等因緣, 所以造論.

『논』(T32, 575b22~c6); 『회본』(1-737b18~c9)

먼저 '인연을 밝히는 부분'(因緣分)을 설명한다.

묻는다. 어떤 인연이 있어서 이 논을 짓는가?

답한다. 이 인연에 여덟 가지가 있으니, 어떤 것이 여덟 가지인가? 첫 번째는, 인연의 '보편적 특징'(總相)이니, 중생으로 하여금 모든 괴로움에서 벗어나 '궁극적 즐거움'(究竟樂)을 얻게 하려는 것이지 세간과 명예와 이익

[^1]: '義'의 번역어: 한문으로 된 불교전적의 번역에서 '義'는 통상 사전적 의미의 '뜻, 이치, 의미' 등으로 번역되고 있다. 그러나『대승기신론』이나 원효의 저술에서 '義'는 다양한 의미맥락에서 채택되고 있어 세심한 고려가 필요하다. 원효가 구사하는 '義'라는 용어는 '뜻, 이치, 의미' 이외에도 '면모'나 '측면'으로 번역해야 적절한 경우가 흔하다. 특히 '면모'나 '측면'의 의미로 사용되는 경우가 많아 보인다. '義'에 대한 전통적 번역과 다른 또 하나의 대표적 용어는 '法'이다. 주로 '이치, 도리, 가르침, 진리, 법칙' 등으로 번역되지만 그렇게 번역하는 것이 적절한 경우 외에도 '현상'으로 번역해야 하는 경우가 흔하다. 이 문제는 해당 용어의 역주에서 다시 거론하겠다.

과 공경을 추구하게 하는 것이 아닌 것이다. 두 번째는, 여래[가 설한 가르침] 의 근본 뜻을 해석하여 모든 중생으로 하여금 바르게 이해하여 그릇되지 않게 하고자 하는 것이다. 세 번째는, '이로운 능력'(善根)이 성숙한 중생으로 하여금 대승의 도리를 감당하여 [대승에 대한] 믿음에서 물러서지 않게 하고자 하는 것이다. 네 번째는, '이로운 능력'(善根)이 약하고 부족한 중생으로 하여금 [대승의 가르침을] '믿는 마음'(信心)을 닦아 익히도록 하고자 하는 것이다. 다섯 번째는, '수단과 방법'(方便)을 제시하여 '해로운 행위로 인한 장애'(障)은 소멸하고 그 마음을 잘 보호하여 어리석음과 교만에서 멀리 벗어나 삿된 [집착의] 그물에서 벗어나게 하고자 하는 것이다. 여섯 번째는, '[빠져들지 않고] 그침'(止)과 '[사실대로] 이해함'(觀)을 '닦아 익힘'(修習)을 제시하여 범부와 '[성문聲聞, 연각緣覺] 두 부류의 수행자'(二乘)가 지닌 마음의 허물을 다스리게 하고자 하는 것이다. 일곱 번째는, '일념으로 몰입할 수 있는 방편'(專念方便)을 제시하여 부처님 앞에 태어나 반드시 결정코 [대승의 가르침을] '믿는 마음'(信心)에서 물러나지 않게 하고자 하는 것이다. 여덟 번째는, 이로움을 보여 주어 수행을 권하고자 하는 것이다. 이와 같은 인연들이 있기 때문에 논을 짓는다.

問曰. 修多羅中具有此法, 何須重說? 答曰. 修多羅中雖有此法, 以衆生根行不等, 受解緣別. 所謂如來在世, 衆生利根, 能說之人色心業勝, 圓音一演異類等解, 則不須論. 若如來滅後, 或有衆生能以自力廣聞而取解者, 或有衆生亦以自力少聞而多解者, 或有衆生無自心力因於廣論而得解者, 亦有衆生復以廣論文多爲煩, 心樂總持少文而攝多義能取解者. 如是, 此論爲欲總攝如來廣大深法無邊義, 故應說此論.

『논』(T32, 575c7~17); 『회본』(1-738b8~19)

묻는다. 경전 속에 [이미] 이러한 가르침(法)을 갖추고 있거늘 어째서 거듭 설해야만 하는가?

답한다. 경전 중에 비록 이러한 가르침이 있지만, 중생의 자질(根行)이 같지 않아 받아들이고 이해하는 조건이 다르다. 여래께서 이 세상에 게실 때에는, 중생들의 [이해] 능력(根)이 탁월하고 설하는 사람의 몸과 마음과 행위가 수승하여, '두루 통하는 말'(圓音)이 한번 펼쳐지면 자질이 서로 다른 사람들이 똑같이 이해하였으니, 그래서 논서를 필요로 하지 않았다. 그런데 여래가 세상을 떠나신 후에는, 능히 자신의 힘으로 널리 듣고 이해하는 중생이 있고, 또한 자신의 힘으로 적게 듣고도 많이 이해하는 중생이 있으며, 자기 마음의 힘이 없어 방대한 논서로 인해 이해하는 중생도 있고, 다시 방대한 논서의 글이 많은 것을 번잡하게 여기는 반면에 뜻이 압축된 적은 글이지만 많은 뜻을 안고 있는 것을 마음으로 좋아하여 [그런 글로써] 이해할 수 있는 중생도 있다. [사정이] 이와 같아서 이 논은 여래의 광대하고 깊은 가르침의 끝없는 의미를 모두 포섭하고자 하니, 그러므로 이 논을 설해야 한다.

2) 대승의 현상과 면모에 관한 뜻을 세우는 부분(立義分)

已說因緣分, 次說立義分. 摩訶衍者總說有二種. 云何爲二? 一者法, 二者義. 所言法者, 謂衆生心, 是心則攝一切世間法出世間法, 依於此心顯示摩訶衍義. 何以故? 是心眞如相, 卽示摩訶衍體故, 是心生滅因緣相, 能示摩訶衍自體相用故. 所言義者, 則有三種. 云何爲三? 一者體大, 謂一切法眞如平等不增減故. 二者相大, 謂如來藏具足無量性功德故. 三者用大, 能生一切世間出世間善因果故. 一切諸佛本所乘故, 一切菩薩皆乘此法到如來地故.

『논』(T32, 575c18~576a1);『회본』(1-739c10~21)

'[저술] 인연을 설명하는 부분'(因緣分)을 이미 설하였으니, 다음으로 '[대승의 현상과 면모에 관한] 뜻을 세우는 부분'(立義分)을 설하겠다.

대승(摩訶衍)이란 것에는 총괄적으로 말해 두 가지 [의미]가 있다. 무엇이두 가지인가? 첫 번째는 현상(法)이고, 두 번째는 면모(義)이다. 현상(法)이라고 말한 것은 '중생의 마음'(衆生心)을 일컫는 것이니, 이 마음이 곧 세간과 출세간의 모든 현상을 포섭하고 있기에 이 마음에 의거하여 대승의 면모를 드러내 보여 준다. 어째서인가? 이 '참 그대로인 마음양상'(心眞如相)이 곧 대승의 [온전한] 본연'(體)을 보여 주기 때문이고, 이 '원인과 조건에 의거하여 생멸하는 마음양상'(心生滅因緣相)이 대승 '자신의 [온전한] 본연'(自體)과 능력(相)과 작용(用)을 보여 줄 수 있기 때문이다. 면모(義)라고 말한 것에는 세 가지가 있다. 무엇이 세 가지인가? 첫 번째는 [온전한] 본연의 위대함'(體大)이니, '모든 현상'(一切法)은 [본래] '참 그대로'(眞如)로서 평등하여 [그 평등한 본연이] 늘거나 줄지 않기 때문이다. 두 번째는 '능력의 위대함'(相大)이니, '여래의 면모가 간직된 창고'(如來藏)[인 중생의 마음]은 제한 없는 '본연의 이로운 능력'(無量性功德)을 모두 갖추고 있기 때문이다. 세 번째는 '작용의 위대함'(用大)이니, 세간과 출세간의 모든 이로운 '원인과 결과'(因果)를 일으킬 수 있기 때문이다. [이러한 대승의 면모는] 모든 부처님들이 본래 올라타고 있는 것이며, 모든 보살들이 다 이러한 [대승의] 현상(法)에 올라타고 '여래의 경지'(如來地)에 도달하는 것이다.

3) 해석하는 부분(解釋分)

已說立義分, 次說解釋分. 解釋分有三種, 云何爲三? 一者, 顯示正義, 二者, 對治邪執, 三者, 分別發趣道相.

『논』(T32, 576a2~4);『회본』(1-740c10~12)

'면모를 세우는 부분'(立義分)을 다 설명하였으니, 다음으로는 '해석하는 부분'(解釋分)을 설명하겠다. '해석하는 부분'(解釋分)에 세 가지가 있으니, 어떤 것들이 세 가지인가? 첫 번째는 '올바른 뜻을 드러내 보이는 것'(顯示正義)이고, 두 번째는 '잘못된 집착을 치유하는 것'(對治邪執)이며, 세 번째는 '[마음을] 일으켜 [부처가 체득한] 깨달음을 향해 나아가는 양상을 나누어 구별함'(分別發趣道相)이다.

(1) 올바른 뜻을 드러내어 보임(顯示正義)

顯示正義者, 依一心法, 有二種門. 云何爲二? 一者, 心眞如門, 二者, 心
生滅門. 是二種門, 皆各總攝一切法, 此義云何? 以是二門不相離故.

『논』(T32, 576a4~7); 『회본』(1-740c21~741a1)

'올바른 뜻을 드러내 보이는 것'(顯示正義)은, 〈'하나처럼 통하는 마음'이
라는 도리〉(一心法)에 의거하여 '두 가지 측면'(二種門)이 있다는 것이다. 무
엇이 두 가지인가? 첫 번째는 '참 그대로인 마음측면'(心眞如門)이고, 두 번
째는 '[근본무지에 따라] 생멸하는 마음측면'(心生滅門)이다. 이 두 가지 측면
모두가 각각 모든 현상을 모두 포섭하니, 이 뜻은 무엇인가? 이 두 측면은
서로 분리되지 않기 때문이다.

心眞如者, 卽是一法界大總相法門體, 所謂心性不生不滅. 一切諸法, 唯
依妄念而有差別, 若離心念, 則無一切境界之相. 是故一切法從本已來, 離
言說相, 離名字相, 離心緣相. 畢竟平等, 無有變異, 不可破壞, 唯是一心,
故名眞如. 以一切言說, 假名無實, 但隨妄念, 不可得故.

『논』(T32, 576a8~14); 『회본』(1-743b14~21)

'참 그대로인 마음'(心眞如)이란 것은 곧 '하나처럼 통하는 [차이들의] 현상
세계'(一法界)[2]이자 '크나큰 총괄적 양상'(大總相)인 '진리 문'(法門)의 '[온전한]

---

2 일법계一法界: 『대승기신론』에서의 '一法界'는 '참 그대로의 지평과 만나는 마음국면'
(心眞如)에서 대하는 현상세계(法界)를 지시하려는 용어로 보인다. 그리고 일상 인식
이 마주하는 현상세계와 다른 점을 나타내는 기호가 '一'이다. '참 그대로의 지평과 만
나는 마음국면'(心眞如)에서는 모든 존재와 현상을 본질적으로 격리시키는 '불변의 독
자적 본질이나 실체'를 설정하는 환각이 사라진 인식적 지평이다. 따라서 '一'은 수량
으로서의 '하나'를 지시하는 것이 아니라, '본질/실체 환각으로 인한 격리'가 해체되어
모든 현상들이 마치 '하나처럼 서로 통하고 만나는 지평에 대한 인지적 경험'을 지시
하는 것으로 보인다. 이런 이해를 반영하여 '一法界'를 '하나처럼 통하는 [차이들의] 현
상세계'라고 번역하였다. '법계法界'는 산스크리트어인 'dharma-dhatū'(팔리어
dhamma-dhatū)의 번역어이다. 『불교어대사전』의 설명에 따르면, 'dhatū'는 동사어

본연'(體)이니, '마음의 온전한 면모'(心性)는 '[분별에 따라] 생겨나는 것도 아니고 사라지는 것도 아니다'(不生不滅)라는 것이 그것이다. 모든 현상은 오로지 [근본무지에 의해 분별하는] 망념에 의하여 차별이 존재하니, 만약 [근본무지에 의해 분별하는] '망념의 마음'(心念)에서 벗어나면 곧 '모든 대상의 [실체화된 차별적] 양상'(一切境界之相)이 없어진다. 그러므로 모든 현상은 본래부터 '언어와 설명이 드러내는 [불변·독자의 실체적] 특징에서 벗어나 있고'(離言說相), '명칭과 문자가 드러내는 [불변·독자의 실체적] 특징에서도 벗어나 있으며'(離名字相) '[분별하는] 마음으로 관계 맺는 [불변·독자의 실체적] 특징에서도

근 √dhā(두다)에서 유래한 남성명사로서 원래는 요소의 뜻이었지만 불교에서는 계界 또는 성性의 의미가 추가되었다고 한다. 니까야/아함에서 법계는 18계界의 하나로서 '의意-법法'의 관계에 의해 형성되는 현상세계의 영역을 가리키는 개념이다. 인간의 감관능력을 조건으로 경험되는 현상세계가 법계인 것이다. 『불광대사전』의 설명에 따르면, 『구사론』 권1(T29, 3c28~4a1)에서는 "受領納隨觸, 想取像爲體, 四餘名行蘊, 如是受等三及無表無爲, 名法處法界"라고 하여 수상행受想行 등 3온과 무표색無表色, 무위법無爲法을 법계라 하였다. 대승불교에서는 법계의 뜻이 확대되어 사물의 근원, 법의 근원, 우주의 존재, 진리 그 자체 등을 의미하는 말로도 쓰이게 되었다. 특히 화엄종에서는 '현실의 있는 그대로의 세계'(事)와 '그 세계가 그렇게 있도록 해 주는 것'(理)의 두 가지가 하나로 연결되어 있는 본연을 표현하는 말로 쓰인다. 『불교어대사전』(p.1249)의 설명에 따르면, 법法은 성性의 뜻으로서 법성法性과 같은 뜻이고, 계界는 분分의 뜻으로서 법성의 발로인 세계 자체이기 때문에, 법계는 한편으로는 세계·우주와 같은 뜻이고 다른 한편으로는 진여眞如·법성과 동의어가 되는 것이다. 그런데 법계를 '진리'라는 의미의 '법성'으로 간주하는 시선에는 '현상세계와 진리를 하나로 결합시켜 이해하려는 관점'이 반영되고 있는 것으로 보인다. 붓다의 법설은 인간의 감관능력으로 경험 가능한 현상들(法)을 벗어나지 않는다. 처음부터 끝까지 그 현상들에서 '궁극적 자유와 평안'(해탈, 열반)을 성취하는 길을 말한다. 그런 점에서 붓다의 법설은 '사실 그대로의 진리에 상응하는 현상세계'의 구현을 목표로 한다고 말할 수 있다. 따라서 근본무지에 의한 왜곡과 오염에서 벗어난 세계를 '진리가 드러난 온전한 현상세계'로 설명하려는 관점은 붓다의 법설과 맞닿아 있다. 흥미롭게도 원효의 저술에서 목격되는 '법계法界'의 용법에도 '현상세계'와 '진리세계'의 두 의미가 결합되어 있다. 문장 맥락에 따라 '현상세계'와 '진리세계'라는 번역어를 선택할 수 있는데, 어떤 경우에도 그 이면에는 '사실 그대로의 진리에 상응하는 현상세계' '현상세계와 진리가 하나로 만나는 지평'을 겨냥하는 원효의 안목이 작동하고 있다.

벗어나 있다'(離心緣相). [그리하여 모든 현상은] '[분별에 의한 차별이 없어] 궁극적으로 평등하며'(畢竟平等) '[근본무지에 따른 분별에 의해] 변하거나 달라짐이 없고'(無有變異) '[그 본연적 면모를] 파괴할 수 없으며'(不可破壞) 오직 '하나처럼 통하는 마음'(一心)[지평에서의 현상]일 뿐이니, 그러므로 '참 그대로'(眞如)[3]라

---

3 진여眞如(tathatā): 팔리어 'tathatā'(여성명사)는 〈'tattha(형용사, 중성명사): 참된, 진리의, 진실의', 'tathatta(중성명사)[tathā-tta]: 이와 같은 상태, 여如, 여성如性, 진여眞如', 'tatthā(형용사): -와 같이, 그와 같이, 이렇게'〉에서 유래한 추상명사로서 〈'같은 상태'(如性), 같음(如), '참 그대로'(眞如), '사물들의 참된 상태'(true state of things), '참된 특성'(true nature), 있는 그대로의 모습, 있는 그대로의 것, 이와 같이 있는 것〉을 의미한다(Pali English Dictionary, pp.295-296, Sanskrit English Dictionary, p.433c,『パーリ語佛教辭典』, p.374,『岩波 哲學・思想 事典1』, p.836,『불교어대사전』, p.783d). 이러한 의미에서 여래(tathāgata)란 진여(tathatā)에 도달한 자(gata)이고, 진여로부터 오신 자(āgata)라고 해석된다(『岩波 哲學・思想 事典1』, p.836). 씨베타 프로그램에서 검색하면 진여의 용례는 총 51474회인데, 초기 아함경 부류에서는『잡아함경』과『증일아함경』을 중심으로 검출되는 유의미한 용례로서 약 10여 회, 소승 논서에서는 진제역『아비달마구사석론阿毘達磨俱舍釋論』에서 단 2회가 검출되고 그 밖의 대부분의 진여 용례는 모두 대승의 경전과 논서의 사례라고 할 수 있다.『잡아함경』에서는 사념처 수행과 관련하여 우憂・비悲・뇌惱・고苦를 벗어나 얻는 것으로서 진여법이 거론되는 것이 두 군데 확인되며(T2, 권19, 139a20~22, 권44, 322b1~2), 계율 수행과 관련해서 진여의 용례가 나오는 곳도 있다(T2, 권21, 147c12~17). 사념처나 계율이라는 개별적 수행의 문맥을 떠나 가장 일반화된 용법으로 쓰인 사례는『증일아함경』에서 목격되는데, 여기서 진여는 음婬・노怒・치癡 등 모든 번뇌(諸結)들과 대비되어 이 번뇌들이 모두 사라진 사태를 뜻하는 것으로 기술된다(T2, 권7, 578c24~29). 소승 논서에서 진여의 용례는『아비달마구사석론』에서 단 2회 검출되는데, 그중『아비달마구사석론』권19(T29, 288a8)에서 진여는 진지盡智・무생지無生智의 반연 대상이면서 허가虛假와 대비되는 용어로 나온다. 진제역에서의 이 진여는 현장역에서는 승의勝義로, 허가는 세속世俗으로 번역되어 있다. 소승 논서에서는 진여에 관한 논의가 거의 없으며, 있다고 해도 허가 또는 세속과 대비되는 뜻에 국한하여 쓰이는 것으로 보인다. 진여라는 개념은 대승경론에 와서 적극적으로 채택되고 강조된다. 반야공 계열의 경론에서는 '불변・독자의 실체나 본질이 없다는 것에 대한 이해'를 성취했을 때를 공성空性의 진여가 드러난 것으로 본다. '이해의 지평'과 '진여 국면'을 결합시키는 것에 초점을 맞추고 있는 것이다. 유식계열의 경론에서도 공성을 진여로 부르는 것은 공통된다. 그러나 유식은 공성을 인식적 측면에서 이해한다는 점에서 차이가 있다. 인식적 왜곡과 오염이 극복되어 '사실 그대로가 인식의 지평에 드러

고 부른다. 모든 언어는 '방편으로 세운 명칭'(假名)이고 [그 안에] '[불변·독자의 실체'(實)가 없으니, [언어에 따른 실체적 차별은] 다만 [근본무지에 의해 분별하는] 망념에 따른 것이어서 [불변·독자의 실체로서] 얻을 수가 없기 때문이다.

言眞如者, 亦無有相, 謂言說之極, 因言遣言. 此眞如體無有可遣, 以一切法悉皆眞故, 亦無可立, 以一切法皆同如故. 當知一切法不可說不可念, 故名爲眞如.

『논』(T32, 576a14~18); 『회본』(1-744a17~21)

'참 그대로'(眞如)라고 말하는 것에는 또한 '[언어가 드러내는] 특징'(相)[에 대한 실체적 차별]이 없으니, '언어와 설명'(言說)의 궁극을 일컫는 것이어서 '말에 의하여 말을 버리는 것'(因言遣言)이다. 이 '참 그대로'(眞如)의 '[온전한] 본연'(體)은 버릴 수 있는 것이 없으니 모든 현상이 다 참(眞)되기 때문이고,

---

난 것'을 진여로 본다. '인식/마음의 지평'과 '진여 국면'의 결합에 초점을 두고 있는 것이다. 『대승기신론』에서는 유식의 맥락을 기본으로 삼으면서도 공/중관과 여래장사상 계열의 관점들을 수용하여 진여 개념을 종합하고 있다. '이해 지평'에 초점을 맞추는 공/중관의 입장과 진여의 '잠재적 보편성'(有垢眞如)과 '현실적 평등성'(無垢眞如)을 강조하는 것에 초점을 맞추는 여래장사상의 입장을 토대로 삼은 '인식/마음 지평의 진여'를 거론한다. '중생의 마음'(衆生心)을 축으로 삼아 일심이문一心二門의 체계로써 '진여지평의 발현과 오염/왜곡에 관한 조건인과'(眞如緣起)를 해명하는 것이다. 그런데 『대승기신론』의 진여사상을 보는 종래 교학의 관점(화엄의 법장이 대표적이다)과 학계의 이해(여래장사상이 대변한다)는 진여를 마치 모든 현상을 발생시키는 본체本體나 기체基體로 간주하는 경향이 있다. 진여를 모든 현상과 세계를 발생시키는 원천에 있는 궁극실재로 이해하는 것이다. 이처럼 진여를 현상발생론의 맥락에서 발생의 원점인 본체/기체/궁극실재로 간주하는 관점은 전형적인 '실체/현상론'의 한 유형이다. 〈진여는 실체가 아니라 공성의 궁극실재이다〉라는 설명만으로는 '실체/현상론' 사유방식에서 탈출하기 어렵다. 『대승기신론』의 진여사상을 이해하는 종래의 진여연기설眞如緣起說이나 소위 기체설基體說은 인도전통 아트만/브라만 사유에서 결코 자유롭지 않아 보인다. 『대승기신론』 진여사상에 대한 새로운 독법이 필요하다. 흥미롭게도 진여에 대한 원효의 이해는 종래의 진여연기설이나 기체설에서 벗어나 있다. 진여사상에 대한 새로운 독법을 마련하는 작업에 원효의 관점은 신선한 단서와 내용을 풍부하게 제공하고 있다.

또 [별개로] 세울 수 있는 것이 없으니 모든 현상이 다 '[참] 그대로와 같은 것'(同如)이기 때문이다. '모든 현상'(一切法)은 '[언어로 확정하여] 설명할 수도 없고 [분별하는 마음으로] 생각할 수도 없기'(不可說不可念) 때문에 '참 그대로'(眞如)라고 부른다는 것을 알아야 한다.

問曰. 若如是義者, 諸衆生等, 云何隨順而能得入? 答曰. 若知一切法雖說無有能說可說, 雖念亦無能念可念, 是名隨順, 若離於念, 名爲得入.

『논』(T32, 576a19~23); 『회본』(1-744b7~10)

묻는다. 만약 이와 같은 뜻이라면, 모든 중생들은 어떻게 따라야 [그 경지에] 들어갈 수 있는가?

답한다. 만약 모든 현상에 대해 비록 [언어로] 설명을 하더라도 설명할 수도 없고 설명될 수 있는 것이 없으며 [또] 비록 생각[으로 분별]하더라도 생각할 수도 없고 생각될 수 있는 것도 없다는 것을 안다면 이것을 '따른다'(隨順)라고 부르고, 만약 [분별하는] 생각에서 벗어나면 [그것을] '[그 경지에] 들어간다'(得入)라고 부른다.

復次⁴眞如者, 依言說分別, 有二種義. 云何爲二? 一者, 如實空, 以能究竟顯實故, 二者, 如實不空, 以有自體具足無漏性功德故.

『논』(T32, 576a24~26); 『회본』(1-744b19~22)

또한 '참 그대로'(眞如)라는 것에는, '언어와 설명'(言說)에 의해 구분하면 두 가지 면모(義)가 있다. 무엇이 두 가지인가? 첫 번째는 〈불변·독자의 실체가 없는 '사실 그대로'〉(如實空)[의 면모]이니 [불변·독자의 실체가 없는] 사실(實)을 궁극적으로 드러낼 수 있기 때문이며, 두 번째는 〈전혀 없지는 않은 '사실 그대로'〉(如實不空)[의 면모]이니 [참 그대로(眞如)] '자신의 본연'(自體)

---

4 『회본』에는 '復次此'로 되어 있다. 대정장 교감주에도 "'眞' 앞에 '此'가 있는 판본도 있다"라고 한다. 어느 쪽도 무방하므로 '此'는 번역의 보조문에 반영한다.

에 '번뇌가 스며들지 않는 이로운 능력'(無漏性功德)을 모두 갖추고 있기 때문이다.

所言空者, 從本已來一切染法不相應故, 謂離一切法差別之相. 以無虛妄心念故. 當知眞如自性, 非有相, 非無相, 非非有相, 非非無相, 非有無俱相. 非一相, 非異相, 非非一相, 非非異相, 非一異俱相. 乃至總說, 依一切衆生以有妄心, 念念分別, 皆不相應, 故說爲空. 若離妄心, 實無可空故.

『논』(T32, 576a27~b5); 『회본』(1-744c2~9)

'불변·독자의 실체 없음'(空)이라고 말한 것은 본래부터 모든 '오염된 현상'(染法)과는 상응하지 않기 때문이니, 모든 현상의 '[분별로] 차별된 양상'(差別之相)에서 벗어나 있는 것을 말한다. '잘못 분별하는 마음'(虛妄心念)이 없기 때문이다. '참 그대로'(眞如)의 '자신의 본연'(自性)은 '있는 양상도 아니고'(非有相) '없는 양상도 아니며'(非無相)도 아니며 '있는 양상이 아닌 것도 아니고'(非非有相) '없는 양상이 아닌 것도 아니며'(非非無相) '있는 양상이기도 하고 없는 양상이기도 한 것도 아니다'(非有無俱相). [또] '같은 양상도 아니고'(非一相) '다른 양상도 아니며'(非異相) '같은 양상이 아닌 것도 아니고'(非非一相) '다른 양상이 아닌 것도 아니며'(非非異相) '같은 양상이기도 하고 다른 양상이기도 한 것도 아니다'(非一異俱相). 총괄적으로 말하면, 모든 중생들은 '잘못 분별하는 마음'(妄心)이 있어 생각마다 분별하고 [그 분별] 모두가 ['참 그대로'(眞如)와] 상응하지 않기 때문에 '불변·독자의 실체 없음'(空)이라고 말하는 것이다. 만약 '잘못 분별하는 마음'(妄心)에서 벗어난다면 실제로 '불변·독자의 실체가 없다고 할 수 있는 것'(可空)도 없기 때문이다.

所言不空者, 已顯法體空無妄故, 即是眞心常恒不變, 淨法滿足, 故名不空. 亦無有相可取, 以離念境界, 唯證相應故.

『논』(T32, 576b5~7); 『회본』(1-745b13~16)

'전혀 없지는 않음'(不空)이라 말한 것은, '현상의 [온전한] 본연'(法體)이 '불변·독자의 실체가 없어'(空) [불변의 실체와 같은] '거짓된 허구'(妄)가 없음을 이미 나타내었기 때문에 곧 이 '참 그대로와 만나는 마음'(眞心)[5][지평]이 '언제나 한결같고'(常恒) [그리하여] '온전한 현상'(淨法)들로 가득하니, 그러므로 '전혀 없지는 않음'(不空)이라 부른다. 또한 [불공不空이라고 하지만] [불변·독자의 실체나 본질로] 확보할 수 있는 차이(相)가 없으니, '대상을 잘못 분별하는 것'(念境界)에서 벗어난 것은 오직 [참 그대로'(眞如)를] 증득하여야 상응하기 때문이다.

---

5 진심眞心: 진심을 문자 그대로 '참 마음'으로 번역하면 생멸하는 현상 이면에 불생불멸의 본체本體를 설정하는 우파니샤드류類의 '본체-현상론'에 빠져들기 쉽다. 일심一心을 '한 마음'으로 번역할 때도 같은 문제에 봉착한다. 원효가 채택하는 '一心'이라는 기호는 '모든 현상을 산출해 내는 실체나 본체' 혹은 '현상의 이면에 있는 불변의 어떤 기체基體'를 지시하는 것이 아니다. 그 어떤 '불변·독자의 실체가 있다는 생각'에도 막히거나 갇히지 않는 인지지평, 그리하여 '실체나 본질의 차이로 나누는 분별'에서 풀려난 채 차이들을 만날 수 있는 마음수준을 지시하는 기호로 보는 것이 적절하다. 이런 이해를 반영하여 본서에서는 '一心'을 '하나처럼 통하는 마음'이라 번역하고 있다. 진심 역시 일심과 유사한 맥락에서 이해하는 것이 적절하다. 일심의 '心'이나 진심의 '心'은 명사적 존재가 아니라 '상태'나 '지평'을 지시하는 기호로 보인다. 그리고 일심의 '一'이나 진심의 '眞'은, '심心'이라는 명사적 존재를 수식하는 형용사가 아니라 '心'이라는 역동적 상태의 내용을 알려 주는 동사적 용법으로 보는 것이 타당하다. 그래야 일심이나 진심이라는 용어를 채택하는 『대승기신론』이나 원효, 나아가 선종에서의 용법과 의미맥락에 상응한다고 생각한다. 이런 문제들을 고려하면서 본서에서는 '진심眞心'을 '참 그대로와 만나는 마음(혹은 마음지평)'으로 번역한다. 이때 '참 그대로와 만난다'는 말은 '본체-현상론'을 반영한 것이 아니라 '분별적 가공 없이 차이들과 만난다'는 것을 의미한다. 일심이나 진심은 모두 '불변의 동일성과 독자성' 혹은 '불변·독자의 실체나 본질'을 설정하는 근본무지에 의한 '차이들의 왜곡'이 원점에서부터 거두어진 마음지평으로 보인다. 그리하여 '분별적 왜곡 없이 차이들과 만나는 마음지평'으로 보는 것이 타당할 것이다. 이러한 관점을 충분히 논증하려면 정밀하고 방대한 불교철학적 논의가 필요하다. 필요한 내용은 준비되어 있지만 더 이상의 기술은 여기서 진행하기 어렵다.

心生滅者, 依如來藏故有生滅心, 所謂不生不滅, 與生滅和合, 非一非異, 名爲阿梨耶識.

『논』(T32, 576b7~9); 『회본』(1-745c7~9)

'[근본무지에 따라] 마음이 생멸한다'(心生滅)는 것은, '여래의 면모가 간직된 창고'(如來藏)에 의거하기 때문에 '[근본무지에 따라] 생멸하는 마음[지평]'(生滅心)이 있게 되는 것이니, 이른바 '[근본무지에 따라] 생멸하지 않는 [마음]지평'(不生不滅)이 '[근본무지에 따라] 생멸하는 [마음]지평'(生滅)과 동거하여(和合)[6] [두 지평이] 같은 것도 아니고 다른 것도 아닌 [마음국면을] '아리야식阿梨耶識'(阿黎耶識, ālaya vijñāna)[7]이라 부른다.

---

6 '불생불멸不生不滅'과 '생멸生滅'의 화합和合: 여래장如來藏이라는 개념이 구사되는 의미맥락은 단일하지 않은데, 기본적으로는 인간에게 두 가지 가능성이 공존하고 있음을 알리는 용어이다. 하나는 현상의 차이들을 실체나 본질관념 및 그에 의거한 이론들로써 가공하여 사실을 외면하는 이해·욕구·행동을 전개할 수 있는 가능성인데, 『대승기신론』의 표현으로는 '생멸'이다. 다른 하나는 현상의 사실을 왜곡하는 관념과 이론을 극복하여 사실에 상응하는 이해·욕구·행동을 펼칠 수 있는 가능성인데, 『대승기신론』의 표현으로는 '불생불멸'이다. 인간에게는 이 두 가지 선택지가 동시에 주어져 있다. 그리고 어느 한 가능성이 선택되면 다른 가능성은 배제된다. '화합'은 이러한 정황을 표현하는 말이다. 따라서 '화합'은 '동시에 주어져 있으면서도 동시에 선택될 수는 없는 사태'를 지시한다. '화합'을 '동거한다'라고 번역한 것은 이런 의미를 고려한 것이다. '불생불멸'과 '생멸'의 화합을 〈불생불멸하는 본체'와 '생멸하는 현상'의 상호작용〉으로 이해하는 경우가 많은데, 이런 이해는 근본적으로 신비주의와 실체주의가 결합된 것으로서 부적절하다. 『대승기신론』의 용어들에 이런 독법을 적용하면 『대승기신론』사상은 불교철학적 정체성을 상실한다. 『대승기신론』이나 원효사상 이해에 적용하던 신비주의 독법과 본체·현상론 독법을 극복해야 『대승기신론』과 원효의 언어를 제대로 음미할 수 있다. 해제에 실린 「이해와 마음」(박태원)은 이런 문제를 상세히 거론하고 있다.

7 아리야식阿梨耶識: 유식학의 제8식인 ālaya vijñāna는 '阿賴耶識' '阿梨耶識' '阿黎耶識'으로 번역되어 사용되는데, 현장의 법상유식학에서는 '阿賴耶識'을, 『대승기신론』에서는 '阿梨耶識'을 채택한다. 그리고 법상유식에서는 '阿賴耶識'을 망식妄識으로 간주하는 데 비해, 『대승기신론』에서는 '阿梨耶識'을 진망화합식眞妄和合識으로 본다. 원효가 이 두 경우를 식별하여, 『대승기신론』사상의 맥락에서는 '阿梨耶識', 현장 신유식학을 거론할 때는 '阿賴耶識'을 각각 구별하여 사용하고 있는 것인지는 관련 구문을

此識有二種義, 能攝一切法, 生一切法.

『논』(T32, 576b10);『회본』(1-747b13)

이 [아리야]식에는 ['깨달음'(覺)과 '깨닫지 못함'(不覺)의] 두 가지 면모가 있어서 모든 현상을 포섭할 수 있고 모든 현상을 생겨나게 할 수 있다.

云何爲二? 一者, 覺義, 二者, 不覺義.

『논』(T32, 576b10~11);『회본』(1-748b4)

무엇을 두 가지라고 하는가? 첫 번째는 '깨달음의 면모'(覺義)이고, 두 번째는 '깨닫지 못함의 면모'(不覺義)이다.

所言覺義者. 謂心體離念. 離念相者, 等虛空界, 無所不遍,[8] 法界一相, 卽是如來平等法身. 依此法身說名本覺, 何以故? 本覺義者, 對始覺義說, 以始覺者卽同本覺. 始覺義者, 依本覺故而有不覺, 依不覺故說有始覺.

『논』(T32, 576b11~16);『회본』(1-748b9~14)

이른바 '깨달음의 면모'(覺義)란 '마음의 온전한 본연'(心體)이 [근본무지에 따라] 분별하는 생각'(念)에서 벗어난 것을 말한다. [근본무지에 따라] 분별하는 생각에서 벗어난 양상'(離念相)은 허공세계와 같이 미치지 못하는 곳이 없어 '모든 현상세계가 하나처럼 통하는 양상'(法界一相)이니, 이것이 바로 '진리와 같아진 분'(如來)의 '평등해진 진리 [그 자체로서의] 몸'(平等法身)이다. 이 '진리 [그 자체로서의] 몸'(法身)에 의거하여 '깨달음의 본연'(本覺)이라 부르니, 어째서인가? '깨달음 본연의 면모'(本覺義)란 것은 '비로소 깨달아 가는 면모'(始覺義)에 대응하여 설하는 것이니, '비로소 깨달아 감'(始覺)이란 것은 바로 '깨달음의 본연'(本覺)과 같기 때문이다. '비로소 깨달아 가는 면모'(始覺義)란 것은, '깨달음의 본연'(本覺)에 의거하기 때문에

종합하여 판단할 필요가 있다.

8 『회본』에는 '徧'으로 되어 있다.

'깨닫지 못함'(不覺)이 있고 [다시 이] '깨닫지 못함'(不覺)에 의거하기 때문에 '비로소 깨달아 감'(始覺)이 있다고 말하는 것이다.

又以覺心源故, 名究竟覺, 不覺心源故, 非究竟覺.

『논』(T32, 576b16~18); 『회본』(1-749c3~4)

또 [사실 그대로와 만나는] 근원적 마음'(心源)[9]을 깨닫기 때문에 '궁극적인 깨달음'(究竟覺)이라 부르고, [사실 그대로와 만나는] 근원적 마음'(心源)을 깨닫지 못하기 때문에 '궁극적인 깨달음'(究竟覺)이 아니다.

此義云何? 如凡夫人, 覺知前念起惡故, 能止後念令其不起. 雖復名覺, 卽是不覺故. 如二乘觀智, 初發意菩薩等, 覺於念異, 念無異相. 以捨麤分別執著相故, 名相似覺. 如法身菩薩等, 覺於念住, 念無住相. 以離分別麤念相故, 名隨分覺. 如菩薩地盡, 滿足方便, 一念相應, 覺心初起, 心無初相. 以遠離微細念故, 得見心性, 心卽常住, 名究竟覺. 是故修多羅說, "若

---

9 심원心源: '心源'을 통상의 경우처럼 '마음의 근원'이라 번역하면 마음의 가장 심층에 있는 '궁극실재로서의 마음'이라는 존재론적 이해를 불러일으키기 쉽다. 그리고 이런 존재론적 이해는 곧장 '불변의 궁극실재'와 '변화하는 현상'을 이원화시켜 세계를 해석하고 그 불변의 궁극실재를 궁극진리로 간주하려는 사유방식과 결합한다. 이른바 '실체/본체-현상론'의 전형이 된다. 『대승기신론』이나 원효사상에서 구사하는 '心源'이나 '一心'과 같은 기호를 존재론적 궁극실재로 간주하고 이를 '실체/본체-현상론'의 사유문법으로 읽어 버리는 경우는 학계에서도 일반화된 현상이다. 그러나 이런 이해방식은 어쩔 수 없이 모든 유형의 실체나 본체를 인정하지 않는 불교철학의 고유한 정체성과 충돌하게 된다. 또 『대승기신론』이나 원효가 '心源'이나 '一心'이라는 용어를 채택하면서 펼치는 의미맥락과 지평도 '실체/본체-현상론'과는 무관하다. 학인들은 이 문제를 충분한 논거와 정밀한 논리를 가지고 다루어야 한다. 본 번역에서는 '心源'을 [사실 그대로와 만나는] 근원적 마음'으로 번역해 본다. 이 [사실 그대로와 만나는] 근원적 마음'이라는 용어는 '관계 속에서 역동적으로 변화하는 차이현상들과 접속해 있으면서도, 그 차이현상들에 동일성이나 절대성 혹은 독자성을 부여하여 허구를 만들어 내는 분별희론에 빠져들지 않는 인지지평'을 지시한다. '一心'에 대해서도 같은 문제의식과 이해를 적용하여 '하나처럼 통하는 마음'이라 번역하고 있다.

有衆生能觀無念者, 則爲向佛智故".

『논』(T32, 576b18~27); 『회본』(1-749c8~18)

이 뜻은 어떤 것인가? '보통 사람'(凡夫人)이라면 [분별로 망상하는] 앞의 생각이 '해로운 것'(惡)을 일으킨 것을 '깨달아 알기'(覺知) 때문에, [해로운 것](惡)에 뒤따르는] 뒤의 생각을 그쳐 일어나지 않게 할 수 있다. [그러나] 비록 [이것을] 깨달음(覺)이라 부르기는 하지만 [[사실 그대로와 만나는] 근원적 마음'(心源)을 기준으로 본다면] [아직은] '깨닫지 못함'(不覺)이다. '[소승 수행자인] 성문과 연각'(二乘)의 '이해하는 지혜'(觀智)와 '처음으로 깨달음에 뜻을 일으킨 대승의 보살'(初發意菩薩) 등은 [분별하는] 생각이 달라지는 단계'(念異)에서 [그것을] 깨닫기에, '[분별하는] 생각'(念)에 '달라지는 양상'(異相)이 없다. [그리하여] '뚜렷하게 분별하여 집착하는 양상'(麤分別執著相)을 버리기 때문에 '[[사실 그대로와 만나는] 근원적 마음'(心源)에 가까워진] 비슷한 깨달음'(相似覺)이라 부른다. '[열 가지 본격적인 수행경지(十地)에서] 진리의 몸을 얻은 보살'(法身菩薩)[10] 등은 '[분별하는] 생각이 머무르는 단계'(念住)에서 깨닫기에, '[분별하는] 생각'(念)에 '머무르는 양상'(住相)이 없다. [그리하여] '분별[하여 망상을 수립]하는 뚜렷한

---

10 법신보살法身菩薩: 보살의 본격적인 수행단계인 십지十地 가운데 처음인 환희지歡喜地부터 마지막 열 번째 단계인 법운지法雲地까지의 수행과정에 있는 보살들을 법신보살이라 부른다. 이 보살들의 발심은 '진리 몸'(法身)을 증득하고 진심眞心을 드러내는데, '진리 몸을 증득한 발심'이라는 뜻에서 증발심證發心이라 한다. 법신보살이란 개념은 『대보적경大寶積經』에 나오지만 명칭으로서만 등장할 뿐, 그 의미를 살펴볼 수 있는 내용은 나타나지 않는다. 『대지도론大智度論』 권38에서는 "釋曰, 菩薩有二種. 一者, 生身菩薩, 二者, 法身菩薩. 一者, 斷結使. 二者, 不斷結使. 法身菩薩斷結使, 得六神通, 生身菩薩不斷結使, 或離欲得五神通"(T25, 342a22~25)이라고 하여 생신보살生身菩薩과 대비되는 서술이 나타나지만, 십지보살十地菩薩을 가리키는 본문의 내용과는 거리가 있다. 따라서 법신보살은 『기신론』에서 중시하는 독특한 개념으로 볼 수 있다. 원효는 "세 번째 지위 중에서 '진리의 몸을 얻은 보살 등'(法身菩薩等)이라는 것은 [십지十地의] '첫 번째 단계'(初地) 이상부터 '열 번째 단계'(十地)의 보살을 [모두 말하는 것이니, 이것은 '깨닫는 사람'(能覺人)이다"(第三位中法身菩薩等者, 初地以上十地菩薩, 是能覺人也, H1, 709c11~12)라고 하여, 법신보살은 초지初地 이상의 십지보살을 가리킨다고 말한다.

생각의 양상'(分別麤念相)에서 벗어나기 때문에 '[사실 그대로와 만나는] 근원적 마음'(心源)의 범주에] 부분적으로 들어간 깨달음'(隨分覺)이라 부른다. '보살의 수행단계'(菩薩地)를 모두 마친 사람은 '[수행의] 수단과 방법'(方便)을 완전히 성취하였기에 '[근본무지에 따라 분별하는] 첫 생각을 포착하여'(一念相應) '[분별하는] 마음이 처음 일어나는 것을 깨달아'(覺心初起) 마음에 '[분별하는 생각이] 처음 일어나는 양상'(初相)이 없다. [그리하여] '[근본무지에 사로잡히는] 미세한 생각'(微細念)에서 멀리 벗어나기 때문에 '마음의 온전한 면모'(心性)를 보아 '마음이 늘 [그 온전함에] 자리 잡는 것'(心卽常住)을 '궁극적 깨달음'(究竟覺)이라 부른다. 그러므로 경전에서 "만일 어떤 중생이 '[근본무지에 따라 분별하는 생각이 '생겨나고 머무르며 변이되고 사라지는'(生住異滅) 양상을 깨달아] 분별하는 생각이 없어짐'(無念)을 이해할 수 있다면 곧 부처의 지혜로 나아가게 된다" 라고 하였다.

又心起者, 無有初相可知, 而言知初相者, 卽謂無念. 是故一切衆生不名爲覺, 以從本來念念相續, 未曾離念, 故說無始無明. 若得無念者, 則知心相生住異滅. 以無念等故, 而實無有始覺之異, 以四相俱時而有, 皆無自立, 本來平等同一覺故.

『논』(T32, 576b27~c4);『회본』(1-752b11~17)

또 '마음이 일어난다'(心起)는 것에는 알 수 있는 '첫 양상'(初相)이 없지만 '첫 양상을 안다'(知初相)고 말한 것은, 바로 '분별하는 생각이 없어짐'(無念)을 일컫는 것이다. 이런 까닭에 모든 중생을 '깨달았다'(覺)고 부르지 못하니, 본래부터 '[근본무지에 따라 분별하는] 생각'(念)들이 서로 꼬리를 물고 이어져 아직 그 생각에서 떠난 적이 없기 때문에 '시작을 말할 수 없는 근본무지'(無始無明)라 말한다. 만일 '분별하는 생각이 없어짐'(無念)을 체득한 자라면 곧 '[근본무지에 따라 분별하는] 마음양상'(心相)의 '생겨나고 머무르며 달라지고 사라짐'(生住異滅)을 안다. '분별하는 생각이 없는 경지'(無念)와 같아졌기 때문에 [이럴 때] 실제로는 '비로소 깨달아 감'(始覺)의 [내용들에] 차이가 없으니, '[분별망상의] 네 가지 양상'(四相)이 동시에 있어도 모두 스스로 존립할 수 없으며 본래 평등하고 동일한 깨달음(覺)이기 때문이다.

復次本覺隨染分別, 生二種相, 與彼本覺不相捨離, 云何爲二? 一者, 智淨相, 二者, 不思議業相. 智淨相者, 謂依法力熏習, 如實修行, 滿足方便故, 破和合識相, 滅相續心相, 顯現法身, 智淳淨故. 此義云何? 以一切心識之相, 皆是無明, 無明之相, 不離覺性, 非可壞, 非不可壞. 如大海水, 因風波動, 水相風相不相捨離, 而水非動性, 若風止滅, 動相則滅, 濕性不壞故. 如是衆生自性淸淨心, 因無明風動, 心與無明俱無形相, 不相捨離, 而心非動性, 若無明滅, 相續則滅, 智性不壞故. 不思議業相者, 以依智淨, 能作一切勝妙境界, 所謂無量功德之相, 常無斷絶, 隨衆生根, 自然相應, 種種而現, 得利益故.

『논』(T32, 576c5~19); 『회본』(1-753b9~24)

또한 '깨달음의 본연'(本覺)은 [분별에] 오염된 것에 따라 나뉘어 두 가지 양상(相)을 일으키면서 그 '깨달음의 본연'(本覺)과 서로 배제하거나 분리되지 않으니, 무엇이 두 가지인가? 첫 번째는 '지혜를 온전하게 하는 양상'(智淨相)이고, 두 번째는 '생각으로는 이루 헤아릴 수 없는 행위[를 드러내는] 양상'(不思議業相)이다.

'지혜를 온전하게 하는 양상'(智淨相)이라는 것은, 〈[참 그대로인] 현상의 힘'이 거듭 영향을 끼침〉(法力熏習)에 의거하여 '사실 그대로 익히고 실천'(如實修行)하고 [수행의 갖가지] '수단과 방법'(方便)을 완전히 충족시키기 때문에 [근본무지에 지배받지 않는 본연'과 '근본무지에 지배받는 오염'이] 동거하고 있는 식의 양상'(和合識相)을 깨뜨리고 [분별을] 서로 이어가는 마음양상'(相續心相)을 소멸시켜 '진리 몸'(法身)을 드러내어 지혜가 온전해지는 것을 일컫는 것이다. 이 뜻은 어떠한 것인가?

모든 [분별하는] 마음과 의식의 양상'(心識之相)은 다 근본무지(無明)이지만 근본무지의 양상(相)은 '깨달음의 면모'(覺性)에서 떠난 것이 아니기 때문에 깨뜨릴 수 있는 것도 아니고 깨뜨릴 수 없는 것도 아니다. 마치 큰 바다의 물이 바람에 의해 파도로 일렁일 때, '물의 양상'(水相)과 '바람의 양상'(風相)은 서로 배제하거나 분리되지 않지만 물은 '움직이는 성질'(動性)[을 본질로 지닌 것]이 아니며, 만약 바람이 그쳐 사라지면 [물의] '움직이는 양상'(動相)은 곧 사라지지만 [물의] '습한 성질'(濕性)은 파괴되지 않는 것과 같은 것이다. 이와 마찬가지로 중생의 '본연이 온전한 마음'(自性淸淨心)이 근본무지(無明)의 바람에 의해 움직일 때 마음(心)과 근본무지는 둘 다 [독자적인] 모습이 없어 서로 배제하거나 분리되지 않지만 마음은 '움직이는 성질'(動性)[을 본질로 지닌 것]이 아니며, 만약 근본무지(無明)가 소멸하면 [분별하는 마음들이] '서로 이어가는 것'(相續)도 곧 사라지지만 [마음이 지닌] '지혜의 면모'(智性)는 파괴되지 않는 것이다.

'생각으로는 이루 헤아릴 수 없는 행위[를 드러내는] 양상'(不思議業相)이라는 것은, '지혜가 온전해짐'(智淨)에 의거하여 온갖 탁월한 일들을 할 수 있는 것이니, 이른바 '한량없는 이로운 능력의 [갖가지] 양상'(無量功德之相)이 늘 단절되지 않고 중생들의 '타고난 성품과 능력'(根)에 따라 자연히 상응하면서 여러 가지 모습으로 나타나 이익을 얻게 하기 때문이다.

復次覺體相者, 有四種大義, 與虛空等, 猶如淨鏡. 云何爲四? 一者, 如實空鏡, 遠離一切心境界相, 無法可現, 非覺照義故. 二者, 因熏習鏡, 謂如實不空. 一切世間境界, 悉於中現, 不出不入, 不失不壞, 常住一心. 以一切法卽眞實性故. 又一切染法所不能染, 智體不動, 具足無漏, 熏衆生故. 三者, 法出離鏡, 謂不空法. 出煩惱礙智礙, 離和合相, 淳淨明故. 四者, 緣熏習鏡, 謂依法出離故, 徧[11]照衆生之心, 令修善根, 隨念示現故.

『논』(T32, 576c20~29); 『회본』(1-754b19~c6)

또 다음으로 '깨달음의 근본양상'(覺體相)에는 4가지 위대한 면모(義)가

---

11 대정장본에는 '遍'으로 되어 있다.

있으니, [모든 것을 아는] 허공과도 같으며, [모든 것을 그대로 비추어 내는] 맑은 거울과도 같다. 네 가지란 무엇을 말하는가?

첫 번째는 〈불변·독자의 실체가 없는 '사실 그대로'를 드러내는 거울[과도 같은 면모]〉(如實空鏡)이니, '마음이 분별해 낸 모든 대상의 [실체적] 특징'(一切心境界相)에서 멀리 벗어나 '나타낼 수 있는 [실체적] 현상이 없어'(無法可現) '깨달아 비추어 내는 면모'(覺照義)가 아니다.

두 번째는 '[바른] 원인으로 [중생에게] 거듭 영향을 끼치는 거울[과도 같은 면모]'(因熏習鏡)이니, 〈전혀 없지는 않은 '사실 그대로'〉(如實不空)가 그것이다. 세간의 모든 모습이 다 그 안에서 나타나지만, 나오지도 않고 들어가지도 않으며 사라지지도 않고 파괴되지도 않으며 '늘 하나처럼 통하는 마음[지평]에 머문다'(常住一心). '모든 현상'(一切法)이 바로 '참된 본연'(眞實性)이기 때문이다. 또 [이 면모는] 모든 [분별에] 오염된 현상들이 오염시킬 수 있는 것이 아니니, '지혜의 본연'(智體)은 [분별에] 동요하지 않고 '번뇌가 스며들지 않는 능력'(無漏)을 완전히 갖추고서 [이 능력으로] 중생에게 거듭 영향을 끼치는 것이다.

세 번째는 '진리에 의거하여 [번뇌에서] 벗어난 현상들을 비추어 내는 거울[과도 같은 면모]'(法出離鏡)이니, '없지 않은 현상들'(不空法)이 그것이다. '번뇌로 인한 방해'(煩惱礙)와 '올바른 이해를 가로막는 방해'(智礙)[12]를 벗어 버리고 '[근본무지에 지배받지 않는 본연'과 '근본무지에 지배받는 오염'이 동거하고 있는 양상'(和合相)에서 벗어나 [사실 그대로가] '온전히 밝게 드러난 것'(淳淨明)이다.

네 번째는 '[깨달음으로 이끌어 가는] 조건들로서 [중생에게] 거듭 영향을 끼치는 거울[과도 같은 면모]'(緣熏習鏡)이니, 진리에 의거하여 [번뇌에서] 벗어났기

---

12 '礙'를 '방해'로 번역한 것은 원효가 '현상으로 드러나는 측면'(顯了門)과 '현상으로 드러나지 않는 측면'(隱密門)을 구분하면서 각각에 '障'과 '礙'라는 용어를 달리 배정하고 있기 때문이다(『소』, H1, 717c20). 원효의 관점을 반영하기 위해 '礙'는 '방해', '障'은 '장애'로 번역한다.

때문에 중생의 마음을 두루 비추어 '이로운 능력'(善根)을 닦도록 [중생의] 생각에 따라 [깨달음으로 이끄는 조건들을] 나타내 보이는 것이다.

所言不覺義者, 謂不如實知眞如法一故, 不覺心起而有其念. 念無自相, 不離本覺. 猶如迷人依方故迷, 若離於方則無有迷, 衆生亦爾, 依覺故迷, 若離覺性則無不覺. 以有不覺妄想心故, 能知名義, 爲說眞覺. 若離不覺之心, 則無眞覺自相可說.

『논』(T32, 576c29~577a6); 『회본』(1-755b11~17)

'깨닫지 못함의 면모'(不覺義)라고 말하는 것은, '참 그대로인 현상'(眞如法)이 '하나[처럼 통하는 것]'(一)임을 '사실 그대로'(如實) 알지 못하기 때문에 '깨닫지 못함에 따라 생겨난 마음'(不覺心)[13]이 일어나 '분별하는 생각'(念)이 있게 되는 것을 일컫는다. '분별하는 생각'(念)에는 [독자적 본질로서의] 자기 모습(自相)이 없어 '깨달음의 본연'(本覺)에서 떠나지 않는다. 마치 길을 헤매는 사람은 방향에 의존하기 때문에 길을 헤매는 것이어서 만약 방향 [그 자체]에서 떠나면 길을 헤매는 것도 없는 것처럼, 중생도 그와 마찬가지로 깨달음(覺)에 의거하기 때문에 미혹한 것이어서 만약 '깨달음의 면모'(覺性)에서 떠나면 '깨닫지 못함'(不覺)도 없다. '깨닫지 못함에 따라 생겨난 잘못 분별하는 마음'(不覺妄想心)이 있기 때문에 명칭(名)과 의미(義)를 알 수 있어 '참된 깨달음'(眞覺)에 대해 말하게 된다. 만약 '깨닫지 못함에 따라 생겨난 마음'(不覺之心)에서 떠난다면, '참된 깨달음'(眞覺)이라는 '자기 양상'(自相)을 말할 수 없는 것이다.

---

13 원효는 『기신론』의 '不覺心起而有其念'의 '不覺心'을 '불각의 마음'으로 나누어 '불각'은 무명, '심'은 무명을 조건으로 생겨난 마음작용으로 해석한다. '不覺心起而有其念'을 '불각에 의한 마음작용으로 분별하는 생각이 있게 된다'는 뜻으로 파악하는 것이다. 이러한 원효의 관점에 따라 '不覺心' '不覺之心'을 모두 〈'깨닫지 못함'(不覺)에 따라 생겨난 마음〉으로 번역한다.

復次依不覺故, 生三種相, 與彼不覺相應不離, 云何爲三? 一者, 無明業相. 以依不覺故心動, 說名爲業. 覺則不動, 動則有苦, 果不離因故. 二者, 能見相. 以依動故能見, 不動則無見. 三者, 境界相. 以依能見故, 境界妄現, 離見則無境界.

『논』(T32, 577a7~12); 『회본』(1-755c15~21)

다시 '깨닫지 못함'(不覺)에 의존하기 때문에 세 가지 양상(相)이 생겨나고, [그 세 가지 양상은] 저 '깨닫지 못함'(不覺)과 서로 응하면서 ['깨닫지 못함'(不覺)에서] 떠나지 않으니, 어떤 것이 세 가지인가?

첫 번째는, '근본무지에 의해 ['깨달음의 본연'(本覺)을 동요시키는] 움직이는 양상'(無明業相)이다. '깨닫지 못함'(不覺)에 의거하기 때문에 마음이 동요하는 것을 움직임(業)이라고 부른다. 깨달으면 [마음이] 동요하지 않지만 ['깨닫지 못함'(不覺)에 의거하여 마음이] 동요하면 괴로움(苦)이 있으니, 결과(果)는 원인(因)에서 떠나지 않기 때문이다.

두 번째는, '[불변·독자의 실체로 간주되는] 주관[이 자리 잡는] 양상'(能見相)이다. ['깨닫지 못함'(不覺)에 의거한 마음의] 동요에 의거하기 때문에 '보는 자'(能見)[인 주관]이 불변·독자의 실체처럼 자리 잡는 것이니, ['깨닫지 못함'(不覺)에 의거하여 마음이] 동요하지 않으면 곧 '[불변·독자의 실체로 간주되는] 봄[이라는 주관]'(見)이 없다.

세 번째는, '[불변·독자의 실체로 간주되는] 대상[이 자리 잡는] 양상'(境界相)이다. [불변·독자의 실체로 간주되는] 주관(能見)에 의거하기 때문에 [불변·독자의 실체로 간주되는] 대상(境界)이 '[별개의 것처럼] 잘못 나타나니'(妄現), '[불변·독자의 실체로 간주되는] 봄[이라는 주관]'(見)에서 떠나면 [불변·독자의 실체로 간주되는] 대상'(境界)도 없다.

以有境界緣故, 復生六種相. 云何爲六? 一者, 智相, 依於境界, 心起分別愛與不愛故. 二者, 相續相, 依於智故, 生其苦樂, 覺心起念, 相應不斷故. 三者, 執取相, 依於相續, 緣念境界, 住持苦樂, 心起著故. 四者, 計名字相,

依於妄執, 分別假名言相故. 五者, 起業相, 依於名字, 尋名取著, 造種種業
故. 六者, 業繫苦相, 以依業受果, 不自在故.

『논』(T32, 577a12~20);『회본』(1-756c13~21)

'[불변 · 독자의 실체로 간주되는] 대상이라는 조건'(境界緣)이 있기 때문에 다
시 '여섯 가지 양상'(六種相)을 일으킨다. 어떤 것이 그 여섯이 되는가?

첫 번째는 '분별하는 양상'(智相)이니, 대상(境界)에 의거하여 [제7말나식의] 마
음이 좋아함(愛)과 좋아하지 않음(不愛)을 분별하는 것을 일으키는 것이다.

두 번째는 '서로 이어지게 하는 양상'(相續相)이니, 분별(智)에 의거하기
때문에 [좋아하지 않는 것과 좋아하는 것에 대해] 괴로움과 즐거움을 일으키고
[다시 그 괴로움과 즐거움을] '헤아리는 마음'(覺心)으로 '[분별하는] 생각'(念)을 일
으켜 서로 응하면서 끊이지 않는 것이다.

세 번째는 '[괴로운 느낌과 즐거운 느낌에] 집착하는 양상'(執取相)이니, '[분별
하는 생각'(念)들이] 서로 이어짐'(相續)에 의거하여 대상(境界)과 관계 맺어 분
별하면서 괴로움(苦)[의 느낌]과 즐거움(樂)[의 느낌]에 머물고 붙들어 마음이
[그 괴로운 느낌과 즐거운 느낌에 대해] 집착을 일으키는 것이다.

네 번째는 '언어문자에 대해 분별하는 양상'(計名字相)이니, '[괴로운 느낌과
즐거운 느낌에 대한] 잘못된 집착'(妄執)에 의거하여 '불변 · 독자의 실체나 본
질을 지니지 않고 세워진 언어양상'(假名言相)들을 [불변 · 독자의 실체나 본질을
지닌 것으로 간주하면서] 분별하는 것이다.

다섯 번째는 '[갖가지 의도적] 행위를 일으키는 양상'(起業相)이니, 언어문자
에 의거하여 '언어를 좇아가 [언어에 불변 · 독자의 실체나 본질이 있는 것이라 분별
하면서] 집착하여'(尋名取著) 갖가지 행위를 짓는 것이다.

여섯 번째는 '행위로 인해 괴로움에 묶이는 양상'(業繫苦相)이니, [갖가지
의도적] 행위에 의거하여 과보를 받아서 자유롭지 못하는 것이다.

2.『대승기신론』의 본연을 곧바로 세움(正立論體) 159

當知無明能生一切染法, 以一切染法, 皆是不覺相故.

『논』(T32, 577a20~21); 『회본』(1-758b7~8)

근본무지(無明)가 모든 '오염된 현상'(染法)을 생겨나게 함을 알아야 하니, 모든 '오염된 현상'(染法)은 다 '깨닫지 못함의 양상'(不覺相)이기 때문이다.

復次覺與不覺有二種相, 云何爲二? 一者, 同相, 二者, 異相. 同相者,[14] 譬如種種瓦器, 皆同微塵性相, 如是無漏無明種種業幻, 皆同眞如性相. 是 故修多羅中, 依於此眞如義故, 說一切衆生本來常住, 入於涅槃菩提之法, 非可修相, 非可作相, 畢竟無得. 亦無色相可見, 而有見色相者, 唯是隨染 業幻所作, 非是智色不空之性, 以智相無可見故. 異相者,[15] 如種種瓦器, 各 各不同, 如是無漏無明, 隨染幻差別, 性染幻差別故.

『논』(T32, 577a22~b2); 『회본』(1-758b19~c5)

또한 깨달음(覺)과 '깨닫지 못함'(不覺)[의 관계]에는 두 가지 양상(相)이 있으니, 무엇을 두 가지라 하는가? 첫 번째는 '[서로] 같은 양상'(同相)이고, 두 번째는 '[서로] 다른 양상'(異相)이다.

'[서로] 같은 양상'(同相)이라는 것은, 비유하면 갖가지 질그릇이 모두 '미세한 동일 진흙 입자의 [여러] 양상'(同微塵性相)인 것처럼, 이와 같이 '번뇌가 스며듦이 없음'(無漏)[의 경지]와 근본무지(無明)가 지어낸 갖가지 '실체 없는 행위'(業幻)는 모두 '동일한 참 그대로의 [여러] 양상'(同眞如性相)이다. 그러므로 경전에서는 이 '참 그대로인 측면'(眞如義)에 의거했기 때문에, 〈모든 중생들이 '본래부터 늘 '[참 그대로'(眞如)에] 머무르면서'(本來常住) '열반과 깨달음이라는 현상'(涅槃菩提之法)에 들어간다〉고 설하였으니, [이러한 '참 그대로의 측면'(眞如義)은] '닦아 [얻을 수] 있는 것'(可修相)도 아니고 '지어낼 수 있는 것'(可作相)도 아니어서 '끝내 얻을 수가 없다'(畢竟無得). 또한 [이 '참 그대로의 측

---

14 대정장본 『대승기신론』(T32, 577)의 주4를 보면, 여기에 '言'자를 넣어 '言同相者'로 풀어야 한다고 보았다. 『회본』에도 '言同相者'로 되어 있다.

15 『회본』에는 '言異相者'로 되어 있다.

면'(眞如義)에서는] 볼 수 있는 '[실체로서의] 모습'(色相)이 없는데도 모습을 보는 것이 있음은, 오직 '[분별에 의한] 오염에 따르는 실체 없는 행위'(隨染業幻)가 지어낸 것일 뿐이지 '지혜의 공하지 않은 면모'(智色不空之性)가 아니니, '지혜의 양상'(智相)에는 볼 수 있는 것이 없기 때문이다.

'[서로] 다른 양상'(異相)이라는 것은, 마치 갖가지 질그릇이 각각 똑같지 않은 것처럼, 이와 같이 '번뇌가 스며듦이 없음'(無漏)[의 경지]와 근본무지(無明)는 [각각] '오염된 것들에 따르는 [번뇌 없는 깨달음의] 실체 없는 차별[적 작용]'(隨染幻差別)과 '본연이 오염된 [근본무지(無明)의] 실체 없는 차별[적 전개]'(性染幻差別)[로서 서로 같지 않은 것]이기 때문이다.

復次生滅因緣者, 所謂衆生依心, 意意識轉故.

『논』(T32, 577b3~4);『회본』(1-759a19~20)

또한 '[근본무지에 따라] 생멸하게 하는 원인과 조건'(生滅因緣)은, 이른바 [아리야식에 의거하는 주체인] 중생이 마음(心)에 의거하여 의意와 의식意識[16]으로 바뀌어 가는 것이다.

此義云何? 以依阿梨耶識, 說有無明,

『논』(T32, 577b4);『회본』(1-759b8)

이 뜻은 어떤 것인가? 아리야식阿梨耶識에 의거하여 근본무지(無明)가 있다고 말하니,

---

16 『대승기신론』심생멸문에서 거론되는 '의意와 의식意識으로 바뀌어 감'(意意識轉)은 유식학의 통찰들을 수용하는 동시에 그것을 『대승기신론』특유의 체계에 맞추어 재구성하는 과정에서 제시되는 개념으로서 통상의 '제7말나식'이나 '제6의식'으로 번역할 수 없는 복합적 의미의 독특한 개념이다. 따라서 이 개념은 원문의 용어를 그대로 채택하여 '의意'와 '의식意識'으로 번역한다. 또한 작은따옴표 안의 글은 한글로 표기하고 따옴표 밖의 괄호 안에 해당 한자나 한문을 넣는 것이 본 번역의 표기원칙이지만 이들 용어만큼은 식별을 위해 작은따옴표 안에서도 한자와 병기한다. 그리고 '식識'과 같은 용어의 표기도 같은 방식으로 처리한다.

不覺而起能見能現, 能取境界, 起念相續, 故說爲意. 此意復有五種名, 云何爲五? 一者, 名爲業識, 謂無明力不覺心動故. 二者, 名爲轉識, 依於動心能見相故. 三者, 名爲現識, 所謂能現一切境界, 猶如明鏡現於色像. 現識亦爾, 隨其五塵對至即現, 無有前後, 以一切時任運而起, 常在前故. 四者, 名爲智識, 謂分別染淨法故. 五者, 名爲相續識, 以念相應不斷故, 住[17] 持過去無量世等善惡之業, 令不失故, 復能成熟現在未來苦樂等報無差違故, 能令現在已經之事, 忽然而念, 未來之事, 不覺妄慮. 是故三界虛偽, 唯心所作, 離心則無六塵境界. 此義云何? 以一切法皆從心起, 妄念而生, 一切分別即分別自心, 心不見心, 無相可得. 當知世間一切境界, 皆依衆生無明妄心而得住持. 是故一切法, 如鏡中像, 無體可得, 唯心虛妄. 以心生則種種法生, 心滅則種種法滅故.

『논』(T32, 577b5~23); 『회본』(1-759b16~c11)

'깨닫지 못하여'(不覺) '능히 봄'(能見)[인 주관]과 '능히 나타냄'(能現)[인 대상]을 일으켜 [그 주관과 대상을 불변·독자의 실체로 간주하고] [그] 대상(境界)을 붙들어 '[그 대상에 대한] 분별'(念)을 일으키며 '서로 이어 가니'(相續), 그러므로 '의意'라고 말한다. 이 '의'에는 다시 다섯 가지 이름이 있으니, 무엇이 다섯 가지인가?

첫 번째는 '[근본무지에 따라 처음] 움직이는 식'(業識)이라 부르는 것이니, '근본무지의 힘'(無明力)에 의해 '깨닫지 못하는 마음'(不覺心)이 움직이기 때문이다.

두 번째는 '[불변·독자의 실체로 간주되는 주관으로] 바뀌어 가는 식'(轉識)이라 부르는 것이니, '움직여진 [깨닫지 못하는] 마음'(動心)에 의거한 '[불변·독자의 실체로 간주되는] 주관[이 자리 잡는] 양상'(能見相)이기 때문이다.

세 번째는 '[불변·독자의 실체로 간주되는 대상을] 나타내는 식'(現識)이라 부

---

17 대정장 원문에는 '住'자가 '任'자와 같다고 주석하였지만, '住'로 풀이해도 크게 문제가 되지 않는다. '住'로 보고 번역한다.

르는 것이니, 이른바 [불변·독자의 실체로 간주되는] 모든 대상세계를 나타내는 것이 마치 밝은 거울이 사물의 영상을 나타내는 것과 같다. '[불변·독자의 실체로 간주되는 대상을] 나타내는 식'(現識)도 [밝은 거울이 사물의 영상을 나타내는 것과] 같으니, 그 '[불변·독자의 실체로 간주되는 대상을] 나타내는 식'(現識)에 따라 '다섯 가지 감관대상들'(五塵)이 '[불변·독자의 실체로 간주되는 대상을] 나타내는 식'(現識)에 대응하여 오면 곧 '[불변·독자의 실체로 간주되는 대상을] 나타내는 식'(現識)이 그 '다섯 가지 감관대상들'(五塵)을 불변·독자의 실체로서] 나타냄에 선후[의 시차가] 없으니, 모든 때에 '인연대로 일어나'(任運而起) 항상 '[불변·독자의 실체로 간주되는 대상을] 나타내는 식'(現識) 앞에 있기 때문이다.

네 번째는 '분별하는 식'(智識)이라 부르는 것이니, '오염된 것'(染法)과 '온전한 것'(淨法)으로 분별하기 때문이다.

다섯 번째는 '[분별을] 서로 이어 가는 식'(相續識)이라 부르는 것이니, 분별(念)들이 서로 응하면서 끊어지지 않기 때문이고, 헤아릴 수 없는 과거세상에서의 '이롭거나 해로운 행위'(善惡業)를 간직하여 없어지지 않게 하기 때문이며, 또 현재와 미래의 괴롭거나 즐거운 과보를 무르익게 하여 [인과법에] 어긋남이 없게 하기 때문인데, 이미 지나간 일을 현재에서 문득 떠올리고 미래의 일을 자기도 모르는 사이에 망상하여 생각하게 한다.

그러므로 '[욕망세계(欲界)·유형세계(色界)·무형세계(無色界), 이] 세 가지 세계'(三界)는 '실재가 아니며'(虛僞) '오직 마음[의 분별]이 지어낸 것'(唯心所作)이라서, [분별하는] 마음에서 떠나면 곧 [불변·독자의 실체로 간주되는] '인식 능력의 여섯 가지 대상'(六塵境界)도 없다. 이 뜻은 어떤 것인가? '모든 현상들'(一切法)은 다 마음을 따라서 일어나고 '잘못 분별하여'(妄念) 생겨나니, 모든 분별은 곧 '분별하는 자신의 마음'(分別自心)이어서 '마음이 마음을 볼 수 없기에'(心不見心) 얻을 수 있는 '별개의 실체'(相)는 없다.[18] 이 세상의 모든 [불

---

18 "以一切法皆從心起, 妄念而生, 一切分別即分別自心, 心不見心, 無相可得"에서 '無相可得'을 "얻을 수 있는 '별개의 실체'(相)는 없다"라고 번역하였다. 그런데 『기신론』의 심생

변·독자의 실체로 간주되는] 대상세계는 다 중생들이 지닌 '근본무지에 따라 잘못 분별하는 마음'(無明妄心)에 의거하여 자리 잡게 된다는 것을 알아야 한다. 따라서 [불변·독자의 실체로 간주되는] '모든 현상'(一切法)은 거울 속의 영상과 같아서 얻을 수 있는 실체(體)가 없으니, '오직 마음[에 의한 분별]일 뿐 사실 그대로가 아니다'(唯心虛妄). '마음[에 의한 분별]이 생겨나면 [불변·독자의 실체로 간주되는] 갖가지 현상이 생겨나고, 마음[에 의한 분별]이 사라지면 [불변·독자의 실체로 간주되는] 갖가지 현상이 사라지기 때문이다'(以心生則種種法生, 心滅則種種法滅故).

復次言意識者, 即此相續識, 依諸凡夫取著轉深, 計我我所, 種種妄執, 隨事攀緣, 分別六塵, 名爲意識, 亦名分離識, 又復說名分別事識. 此識依見愛煩惱增長義故.

『논』(T32, 577b24~27); 『회본』(1-762a1~5)

다음으로 의식意識이라고 말한 것은, 곧 이 '[분별을] 서로 이어 가는 식' (相續識)이 모든 범부凡夫의 집착이 더욱 깊어짐에 의거하여 '나'(我)와 '나의 것'(我所)을 [불변·독자의 실체인 양] 헤아리고 갖가지로 허망하게 집착하며 [만나는] 현상(事)마다 [분별로] 관계 맺어(攀緣) '여섯 가지 객관대상'(六塵)을 [불변·독자의 실체인 양] 분별하는 것이니, 의식意識이라 부르며 또 '인식 능력의 여섯 가지 대상을 불변·독자의 실체로] 분리하는 식'(分離識)이라고도 부르고 또한 '현상을 [불변·독자의 실체로 간주하여] 분별하는 식'(分別事識)이라고도 말한다. 이 [의]식[意]識은 '견해[에 미혹된] 번뇌와 [현상에] 애착하는 번뇌'(見愛煩惱)¹⁹가 증가하여 자라 가는 면모에 의거하기 때문이다.

依無明熏習所起識者, 非凡夫能知, 亦非二乘智慧所覺, 謂依菩薩從初正
信發心觀察, 若證法身, 得少分知, 乃至菩薩究竟地, 不能盡知, 唯佛窮了.
何以故? 是心從本已來, 自性淸淨而有無明, 爲無明所染, 有其染心, 雖有
染心而常恒不變. 是故此義, 唯佛能知.

『논』(T32, 577b27~c5);『회본』(1-762b10~16)

'근본무지가 거듭 영향을 끼침'(無明熏習)에 의해 일어난 식識은, 범부가
알 수 있는 것이 아니며 또한 '[성문聲聞·연각緣覺, 이] 두 부류 수행자'(二乘)
의 지혜가 깨닫는 것도 아니니, [대승 수행자인] 보살이 〈[52가지 수행단계 중에
서] 처음의 '올바른 믿음'(正信)으로부터 '[최고의 깨달음을 성취하려는] 마음을
일으켜서'(發心) '이해하고 성찰하는 것'(觀察)〉에 의거하여 만약 ['열 가지 본
격적인 수행경지'(十地)의 '첫 번째 경지'(初地)에서] '진리의 몸'(法身)을 직접 확인
하면 [이 식識을] 조금 알 수 있으며, 보살의 '궁극적인 [수행] 경지'(究竟地)에
이르러도 다 알 수는 없고[20] 오로지 부처[의 경지]라야 완전히 알게 되는 것
이다.

어째서인가? 이 마음은 본래부터 [그] 본연(自性)은 온전(淸淨)하지만 근본
무지(無明)가 있어 [그] 근본무지에 의해 오염되어 '오염된 마음'(染心)이 있

惑이라고 풀이한다. 견혹은 견도見道에서 끊어지는 번뇌이고 사제四諦의 이치를 알지
못하여 생기는 번뇌이며, 수혹은 견도 이후 수도修道에서 끊어지는 번뇌이다. 견혹이
미리지혹迷理之惑이라면 수혹은 미사지혹迷事之惑, 즉 현상에 미혹하여 생기는 번뇌
이다. 『유식삼십송』에서는 이 견혹과 수혹의 개념을 아뢰야식의 제3능변식能變識인
제6의식意識에 대한 논의에 부속시키는데, 지금의 맥락에 부합한다.

20 앞에서 시각始覺의 네 가지 차별인 불각不覺·상사각相似覺·수분각隨分覺·구경각
究竟覺과 연계해 보면 범부는 불각에, 이승二乘은 상사각에, 증법신證法身하는 초지보
살은 수분각에, 보살의 구경지究竟地는 구경각에 각각 상응한다고 볼 수 있다. 구문
대조를 위해 시각을 논하는 대목을 인용한다. "如凡夫人, 覺知前念起惡故, 能止後念令
其不起. 雖復名覺, 卽是不覺故. 如二乘觀智, 初發意菩薩等, 覺於念異, 念無異相. 以捨麤分
別執著相故, 名相似覺. 如法身菩薩等, 覺於念住, 念無住相. 以離分別麤念相故, 名隨分覺.
如菩薩地盡, 滿足方便, 一念相應, 覺心初起, 心無初相. 以遠離微細故, 得見心性, 心卽常
住, 名究竟覺. 是故修多羅說, '若有衆生能觀無念者, 則爲向佛智故'"(T32, 576b18~ 27).

게 되는데, [그러나] 비록 '오염된 마음'(染心)이 있어도 [그 온전한 면모는] 언제나 한결같아서 [온전한 면모가] 변하지는 않는다. 그러므로 이 뜻은 오로지 부처[의 경지]라야 알 수 있다.

所謂心性常無念故, 名爲不變.

『논』(T32, 577c5); 『회본』(1-763a2)

이른바 '마음의 온전한 면모'(心性)에는 언제나 '[근본무지에 따라 분별하는] 생각'(念)이 없기 때문에 [마음의 온전한 면모는] 변하지 않는다고 부른다.

以不達一法界故, 心不相應, 忽然念起, 名爲無明.

『논』(T32, 577c5~7); 『회본』(1-763a6~7)

'하나처럼 통하는 [차이들의] 현상세계'(一法界)를 통달하지 못하기 때문에 마음이 '[하나처럼 통하는 [차이들의] 현상세계'(一法界)와] 서로 응하지 못하여 홀연히 '[하나처럼 통하는 [차이들의] 현상세계'(一法界)를 제대로 이해하지 못하는] 생각 (念)이 일어나는 것을 근본무지(無明)라고 부른다.

染心者有六種, 云何爲六? 一者, 執相應染, 依二乘解脫及信相應地遠離 故. 二者, 不斷相應染. 依信相應地修學方便, 漸漸能捨, 得淨心地究竟離 故. 三者, 分別智相應染. 依具戒地漸離, 乃至無相方便地究竟離故. 四者, 現色不相應染. 依色自在地能離故. 五者, 能見心不相應染. 依心自在地能 離故. 六者, 根本業不相應染. 依菩薩盡地, 得入如來地能離故.

『논』(T32, 577c7~15); 『회본』(1-763a23~b8)

'오염된 마음'(染心)에는 여섯 가지가 있으니, 무엇이 여섯 가지인가?

첫 번째는 '집착에 서로 응하는 오염[된 마음]'(執相應染)이니, [이 오염된 마음 은] '[가르침을] 들어서 [혼자] 부처가 되려는 수행자'(聲聞)와 '연기의 이치를 깨 달아 [혼자] 부처가 되려는 수행자'(緣覺)의 해탈 및 [대승의] '[진리에 대한] 믿음 과 서로 응하는 경지'(信相應地)에 의거하여 멀리 벗어나는 것이다.

두 번째는 '[집착이] 끊어지지 않는 것에 서로 응하는 오염[된 마음]'(不斷相應染)이니, '[진리에 대한] 믿음과 서로 응하는 경지'(信相應地)에 의거하여 '수행의 수단과 방법'(方便)을 익히고 배워서 [이 오염된 마음을] 점점 버려 나가다가 [대승보살의 '열 가지 본격적인 수행경지'(十地) 가운데 '첫 번째 경지'(初地, 歡喜地)인] '온전한 마음의 경지'[21](淨心地)[22]를 성취하여 궁극적으로 벗어날 수 있

---

21 초지初地: 원효는 보살의 수행단계에서 특히 십지十地의 초지에 특별한 의미를 부여하고 있다. 원효는 '[사실대로] 이해하는 수행'(觀行)을 크게 두 유형으로 분류한다. 하나는 방편관方便觀(수단이 되는 이해수행)이고, 다른 하나는 정관正觀(온전한 이해수행)이다. 자리행과 이타행을 하나로 결합시킬 수 있는 관행이면 '온전한 이해수행'(正觀)이며, 그렇지 못하면 그런 경지에 접근하기 위해 '수단이 되는 이해수행'(方便觀)이라 구분하기도 한다. 정관은 진관眞觀(참된 이해수행)이라고도 하는데 진여문眞如門에 들어가게 되는 것은 정관에 의해서이다. 방편관은 자아를 포함한 대상들(所取)에 대한 실체관념(相)의 제거를 겨냥하는 것이고, 정관은 대상들에 대한 실체관념뿐 아니라 '실체관념을 제거하는 마음(能取) 자체에 대한 실체관념'마저 제거하는 것이다. 또한 정관/진관은 지止와 관觀을 하나의 지평에서 융합적으로 펼쳐 가는 수행이다. 구체적으로는, '[인간의 지각 경험에서 모든 현상은] 오로지 마음[에 의한 구성]일 뿐 [마음과 무관한] 독자적 객관대상은 없다'(唯識無境)는 유식의 이해로 '그침'(止) 국면과 '살핌/이해'(觀) 국면을 동시적으로 펼쳐가는 수행이다. 이것을 '그침과 이해를 동同근원적으로 함께 굴림'(止觀雙運)이라 부른다. 보살 수행의 52단계(52位)에 비추어 보면, 십지 이전인 십신十信·십주十住·십행十行·십회향十廻向 단계에서의 관행은 모두 방편관에 속하고, 십지 초지부터의 관행은 정관에 해당한다. 그런데 원효는 십지 이전과 이후의 차이를, 자리행과 이타행의 결합 여하를 기준으로 삼아 구별하고 있어 주목된다. 그에 의하면, 자리행과 이타행이 하나로 결합되는 분기점은 십지의 초지이다. 십지부터는 자리행과 이타행이 근원에서 하나로 결합하는 경지가 펼쳐지게 되며, 등각等覺과 묘각妙覺에 이르러 그 완벽한 경지가 된다. 따라서 자리와 이타의 동시상응同時相應을 강조하는 대승불교 수행에서의 중요한 분기점은 십지의 초지가 된다. 원효는 선수행의 초점도 자리행과 이타행이 하나로 결합되는 지평에 두고 있으며, 십지의 초지가 그 지평이 열리는 분기점이다. 또 십지의 초지 이상의 지평을 여는 정관의 핵심을 원효는 유식관唯識觀으로 본다. 십지의 초지 이전과 이후의 경지는 그 차원에서 확연히 구분된다. 원효는 이 점을 주목하고 있다. 그리하여 시각始覺과 본각本覺도 초지와 연관시킨다. 정관이 작동하는 초지 이상의 경지에서 존재의 참모습인 진여공성眞如空性에 직접 접속하게 되고, 그때 '비로소 깨달은' 시각을 증득하여 본각과 상통하게 되어 '시각이 곧 본각'이라는 일각一覺의 지평에 올라선다. 이후의 과제는 본각과의 상통 정도를 확장해 가는 것이다. 초지에서 위로 올라갈수록 상

는 것이다.

세 번째는 '[근본무지에 따라] 분별하는 이해에 서로 응하는 오염[된 마음]'(分別智相應染)이니, '['열 가지 본격적인 수행경지'(十地)의 '두 번째 경지'(第二地, 離垢地)인] '윤리적 행위능력을 두루 갖춘 경지'(具戒地)[23]에 의거하여 [이 오염된 마음에서] 점점 벗어나다가 '[십지의 '일곱 번째 경지'(第七地, 遠行地)인] '불변·독자의 실체가 있다는 생각 없이 방편을 쓸 수 있는 경지'(無相方便地)에 이르러 궁극적으로 벗어나는 것이다.

네 번째는 '[식識이] 나타낸 유형적인 대상에 [의식 차원에서는] 서로 응하지 않는 오염[된 마음]'(現色不相應染)이니, [십지의 '여덟 번째 경지'(第八地, 不動地)인] '유형적인 것으로부터 자유로운 경지'(色自在地)에 의거하여 [이 오염된 마음에서] 벗어날 수 있는 것이다.

다섯 번째는 '주관이 된 마음에 [의식 차원에서는] 서로 응하지 않는 오염[된 마음]'(能見心不相應染)이니, [십지의 '아홉 번째 경지'(第九地, 善慧地)인] '마음에서 자유로운 경지'(心自在地)에 의거하여 [이 오염된 마음에서] 벗어날 수 있는 것이다.

통의 원만성이 확대되다가, 등각 경지에서 성취하게 되는 금강삼매에 의거하여 마침내 묘각 지평이 열려 시각과 본각이 완전하게 하나가 된다(박태원, 「자기이익 성취와 타자이익 기여의 결합 문제와 원효의 선(禪) ―자리/이타의 결합 조건과 선(禪)」, 불교학연구 제40호, 불교학연구회, 2014). 이러한 점들을 고려하여 초지인 '정심지淨心地'를 '온전한 마음의 경지'라고 번역하였다.

22 정심지淨心地: 원효의 주석에 따르면 십주十住 이상인 삼현위三賢位의 수행이 완성되어 초지初地에 들어간 경지를 말한다. 한편 『보살지지경菩薩地持經』권10에 따르면 정심지는 6종지種地인 종성지種性地, 해행지解行地, 정심지淨心地, 행적지行迹地, 결정지決定地, 결정행지決定行地 중의 세 번째이다. "如上所說十二住, 次第爲七地, 六是菩薩地, 一是菩薩如來共地. 一者種性地, 二者解行地, 三者淨心地, 四者行迹地, 五者決定地, 六者決定行地"(T30, 954a8~11).

23 구계지具戒地: 구계지가 십지의 제2지에서 제6지까지에 해당한다고 하는 관점이 있으나, 제2지인 이구지離垢地에만 해당하는 것으로 보아야 한다. 그래야 『기신론』 본문의 내용에도 부합한다.

여섯 번째는 '[근본무지에 의한] 애초의 움직임에 [의식 차원에서는] 서로 응하지 않는 오염[된 마음]'(根本業不相應染)이니, [십지의 '열 번째 경지'(第十地, 法雲地)인] '보살의 수행단계를 모두 마친 경지'(菩薩盡地)에 의거하여 '여래의 경지'(如來地)에 들어가면 [이 오염된 마음에서] 벗어날 수 있는 것이다.

不了一法界義者, 從信相應地觀察學斷, 入淨心地隨分得離, 乃至如來地能究竟離故.

『논』(T32, 577c15~17); 『회본』(1-764a12~14)

'하나처럼 통하는 [차이들의] 현상세계'(一法界)를 알지 못하는 것[인 '근본무지'(無明)]는 '[진리에 대한] 믿음과 서로 응하는 경지'(信相應地)에서부터 [지혜에 따라] '이해하고 성찰하여'(觀察) [근본무지의 분별을] 끊는 것을 배워 [대승보살의 '열 가지 본격적인 수행경지'(十地) 가운데 첫 번째 경지인] '온전한 마음의 경지'(淨心地)에 들어가 '능력대로 [근본무지의 분별에서] 벗어나다가'(隨分得離) '여래의 경지'(如來地)에 이르러 궁극적으로 벗어날 수 있는 것이다.

言相應義者, 謂心念法異, 依染淨差別, 而知相緣相同故. 不相應義者, 謂卽心不覺, 常無別異, 不同知相緣相故.

『논』(T32, 577c17~20); 『회본』(1-764a21~23)

'서로 응하는 면모'(相應義)라고 말한 것은, 마음(心)과 '[마음으로] 분별한 것'(念法)이 다르지만 [그 두 가지는 모두] '[불변·독자의 본질이나 실체로서의] 오염과 청정[으로 나누는] 차별'(染淨差別)에 의거하고 있으므로 '아는 양상'(知相)과 '관계 맺는 대상의 양상'(緣相)이 [모두 차별범주에 있는 것으로서] 같기 때문이다. '서로 응하지 않는 면모'(不相應義)란 것은, 마음에 입각한 '깨닫지 못함'(不覺)이어서 [마음(心)과 '마음으로 분별한 것'(念法) 사이에는 언제나 '[불변·독자의 본질이나 실체로서] 각기 다름'(別異)이 없지만 '아는 양상'(知相)과 '관계 맺는 대상의 양상'(緣相)을 같이하지는 않기 때문이다.

又染心義者, 名爲煩惱礙, 能障眞如根本智故, 無明義者, 名爲智礙, 能障世間自然業智故. 此義云何? 以依染心, 能見能現, 妄取境界, 違平等性故. 以一切法常靜, 無有起相, 無明不覺, 妄與法違故, 不能得隨順世間一切境界種種智故.

『논』(T32, 577c20~25);『회본』(1-764c7~13)

또한 '오염된 마음의 면모'(染心義)를 '번뇌로 인한 방해'(煩惱礙)라고 부르니 '참 그대로를 만나는 근본적인 지혜'(眞如根本智)를 가로막기 때문이고, '근본무지의 면모'(無明義)는 '올바른 이해를 가로막는 방해'(智礙)라고 부르니 '세간에서 진리에 맞는 행위를 하는 지혜'(世間自然業智)[24]를 가로막기 때문이다. 이 뜻은 무엇인가?

'오염된 마음'(染心)에 의거하여 '[불변·독자의 실체로서 간주되는] 주관이 되고'(能見) '[불변·독자의 실체로서 간주되는] 객관을 나타내고는'(能現) '그릇된 이해로써 대상을 취하여'(妄取境界) '평등한 본연'(平等性)을 위배하는 것이다. [또] '모든 현상'(一切法)은 [본래] [온전한 본연으로서] 늘 고요하여(常靜) '분별된 양상'(相)을 일으킴이 없지만, '근본무지의 깨닫지 못함'(無明不覺)으로 망령되게 '모든 현상'(法)[의 참 그대로]와 어긋나기 때문에 '세간의 모든 일에 사실대로 응하는 갖가지 지혜'(世間一切境界種種智)에 따르지 못하는 것이다.

復次分別生滅相者有二種. 云何爲二? 一者, 麤, 與心相應故. 二者, 細, 與心不相應故. 又麤中之麤, 凡夫境界, 麤中之細, 及細中之麤, 菩薩境界, 細中之細, 是佛境界.

『논』(T32, 577c26~29);『회본』(1-765a24~b4)

다시 '[근본무지에 따라] 생멸하는 양상'(生滅相)을 구별하는 것에 두 가지가

---

24 세간자연업지世間自然業智: 줄여서 '세상 [사람들의] 행위에 관한 지혜'(世間業智)라고도 한다. '참 그대로'(眞如)를 깨닫는 지혜를 '근본적인 지혜'(根本智)라 하고, 세상의 중생들을 구제하기 위해 일으키는 지혜를 '[깨달음을 성취한] 후에 얻어지는 ['사실 그대로' 이해하는] 지혜'(後得智)라고 한다.

있다. 무엇이 두 가지인가? 첫 번째는 '뚜렷한 양상'(麤)이니 '[제6의식意識 차원의] 마음과 서로 응하는 것'(與心相應)이고, 두 번째는 '미세한 양상'(細)이니 '[제6의식意識 차원의] 마음과 서로 응하지 않는 것'(與心不相應)이다. 또 '뚜렷한 양상 가운데서도 뚜렷한 양상'(麤中之麤)[을 아는 수준]은 범부의 경지이고, '뚜렷한 양상 가운데서 미세한 양상'(麤中之細) 및 '미세한 양상 가운데서 뚜렷한 양상'(細中之麤)[을 아는 수준]은 보살의 경지이며, '미세한 양상 가운데서도 미세한 양상'(細中之細)[을 아는 수준]은 부처의 경지이다.

此二種生滅, 依於無明熏習而有, 所謂依因依緣. 依因者, 不覺義故, 依緣者, 妄作境界義故. 若因滅, 則緣滅, 因滅故, 不相應心滅, 緣滅故, 相應心滅. 問曰, 若心滅者, 云何相續, 若相續者, 云何說究竟滅? 答曰, 所言滅者, 唯心相滅, 非心體滅. 如風依水而有動相. 若水滅者, 則風相斷絶, 無所依止. 以水不滅, 風相相續. 唯風滅故, 動相隨滅, 非是水滅. 無明亦爾, 依心體而動, 若心體滅, 則衆生斷絶. 無所依止. 以體不滅, 心得相續, 唯癡滅故, 心相隨滅, 非心智滅.

『논』(T32, 577c29~578a13);『회본』(1-765c2~14)

이 두 종류의 생멸[하는 양상]은 '근본무지가 거듭 영향을 끼침'(無明熏習)에 의거하여 있게 되는 것이니, 이른바 원인(因)에 의거하고 조건(緣)에 의거하는 것이다. '원인에 의거한다'(依因)는 것은 '깨닫지 못하는 면모'(不覺義)[에 의거하는 것]이고, '조건에 의거한다'(依緣)는 것은 '허구적으로 지어낸 대상세계의 면모'(妄作境界義)[에 의거하는 것]이다. 만약 원인(因)이 사라지면 곧 조건(緣)도 사라지니, 원인(因)이 사라지기 때문에 '[제6의식意識 차원과] 서로 응하지 않는 [오염된] 마음'(不相應心)이 사라지며, 조건(緣)이 사라지기 때문에 '[제6의식意識 차원과] 서로 응하는 [오염된] 마음'(相應心)이 사라진다.

묻는다. 만약 마음이 사라지는 것이라면 어떻게 [분별하는 마음현상을] 서로 이어 갈 것이며, 만약 서로 이어 가는 것이라면 어떻게 [분별하는 마음의] 궁극적인 소멸을 말하겠는가?

답한다. [앞에서] 말한 [마음이] 사라진다는 것은 오직 '[근본무지에 따르는] 마음의 양상'(心相)이 없어지는 것이지 '바탕이 되는 마음'(心體)이 없어지는 것은 아니다. 마치 바람이 물에 의거하여 '움직이는 양상'(動相)이 있는 것과도 같다. 만약 물이 없으면 곧 '바람[에 의해 움직이는] 양상'(風相)도 단절되니, 의지할 곳이 없기 때문이다. [그러나] 물이 없어지지 않았으므로 '바람[에 의해 움직이는] 양상'(風相)은 서로 이어진다. 오직 바람이 사라지기 때문에 [물의] '움직이는 양상'(動相)도 따라서 사라지는 것이지, 물이 사라지는 것은 아니다. 근본무지(無明)도 그와 같아서 '바탕이 되는 마음'(心體)에 의거하여 동요하니, 만약 '바탕이 되는 마음'(心體)이 없어진다면 곧 중생도 없어진다. 의거할 곳이 없기 때문이다. 바탕(體)[이 되는 마음]이 없어진 것이 아니므로 마음[의 현상]은 서로 이어지고, 오직 무지(癡)가 사라지기 때문에 '[근본무지에 따르는] 마음의 양상'(心相)이 [그에] 따라서 사라지지만 '[온전한 본연으로서의] 마음이 지닌 지혜'(心智)가 사라지는 것은 아니다.

復次有四種法熏習義故, 染法淨法起不斷絶, 云何爲四? 一者, 淨法, 名爲眞如. 二者, 一切染因, 名爲無明. 三者, 妄心, 名爲業識. 四者, 妄境界, 所謂六塵.

『논』(T32, 578a14~17); 『회본』(1-767c19~22)

다시 네 가지의 '거듭 영향을 끼치는 면모'(熏習義)가 있기 때문에 '오염된 현상'(染法)과 '온전한 현상'(淨法)이 일어나 끊어지지 않으니, 어떤 것이 네 가지인가? 첫 번째는 '온전한 현상'(淨法)이니, '참 그대로'(眞如)라고 부른다. 두 번째는 '모든 오염의 원인'(一切染因)이니, 근본무지(無明)라고 부른다. 세 번째는 '잘못 분별하는 마음'(妄心)이니, '[근본무지에 따라 처음] 움직이는 식'(業識)이라고 부른다. 네 번째는 '잘못 분별된 대상'(妄境界)이니, 이른바 '인식 능력의 여섯 가지 대상'(六塵)이다.

熏習義者, 如世間衣服, 實無於香, 若人以香而熏習故, 則有香氣, 此亦如是. 眞如淨法, 實無於染, 但以無明而熏習故, 則有染相, 無明染法, 實無淨業, 但以眞如而熏習故, 則有淨用.

『논』(T32, 578a17~21); 『회본』(1-768a1~5)

'거듭 영향을 끼치는 면모'(熏習義)라는 것은, 마치 세간의 의복에 실제로는 향기가 없지만 사람이 향기 나는 것으로써 거듭 영향을 끼치기 때문에 [의복에] 향기가 있게 되는 것과 같으니, 이 ['거듭 영향을 끼치는 면모'(熏習義)]도 이와 같다. '참 그대로인 온전한 현상'(眞如淨法)에는 실제로는 '[근본무지에 따르는] 오염'(染)이 없지만 단지 근본무지(無明)로써 거듭 영향을 끼치기 때문에 '오염된 양상'(染相)이 있게 되고, '근본무지에 오염된 현상'(無明染法)에는 실제로는 '[참 그대로(眞如)에 따르는] 온전한 행위'(淨業)가 없지만 단지 '참 그대로'(眞如)로써 거듭 영향을 끼치기 때문에 '온전한 작용'(淨用)이 있게 된다.

云何熏習, 起染法不斷? 所謂以依眞如法故, 有於無明, 以有無明染法因故, 卽熏習眞如. 以熏習故, 則有妄心, 以有妄心, 卽熏習無明. 不了眞如法故, 不覺念起, 現妄境界. 以有妄境界染法緣故, 卽熏習妄心, 令其念著, 造種種業, 受於一切身心等苦. 此妄境界熏習義則有二種. 云何爲二? 一者, 增長念熏習, 二者, 增長取熏習. 妄心熏習義有二種. 云何爲二? 一者, 業識根本熏習, 能受阿羅漢辟支佛一切菩薩生滅苦故. 二者, 增長分別事識熏習, 能受凡夫業繫苦故. 無明熏習義有二種. 云何爲二? 一者, 根本熏習, 以能成就業識義故. 二者, 所起見愛熏習, 以能成就分別事識義故.

『논』(T32, 578a21~b6); 『회본』(1-768a20~b12)

어떻게 '거듭 영향을 끼쳐'(熏習) '오염된 현상'(染法)을 일으켜 끊어지지 않는가? 이른바 '참 그대로인 현상'(眞如法)[이 있다는 사실]에 의거하기 때문에 근본무지(無明)[를 말할 수]가 있고, '근본무지에 오염된 현상'(無明染法)이라는 원인(因)이 있기 때문에 곧 [그 원인이] '참 그대로'(眞如)[인 현상]에 거듭 영향을 끼친다. [그리고 '참 그대로인 현상'(眞如法)에] 거듭 영향을 끼치기 때문에 곧 '잘못 분별하는 마음'(妄心)이 있게 되고, 잘못 분별하는 마음이 있기 때문에 곧 근본무지에 [다시] 거듭 영향을 끼친다. [또한] [이 '잘못 분별하는 마음'(妄心)에 거듭 영향을 받은 근본무지로 인해] '참 그대로인 현상'(眞如法)을 제대로 알지 못하기 때문에 '깨닫지 못하여 분별하는 생각'(不覺念)이 일어나 '잘못 분별된 대상세계'(妄境界)를 나타낸다. [그리고] '잘못 분별된 대상세계라는 오염된 현상'(妄境界染法)과의 '관계 맺음'(緣)이 있기 때문에 곧 [그 '관계 맺음'(緣)이] '잘못 분별하는 마음'(妄心)에 [다시] '거듭 영향을 끼치고'(熏習) 그 ['잘못 분별하는 마음'(妄心)으로 하여금] '분별하는 생각'(念)에 집착하게 하여 갖가지 [분별에 따르는] 행위(業)를 지어 몸과 마음[으로 겪는] 모든 괴로움을 받는 것이다.

이 '잘못 분별된 대상세계가 거듭 영향을 끼치는 면모'(妄境界熏習義)에는 두 가지가 있다. 무엇이 두 가지인가? 첫 번째는 〈'분별하는 생각'을 더 키우는 데 거듭 영향을 끼치는 것〉(增長念熏習)이고, 두 번째는 '집착을 더 키우는 데 거듭 영향을 끼치는 것'(增長取熏習)이다.

'잘못 분별하는 마음이 거듭 영향을 끼치는 면모'(妄心熏習義)에도 두 가지가 있다. 무엇이 두 가지인가? 첫 번째는 〈['근본무지에 따라 처음] 움직이는 식'이 근본에 거듭 영향을 끼치는 것〉(業識根本熏習)이니, '[소승의] 성자'(阿羅漢)·'연기緣起의 이치로 혼자 깨달으려는 수행자'(辟支佛)·'[자신의 이로움과 타인의 이로움을 함께 추구하는] 대승의 모든 수행자'(一切菩薩)로 하여금 ['근본무지를 조건으로] 생멸하는 괴로움'(生滅苦)을 받게 하는 것이다. 두 번째는 〈'현상을 [불변·독자의 실체로 간주하여] 분별하는 식'을 더 키우는 데 거듭 영향을 끼치는 것〉(增長分別事識熏習)이니, 보통사람(凡夫)으로 하여금 '행위에 얽힌 괴로움'(業繫苦)을 받게 하는 것이다.

'근본무지가 거듭 영향을 끼치는 면모'(無明熏習義)에도 두 가지가 있다. 무엇이 두 가지인가? 첫 번째는 '근본에 거듭 영향을 끼치는 것'(根本熏習)이니, 〈['근본무지에 따라 처음] 움직이는 식'의 면모〉(業識義)를 이루게 할 수 있기 때문이다. 두 번째는 〈생겨난 '[잘못 분별하는] 견해'(見)와 애착(愛)에 거듭 영향을 끼치는 것〉(所起見愛熏習)이니, 〈'현상을 [불변·독자의 실체로 간주하여] 분별하는 식'의 면모〉(分別事識義)를 이루게 할 수 있기 때문이다.

云何熏習, 起淨法不斷? 所謂以有眞如法故, 能熏習無明, 以熏習因緣力故, 則令妄心厭生死苦, 樂求涅槃. 以此妄心有厭求因緣故, 卽熏習眞如, 自信己性. 知心妄動, 無前境界, 修遠離法. 以如實知無前境界故, 種種方便, 起隨順行, 不取不念, 乃至久遠熏習力故, 無明則滅. 以無明滅故, 心無有起, 以無起故, 境界隨滅. 以因緣俱滅故, 心相皆盡, 名得涅槃成自然業.

『논』(T32, 578b6~15);『회본』(1-768c23~769a9)

어떻게 '거듭 영향을 끼쳐'(熏習) '온전한 현상'(淨法)을 일으켜 끊어지지 않는가? 이른바 '참 그대로인 현상'(眞如法)이 있기 때문에 근본무지(無明)에 거듭 영향을 끼칠 수 있고, [이] 거듭 영향을 끼치는 인연의 힘 때문에 곧 '잘못 분별하는 마음'(妄心)으로 하여금 [근본무지에 매인] 생사의 괴로움을 싫어하고 [궁극적 안락인] 열반을 즐겁게 추구하게 한다. [그리고] 이 '잘못 분별하는 마음'(妄心)에 [무명에 매인 생사의 괴로움을] 싫어하고 [열반을] 추구하는 인연이 있게 되므로 곧 '참 그대로'(眞如)에 거듭 영향을 끼쳐 스스로 자신의 '[참 그대로인] 온전한 본연'(性)을 믿게 된다. [그러고는] 〈마음이 [불변·독자의 실체로 나누는] 분별에 따라 움직인 것이어서'(心妄動) 이전의 [잘못 분별된] 대상세계'([妄]境界)는 [본래] 없다〉는 것을 알아 '[잘못 분별한 세계에서] 멀리 떠나는 도리를 익힌다'(修遠離法).

〈이전의 [잘못 분별된] 대상세계'는 [본래] 없다는 것〉(無前境界)을 '사실 그대로 알기'(如實知) 때문에 갖가지 '수단과 방법'(方便)으로 '적절한 수행'(隨順行)을 일으킬지라도 '집착하지 않고 분별하지도 않으면서'(不取不念) '[참 그대로'(眞如)에 '오랫동안 거듭 영향을 끼치는 힘'(久遠熏習力)에까지 도달하기 때문에 [마침내] 근본무지(無明)가 소멸한다. [그리고] 근본무지가 소멸하기 때문에 마음에 '[잘못 분별함'(妄念)이 일어남이 없고, '[잘못 분별하는 마음'(妄心)이 일어남이 없기 때문에 [잘못 분별된] 대상세계(境界)도 그에 따라 사라진다. [이와 같이] [오염된 현상'(染法)의] 원인(因)[인 근본무지와 조건(緣)[인 '잘못 분별하는 마음'(妄心)과 '잘못 분별된 대상세계'(妄境界)]가 모두 소멸했기 때문에 '[근본무지에 따르는] 마음의 양상'(心相)이 모두 사라지니, [이것을] 〈열반을 증득하여 '사실 그대로에 따르는 온전한 행위'를 이룸〉(得涅槃成自然業)이라고 일 컫는다.

妄心熏習義有二種. 云何爲二? 一者, 分別事識熏習, 依諸凡夫二乘人等 厭生死苦, 隨力所能, 以漸趣向無上道故. 二者, 意熏習, 謂諸菩薩發心, 勇 猛速趣涅槃故.

『논』(T32, 578b15~18); 『회본』(1-769a21~b1)

〈'잘못 분별하는 마음'(妄心)에 거듭 영향을 끼치는 뜻〉(妄心熏習義)에는 두 가지가 있다. 무엇이 두 가지인가? 첫 번째는 '현상을 [불변·독자의 실체 로 간주하여] 분별하는 식에 거듭 영향을 끼치는 것'(分別事識熏習)이니, 모든 보통사람(凡夫)과 '[성문聲聞, 연각緣覺] 두 부류의 수행자들'(二乘人)이 '[근본무 지에 매인] 생사의 괴로움'(生死苦)을 싫어하는 것에 의거하여 능력껏 '가장 높은 진리'(無上道)를 향해 점차 나아가는 것이다. 두 번째는 '[[근본무지에 따 라 처음] 움직이는 식(業識)인] 의意에 거듭 영향을 끼치는 것'(意熏習)이니, 모든 보살이 '[최고의 깨달음을 구하는] 마음을 일으켜'(發心) 용맹하게 속히 열반으 로 나아가는 것이다.

眞如熏習義有二種. 云何爲二? 一者, 自體相熏習, 二者, 用熏習. 自體相 熏習者, 從無始世來, 具無漏法, 備有不思議業, 作境界之性. 依此二義, 恒 常熏習, 以有力故, 能令衆生厭生死苦, 樂求涅槃, 自信己身有眞如法, 發 心修行. 問曰. 若如是義者, 一切衆生悉有眞如, 等皆熏習, 云何有信無信, 無量前後差別? 皆應一時自知有眞如法, 勤修方便, 等入涅槃. 答曰. 眞如 本一, 而有無量無邊無明, 從本已來, 自性差別, 厚薄不同故. 過恒沙等上 煩惱, 依無明起差別, 我見愛染煩惱, 依無明起差別. 如是一切煩惱, 依於無明所起, 前後無量差別, 唯如來能知故. 又諸佛法有因有緣, 因緣具足乃得成辦. 如木中火性, 是火正因, 若無人知, 不假方便, 能自燒木, 無有是處. 衆生亦爾, 雖有正因熏習之力, 若不值遇諸佛菩薩善知識等, 以之爲緣, 能自斷煩惱入涅槃者, 則無是處. 若雖有外緣之力, 而內淨法未有熏習力者, 亦不能究竟厭生死苦, 樂求涅槃. 若因緣具足者, 所謂自有熏習之力, 又爲諸佛菩薩等慈悲願護故, 能起厭苦之心, 信有涅槃, 修習善根. 以修善根成熟故, 則值諸佛菩薩示教利喜, 乃能進趣, 向涅槃道.

『논』(T32, 578b19~c14); 『회본』(1-769b18~c20)

〈'참 그대로'에 거듭 영향을 끼치는 뜻〉(眞如熏習義)에는 두 가지가 있다. 무엇이 두 가지인가? 첫 번째는 '['참 그대로'(眞如)의 면모가 지닌] 본연의 특징이 거듭 영향을 끼치는 것'(自體相熏習)이고, 두 번째는 '작용이 거듭 영향을 끼치는 것'(用熏習)이다.

'['참 그대로'(眞如)의 면모가 지닌] 본연의 특징이 거듭 영향을 끼치는 것'(自體相熏習)이란, '['참 그대로'(眞如) 본연의 면모가] 시작을 알 수 없는 때부터 '번뇌가 스며듦이 없는 현상'(無漏法)을 두루 갖추고 '생각으로는 이루 헤아릴 수 없는 행위들'(不思議業)을 갖추어 대상세계(境界)의 '온전한 면모'(性)를 만드는 것이다. 이 '두 가지 면모'(二義)[25]에 의거하여 항상 거듭 영향을 끼쳐 [변화시키는] 힘이 있게 되므로, 중생으로 하여금 '[근본무지에 매인] 생사의 괴로움'(生死苦)을 싫어하고 열반을 즐겁게 추구하게 하며, 자기 자신에게 '참 그대로인 현상'(眞如法)이 있음을 스스로 믿어 [깨달음을 성취하려는] 마음을 내어 수행하게 한다.

묻는다. 만약 이와 같은 뜻이라면, 모든 중생에게는 '참 그대로'(眞如)[의 면모]가 있어 모두가 똑같이 [자신에게] 거듭 영향을 끼칠 것인데, 어찌하여

---

25 이의二義: 여기서 '두 가지 면모'(二義)란, 하나는 '번뇌가 스며듦이 없는 현상을 두루 갖춤'(具無漏法)이고 다른 하나는 '생각으로는 이루 헤아릴 수 없는 행위들을 갖춤'(備有不思議業)으로 보인다.

[중생들 각각에는 자신의 '참 그대로'(眞如)의 면모에 대한] 믿음이 있기도 하고 없기도 하는 것이 [그 정도가] 앞서거나 뒤서거나 하면서 무수한 차이들이 있는가? [중생들 모두 '참 그대로'(眞如)의 면모가 있으니] 모두가 동시에 [자신에게] '참 그대로'(眞如)의 면모가 있다는 것을 스스로 알아 [갖가지] '수행의 수단과 방법'(方便)들을 부지런히 익혀 똑같이 열반에 들어야만 할 것이다.

답한다. '참 그대로'(眞如)[의 면모]는 '[그] 본연이 하나[처럼 통하는 것]'(本一)이지만 한량없고 끝이 없는 근본무지(無明)가 있어서 본래부터 지금까지 [그] '자신의 온전한 면모'(自性)가 [불변·독자의 실체나 본질 관념에 의해] 차별되고 [그 차별의] 두터움과 얇음이 같지 않기 때문이다. 갠지스강의 모래알[의 개수]보다 많은 '[왕성한 근본번뇌인] 상층의 번뇌'(上煩惱)가 근본무지(無明)에 의거하여 차별을 일으키며, 〈'나라는 견해'와 '나에 대한 애착'에 오염된 번뇌〉(我見愛染煩惱)가 근본무지에 의거하여 차별을 일으킨다. 이와 같이 모든 번뇌는 근본무지(無明)에 의거하여 일어나 앞서거나 뒤서거나 하면서 한량없이 차별되니, [이러한 일은] 오직 여래만이 알 수 있는 것이다.

또 모든 '부처가 되는 도리'(佛法)에는 [그것이 이루어지는] 원인(因)과 조건(緣)이 있으니, 원인과 조건이 [둘 다] 갖추어져야 [부처가 되는 도리가] 이루어질 수 있다. 마치 나무에 있는 '불에 타는 성질'(火性)이 불의 '직접적 원인'(正因)이지만, 만약 사람이 몰라서 [불을 붙이는] '수단과 방법'(方便)을 빌리지 않는다면 스스로 나무를 태울 수 있는 일은 있을 수 없는 것과 같다. 중생도 그와 같아서, 비록 '직접적 원인'(正因)인 [자신이 지닌 '참 그대로'(眞如)의 면모에 의한] '거듭 영향을 끼치는 힘'(熏習之力)이 있다고 해도, 만약 모든 부처와 보살 및 '일깨워 주는 사람'(善知識)들을 만나 그들을 [관계 맺는] 조건(緣)으로 삼지 않는다면, 스스로 번뇌를 끊고 열반으로 들어갈 수 있는 일은 있을 수가 없다.

[또] 비록 [관계 맺는] '외부 조건'(外緣)의 힘이 있다고 해도, 내면의 '온전한 현상'(淨法)에 아직 '거듭 영향을 끼치는 힘'(熏習之力)이 없는 사람이라면, 역시 '[근본무지에 매인] 생사의 괴로움'(生死苦)을 궁극적으로 싫어하고 열반

을 즐겁게 추구할 수가 없다. [그런데] 만약 '원인과 조건'(因緣)을 모두 갖춘 사람이라면, 이른바 스스로 [자신이 지닌 '참 그대로'(眞如)의 면모에 의한] '거듭 영향을 끼치는 힘'(熏習之力)이 있고, 또 모든 부처와 보살 등의 '자비로운 보살핌'(慈悲願護)을 받기 때문에, '생사의 괴로움을 싫어하는 마음'(厭苦之心)을 일으키고 열반[의 즐거움]이 있음을 믿어 '깨달음을 성취하는] 이로운 능력' (善根)을 닦아 익힐 수 있다. [그리고] '깨달음을 성취하는] 이로운 능력'(善根)을 닦는 것이 무르익기 때문에 모든 부처와 보살이 보여 주고 가르치는 '이로 움과 기쁨'(利喜)을 만나게 되고 이에 더 나아가 열반의 길로 향할 수 있다.

用熏習者, 卽是衆生外緣之力. 如是外緣有無量義, 略說二種. 云何爲 二? 一者, 差別緣, 二者, 平等緣. 差別緣者, 此人依於諸佛菩薩等, 從初發 意始求道時, 乃至得佛, 於中若見若念, 或爲眷屬父母諸親, 或爲給使, 或 爲知友, 或爲怨家, 或起四攝, 乃至一切所作無量行緣, 以起大悲熏習之力, 能令衆生增長善根, 若見若聞得利益故. 此緣有二種, 云何爲二? 一者, 近 緣, 速得度故, 二者, 遠緣, 久遠得度故. 是近遠二緣, 分別復有二種, 云何 爲二? 一者, 增長行緣, 二者, 受道緣. 平等緣者, 一切諸佛菩薩皆願度脫一 切衆生, 自然熏習, 恒常不捨. 以同體智力故, 隨應見聞而現作業, 所謂衆 生依於三昧, 乃得平等見諸佛故.

『논』(T32, 578c15~29); 『회본』(1-770a13~b5)

'작용이 거듭 영향을 끼치는 것'(用熏習)이란 바로 '중생의 외부조건과의 관계에서 작용하는 힘'(衆生外緣之力)이다. 이와 같은 외부조건(外緣)에는 한 량없는 면모가 있는데, 간략하게 말하면 두 가지이다. 무엇이 두 가지인 가? 첫 번째는 '차이 나는 조건들'(差別緣)이고, 두 번째는 '평등한 조건들'(平 等緣)이다.

'차이 나는 조건들'(差別緣)이라는 것은 [다음과 같은 것이다.] 이 사람이 모 든 부처와 보살 등을 의지하여 처음으로 [깨달음을 성취하려는] 뜻을 내어 비 로소 깨달음(道)을 추구할 때부터 부처가 되기에 이르기까지, 그 과정에서

[누군가를] 보거나 생각하거나, [그 누군가가] 혹은 '[자기가] 속한 무리'(眷屬), 부모, 친지들이 되거나, 혹은 심부름꾼이 되거나, 혹은 친구가 되거나, 혹은 원수 집안이 되거나, 혹은 '[중생들을] 이끌어 교화하는 네 가지 방법'(四攝法)을 일으키거나, 또는 지어낸 한량없는 행위의 모든 관계들에 이르기까지, [그 모든 경우에서] '크나큰 연민으로써 거듭 영향을 끼쳐 가는 힘'(大悲熏習之力)을 일으켜서 중생으로 하여금 '[깨달음을 성취하는] 이로운 능력'(善根)을 더욱 늘어나게 하여 보거나 듣거나 이로움을 얻게 할 수 있는 것이다.

이러한 '차이 나는 조건들'(差別緣)에는 두 가지가 있으니, 무엇이 두 가지인가? 첫 번째는 '빨리 가게 하는 조건들'(近緣)이니 속히 [깨달음의 피안으로] 건너가기 때문이요, 두 번째는 '느리게 가게 하는 조건들'(遠緣)이니 오랜 시간이 지나야 [깨달음의 피안으로] 건너가기 때문이다. 이 빨리 건너가게 하거나 느리게 가게 하는 두 조건들을 다시 구별하면 두 가지가 있으니, 무엇이 두 가지인가? 첫 번째는 '수행을 향상시키는 조건'(增長行緣)이요, 두 번째는 '깨달음을 얻게 하는 조건'(受道緣)이다.

'평등한 조건들'(平等緣)이란, 모든 부처와 보살들이 다 모든 중생을 구제하기를 원해서 자연히 거듭 영향을 끼치면서 항상 버리지 않는 것이다. '[중생을] 한 몸으로 여기는 지혜의 힘'(同體智力) 때문에 [중생이] 보거나 듣는 것에 응하면서 [불가사의한] 행위(業)를 짓는 것을 드러내니, 이른바 중생들이 삼매에 의거하여 평등하게 모든 부처를 보게 되는 것이 그것이다.

此體用熏習分別, 復有二種, 云何爲二? 一者, 未相應. 謂凡夫二乘初發意菩薩等, 以意意識熏習, 依信力故而能修行, 未得無分別心與體相應故, 未得自在業修行與用相應故. 二者, 已相應. 謂法身菩薩, 得無分別心, 與諸佛智用相應, 唯依法力, 自然修行, 熏習眞如, 滅無明故.

『논』(T32, 578c29~579a7);『회본』(1-770c1~8)

이 〈'[참 그대로](眞如)의] 본연'과 '[외부조건(外緣)의] 작용'이 거듭 영향을 끼치는 것〉(體用熏習)을 구별하면 다시 두 가지가 있으니, 무엇이 두 가지인가?

첫 번째는 [〈'참 그대로'(眞如)의 본연과 외부조건(外緣)의 작용〉(體用)이 거듭 영향을 끼치는 것에] '아직 감응하지 못함'(未相應)이다. 보통사람(凡夫)과 ['성문聲聞, 연각緣覺] 두 부류의 수행자'(二乘)와 '처음으로 깨달음에 뜻을 일으킨 대승의 보살'(初發意菩薩)²⁶ 등은 [〈'참 그대로'(眞如)의 본연과 외부조건(外緣)의 작용〉(體用)이] 의의意와 의식意識에 거듭 영향을 끼쳐 [그에 따라 생겨난] [자신이 지닌 '참 그대로'(眞如)의 면모를] 믿는 힘에 의거하기에 ['참 그대로'(眞如)로 돌아가는] 수행을 할 수 있긴 하지만, 〈['불변·독자의 실체/본질 관념으로] 분별하지 않는 마음'(無分別心)과 ['참 그대로'(眞如)의] 본연'(體)이 서로 감응함〉을 아직 증득하지 못했기 때문이고, 〈['분별에서] 자유로운 행위를 펼쳐 가는 수행'(自在業修行)과 '[외부조건의] 작용'(用)이 서로 감응함〉을 아직 증득하지 못했기 때문이다.

두 번째는 [〈'참 그대로'(眞如)의 본연과 외부조건(外緣)의 작용〉(體用)이 거듭 영향을 끼치는 것에] '이미 감응함'(己相應)이다. ['본격적인 열 가지 수행경지'(十地)에서] 진리의 몸을 얻은 보살'(法身菩薩)은 ['불변·독자의 실체/본질 관념으로] 분별하지 않는 마음'(無分別心)을 증득하여 모든 부처의 '지혜와 작용'(智用)에 서로 감응하였기에, 오로지 ['참 그대로인] 현상의 힘'(法力)에 의거하여 '본연 그대로'(自然) 수행하면서 [자신이 지닌] '참 그대로'(眞如)[의 면모]에 거듭 영향을 끼쳐 근본무지(無明)를 소멸시키기 때문이다.

---

26 범부, 이승, 초발의보살, 법신보살 등의 용어가 동일하게 등장하는 또 다른 대목은 시각始覺의 차이를 논하는 자리이다. 『대승기신론』의 해당 대목을 인용하면 다음과 같다. 『대승기신론』(T32, 576b18~26). "此義云何? 如凡夫人, 覺知前念起惡故, 能止後念令其不起. 雖復名覺, 卽是不覺故. 如二乘觀智, 初發意菩薩等, 覺於念異, 念無異相. 以捨麤分別執著相故, 名相似覺. 如法身菩薩等, 覺於念住, 念無住相. 以離分別麤念相故, 名隨分覺. 如菩薩地盡, 滿足方便, 一念相應, 覺心初起, 心無初相. 以遠離微細念故, 得見心性, 心卽常住, 名究竟覺." 비교해 보면 범부의 불각不覺과 이승·초발의보살의 상사각相似覺은 미상응未相應이고, 법신보살의 수분각隨分覺부터가 이상응己相應이 된다.

復次染法, 從無始已來, 熏習不斷, 乃至得佛後則有斷, 淨法熏習, 則無
有斷, 盡於未來. 此義云何? 以眞如法常熏習故, 妄心則滅, 法身顯現, 起用
熏習, 故無有斷.

『논』(T32, 579a8~11);『회본』(1-771a6~10)

또한 시작이 없는 때로부터 '거듭 영향을 끼치면서 오염된 현상을 일으
키는 것'(染法熏習)은 끊어지지 않다가 부처가 되고 난 후에는 끊어짐이 있
지만, '거듭 영향을 끼치면서 온전한 현상을 일으키는 것'(淨法熏習)은 미래
가 다하도록 끊어짐이 없다. 이 뜻은 어떤 것인가? '참 그대로인 현상'(眞如
法)이 항상 거듭 영향을 끼치기 때문에 '잘못 분별하는 마음'(妄心)이 사라
지고 '진리의 몸'(法身)이 분명하게 나타나 '[중생들로 하여금 깨달음을 성취하게
하려는 외부조건(外緣)의] 작용으로 거듭 영향을 끼치는 것'(用熏習)을 일으키
니, 그러므로 끊어짐이 없는 것이다.

復次眞如自體相者, 一切凡夫聲聞緣覺菩薩諸佛無有增減, 非前際生, 非
後際滅, 畢竟常恒. 從本已來, 性自滿足一切功德, 所謂自體有大智慧光明
義故, 偏照法界義故, 眞實識知義故, 自性淸淨心義故, 常樂我淨義故, 淸
凉不變自在義故. 具足如是過於恒沙不離不斷不異不思議佛法, 乃至滿足
無有所少義故, 名爲如來藏, 亦名如來法身. 問曰. 上說眞如其體平等, 離
一切相, 云何復說體有如是種種功德? 答曰. 雖實有此諸功德義, 而無差別
之相, 等同一味, 唯一眞如. 此義云何? 以無分別, 離分別相, 是故無二. 復
以何義, 得說差別? 以依業識, 生滅相示. 此云何示? 以一切法本來唯心, 實
無於念, 而有妄心, 不覺起念, 見諸境界, 故說無明, 心性不起, 卽是大智慧
光明義故. 若心起見, 則有不見之相, 心性離見, 卽是偏照法界義故. 若心
有動, 非眞識知, 無有自性, 非常非樂非我非淨, 熱惱衰變則不自在, 乃至
具有過恒沙等妄染之義. 對此義故, 心性無動, 則有過恒沙等諸淨功德相義
示現. 若心有起, 更見前法可念者, 則有所少, 如是淨法無量功德, 卽是一
心, 更無所念, 是故滿足, 名爲法身如來之藏.

또한 〈'참 그대로' 자신의 본연과 능력〉(眞如自體相)이라는 것은 [다음과 같은 것이다.]

['본연의 위대함'(體大)은] 모든 보통사람(凡夫)이든 '[가르침을] 들어서 [혼자] 부처가 되려는 수행자'(聲聞)이든 '연기의 이치를 깨달아 [혼자] 부처가 되려는 수행자'(緣覺)이든 [대승의] 보살이든 모든 부처들이든 간에 [그 본연(體)이] '늘 어남이나 줄어듦이 없고'(無有增減) '과거에 생겨난 것도 아니고'(非前際生) '미래에 사라지는 것도 아니며'(非後際滅) 궁극적으로 '언제나 그러한'(常恒) 것이다.

['능력의 위대함'(相大)은] 본래부터 ['참 그대로'(眞如)의] 본연(性)이 스스로 모든 '이로운 능력'(功德)을 가득 채우고 있으니, 이른바 ['참 그대로'(眞如)] '자신의 본연'(自體)에는 '환한 빛과도 같은 위대한 지혜의 면모'(大智慧光明義)가 있기 때문이고, '모든 현상을 ['항상 있음'(有)과 '아무것도 없음'(無)이라는 치우침 없이] 두루 비추어 내는 면모'(偏照法界義)가 있기 때문이며, '참 그대로 아는 면모'(眞實識知義)가 있기 때문이고, '본연이 온전한 마음의 면모'(自性淸淨心義)가 있기 때문이며, 〈[무상無常·고苦·무아無我·염染에서 벗어난] '늘 [본연에] 머무름'(常)·'[참된] 행복'(樂)·'[참된] 자기'(我)·온전함(淨)의 면모〉(常樂我淨義)가 있기 때문이고, '[번뇌의 열기가 그쳐] 맑고 시원하며 [번뇌에 이끌리지 않아] 동요하지 않고 [번뇌에 속박되지 않아] 자유로운 면모'(淸凉不變自在義)가 있기 때문이다.

갠지스강의 모래알[의 수]보다 많은, 이와 같은 '떠나지도 않고 끊어지지도 않으며 달라지지도 않고 생각으로는 이루 헤아릴 수도 없는'(不離不斷不異不思議) '깨달음의 진리'(佛法)를 남김없이 갖추고 가득 채워 '부족한 것이 없는 면모'(無有所少義)이기 때문에, '여래의 면모가 간직된 창고'(如來藏)라 부르고 '여래의 진리 몸'(如來法身)이라고도 부른다.

묻는다. 앞에서 '참 그대로'(眞如)는 그 본연(體)이 평등하여 '모든 [차별적] 양상에서 떠났다'(離一切相)고 말했는데, 어찌하여 다시 ['참 그대로'(眞如)의]

본연(體)'에 이와 같은 온갖 '이로운 능력'(功德)이 있다고 말하는가?

답한다. 비록 실제로 이러한 '온갖 이로운 능력[을 지닌] 면모'(諸功德義)가 있지만 '[불변·독자의 실체나 본질이 있다는 생각에 의거한] 차별의 양상'(差別之相)이 없으니, '똑같이 한 맛처럼 같으며'(等同一味) [모든 '이로운 능력'(功德)의 양상(相)들은] '[불변·독자의 실체나 본질이 있다는 생각에 의해 둘로 나뉘지 않고 오로지 하나처럼 통하는 참 그대로'(唯一眞如)이다. 이 뜻은 어떤 것인가? '[참 그대로'(眞如)의 지평에서는] '[불변·독자의 실체나 본질이 있다는 생각으로] 나누어 구분함이 없기'(無分別) 때문에 '[불변·독자의 실체나 본질이 있다는 생각으로] 나누어 구분하는 양상'(分別相)에서 벗어나니, 그러므로 '[참 그대로'(眞如)가 지닌 온갖 이로운 능력들의 차이들은] '[불변·독자의 실체나 본질에 의해] 둘[로 나뉨]이 없다'(無二).

[그러면] 다시 어떤 뜻을 가지고 '[불변·독자의 실체나 본질에 의한] 차별'(差別)을 말할 수 있는가? '[근본무지에 따라 처음] 움직이는 식'(業識)에 의거하여 '생멸하는 [차별] 양상'(生滅相)이 나타나는 것이다. 이 '[생멸하는 [차별] 양상'(生滅相)은 어떻게 나타나는가? 모든 현상은 본래 '오로지 마음[에 의한 구성]일 뿐'(唯心)이어서 실제로는 '[분별하는] 생각'(念)이 [별개의 실체나 본질로] 없지만, '[근본무지로 인해] 잘못 분별하는 마음'(妄心)이 있게 되어 '[불변·독자의 실체나 본질에 의해 둘로 나뉘지 않고 오로지 하나처럼 통하는 참 그대로'(唯一眞如)임을] 깨닫지 못하여 '[분별하는] 생각'(念)을 일으켜 모든 대상세계(境界)를 [불변·독자의 실체로서 있는 것이라고] 보기 때문에 근본무지(無明)[에 의해 나타나는 '생멸하는 [차별] 양상'(生滅相)]을 말하게 되지만, '마음의 온전한 본연'(心性)[27]은 [근본무지로 인한 분별을] 일으키지 않으니 이것이 바로 '환한 빛과도 같은 위대한 지혜의 면모'(大智慧光明義)이다.

[또] 만약 마음이 [불변·독자의 실체로 간주하는 대상세계(境界)를] '본다는 생각'(見)을 일으키면 곧 [아무것도] '보지 못한다는 생각'(不見)의 양상이 [짝지어]

---

27 심성心性: 앞에서 "所謂心性常無念故, 名爲不變"(T32, 577c5)이라고 하여 '심성'을 '무념'과 '불변'으로 설명한 적이 있다.

있게 되지만, '마음의 온전한 본연'(心性)은 [대상세계를 불변·독자의 실체로 간주하는] 견해에서 벗어나니 이것이 바로 '모든 현상을 ['항상 있음'(有)과 '아무것도 없음'(無)이라는 치우침 없이] 두루 비추어 내는 면모'(偏照法界義)이다.

[또] 만약 마음에 [근본무지에 의한] 동요가 있으면 '참 그대로 앎'(眞[實]識知)이 아니어서 [마음] '자신의 온전한 본연'(自性)이 없어지며, [그리하여] [그 마음상태는] '늘 [본연에] 머무름이 아니고'(非常) [참된] 행복이 아니며'(非樂) [참된] 자기가 아니고'(非我) '온전함이 아니어서'(非淨) 불타는 고뇌에 묶인 채 쇠퇴하면서 변하여 자유롭지 못하며, 이윽고 갠지스강의 모래알들보다 많은 '분별망상에 오염된 면모'(妄染義)를 갖추게 된다. 이러한 면모에 대비되기 때문에, '마음의 온전한 본연'(心性)에 [근본무지에 의한] 동요가 없으면 곧 갠지스강의 모래알들보다 많은 '온갖 온전한 이로운 능력을 펼치는 양상의 면모'(諸淨功德相義)가 있음이 드러난다.

[또] 만약 마음에 [대상세계(境界)를 불변·독자의 실체로 간주하면서 '보았다는 생각'(見)이 일어남이 있게 되면 또한 '[불변·독자의 실체로서] 분별되어지는 이전의 것들'(前法可念)을 보는 것에 부족한 것이 있게 되지만, 이와 같은 '온전한 현상이 지닌 무량한 이로운 능력'(淨法無量功德)은 바로 '하나처럼 통하는 마음'(一心)[의 양상들]이어서 다시 '[불변·독자의 실체로서] 분별하는 것이 없기'(無所念) 때문에 ['이로운 능력'(功德)들이] [부족한 것이 없이] 가득 차게 되니, [이것을] '진리 몸인 여래의 면모가 간직된 창고'(法身如來之藏)라고 부른다.

復次眞如用者, 所謂諸佛如來, 本在因地, 發大慈悲, 修諸波羅密, 攝化衆生. 立大誓願, 盡欲度脫等衆生界, 亦不限劫數, 盡於未來, 以取一切衆生如己身故. 而亦不取衆生相, 此以何義? 謂如實知一切衆生及與己身, 眞如平等無別異故. 以有如是大方便智, 除滅無明, 見本法身, 自然而有不思議業種種之用, 卽與眞如等, 偏一切處. 又亦無有用相可得, 何以故? 謂諸佛如來唯是法身, 智相之身第一義諦, 無有世諦境界. 離於施作, 但隨衆生見聞得益故, 說爲用.

또한 '참 그대로의 작용'(眞如用)이라는 것은 [다음과 같은 것이다.] 이른바 모든 부처와 여래는 본래 '[깨달음의] 원인을 마련하는 단계'(因地)에서 '크나큰 자비'(大慈悲)를 일으켜 모든 '[자기도 이롭게 하고 남도 이롭게 하는'(自利利他) 대승의] 구제수행'(波羅密)을 닦아서 중생을 껴안아 교화한다. [그리하여] '크나큰 다짐과 바람'(大誓願)을 세워 중생세계(衆生界)[의 모든 중생]을 남김없이 구제하려 하면서도 시간에 한계를 두지 않고 미래가 다하도록 하니, 모든 중생을 자기의 몸처럼 여기기 때문이다. 그러나 [그러면서도] '중생에 대한 불변·독자의 실체관념'(衆生相)을 취하지도 않으니, 이것은 어째서인가? 모든 중생과 자기 자신이 〈'참 그대로'로서 평등하여 [불변·독자의 실체로서] 구별되는 차이가 없음〉(眞如平等無別異)을 '사실 그대로 알기'(如實知) 때문이다.

이와 같은 '[불변·독자의 실체관념 없이 [깨달음 성취를 위한] 수단과 방법을 사용할 수 있는 위대한 지혜'(大方便智)가 있기 때문에 근본무지(無明)를 없애어 '본연인 진리의 몸'(本法身)을 보아 자연히 '생각으로는 이루 헤아릴 수 없는 행위들'(不思議業)[28]의 갖가지 작용(用)이 있게 되니, 곧 '참 그대로'(眞如)[의 지평]과 같게 된 채 모든 곳에 [그 작용을] 두루 미친다.

[이때에는] 또한 얻을 수 있는 '불변·독자의 실체로서의 작용'(用相)도 없으니, 어째서인가? 모든 부처와 여래는 오로지 '진리의 몸'(法身)이고, '[진리 몸'(法身)의] '지혜를 드러내는 양상으로서의 몸'(智相之身)인 '궁극적 진리에 대한 가르침'(第一義諦)에는 '세간적 진리가 추구하는 대상'(世諦境界)이 없기 때문이다. '베풀고 행함'(施作)[에 대한 불변·독자의 실체관념]에서 벗어나 단지

---

28 불사의업不思議業: '不思議業'이라는 용어는 앞의 『대승기신론』에서 "'[참 그대로'(眞如)의 면모가 지닌] 본연의 특징이 거듭 영향을 끼치는 것'(自體相熏習)이란, [참 그대로'(眞如) 본연의 면모가] 시작을 알 수 없는 때부터 '번뇌가 스며듦이 없는 현상'(無漏法)을 두루 갖추고 '생각으로는 이루 헤아릴 수 없는 행위들'(不思議業)을 갖추어 대상세계(境界)의 '온전한 면모'(性)를 만드는 것이다"(自體相熏習者, 從無始世來, 具無漏法, 備有不思議業, 作境界之性)라고 하여 '진여훈습眞如熏習' 중의 '자체상훈습自體相熏習'을 설명하는 대목에서도 나온다.

중생의 보고 듣는 것에 따라 이로움을 얻게 하기 때문에 작용(用)이라 말하는 것이다.

此用有二種, 云何爲二? 一者, 依分別事識, 凡夫二乘心所見者, 名爲應身. 以不知轉識現故, 見從外來, 取色分齊, 不能盡知故. 二者, 依於業識, 謂諸菩薩從初發意乃至菩薩究竟地, 心所見者, 名爲報身. 身有無量色, 色有無量相, 相有無量好, 所住依果亦有無量種種莊嚴. 隨所示現, 卽無有邊, 不可窮盡, 離分齊相, 隨其所應, 常能住持, 不毀不失. 如是功德, 皆因諸波羅密等無漏行熏及不思議熏之所成就, 具足無量樂相, 故說爲報身. 又爲凡夫所見者, 是其麤色. 隨於六道, 各見不同, 種種異類, 非受樂相, 故說爲應身. 復次, 初發意菩薩等所見者, 以深信眞如法故, 少分而見, 知彼色相莊嚴等事, 無來無去, 離於分齊, 唯依心現, 不離眞如. 然此菩薩猶自分別, 以未入法身位故. 若得淨心, 所見微妙, 其用轉勝, 乃至菩薩地盡, 見之究竟. 若離業識, 則無見相, 以諸佛法身無有彼此色相迭相見故. 問曰. 若諸佛法身離於色相者, 云何能現色相? 答曰. 卽此法身是色體故, 能現於色. 所謂從本已來, 色心不二. 以色性卽智故, 色體無形, 說名智身, 以智性卽色故, 說名法身徧一切處. 所現之色, 無有分齊, 隨心能示十方世界無量菩薩無量報身無量莊嚴, 各各差別, 皆無分齊, 而不相妨. 此非心識分別能知, 以眞如自在用義故.

『논』(T32, 579b20~c19); 『회본』(1-772b15~c20)

이 '[참 그대로'(眞如)의] 작용에는 두 가지가 있으니, 무엇이 두 가지인가?

첫 번째는 '현상을 [불변·독자의 실체로 간주하여] 분별하는 식'(分別事識)에 의거하는 것이니, 보통사람(凡夫)과 '[성문聲聞, 연각緣覺] 두 부류의 수행자'(二乘)의 마음으로 본 것을 '[범부와 이승이 보는] 특정하게 응하는 부처 몸'(應身)[인 '참 그대로'(眞如)의 작용]이라고 부른다. [범부와 이승二乘은] [나타난 응신應身이] '[불변·독자의 실체로 간주되는 주관으로] 바뀌어 가는 식'(轉識)이 나타낸 것임을 알지 못하기 때문에 [마음] 바깥에서 온 것으로 보고 '제한된 한계가 있는 색깔이나 모양 있는 것'(色分齊)을 취하기에 ['참 그대로'(眞如)의 작용을] 온전히 알 수가 없는 것이다.

두 번째는 '[근본무지에 따라 처음] 움직이는 식'(業識)에 의거하는 것이니, 모든 보살이 '처음으로 깨달음에 뜻을 일으킨 [단계]'(初發意)부터 '보살의 궁극적인 [수행] 단계'(菩薩究竟地)에까지 마음으로 본 것을 '[진리성취의] 결실인 부처 몸'(報身)[인 '참 그대로'(眞如)의 작용]이라고 부른다. [이 부처의] 몸에는 '헤아릴 수 없이 많은 모습'(無量色)이 있고, '[이 헤아릴 수 없이 많은] 모습들'(色)에는 '헤아릴 수 없이 많은 특징'(無量相)이 있으며, '[이 헤아릴 수 없이 많은] 특징들'(相)에는 '헤아릴 수 없이 많은 탁월함'(無量好)이 있고, [이 부처가] 머무는 '과보에 의한 환경'(依果)29에도 '헤아릴 수 없이 많은 갖가지 수승한 내용'(無量種種莊嚴)이 있다. [그러므로] [중생구제의 인연에] 따라 ['참 그대로'(眞如)의 작용인 그 몸을] 드러내어 보여 주는 것에 곧 한계가 없어서 끝날 수가 없으면서도 '불변·독자의 실체인 제한된 한계'(分齊相)에서는 벗어나 있으니, 그 감응하는 대상에 따르면서도 언제나 '참 그대로'(眞如)에 머무를 수 있어 ['참 그대로'(眞如)인 본연을] 훼손하거나 잃어버리지 않는다. 이와 같은 '이로운 능력'(功德)은 [육바라밀六波羅蜜 등] 모든 '[자기도 이롭게 하고 남도 이롭게 하는'(自利利他) 대승의] 구제수행'(波羅蜜)들의 '번뇌가 스며들지 않게 하는 수행의 거듭된 영향력'(無漏行熏)과 ['참 그대로'(眞如)의] '생각으로는 이루 헤아릴 수 없는 거듭된 영향력'(不思議熏)으로 인해 성취된 것이어서 '헤아릴 수 없이 많은 좋은 특징'(無量樂相)을 두루 갖춘 것이니, 그러므로 '[진리성취의] 결실인 부처 몸'(報身)이라고 말한다.30

---

29 의과依果: 의보依報라고도 한다. 정과正果·정보正報와 대비되는 개념이다. 정과란 과거 행위(業)의 과보에 의해 이루어진 중생의 몸과 마음 자체라면, 의과란 그 중생의 몸과 마음이 과보에 의해 의지하게 되는 환경 세계를 말한다.

30 여기까지가 원효의 과문으로는 '직현별용直顯別用'에 해당한다. 보는 주체를 기준으로 '참 그대로의 작용'(眞如用)을 구분해 보면, 응신應身은 범부와 이승이 보는 것이고 보신報身은 초발의보살初發意菩薩부터 구경지보살究竟地菩薩까지의 보살들이 보는 것이 된다. 그리고 뒤에 나오는 '중첩분별重牒分別'에서는 보신을 보는 주체를 '지전地前

또 보통사람(凡夫)[및 '성문聲聞, 연각緣覺 두 부류의 수행자'(二乘)³¹]가 보는 것은 '[형태나 색깔이 있는] 뚜렷한 모습'(麤色)이다. '여섯 가지 미혹의 세계'(六道)에 따라 [윤회하면서] 제각기 [그것을] 보는 것이 같지 않으며 [또 그것들이] 갖가지 다른 종류들이기에 ['참 그대로'(眞如)의 작용으로 나타내는 부처 몸의] '좋은 양상들'(樂相)을 수용하는 것이 아니니, 그러므로 '[범부와 이승이 보는] 특정하게 응하는 부처 몸'(應身)[인 '참 그대로'(眞如)의 작용]이라고 말한다.

또한 '처음으로 깨달음에 뜻을 일으킨 대승의 보살'(初發意菩薩) 등이 보는 것은 [보신報身이니], [그들은] '참 그대로라는 진리'(眞如法)를 깊이 확신하기 때문에 '[참 그대로'(眞如)인 보신을] 조금은 보게 되므로, [이 '처음으로 깨달음에 뜻을 일으킨 대승의 보살'(初發意菩薩)들은] 저 [보신의] '[형태나 색깔이 있는] 모습'(色相)과 [부처의 보신이 머무는 세상의] '수승한 내용을 지닌 현상'(莊嚴等事)이 〈'생겨났다고 할 것도 없고 사라졌다고 할 것도 없으며'(無來無去), '제한된 한계에서도 벗어났고'(離於分齊), 오로지 마음에 의거하여 나타난 것으로서 '참 그대로'(眞如)에서 벗어나지 않은 것〉임을 안다. 그러나 이 [처음으로 깨달음에 뜻을 일으킨 대승의] 보살'([初發意]菩薩)은 아직도 스스로 [근본무지(無明)에 따라] 분별하니, 아직 '진리 몸의 경지'(法身位)에 들어가지 못했기 때문이다.

만약 [대승보살의 '열 가지 본격적인 수행경지'(十地) 가운데 첫 번째 경지인] 온전한 마음[의 경지]'(淨心[地])³²를 얻으면 '보이는 것'(所見)이 미세하고 오묘해지

보살'인 초발의보살初發意菩薩과 '지상地上보살'인 초지 이상의 보살로 세분하고 있다.

31 앞 '직현별용直顯別用'의 '명응신明應身' 단락에서 "凡夫二乘心所見者, 名爲應身"이라고 했고, 여기는 '직현별용'에 대한 '중첩분별重牒分別'의 '명응신明應身' 단락이므로 '범부'의 번역에 '이승'을 포함시켰다.

32 앞서 육종염심六種染心 중 제2 부단상응염不斷相應染에 대한 논의에서 '정심淨心'의 용어가 나온 적이 있다. "二者不斷相應染. 依信相應地修學方便, 漸漸能捨, 得淨心地究竟離故." 원효는 "從十解位, 修唯識觀尋思方便, 乃至初地證三無性, 法執分別不得現行. 故言得淨心地究竟離故也"라고 했는데, 여기에 따르면 정심지淨心地란 십주十住 이상의 삼현위三賢位(초발의보살)의 수행이 완성되어 십지十地의 초지初地에 들어간 경지이며, 이 초지인 정심지에서 법집분별法執分別을 떠난다.

고 그 ['온전한 마음'(淨心)의] 작용이 갈수록 수승해지다가 [십지의 '열 번째 경지'
(第十地, 法雲地)까지의] '보살의 [수행] 경지'(菩薩地)를 모두 마치는 데 이르면[33]
['참 그대로의 작용'(眞如用)인 보신報身을] '보는 것'(見)이 궁극에 이른다. [이때]
만약 '근본무지에 따라 처음 움직이는 식'(業識)에서 벗어나면[34] ['불변·독자의
실체로 간주되는 주관과 객관을] 본다는 양상'(見相)이 없어지니, 모든 부처의
'진리 몸'(法身)에서는 [불변·독자의 실체인] ['형태나 색깔이 있는] 저 모습'(彼色相)
과 ['형태나 색깔이 있는] 이 모습'(此色相)들이 번갈아 서로를 보는 일이 없기
때문이다.[35]

---

33 보살지진菩薩地盡: '보살지진'이라는 용어는 육종염심의 마지막 여섯 번째인 근본업불
상응염根本業不相應染에서 나오는 '보살진지菩薩盡地'와 통하는 것으로 보인다. 『대승
기신론』에서는 "六者根本業不相應染. 依菩薩盡地, 得入如來地能離故"라 했고, 주석에서
원효는 "菩薩盡地者, 是第十地, 其無垢地屬此地故"라고 했다.

34 보살진지菩薩盡地의 한계: 원효는 육종염심의 대목에서 제10지인 보살진지에 대해 설
명을 부연하면서 "실제에 나아가 논하자면 [대승보살의 '열 가지 본격적인 수행경지']
(十地) 가운데 '열 번째 경지'(第十地)에서도 미세한 [불변·독자의 실체로 간주되는
주관으로] 바뀌어 가는 양상'(轉相)과 [불변·독자의 실체로 간주되는 대상을] 나타내
는 양상'(現相)이 있지만, 단지 [각] 경지의 특징(相)들에 따라 점차로 벗어나는 [단계]
를 말한 것일 뿐이다"(就實論之, 第十地中亦有微細轉相現相, 但隨地相說漸離耳)라고 하
면서 제10지인 보살진지의 한계를 지적하고 있다.

35 응신應身과 보신報身을 보는 자 및 관련 양상들: 범부에서부터 보살진지菩薩盡地까지
의 인물들이 등장하는 문맥들을 간단히 도시해 보면 다음과 같다.

	범부	이승	초발의보살 (지전보살)	법신보살 (지상보살)	보살진지
시각 차별	불각	상사각	상사각	수분각	구경각
육종염심		제1집 상응염 끊음	제1집 상응염 끊음	초지에서 제2부 단상응염 끊고 제 9지에서 제5능견 심불상응염 끊음	보살 진지에서 여래지에 들어 갈 때 제6근본업 불상응염 끊음
진여에 미상응未相應· 이상응已相應	미상응未 相應(의식 훈습)	미상응未 相應(의식 훈습)	미상응 (의훈습)	이상응已相應	이상응已相應
용대用大의 응·보신	응신(依분 별사식)	응신(依분 별사식)	보신 (依업식)	보신 (依업식)	보신 (依업식)

문는다. 모든 부처의 '진리 몸'(法身)이 '[형태나 색깔이 있는] 모습'(色相)에서 벗어난 것이라면, 어떻게 '[참 그대로의 작용'(眞如用)에서] '[형태나 색깔이 있는] 모습'(色相)을 나타낼 수 있겠는가?

답한다. 바로 이 '진리의 몸'(法身)이 '[형태나 색깔이 있는] 모습의 본연'(色體)이기 때문에 '[참 그대로의 작용'(眞如用)을] '[형태나 색깔이 있는] 모습'(色)에서 나타낼 수 있다. 본래부터 '[형태나 색깔이 있는] 모습과 마음은 [불변·독자의 실체인] 둘[로 나뉘지] 않는 것이다'(色心不二). 〈'[형태나 색깔이 있는] 모습의 본연'(色性)은 바로 '[형상이 없는] 지혜'(智)이기 때문에 '[형태나 색깔이 있는] 모습의 본연'(色體)에는 형태(形)가 없다〉는 것을 '지혜인 몸'(智身)이라 말하고, '[형상이 없는] 지혜의 본연'(智性)이 바로 '[형태나 색깔이 있는] 모습'(色)이기 때문에 〈'[형상이 없는] 진리 몸'(法身)이 [형태나 색깔이 있는 모습으로] 모든 곳에 두루 있다〉(法身偏一切處)고 말한다. [형상이 없는 진리 몸에 의해] 나타난 '[형태나 색깔이 있는] 모습'(色)에는 '제한된 한계'(分齊)가 없어서 마음에 따라 모든 세계에 '헤아릴 수 없이 많은 보살'(無量菩薩)과 〈헤아릴 수 없이 많은 '[진리성취의] 결실인 부처 몸'〉(無量報身)과 '헤아릴 수 없이 많은 수승한 내용'(無量莊嚴)을 나타낼 수 있는데, 각자 차이는 있지만 모두 [불변·독자의 실체로서의] '제한된 한계'(分齊)가 없어서 서로 방해하지 않는다. 이것은 '[근본무지에 따르는] 마음과 식의 분별'(心識分別)이 알 수 있는 것이 아니니, '[불변·독자의 실체관념에서 벗어난] 참 그대로의 자유로운 작용의 면모'(眞如自在用義)이기 때문이다.

復次, 顯示從生滅門, 卽入眞如門. 所謂推求五陰色之與心, 六塵境界, 畢竟無念, 以心無形相, 十方求之, 終不可得. 如人迷故, 謂東爲西, 方實不轉, 衆生亦爾, 無明迷故, 謂心爲念, 心實不動. 若能觀察知心無念, 卽得隨順, 入眞如門故.

『논』(T32, 579c20~25); 『회본』(1-773b19~c1)

다시 '[근본무지에 따라] 생멸하는 측면'(生滅門)으로부터 곧바로 '참 그대로인 측면'(眞如門)으로 들어감을 드러내 보인다. 이른바 '자아를 이루고 있는 요소들의 다섯 가지 더미'(五陰/五蘊)의 '색깔이나 모양이 있는 것들'(色)과 마음(心) 및 '인식 능력의 여섯 가지 대상'(六塵境界)에서 찾아보아도 끝내 '분별하는 생각이 [불변·독자의 실체로서] 없으며'(無念), 마음(心)에도 형상이 없기 때문에 '모든 곳'(十方)에서 찾아보아도 끝내 얻을 수가 없다. 마치 사람이 방향을 모르기 때문에 동쪽을 서쪽이라 여길지라도 방위가 실제로 바뀌지는 않는 것과 같이, 중생도 그와 같아 근본무지(無明)로 헤매기 때문에 마음을 '분별하며 [움직이는] 생각'(念)이라 여기지만 마음은 실제로는 움직이지 않는다. 만약 잘 관찰하여 마음이 [바로] '분별하는 생각이 [불변·독자의 실체로서] 없는 것'(無念)임을 알면 '곧 [그러한 앎에] 따르게 되어'(即得隨順) '참 그대로인 측면'(眞如門)으로 들어가는 것이다.

(2) 잘못된 집착을 치유함(對治邪執)

對治邪執者, 一切邪執, 皆依我見, 若離於我, 則無邪執. 是我見有二種, 云何爲二? 一者, 人我見, 二者, 法我見.

『논』(T32, 579c26~28); 『회본』(1-773c19~20)

'잘못된 집착을 치유한다'(對治邪執)는 것은, 모든 잘못된 집착은 다 '자아를 불변·독자의 실체나 본질로 간주하는 견해'(我見)에 의거하므로 만약 '나를 불변·독자의 실체로 보는 견해[我]'에서 벗어나면 곧 '잘못된 집착'(邪執)이 없어지는 것이다. 이 '자아를 불변·독자의 실체나 본질로 간주하는 견해'(我見)에는 두 가지가 있으니, 어떤 것이 [그] 두 가지인가? 첫 번째는 '자아에 불변·독자의 실체나 본질이 있다고 하는 견해'(人我見)이고, 두 번째는 '현상에 불변·독자의 실체나 본질이 있다고 하는 견해'(法我見)이다.

人我見者, 依諸凡夫說有五種, 云何爲五? 一者, 聞修多羅說, "如來法身, 畢竟寂寞, 猶如虛空", 以不知爲破著故, 即謂虛空是如來性. 云何對治? 明虛空相是其妄法. 體無不實, 以對色故. 有是可見相, 令心生滅, 以一切色

法, 本來是心, 實無外色. 若無外色者, 則無虛空之相. 所謂一切境界, 唯心
妄起故有, 若心離於妄動, 則一切境界滅, 唯一眞心, 無所不徧. 此謂如來
廣大性智究竟之義, 非如虛空相故. 二者, 聞修多羅說, "世間諸法, 畢竟體
空, 乃至涅槃眞如之法, 亦畢竟空, 從本已來, 自空, 離一切相", 以不知爲破
著故, 卽謂眞如涅槃之性, 唯是其空. 云何對治? 明眞如法身自體不空. 具
足無量性功德故. 三者, 聞修多羅說, "如來之藏, 無有增減, 體備一切功德
之法", 以不解故, 卽謂如來之藏有色心法自相差別. 云何對治? 以唯依眞
如義說故, 因生滅染義示現, 說差別故. 四者, 聞修多羅說, "一切世間生死
染法, 皆依如來藏而有, 一切諸法, 不離眞如", 以不解故, 謂如來藏自體具
有一切世間生死等法. 云何對治? 以如來藏, 從本已來, 唯有過恒沙等諸淨
功德, 不離不斷, 不異眞如義故. 以過恒沙等煩惱染法, 唯是妄有, 性自本
無, 從無始世來, 未曾與如來藏相應故. 若如來藏體有妄法, 而使證會永息
妄者, 則無是處故. 五者, 聞修多羅說, "依如來藏故有生死, 依如來藏故得
涅槃", 以不解故, 謂衆生有始, 以見始故, 復謂如來所得涅槃有其終盡, 還
作衆生. 云何對治? 以如來藏無前際故, 無明之相, 亦無有始. 若說三界外
更有衆生始起者, 卽是外道經說. 又如來藏無有後際, 諸佛所得涅槃, 與之
相應, 則無後際故.

『논』(T32, 579c28~580b4); 『회본』(1-774a4~b16)

'자아에 불변·독자의 실체나 본질이 있다고 하는 견해'(人我見)는 모든
보통사람(凡夫)들에 의거하여 다섯 가지가 있다고 말하니, 무엇이 다섯인
가?

첫 번째는 [다음과 같은 것이다.] [어떤 사람들은] 경전(修多羅)에서 "여래의 '진
리의 몸'(法身)은 궁극적으로 고요하고 비어 있으니, 마치 허공과도 같다"라
고 하는 말을 듣고서는, [그 말이] 집착을 깨뜨리기 위한 것임을 알지 못하기
때문에 곧 〈허공이 바로 여래의 본질(性)이다〉라고 말한다.

[이런 잘못된 견해는] 어떻게 치유해야 하는가? '[텅 빈] 허공이라는 [독자적]
특징'(虛空相)은 '잘못된 것'(妄法)임을 밝혀 주어야 한다. [허공의] 본연(體)에

는 내용이 없지 않으니, '색깔이나 모양 있는 것'(色)을 상대하[여 허공이 성립하기 때문이다. 이 [색깔이나 모양 있는 것들에 의거한] 볼 수 있는 모습이 있기에 마음으로 하여금 [그것들에 따라] 생멸하게 하지만, 모든 '색깔이나 모양 있는 것'(色)은 본래 마음[의 구성]이기 때문에 실제로는 [마음의] 바깥에 [독자적 실체인] '색깔이나 모양 있는 것'(色)은 없다. 만약 [마음의] 바깥에 [독자적 실체인] '색깔이나 모양 있는 것'(色)이 없다면, 곧 [텅 빈] 허공이라는 [독자적] 특징'(虛空之相)도 없다. 이른바 모든 대상세계(境界)는 오직 마음이 [근본무지에 따라] '잘못 분별'(妄)하여 일어나기 때문에 존재하는 것이니, 만약 마음이 '잘못된 분별로 움직임'(妄動)에서 벗어난다면 곧 [잘못 분별된] '모든 대상세계'(一切境界)는 사라지고 '오직 하나로 통하는 참 그대로인 마음'(唯一眞心)만이 두루 미치지 않는 곳이 없다. 이것을 〈광대한 '여래 본연의 지혜'〉(如來廣大性智)의 궁극적인 면모라 부르니, [텅 빈] 허공이라는 [독자적] 특징'(虛空相)과는 같지 않은 것이다.

두 번째는 [다음과 같은 것이다.] [어떤 사람들은] 경전(修多羅)에서 "세상의 모든 현상은 [그] 본연(體)이 '불변·독자의 실체가 없는 것'(空)이고, 또한 열반이나 '참 그대로'(眞如)라는 현상까지도 끝내 '불변·독자의 실체가 없는 것'(空)이니, 본래부터 [그] 자신이 '불변·독자의 실체가 없는 것'(空)이어서 모든 '불변·독자의 실체'(相)에서 벗어나 있다"라고 하는 말을 듣고서, [그 말이] 집착을 깨뜨리기 위한 것임을 알지 못하기 때문에 곧 〈'참 그대로'(眞如)나 열반이라는 현상도 오직 공허(空)한 것이다〉라고 말한다.

[이런 잘못된 견해는] 어떻게 치유해야 하는가? '참 그대로인 진리의 몸'(眞如法身)은 [그] '자신의 본연'(自體)이 '공허하지 않다'(不空)는 것을 밝혀 주어야 한다. '본연의 한량없는 이로운 능력'(無量性功德)을 두루 갖추고 있기 때문이다.

세 번째는 [다음과 같은 것이다.] [어떤 사람들은] 경전(修多羅)에서 "'여래의 면모가 간직된 창고'(如來之藏)에는 늘어남이나 줄어듦이 없으며, [그 여래장의] 본연(體)은 갖가지 이로운 능력의 현상들을 갖추고 있다"라고 하는 말을 들고서, [그 말을] 이해하지 못하기 때문에 곧 〈'여래의 면모가 간직된 창고'(如來之藏)에는 물질현상(色法)과 정신현상(心法) '각각의 본질적 차이'(自相差別)들이 있다〉라고 말한다.

[이런 잘못된 견해는] 어떻게 치유해야 하는가? 오직 '참 그대로인 측면'(眞如義)에 의거하여 말한 것이며, '[근본무지에 따라] 생멸하는 오염의 측면'(生滅染義) 때문에 [여래장의 본연(體)이 지닌 갖가지 능력들을] 드러내어 [그 능력들의] 차이를 말한 것[임을 밝혀 주어야 한다.]

네 번째는 [다음과 같은 것이다.] [어떤 사람들은] 경전(修多羅)에서 "모든 세상의 '[근본무지에 따라] 나고 죽는 오염된 현상'(生死染法)은 다 '여래의 면모가 간직된 창고'(如來藏)에 의거하여 있는 것이고, 모든 현상은 '참 그대로'(眞如)에서 떠나지 않는다"라고 하는 말을 듣고서, [그 말을] 이해하지 못하기 때문에 곧 〈'여래의 면모가 간직된 창고'(如來藏) 자신의 본연에는 세상의 모든 '[근본무지에 따라] 나고 죽는 오염된 현상'(生死染法)이 두루 갖추어져 있다〉라고 말한다.

[이런 잘못된 견해는] 어떻게 치유해야 하는가? '여래의 면모가 간직된 창고'(如來藏)에는 본래부터 오직 갠지스강의 모래알보다 많은 갖가지 '온전한 이로운 능력'(淨功德)이 있어 [여래장이 그 능력들로부터] 떠난 것도 아니고 단절된 것도 아니니, '참 그대로인 면모'(眞如義)와 다르지 않기 때문이다[는 것을 밝혀 주어야 한다.] 갠지스강의 모래알보다 많은 '번뇌에 오염된 현상'(煩惱染法)들은 오직 [근본무지에 따른] 망상 때문에 있는 것이지 [번뇌의] 본연(性) 자신에는 본래 [번뇌의 불변·독자의 실체가] 없어서, [번뇌에 오염된 현상들은] 시작을 알 수 없는 때로부터 일찍이 '여래의 면모가 간직된 창고'(如來藏)와 서로 응한 적이 없는 것이다. 만약 '여래의 면모가 간직된 창고'(如來藏)의 본연(體)에 '[근본무지에 따라] 왜곡되고 오염된 현상'(妄法)들이 [불변·독자의 실체로서] 있다면, [참 그대로'(眞如)의 이치를 터득(證)하고 [그 이치와] 결합(會)하여 망상들을 영원히 그치게 한다는 것은 있을 수가 없는 것이다.

다섯 번째는 [다음과 같은 것이다.] [어떤 사람들은] 경전(修多羅)에서 "'여래의 면모가 간직된 창고'(如來藏)에 의거하므로 [근본무지에 따른] 생사生死가 있고, '여래의 면모가 간직된 창고'(如來藏)에 의거하므로 열반涅槃을 증득한다"라고 하는 말을 듣고서, [그 말을] 이해하지 못하기 때문에 곧 〈중생에게 [중생으로서의 삶의] 시작이 있다〉라고 말하고, 시작이 있다고 보기 때문에 다시 〈여래가 증득한 열반에도 끝나서 없어짐이 있어 다시 중생[의 삶을] 짓는다〉라고 말한다.

[이런 잘못된 견해는] 어떻게 치유해야 하는가? '여래의 면모가 간직된 창고'(如來藏)는 '[언제부터 시작되었는지를 알 수 있는] 과거'(前際)가 없기 때문에 '근본무지라는 양상'(無明之相)도 시작이 없다[는 것을 밝혀 주어야 한다.] 만약 '[욕망세계(欲界) · 유형세계(色界) · 무형세계(無色界), 이] 세 가지 세계'(三界) 이외에서 중생[으로서의 삶]이 처음 시작됨이 있다고 말한다면, 이것은 곧 '[불법과는] 다른 가르침을 따르는 사람들'(外道)의 경전에서 말하는 주장이다. 또 '여래의 면모가 간직된 창고'(如來藏)는 [끝남을 말할 수 있는] 미래(後際)가 없으니, 모든 부처가 증득한 열반도 그 [여래장如來藏]과 서로 응하여 [끝남을 말할 수 있는] 미래가 없는 것이다.

法我見者, 依二乘鈍根故, 如來但爲說人無我, 以說不究竟, 見有五陰生滅之法, 怖畏生死, 妄取涅槃. 云何對治? 以五陰法, 自性不生, 則無有滅, 本來涅槃故.

『논』(T32, 580b4~7);『회본』(1-774c9~13)

'현상에 불변 · 독자의 실체나 본질이 있다고 하는 견해'(法我見)라는 것은, '[성문聲聞, 연각緣覺] 두 부류의 수행자'(二乘)들의 '무딘 능력'(鈍根)에 의거하기 때문에 여래가 단지 [그들을] 위하여 '자아에 불변 · 독자의 실체나 본질은 없다'(人無我)는 것을 설하였지만 [그 설명이 [아직] 궁극적이지 않기 때문에 [이승二乘들이] '[자아를 이루고 있는 요소들의] 다섯 가지 더미'(五陰)의 생멸하는 현상(法)들이 있음을 보고는 생사生死를 두려워하여 헛되이 [오음五陰/五蘊 이외에 생멸하지 않는] 열반을 취하려는 것이다.

[이런 잘못된 견해는] 어떻게 치유해야 하는가? '자아를 이루고 있는 요소들의 다섯 가지 더미'(五陰)라는 현상(法)들은 [그] 본연(自性)이 [불변·독자의 실체가] 생겨나는 것이 아니기 때문에 곧 [불변·독자의 실체가] 사라지는 것도 없으니, 본래부터 [불변·독자의 실체가 없는] 열반인 것이다[는 것을 밝혀 주어야 한다.]

復次, 究竟離妄執者, 當知染法淨法, 皆悉相待, 無有自相可說. 是故一切法, 從本已來, 非色非心, 非智非識, 非有非無, 畢竟不可說相. 而有言說者, 當知如來, 善巧方便, 假以言說, 引導衆生. 其旨趣者, 皆爲離念, 歸於眞如, 以念一切法, 令心生滅, 不入實智故.

『논』(T32, 580b8~14); 『회본』(1-774c17~23)

그리고 [인아견人我見과 법아견法我見이라는] '헛된 집착'(妄執)에서 궁극적으로 벗어나려는 사람은, '오염된 현상'(染法)과 '온전한 현상'(淨法)이 모두 다 '서로에게 기대어 있어서'(相待) '자신의 불변·독자의 실체'(自相)라고 할 만한 것이 없음을 알아야 한다. 그러므로 '모든 현상'(一切法)은 본래부터 [불변·독자의 실체나 본질인] '색깔이나 모양 있는 것'(色)도 아니고 마음(心)도 아니며, [불변·독자의 실체나 본질인] 지혜(智)도 아니고 식識도 아니며, [불변·독자의 실체나 본질인] '있는 것'(有)도 아니고 '없는 것'(無)도 아니어서, 끝내 [불변·독자의 실체나 본질인 양] 언어로 규정할 수 없는 양상'(不可說相)이다. 그런데도 말을 하는 것은, 여래가 '이롭고 적절한 방편'(善巧方便)으로 언어를 빌려 중생을 이끌어 주는 것임을 알아야 한다. 그 취지는, 모두가 분별(念)에서 벗어나 '참 그대로'(眞如)로 돌아가게 하려는 것이니, '모든 현상'을 [불변·독자의 실체나 본질인 양] 분별(念)하여 마음을 [그 분별에 따라] 생멸하게 하면 '사실대로 보는 지혜'(實智)로 들어가지 못하기 때문이다.

(3) '마음을 일으켜 부처가 체득한 깨달음을 향해 나아가는 양상'을 나누어 구별함(分別發趣道相)

分別發趣道相者, 謂一切諸佛所證之道, 一切菩薩, 發心修行, 趣向義故.

『논』(T32, 580b15~16); 『회본』(1-775a5~6)

'[마음을] 일으켜 [부처가 체득한] 깨달음(道)을 향해 나아가는 양상을 나누어 구별한다'(分別發趣道相)는 것은, 모든 부처가 체득한 깨달음(道)에 모든 보살이 [자기도 그 깨달음(道)을 구하려는] 마음을 일으키고 수행하여 [그 깨달음을] 향해 나아가는 측면(義)을 일컫는 것이다.

略說發心有三種, 云何爲三? 一者, 信成就發心, 二者, 解行發心, 三者, 證發心.

『논』(T32, 580b16~18); 『회본』(1-775a14~15)

[깨달음을 향하여] 마음을 일으키는 것을 간략하게 말하면 세 가지가 있으니, 무엇이 세 가지인가? 첫 번째는 '믿음을 성취하여 [깨달음을 향해] 마음을 일으킴'(信成就發心)이고, 두 번째는 '이해와 수행으로 [깨달음을 향해] 마음을 일으킴'(解行發心)이며, 세 번째는 '직접 체득하여 [깨달음을 향해] 마음을 일으킴'(證發心)이다.

信成就發心者, 依何等人, 修何等行, 得信成就, 堪能發心? 所謂依不定聚衆生. 有熏習善根力故, 信業果報, 能起十善, 厭生死苦, 欲求無上菩提. 得値諸佛, 親承供養, 修行信心, 經一萬劫, 信心成就故. 諸佛菩薩教令發心, 或以大悲故, 能自發心, 或因正法欲滅, 以護法因緣, 能自發心. 如是信心成就得發心者, 入正定聚, 畢竟不退, 名住如來種中, 正因相應. 若有衆生, 善根微少, 久遠已來煩惱深厚, 雖値於佛亦得供養, 然起人天種子, 或起二乘種子. 設有求大乘者, 根則不定, 若進若退, 或有供養諸佛, 未經一萬劫, 於中遇緣, 亦有發心. 所謂見佛色相而發其心, 或因供養衆僧而發其

心, 或因二乘之人教令發心, 或學他發心. 如是等發心, 悉皆不定, 遇惡因
緣, 或便退失, 墮二乘地.

『논』(T32, 580b18~c5);『회본』(1-775b7~24)

　'믿음을 성취하여 [깨달음을 향해] 마음을 일으킴'(信成就發心)이라는 것은,
어떤 사람들이 어떤 수행을 닦아야 믿음을 성취하여 '[깨달음을 향해] 마음을
일으킴'(發心)을 [제대로] 감당해 내는 것인가? 이른바 '[깨달음의 세계로 갈지, 타
락하여 해로운 세계로 갈지] 방향이 정해져 있지 않은 부류의 중생'(不定聚衆生)
36에 의거하는 것이다. [이 부류의 중생은] '[깨달음으로 나아가는] 이로운 능력'(善
根)을 거듭 익히는 힘이 있기 때문에, '행위에 따르는 결과'(業果報)를 믿어
'열 가지 이로운 행위'(十善)를 일으킬 수 있고, '[근본무지에 매인] 생사의 괴로
움'(生死苦)을 싫어하여 '가장 높은 깨달음'(無上菩提)을 추구하고자 한다. [그
리하여] 모든 부처님들을 만나 직접 뜻을 받들고 공양하면서 '믿는 마음'(信
心)을 수행하여 일만 겁劫을 지나 '믿는 마음'(信心)이 성취되는 것이다. [그
리고] 모든 부처와 보살들이 가르쳐서 [깨달음을 향한] 마음을 일으키게 하거
나, 혹은 '크나큰 연민'(大悲) 때문에 스스로 [깨달음을 향한] 마음을 일으키거
나, 혹은 '올바른 진리'(正法)가 사라지려 함에 '진리를 수호하려는 인연'(護
法因緣) 때문에 스스로 [깨달음을 향한] 마음을 일으킬 수 있다. 이와 같이 '믿
는 마음'(信心)을 성취하여 [깨달음을 향해] 마음을 일으키는 자는 '깨달음의
세계로 방향이 정해진 부류'(正定聚)로 들어가 끝내 물러나지 않으니, [이것
을] 〈'여래가 될 수 있는 종자'(如來種)에 자리 잡아 [깨달음의] '올바른 원인'(正
因)과 서로 응한다〉고 한다.
　만약 어떤 중생이 '[깨달음으로 나아가는] 이로운 능력'(善根)이 매우 작고 아

36　부정취중생不定聚衆生: 부정취중생은 삼정취三定聚의 하나이다. 정정취正定聚는 깨달
　　음의 세계에 도달하는 것이 정해진 부류의 사람들이다. 사정취邪定聚는 해로운 세계
　　로 떨어지는 것이 정해진 부류의 사람들이다. 부정취不定聚는 본문에 나오는 것으로
　　'깨달음으로 향상할지 해로운 세계로 타락할지 아직 정해지지 않은 부류의 사람들'을
　　가리키는 말이다.

득한 과거부터 번뇌가 매우 두터우면, 비록 부처를 만나고 또 공양할지라도 '인간 세상'(人)이나 '천상 세계'(天)에 태어날 종자를 만들거나 혹은 '[성문聲聞, 연각緣覺] 두 부류의 수행자'(二乘)가 되는 종자를 만든다.

[또] 설사 대승을 추구하는 자가 있더라도 [깨달음으로 나아가는] 능력(根)이 확실하지 않으면 어떤 때는 나아가고 어떤 때는 물러나면서 혹 모든 부처에게 공양하여 일만 겁을 지나지 않고서도 도중에 인연을 만나 [깨달음을 향한] 마음을 일으키는 경우도 있다. 부처의 모습(色相)을 보고 그 [깨달음을 향한] 마음을 일으키거나, 혹은 여러 출가수행자들에게 공양함으로 인해 그 [깨달음을 향한] 마음을 일으키거나, 혹은 '[성문聲聞, 연각緣覺] 두 부류의 수행자'(二乘)[에 속하는] 사람이 가르쳐 [깨달음을 향한] 마음을 일으키게 하거나, 혹은 다른 것을 배워 [깨달음을 향한] 마음을 일으키는 것이 그것이다. 이와 같이 [깨달음을 향한] 마음을 일으키는 것들은 모두 [깨달음으로의 방향이] 정해지지 않은 것이어서, '해로운 인연'(惡因緣)을 만나면 곧바로 퇴행하여 '[성문聲聞, 연각緣覺] 두 부류의 수행자'(二乘) 지위로 떨어질 수 있다.

復次信成就發心者, 發何等心? 略說有三種, 云何爲三? 一者, 直心, 正念眞如法故, 二者, 深心, 樂集一切諸善行故, 三者, 大悲心, 欲拔一切衆生苦故. 問曰. 上說法界一相, 佛體無二, 何故不唯念眞如, 復假求學諸善之行? 答曰. 譬如大摩尼寶體性明淨, 而有鑛穢之垢, 若人雖念寶性, 不以方便種種磨治, 終無得淨. 如是衆生眞如之法, 體性空淨, 而有無量煩惱染垢, 若人雖念眞如, 不以方便種種熏修, 亦無得淨. 以垢無量, 徧一切法故, 修一切善行, 以爲對治, 若人修行一切善法, 自然歸順眞如法故. 略說方便有四種, 云何爲四? 一者, 行根本方便, 謂觀一切法自性無生, 離於妄見, 不住生死, 觀一切法因緣和合, 業果不失, 起於大悲, 修諸福德, 攝化衆生, 不住涅槃. 以隨順法性無住故. 二者, 能止方便, 謂慚愧悔過, 能止一切惡法, 不令增長. 以隨順法性離諸過故. 三者, 發起善根增長方便, 謂勤供養禮拜三寶, 讚歎隨喜, 勸請諸佛. 以愛敬三寶淳厚心故, 信得增長, 乃能志求無上之道,又因佛法僧力所護故, 能消業障, 善根不退. 以隨順法性離癡障故. 四者, 大願平等方便, 所謂發願盡於未來, 化度一切衆生, 使無有餘, 皆令究竟無餘涅槃. 以隨順法性無斷絶故. 法性廣大, 偏一切衆生, 平等無二, 不念彼此, 究竟寂滅故.

『논』(T32, 580c6~581a4); 『회본』(1-776b6~c11)

또한 '믿음을 성취하여 [깨달음을 향해] 마음을 일으킴'(信成就發心)이라는 것은 어떤 마음들을 일으키는 것인가? 간략히 말하자면 세 가지가 있으니, 어떤 것이 세 가지인가? 첫 번째는 ['참 그대로'(眞如)를 만나는] '곧바른 마음'(直心)이니 '참 그대로인 현상을 잊지 않고 온전하게 간직하는 것'(正念眞如法)[37]이고, 두 번째는 '깊은 마음'(深心)이니 모든 이로운 행위를 갖추기를 즐

---

[37] 정념진여법正念眞如法: 여기서의 '정념正念'은 팔정도의 정념 수행에서 언급하는 '정념'의 의미를 계승하고 있는 것으로 보인다. 정념(samma-sati)의 염념(sati)은 언어학적으로 '기억, 잊지 않음, 간직함'을 의미한다. 그리고 마치 '기억하듯 잊지 않고 간직해야 할 내용'은 '몸 현상'(身)·'느낌 현상'(受)·'마음 현상'(心)·'법칙/이법 현상'(法)을 '마치 괄호 치고 보듯이, 붙들지 않고 알아차리며 보는 것'(sampajānāti)이다. 그리고 이러한 정념 수행의 초점과 핵심은 '지각에서 경험되는 현상들을 무지로 왜곡/오염시키지 않는 이해와 마음'을 수립하여 유지하는 것이다. 정념 수행의 내용과 의미에 대해서는 교학과 불교학에서 다양한 이해가 제시되고 있지만, 붓다 법설의 내용을 고려할 때 이렇게 이해하는 것이 적절해 보인다. 그런데 흥미롭게도, 대승불교의 핵심에 대한 압축적 종합을 시도하면서 7세기경 동북아시아에 등장하여 원효의 시선을 사로잡은『대승기신론』에서 정념의 대상을 '참 그대로인 현상'(眞如法)으로 설정하는 이해가 등장하고 있다. '진여眞如'를 궁극실재나 존재로 이해하는 존재론적 시선들이 난무하고 있지만, 적어도 원효는 진여를 '현상의 온전한 양상'으로 보고 있다. 그리고 그런 이해가 타당하다고 본다. 풀어서 말하면 원효는, '이해와 마음'을 조건으로 삼는 지각경험의 장場에서, 현상들을, 본질이나 실체관념을 설정하는 근본무지에 의해 굴절 내지 오염되지 않은 양상으로 만나는 국면을 '眞如'로 보고 있다. 그리고 원효는 그 경험국면을 지칭하기 위해 '心眞如, 一心, 本覺' 등의 긍정형 기호들을 적극적으로 채택한다. 이러한 원효의 진여관眞如觀은 지각현상을 '사실 그대로' 만나야 근원적 문제해결이 이루어진다는 붓다 법설의 핵심을 연속적으로 계승하는 것이다. 또한 〈왜곡되고 오염된 차이경험들을 치유하여 차이들을 제자리에 세우고 제대로 관계 맺어야 한다〉고 하는, 경험주의적 보편지성 계보의 핵심부에 자리하는 보편통찰이기도 하다. 이와 같은 이해를 근거로 삼아 '正念眞如法'을 '참 그대로인 현상을 잊지 않고 온전하

기는 것이며, 세 번째는 '크나큰 연민의 마음'(大悲心)이니 모든 중생의 고통을 제거해 주려는 것이다.

묻는다. 앞에서 '모든 현상세계는 하나처럼 통하는 양상'(法界一相)이고 '부처의 본연은 [불변·독자의 실체나 본질에 의해] 둘[로 나뉨]이 없다'(佛體無二)고 말했는데, 어째서 오직 '참 그대로'(眞如)만을 간직하지 않고 다시 모든 이로운 행위를 구하고 배우는 것이 필요한가?

답한다. 비유하자면 커다란 보배구슬 '본연의 면모'(體性)는 밝고 깨끗하지만 [광석에는] 광석의 더러운 때가 있어서, 사람이 비록 [구슬의] '보배 면모'(寶性)를 생각한다고 하더라도 '수단과 방법'(方便)을 써서 갖가지로 갈고 다듬지 않으면 끝내 [보배구슬 본연의] 깨끗함을 얻을 수 없는 것과 같다. 이와 같이 중생[이 갖춘] '참 그대로인 현상'(眞如之法)은 [그] '본연적 면모'(體性)가 '불변·독자의 실체가 없고 온전한 것'(空淨)이지만 헤아릴 수 없이 많은 번뇌에 오염된 때가 있어서, 사람이 비록 '참 그대로'(眞如)를 생각한다고 하더라도 '수단과 방법'(方便)을 써서 갖가지로 거듭 닦지 않으면 역시 [참 그대로(眞如) 본연의] 온전함을 얻을 수가 없다. [번뇌의] 때가 헤아릴 수 없이 많고 모든 현상에 두루 퍼져 있기 때문에 모든 이로운 행위를 닦아서 [그것들을] 치유하는 것이니, 만일 사람이 '모든 이로운 것들'(一切善法)을 '익히고 실천'(修行)하면 자연히 '참 그대로인 현상'(眞如法)으로 돌아가 [참 그대로(眞如)에 따르게 되는 것이다.

[그 수행의] '수단과 방법'(方便)들을 요약해 말하자면 네 가지가 있으니, 무엇이 네 가지인가?

첫 번째는 '근본을 실천하는 수단과 방법'(行根本方便)이니, 〈모든 현상에는 '불변·독자의 실체나 본질'(自性)이 생겨남이 없다〉(一切法自性無生)는 것을 이해(觀)하여 [사실대로 이해하지 못하는] '그릇된 견해'(妄見)에서 벗어나기에 〈[삶과 죽음을 불변·독자의 실체나 본질로 보는 생각으로] '삶과 죽음'(生死)에

게 간직하는 것'이라 번역하였다.

머무르지 않고〉(不住生死), [또한] 〈모든 현상은 '원인과 조건'(因緣)이 결합[하여 생겨난 것이다]〉(一切法因緣和合)는 것을 이해(觀)하여 '행위의 결과'(業果)를 잃어버리지 않기에 '크나큰 연민'(大悲)을 일으켜 [중생을 위한] 갖가지 '좋은 행위를 하는 능력'(福德)을 닦아 '중생을 껴안아 교화하면서'(攝化衆生) '열반에도 머무르지 않는 것이다'(不住涅槃). [이렇게 하여] '현상의 본연은 [그 본연이 어디에도] 고착됨이 없는 것이다'(法性無住)[는 '참 그대로'(眞如)의 사실]에 따르는 것이다.

두 번째는 '[해로운 것을] 그치게 하는 수단과 방법'(能止方便)이니, '[자기와 남에게] 부끄러워하고'(慚愧)³⁸ '허물을 뉘우쳐'(悔過) 모든 해로운 것을 그치고 더 자라나지 않게 하는 것이다. [이렇게 하여] '현상의 본연은 일체의 허물에서 벗어나 있다'(法性離諸過)[는 '참 그대로'(眞如)의 사실]에 따르는 것이다.

세 번째는 '이로운 능력을 일으켜 더 자라나게 하는 수단과 방법'(發起善根增長方便)이니, '[부처(佛)·진리(法)·수행공동체(僧), 이] 세 가지 보배'(三寶)에 부지런히 공양하고 예배하며 찬탄하고 [삼보의 능력에] '따르며 기뻐하면서'(隨喜) 모든 부처님께 [설법을] 청하는 것이다. [그렇게 하면] '[부처·진리·수행공동체, 이] 세 가지 보배'(三寶)를 사랑하고 공경하는 '순박하고 속 깊은 마음'(淳厚心) 때문에 [진리에 대한] 믿음이 더 자라나게 되어 마침내는 '가장 높은 진리'(無上之道)에 뜻을 두어 추구하게 되며, 또 부처(佛)와 진리(法)와 수행공동체(僧)의 힘에 의해 보호받기 때문에 '[번뇌에 매인] 행위의 장애'(業障)를 소멸시키고 '이로운 능력'(善根)을 퇴보시키지 않을 수 있다. [이렇게 하여] '현상의 본연은 무지와 장애에서 벗어나 있다'(法性離癡障)[는 '참 그대로'(眞如)의 사실]에 따르는 것이다.

네 번째는 '[중생구제의] 크나큰 다짐과 바람을 평등하게 펼치는 수단과 방

---

38 참괴慚愧:『아비달마구사론』권4(T29, 21a24~25), "自觀有恥說名爲慚, 觀他有恥說名爲愧." 여기에 따르면 자기의 부끄러움(恥)을 보는 것이 참慚이고 남의 부끄러움을 보는 것이 괴愧이다.

법'(大願平等方便)이니, 이른바 미래가 다하도록 모든 중생을 교화하고 구제하여 남음이 없게 하고 모두 끝내 '완전한 열반의 경지'(無餘涅槃)를 이루게 하려는 '다짐과 바람'(願)을 일으키는 것이다. [이렇게 하여] '현상의 본연은 단절됨이 없다'(法性無斷絶)[는 '참 그대로'(眞如)의 사실]에 따르는 것이다. '현상의 본연'(法性)은 넓고도 커서 모든 중생에 두루 펼쳐져 있고 '평등하고 [불변·독자의 실체나 본질에 의해] 둘[로 나뉨]이 없으니'(平等無二), [불변·독자의 실체인] 저것과 이것으로 분별(念)하지 않으면 '궁극적으로 [근본무지의 분별로 인한 왜곡과 동요가] 그치는 것'(究竟寂滅)이다.

菩薩發是心故, 則得少分見於法身. 以見法身故, 隨其願力, 能現八種, 利益衆生, 所謂從兜率天退, 入胎, 住胎, 出胎, 出家, 成道, 轉法輪, 入於涅槃. 然是菩薩未名法身, 以其過去無量世來有漏之業, 未能決斷, 隨其所生, 與微苦相應. 亦非業繫, 以有大願自在力故. 如修多羅中, 或說有"退墮惡趣"者, 非其實退, 但爲初學菩薩未入正位而懈怠者恐怖, 令彼[^39]勇猛故. 又是菩薩一發心後, 遠離怯弱, 畢竟不畏墮二乘地, 若聞無量無邊阿僧祇劫勤苦難行乃得涅槃, 亦不怯弱, 以信知一切法, 從本已來, 自涅槃故.

『논』(T32, 581a4~16); 『회본』(1-777a3~15)

['깨달음의 세계로 방향이 정해진 부류'(正定聚)의][^40] 보살은 이 [직심直心·심심深

---

[^39]: 『대승기신론』 대정장본에는 '彼'가 '使'라고 되어 있고, 대정장본 교감주에는 '彼'라고 되어 있는 다른 판본도 있다고 되어 있다. 번역은 한불전의 '彼'에 따랐다.

[^40]: 정정취正定聚와 삼심三心: 앞서 원효는 신성취발심을 수행 계위와 관련하여 "言信成就發心者, 位在十住, 兼取十信. 十信位中修習信心, 信心成就發決定心, 卽入十住, 故名信成就發心也"(H1, 723b24~c3)라고 주석했다. 따라서 신성취발심의 수행범위는 10신에서 10주까지이다. 10신의 과정에서 믿음이 완성되면 확고한 마음인 결정심決定心을 일으키게 되며, 이 결정심을 일으켰다는 것은 곧 10주의 초발심주위初發心住位에 들었음을 의미한다. 앞서의 『대승기신론』에서 거론한 '직심直心·심심深心·대비심大悲心'은 10주에 들어간 결정심의 구체적 내용으로 볼 수도 있다. 한편 원효는 정정취를 수행 계위와 관련하여 "菩薩十解以上, 決定不退, 名正定聚"(H1, 723c21~22)라고 주석하고 부정취를 "發心欲求無上菩提, 而心未決, 或進或退, 是謂十信, 名不定聚"(H1,

心‧대비심大悲心의 확고한] 마음을 일으키기 때문에 바로 부분적으로 '진리의 몸'(法身)을 보게 된다. [부분적으로나마] '진리의 몸'(法身)을 보기 때문에 그 [중생구제를 위한] '다짐과 바람의 힘'(願力)에 따라 여덟 가지 [모습]을 나타내어 중생을 이롭게 할 수 있으니, 이른바 [석가모니처럼] 도솔천에서 [사바세계로] 내려오고, 모태에 들며, 모태에 자리 잡고, 모태에서 나오며, 출가하고, 깨달음을 성취하며, 진리의 수레바퀴를 굴리고, 열반에 드는 [여덟 가지 모습]⁴¹이 그것이다.

그러나 이 보살을 아직 '진리의 몸'(法身)이라고 부르지 않는 것은 과거의 헤아릴 수 없이 많은 시간 동안 [지어 온] '번뇌 있는 행위'(有漏之業)를 아직 완전히 끊지는 못하여 태어나는 곳에 따라 미세한 고통과 서로 응하기 때문이다. [그러나 이 보살이] '[번뇌 있는] 행위'(業)에 묶여 있는 것은 아니니, '[중생구제를 위한] 크나큰 다짐과 바람의 자유자재한 힘'(大願自在力) 때문이다.

경전에서 간혹 "[이 보살이] '해로운 환경'(惡趣)으로 [다시] 물러나 떨어진다"라고 말하는 것은, [그 보살이] 실제로 물러난다는 것이 아니라, 단지 [십주十住에 들어가] '처음 배우는 보살'(初學菩薩)이 아직 [십주十住의] '완전한 단계'(正位)에 들어가지 않았는데도 나태한 경우에 [그를] 두렵게 하여 그로 하여금 열심히 수행하도록 하기 위한 것이다.

또 이 보살은 한번 [직심直心‧심심深心‧대비심大悲心의 확고한] 마음을 일으킨 후에는 '겁이 나서 마음이 약해지는 것'(怯弱)에서 멀리 떠나 끝내는 '[성문聲聞, 연각緣覺] 두 부류의 수행자 지위'(二乘地)로 떨어질까 두려워하지 않으며, 헤아릴 수 없이 오랜 시간 동안 괴롭고 어려운 수행을 부지런히 해

723c23~724a2)라고 주석하여, 정정취는 10주에 들어 그 과정에 있는 자이고 부정취는 10신의 과정에 있는 자로 설명한다. 이런 점들을 근거로 직심‧심심‧대비심의 3심을 발심한 자를 10주에 든 정정취로 보았다.

41 팔상성도八相成道: '팔상성도'라고 불리는 용어의 가장 유력한 원전 출처는 『대승기신론』의 이 구절로 알려진다. 또 하나의 출처는 천태의 『사교의四敎儀』인데, 거기서는 『대승기신론』의 제3주태住胎를 제외하고 대신 출가와 성도 사이에 제5항마降魔를 첨가하고 있다.

야 열반을 얻게 된다는 말을 들어도 겁이 나서 마음이 약해지지 않으니, 모든 현상은 본래부터 스스로 열반인 것을 [확고히] 믿고 알기 때문이다.

解行發心者, 當知轉勝, 以是菩薩從初正信已來, 於第一阿僧祇劫, 將欲滿故, 於眞如法中, 深解現前, 所修離相. 以知法性體無慳貪故, 隨順修行檀波羅密, 以知法性無染離五欲過故, 隨順修行尸波羅密, 以知法性無苦離瞋惱故, 隨順修行羼提波羅密, 以知法性無身心相離懈怠故, 隨順修行毗梨耶波羅密, 以知法性常定體無亂故, 隨順修行禪波羅密, 以知法性體明離無明故, 隨順修行般若波羅密.

『논』(T32, 581a17~26);『회본』(1-777b11~21)

'이해와 수행으로 [깨달음을 향해] 마음을 일으킴'(解行發心)이라는 것은 ['믿음을 성취하여 [깨달음을 향해] 마음을 일으킴'(信成就發心)보다] 더욱 뛰어난 것임을 알아야 하니, 이 보살은 [십신十信의 단계에서] 처음으로 '온전한 믿음'(正信)[을 성취한] 이후 [십주十住와 십행十行을 지나 십회향十迴向의 단계에 들어가서는]⁴² '첫 번째 아승지겁'(第一阿僧祇劫)을 다 채우려고 하기 때문에 [십회향十迴向의 단계에 들어가서] '참 그대로인 현상'(眞如法)에 대해 '깊은 이해'(深解)가 [눈으로 보듯이] 앞에 나타나 [이제까지] 수행한 것에 대해 [그에 대한] '불변·독자의 실체관념'(相)에서 벗어나기 때문이다.

[그리하여] '현상의 본연에는 [그] 본연에 인색과 탐욕이 없다'(法性體無慳貪)[는 도리를 알기 때문에 [이 도리에] 응하여 '널리 베풀고 나누는 [대승보살의] 수행'(檀波羅密, 布施波羅密)을 닦으며, '현상의 본연에는 오염이 없어 [색色·성聲·향香·미味·촉觸에 대한] 다섯 가지 [감관] 욕망의 허물에서 벗어나 있다'(法性無染離五欲過)[는 도리를 알기 때문에 [이 도리에] 응하여 '윤리적 행위

---

42 "十迴向位, 得平等空, 故於眞如, 深解現前也"(H1, 725a2~3)라는 원효의 주석에 따르면 진여(법)에 대한 '깊은 이해'(深解)가 현전하는 것은 십회향위十迴向位이므로 제1아승지겁은 십주十住에 들었다가 십회향이 완성될 때까지의 시간으로 볼 수 있기에 위와 같이 보조문을 달았다.

를 지니는 [대승보살의] 수행'(尸波羅蜜, 持戒波羅蜜)을 닦고, '현상의 본연에는 고통이 없어 분노의 번뇌에서 벗어나 있다'(法性無苦離瞋惱)[는 도리를 알기 때문에 [이 도리에] 응하여 '치욕을 참아 내는 [대승보살의] 수행'(羼提波羅蜜, 忍辱波羅蜜)을 닦으며, 〈현상의 본연에는 [열심히 노력해야 할] 몸과 마음이라는 '불변·독자의 실체'(相)가 없어 나태함에서 벗어나 있다〉(法性無身心相離懈怠)[는 도리를 알기 때문에 [이 도리에] 응하여 '열심히 노력하는 [대승보살의] 수행'(毗黎耶波羅蜜, 精進波羅蜜)을 닦고, '현상의 본연은 항상 안정되어 [그] 본연에 산만함이 없다'(法性常定體無亂)[는 도리를 알기 때문에 [이 도리에] 응하여 '선정에 드는 [대승보살의] 수행'(禪波羅蜜, 禪定波羅蜜)을 닦으며, '현상의 본연은 [그] 본연이 [현상의 '참 그대로'(眞如)에] 밝아 근본무지에서 벗어나 있다'(法性體明離無明)[는 도리를 알기 때문에 [이 도리에] 응하여 '지혜를 밝히는 [대승보살의] 수행'(般若波羅蜜, 智慧波羅蜜)을 닦는다.

證發心者, 從淨心地, 乃至菩薩究竟地, 證何境界? 所謂眞如. 以依轉識說爲境界, 而此證者無有境界, 唯眞如智, 名爲法身. 是菩薩於一念頃, 能至十方無餘世界, 供養諸佛, 請轉法輪, 唯爲開導利益衆生, 不依文字. 或示超地速成正覺, 以爲怯弱衆生故, 或說我於無量阿僧祇劫, 當成佛道, 以爲懈慢衆生故. 能示如是無數方便不可思議, 而實菩薩種性根等, 發心則等, 所證亦等, 無有超過之法, 以一切菩薩皆經三阿僧祇劫故. 但隨衆生世界不同, 所見所聞根欲性異故, 示所行亦有差別. 又是菩薩發心相者, 有三種心微細之相, 云何爲三? 一者, 眞心, 無分別故, 二者, 方便心, 自然徧行利益衆生故, 三者, 業識心, 微細起滅故.

『논』(T32, 581a26~b12); 『회본』(1-777c8~24)

'직접 체득하여 [깨달음을 향해] 마음을 일으킴'(證發心)이라는 것은, '[십지十地 가운데 첫 번째 단계인] 온전한 마음의 경지'(淨心地)로부터 '[십지十地의 마지막 열 번째 단계인] '보살수행의 궁극경지'(菩薩究竟地)에 이르기까지 어떤 경지를 '직접 체득'(證)하는가? 이른바 '참 그대로'(眞如)[의 경지]이다. '[불변·독자의 실체로 간주되는 주관으로) 바뀌어 가는 식'(轉識)에 의거하여 '(불변·독자의 실체로 간주되는) 대상세계'(境界)라고 말하기 때문에, 이 '(참 그대로'(眞如)를) 직접 체득한 사람에게는 '(불변·독자의 실체로 간주되는) 대상세계'(境界)가 있지 않고 오직 '참 그대로를 보는 지혜'(眞如智)(만 있을) 뿐이니, (이 경지를) '진리의 몸'(法身)이라고 부른다.

이 '(진리의 몸'(法身)을 직접 체득한) 보살은 한 생각 사이에 시방十方의 모든 세계에 이르러 모든 부처에게 공양하고 '진리의 수레바퀴'(法輪)를 굴리기를 청하니, 오로지 '(진리의 길을) 열어 보이고 (그 길로) 인도하여'(開導) 중생을 이롭게 하기 위한 것이지 문자에 기대려는 것이 아니다. (이 '진리의 몸'(法身)을 직접 체득한 보살이) 어떤 때는 '(수행의) 단계'(地)를 뛰어넘어 '완전한 깨달음'(正覺)을 속히 이루는 것을 보여 주기도 하니 (이것은) '겁이 나서 마음이 약해진 중생'(怯弱衆生)들을 위하기 때문이고, 어떤 때는 〈나는 헤아릴 수 없이 오랜 시간에야 '깨달음의 길'(佛道)을 완성할 것이다〉라고 말하니 (이 것은) '나태하고 교만한 중생'(懈慢衆生)들을 위하기 때문이다.

'(진리의 몸'(法身)을 직접 체득한 보살들은) 이와 같은 무수한 '수단과 방법'(方便)을 '생각으로는 이루 헤아릴 수 없게'(不可思議) 나타낼 수 있지만, 실제로는 (이) 보살들의 '(여래가 될 수 있는) 원인이 되는 면모의 근본'(種性根)은 같은 것이고 (그들이) '깨달음을 향해] 마음을 일으킴'(發心)도 같은 것이며 (그들이) '직접 체득한 것'(所證)(인 '참 그대로'(眞如))도 같은 것이어서 (이것들을) 뛰어넘는 (다른) 것은 있지 않으니, '(진리의 몸'(法身)을 직접 체득한) 모든 보살은 다 '세 번의 아승지겁'(三阿僧祇劫)(이라는 무량한 시간 동안의 수행)을 거쳤기 때문이다. 단지 중생세계가 (서로) 같지 않아 (중생의) '보는 것'(所見)·'듣는 것'(所聞)·능력(根)·욕구(欲)·성품(性)이 다르다는 것에 따르기 때문에 '(진리의 몸'(法身)을 직접 체득한 보살들이 중생을 위해) 행하는 것을 나타내는 것에도 차이가 있는 것이다.

또한 이 '(진리의 몸'(法身)을 직접 체득한) 보살이 '(깨달음을 향해) 마음을 일으키는 양상'(發心相)에는 '마음의 세 가지 미세한 양상'(三種心微細之相)이 있으니, 무엇이 세 가지인가? 첫 번째는 '참된 마음'(眞心)이니 '[불변·독자의 실체나 본질이 있다는 생각으로] 나누어 구분함이 없기'(無分別) 때문이고, 두 번째는 '수단과 방법을 쓰는 마음'(方便心)이니 [불변·독자의 실체나 본질이 있다는 생각으로 분별함이 없이] 자연스럽게 두루 행하면서 중생을 이롭게 하기 때문이며, 세 번째는 '[근본무지에 따라 처음] 움직이는 식識의 마음'(業識心)이니 [이 보살의 마음은 근본무지에 따라] 미세하게 일어나고 사라지기 때문이다.

又是菩薩功德成滿, 於色究竟處, 示一切世間最高大身, 謂以一念相應慧, 無明頓盡, 名一切種智, 自然而有不思議業, 能現十方, 利益衆生.

『논』(T32, 581b13~16); 『회본』(1-778a18~21)

또 [수행하여 얻은] 이 보살의 '이로운 능력'(功德)이 완성되면 '유형적인 것에 의존하는 세계 가운데 최고수준의 세계'(色究竟處)[43]에서 '모든 세상'(一切世間)에 '가장 탁월한 몸'(最高大身)을 보이니, '[근본무지에 따라 분별하는] 첫 생각을 포착하는 지혜'(一念相應慧)로써 근본무지(無明)를 한꺼번에(頓) 없애는 것을 '모든 것을 사실대로 이해하는 지혜'(一切種智)라고 부르는데 [이 지혜에는] 저절로 '생각으로는 이루 헤아릴 수 없는 행위'(不思議業)가 있게 되어 [그 행위를] '모든 세상'(十方)에 나타내어 중생을 이롭게 할 수 있는 것이다.

問曰. 虛空無邊故, 世界無邊, 世界無邊故, 衆生無邊, 衆生無邊故, 心行差別亦復無邊, 如是境界不可分齊, 難知難解. 若無明斷, 無有心想, 云何能了, 名一切種智? 答曰. 一切境界, 本來一心, 離於想念, 以衆生妄見境

---

43 색구경처色究竟處:『구사론』에 따르면, '[근본무지에 매인] 모든 세계'(三界)는 각각 별도의 하늘세계를 거느리고 있는데, '감관욕망에 의존하는 세계'(欲界)에 6개, '유형적인 것에 의존하는 세계'(色界)에 18개, '무형인 것에 의존하는 세계'(無色界)에 4개가 있어 모두 '스물여덟의 하늘세계'(二十八天)로 이루어져 있다고 한다. 색구경처는 '유형적인 것에 의존하는 세계'(色界)에 속하는 18하늘세계 중에서 가장 높은 곳에 위치하고 있다. 물질적 형태가 나타나는 마지막 단계의 세계이므로 색구경色究竟이라는 명칭이 부여되었다.

界, 故心有分齊, 以妄起想念, 不稱法性, 故不能決了. 諸佛如來, 離於見
想, 無所不徧, 心眞實故, 卽是諸法之性, 自體顯照一切妄法. 有大智用, 無
量方便, 隨諸衆生所應得解, 皆能開示種種法義, 是故得名一切種智. 又問
曰. 若諸佛有自然業, 能現一切處, 利益衆生者, 一切衆生, 若見其身, 若觀
神變, 若聞其說, 無不得利, 云何世間多不能見? 答曰. 諸佛如來法身平等,
徧一切處, 無有作意故, 而說自然, 但依衆生心現. 衆生心者, 猶如於鏡. 鏡
若有垢, 色像不現, 如是衆生心若有垢, 法身不現故.

『논』(T32, 581b17~c5); 『회본』(1-778c14~779a8)

묻는다. 허공은 끝이 없기 때문에 세계도 끝이 없고, 세계가 끝이 없으
므로 중생도 끝이 없으며, 중생이 끝이 없으므로 '마음 작용의 차이들'(心行
差別)도 끝이 없으니, 이와 같이 대상세계(境界)는 '나뉜 한계를 정할 수 없
어'(不可分齊) 알기도 어렵고 이해하기도 어렵다. 만약 근본무지(無明)가 끊
어지면 ['불변·독자의 실체나 본질이 있다는 생각으로] 분별하는 마음'(心想)이 없
을 텐데, 어떻게 알 수 있기에 '모든 것을 사실대로 이해하는 지혜'(一切種
智)라고 부르는가?

답한다. 모든 대상세계(境界)는 본래 '하나처럼 통하는 마음'(一心)[의 지평]
에 있는 것이라서 ['불변·독자의 실체나 본질이 있다는 견해로] 분별하는 생각'(想
念)에서 벗어나 있지만, 중생들이 [근본무지(無明)에 따라] 대상세계(境界)를
'사실과 달리 보기'(妄見) 때문에 마음에 ['불변·독자의 실체나 본질에 의해] 나
뉜 한계'(分齊)가 있으며, ['불변·독자의 실체나 본질이 있다는 관점으로] 분별하는
생각'(想念)을 '잘못 일으켜'(妄起) '현상의 본연'(法性)과 맞지 않기 때문에 제
대로 알 수가 없다. [이에 비해] 모든 부처와 여래는 ['불변·독자의 실체나 본질로
서의 대상세계(境界)에 대한] 봄(見)과 분별(想)에서 벗어나 [그 아는 것과 이해하는
것이] 미치지 못하는 데가 없으니, '참 그대로인 마음'(心眞實)이기 때문에 [아
는 것과 이해하는 것들이] 바로 '모든 현상'(諸法)의 본연(性)[과 맞는 것]이어서 ['참
그대로인 마음'(心眞實)] '자신의 본연'(自體)이 모든 '왜곡되고 오염된 현상들'
(妄法)을 ['사실 그대로'(如實)] 드러내어 밝게 비춘다. [이 '참 그대로인 마음'(心眞

實)에는 '크나큰 지혜의 작용'(大智用)이 있어 헤아릴 수 없이 많은 '수단과 방법'(方便)으로 모든 중생이 응당 이해할 수 있는 것에 따라 갖가지 '가르침의 내용'(法義)을 다 열어 보여 줄 수 있으니, 이런 까닭에 '모든 것을 사실대로 이해하는 지혜'(一切種智)라고 부르는 것이다.

다시 묻는다. 만약 모든 부처에게 ['참 그대로'(眞如)인] '본연 그대로의 행위'(自然業)가 있어 모든 곳에 [그 '본연 그대로의 행위'(自然業)를] 드러내어 중생을 이롭게 할 수 있는 것이라면, 모든 중생이 그 [부처의] 몸을 보거나 신통변화를 보거나 그 [부처의] 설법을 듣거나 하여 이로움을 얻지 못함이 없을 터인데, 어찌하여 세상에서는 [그런 경우들을] 많이 볼 수 없는가?

답한다. 모든 부처와 여래의 '진리의 몸'(法身)은 평등하여 모든 곳에 두루 미치지만 [분별로써] 지어내는 생각'(作意)이 없기 때문에 ['참 그대로'(眞如)인] '본연 그대로'(自然)라고 말한 것이니, 다만 중생들의 마음에 의거하여 [그 '진리의 몸'(法身)을] 나타낸다. 중생들의 마음이라는 것은 마치 거울과 같은 것이다. 거울에 만약 때가 있으면 '형상 있는 것의 모습'(色像)이 나타나지 않으니, 이와 같이 중생들의 마음에 만약 [번뇌의] 때가 있으면 '진리의 몸'(法身)은 나타나지 않는 것이다.

4) 믿는 마음을 수행하는 부분(修行信心分)

已說解釋分, 次說修行信心分. 是中依未入正定衆生, 故說修行信心.

『논』(T32, 581c5~7);『회본』(1-780a10~11)

이상으로 '해석하는 부분'(解釋分)의 설명을 마치고 다음에는 '믿는 마음을 수행하는 부분'(修行信心分)을 설한다. 여기서는 '깨달음의 세계로 방향이 정해진 [부류]'(正定[趣])에 아직 들어가지 못한 중생들에 의거하였기 때문에 '믿는 마음을 수행함'(修行信心)을 설하는 것이다.

何等信心, 云何修行? 略說信心有四種, 云何爲四? 一者, 信根本, 所謂樂念眞如法故. 二者, 信佛有無量功德, 常念親近供養恭敬, 發起善根, 願求一切智故. 三者, 信法有大利益, 常念修行諸波羅蜜故. 四者, 信僧能正修行自利利他, 常樂親近諸菩薩衆, 求學如實行故.

『논』(T32, 581c8~14); 『회본』(1-780b1~7)

어떤 '믿는 마음'(信心)들이고, 어떻게 수행하는가? 간략하게 말하면 '믿는 마음'(信心)에는 네 가지가 있으니, 무엇이 네 가지인가? 첫 번째는 '근본을 믿는 것'(信根本)이니, 이른바 '참 그대로인 현상'(眞如法)을 즐겨 생각하는 것이다. 두 번째는 부처에게 '헤아릴 수 없이 많은 이로운 능력'(無量功德)이 있음을 믿는 것이니, 늘 [부처를] 생각하고 [부처를] '가까이하며'(親近) [부처를] 공양하고 공경하면서 '이로운 능력'(善根)을 생겨나게 하여 '모든 것을 사실대로 이해하는 지혜'(一切智)를 바라고 구하는 것이다. 세 번째는 [부처님의] 가르침(法)에 '크나큰 이로움'(大利益)이 있음을 믿는 것이니, 항상 모든 '[자기도 이롭게 하고 남도 이롭게 하는'(自利利他) 대승의] 구제수행'(波羅蜜)을 '익히고 실천하는 것'(修行)을 생각하는 것이다. 네 번째는 〈수행공동체(僧)가 '올바로 익히고 실천하여'(正修行) '자기도 이롭게 하고 남도 이롭게 한다'(自利利他)〉는 것을 믿는 것이니, 언제나 [자기도 이롭게 하고 남도 이롭게'(自利利他)하는] 모든 보살수행자들을 가까이 하는 것을 즐기면서 '사실 그대로 실천함'(如實行)을 구하여 배우는 것이다.

修行有五門, 能成此信, 云何爲五? 一者, 施門, 二者, 戒門, 三者, 忍門, 四者, 進門, 五者, 止觀門.

『논』(T32, 581c14~16); 『회본』(1-780b13, 1-780b17~18)

수행에는 다섯 가지 방법(門)이 있어서 이 믿음을 완성할 수 있으니, 무엇이 다섯인가? 첫 번째는 '[널리] 베풀고 나누는 수행'(施門)이고, 두 번째는 '윤리적 행위규범을 지켜 가는 수행'(戒門)이며, 세 번째는 '참아 내는 수행'(忍門)이고, 네 번째는 '[열심히] 노력하는 수행'(進門)이며, 다섯 번째는 〈'[빠저들지 않고 그침'(止)과 [사실대로] 이해함'(觀)의 수행⟩(止觀門)이다.

云何修行施門? 若見一切來求索者, 所有財物, 隨力施與, 以自捨慳貪, 令彼歡喜. 若見厄難恐怖危逼, 隨己堪任, 施與無畏. 若有衆生來求法者, 隨己能解, 方便爲說, 不應貪求名利恭敬, 唯念自利利他, 迴向菩提故. 云何修行戒門? 所謂不殺不盜不婬, 不兩舌不惡口不妄言不綺語, 遠離貪嫉欺詐諂曲瞋恚邪見. 若出家者, 爲折伏煩惱故, 亦應遠離憒鬧, 常處寂靜, 修習少欲知足頭陀等行. 乃至小罪, 心生怖畏, 慚愧改悔, 不得輕於如來所制禁戒, 當護譏嫌, 不令衆生妄起過罪故. 云何修行忍門? 所謂應忍他人之惱, 心不懷報, 亦當忍於利衰毀譽稱譏苦樂等法故. 云何修行進門? 所謂於諸善事, 心不懈退, 立志堅强, 遠離怯弱, 當念過去久遠已來, 虛受一切身心大苦, 無有利益, 是故應勤修諸功德, 自利利他, 速離衆苦. 復次若人雖修行信心, 以從先世來, 多有重罪惡業障故, 爲邪魔諸鬼之所惱亂, 或爲世間事務種種牽纏, 或爲病苦所惱. 有如是等衆多障礙, 是故應當勇猛精勤, 晝夜六時, 禮拜諸佛, 誠心懺悔, 勸請隨喜, 迴向菩提, 常不休廢, 得免諸障, 善根增長故.

『논』(T32, 581c17~582a12); 『회본』(1-780b23~781a1)

어떻게 '[널리] 베풀고 나누는 수행'(施門)을 익히며 실천하는가? 만약 누구라도 와서 도움을 구하는 자를 본다면 가지고 있는 재물을 능력껏 베풀어 주는 것이니, '아끼고 탐내는 것'(慳貪)을 스스로 버림으로써 [도움을 구하는] 그들을 기쁘게 만드는 것이다. [또] 만약 '불행과 재난'(厄難), 두려움(恐怖), '위험의 핍박'(危逼)을 [만난 자들을] 본다면, 자기가 감당할 수 있는 것에 따라 [그들의] '두려움을 없애 줌'(無畏)을 실천하는 것이다. [또] 만약 찾아와서 진리를 구하는 중생이 있다면, 자신이 이해하는 것에 따라 [적절한] '수단과 방법'(方便)을 써서 [그를] 위하여 설명해 주는 것이니, 명예와 이익 및 공경을 탐하여 구하지 말고 오직 '자기도 이롭게 하고 남도 이롭게 함'(自利利他)을 생각하면서 [가르쳐 주는 모든 노력을] 깨달음으로 향하게 하는 것이다.

어떻게 '윤리적 행위규범을 지켜가는 수행'(戒門)을 익히며 실천하는가? 이른바 '[살아있는 것을 의도적으로] 죽이지 않고'(不殺), '주어지지 않는 것을 훔쳐 갖지 않으며'(不盜), '부적절한 성관계를 갖지 않고'(不婬), '[하나의 사실에 대하여] 두말하지 않으며'(不兩舌), '[거친] 욕설을 하지 않고'(不惡口), '거짓말을 하지 않으며'(不妄言), '꾸며 대는 말을 하지 않아'(不綺語), 탐욕(貪)·질투(嫉)·기만(欺)·사기(詐)·아첨(諂)·왜곡(曲)·'정의롭지 못한 분노'(瞋恚)·'사특한 견해'(邪見)에서 멀리 벗어나는 것이다. 만약 출가한 사람이라면 번뇌를 꺾어 굴복시키기 위해서 또한 어지럽고 시끄러운 곳에서 멀리 벗어나 고요한 곳에 늘 머무르면서 '욕심을 적게 하고'(少欲) '만족할 줄 알며'(知足) '의식주에 얽매이지 않고 홀로 닦는'(頭陀) 실천 등을 거듭 익혀야 한다. [또 출가자라면] 사소한 죄라도 두려워하는 마음을 내어 '[자기와 남에게] 부끄러워하여'(慚愧) '고치고 뉘우치면서'(改悔) 여래께서 정한 '피할 것'(禁)과 '준수할 것'(戒)을 가볍게 여기지 않아 '[중생들이] 비난하거나 헐뜯지'(譏嫌) 않게 하여서 중생들로 하여금 [출가자를 비난하여 짓게 되는] 허물과 죄를 잘못 일으키지 않게 하는 것이다.

어떻게 '참아 내는 수행'(忍門)을 익히며 실천하는가? 이른바 다른 이가 괴롭혀도 참아 내어 되갚아 주려는 마음을 품지 않는 것이며, 또한 이익과 손해, 치욕과 명예, 칭찬과 조롱, 괴로움과 즐거움 등의 현상(法)을 참아 내는 것이다.

어떻게 '[열심히] 노력하는 수행'(進門)을 익히며 실천하는가? 이른바 온갖 '좋은 일'(善事)에도 마음이 나태해지거나 퇴행하지 않고 [수행에] 뜻을 세워 군건히 하여 '겁이 나 마음이 약해지는 것'(怯弱)에서 멀리 벗어나는 것이니, 시작을 알 수 없는 오랜 과거부터 모든 [종류의] 몸과 마음의 커다란 고통을 헛되게 받으며 이로움이 없었다는 것을 생각하여 갖가지 '이로운 능력'(功德)을 부지런히 익혀 '자기도 이롭게 하고 남도 이롭게'(自利利他) 하면서 온갖 고통에서 빨리 벗어나는 것이다.

또 만약 어떤 이가 비록 '믿는 마음'(信心)을 수행한다고 해도 이전 세상에서부터의 무거운 죄와 악한 행위의 장애가 많이 있기 때문에, [깨달음을 방해하려는] '사특한 방해자'(邪魔)와 갖가지 귀신들에게 괴롭힘을 당하게 되거나, 혹은 세상의 일에 갖가지로 끌려다니며 얽매이거나, 혹은 질병의 고통에 시달리게 된다. 이와 같은 수많은 장애들이 있기 때문에 반드시 용맹스럽게 부지런히 노력해야 하니, '[하루에] 낮과 밤으로 [모두] 여섯 때'(晝夜六時)에 모든 부처에게 예배하고, 진실한 마음으로 '잘못을 반성하고 뉘우치며'(懺悔), '[설법 듣기를] 간절히 요청하고'(勸請), '[다른 사람의 이익에] 더불어 기뻐하면서'(隨喜), [이런 노력들을] '깨달음으로 돌리는 것'(廻向菩提)을 늘 쉼 없이 하여 온갖 장애에서 벗어나 [깨달음을 성취할 수 있는] '이로운 능력'(善根)을 키우는 것이다.

云何修行止觀門? 所言止者, 謂止一切境界相, 隨順奢摩他觀義故. 所言觀者, 謂分別因緣生滅相, 隨順毗鉢舍那觀義故. 云何隨順? 以此二義, 漸漸修習, 不相捨離, 雙現前故.

『논』(T32, 582a12~16);『회본』(1-781a20~24)

어떻게 〈'[빠져들지 않고] 그침'(止)과 '[사실대로] 이해함'(觀)의 수행〉(止觀門)을 익히며 실천하는가? '[빠져들지 않고] 그침'(止)이라는 것은 〈모든 '[불변·독자의 실체로 간주하는] 대상[을 수립하는] 양상'(境界相)[에 빠져드는 것]을 그치는 것〉(止一切境界相)을 말하니, 〈'[빠져들지 않고] 그침을 통해 [사실대로 이해하면서] 바르게 봄'(奢摩他觀, 止觀)의 측면(義)〉(奢摩他觀義, 止觀義)에 따르는 것이다. '[사실대로] 이해함'(觀)이라는 것은 '원인과 조건에 따라 생겨나고 사라지는 양상'(因緣生滅相)을 이해(分別)하는 것을 말하니, 〈'[사실대로] 이해함을 통해 [빠져들지 않고 그쳐서] 바르게 봄'(毗鉢舍那觀, 觀觀)의 측면(義)〉(毗鉢舍那觀義, 觀觀義)에 따르는 것이다. 어떻게 따르는가? 이 두 가지 측면(義)을 점차 익히면서 서로 배제(捨)하거나 분리(離)되지 않게 하여 쌍으로 [함께] 나타나게 하는 것이다.

若修止者, 住於靜處, 端坐, 正意, 不依氣息, 不依形色, 不依於空, 不依地水火風, 乃至不依見聞覺知, 一切諸想, 隨念皆除, 亦遣除想. 以一切法本來無相, 念念不生, 念念不滅. 亦不得隨心外念境界, 後以心除心. 心若馳散, 卽當攝來, 住於正念. 是正念者, 當知唯心, 無外境界, 卽復此心亦無自相, 念念不可得. 若從坐起, 去來進止, 有所施作, 於一切時, 常念方便, 隨順觀察, 久習淳熟, 其心得住. 以心住故, 漸漸猛利, 隨順得入眞如三昧, 深伏煩惱, 信心增長, 速成不退. 唯除疑惑, 不信, 誹謗, 重罪業障, 我慢, 懈怠, 如是等人, 所不能入.

『논』(T32, 582a16~29); 『회본』(1-782b14~c3)

만약 '[빠]져들지 않고 그침'(止)을 닦는 자⁴⁴라면 [다음과 같이 해야 한다.]

고요한 곳에 자리 잡고 단정히 앉아서 뜻을 바르게 하면서, 호흡에도 의존하지 않고, '모양이나 색깔 있는 것'(形色)에도 의존하지 않으며, 허공(空)에도 의존하지 않고, '땅·물·불·바람'(地水火風)[이라는 육신의 구성요소]에도 의존하지 않으며, '[안식眼識에 의한] 봄과 [이식耳識에 의한] 들음과 [비식鼻識·설식舌識·신식身識에 의한] 느낌과 [의식意識에 의한] 앎'(見聞覺知)⁴⁵에도 의존하지 않아, 모든 '대상과 양상을 좇아가 붙드는 생각'(想)을 '[그] 생각에 따르면서도 모두 [붙들지 않고 놓아 버리며]'(隨念皆除), '[놓는 주체인] 놓아 버리는 생각'(除想)마저도 [붙들지 않고 놓아 버린다.]

'[빠져들지 않고 그침'(止)을 닦는 자는] 모든 현상에는 본래부터 '불변·독자의 실체'(相)가 없어서 생각마다 [그 실체가] 생겨나지도 않고 생각마다 [그 실체가] 사라지지도 않는다[는 것을 알아야 한다.] 또한 [대상을 좇아가는] 마음에 따라 바깥으로 대상세계를 분별하지 말아야 하고, 그 후에 [대상세계의 양상을 붙들어 취하는 것을 허물과 고통이라고 생각하는] 마음으로 [해로운 생각과 갖가지 번

---

44 원효는 이 대목을 '명능입인明能入人'이라고 과문하므로 '者'를 인칭으로 이해했다.

45 『아비달마구사석론』권12(T29, 242c16~18)의 "若眼識所證爲見, 耳識所證爲聞, 意識所證爲知, 鼻舌身識所證爲覺"에 따라 번역했다.

뇌의] 마음을 제거해야 한다.

만약 마음이 [잠깐이라도 바깥 대상들을] '좇아가 흐트러지면'(馳散) 곧 '붙들어 와서'(攝來) '[모든 대상과 양상에 빠져들지 않는] 온전한 생각'(正念)에 자리 잡게 해야 한다. 이 '[모든 대상과 양상에 빠져들지 않는] 온전한 생각'(正念)을 챙기는 것은, [모든 것이] '오로지 마음[에 의한 구성]'(唯心)이기에 '[불변·독자의 실체인] 외부 대상세계가 없으며'(無外境界), 또한 다시 이 마음에도 '불변·독자의 자기 실체'(自相)가 없어서, '생각마다 [불변·독자의 실체인 외부대상이나 마음을] 얻을 수 없다'(念念不可得)는 것을 알아야 한다.

[또] '[빠져들지 않고] 그침'(止)을 닦는 자는] 앉은 자리에서 일어나서 가거나(去) 오거나(來) 나아가거나(進) 멈추면서(止) 펼치는 모든 행위의 모든 때에 항상 '[빠져들지 않고] 그침'(止)을 돕는] '수단과 방법'(方便)을 생각하여 '[그 수단과 방법에] 따르면서 [모든 것을] 관찰하니'(隨順觀察), [이러한 수행을] 오랫동안 익혀 충분히 성숙해지면 '그 마음이 '[빠져들지 않고] 그침'(止)에 자리 잡는다'(其心得住).

'마음이 '[빠져들지 않고] 그침'(止)에 자리 잡기'(心住) 때문에 [그 '[빠져들지 않고] 그침'(止)이] '점점 힘차고 예리해져서'(漸漸猛利) '참 그대로와 만나는 삼매'(眞如三昧)에 따라 들어가게 되며, [그리하여] 번뇌를 깊은 수준에서 굴복시키고 '[네 가지] 믿는 마음'(信心)⁴⁶을 더욱 키워 '물러나지 않는 경지'(不退)

---

46 네 가지 신심信心: 앞서 『대승기신론』 본문(T32, 581c8~14)에서 네 가지 '믿는 마음'(信心)을 거론한 바 있다. "간략하게 말하면 '믿는 마음'(信心)에는 네 가지가 있으니, 무엇이 네 가지인가? 첫 번째는 '근본을 믿는 것'(信根本)이니, 이른바 '참 그대로인 현상'(眞如法)을 즐겨 생각하는 것이다. 두 번째는 부처에게 '헤아릴 수 없이 많은 이로운 능력'(無量功德)이 있음을 믿는 것이니, 늘 [부처를] 생각하고 [부처를] '가까이하며'(親近) [부처를] 공양하고 공경하면서 '이로운 능력'(善根)을 생겨나게 하여 '모든 것을 사실대로 이해하는 지혜'(一切智)를 바라고 구하는 것이다. 세 번째는 [부처님의] 가르침(法)에 '크나큰 이로움'(大利益)이 있음을 믿는 것이니, 항상 모든 '[자기도 이롭게 하고 남도 이롭게 하는'(自利利他) 대승의] 구제수행'(波羅蜜)을 '익히고 실천하는 것'(修行)을 생각하는 것이다. 네 번째는 〈수행공동체(僧)가 '올바로 익히고 실천하여'(正修行) '자기도 이롭게 하고 남도 이롭게 한다'(自利利他)〉는 것을 믿는 것이니, 언제나

를 빨리 이룬다.

오직 '의심과 미혹'(疑惑)[에 빠진 자], '믿지 않음'(不信)[에 빠진 자], '비난과 헐뜯음'(誹謗)[에 빠진 자], '무거운 죄가 되는 행위의 장애'(重罪業障)[에 빠진 자], '[내가 남보다 우월하다는] 교만'(我慢)[에 빠진 자], '해이함과 나태'(懈怠)[에 빠진 자]들은 [[빠져들지 않고 그침'(止)을 닦는 자에서] 제외하니, [[빠져들지 않고 그침'(止)을 닦는 수행 길은] 이와 같은 사람들이 들어갈 수 없는 곳이다.

復次依是三昧故, 則知法界一相, 謂一切諸佛法身與衆生身平等無二, 即名一行三昧. 當知眞如, 是三昧根本, 若人修行, 漸漸能生無量三昧.

『논』(T32, 582b1~4); 『회본』(1-783c16~19)

또한 이 [참 그대로와 만나는] 삼매에 의거하기 때문에 '모든 것이 하나처럼 통하는 양상'(法界一相)을 알게 되니, '모든 부처의 진리 몸'(一切諸佛法身)과 '중생의 몸'(衆生身)이 '평등하고 [불변·독자의 실체나 본질에 의해] 둘[로 나뉨]이 없음'(平等無二)을 [드러내는 것을] 바로 [모든 것을] 하나처럼 통하는 것으로 보게 하는 삼매'(一行三昧)⁴⁷라고 부른다. '참 그대로'(眞如)가 이 삼매三昧의 근

['자기도 이롭게 하고 남도 이롭게'(自利利他) 하는] 모든 보살수행자들을 가까이하는 것을 즐기면서 '사실 그대로 실천함'(如實行)을 구하여 배우는 것이다"(略說信心有四種, 云何為四? 一者, 信根本, 所謂樂念眞如法故. 二者, 信佛有無量功德, 常念親近供養恭敬, 發起善根, 願求一切智故. 三者, 信法有大利益, 常念修行諸波羅蜜故. 四者, 信僧能正修行自利利他, 常樂親近諸菩薩衆, 求學如實行故).

47 일행삼매一行三昧: '일상장엄삼매一相莊嚴三昧'라고도 한다. 범어로 'Ekavyūha-samādhi'로서 일반적으로 'Eka'는 '一', 'vyūha'는 '莊嚴'(orderly arrangement)으로 한역되기 때문인 것으로 보인다. 히라이 슌에이(平井俊榮)에 따르면 『문수반야경』의 만다라선曼陀羅仙 역에서는 일행삼매라 번역하고, 승가바라僧伽婆羅 역에서는 불사의삼매不思議三昧, 현장玄奘 역 『대반야경』에서는 일상장엄삼마지一相莊嚴三摩地라고 번역한다. 『中國般若思想史研究』(東京: 春秋社, 1976), p.655 참조. 원효가 일행삼매를 설명하기 위해 인용하는 『문수반야경』의 설명에 따르면 일행삼매는 〈'하나처럼 통하는 양상'(一相)인 법계法界와 만나는 삼매三昧로서 제불諸佛과 법계가 무차별상無差別相임을 아는 것〉이라고 요약된다(『소』, H1, 729a18~b3. "所言'一行三昧'者, 如『文殊般若經』言, '云何名一行三昧? 佛言. 法界一相, 繫緣法界, 是名一行三昧. 入一行三昧者, 盡知恒沙諸佛

본이라는 것을 알아야 하니, 만약 사람이 [이 진여삼매眞如三昧를] 수행하면 헤아릴 수 없이 많은 삼매를 점점 생겨나게 할 수 있다.

或有衆生無善根力, 則爲諸魔外道鬼神之所惑亂. 若於坐中, 現形恐怖, 或現端正男女等相, 當念唯心, 境界則滅, 終不爲惱.

『논』(T32, 582b4~7); 『회본』(1-784a13~16)

혹 어떤 중생에게 [지止 수행을 위한] '좋은 능력'(善根力)이 없으면 '온갖 방해하는 것들'(諸魔)과 '[불법佛法과는] 다른 가르침'(外道)과 귀신들(鬼神)에게 현혹되고 [수행이] 어지러워진다. 만약 좌선坐禪하는 중에 [그런 것들이] 모습을 나타내어 두렵게 하거나 혹은 단정한 남자와 여자 등의 모습들을 나타낸다면 '오로지 마음[에 의해 나타난 것]일 뿐'(唯心)임을 생각해야 하니, [그렇게 생각하면] 대상들이 사라져 마침내 괴로움을 당하지 않게 된다.

法界無差別相. 阿難, 所聞佛法, 得念總持, 辯才智慧, 於聲聞中雖爲最勝, 猶住量數, 卽有限礙. 若得一行三昧, 諸經法門一一分別, 皆悉了知, 決定無礙, 晝夜常說, 智慧辯才, 終不斷絶. 若比阿難多聞辯才, 百千等分不及其一", 乃至廣說"). 같은 반야계 경전인 『마하반야바라밀경』 권5에서는 "云何名一行三昧? 住是三昧, 不見諸三昧此岸彼岸, 是名一行三昧"(T8, 252c24~26)라고 하여, 이 일행삼매에 머무른다는 것은 모든 삼매의 차안此岸과 피안彼岸을 보지 않는 것이라 설명한다. 그리고 이 설명을 보충하기 위해 『마하반야바라밀경』의 주해서인 『대지도론』 권47에서는 "菩薩於是三昧, 不見此岸, 不見彼岸. 諸三昧入相爲此岸, 出相爲彼岸, 初得相爲此岸, 滅相爲彼岸"(T25, 401b22~25)이라고 하여, 모든 다른 삼매에서는 입상入相과 출상出相 및 득상得相과 멸상滅相 등으로 차안과 피안을 차별하는데 이 일행삼매에서는 그 차별을 보지 않는 것이라고 해설한다. 『대지도론』의 같은 곳에서는 "一行三昧者, 是三昧常一行, 畢竟空相應"(T25, 401b20)이라고 하여, 일행一行의 내용이 필경공畢竟空에 상응한다고 설명하기도 한다. 원효가 일행삼매를 설명하기 위해 인용하는 『문수반야경』에서 제불과 법계가 무차별상無差別相임을 아는 것이라고 설명하는 내용과 대체로 같은 문맥들이라고 하겠다. 한편 『마하반야바라밀경』의 같은 곳에서는 대승 보살이 닦아야 할 삼매들로서 "須菩提, 菩薩摩訶薩摩訶衍, 所謂名首楞嚴三昧, 寶印三昧, 師子遊戲三昧, 妙月三昧, 月幢相三昧, …"(T8, 251a8~10)라고 하면서 갖가지 삼매의 명칭들을 나열하고 이어서 각각의 삼매에 관해 설명해 나가는 대목(T8, 251a8~253b16)이 전개되는데, 일행삼매는 그 갖가지 삼매들 중의 하나로서 제시된다.

或現天像, 菩薩像, 亦作如來像, 相好具足. 或說陀羅尼, 或說布施持戒
忍辱精進禪定智慧. 或說平等空, 無相無願, 無怨無親, 無因無果, 畢竟空
寂, 是眞涅槃. 或令人知宿命過去之事, 亦知未來之事, 得他心智辯才無礙,
能令衆生貪著世間名利之事. 又令使人數瞋數喜, 性無常準, 或多慈愛, 多
睡多病, 其心懈怠. 或卒起精進, 後便休廢, 生於不信, 多疑多慮. 或捨本勝
行, 更修雜業, 若著世事, 種種牽纏. 亦能使人得諸三昧少分相似, 皆是外
道所得, 非眞三昧. 或復令人若一日若二日若三日乃至七日住於定中, 得自
然香美飲食, 身心適悅, 不飢不渴, 使人愛著. 或亦令人食無分齊, 乍多乍
少, 顏色變異. 以是義故, 行者常應智慧觀察, 勿令此心墮於邪網, 當勤正
念, 不取不著, 則能遠離是諸業障. 應知外道所有三昧, 皆不離見愛我慢之
心, 貪著世間名利恭敬故. 眞如三昧者, 不住見相, 不住得相, 乃至出定, 亦
無懈慢, 所有煩惱, 漸漸微薄. 若諸凡夫不習此三昧法, 得入如來種性, 無
有是處. 以修世間諸禪三昧, 多起味著, 依於我見, 繫屬三界, 與外道共. 若
離善知識所護, 則起外道見故.

『논』(T32, 582b7~c1); 『회본』(1-784c3~785a6)

때로는 천신天神의 형상이나 보살의 형상을 나타내기도 하고 여래의 형
상을 나타내기도 하는데, [모두] '수승한 용모(相)와 빼어난 특징(好)'(相好)을
갖추고 있다. 때로는 주문(陀羅尼)을 설해 주고, 때로는 '베풀기와 나누기'
(布施), '윤리적 행위를 간수하기'(持戒), 참아 내기(忍辱), 노력하기(精進), '선
정[을 수행하기]'(禪定), '지혜[를 연마하기]'(智慧)[의 육바라밀]을 설하기도 한다.
또 때로는 〈'평등하게 비어 있고'(平等空) '차이도 없으며'(無相) '바랄 것도
없고'(無願) '원망하는 것도 없으며'(無怨) '가까이할 것도 없고'(無親) '원인도
없으며'(無因) '과보도 없어'(無果) [모든 것이] 끝내 '비어 고요하니'(空寂), 이것
이 참된 열반이다〉라고 설하기도 한다.

혹은 [지止 수행하는] 사람으로 하여금 과거 전생前生의 일을 알게 하거나
미래의 일을 알게 하기도 하고, '다른 사람의 마음을 읽는 능력'(他心智)과
'말 잘하는 능력'(辯才)이 걸림이 없음을 얻게 하여, [그런 능력들을 얻은] 중생

이 세상의 명예와 이익에 관련된 일을 탐하고 집착하게 만들기도 한다. 또 [지止 수행하는] 사람으로 하여금 자주 화내고 자주 기쁘게 하여 성격에 일정함이 없게 하며, 혹은 자애가 [너무] 많게 하기도 하고, 잠이 [너무] 많거나 병이 [너무] 많게 하여 그의 마음을 게으르게 한다. [또] 혹은 갑자기 정진하다가 곧 그만두게 하기도 하고, [수행에 대한] 불신을 일으켜 의심이 많고 생각이 많게 하기도 한다. 혹은 '근본[에 속하는] 뛰어난 수행'(本勝行)을 버리고서 다시 잡다한 행위를 익히게 하거나, 세간의 일에 집착하여 갖가지로 끌려다니고 얽매이게 만든다.

또 [지止 수행하는] 사람으로 하여금 갖가지 '삼매와 조금 비슷한 것'(三昧少分相似)을 얻게 하는데, [이는] 모두 [불법佛法과는] 다른 길'(外道)로 얻은 것이지 참된 삼매가 아니다. 혹은 [지止 수행하는] 사람으로 하여금 하루나 이틀, 사흘 내지 이레 동안 선정禪定에 머물러 저절로 향기롭고 맛있는 음식을 얻어 몸과 마음이 쾌적하여 배고프지도 않고 목마르지도 않게 하여, 그로 하여금 [그 선정이나 음식에] 애착하게 만든다. 혹은 또 [지止 수행하는] 사람으로 하여금 식사에 절제가 없게 하니, 갑자기 많이 먹거나 갑자기 적게 먹어 안색이 [수시로] 바뀌고 달라지게 한다.

['수행을 방해하는 현상'(魔事)이 발생하는 것은] 이러한 이치(義)이기 때문에, 수행자는 늘 지혜로 관찰하여 이 마음을 '해로운 그물'(邪網)에 떨어지지 않게 하고, [모든 대상과 양상에 빠져들지 않는] 온전한 생각'(正念)을 부지런히 챙겨 [그 방해하는 현상들을] '붙잡지도 않고'(不取) [그것들에] '달라붙지도 않아야'(不著) 곧 이러한 갖가지 '행위의 장애'(業障)에서 멀리 벗어날 수 있다.

[불법佛法과는] 다른 가르침을 따르는 사람들'(外道)이 지닌 삼매는 모두 '견해에 대한 애착'(見愛)과 [남보다 낫다거나 같다거나 못하다 하면서] 비교하여 자기를 규정하는 마음'(我慢之心)에서 벗어나지 못했음을 알아야 하니, [그 삼매는] 세상의 명예와 이익, 공경을 탐하여 집착하기 때문이다. '참 그대로와 만나는 삼매'(眞如三昧)라는 것은, '보았다는 생각'(見相)에도 머물지 않고 '얻었다는 생각'(得相)에서 머물지 않으며 또한 선정禪定에서 나올지라도 해

이함(懈)이나 '비교하는 마음'(慢)이 없어 가지고 있던 번뇌를 점점 희미하고 엷어지게 한다.

만약 모든 범부가 이 '[참 그대로와 만나는] 삼매'([眞如]三昧)의 [수행]법을 익히지 않고서도 '여래의 면모'(如來種性)로 들어간다는 것은 있을 수가 없다. [진여삼매眞如三昧가 아닌] 세간의 갖가지 선禪의 삼매를 닦으면 [그 삼매의] 맛에 대한 집착을 많이 일으켜 [삼매를 닦는] '[불변·독자의] 내가 있다는 견해'(我見)에 의거하여 '[욕망세계(欲界)·유형세계(色界)·무형세계(無色界), 이] 세 가지 세계'(三界)에 얽매여서 '[불법佛法과는] 다른 길'(外道)과 함께 하기 때문이다. 만약 '이로운 스승'(善知識)들이 지키고 있는 [진여삼매에 대한] 가르침에서 벗어나면, 곧 '[불법佛法과는] 다른 길'(外道)을 따르는 견해를 일으키게 되는 것이다.

復次精勤, 專心修學此三昧者, 現世當得十種利益, 云何爲十? 一者, 常爲十方諸佛菩薩之所護念, 二者, 不爲諸魔惡鬼所能恐怖, 三者, 不爲九十五種外道鬼神之所惑亂, 四者, 遠離誹謗甚深之法, 重罪業障漸漸微薄, 五者, 滅一切疑諸惡覺觀, 六者, 於如來境界, 信得增長, 七者, 遠離憂悔, 於生死中, 勇猛不怯, 八者, 其心柔和, 捨於憍慢, 不爲他人所惱, 九者, 雖未得定, 於一切時一切境界, 處則能減損煩惱, 不樂世間, 十者, 若得三昧, 不爲外緣一切音聲之所驚動.

『논』(T32, 582c2~13); 『회본』(1-787a14~b1)

다시 부지런히 노력하여 마음을 다하여 이 [진여]삼매를 배워 익히는 자는 금생에 열 가지 이익을 얻을 것이니, 열 가지란 무엇인가? 첫 번째는 언제나 '온 세상'(十方)의 모든 부처와 보살들이 보호하는 대상이 되는 것이고, 두 번째는 [향상 수행을] 방해하는 갖가지 신적 존재들과 나쁜 귀신들이 두렵게 할 수 있는 대상이 되지 않는 것이며, 세 번째는 95가지의 '[불법佛法과는] 다른 가르침을 말하는 사람들과 귀신들'(外道鬼神)이 현혹시키거나 혼란스럽게 하는 대상이 되지 않는 것이고, 네 번째는 심오한 가르침(法)을 비방하는 것에서 멀리 벗어나게 되어 '무거운 죄악의 행위로 인한 장애'(重罪業障)가 점점 미미하고 희박하게 되는 것이며, 다섯 번째는 모든 의혹과 온갖 해로운 '사유와 숙고'(覺觀)[48]를 없애는 것이고, 여섯 번째는 여래[가 도달한] 경지(境界)에 대하여 믿음이 더욱 늘어나는 것이며, 일곱 번째는 근심과 후회에서 멀리 벗어나 삶과 죽음 속에서 용맹하여 비겁하지 않는 것이고, 여덟 번째는 그 마음이 부드럽고 조화로우며 교만을 버려 다른 이들이 괴롭히는 대상이 되지 않는 것이며, 아홉 번째는 비록 아직 선정(定)을 얻지 못했을지라도 모든 때 모든 곳에서 [거기에] 처하면 곧 번뇌를 줄이고 '세속적인 것'(世間)을 즐기지 않을 수 있는 것이고, 열 번째는 만약 삼매를 얻으면 바깥에서 생기는 모든 소리가 놀라게 하거나 동요시킬 수 있는 대상이 되지 않는 것이다.

復次, 若人唯修於止, 則心沈沒, 或起懈怠, 不樂衆善, 遠離大悲, 是故修觀. 修習觀者, 當觀一切世間有爲之法, 無得久停, 須臾變壞, 一切心行, 念念生滅, 以是故苦. 應觀過去所念諸法, 恍惚如夢, 應觀現在所念諸法, 猶如電光, 應觀未來所念諸法, 猶如於雲, 忽爾而起. 應觀世間一切有身, 悉皆不淨, 種種穢汚, 無一可樂. 如是當念. 一切衆生, 從無始世來, 皆因無明所熏習故, 令心生滅, 已受一切身心大苦, 現在卽有無量逼迫, 未來所苦亦無分齊, 難捨難離, 而不覺知. 衆生如是, 甚爲可愍. 作此思惟, 卽應勇猛立大誓願. 願令我心離分別故, 徧於十方, 修行一切諸善功德, 盡其未來, 以無量方便, 救拔一切苦惱衆生, 令得涅槃第一義樂. 以起如是願故, 於一切時一切處, 所有衆善, 隨己堪能, 不捨修學, 心無懈怠. 唯除坐時專念於止, 若餘一切, 悉當觀察應作不應作.

『논』(T32, 582c14~583a3); 『회본』(1-787b5~24)

그런데 만약 사람이 오직 '[빠져들지 않고 그침]'(止)만을 닦으면 마음이 가

---

48 각관覺觀은 심사尋伺의 옛 번역어이다.

라앉고 혹 해이함이나 나태함을 일으켜 갖가지 선행善行을 좋아하지 않고 [고통 받는 중생에 대한] '크나큰 연민'(大悲)에서 멀리 떠나게 되니, 이런 까닭에 [사실대로] 이해함'(觀)을 닦는 것이다.

'[사실대로] 이해함'(觀)을 닦아 익히는 자는, 세상의 모든 '[조건들에 의존하여] 이루어진 현상'(有爲法)은 오랫동안 [그대로] 머물러 있을 수 없고 잠깐 사이에도 변하여 없어지는 것이며, 모든 '마음 작용'(心行)은 생각마다 발생과 소멸[을 거듭]하니, 그러므로 '괴로운 것'(苦)이라고 이해해야 한다. [또한] 과거에 생각했던 '모든 것'(諸法)은 [사라진] 꿈처럼 실체 없는 것이라고 이해해야 하고, 현재 생각하는 '모든 것'(諸法)은 번갯불같이 [잠깐이라고] 이해해야 하며, 미래에 생각할 '모든 것'(諸法)은 구름처럼 홀연히 생겨[났다 사라지는 것]이라고 이해해야 한다. [또] 세상에 있는 모든 신체란 다 깨끗하지 못한 것으로서 갖가지로 더러워 즐길 만한 것이 하나도 없다고 이해해야 한다.

[그리고] 이렇게 생각해야 한다. 〈모든 중생은 시작을 알 수 없는 때부터 지금까지 모두 근본무지(無明)에 의해 거듭 영향을 받았기 때문에 마음을 [근본무지에 따라] 생멸하게 하여, 이미 온갖 몸과 마음의 큰 고통을 받았으며, 현재에도 헤아릴 수 없는 핍박이 있고, 미래에 받을 괴로움도 한계(分齊)가 없어 [괴로움을] 버리기도 어렵고 [괴로움에서] 벗어나기도 어렵지만 [그런 줄을] 알지 못한다. 중생은 이와 같은 것이어서 매우 가련하다〉고.

이러한 생각을 하고 곧바로 용맹하게 [다음과 같은] '크나큰 다짐과 바람'(大誓願)을 세워야 한다. 〈원하오니, 나의 마음이 분별에서 벗어나 '모든 곳'(十方)에서 두루 모든 [유형의] 뛰어난 '이로운 능력'(功德)을 닦아 행하고, 미래가 다하도록 헤아릴 수 없이 많은 '수단과 방법'(方便)으로 고뇌하는 모든 중생들을 구해 내며, [그들로 하여금] '열반이라는 궁극적 행복'(涅槃第一義樂)을 얻게 하소서〉[라고.]

이와 같은 바람(願)을 일으키기 때문에, 모든 때 모든 곳에서 갖가지 '이로운 것'(善)을 자기가 감당할 능력에 따라 버리지 않고 배우고 익히되 마음에 해이함과 나태함이 없는 것이다. 앉아 있을 때 '[빠져들지 않고] 그침'

(止) 수행에 전념하는 것만을 빼고는, 나머지 모든 경우에는 언제나 '해야 할 것'(應作)과 '하지 말아야 할 것'(不應作)을 [잘] 이해해야 한다.

若行若住, 若臥若起, 皆應止觀俱行. 所謂雖念諸法自性不生, 而復卽念因緣和合善惡之業, 苦樂等報, 不失不壞, 雖念因緣善惡業報, 而亦卽念性不可得. 若修止者, 對治凡夫住著世間, 能捨二乘怯弱之見, 若修觀者, 對治二乘不起大悲狹劣心過, 遠離凡夫不修善根. 以此義故, 是止觀二門, 共相助成, 不相捨離, 若止觀不具, 則無能入菩提之道.

『논』(T32, 583a3~11); 『회본』(1-787c10~19)

[수행자는] 가거나 머물거나 눕거나 일어나거나 모든 경우에 〈'[빠져들지 않고] 그침'(止)과 '[사실대로] 이해함'(觀)을 함께 행하여야 한다〉(止觀俱行). 비록 〈모든 현상(法)에는 '[불변·독자의] 자기 실체나 본질'(自性)이 생겨나지 않는다〉(諸法自性不生)는 것을 생각하더라도 또한 다시 곧바로 〈'원인과 조건이 결합하여 생겨난 이롭거나 해로운 행위'(因緣和合善惡之業)와 [그에 따른] '괴롭거나 즐거운 과보들'(苦樂等報)이 상실되지도 훼손되지도 않는다〉는 것을 생각하며, [또한] 비록 '원인과 조건에 따라 생겨나는 이롭거나 해로운 행위의 과보'(因緣善惡業報)를 생각하더라도 또한 곧바로 [생겨난 과보의] 〈'[불변·독자의] 실체나 본질'(性)은 얻을 수 없다〉(性不可得)는 것을 생각하는 것을 말한다.

만약 '[빠져들지 않고] 그침'(止)을 닦는 사람이라면 '세속적인 것'(世間)에 머물러 집착하는 범부 중생[의 마음]을 치유하고 '[성문聲聞, 연각緣覺] 두 부류의 수행자'(二乘)의 '겁내고 나약한 견해'(怯弱之見)를 버리게 할 수 있으며, 만약 '[사실대로] 이해함'(觀)을 닦는 사람이라면 '크나큰 연민'(大悲)을 일으키지 못하는 '[성문聲聞, 연각緣覺] 두 부류 수행자'(二乘)의 '좁고 못난 마음'(狹劣心)의 허물을 치유하고 '[깨달음을 성취하는] 이로운 능력'(善根)을 닦지 않는 범부 중생[의 허물]에서 멀리 벗어난다.

이러한 뜻이기 때문에 이 〈'[빠져들지 않고] 그침'(止)과 '[사실대로] 이해함'

(觀)이라는 두 가지 방법〉(止觀二門)은 함께 서로 도와서 이루어지는 것이어서 서로 배제하거나 분리되지 않으니, 만약 '[빠져들지 않고] 그침'(止)과 '[사실대로] 이해함'(觀)을 모두 갖추지 않으면 깨달음의 길에 들어갈 수가 없는 것이다.

復次衆生初學是法, 欲求正信, 其心怯弱, 以住於此娑婆世界, 自畏不能常值諸佛, 親承供養. 懼謂信心難可成就, 意欲退者, 當知如來有勝方便, 攝護信心. 謂以專意念佛因緣, 隨願得生他方佛土, 常見於佛, 永離惡道. 如修多羅說, "若人專念西方極樂世界阿彌陀佛, 所修善根廻向, 願求生彼世界, 即得往生, 常見佛故, 終無有退". 若觀彼佛眞如法身, 常勤修習, 畢竟得生, 住正定故.

『논』(T32, 583a12~21); 『회본』(1-788b2~11)

또 중생이 처음으로 이 가르침(法)을 배워서 올바른 믿음을 구하려 해도 그 마음이 겁을 내고 나약해지니, 이 '중생의 세상'(娑婆世界)에 살기 때문에 항상 모든 부처를 만나서 직접 공양을 받들어 올리지 못하는 것을 스스로 두려워한다. [그래서] 〈[대승의 가르침을] 믿는 마음은 성취하기 어렵다〉고 두려워하면서 [믿는 마음을 성취하려는] 의지를 거두려고 하는 자는, 여래에게 뛰어난 '수단과 방법'(方便)이 있어 '믿는 마음'(信心)을 지켜 준다는 것을 알아야 한다. '부처님을 생각하는 것'(念佛)에 전념하는 인연으로 바람(願)에 따라 '부처님이 계시는 다른 세상'(他方佛土)에 태어나 언제나 부처님을 뵙고 [설법을 들어] '해로운 길'(惡道)에서 완전히 벗어나는 것이 그것이다. 마치 경전에서 "만약 사람이 서방西方 극락세계[에 계시는] 아미타 부처님을 마음을 다해 생각하고, 닦아 온 '이로운 능력'(善根)[의 힘]을 되돌려 그 [극락] 세계에 태어나기를 원하고 바라면, [그 극락세계에] 태어나 언제나 부처를 만날 수 있기 때문에 끝내 퇴보함이 없다"라고 말한 것과 같다. 만약 저 [아미타] 부처님의 '참 그대로인 진리의 몸'(眞如法身)을 생각(觀)하면서 [그 생각을] 언제나 부지런히 닦고 익히면 마침내 [아미타 부처님이 계신 극락세계에] 왕생하여 '깨달음의 세계로 방향이 정해진 부류'(正定/正定聚)⁴⁹에 안착하는 것이다.

5) 수행의 이로움을 권하는 부분(勸修利益分)

已說修行信心分, 次說勸修利益分. 如是摩訶衍, 諸佛秘藏, 我已總說.

『논』(T32, 583a21~23); 『회본』(1-788c8~9)

'믿는 마음을 수행하는 부분'(修行信心分)을 설해 마쳤으니, 다음으로는 '수행의 이로움을 권하는 부분'(勸修利益分)을 설한다. 이와 같은 대승[의 가르침]이 모든 부처님들의 '깊은 가르침'(秘藏)이니, 나는 전부 설해 마쳤다.

49　정정正定: 『대승기신론』「수행신심분」의 초두(T32, 581c7)에서는 "'깨달음의 세계로 방향이 정해진 [부류]'(正定[趣])에 아직 들어가지 못한 중생들에 의거하였기 때문에 '믿는 마음을 수행하는 부분'(修行信心分)을 설하는 것이다"(依未入正定衆生, 故說修行信心)라고 하여 수행신심분의 설법 대상이 '미입정정중생未入正定衆生', 즉 '[깨달음의 세계로 갈지, 타락하여 해로운 세계로 갈지] 방향이 정해져 있지 않은 부류의 중생'(不定聚衆生)이라는 것을 천명하고 있다. 따라서 「수행신심분」이 마무리되는 자리에서 '깨달음의 세계로 방향이 정해진 부류의 중생'(正定衆生)을 거론하는 것이 마땅하다. 정정취중생과 부정취중생의 개념을 수행 계위와 관련하여 자세히 논의하는 대목은 '분별발취도상' 중 '신성취발심'의 단락이다. 원효는 거기에서 정정취를 "菩薩十解以上, 決定不退, 名正定聚"(H1, 723c21~22)라고 주석하고 부정취를 "發心欲求無上菩提, 而心未決, 或進或退, 是謂十信, 名不定聚"(H1, 723c23~724a2)라고 주석한다. 정정취는 십신十信의 수행이 완성되고 나서 더 이상 퇴보하지 않는 십주十住(=十解) 이상의 과정에 있는 자이고, 부정취는 십신의 과정에 있는 자라는 설명이다. 또한 '불퇴방편不退方便'을 논의하는 대목의 원효 주석에서는 '분별발취도상' 중 이 '신성취발심'의 단락에 해당하는 『대승기신론』 본문의 내용을 인용하면서 "如上信成就發心中言, 以 '得少分見法身'故, 此約相似見也"(H1, 732b17~18)라고 하여 '상사견相似見'을 언급하는데, 『대승기신론』 본문의 "得少分見法身"에 대한 주석에서 원효는 "是明自利功德. 十解菩薩, 依人空門, 見於法界, 是相似見, 故言 '少分'也"(H1, 724c9~11)라고 하여 '少分見法身', 즉 '상사견相似見'의 주체가 '십해보살十解菩薩', 즉 정정취중생이라고 언급한다.

若有衆生欲於如來甚深境界, 得生正信, 遠離誹謗, 入大乘道, 當持此論, 思量修習, 究竟能至無上之道. 若人聞是法已, 不生怯弱, 當知此人, 定紹佛種, 必爲諸佛之所授記. 假使有人能化三千大千世界滿中衆生, 令行十善, 不如有人, 於一食頃, 正思此法, 過前功德, 不可爲喩. 復次若人受持此論, 觀察修行, 若一日一夜, 所有功德, 無量無邊, 不可得說. 假令十方一切諸佛, 各於無量無邊阿僧祇劫, 歎其功德, 亦不能盡. 何以故? 謂法性功德無有盡故, 此人功德亦復如是, 無有邊際. 其有衆生, 於此論中, 毀謗不信, 所獲罪報, 經無量劫, 受大苦惱. 是故衆生, 但應仰信, 不應誹謗, 以深自害, 亦害他人, 斷絶一切三寶之種, 以一切如來, 皆依此法, 得涅槃故, 一切菩薩, 因之修行, 入佛智故. 當知過去菩薩, 已依此法, 得成淨信, 現在菩薩, 今依此法, 得成淨信, 未來菩薩, 當依此法, 得成淨信. 是故衆生, 應勤修學.

『논』(T32, 583a23~b14); 『회본』(1-788c11~15, 788c19~789a2, 789a6~11, 789a16~18, 789a20)

만약 어떤 중생이 여래의 깊고 깊은 경지(境界)에 대해 올바른 믿음을 내고 비방에서 멀리 벗어나 대승大乘의 길에 들어가고자 하면, 반드시 이 『대승기신론』을 지녀 [그 이치에 대해] 성찰(思量)하고 [그 이치를] '닦고 익혀야'(修習) 마침내 '가장 높은 깨달음'(無上之道)에 이를 수 있다. 만약 [어떤] 사람이 이 가르침을 듣고서 겁내거나 나약한 마음을 내지 않는다면, 이 사람은 반드시 '부처님 [깨달음의] 종자'(佛種)를 이어 모든 부처에 의해 '부처가 되리라는 보증'(授記)을 받게 될 것임을 알아야 한다. 가령 어떤 사람으로 하여금 '끝없는 모든 세계'(三千大千世界)를 가득 채운 [정도의 많은] 중생들을 교화시켜 [그들로 하여금] '열 가지 이로운 행위'(十善)를 행하게 할지라도, [그것은] 어떤 사람이 한 끼 먹는 시간 동안이라도 이 『대승기신론』의 이치(法)를 '제대로 사유하는 것'(正思)만 못하니, '[수없이 많은 중생들을 교화하여 십선十善을 행하게 하는] 앞의 공덕보다 [잠깐이라도 『대승기신론』의 이치를 제대로 생각하는 것이 훨씬 뛰어난 것'(過前功德)은 비유로도 말할 수가 없다.

또 만약 어떤 사람이 이 논론을 '받아 지니고'(受持) '이해하고 성찰'(觀察)하며 '닦고 실천'(修行)하기를 하루 낮밤 동안이라도 한다면 [그로 인해] 지니게 되는 '이로운 능력'(功德)은 '한량없고 끝이 없어'(無量無邊) 말로 다 할 수가 없다. 가령 '모든 곳의 모든 부처들'(十方一切諸佛)이 저마다 한량없고 끝이 없는 '아득하게 긴 세월'(阿僧祇劫) 동안 그 '이로운 능력'(功德)을 찬탄하더라도 다할 수가 없다. 어째서인가? '현상의 [온전한] 본연이 지닌 이로운 능력'(法性功德)은 끝이 없기 때문이니, 이 사람의 '이로운 능력'(功德)도 이와 같은 것이어서 한계(邊際)가 없는 것이다.

그 어떤 중생이 이 『대승기신론』을 비방하고 믿지 않는다면 [그가] 얻게 되는 '나쁜 행위의 과보'(罪報)로 '헤아릴 수 없는 긴 세월'(無量劫)을 지나도록 크나큰 고뇌를 받을 것이다. 그러므로 중생은 다만 우러러 믿어야지 비방을 해서는 안 될 것이니, [비방을 하면] 심하게 자신을 해치고 다른 사람들도 해쳐 '[부처(佛)·진리(法)·수행공동체(僧), 이] 세 가지 보배'(三寶)의 모든 종자를 끊어 버리기 때문이며, 모든 여래가 다 이 [『대승기신론』의] 도리(法)에 의거하여 열반을 얻기 때문이고, 모든 보살이 이에 따라 수행(修行)하여 '부처의 지혜'(佛智)로 들어가기 때문이다.

과거의 보살들도 이미 이 [『대승기신론』의] 도리(法)에 의거하여 '온전한 믿음'(淨信)을 이룰 수 있었고, 현재의 보살들도 지금 이 [『대승기신론』의] 도리(法)에 의거하여 '온전한 믿음'(淨信)을 이룰 수 있으며, 미래의 보살들도 이 [『대승기신론』의] 도리(法)에 의거하여 '온전한 믿음'(淨信)을 이룰 수 있을 것이라는 것을 알아야 한다. 그러므로 중생들은 반드시 [이 『대승기신론』의 가르침을] 부지런히 닦고 배워야 한다.

3. 총괄하여 끝맺고 모든 공덕을 중생에게 되돌리는 게송(總結廻向偈)

諸佛甚深廣大義, 我今隨分總持說.
廻此功德如法性, 普利一切眾生界.

『논』(T32, 583b15~16); 『회본』(1-789a24~b1)

모든 부처님들의 깊고 깊으며 넓고 큰 뜻을
내 이제 역량 따라 모두 갖추어 말했나이다.
이 공덕功德을 '현상의 [온전한] 본연과 같아짐'(如法性)으로 되돌리니
모든 중생들의 세계를 널리 이롭게 하소서.

『대승기신론소大乘起信論疏』와『별기別記』

『대승기신론』에 대한 원효의 해석(疏)과 연구초록(別記)

원효는『대승기신론』해설서를 저술하기 위해 먼저 일종의 연구초록인『별기』를 저술하였고, 번뇌론을 정밀하게 연구한『이장의』를 저술한 이후 어느 시기에『대승기신론』에 대한 본격적이고도 체계적인『소』를 저술하였다. 이런 저술 시차로 인해『소』는『별기』의 내용에 의거하면서도 간과할 수 없는 차이들이 추가된다. 원효는『소』에서『별기』의 내용으로 설명을 대체하기도 하는 등 기본적으로『별기』의 연구성과에 의존하지만『소』와『별기』를 동일하게 취급할 수는 없다. 저술 시차에 따른 원효의 이해 변화 등을 유심히 음미할 필요가 있다. 본 번역에서는 이러한 비교탐구가 가능하도록『소』와『별기』를 따로 번역하는 동시에,『소』와『별기』의 구문 대조표를 만들어 양자의 구문 차이를 확인할 수 있게 하였다.『소』와『별기』를 임의로 편집한 종래의『회본』으로는 이러한 비교연구가 불가능하다.

Ⅰ. 『대승기신론』의 '전체 취지'(大意)와 '가장 중요한 본연'(宗體)¹

【소】 將說此論, 略有三門. 初標宗體, 次釋題名, 其第三者, 依文顯義.

『소』(1-698b5~6); 『회본』(1-733a7~8)

앞으로 이 『기신론』을 해설함에 있어 대략 세 가지 방식을 설정한다. 첫 번째는 '가장 중요한 본연'(宗體)²을 세우는 것이고, 두 번째는 [『대승기신론』이라는] 명칭을 해석하는 것이며, 세 번째는 문장에 따라 [그] 뜻을 밝히는 것이다.

【별기】 將釋此論, 略有二門. 一者, 述論大意, 二卽, 依文消息.

『별기』(1-677c5~6)

앞으로 이 『기신론』을 해석함에 대략 두 가지 방식(門)을 설정한다. 첫 번째는 '전체의 취지'(大意)를 논술하는 것이고, 두 번째는 문장을 따라가면서 설명하는 것이다.

---

1 『별기』와 『소』의 내용을 모두 반영한 제목이다.
2 체體: '체'는 『대승기신론』이나 원효의 저술에서 어떤 현상의 '가장 근원적 위상'을 지칭할 때 채택되는 중요한 개념이다. 이 근원적 위상이 '의지하게 되는 토대적 조건'을 의미할 때는 '기본'이나 '바탕'이라는 번역어를 선택하고, 근원적 위상이 '참된 국면/지평'이나 '본래의 고유성'을 의미할 때는 '본연本然'이라 번역해 본다.

『소』(1-698b3~4)	『별기』(1-677c5~6)
將①說此論, 略有②三門. ③初④標宗體, ⑤次釋題名, ⑥其第三者, 依文⑦顯義.	將①釋此論, 略有②二門. ③一者, ④述論大意, ⑤二⑥卽, 依文⑦消息.

【소】第一標宗體者. 然夫大乘之爲體也, 蕭焉空寂, 湛爾沖玄. 玄之又玄之, 豈出萬像之表, 寂之又寂之, 猶在百家之談. 非像表也, 五眼不能見其軀, 在言裏也, 四辯不能談其狀. 欲言大矣, 入無內而莫遣, 欲言微矣, 苞無外而有餘. 引之於有, 一如用之而空, 獲之於無, 萬物乘之而生. 不知何以言之, 强號之謂大乘.

『소』(1-698b7~14);『회본』(1-733a9~17)

첫 번째로 '가장 중요한 본연'(宗體)을 세우는 것은 [다음과 같은 것이다.] 저 대승의 본연(體)이 되는 것이여! 쓸쓸한 것처럼 비어 고요하면서도, 가득한 것처럼 깊고 그윽하다. 그윽하고 또 그윽하게 있으니 어찌 온갖 형상으로 나타남을 벗어나겠으며, [없는 듯] 고요하고 또 고요하지만 오히려 '온갖 주장들'(百家)의 말 속에 있다. [그 본연(體)은] 형상으로 나타난 것이 아니니 '다섯 가지 보는 능력'(五眼)[3]으로도 그 몸을 볼 수 없으며, 말 속에 있으나 '네

3　오안五眼: 대승의 길을 수행하는 사람에게 갖추어지는 다섯 가지 눈을 가리킨다. 곧 육신에 갖추어진 실제의 눈인 육안肉眼(māṃsa-cakṣus), 가까운 곳이나 먼 곳에 있거나 그 무엇이든 볼 수 있는 특별한 능력을 갖춘 눈인 천안天眼(divya-cakṣus), '모든 현상에는 불변·독자의 실체가 없다'(一切空相)는 안목을 갖추고 있는 혜안慧眼(prajñā-cakṣus), 모든 중생을 깨달음의 길로 안내하는 '모든 종류의 가르침'(一切法門)을 포괄하여 볼 줄 아는 법안法眼(dharma-cakṣus), 모든 것을 사실 그대로 보게 되는 부처의 경지에서 갖추어지는 눈인 불안佛眼(buddha-cakṣus)이다. 이러한 다섯 가지 눈은 대승적 관점에서 분류를 시도한 것으로 이해할 수 있다. 곧 육안은 모든 이들에게 공통되는 눈, 천안은 불교 밖의 수행자들이 갖출 수 있는 눈, 혜안은 [성문聲聞, 연각緣覺] 두 부류의 수행자(二乘)들도 얻을 수 있는 지혜의 눈, 대승의 보살 수행자들에게 비로소 갖추어지는 법안, 마지막으로 부처 경지에서 이루어지는 불안 등의 구도로 해석할 수 있기 때문이다. 오안이라는 개념은 아함경에서도 나타나지만, 지시하는

가지 변설 능력'(四辨)⁴으로도 그 모양을 말할 수 없다. 크다고 말하려니 안이 없는 곳에 들어가도 넘치는 것이 없고, 작다고 말하려니 바깥 한계가 없는 [큰] 것을 감싸고도 남음이 있다. [그 본연(體)을] '있는 것'(有)에서 보려 하지만 '하나처럼 통하는 참 그대로'(一如)⁵[인 지평]에서 그 [본연(體)]을 써서 ['있는 것'(有)이] '불변·독자의 실체가 없는 것'(空)이고, [그 본연(體)을] '없는 것'(無)에서 잡아 보려 하지만 만물이 그 [본연(體)]을 타고 생겨난다. 무엇으로 불러야 할지 알 수 없으나, 억지로 이름 붙여 '대승大乘'이라 일컬어 본다.

【별기】 言大意者. 然夫佛道之爲道也. 簫焉空寂, 堪⁶爾沖玄. 玄之又玄之, 豈出萬像之表, 寂之又寂之, 猶在百家之談. 非像表也, 五眼不能見其

내용은 전혀 다르다. 본문과 같은 오안의 개념은 『대반야바라밀다경』을 필두로 『소품반야경』, 『광찬반야경』, 『금강경』 등의 반야계열 경전에서 중시되고 있다.

4 사변四辨/四辯: 사무애변四無碍辯의 준말로서 사무애지四無碍智라고도 한다. 『화엄경』 권26에서는 "是菩薩常隨四無礙智而不可壞. 何等爲四? 一法無礙, 二義無礙, 三辭無礙, 四樂說無礙"(T9, 568c16~18)라고 하여 보살이 항상 따르는 4무애지四無礙智로서 법무애法無礙, 의무애義無礙, 사무애辭無礙, 요설무애樂說無礙를 제시한다. 그리고 "是菩薩以法無礙智, 知諸法自相, 以義無礙智, 知差別法, 以辭無礙智, 知說諸法不可壞, 以樂說無礙智, 知說諸法次第不斷"(T9, 568c18~21)이라고 하여 법무애지法無礙智는 제법諸法의 자상自相을 아는 것이고, 의무애지義無礙智는 차별법差別法들을 아는 것이며, 사무애지辭無礙智는 제법諸法이 파괴되지 않음을 설할 줄 아는 것이고, 요설무애지樂說無礙智는 제법諸法이 순서대로 끊어지지 않음을 설할 줄 아는 것이다.

5 일여一如: '일一'과 '여如(tathā)는 『대승기신론』과 원효가 진리나 깨달음의 특징이나 양상을 설명할 때 채택되는 대표적 개념들이다. '진여眞如'라는 용어와 같은 의미계열에서 사용된다. 이 용어들이 사용되는 경우들의 의미맥락을 종합할 때 이렇게 말할 수 있다. 〈'一'은 '불변·독자의 실체나 본질로 인한 상호 격절隔絶적 분리'가 해체되어 마치 '하나처럼 서로 통하고 서로 만나 작용하는 지평'을 지시한다. 그리고 '如'는, '불변·독자의 실체나 본질을 설정하여 전개하는 희론분별의 허구적 왜곡과 차별'에 가려졌던 사실이 '그대로'(如) 드러나는 사태다. '분별희론의 기만과 오염체계'가 해체되고 거두어진 만큼 드러나는 '사실 그대로'를 지시하는 개념이다.〉 이런 이해를 담아 '一如'를 '하나처럼 통하는 참 그대로'라고 번역하였다.

6 '堪'은 '湛'의 오기로 보인다. '湛'으로 교감한다.

軀, 在言裏也, 四辯不能談其狀. 欲言大矣, 入無內而莫遺, 欲言微矣,
苟無外而有余. 將謂有耶, 一如用之而空, 將謂無耶, 萬物用之而生. 不
知何以言之, 强爲道.

『별기』(1-677c7~14)

'전체의 취지'(大意)를 말해 보겠다. 부처가 가리킨 길의 내용이여! 쓸쓸
한 것처럼 비어 고요하면서도, 가득한 것처럼 깊고 그윽하다. … [그 바탕을]
'있는 것'(有)이라 말해 보려 하니 '하나처럼 통하는 참 그대로'(一如)[인 지평]
에서 그 [본연(體)]을 써서 ['있는 것'(有)이] '불변·독자의 실체가 없는 것'(空)
이고, [그 본연(體)을] '없는 것'(無)이라 말해 보려 하니 만물이 그 [본연(體)]을
써서 생겨난다. 무엇으로 불러야 할지 알 수 없으나, 억지로나마 길(道)이
라 해 본다.

〈『소』와 『별기』의 구문 대조〉

『소』(1-698b7~14)	『별기』(1-677c7~14)
①第一標宗體者. 然夫②大乘之爲體也. 蕭焉空寂, ③湛爾沖玄. 玄之又玄之, 豈出萬像之表, 寂之又寂之, 猶在百家之談. 非像表也, 五眼不能見其軀, 在言裏也, 四辯不能談其狀. 欲言大矣, 入無內而莫遺, 欲言微矣, 苟無外而有④餘. ⑤引之於有, 一如用之而空, ⑥獲之於無, 萬物⑦乘之而生. 不知何以言之, ⑧强號之謂大乘.	①言大意者. 然夫②佛道之爲道也. 簫焉空寂, ③堪爾沖玄. 玄之又玄之, 豈出萬像之表, 寂之又寂之, 猶在百家之談. 非像表也, 五眼不能見其軀, 在言裏也, 四辯不能談其狀. 欲言大矣, 入無內而莫遺, 欲言微矣, 苟無外而有④余. ⑤將謂有耶, 一如用之而空, ⑥將謂無耶, 萬物⑦用之而生. 不知何以言之, ⑧强爲道.

【별기】 其體也曠兮, 其若太虛而無其私焉, 蕩兮, 其若巨海而有至公焉. 有
至公故, 動靜隨成, 無其私故, 染淨斯融. 染淨融故, 眞俗平等, 動靜成
故, 昇降參差. 昇降差故, 感應路通, 眞俗等故, 思議路絶. 思議絶故, 體
之者, 乘影響而無方, 感應通故, 祈之者, 超名相而有歸. 所垂影響, 非
形非說, 旣超名相, 何超何歸? 是謂無理之至理, 不然之大然也.

그 본연(體)이 넓게 비었음이여,[7] 큰 허공과 같아서 사사로움이 없고, [그 본연(體)이] 광활함이여, 큰 바다와 같아서 지극히 공정함이 있도다. 지극한 공정함이 있으므로 움직임(動)과 고요함(靜)이 [그에] 따라 이루어지고, 사사로움이 없으므로 더러움(染)과 깨끗함(淨)이 여기서 녹아 사라진다. 더러움(染)과 깨끗함(淨)이 녹아 사라지므로 진리(眞)와 세속(俗)이 평등하고, 움직임과 고요함이 이루어지므로 올라감(昇)과 내려감(降)이 달라진다. 올라감과 내려감이 달라지므로 [차이들이 서로] 감응하는 길이 열리지만, 진리와 세속이 평등하므로 [진리와 세속을 실체로 나누는] '분별하는 길'(思議路)은 끊어진다.[8] 분별이 끊어지므로 이 [대승의 본연]을 체득한 이는 [마음의] 그림자와 메아리[인 차이의 분별]에 올라타더라도 '특정한 곳'(方)에 쏠리는 것이 없으며,[9]

---

7 『도덕경』에 '曠兮'라는 표현이 나온다. "曠兮, 其若谷"(15장).

8 앞 문장으로부터 여기까지를 정리해 보면 '(若巨海而)有至公→動靜成→昇降差→感應路通/(若太虛而)無私→染淨融→眞俗平等→思議路絶'의 구조로 논의가 진행되고 있다. '有至公'으로부터 전개되는 계열은 공정한 차별인 유有의 지평을, '無私'로부터 전개되는 계열은 무차별인 무無의 지평을 의미한다. 대승의 바탕을 차별과 무차별의 두 측면으로 대비하여 서술하고 있으므로 모든 문장을 역접으로 번역하였다.

9 승영향이무방乘影響而無方: '影響'의 사전적 의미는 "1. 그림자와 메아리, 2. 호응"으로 '신속하게 감응하는 것'을 형용한다. 그러므로 "영향에 올라탄다"는 것은 '감응한다'는 의미가 된다. 앞 문맥에서 이 감응은 차별의 길에서 이루어지는 것이므로 무차별의 '思議絶'에 이어지는 "乘影響而無方"이라는 문장에서 '乘影響'과 '無方'의 접속은 역접이 되어야 한다. 『불광대사전』(p.6003)에 따르면, 영향은 불보살이 중생을 근기에 따라 교화하기 위해 마치 그림자가 형체에 따르고 메아리가 소리에 반응하듯이 일시적으로 중생에 감응하여 나타나는 것을 가리킨다. 이 구절과 관련하여『조론肇論』「답유유민서答劉遺民書」(T45, 156a22~24)의 다음과 같은 내용을 참고할 수 있다. "무릇 '있다'(有)거나 '없다'(無)고 하는 것은 마음의 '그림자와 메아리'(影響)이고, '말'(言)이나 [말이 드러내는] '형상'(象)은 그림자와 메아리가 관계 맺은 것이다. '있다'와 '없다'가 이미 폐기되었다면 마음에는 그림자와 메아리가 없고, 그림자와 메아리가 이미 쇠망했다면 말과 형상이 미치질 못한다. 말과 형상이 미치질 못한다면 도道는 뭇 방소(方)를 끊는다"(夫有也, 無也, 心之影響也. 言也, 象也, 影響之所攀緣也. 有無既廢, 則心無影響. 影響既淪, 則言象莫測. 言象莫測, 則道絶群方).

[차이들에] 감응이 통하므로 이 [대승의 본연(體)]을 추구하는 이는 '언어와 [언어에 의해 한정된] 모습'(名相)을 초월하더라도 돌아가는 곳이 있다. [그러나] 드리워진 [차이들의] 그림자와 메아리는 '모양이 확정되는 것도 아니고'(非形) '말로 규정되는 것도 아니니'(非說), 이미 '언어와 [언어에 의해 한정된] 모습'(名相)을 초월하였는데 무엇을 초월하고 어디로 돌아가겠는가? 이것을 일컬어 '이치가 없는 지극한 이치'(無理之至理)라 하며, '그러하지 않으면서 크게 그러한 것'(不然之大然)이라고 이른다.

【소】 自非杜口大士目擊丈夫, 誰能論大乘於離言, 起深信於絕慮者哉? 所以馬鳴菩薩無緣大悲, 傷彼無明妄風, 動心海而易漂, 愍此本覺眞性, 睡長夢而難悟. 於是同體智力, 堪造此論, 贊述如來深經奧義, 欲使爲學者, 暫開一軸, 遍探三藏之旨, 爲道者, 永息萬境, 遂還一心之原.[10]

『소』(1-698b15~22); 『회본』(1-733b5~12)

'[침묵으로 설법하는] 유마거사 같은 보살'(杜口大士)이나 '눈빛만 보아도 알아차리는 도인'(目擊丈夫)이 스스로 아니라면, 누가 언어에 매이지 않고 대승을 논설할 수 있으며, 분별이 끊어진 자리에서 깊은 믿음을 일으킬 것인가? 그러므로 '조건에 매이지 않는'(無緣) 마명보살의 자비심은 저 근본무지(無明)의 허망한 바람이 마음 바다를 요동시켜 [마음이] 쉽게 떠돌아다니게 하는 것을 안쓰럽게 여기고 이 '깨달음의 본연[11]이 지닌 참된 면모'(本覺眞性)가 긴

---

10 『별기』에는 '原'이 '源'으로 되어 있다. '源'으로 교감한다.
11 본각本覺: '본각'을 '깨달음의 본연'이라 번역하였다. 한자의 어순으로 보면 '본연적 깨달음'이거나 '본래적 깨달음'으로 번역하는 것이 자연스럽지만, 그렇게 번역할 경우 본각을 '본래 존재하는 완전한 본체나 본질 혹은 실체'로 간주할 가능성이 높다. '본각'이라는 개념을 채택하는 『대승기신론』이나 이 개념에 대한 원효의 이해를 일종의 '본체-현상'론으로 파악하는 것은 철학적 오독誤讀으로 보인다. 이 문제는 『대승기신론』이나 원효사상 나아가 본각本覺·불성佛性·진심眞心·자성청정심自性淸淨心 등과 같은 긍정형 기호들을 즐겨 채택하는 동아시아 대승교학이나 선종의 사상이 붓다의 무아법설과 어떻게 결합되는가 하는 매우 근원적인 질문을 안고 있다. 정밀하고도 풍

꿈에 들어 깨어나기 어려움을 가엽게 여기셨다. [그리하여] '[중생을] 한 몸으로 여기는 지혜의 힘'(同體智力)으로 『대승기신론』을 지어 여래의 깊은 뜻을 담은 경전들의 심오한 뜻을 서술하였으니, 교학敎學을 추구하는 자들이 잠시라도 이 책을 열어 보면 경·율·론 삼장의 뜻을 두루 탐구할 수 있게 하고 수행 길을 걷는 사람들은 '모든 곳'(萬境)에서 완전하게 쉬어 마침내 '하나처럼 통하는 마음의 근원'(一心之源)¹²으로 돌아가게 하려는 것이다.

부한 철학적 밑그림을 그려 가면서 논의해야 할 문제이기에 여기서 더 이상 거론하지는 못하지만, 이 번역에서는 '본각'에 대한 '본체-현상'론, 혹은 소위 기체설基體說적 이해를 가급적 줄일 수 있는 번역어를 채택하려고 시도한다.

12 일심一心: '一心'은 원효사상의 근원적이고도 궁극적인 개념인데 '하나처럼 통하는 마음'이라고 번역해 보았다. '一心'에 대한 원효 자신의 설명, '一心'과 직결되어 있는 '一覺', '一味' 등에 관한 원효의 설명, 이 개념들이 등장하는 맥락 등을 종합적으로 고려한 번역이다. 원효가 채택하는 '一心'이라는 기호는 '모든 현상을 산출해 내는 실체나 본체' 혹은 '현상의 이면에 있는 불변의 어떤 기체基體'를 지시하는 것이 아니다. 그 어떤 '불변·독자의 실체가 있다는 생각'에도 막히거나 갇히지 않는 인지지평, 그리하여 '실체나 본질의 차이로 나누는 분별'에서 풀려난 채 차이들을 만날 수 있는 마음수준을 지시하는 기호로 보는 것이 적절하다고 생각한다. 이런 이해를 기본으로 삼아 '一心'을 '하나처럼 통하는 마음'이라 번역한 것이다. '하나처럼 통하는 마음'이라는 번역어의 타당성을 논증하기 위해서는 한 편의 독립적 논문이 필요하다. 풍성한 근거들과 필요한 논리들이 준비되어 있지만 역주에 반영하기에는 어려워 생략한다(박태원). 참고로 『소』(H1, 705a11~16)에 나오는 '一心'에 관한 원효의 정의定義적 해설은 다음과 같다. "'두 측면'(二門)이 [나뉘는 것이] 이와 같은데, 어째서 '하나처럼 통하는 마음'(一心)이라 하는가? 말하자면, 오염되었거나 청정하거나 그 모든 것의 '본연적 면모'(性)는 [불변·독자의 실체나 본질로서] 둘로 나뉨이 없기에(無二), '참됨과 허구라는 두 측면'(眞妄二門)은 [본질적] 차이가 있을 수 없으니, 그러므로 '하나'(一)[처럼 통함]이라고 부른다. 이 [불변·독자의 실체나 본질로서] 둘로 나뉨이 없는(無二) 자리에서 모든 것을 실재대로이게 하는 것은 [이해하는 작용이 없는] 허공과는 같지 않아 '본연적 면모'(性) 자신이 지혜롭게 사실대로 이해하니, 그러므로 '마음'(心)이라 부른다. 그런데 이미 '둘'(二)[로 나뉘는 불변·독자의 실체나 본질]이 있지 않다면 어떻게 '하나'(一)[처럼 통함]이라는 [말이] 있을 수 있으며, '하나'(一)[처럼 통함]이 있지 않다면 무엇에 입각하여 '마음'(心)이라 하겠는가? 이와 같은 도리는 '언어적 규정에서 벗어나고 분별하는 생각을 끊은 것'(離言絶慮)이어서, 무엇으로써 지칭해야 할지 알 수가 없지만 억지로나마 '하나처럼 통하는 마음'(一心)이라 부른다"(二門如是, 何爲一心? 謂染淨

【별기】 自非杜口開士目擊丈夫, 誰能論大乘於無乘, 起深信於無信者哉? 所
以馬鳴菩薩無緣大悲, 傷彼無明妄風, 動心海而易瀾, 愍此本覺眞性, 睡
長夢而難悟. 同體智力, 堪造此論, 贊述如來深經奧義, 欲使爲學者, 暫
開一軸, 遍掬三藏之旨, 爲道者, 永息萬境, 遂還一心之源.

『별기』(1-678a3~9)

'[침묵으로 설법하는] 유마거사 같은 보살'(杜口開士)[13]이나 '눈빛만 보아도 알
아차리는 도인'(目擊丈夫)이 스스로 아니라면, 누가 소승이라거나 대승이라
할 것이 없는 자리에서 대승을 논할 수 있으며 믿음이 없는 자리에서 깊은
믿음을 일으킬 것인가? 그러므로 '조건에 매이지 않는'(無緣) 마명보살의 자
비심은 저 근본무지(無明)의 허망한 바람이 마음 바다를 요동시켜 [마음이]
쉽게 떠돌아다니게 하는 것을 안쓰럽게 여기고 이 '깨달음의 본연이 지닌
참된 면모'(本覺眞性)가 긴 꿈에 들어 깨어나기 어려움을 가엽게 여기셨다.
[그리하여] '[중생을] 한 몸으로 여기는 지혜의 힘'(同體智力)으로 『대승기신론』
을 지어 여래의 깊은 뜻을 담은 경전들의 심오한 뜻을 서술하였으니, 교학
敎學을 추구하는 자들이 잠시라도 이 책을 열어 보면 경·율·론 삼장의
뜻을 두루 파악할 수 있게 하고 수행 길을 걷는 사람들이 '모든 곳'(萬境)에
서 완전하게 쉬어 마침내 '하나처럼 통하는 마음의 근원'(一心之源)으로 돌
아가게 하려는 것이다.

〈『소』와 『별기』의 구문 대조〉

『소』(1-698b13~20)	『별기』(1-678a3~9)
自非杜口①大士目擊丈夫, 誰能論大乘於	自非杜口①開士目擊丈夫, 誰能論大乘於

諸法其性無二, 眞妄二門不得有異, 故名爲一. 此無二處, 諸法中實, 不同虛空, 性自神解, 故
名爲心. 然旣無有二, 何得有一, 一無所有, 就誰曰心? 如是道理, 離言絶慮, 不知何以目之,
強號爲一心也).

13 개사開士: '보살'의 이칭이다. 대승보살에게는 중생들을 위해 법문으로 깨달음의 길을
열어(開) 인도하는 공덕이 있다는 의미를 담고 있다.

②**離言**, 起深信於③**絶慮**者哉? 所以馬鳴菩薩無緣大悲, 傷彼無明妄風, 動心海而易④**漂**, 愍此本覺眞性, 睡長夢而難悟. ⑤**於是**同體智力, 堪造此論, 贊述如來深經奧義, 欲使爲學者, 暫開一軸, 遍⑥**探**三藏之旨, 爲道者, 永息萬境, 遂還一心之⑦**原**.	②**無乘**, 起深信於③**無信**者哉? 所以馬鳴菩薩無緣大悲, 傷彼無明妄風, 動心海而易④**澌**, 愍此本覺眞性, 睡長夢而難悟. (⑤)同體智力, 堪造此論, 贊述如來深經奧義, 欲使爲學者, 暫開一軸, 遍⑥**捫**三藏之旨, 爲道者, 永息萬境, 遂還一心之⑦**源**.
※『소』의 ①은『별기』에서 빠져 있다.『별기』의 (⑤)는『소』에 있는 문장이『별기』에는 없다는 뜻이다. 이하의 표에서 어느 한쪽에 없는 경우에는 괄호원문자로 표기할 것인데, 단어나 구는 해당 부분에 괄호원문자를 붙여서 쓰고, 문장이 없는 부분에는 괄호원문자를 띄어서 표시한다.	

【별기】其爲論也, 無所不立, 無所不破. 如『中觀論』『十二門論』等, 遍破諸執, 亦破於破, 而不還許能破所破. 是謂往而不遍論也. 其瑜伽論攝大乘等, 通立深淺, 判於法門, 而不融遣自所立法. 是謂與而不奪論也. 今此論者, 既智旣仁, 亦玄亦博, 無不立而自遣, 無不破而還許. 而還許者, 顯彼往者往極而遍立. 而自遣者, 明此與者窮與而奪. 是謂諸論之祖宗, 群諍之評主也.

『별기』(1-678a10~19);『회본』(1-733b13~23)

『대승기신론』에서는 세우지 않는 것도 없고 깨뜨리지 않는 것도 없다. [그러나]『중론中論』과『십이문론十二門論』같은 것들은 모든 집착을 두루 깨뜨리고 깨뜨리는 것까지도 또 깨뜨리지만, '깨뜨리는 것'(能破)과 '깨뜨려진 것'(所破)을 다시 허용하지는 않는다. 이것을 일컬어 '[깨뜨려] 보내기만 하고 두루 허용하지는 않은 논서'(往而不遍論)라 한다. [그리고]『유가사지론瑜伽師地論』과『섭대승론攝大乘論』같은 것들은 [수준의] 깊음과 얕음을 모두 수립하여 가르침(法門)들을 구분하지만, 자신이 세운 이론(法)을 녹여 없애지는 않는다. 이것을 일컬어 '세워 주기만 하고 없애지는 않는 논서'(與而不奪論)라 한다. 지금 이『대승기신론』은 지혜롭고 어진데다가 깊기도 하고 넓기도 하니, 세우지 않는 것이 없으면서도 스스로 없애고, 깨뜨리지 않는 것이 없으면서도 다시 허용한다. '다시 허용한다'(還許)는 것은, 저 [깨뜨려]

보내는 것이 보냄의 궁극에 이르러 [다시] 두루 세우는 것을 의미한다. 또 '스스로 없앤다'(自遣)는 것은, 이 허용하는 것이 허용의 궁극에 이르러 [다시] 빼앗는 것을 밝힌다. 이것을 일컬어 모든 논서의 '으뜸 되는 본보기'(祖宗)이고 모든 '배타적 말다툼'(諍)을 '제대로 평가하는 주인'(評主)이라 한다.

【소】所述雖廣, 可略而言. 開二門於一心, 總括摩羅百八之廣誥, 示性淨
　　於相染, 普綜踰闇十五之幽致. 至如鵠林一味之宗, 鷲山無二之趣, 金
　　鼓同性三身之極果, 華嚴瓔珞四階之深因, 大品大集曠蕩之至道, 日藏
　　月藏微密之玄門, 凡此等輩中, 衆典之肝心, 一以貫之者, 其唯此論乎.
　　故下文言, "爲欲總攝如來廣大深法無邊義, 故應說此論".

『소』(1-698b20~c6); 『회본』(1-733b24~c9)

『기신론의』 서술 내용이 비록 광대하지만 다음과 같이 요약할 수 있다. 『기신론』은 '하나처럼 통하는 마음'(一心)에서 ['참 그대로인 측면'(眞如門)과 '근본무지에 따라 생멸하는 측면'(生滅門)의] 두 측면(二門)[14]을 열어 마라야摩羅耶 산꼭대기에서 부처와 문답한 『능가경』 108구句[15]의 방대한 가르침을 총괄하였고, '오염된 모습'(相染)[16]에서 '온전한 본연'(性淨)[17]을 드러내어 아유사국阿

---

14 문門: 원효저술에서 '門'은 '국면, 맥락, 계열, 측면, 방법, 방식, 종류' 등의 의미로 나타난다. 본 번역에서는 이러한 의미 가운데 해당 문맥에 맞는 것을 그때마다 채택한다.

15 108구句: 『능가경』에서 대혜大慧보살이 108구로 모든 대승의 법문에 대해 묻자 부처가 다시 108구로 대답한 것을 말한다.

16 상염相染: '相染'을 한자 조어순서대로 번역하면 '모습의 오염'이지만, 이 말로 드러내려는 의미를 한글에 반영하려면 순서를 바꾸어 '오염된 모습'이라 해야 한다. 한자어의 한글번역에는 이렇게 한자 조합순서를 바꾸어 번역해야 하는 경우가 빈번하게 발생한다. 본 원효전서 본역에서는 이런 번역원칙을 적용한다.

17 성性과 정淨: '性'이라는 단어도 원효저술에서는 다양한 의미와 용법으로 사용된다. 본 번역에서는 맥락에 따라 '[동일한] 본질, [독자적] 실체, 속성, 특성, 성품, 본연, [참 그대로인] 본연, 본연적 면모, 온전한 면모' 등으로 번역한다. 그리고 '淨'은 더러움이나 오염의 반대개념인 '깨끗함, 청정' 등으로 번역되어야 하는 경우도 많지만, 의미맥락상 '온전함'으로 번역해야 적절한 경우도 흔하다. 특히 원효의 저술에서는 그런 경

踰闍國의 승만부인이 설한『승만경』15장[18]의 깊은 이치를 두루 종합하였
다. [부처가 열반한] 곡림鵠林에서 설해진『열반경』의 '하나처럼 통하는 맛'(一
味)의 근본, 영취산靈鷲山에서 설해진『법화경』의 '[불변·독자의 실체나 본질로
서] 다른 것이 아님'(無二)이라는 뜻,『금광명경金光明經』과『대승동성경大乘
同性經』이 설하는 '부처의 세 가지 몸'(三身)[19]이라는 궁극 과보,『화엄경華嚴
經』과『보살영락경菩薩瓔珞經』이 설하는 '네 가지 계위'(四階)[20]의 깊은 원
인,『대품반야경大品般若經』과『대방등대집경大方等大集經』의 밝게 씰어버
리는 지극한 도리,『대승대방등일장경大乘大方等日藏經』과『대방등대집월
장경大方等大集月藏經』[21]의 은밀하고 현묘한 가르침 등에 이르기까지, 이

우가 돋보인다.

18 『승만경』(1권)은 「여래진실의공덕장제1如來眞實義功德章第一」부터 「승만장제15勝鬘
章第十五」까지 총 15장으로 이루어져 있다.

19 삼신三身: 부처의 면모를 세 측면에서 설명하는 것이다. 이 삼신의 명칭과 분류, 각각
의 해석에 대해서는 경론經論에 여러 가지 설이 있어 일정하지 않다. 두 가지가 대표
적이다. 첫 번째는 법신法身과 보신報身과 응應·화신化身이다. 법신은 진리 그 자체
로서 비로자나불과 대일여래가 여기에 해당한다. 보신은 중생을 위해 서원을 세워 수
행한 결과로서 성취한 부처의 몸인데, 아미타불이 여기에 해당한다. 응신應身은 부처
님이 중생을 교화하기 위하여 중생들의 근기根器에 따라 변화하여 몸을 나타내는 것
을 뜻한다. 즉 때와 장소와, 중생의 능력이나 소질에 따라 나타나 그들을 구제하는 부
처인데, 석가모니불을 포함한 과거불과 미래의 미륵불이 여기에 해당한다. 응신과 화
신은 모두 여래如來가 중생의 바람에 응하여 세상에 나타내는 몸이지만, 응신이 32상
相 80종호種好를 갖추어 중생을 교화하는 석가모니 부처님의 몸을 가리키는 데 비해,
화신은 응신의 분신화불分身化佛로서 중생을 교화하기 위해 부처님의 형태가 아닌 모
습으로 나타나는 몸을 가리킨다. 삼신의 두 번째 유형은 자성신自性身과 수용신受用
身 및 변화신變化身이다. 자성신은 진리 그 자체이고, 수용신은 깨달음의 경지를 되새
기면서 스스로 즐기고 또 그 경지를 중생들에게 설하여 그들을 즐겁게 하는 부처이
며, 변화신은 중생을 구제하기 위해 변화하여 나타나는 부처이다.

20 사계四階:『화엄경』과『영락경』에서 공동으로 설하고 있는 십주十住, 십행十行, 십회
향十廻向, 십지十地의 네 가지 계위를 말한다.

21 『대방등대집경』과『일장경』 및『월장경』:『대방등대집경』(T13, 60권) 내에 수록된
「일밀분日密分」·「일장분日藏分」과「월장분月藏分」이 독립되어 성립한 경전들이다.
『대방등대집경』은 담무참曇無讖, 나란제야사那連提耶舍 등 여러 번역자의 한역 경전

모든 것들 가운데 뭇 경전의 핵심을 하나로 꿰뚫은 것은 오직 이『대승기신론』뿐이리라. 그러므로 아랫글에서 "여래의 광대하고 깊은 가르침의 끝없는 의미를 모두 포섭하고자 하니, 그러므로 이 논을 설해야 한다"(爲欲總攝如來廣大深法無邊義, 故應說此論)라고 하였다.

【별기】所述雖廣, 可略而言. 開二門於一心, 栝摩羅百八之廣誥, 示性淨於相染, 普綜踟閣十五之幽致. 至如鵠林一味之宗, 鷲山無二之趣, 金鼓同性三身之極果, 花嚴瓔珞四階之深因, 大品大集曠蕩之至道, 日藏月藏祕密之玄門, 凡此等輩衆典肝心, 一以貫之者, 其唯此論乎. 故下文云, "爲欲總攝如來廣大深法無邊義, 故應說此論".[22]

『별기』(1-678a19-b4)

〈『소』와『별기』의 구문 대조〉

『소』(1-698b20~c6)	『별기』(1-678a19~b4)
所述雖廣, 可略而言. 開二門於一心, ①總②括摩羅百八之廣誥, 示性淨於相染, 普綜踟閣十五之幽致. 至如鵠林一味之宗, 鷲	所述雖廣, 可略而言. 開二門於一心, (①)②栝摩羅百八之廣誥, 示性淨於相染, 普綜踟閣十五之幽致. 至如鵠林一味之

을 합친 것으로서 육바라밀六波羅密과 제법성공諸法性空의 대승 사상을 주요 내용으로 삼으면서도 밀교密敎의 색채가 농후한 성격을 갖는데,『일장경』과『월장경』에도 다라니陀羅尼에 의거하여 대법大法을 설한다거나 별자리·점법 등에 관련된 기이한 기술들이 나타난다(『불광대사전』, pp.756, 867 참조). 이 두 경전을 소개하는 여러 목록서들 중에 예를 들어『개원석교록』권11에서는 "大方等大集日藏經十卷. (或十五卷一帙第十一分.) 隋天竺三藏那連提耶舍譯. (與日密同當第四譯.) 右一經與前大集經末日密分同本異譯. (日密文略此中稍廣.) 大集月藏經十卷. (或十五卷一帙第十二分.) 高齊天竺三藏那連提耶舍譯. (單本)"(T55, 588b25~c3)이라고 하여『대방등대집일장경』은 10권 혹은 15권이고 나란제야사 역이며『대방등대집경』의「일밀분」과 동본이역이라 하고,『대집월장경』역시 나란제야사 역이고 10권 혹은 15권이라고 밝힌다.

22 『소』와 같은 내용이므로 번역은 생략한다. 이하에서는 같은 내용일 경우『별기』의 구절을 구문 대조표에 표기한다.

山無二之趣, 金鼓同性三身之極果, 華嚴瓔珞四階之深因, 大品大集曠蕩之至道, 日藏月藏微密之玄門, 凡此等輩③中, 衆典④之肝心, 一以貫之者, 其唯此論乎. 故下文⑤言, "爲欲總攝如來廣大深法無邊義, 故應說此論".	宗, 鷲山無二之趣, 金鼓同性三身之極果, 花嚴瓔珞四階之深因, 大品大集曠蕩之至道, 日藏月藏祕密之玄門, 凡此等輩(③), 衆典(④)肝心, 一以貫之者, 其唯此論乎. 故下文⑤云, "爲欲總攝如來廣大深法無邊義, 故應說此論".
※『소』와『별기』의 내용이 동일하다.	

【소】 此論之意, 旣其如是, 開則無量無邊之義爲宗, 合則二門一心之法爲要. 二門之內, 容萬義而不亂, 無邊之義, 同一心而混融. 是以開合自在, 立破無礙. 開而不繁, 合而不狹, 立而無得, 破而無失. 是爲馬鳴之妙術, 起信之宗禮[23]也.

『소』(1-698c6~12);『회본』(1-733c9~15)

이 『대승기신론』의 의도가 이와 같으니, [이론을] 펼칠 때는 '제한 없고 끝이 없는'(無量無邊) 뜻을 근본으로 삼고, [이론을] 합할 때는 '두 가지 측면'(二門)과 '하나처럼 통하는 마음'(一心)이라는 도리를 요점으로 삼는다. '두 가지 측면'(二門) 안에서는 온갖 뜻을 받아들여도 혼란스럽지 않고, [본질이나 실체관념에 의한 막힘이 없어] 한계가 없는 도리는 '하나처럼 통하는 마음'(一心)에서 섞이어 융합된다. 이리하여 펼침(開)과 합함(合)이 자유롭고 수립(立)과 해체(破)가 걸림이 없다. [또한] 펼쳐도 어지럽지 않고 합해도 좁지 않으며, 수립해도 얻음이 없고 해체해도 잃음이 없다. 이것이 마명馬鳴의 기묘한 솜씨이고 『대승기신론』의 '가장 중요한 본연'(宗體)이다.

〈『소』와『별기』의 구문 대조〉

『소』(1-698c6~12)	『별기』
此論之意, 旣其如是, 開則無量無邊之義爲宗, 合則二門一	내용 없음

---

23 '禮'는『회본』에 따라 '體'로 교감한다.

心之法爲要. 二門之內, 容萬義而不亂, 無邊之義, 同一心 而混融. 是以開合自在, 立破無礙. 開而不繁, 合而不狹, 立 而無得, 破而無失. 是爲馬鳴之妙術, 起信之宗禮也.	
※『별기』에 없는 문단을『소』에서 새롭게 첨가한 첫 사례이다.	

【소】 然以此論, 意趣深邃, 從來釋者, 尠具其宗. 良由各守所習而牽文, 不能虛懷而尋旨. 所以不近論主之意. 或望源而迷流, 或把葉而亡幹, 或割領而補袖, 或折枝而帶根. 今値[24]依此論文, 屬當所述經本, 庶同趣者, 消息之耳. 標宗體竟.

『소』(1-698c12~18);『회본』(1-733c15~22)

  그런데 이『대승기신론』의 '지향하는 뜻'(意趣)이 깊고도 깊어 종래에 해석하는 사람들 중에 그 핵심을 포착한 사람이 드물다. 각자 이미 익숙한 관점을 고집한 채 글을 새기다 보니 마음을 비워 뜻을 탐구할 수 없었기 때문이다. 그래서 저자의 의중에 다가가지 못한 것이다. 어떤 이는 원천은 바라보지만 지류에서 헤매고, 어떤 이는 잎사귀는 잡지만 줄기를 놓치며, 어떤 이는 옷깃을 잘라 소매에 붙이고, 어떤 이는 가지를 잘라 뿌리에 두른다. 지금 [『소』에서는] 단지 이『대승기신론』의 문장에 의거하면서 [『기신론』 문장의 뜻을] 서술하고 있는 경전 근거들을 밝혀 두었으니, [나와] 뜻을 같이 하는 이들이 참고하기를 바랄 뿐이다. '가장 중요한 본연을 세우는 것'(標宗體)을 마친다.

【별기】 然以此論, 言邇理邈, 文少義多, 從來釋者, 尠得其宗. 良由各守所習而牽文, 不能虛懷而尋旨, 由是不近論主之意. 或望源而述[25]流, 或把葉而云[26]幹, 或割領而補袖, 或折枝而帶根. 今直依此論文, 屬當所述經

---

24 '値'은『회본』에 따라 '直'으로 교감한다.
25 '述'은 '迷'의 오기로 보인다.
26 '云'은 '亡'의 오기로 보인다.

本. 略擧綱領, 爲自而記耳, 不敢望宣通世. 述大意竟.

『별기』(1-678b4~10)

그런데 이『대승기신론』은 말은 친근하지만 이치는 요원하고 글은 적지만 뜻은 많아서 종래에 해석하는 사람들 중에 그 핵심을 포착한 사람이 드물다. 각자 이미 익숙한 관점을 고집한 채 글을 새기다 보니 마음을 비워 뜻을 탐구할 수 없었기 때문이다. 그래서 저자의 의중에 다가가지 못한 것이다. 어떤 이는 원천은 바라보지만 지류에서 헤매고, 어떤 이는 잎사귀는 잡지만 줄기를 놓치며, 어떤 이는 옷깃을 잘라 소매에 붙이고, 어떤 이는 가지를 잘라 뿌리에 두른다. 지금 [『별기』에서는] 단지 이『대승기신론』의 문장에 의거하면서 [『기신론』문장의 뜻을] 서술하고 있는 경전 근거들을 밝혀두었다. 간략히 중요한 요점만 거론한 것이니, 나 자신을 위해 기술한 것일 뿐이어서 감히 세상에 널리 유통되기를 바라지는 않는다. '전체의 취지를 서술하는 것'(述大意)을 마친다.

〈『소』와『별기』의 구문 대조〉

『소』(1-698c12~18)	『별기』(1-678b4~10)
然以此論, ①意趣深邃, 從來釋者, 尟具其宗. 良由各守所習而牽文, 不能虛懷而尋旨. ②所以不近論主之意. 或望源而③迷流, 或把葉而④亡幹, 或割領而補袖, 或折枝而帶根. 今⑤値依此論文, 屬當所述經本, ⑥庶同趣者, 消息之耳. ⑦標宗體竟.	然以此論, ①言邇理遐, 文少義多, 從來釋者, 尟得其宗. 良由各守所習而牽文, 不能虛懷而尋旨, ②由是不近論主之意. 或望源而③述流, 或把葉而④云幹, 或割領而補袖, 或折枝而帶根. 今⑤直依此論文, 屬當所述經本. ⑥略擧綱領, 爲自而記耳, 不敢望宣通世. ⑦述大意竟.

Ⅱ. 대승기신론이라는 명칭을
해석함(釋題名)

1. '대승大乘'을 해석함(言大乘)

【소】 次釋題名. 言大乘者, 大是當法之名, 廣苞爲義, 乘是寄喩之稱, 運載
爲功. 總說雖然, 於中分別者, 則有二門, 先依經說, 後依論明.

『소』(1-698c19~22); 『회본』(1-734a1~4)

　다음으로 [『대승기신론』이라는] 명칭을 해석한다. '대승大乘'이라 부르는 것
은, '대大'는 [대승의] 도리(法)에 해당하는 명칭으로 '널리 받아들인다'(廣苞)
는 뜻(義)이고, '승乘'은 비유로 붙인 명칭으로 '실어 나르는'(運載) 능력(功)
을 말한다. 총괄적으로 설명하면 이러하지만 다시 분석하자면 두 가지 측
면(門)을 설정할 수 있으니, 먼저 경전에 의거하여 설명하고 다음에는 논서
에 의거하여 밝힌다.

〈『소』와 『별기』의 구문 대조〉

『소』(1-698c19~22)	『별기』
次釋題名. 言大乘者, 大是當法之名, 廣苞爲義, 乘是寄喩之稱, 運載爲功. 總說雖然, 於中分別者, 則有二門, 先依經說, 後依論明.	내용 없음
※ '釋題名' 부분은 『소』에서 새롭게 첨가된 부분이다.	

【소】依經說者, 如『虛空藏經』言, "大乘者, 謂無量無邊無崖故, 普遍一切.
喩如虛空廣大, 容受一切衆生故, 不與聲聞辟支佛共故, 名爲大乘. 復
次乘者, 以正住四攝法爲輪, 以善淨十善業爲輻, 以淨功德資糧爲轂, 以
堅固淳至專意爲轅轄釘鑷, 以善成就諸禪解脫爲轅, 以四無量爲善調,
以善知識爲御者, 以知時非時爲發動, 以無常苦空無我之音爲驅策, 以
七覺寶繩爲鞦, 以淨五眼爲索帶, 以弘普端直大悲爲旒幢, 以四正勤爲
軹(軹也枝本輪也), 以四念處爲平直, 以四神足爲速進, 以勝五力家[1]爲鑒
陳, 以八聖道爲直進, 於一切衆生, 無障礙慧明爲軒. 以無住六波羅密
迴向薩般若, 以無礙四諦度到彼岸". 是爲大乘. 解云, 上來以二十句,
擧喩況法, 以顯乘義.

『소』(1-698c22~699a17);『회본』(1-734a4~22)

[먼저] 경전에 의거하여 설명한다. 『대방등대집경大方等大集經』의 「허공
장보살품虛空藏菩薩品」에서는 [다음과 같이] 말한다.

"'대승大乘'이란, 제한 없고 끝이 없고 한계가 없기 때문에 모든 것에 두
루 미침을 말한다. 비유하자면 허공이 넓고 큰 것과 같으니, 모든 중생을
받아들이기 때문에, 그리고 '[가르침을] 들어서 [혼자] 부처가 되려는 수행자'
(聲聞)나 '연기의 이치를 깨달아 [혼자] 부처가 되려는 수행자'(辟支佛, 緣覺, 獨
覺)[2]의 [개인주의적] 태도와는 같지 않기 때문에 대승이라 부른다. 다음으로
'수레'(乘)를 설명해 보자. '중생을 구제하는 네 가지 방법'(四攝法)[3]에 올바로

---

1 『회본』에는 '家'가 없다. 『회본』에 따라 생략한다.

2 벽지불辟支佛: 팔리어 'pacceka-buddha'(산스크리트어 pratyeka-buddha)의 발음을
옮긴 말이다. 'pacceka'는 접두사 'pati'(-향하여)와 수사 'eka'(하나)가 결합된 말이므
로, 우리말로 뜻을 옮기면 '깨달은 경지(buddha)로 홀로(eka) 향해 가는(pati)', '스스
로[의 힘으로] 부처[가 되는 길]로 향해 가는' 정도로 이해할 수 있다. 이에 근거하여
'혼자 깨달음으로 향해 가는 자'(獨覺)라는 뜻으로 풀이되거나, '연기의 이치를 깨달아
[혼자] 부처가 되려는 수행자'(緣覺)로 의역意譯되기도 한다.

3 사섭법四攝法: '중생을 끌어안는 네 가지 방법'(四攝法)을 가리킨다. 이 사섭법은 대승
보살의 길을 가는 이가 중생들을 교화하는 대표적인 방법으로 알려져 있다. 여기서

머무르는 것을 바퀴(輪)로 삼고, '이로운 열 가지 행위'(十善業)⁴를 온전하게 실천하는 것을 바퀴살(輻)로 삼으며, [보살 수행의] 양식糧食이 되는 '이로운 능력'(功德)을 제대로 갖추는 것을 속바퀴(轂)로 삼고, 순수하고 지극하며 한결같은 의지를 굳건히 다지는 것을 [바퀴통이 빠지지 않게 지지하는] 쇠못(鞐轄)이나 쇠대롱(釘鑷)으로 삼으며, '갖가지 선정을 통한 해탈'(諸禪解脫)을 잘

'섭攝'에 해당하는 산스크리트 원어는 'saṃgraha'인데, 우리말로 풀면 '함께/모조리(sam-) 움켜쥠(graha)'이라는 뜻이므로 '포섭/포괄/끌어안음' 등으로 표현할 수 있다. 사섭법의 내용은 보시布施, 애어愛語, 이행利行, 동사同事의 네 가지이다. 여기서 보시섭布施攝(dāna-saṃgraha)은 '널리 베풂으로써 [중생들을] 끌어안음'의 뜻이고, 애어섭愛語攝(priya-vādita-saṃgraha)은 '사랑스런 말로써 [중생들을] 끌어안음'의 뜻이다. 세 번째 이행섭利行攝(artha-caryā-saṃgraha)은 '이로운 행위로써 [중생들을] 끌어안음'의 뜻이고, 네 번째 동사섭同事攝(samānārthatā-saṃgraha)은 '이로움이 되는 일(arthatā)을 함께 나눔(samāna-)으로써 [중생들을] 끌어안음'의 뜻으로 풀 수 있다. 특히 이 동사섭은 산스크리트 원어에 따르면, '동일한 일을 하는 것'이 아니라 '이익을 함께 나누는 일'이라는 점에 주의할 필요가 있다. 동리同利, 동행同行, 등리等利, 등여等與 등의 개념으로 한역되는 근거가 여기에 있는 것이다. 출전을 살펴보면, 반야경 계열의 경전에서 중요시되고 있음을 먼저 확인할 수 있다. 이를테면『마하반야바라밀경摩訶般若波羅蜜經』권18(T8, 353c29~354a3)에서의 "須菩提, 菩薩摩訶薩欲得阿耨多羅三藐三菩提, 淨佛國土, 成就衆生, 當學六波羅蜜, 三十七道法及四攝法攝取衆生. 何等四? 布施, 愛語, 利益, 同事" 및『소품반야바라밀경小品般若波羅蜜經』권8(T8, 571c5~7)에서의 "諸佛行六波羅蜜, 以四攝法, 攝取衆生. 所謂布施, 愛語, 利益, 同事, 得阿耨多羅三藐三菩提" 등의 서술에서 확인할 수 있다.『법화경』이나『화엄경』과 같은 대승의 주요 경전에서도 지속적으로 중요시되는 것은 물론이다. 그런데 이 사섭법은 초기불교 경전에서도 나타나고 있다. 예컨대 '네 가지로 끌어안음이라는 토대'(四攝法, catūhi saṃgaha-vatthūhi)의 용어가『디가Dīgha-니까야』의 제30「삼십이상경三十二相經(Lakkhaṇa-suttanta)」(DN.Ⅲ, 152)과 제33「합송경合誦經(Saṅgīti-suttanta)」(DN.Ⅲ, 232)에서 '네 가지로 표현되는 가르침'의 항목 가운데 등장하고 있다.『장아함경長阿含經』의 제9「중집경衆集經」에서도 "復有四法, 謂四攝法: 惠施, 愛語, 利人, 等利"라는 내용을 확인할 수 있다.

4 십선업十善業: 인천人天의 십선十善에 대한 전거들 중 하나를 제시하면『장아함경』 권6에서 인도의 사성계급四姓階級(바라문종婆羅門種·찰리종刹利種·거사居士·수다라종首陀羅種)에게 설법한 다음과 같은 내용이다. "若刹利種中, 有① 不殺者, 有② 不盜, ③ 不婬, ④ 不妄語, ⑤ 不兩舌, ⑥ 不惡口, ⑦ 不綺語, ⑧ 不慳貪, ⑨ 不嫉妬, ⑩ 不邪見. 婆羅門種, 居士, 首陀羅種亦皆如是, 同修十善"(T1, 37a17~20. 번호는 역자 보충).

성취하는 것을 끌채(轅)로 삼고, '제한 없는 네 가지 [마음]'(四無量[心])[5]을 '잘 길들여진 말'(善調)로 삼으며, 훌륭한 스승을 수레의 몰이꾼(御者)으로 삼고, [몰이꾼이 그런 것처럼] 제때인가 아닌가를 아는 것으로 움직이며, 〈'변하는 것'(無常)이고 [근본무지(無明)에 매인 것은 모두] 괴로운 것'(苦)이며 '불변·독자인 실체가 없는 것'(空)이고 [불변·독자인] 나는 본래 없는 것'(無我)〉이라는 가르침(音)을 채찍질로 삼으며, '깨달음을 이루게 하는 일곱 가지 보배'(七覺寶: 七覺支)[6]를 엮는 것을 말의 가슴걸이(靳鞅)로 삼고, [육안肉眼, 천안天眼, 혜안慧眼, 법안法眼, 불안佛眼의] '다섯 가지 보는 능력'(五眼)을 온전하게 하는 것을 말 모는 끈(索帶)으로 삼으며, [중생에 대한] '크나큰 연민의 마음'(大悲心)을 넓히고 반듯하게 하는 것을 [수레에 달린] 깃발(旒)과 깃대(幢)로 삼고, '해로움

---

5 사무량심四無量心: 『아비달마구사론』권29에서는 "無量有四, 一慈二悲三喜四捨. 言無量者, 無量有情爲所緣故, 引無量福故, 感無量果故"(T29, 150b20~22)라고 하여 자慈·비悲·희喜·사捨의 사무량심을 제시하고, 여기서 무량無量이라는 것은 무량유정無量有情을 대상으로 삼아 무량복無量福과 무량과無量果를 초래하기 때문이라고 설명한다. 『대지도론』권20에서는 사무량심 각각에 대해 "四無量心者, 慈悲喜捨. 慈名愛念衆生, 常求安隱樂事, 以饒益之. 悲名愍念衆生, 受五道中種種身苦心苦. 喜名欲令衆生, 從樂得歡喜. 捨名捨三種心, 但念衆生不憎不愛"(T25, 208c9~13)라고 하여, 자慈는 중생을 사랑(愛念)하는 것으로서 늘 '평안하고 즐거운 일'(安隱樂事)을 추구하여 중생을 이롭게 하는 마음이라 하고, 비悲는 중생이 윤회의 과정에서 갖가지 몸과 마음의 괴로움을 받는 것을 연민하는 마음이며, 희喜는 '즐거운 일'(樂事)로부터 환희歡喜를 얻게 하려는 마음이고, 사捨는 자慈·비悲·희喜의 세 가지 마음을 버려 중생을 미워하지도 애착하지도 않는 평등의 마음이라고 설명한다. 네 번째인 사심에 대해 『아비달마구사론』권29에서는 "修捨最初, 從處中起漸次, 乃至能於上親起平等心, 與處中等"(T29, 151a19~20)이라고 하여, 사심을 닦는 최초에는 '평등한 마음에 있는 상태'(處中)에서 점차 일어나 마침내 가장 친한 사람인 상친上親에 대해서도 평등심平等心을 일으켜 '평등한 마음에 있는 상태'(處中)와 같게 되기에 이르는 것이라고 설명한다.
6 칠각지七覺支: 범어는 'saptabodhyaṅgāni'로서 칠등각지七等覺支, 칠변각지七遍覺支, 칠보리분七菩提分, 칠각분七覺分, 칠각의七覺意, 칠각지七覺志, 칠각七覺 등이라고도 한다. 염각지念覺支, 택법각지擇法覺支, 정진각지精進覺支, 희각지喜覺支, 안각지安覺支(경안각지輕安覺支·의각지猗覺支), 정각지定覺支, 사각지捨覺支라는 일곱 가지에 의해 깨달음을 완성해 가는 체계이다.

은 끊고 이로움은 살리는 네 가지 수행'(四正勤)[7]을 바퀴굄목(軔)[8]으로 삼으며, '네 가지를 토대로 [빠져들지 않고] 그침'(止)과 [사실대로] 이해함'(觀)을 수립하에 간직해 가는 수행'(四念處)[9]을 [수레가 가는] 평탄하고 곧은 길(平直)로 삼고, '선정을 이루어 번뇌를 끊게 하는 네 가지 능력의 계발'(四神足)[10]로 신속하게 나아가고, '[다섯 가지 능력의 수행'(五根)으로 얻은] 다섯 가지 힘'(五力)[11]으

---

7 사정근四正勤: 범어는 'catvāri-prahāṇani'로서 사정단四正斷, 사의단四意斷, 사의단四意端, 사정승四正勝, 사단四斷이라고도 한다. 단斷은 장애를 끊는다는 뜻이고 근勤은 게으르지 않다는 뜻으로 악업을 끊고 선업을 일으키는 네 가지 수행 방법이다. 초기 경전들에서는 ① 이미 생겨난 악업을 끊고 또 끊는 단단斷斷, ② 아직 생겨나지 않은 악업을 끊는 율의단律儀斷, ③ 아직 생겨나지 않은 선업을 생겨나게 하는 수호단隨護斷(방호단防護斷), ④ 이미 생겨난 선업을 증장시키는 수단修斷의 네 가지를 밝히는데, 네 가지 방법으로 수행에서의 게으름(懈怠)을 끊기 때문에 또한 4정단이라고 한다(『불광대사전』, pp.1679~1680 참조).

8 인軔: 수레의 뒤턱 나무이다. 이것으로 바퀴의 중심을 지지한다.

9 사념처四念處: 정념(samma-sati)의 염숨(sati)은 언어학적으로 '기억, 잊지 않음, 간직함'을 의미한다. 그리고 마치 '기억하듯 잊지 않고 간직해야 할 내용'은 '몸 현상'(身)·'느낌 현상'(受)·'마음 현상'(心)·'법칙/이법 현상'(法)을 '마치 괄호 치고 보듯이, 붙들지 않고 알아차리며 보는 것'(正知, sampajānāti)이다. 그리고 이러한 정념 수행의 초점과 핵심은 '지각에서 경험되는 현상들을 무지로 왜곡/오염시키지 않는 이해와 마음'을 수립하여 유지하는 것이다. 정념 수행의 내용과 의미에 대해서는 교학과 불교학에서 다양한 이해가 제시되고 있지만, 붓다 법설의 내용을 고려할 때 이렇게 이해해 볼 수 있다. 사념처四念處는 심신心身의 모든 현상을 신身·수受·심心·법法의 네 가지로 분류하고 그것들을 대상으로 삼아 이러한 정지正知(sampajānāti)를 계발하여 잊지 않고 간수해 가는 수행이다.

10 사신족四神足: 범어는 'catvāra-ṛddhipādāḥ'로서 사여의분四如意分, 사여의족四如意足이라고도 한다. 욕구(欲), 정진精進(勤), 심념心念(心), 관조觀照(觀)의 네 가지 힘으로 여러 신묘한 작용을 발휘하여 삼매三昧(定)를 일으키는 것이다. ① 욕삼마지단행성취신족欲三摩地斷行成就神足은 선정禪定의 신통神通에 도달하려는 의욕으로 선정을 일으키는 것이고, ② 근삼마지단행성취신족勤三摩地斷行成就神足은 끊임없이 악행을 그치려는 선한 힘으로 선정을 일으키는 것이며, ③ 심삼마지단행성취신족心三摩地斷行成就神足은 심념력心念力으로 선정을 일으키는 것이고, ④ 관삼마지단행성취신족觀三摩地斷行成就神足은 불법佛法을 사유하는 힘으로 선정을 일으키는 것이다(『불광대사전』, pp.1751~1752 참조).

11 오력五力: 범어는 'pañca balāni'로서 ① 신력信力, ② 정진력精進力, ③ 염력念力, ④

로 수레 행렬을 살피고, '여덟 가지 수행으로 이루어진 해탈의 길'(八聖道)[12]
로 곧바로 나아가며, 모든 중생에게 걸리지 않는 지혜가 밝아지는 것을 수
레가 도착한 집(軒)으로 삼는다. 〈머물러 집착하지 않는 '자신과 타인을 함께
이롭게 하는' 여섯 가지 보살 수행〉(無住六波羅密)[13]으로 '궁극 지혜'(薩般若)[14]

정력定力, ⑤ 혜력慧力을 말한다. 오력은 37도품三十七道品의 제4 과목인 오근五根과
내용상 같으나, 오근의 수행으로 번뇌를 없애어 성도聖道로 향상해 가는 힘이 드러난
것이 오력이기에 둔근鈍根이 닦는 것이 오근이고 이근利根이 닦는 것이 오력이다(『불
광대사전』, pp.1043, 1752 참조).

12 팔성도八聖道: 붓다는 자신의 가르침을 '고통현실에 대한 올바른 판단에 관한 가르
침'(고성제苦聖諦)·'고통현상의 조건인과에 대한 가르침'(집성제集聖諦)·'고통에서
궁극적으로 풀려난 경지에 관한 가르침'(멸성제滅聖諦)·'고통에서 궁극적으로 풀려
나는 방법에 대한 가르침'(도성제道聖諦)의 네 가지로 종합하고 있다. 팔성도 혹은 팔
정도는 사성제四聖諦 가운데 네 번째인 도성제의 내용으로서, 해탈수행법을 여덟 가
지 항목으로 망라한 것이다. 범어로는 'āryāṣṭāṅgika-mārga'이며, 팔정도八正道, 팔성
도분八聖道分, 팔도행八道行, 팔직행八直行, 팔지八支, 팔도八道, 팔로八路 등으로 번
역되었다. 사성제의 의미와 내용에 대한 이해는 학인들의 역량과 성취에 따라 달라질
수밖에 없는데, 여기서는 『대승아비달마잡집론大乘阿毘達磨雜集論』의 설명을 참고로
소개한다. 이에 따르면, 사성제四聖諦의 여실성如實性을 소연경所緣境으로 삼는 팔지
성도八支聖道에서 먼저 ① 정견正見은 진실을 구별해 내는 지분(分別支)으로서 앞의
칠각지七覺支에서 증득한 것에 따라 진실을 간택簡擇하는 것이다. ② 정사유正思惟는
다른 사람에게 진실을 가르쳐 주는 지분(誨示他支)으로서 정견正見으로 증득한 것에
따라 방편을 세워 어언語言을 일으키는 것이다. ③ 정어正語는 정업正業·정명正命과
함께 다른 사람이 진실을 믿도록 하는 지분(令他信支)으로서 스스로 증득한 것에 따라
잘 문답하여 논의를 결택決擇함으로써 견해가 청정해지는 것이다. ④ 정업正業은 오
고 가며 나아가고 멈추는 데에 바른 행동(正行)이 갖추어짐으로써 계율이 청정해지는
것이다. ⑤ 정명正命은 부처님이 허락한 옷과 바리때 등의 생계도구들을 이치에 따라
걸구乞求함으로써 살림이 청정해지는 것이다. ⑥ 정정진正精進은 탐貪·진瞋·치
痴·만慢·의疑·견見의 근본번뇌根本煩惱의 장애를 청정하게 하는 지분(淨煩惱障支)
이다. ⑦ 정념正念은 근본번뇌에 따르는 혼침昏沈·도거掉擧 등 수번뇌隨煩惱의 장애
를 청정하게 하는 지분(淨隨煩惱障支)으로서 정념에 의거하여 잊어버리지 않기에 실
체관념들이 일어나는 것을 올바로 그치게 하는 것이다. ⑧ 정정正定은 탁월한 공덕을
장애하는 것을 청정하게 하는 지분(能淨最勝功德障支)으로서 이 정정으로 인해 신통
神通 등의 무량공덕을 일으키는 것이다. 『대승아비달마잡집론』 권10(T31, 741a1~18)
참조.

로 돌아가고, '걸림 없는 네 가지 고귀한 진리'(無礙四諦)로써 [고통에서 궁극적으로 풀려난] 열반에 이르는 것이니, 이것이 대승이다."[15]

해설하자면, 위의 『허공장경』에서는 20개의 구절에서 [18가지의] 비유를 들어 도리에 대비시킴으로써 [대승의] '수레로서의 면모'(乘義)를 드러낸 것이다.

【소】又下文云. "此乘諸佛所受, 聲聞辟支佛所觀, 一切菩薩所乘. 梵護世所應敬禮, 一切衆生所應供養, 一切智者所應讚歎, 一切世間所應歸趣. 一切諸魔不能破壞, 一切外道不能測量, 一切世間不能與競". 解云, 上來以十句, 對人顯大乘也.

『소』(1-699a17~23); 『회본』(1-734a22~734b5)

또한 아랫글 [『대방등대집경大方等大集經』 「허공장보살품虛空藏菩薩品」에서는] 다음과 같이 설명한다.

"이 '수레'(乘)는 모든 부처가 받아들이는 것이고, '[가르침을] 들어서 [혼자] 부처가 되려는 수행자'(聲聞乘) '연기의 이치를 깨달아 [혼자] 부처가 되려는

---

13 육바라밀六波羅蜜: 범어는 'ṣaḍ-pāramitā'로서 대승보살이 불도를 이루고자 실천하는 여섯 가지 수행덕목이다. 전칭은 육바라밀다六波羅蜜多이고 육도六度, 육도무극六度無極, 육도피안六到彼岸 등으로 의역된다. 보시바라밀布施波羅蜜, 지계바라밀持戒波羅蜜, 인욕바라밀忍辱波羅蜜, 정진바라밀精進波羅蜜, 선정바라밀禪定波羅蜜, 지혜바라밀智慧波羅蜜을 가리킨다(『불광대사전』, p.1273 참조).

14 살반야薩般若: 범어 'sarva-jñā'(팔리어 sabba-ñāṇa)의 음역이다. 뜻으로 풀면 '모든 [것에 통하는] 지혜'(一切智)이다.

15 『대방등대집경』 권17 「허공장보살품」(T13, 114c28~115a12). "云何云爲莊嚴菩薩乘? 善男子! 乘者謂無量也, 無邊崖故, 普遍一切喩如虛空, 廣大容受一切衆生故, 不與聲聞辟支佛共, 是故名大乘. 復次, 乘者以正住四攝法爲輪, 以眞淨十善業爲輻, 以淨功德資糧爲轂, 以堅固淳至畢竟爲輨轄釘鑷, 以善成就諸禪解脫三昧爲輹, 以四無量心爲善調, 以善知識爲御者, 以知時非時爲發動, 以無常苦空無我之音爲驅策, 以七覺寶繩爲鞦靷, 以淨五根爲索帶, 以弘普端直大悲爲旒幢, 以四正勤爲輞, 以四念處爲安詳, 以四神足爲速進, 以勝五力爲鑒陣, 以八聖道爲直進, 於一切衆生無障礙慧明以爲軒. 以無住六波羅蜜迴向薩婆若, 以無礙四諦度到彼岸, 是爲大乘."

수행자'(辟支佛)는 [그저] 이해하는 것이며, 모든 [대승]보살은 타고 가는 것이다. 제석帝釋[16]과 범천梵天, 세상을 수호하는 사천왕四天王[17]들이 공경해야 하는 것이며, 모든 중생들이 받들어 섬겨야 하는 것이며, 모든 지혜로운 자들이 찬탄해야 하는 것이고, 모든 세상 사람들이 돌아가야 할 곳이다.[18] '[지혜와 수행을 가로막는] 모든 존재들'(魔羅, māra)[19]들이 파괴할 수 없고, 불교 이외의 가르침으로는 헤아릴 수 없으며, 모든 세속 지혜[20]가 감히 겨룰 수 없는 것이다."[21]

해설하자면, [이 문장은] 열 개 구절로써 사람들에게 대승을 드러낸 것이다.

---

16 제석帝釋: 범어로는 'Śakkra-Devānāmindra'로서 전칭은 석가제환인다라釋迦提桓因陀羅이고 약칭으로는 석제환인釋提桓因, 석가제바釋迦提婆라고도 음역한다. 천제석天帝釋, 천주天主 등은 의역이고, 이칭異稱으로는 인다라因陀羅, 교시가憍尸迦, 사바바娑婆婆婆, 천안千眼 등이라고도 한다. 힌두교의 인다라 신이었던 것이 불교에 들어와 제석천이라고 불린다. 불교에서는 마가다국摩伽陀國의 바라문婆羅門이 복덕福德을 쌓아 도리천忉利天에 태어남으로써 33천三十三天의 천주가 되었고, 석존釋尊의 수호신이 되었다고 회자된다(『불광대사전』, p.3776 참조).

17 사천왕四天王: 범어로는 'Caturmahārājika-deva'로서 사천왕천四天王天·도리천忉利天·야마천夜摩天·도솔천兜率天·화락천化樂天·타화자재천他化自在天의 욕계육천欲界六天 중 첫 번째 사천왕천의 왕들이다. 동쪽의 지국천왕持國天王, 남쪽의 증장천왕增長天王, 서쪽의 광목천왕廣目天王, 북쪽의 다문천왕多聞天王을 말한다. 색계色界 범천梵天과 함께 불법을 수호하는 신으로 알려진다(『불광대사전』, p.1673 참조).

18 "一切怨憎不能輕毀"이 생략되어 있다. 불법을 원망하고 증오하는 모든 이들도 경시하거나 훼손할 수 없다는 내용이다.

19 마魔: 『대지도론』 권56에서는 "魔有四種, 一者煩惱魔, 二者五衆魔, 三者死魔, 四者自在天子魔"(T25, 458c3~5)라고 하는데, 마魔에는 네 종류가 있어서 앞의 세 가지는 자기 몸과 마음에서 발동하는 내마內魔이고, 마지막의 자재천자마自在天子魔는 외마外魔라고 한다(『불광대사전』, p.1879 참조).

20 세간世間: 출세간出世間, 출세간지出世間智의 대칭이다.

21 『대방등대집경』 권17 「허공장보살품」(T13, 115a12~17). "此乘諸佛所受, 聲聞辟支佛所觀, 一切菩薩所乘. 釋梵護世所應敬禮, 一切衆生所應供養, 一切智者所應讚歎, 一切世間所應歸趣. 一切怨憎不能輕毀, 一切諸魔不能破壞, 一切外道不能測量, 一切世智不能與競."

【소】依論明者有七有三. 三種大義, 下文當說. 言七種者, 有二種七.

『소』(1-699a23~699b1); 『회본』(1-734b5~6)

논論에 의거해서 설명하자면 일곱 가지와 세 가지[로 나누어 설명할 수]가 있다. '대大'의 세 가지 의미는 [먼저 일곱 가지 의미를 설명한 후에] 아랫글에서 설명할 것이다. 일곱 가지에는 두 종류의 일곱 가지[22]가 있다.

【소】一者, 如『對法論』云, "由與七種大性相應, 故名大乘. 何等爲七? 一境大性, 以菩薩道緣百千等無量諸經廣大敎法爲境界故. 二行大性, 正行一切自利利他廣大行故. 三智大性, 了知廣大補特伽羅法無我故. 四精進大性, 於三大劫阿僧祇耶方便勤修無量難行行故. 五方便善巧大性, 不住生死及涅槃故. 六證得大性, 得如來諸力無畏不共佛法等無量無數大功德故. 七業大性, 窮生死際示現一切成菩提等建立廣大諸佛事故". 此中前五是因, 後二是果也.

『소』(1-699b1~12); 『회본』(1-734b6~18)

[두 종류의 일곱 가지 중에] 첫 번째 [종류]에 대해서 『대법론對法論』[23]에서는 [다음과 같이] 설명한다.

"일곱 가지 위대함(大性)과 부합하기 때문에 '대승大乘'이라고 한다. 무엇이 일곱 가지인가? 첫 번째는 [보살이] '토대[로 삼는 교법영역]의 위대함'(境大性)이니, 보살의 길은 수백 수천의 헤아릴 수 없이 많은 모든 경전의 방대한 가르침을 토대(境界)로 삼기 때문이다. 두 번째는 '실천의 위대함'(行大性)이니, 모든 '자신도 이롭게 하고 다른 사람도 이롭게 하는 광대한 행위'(自利利他廣大行)를 제대로 실천하기 때문이다. 세 번째는 '지혜의 위대함'(智大性)이니, 자아(補特伽羅)[24]와 현상(法)에는 '불변·독자의 자아가 없음'(無

---

22 두 종류의 일곱 가지: 『대법론對法論』에 나오는 일곱 가지와 『현양론顯揚論』에 나오는 일곱 가지를 말한다.

23 『대법론』: 『대승아비달마잡집론』(T31, 16권)의 약어이다. 대법對法은 범어 'abhidharma'의 의역이고 음역은 아비달마阿毗達磨이다.

我)을 광대하게 분명히 알기 때문이다. 네 번째는 '노력의 위대함'(精進大性)
이니, '한량없는 오랜 시간'(三大劫阿僧祇耶)[25] 동안 헤아릴 수 없이 [많은] '행
하기 어려운 수행'(難行)의 실천을 '수단과 방법'(方便)으로 부지런히 닦기
때문이다. 다섯 번째는 '탁월한 수단과 방법의 위대함'(方便善巧大性)이니,
[근본무지에 매인 채] 태어나고 죽는 것'(生死)과 [고요한] 열반涅槃'에 [모두] 머
물지 않기 때문이다. 여섯 번째는 '얻은 결과의 위대함'(證得大性)이니, 여래
如來의 '모든 [열 가지] 힘'(諸[十]力)[26]과 '[네 가지] 두려움 없음'([四]無畏)[27]과 [외도

---

24 보특가라補特伽羅: 보특가라는 뿌드갈라(pudgala)의 한역 음사어이다. 아비달마의
    독자부에서 주장하는 윤회의 주체로서 자기 자신을 말한다. '아我', '유정有情', '삭취취
    數取趣' 등으로 한역되었다.

25 삼대겁아승지야三大劫阿僧祇耶: 삼아승지겁三阿僧祇劫, 삼무수대겁시량三無數大劫時
    量이라고도 한다. 십지 수행이 완성되는 데 걸리는 시간에 대해 무착無著의 『섭대승
    론攝大乘論』 권3에서는 "於幾時中修習十地, 正行得圓滿, 有五種人. 於三阿僧祇劫, 修行
    圓滿"(T31, 126c1~2)이라고 하여 삼아승지겁이라 답하고 아울러 오종인五種人을 거
    론한다. 양자의 관계에 대해 같은 책에서는 "何者爲五人? 行願行地人滿一阿僧祇劫. 行
    清淨意行人, 行有相行人, 行無相行人, 於六地乃至七地, 滿第二阿僧祇劫. 從此後無功用行
    人, 乃至十地, 滿第三阿僧祇劫"(T31, 126c3~7)이라고 하여 첫 번째인 행원행지인行願
    行地人이 원만해지는 데 제일아승지겁이 걸리고, 두 번째에서 네 번째까지인 행청정
    의행인行清淨意行人과 행유상행인行有相行人과 행무상행인行無相行人이 제6지第六地
    에서 제7지第七地에 이르러 원만해지는 데 제이아승지겁이 걸리며, 다섯 번째인 무공
    용행인無功用行人이 제10지第十地에 이르러 원만해지는 데 제삼아승지겁이 걸린다고
    설명한다. 이 문단에 대해 세친世親의 『섭대승론석攝大乘論釋』 권11에서는 먼저 "釋
    曰, 何等爲五? 一有一人, 謂願樂行人. 二有三人, 謂清淨意行人, 有相行人, 無相行人. 三有
    一人, 謂無功用行人. 是名五人"(T31, 229b19~22)이라고 하여 원만해지기까지 제일아
    승지겁이 걸리는 『섭대승론』에서의 행원행지인을 원락행인願樂行人으로 고쳐 부르
    고, 이 원락행인에 대해 "願樂行人自有四種, 謂十信十解十行十迴向, 爲菩薩聖道有四種方
    便"(T31, 229b22~24)이라고 하여 보살성도菩薩聖道인 견도見道의 사종방편도四種方
    便道로서 십신十信·십주十住(十解)·십행十行·십회향十迴向이라고 설명한다. 말하
    자면 십지 수행이 원만해지는 데 걸리는 삼아승지겁 중의 첫 번째 기간인 제일아승지
    겁은 십신·십주·십행·십회향의 수행 기간이 되고, 제이무수대겁第二無數大劫은
    견도見道 초지初地에서 수도修道 7지七地까지의 수행 기간이며, 제삼무수대겁第三無
    數大劫은 수도 8지八地에서 10지十地까지의 수행 기간이다.

26 여래십력如來十力: 『대지도론』 권2에서는 일체지인一切智人인 부처님이 얻은 열 가지

나 소승과는] 같지 않은 [18가지] 도리'([十八]不共法)²⁸ 등 헤아릴 수 없이 많은

지혜의 힘을 다음과 같이 나열한다. "實有一切智人, 何以故? 得十力故. ① 知處非處故, ② 知因緣業報故, ③ 知諸禪定解脫故, ④ 知衆生根善惡故, ⑤ 知種種欲解故, ⑥ 知種種世間無量性故, ⑦ 知一切至處道故, ⑧ 先世行處憶念知故, ⑨ 天眼分明得故, ⑩ 知一切漏盡故. … 如是種種因緣故, 佛爲一切智人"(T25, 75a20~29). 번호는 십력十力의 순서를 표시한다. 같은 책 권19에서는 "佛雖有無量力. 但說十力, 於度衆生事足"(T25, 198b7~8)이라고 하여 부처님이 가진 무량력無量力에서 십력만을 말해도 중생을 구제하는 일에 충분하다고 설명한다.

27 사무외四無畏: 『대지도론』 권25에서는 부처님이 '두루 완전히 알아'(盡遍知) 네 가지 일에 두려움이 없는 것을 다음과 같이 나열한다. "略說是四無所畏體. ① 一者正知一切法, ② 二者盡一切漏及習, ③ 三者說一切障道法, ④ 四者說盡苦道. 是四法中, 若有如實言不能盡遍知, 佛不畏是事, 何以故? 正遍知了故. 初二無畏爲自功德具足故, 後二無畏爲具足利益衆生故"(T25, 242a22~27). 번호는 사무외의 순서를 표시한다. 같은 곳에서는 부처님이 얻는 지혜인 십력十力과 사무외의 차이에 대해 "問曰, 十力皆名智, 四無所畏亦是智, 有何等異? 答曰, 廣說佛諸功德是力, 略說是無畏. 復次能有所作是力, 無所疑難是無畏. 智慧集故名力, 散諸無明故名無畏. 集諸善法故名力, 滅諸不善法故名無畏. 自有智慧故名力, 無能壞者故名無畏. 智慧猛利是力, 堪受問難是無畏. 集諸智慧是名力, 智慧外用是無畏"(T25, 242a29~b8)라고 하여, 십력의 자세함과 사무외의 간략함 이외에, 대체로 지혜智慧의 자체 내용을 밝힌 것이 십력이고 무명無明과의 관계를 밝힌 것이 사무외라고 설명한다.

28 18불공법不共法: 부처에게만 있는 18가지 이로운 능력을 말한다. 『보살영락본업경』 권2 「인과품因果品」에서는 부처의 과덕果德 중 하나의 항목인 18불공법十八不共法에 대해 "復次十八不共法, 所謂身無失, 念無失, 口無失, 無異想, 無不定心, 無不知已捨, 心念無減, 欲無減, 精進無減, 智慧無減, 解脫無減, 解脫知見無減, 身業隨智慧行, 口業隨智慧行, 意業隨智慧行, 智慧知過去未來現在無礙無障"(T24, 1020a7~12)이라고 하여 ① '몸에 허물이 없음'(身無失), ② '[분별망상에 빠져들지 않는] 알아차림의 간직에 허물이 없음'(念無失), ③ '말에 허물이 없음'(口無失), ④ '차별하는 생각이 없음'(無異想), ⑤ '선정禪定에 들지 않은 마음이 없음'(無不定心), ⑥ '판단하지 않음으로써 [중생을] 버리는 마음이 없음'(無不知已捨), ⑦ '[분별망상에 빠져들지 않는] 알아차림을 마음으로 간직함이 줄어듦이 없음'(心念無減), ⑧ '[중생을 구제하려는] 의욕이 줄어듦이 없음'(欲無減), ⑨ '노력이 줄어듦이 없음'(精進無減), ⑩ '지혜가 줄어듦이 없음'(智慧無減), ⑪ '해탈이 줄어듦이 없음'(解脫無減), ⑫ '해탈한 앎과 견해가 줄어듦이 없음'(解脫知見無減), ⑬ '신체행위가 지혜에 따라 펼쳐짐'(身業隨智慧行), ⑭ '언어행위가 지혜에 따라 펼쳐짐'(口業隨智慧行), ⑮ '마음행위가 지혜에 따라 펼쳐짐'(意業隨智慧行), ⑯ '지혜로 과거를 아는 것에 장애가 없음'(智慧知過去無礙無障), ⑰ '지혜로 미래를 아는 것에 장애

'위대한 이로운 능력'(大功德)을 얻기 때문이다. 일곱 번째는 '행위의 위대함'(業大性)이니, [근본무지에 매여] 나고 죽는 [중생의] 윤회가 다할 때까지 '깨달음을 이루게 하는 모든 것'(一切成菩提)을 보여 주는 등 광대한 '부처가 행하는 모든 일'(諸佛事)을 건립하기 때문이다."[29]

가 없음'(智慧知未來無礙無障), ⑱ '지혜로 현재를 아는 것에 장애가 없음'(智慧知現在無礙無障)의 18가지를 제시한다. 마지막 세 가지 불공법不共法에 해당하는 '智慧知過去未來現在無礙無障'의 압축된 표현과 비교하자면, 18불공법十八不共法에 관해 같은 내용을 제시하는『마하반야바라밀경』권5에서는 "十六智慧知見過去世無閡無障, 十七智慧知見未來世無閡無障, 十八智慧知見現在世無閡無障"(T8, 256a2~5)이라고 하여 더 친절하게 표현한다.

29 『대승아비달마잡집론大乘阿毘達磨雜集論』권11(T31, 743c26~744a7). "由與七種大性相應, 故名大乘. 何等名爲七種大性? 一境大性, 以菩薩道容百千等無量諸經廣大教法爲境界故. 二行大性, 正行一切自利利他廣大行故. 三智大性, 了知廣大補特伽羅法無我故. 四精進大性, 於三大劫阿僧企耶方便勤修無量百千難行行故. 五方便善巧大性, 不住生死及涅槃故. 六證得大性, 證得如來諸力無畏不共佛法等無量無數大功德故. 七業大性, 窮生死際示現一切成菩提等建立廣大諸佛事故."〈산스크리트본의 해당 내용: ASBh 96.03-11, tad etat saptavidhamahattvayogān mahāyānam* ity ucyate / saptavidhaṃ mahattvam ālambanamahattvaṃ śatasāhasrikādisūtrāparimitadeśanādharmālambanād bodhisattvamārgasya / pratipattimahattvaṃ sakalasvaparārthapratipatteḥ / jñānama-hattvaṃ pudgaladharmanairātmyajñānāt / vīryamahattvaṃ triṣu mahākalpāsaṃkhyeyeṣv anekaduṣkaraśatasahasraprayogāt / upāyakauśalyamahattvaṃ saṃsāranirvāṇāpratiṣṭhānāt / prāptimahattvaṃ balavaiśāradyāveṇikabuddhadharmādyaprameyāsaṃkhyeyaguṇādhigamāt / karmamahattvaṃ yāvatsaṃsāraṃ bodhyādisandarśanena buddhakāryānuṣṭhānād iti /(*한역 '大乘'과 티벳역 'theg pa chen po'에 의거하여 mahattvayānam을 mahāyānam으로 교정.); vaipulya(方廣)과 vaidalya(廣破)와 vaitulya(無比)는 대승의 동의어이다. 이러한 것[들]은 일곱 종류의 '위대함'(大性)과 결합하기에 '대승'이라고 칭해진다. 일곱 종류의 '위대함'(大性)이란 ① '토대의 위대함'(境大性)으로 이는 보살도가 백 천 등의 경전/경전이라는 헤아릴 수 없는 교법에 토대를 두고 있기 때문이며, ② '실천의 위대함'(行大性)으로 자리와 이타 모두를 실천하기 때문이며, ③ '지혜의 위대함'(智大性)으로 '개아뿐만 아니라 현상의 기본 요소에도 실체가 없다'(人法無我)라고 알기 때문이며, ④ '정진의 위대함'(精進大性)으로 이는 헤아릴 수 없는 세 대겁 동안 다양한 백 천의 행하기 힘든 일들을 수행하기 때문이며, ⑤ '방편의 위대함'(方便善巧大性)으로 이는 윤회와 열반 양자 모두에 머물지 않기 때문이며, ⑥ '증득의 위대함'으로 [10]력·[4]무외 등과 [18]불공법 등의

이 가운데 앞의 다섯 가지는 원인이고 뒤의 두 가지는 결과이다.

【소】 二者, 『顯揚論』云, "大乘性者, 謂菩薩乘與七大性共相應故, 說名大
乘. 云何爲七? 一法大性, 謂十二分敎中菩薩藏所攝方便廣大之敎. 二
發心大性, 謂已發無上正等覺心. 三勝解大性, 謂於前所說法大性境起
勝信解. 四意樂大性, 謂已超過勝解行地入淨勝意樂地. 五資糧大性,
成就福智二種大資糧故, 能³⁰證無上正等菩提. 六時大性, 謂三大劫阿
僧企耶時能證無上正等菩提. 七成滿大性, 謂卽無上正等菩提自體. 所
成滿菩提自體, 比餘成滿自體, 尙無與等, 何況起勝?" 『瑜伽』·『地持』,
皆同此說.

『소』(1-699b12~699c1); 『회본』(1-734b18~734c8)

[두 종류의 일곱 가지 중에] 두 번째 [종류]에 대해서는 『현양론顯揚論』에서 [다
음과 같이] 설명한다.

"'대승의 면모'(大乘性)라는 것은, '보살의 수행'(菩薩乘)과 일곱 가지 위대
함(大性)이 서로 부합하기 때문에 '대승大乘'이라고 부르는 것이다. 무엇이
일곱 가지인가? 첫 번째는 '가르침의 위대함'(法大性)이니, [부처님의 가르침에
대한] 12가지의 분류'(十二分敎)³¹중에 보살장菩薩藏³²에 포섭되는 '수단과 방

측량불가하고 헤아릴 수 없는 속성들을 증득하기 때문이며, ⑦ '행위의 위대함'(業大
性)으로 이는 윤회가 있는 한/[보살이] 윤회하는 한 '붓다[들]의 깨달음'(菩提) 등을 보
어 줌에 의하여 붓다로서 행해야 하는 일을 행하기 때문이다.〉 위에서 ②의 티벳역은
"'실천의 위대함'에 관해서 말하자면 보살도가 자리와 이타 모두를 실천하기 때문이
다"(bsgrup pa chen po ni byang chub sems dpa'i lam ni / bdag gzhan gyi don
thasm cad bsgrub pa'i phyir ro /)로 번역하고 있다. 문맥상 좀 더 어울리는 듯하지
만, 산스크리트 편집자와 한역의 읽기를 따랐다.
30 전후 문맥상 '能' 앞에 '謂'를 추가한다.
31 12분교十二分敎: 부처님의 설법을 서술방식이나 내용에 따라 분류한 것으로서 12부경
十二部經, 12분경十二分經이라고도 한다. 본문 인용문의 생략된 내용에 따르면 ① 계
경契經, ② 시詩, ③ 기記, ④ 게偈, ⑤ 인연因緣, ⑥ 탄歎, ⑦ 본말本末, ⑧ 비유譬喩, ⑨
생生, ⑩ 방광方廣, ⑪ 미증유未曾有, ⑫ 법의法義의 12가지를 말한다. ① 계경(음역:

법이 방대한 가르침'(方便廣大之敎)[33]이 그것이다. 두 번째는 '깨닫고자 하는 마음을 일으키는 것의 위대함'(發心大性)이니, '완전하고 평등한 최고의 깨달음을 성취하려는 마음'(無上正等覺心)을 일으키는 것이 그것이다. 세 번째는 '탁월하게 이해함의 위대함'(勝解大性)이니, 앞에서 설명한 '가르침의 위대한 토대'(法大性境)에 대해 탁월한 믿음과 이해를 일으키는 것이 그것이다. 네 번째는 '즐거움을 누림의 위대함'(意樂大性)이니, '탁월하게 이해하는 수행단계'(勝解行地)를 넘어서서 '온전하고 탁월한 즐거움을 누리는 경지'(淨勝意樂地)에 들어가는 것이 그것이다. 다섯 번째는 '[깨달음에 이르기 위한] 수행기초의 위대함'(資糧大性)이니, 복덕(福)과 지혜(智)라는 두 가지 '위대한 수행기초'(大資糧)를 성취하기 때문에 '완전하고 평등한 최고의 깨달음'(無上

수다라修多羅)은 장행長行이라고도 하는데, 산문 형식의 기술이다. ② 시(음역: 기야祇夜)는 응송應頌이라고도 하는데, 계경에 해당하는 내용을 반복한 시 형식의 기술이다. ③ 기(음역: 화가라나和伽羅那)는 기별記別·수기授記라고도 하는데, 설법 후 제자에게 미래에 있을 일을 말해 주는 형식의 기술이다. ④ 게(음역: 가타伽陀)는 풍송諷頌·고기송孤起頌이라고도 하는데, 응송에서 계경의 내용을 반복하는 것과 달리 새로운 설법 내용을 시 형식으로만 기술하는 것이다. ⑤ 인연(음역: 니다나尼陀那)은 설법하게 된 인연에 대한 기술로서 경전의 서품序品과 같은 것이다. ⑥ 탄은 찬탄하는 형식의 기술로 보이는데, 자설(음역: 우다나優陀那)이라는 형식을 12부十二部의 하나로 꼽는 것이 일반적이다. 자설은 대론자의 질문 없이 부처님 스스로 진행하는 설법이다. ⑦ 본말(음역: 이제왈다가伊帝曰多伽)은 본사本事라고도 하는데, 본생담本生譚 이외에 부처님과 제자들의 전생에 관한 기술이다. ⑧ 비유(음역: 아바다나阿波陀那)는 비유로 설법하는 것이다. ⑨ 생(음역: 사다가闍多伽)은 본생本生이라고도 하는데, 부처님 전생의 대비행大悲行에 관한 기술이다. ⑩ 방광(음역: 비불략毗佛略)은 광대하고 심오한 교의를 널리 설법하는 것이다. ⑪ 미증유(음역: 아부타달마阿浮陀達磨)는 희법希法이라고도 하는데, 부처님과 제자들의 초세간적 사건들에 관한 기술이다. ⑫ 법의(음역: 우바제사優婆提舍)는 논의論議라고도 하는데, 제법諸法의 체성體性을 논의하여 그 뜻을 결택決擇하는 내용에 관한 기술이다(『불광대사전』, p.344 참조).

32 보살장菩薩藏: 이장二藏 중 하나로서 성문장聲聞藏의 대칭이다(『불광대사전』, p.250 참조).

33 『기신론소』에는 '방편方便'으로 되어 있지만 『현양론』 본문에서는 '방광方廣'으로 되어 있다.

正等菩提)을 얻을 수 있는 것이 그것이다. 여섯 번째는 [수행의] '시간의 위대
함'(時大性)이니, '헤아리기 어려울 정도의 오랜 시간'(三大劫阿僧企耶)[34]이라야
'완전하고 평등한 최고의 깨달음'(無上正等菩提)을 얻을 수 있는 것이 그것이
다. 일곱 번째는 '완전하게 성취함의 위대함'(成滿大性)이니, '완전하고 평등
한 최고의 깨달음'(無上正等菩提) 자체와 하나가 되는 것이 그것이다. [이] 완
전하게 성취한 깨달음 자체는 다른 것의 완전한 성취 자체와도 오히려 견
줄 수가 없는데 하물며 어찌 [이보다] 뛰어난 것이 있을 수 있겠는가?"[35]

『유가사지론瑜伽師地論』과 『보살지지론菩薩地持論』[36]에서도 모두 이와

---

34 삼대겁아승지야三大劫阿僧企耶: 각주 '삼대겁아승지야三大劫阿僧祇耶' 조목 참조.

35 『현양성교론顯揚聖教論』권8(T31, 520c12~22). "大乘性者, 謂菩薩乘與七大性相應故,
說名大乘. 云何爲七? 一法大性, 謂十二分教中菩薩藏所攝方廣之教. 二發心大性, 謂已發無
上正等心. 三勝解大性, 謂於前所說法大性境起勝信解. 四勝意樂大性, 謂已超過勝解行地
入淨勝意樂地. 五資糧大性, 謂已成就福智二種大資糧故, 能證無上正等菩提. 六時大性, 謂
三大劫阿僧企耶時, 能證無上正等菩提. 七成滿大性, 謂即無上正等菩提. 此所成滿菩提自
體. 比餘成滿自體, 尚無與等, 何況超勝."; 『유가사지론瑜伽師地論』권46(T30,
548c12~24). "所說正法大果勝利. 諸菩薩乘與七大性共相應故, 說名大乘. 何等爲七? 一者
法大性, 謂十二分中菩薩藏, 攝方廣之教. 二者發心大性, 謂有一類於其無上正等菩提, 發
正願心. 三者勝解大性, 謂有一類於法大性, 生勝信解. 四者增上意樂大性, 謂有一類已過勝
解行地, 證入淨勝意樂地. 五者資糧大性, 謂福德資糧智慧資糧, 修習圓滿能證無上正等菩
提. 六者時大性, 謂經於三無數大劫, 方證無上正等菩提. 七者圓證大性, 謂即所證無上菩提,
由此圓證菩提自體. 比餘圓證功德自體, 尚無與等, 何況得有若過若增."〈산스크리트본의
해당 내용: BoBh[W] 297,23-298,2; BoBh[D] 202,6-9, tatra yac ca dharmamahattvaṃ
yac ca cittotpādamahattvaṃ yac cādhimuktimahattvaṃ yac cādhyāśayamahattvaṃ
yac ca saṃbhāramahattvaṃ yac ca kālamahatvam. itīmāni ṣaṇ mahattvāni
hetubhūtāni samudāgamamahattvasya. tat punar ekaṃ samudāgamamahattvam
phalasthānīyam eṣāṃ ṣaṇṇāṃ veditavyam.; 그 [일곱 가지 위대함] 중에서 가르침
의 위대함, 발심의 위대함, 승해의 위대함, 뛰어난 의도의 위대함, 자량의 위대함, 시
간의 위대함 등 이 여섯 가지 위대함은 증득의 위대함의 원인이다. 그리고 증득의 위
대한 한 가지는 이 여섯 가지의 결과라고 알아야 한다.〉

36 『유가사지론』과『보살지지론』에서 칠대성七大性에 관해 설명하는 곳:『유가사지론』
권46에서도 "諸菩薩乘與七大性共相應故, 說名大乘. 何等爲七? 一者法大性. …"(T30,
548c12~27)이라 하고,『보살지지경菩薩地持經』권8에서도 "云何名大乘? 有七種大故,
名爲大乘. 一者法大. …"(T30, 937b9~17)라고 하여 앞의『현양성교론』과 같은 내용으

같이 설명한다.

【소】『瑜伽論』云, "此中若法大性, 乃至若時大性, 如是六種, 皆是圓證大性
之因, 圓證大性, 是前六種大性之果". 解云, 如是二種七種大性, 其數雖
同, 建立意別, 建立之意, 尋之可知. 釋大乘竟.

『소』(1-699c1~5); 『회본』(1-734c8~13)

『유가사지론瑜伽師地論』에서는 [다음과 같이] 설명한다.

"이 [일곱 가지 '대大'의 의미] 중에서 '가르침의 위대함'(法大性)에서 '시간의
위대함'(時大性)까지의 여섯 가지는 모두 '완전한 깨달음 성취의 위대함'(圓
證大性)[37]의 원인이고, '완전한 깨달음 성취의 위대함'(圓證大性)은 앞의 여섯
가지 '큰 면모'(大性)의 결과이다."[38]

[이 문장을] 해석해 말해 보면 [다음과 같다.] [『대승아비달마잡집론大乘阿毘達磨
雜集論』과 『현양성교론顯揚聖教論』에서 각각 말하는] 이와 같은 두 종류의 '일곱
가지 위대함'(七種大性)은 그 수는 비록 같지만 표방하고 있는 뜻은 다르니,
[각자가] 표방하고 있는 뜻은 살펴보면 알 수 있을 것이다. [이상으로] '대승大
乘'[의 뜻]을 풀이하는 것을 마친다.

로 칠대성에 관한 논의를 전개한다. 한편 『개원석교록』 권4에서는 『보살지지경』의
서지 정보에 관해 "菩薩地持經十卷(或無經字, 亦云論, 亦名菩薩戒經, 又名菩薩地經, 或八
卷. 出瑜伽論本地分中菩薩地. 見竺道祖河西錄及僧祐錄)"(T55, 519c24~25)이라고 하여
『보살지론』, 『보살계경菩薩戒經』, 『보살지경菩薩地經』 등으로 불리고 『유가사지론』
의 「본지분중보살지本地分中菩薩地」가 출전이라고 설명한다.

37 원증대성圓證大性: 앞서 인용된 『현양성교론』의 문장에서 칠대성 중 일곱 번째인 성
만대성成滿大性(완전하게 성취하는 큰 면모)에 해당하는 용어로서 『유가사지론』에서
는 원증대성이라고 표현되어 있다. 원증대성에 관련된 『유가사지론』 권46의 설명 대
목은 앞 『현양성교론』 출처 주석의 『유가사지론』 인용문 참조.

38 『유가사지론』 권46, 「보살공덕품菩薩功德品」(T30, 548c24~27). "當知, 此中若法大性,
若發心大性, 若勝解大性, 若增上意樂大性, 若資糧大性, 若時大性, 如是六種, 皆是圓證大性
之因, 圓證大性, 是前六種大性之果."

2. '기신起信'을 해석함(言起信)

【소】 言"起信"者, 依此論文, 起衆生信, 故言"起信". 信以決定謂爾之辭, 所謂信理實有, 信修可得, 信修得時有無窮德. 此中信實[39]有者, 是信體大. 信一切法不可得故, 卽信實有平等法界. 信可得者, 是信相大. 具性功德熏衆生故, 卽信相熏必得歸原. 信有無窮功德用者, 是信用大. 無所不爲故.

『소』(1-699c6~13);『회본』(1-734c13~21)

"믿음을 일으킨다"(起信)라고 말한 것은, 이 논서[『대승기신론』]의 글에 의거하여 중생의 믿음을 일으키기 때문에 "믿음을 일으킨다"라고 말한 것이다. '믿음'(信)은 '반드시 그렇다고 여기는 말'(決定謂爾之辭)이니, 〈진리가 실제로 있다는 것을 믿는 것〉(信理實有), 〈수행으로 [그 진리를] 증득할 수 있다는 것을 믿는 것〉(信修可得), 〈수행으로 증득할 때 무한한 '이로운 능력' (德)이 있다는 것을 믿는 것〉(信修得時有無窮德)이다. 이 [믿음의 의미] 중에 〈진리가 실제로 있다는 것을 믿는다〉는 것은 '[온전한] 본연의 위대함'(體大)을 믿는 것이다. [이것은] 모든 것이 [불변·독자의 실체·본질로서는] 얻을 수 없다는 것을 믿는 것이기에 곧 실로 '평등한 현상세계'(平等法界)가 있음을 믿는 것이다. 〈[수행으로] 증득할 수 있다는 것을 믿는다〉는 것은 '능력의 위대함'(相大)을 믿는 것이다. [수행으로] [온전한] 본연의 이로운 능력'(性功德)을 갖추어 중생을 [그 이로움에] 물들게 하는 것이니, 곧 ['본연의 이로운 능력'(性德)을 갖춘] 능력(相)으로 [중생을 그 이로움에] 물들게 하면 [그들이] 반드시 '근원[인 본연]으로 돌아가게 된다'(歸原)는 것을 믿는 것이다. 〈[수행으로 증득할 때] 무한한 이로운 능력의 작용이 있다는 것을 믿는다〉는 것은 '작용의 위대함'(用大)을 믿는 것이니, [그 작용이] 하지 못하는 것이 없기 때문이다.

---

39 '實' 앞에 '理'가 빠진 것으로 보인다. 앞 문장에 따라 '理實有'로 교감한다.

【소】若人能起此三信者, 能入佛法生諸功德, 出諸魔境, 至無上道. 如經
偈云, "信爲道元功德母, 增長一切諸善根, 除滅一切諸疑惑, 示現開發
無上道. … 信能超出衆魔境, 示現無上解脫道. 一切功德不壞種, 出生
無上菩提樹". 信有如是無量功德, 依論得發心, 故言"起信".

『소』(1-699c13~20); 『회본』(1-734c21~735a4)

만일 사람들이 이 세 가지 믿음을 일으킬 수 있다면, 부처님 가르침에
들어가 모든 '이로운 능력'(功德)을 일으켜 [진리를 깨닫는 것을 막는] 일체의 장
애'(諸魔境)에서 벗어나 [마침내] '최고의 경지'(無上道)에 도달할 수 있다. 예
를 들면 『화엄경華嚴經』의 게송에서는 [다음과 같이] 말한다.

"믿음은 [모든] 수행의 토대이고 공덕을 낳는 어머니이니, 모든 '유익한
자질'(善根)⁴⁰을 늘려 나가고 모든 의혹을 소멸시켜 '최고의 경지'(無上道)를
개발하는 것을 드러낸다네. … 믿음은 [진리를 깨닫는 것을 막는] 모든 장애(魔
境)를 넘어서게 하고, '최고의 해탈 경지'(無上解脫道)가 나타나도록 한다네.
[그러므로 믿음은] 모든 공덕의 파괴되지 않는 씨앗으로 '최고의 깨달음의 나
무'(無上菩提樹)를 키워 내노라."⁴¹

믿음에는 이와 같이 '헤아릴 수 없이 많은 이로운 능력'(無量功德)이 있는
데, 이 『대승기신론』에 의해 [이러한 믿는] 마음을 일으키기 때문에 "믿음을
일으킨다"(起信)라고 하였다.

---

40 선근善根: 선본善本, 덕본德本이라고도 한다. 선과善果를 일으키는 근본을 말한다. 무
탐無貪·무진無瞋·무치無癡를 합하여 삼선근三善根이라 하고, 탐貪·진瞋·치痴를
삼불선근三不善根 또는 삼독三毒이라고 한다(『불광대사전』, p.4888 참조).

41 『대방광불화엄경大方廣佛華嚴經』 권6, 「정행품淨行品」 7(T9, 433a26~27). "信爲道元
功德母, 增長一切諸善法, 除滅一切諸疑惑, 示現開發無上道." … "信能超出衆魔境, 示現無
上解脫道, 一切功德不壞種, 出生無上菩提樹"(T9, 433b6~7). (생략된 부분: "淨信離垢心
堅固, 滅除憍慢恭敬本. 信是寶藏第一法, 爲淸淨手受衆行, 信能捨離諸染著, 信解微妙甚深
法, 信能轉勝成衆善, 究竟必至如來處. 淸淨明利諸善根, 信力堅固不可壞, 信永除滅一切惡.
信能逮得無師寶, 信於法門無障礙, 捨離八難得無難." T9, 433a28~b5).

3. '논論'을 해석함(言論)

【소】所言論者, 建立決了可軌文言, 判說甚深法相道理, 依決判義, 名之爲
論. 總而言之, 大乘是論之宗體, 起信是論之勝能, 體用合擧, 以標題目,
故言大乘起信論也.

『소』(1-699c21~700a1);『회본』(1-735a4~9)

'논論'이라는 것은, 결정적으로 기준이 될 수 있는 문장과 말을 구성하여
깊고 깊은 '가르침의 특징'(法相)과 이치(道理)를 판단하고 설명하는 것이니,
'결정하고 판단한다'(決判)는 뜻에 의거하여 '논論'이라는 명칭을 부여한 것
이다. 총괄적으로 말하자면, '대승大乘'은 논論의 '가장 중요한 본연'(宗體)이
고 '기신起信'은 논의 '수승한 능력'(勝能)이니, [온전한] 본연'(體)과 [능력의]
작용'(用)을 합하여 제목을 세웠기 때문에 '대승기신론大乘起信論'이라고
하였다.

III. 문장에 따라 뜻을 밝힘(依文顯義)

【소】第三消文. 文有三分. 初三行偈, 歸敬述意, "論曰"以下, 正立論體, 最
後一頌, 總結廻向.

『소』(1-700a2~4); 『회본』(1-735a10~12)

세 번째는 [『대승기신론』의] 원문을 해석한 것이다. 원문에는 세 부분이 있
다. 처음 세 줄의 게송은 '의지하고 공경함'(歸敬)과 [『대승기신론』을] '지은
뜻'(述意)을 나타낸 것이고, '논왈論曰' 이하[의 문장]은 『대승기신론』의 본
연(論體)을 곧바로 세웠으며, 마지막의 한 게송은 '총괄하여 끝맺고 [모든 공
덕을 중생에게] 되돌린 것'(總結廻向)이다.

1. '의지하고 공경함'과 『대승기신론』을 지은 뜻'에 관한 게송(歸敬述意偈)

【소】初三偈中, 即有二意. 前之二頌, 正歸三寶, 其後一偈, 述造論意.

『소』(1-700a4~5); 『회본』(1-735a13~14)

처음 세 줄의 게송에는 두 가지 의미가 있다. 앞의 두 줄의 게송은 [부처
님·부처님의 가르침·수행공동체, 이] '세 가지 보배'(三寶)에 대해 바르게 귀의
하는 것이고, 그다음 마지막 한 줄의 게송은 [『대승기신론』이라는] 논서를 지
은 뜻을 서술한 것이다.

歸命盡十方, 最勝業遍知, 色無礙自在, 救世大悲者, 及彼身體相, 法性眞如海, 無量功德藏, 如實修行等.

『논』(T32, 575b12~15); 『회본』(1-735a15~17)

온 세상에서 '가장 수승한 행위'(殊勝業)와 '두루 통하는 지혜'(遍知)[1]를 갖추고, '몸이 걸림이 없어 자유자재'(色無礙自在)하며 '세상을 구제하시는 크나큰 연민을 지닌 분'(救世大悲者, 佛)과, 그 [부처님] 몸의 [온전한] 본연'(體)이 지닌 특징(相)인 '현상의 본연인 참 그대로의 바다'(法性眞如海, 法)와, '한량없는 이로운 능력의 창고'(無量功德藏)인 '사실 그대로 익히고 실천하는 분들'(如實修行等, 僧)에게 목숨 바쳐 귀의하옵니다.

1) 세 가지 보배에 대해 바르게 귀의함(正歸三寶)

(1) 귀의하는 자의 모습(能歸相)

【소】初歸敬中有二, "歸命"二字, 是能歸相, "盡十方"下, 顯所歸德. 能歸相者, 敬順義是歸義, 趣向義是歸義. 命謂命根, 總御諸根. 一身之要, 唯命爲主, 萬生所重, 莫是爲先. 擧此無二之命, 以奉無上之尊, 表信心極, 故言"歸命". 又復歸命者, 還源義, 所以者, 衆生六根, 從一心起, 而背自原, 馳散六塵. 今擧命總攝六情, 還歸其本一心之原, 故曰"歸命". 所歸一心, 卽是三寶故也.

『소』(1-700a6~15); 『회본』(1-735a18~b4)

---

1 변지遍知: 범어 'parijñā'의 의역으로 지지, 지智, 전지全知, 변지偏知, 변지遍智, 통달通達 등으로도 한역된다(『범화대사전』하권, p.747 참조). 『불광대사전』에서는 『유가사지론』권57(T30, 619b1 이하)에서 논의하는 구변지九遍知를 언급하기도 하는데, 욕계欲界와 색계色界·무색계無色界의 견혹見惑과 수혹修惑을 끊어 고苦·집集·멸滅·도道 사성제四聖諦의 도리를 두루 아는 아홉 가지 무루지無漏智를 말한다(p.152 참조). 원효는 아래 주석에서 변지에 관해 "智體無所不偏"이라고 하여 '지혜의 본연이 두루 이르지 않는 곳이 없는 것'이라고 설명한다.

첫 부분인 '의지하고 공경[하는 구절]'(歸敬[文])에는 두 가지가 있으니, "목숨 바쳐"(歸命)라는 두 글자는 '귀의하는 자의 모습'(能歸相)이고 "온 세상에서"(盡十方) 아래는 '귀의하게 되는 대상에 갖추어진 능력'(所歸德)을 나타낸다. '귀의하는 자의 모습'(能歸相)이라는 것[이 지닌 뜻은 다음과 같다.] '공경하여 따른다'(敬順)는 뜻이 '귀의'(歸)의 의미이고, [또] '향해 나아간다'(趣向)는 뜻이 '귀의'(歸)의 의미이다. '명命'이란 '생명을 지속시키는 능력'(命根)으로 모든 감관능력(根)을 총괄한다. 하나의 몸을 이루는 요체는 오로지 목숨(命)이 주인이니, 온갖 생명체가 소중히 여기는 것으로는 이보다 앞세울 만한 것이 없다. 둘도 없는 이 목숨을 걸고 가장 존귀한 것을 받들어 믿는 마음을 지극하게 드러내기 때문에 "목숨 바쳐 귀의한다"(歸命)고 말하였다. 또한 '목숨 바쳐 귀의한다'(歸命)는 것은 '근원으로 돌아간다'(還源)는 뜻이니, 왜냐하면 중생의 '여섯 가지의 인식 능력'(六根)은 '하나처럼 통하는 마음'(一心)을 따라 생겨났으면서도 자신의 근원을 등지고 '인식 능력의 여섯 가지 대상들'(六塵)로 달려 나가 흩어지기 때문이다. 이제 목숨 바쳐 '여섯 가지의 인식 능력'(六情)[2]을 '모두 다잡아'(總攝) 그 본래의 '하나처럼 통하는 마음의 근원'(一心之原)으로 되돌아가기 때문에 "목숨 바쳐 귀의한다"(歸命)라고 말했다. 돌아가는 곳인 '하나처럼 통하는 마음'(一心)이 바로 [귀의의 대상인] '세 가지 보배'(三寶)이기 때문이다.

(2) 귀의하게 되는 대상에 갖추어진 능력을 드러냄(顯所歸德)

① 부처님이라는 보배를 찬탄함(歎佛寶)

【소】"盡十方"下, 顯所歸德. 此中應說三寶之義, 義如別說. 今且消文. 文中有三, 謂佛法僧. 寶之內亦有三意, 先歎心德, 次歎色德, 第三句者,

---

2 『불교어대사전』(中村元 著, p.1455)에 따르면, 육정六情은 육근六根과 같은 말이라고 한다.

舉人結歎. 歎心德中, 歎用及體.

『소』(1-700a15~20); 『회본』(1-735b4~8)

"온 세상에서"(盡十方) 아래 부분은 '귀의하게 되는 대상에 갖추어진 능력'(所歸德)을 드러낸다. 이 가운데서 삼보의 의미를 설명해야 하는데, 그 의미는 따로 설명한 것과 같다. 지금은 본문을 자세하게 풀이해 본다.

문장에는 세 가지가 있으니, '부처님'(佛)과 '가르침'(法)과 '수행공동체'(僧)가 그것이다. [부처님이라는] 보물 안에 다시 세 가지 의미가 있으니, 첫 번째는 '마음이 갖춘 능력'(心德)을 찬탄하였고, 두 번째는 '몸의 [수승한] 능력'(色德)을 찬탄하였으며, 세 번째 구절은 사람들[에 대한 '크나큰 연민'(大悲)]을 거론하면서 찬탄을 마무리하였다. '마음이 갖춘 능력'(心德)을 찬탄하는 가운데 [그 능력의] 작용(用)과 [온전한] 본연(體)도 찬탄하였다.

【仝】初言"盡十方最勝業"者, 是歎業用, 謂現八相等化衆生業. 盡十方界, 徧三世際, 隨諸可化, 作諸佛事, 故言"盡十方最勝業". 如『對法論』云, "業大性者, 窮生死際, 示現一切成菩提等, 建立廣大諸佛事故". 彼擧三世, 此顯十方也.

『소』(1-700a20~b1); 『회본』(1-735b8~15)

처음에 말한 "온 세상에서 가장 수승한 행위"(盡十方最勝業)라는 것은 '[부처님의] 행위의 작용'(業用)을 찬탄하는 것이니, '여덟 가지 모습'(八相)³ 등을

---

3 팔상八相: 부처님이 일생 동안 중생을 교화하는 여덟 가지 모습을 말한다. 석가팔상釋迦八相, 팔상성도八相成道 등이라고도 한다. 도솔천兜率天에서 가비라국迦羅國(카필라성)으로 내려오는 모습인 ① 강도솔상降兜率相, 어머니 마야부인摩耶夫人의 오른쪽 옆구리로 들어가는 모습인 ② 탁태상託胎相, 남비니원嵐毘尼園(룸비니동산)에서 마야부인의 오른쪽 옆구리로 나오는 모습인 ③ 강생상降生相, 19세에 사문유관四門遊觀의 사건 이후 출가하는 모습인 ④ 출가상出家相, 보리수 아래에서 수도할 때 마왕 파순의 방해를 물리치는 모습인 ⑤ 항마상降魔相, 마왕을 물리치고 입정入定하여 무상도無上道를 이루는 모습인 ⑥ 성도상成道相, 범천梵天의 청을 받아 녹야원鹿野園에서 설법하기 시작하는 모습인 ⑦ 설법상說法相, 교화한 지 45년이 지나 구시나성拘尸

나타내어 중생을 교화하는 행위(業)를 가리킨다. 모든 공간에 두루 이르고 온 시간에 두루 미치면서 교화할 수 있는 모든 것들에 따라 '깨닫게 하는 모든 일'(諸佛事)을 하기 때문에 "온 세상에서 가장 수승한 행위"(盡十方最勝業)라고 말한 것이다. 『대법론對法論』에서 "'행위의 위대함'(業大性)이라는 것은, [근본무지에 매여] 나고 죽는 [중생의] 윤회가 다할 때까지 '깨달음을 이루게 하는 모든 것'(一切成菩提)을 보여 주는 등 광대한 '부처가 행하는 모든 일'(諸佛事)을 건립하기 때문이다"[4]라고 말한 것과 같다. 저 [『대법론對法論』]에서는 '모든 시간'(三世)으로 거론하였고, 이 [『기신론起信論』]에서는 '모든 공간'(十方)으로 나타내었다.

【소】 言"遍智"者, 是歎智體. 所以業用, 周於十方者, 由其智體無所不徧故也. 智體周徧, 故言"徧智". 如『攝論』云, "猶如虛空, 徧一切色際, 無生住滅變異, 如來智亦爾, 徧一切所知, 無倒無變異故". 歎心德竟.

『소』(1-700b1~7); 『회본』(1-735b15~20)

"두루 통하는 지혜"(遍智)[5]라고 말한 것은 '지혜의 본연'(智體)을 찬탄한 것이다. '행위의 작용'(業用)이 모든 공간에 두루 미치는 까닭은, 지혜의 본연이 두루 이르지 않는 곳이 없기 때문이다. 지혜의 본연이 두루 미치는 까닭에 "두루 통하는 지혜"(徧智)라고 하였다. 『섭대승론석攝大乘論釋』에서

那城(쿠시나가라)에서 입멸하는 모습인 ⑧ 열반상涅槃像의 여덟 가지이다(『불광대사전』, p.289 참조).

4 『대승아비달마잡집론』권11(T31, 744a6~7). "業大性, 窮生死際, 示現一切成菩提等, 建立廣大諸佛事故." 여기에서는 '일곱 가지 면모'를 제시함으로써 '대승大乘'의 의미를 풀어내고 있다. '업대성'은 일곱 번째에 해당하는 특성으로 서술되어 있다. 〈산스크리트본의 해당 내용: ASBh 96.10-11, karmamahattvaṃ yāvatsaṃsāraṃ bodhyādi-sandarśanena buddhakāryānuṣṭhānād iti //; [일곱 가지 위대함 중 마지막 일곱 번째는] '행위의 위대함'(業大性)으로, 이는 윤회가 있는 한/[보살이] 윤회하는 한 '붓다[들]의 깨달음'(菩提) 등을 보여줌에 의하여 붓다로서 행해야 하는 일을 행하기 때문이다.〉

5 『기신론』본문에는 '遍知'로 되어 있던 것이 '遍智'로 바뀌었다.

"마치 허공이 모든 '사물의 세계'(色際)에 두루 미치지만 [허공은] 생겨나며 머무르고 사라지는 변이가 없듯이, 여래의 지혜도 그와 같아서 모든 아는 것에 두루 미치지만 거꾸로 되거나 바뀌는 것이 없기 때문이다"[6]라고 말하는 것과 같다. '마음이 갖춘 능력을 찬탄하는 것'(歎心德)을 마친다.

【소】次歎色德, 於中亦二. "色無礙"者, 歎色體妙, 言"自在"者, 歎色用勝. 初言色體者, 如來色身, 萬行所成, 及不思議熏習所成, 雖有妙色, 而無障礙, 一相一好, 無際無限, 故言遵"色無礙". 如『華嚴經』言, "求空邊際猶可得, 佛一毛孔無崖限. 佛德如是不思議, 是名如來淨知見故". 雖無質礙, 而有方所示現之義, 故得名色而無礙也.

『소』(1-700b8~16);『회본』(1-735b20~c5)

다음은 '몸의 [수승한] 능력'(色德)을 찬탄한 것인데 여기에도 두 가지가 있다. "몸이 걸림이 없다"(色無礙)라는 것은 [부처] '몸의 [온전한] 본연'(色體)이 '어디에도 막히지 않는 묘한 것'(妙)임을 찬탄하는 말이고, "자유자재하다"(自在)라고 말한 것은 '몸의 작용'(色用)이 수승함(勝)을 찬탄하는 것이다.

처음에 말한 '몸의 [온전한] 본연'(色體)이란 것은, 여래의 몸이 '온갖 수행'(萬行)에 의해 이루어지고 '생각으로는 이루 헤아릴 수 없는 거듭 익힘'(不思議熏習)에 의해 이루어져서 비록 '신묘한 몸'(妙色)을 가지고 있으면서도 막히거나 걸림이 없어 [모든] 하나하나의 [수승한] 용모'(相)와 '[빼어난] 특징'(好)[7]들이 끝도 없고 제한도 없으니, 그러므로 "몸이 걸림이 없다"(色無礙)라고 말한 것이다. 『화엄경』에서 "허공의 끝을 찾는 일은 차라리 가능하겠지만

---

6 『섭대승론석』권6(T31, 196c23~25). "(如來智慧無盡.) 譬如虛空, (虛空)遍(滿)一切色際, 無有生住滅變異, 如來智亦爾, 遍一切所知, 無倒無變異故." 괄호는 생략된 부분을 표시한다.

7 상호相好: 부처님의 신체에 갖추어진 뛰어난 특징을 가리키는 말이다. 상相(lakṣaṇa)은 커다란 특징을 가리키고, 호好(anuvyañjana)는 세세한 특징으로 구분되는데 흔히 '32상相 80종호種好'로써 이 특징들이 열거되어 있다.

부처님의 털구멍 하나에는 한계가 없다. 부처님의 능력(德)은 이토록 불가사의하니, 이것을 '여래의 온전한 앎과 봄'(如來淨知見)이라고 부르는 것이다"8라고 한 것과 같다. 비록 '[걸리게 하는] 물질의 방해'(質礙)9는 없지만 자리(方所)를 나타내 보이는 면모(義)는 있으니, 따라서 '형상[을 지닌 몸]이면서도 걸림이 없다'(色而無礙)고 말할 수 있는 것이다.

【소】 言"自在"者, 歎其色用, 謂五根互用, 十身相作等, 故言"色自在". 五根
    互用者, 如『涅槃經』八自在中說, 十身相作者, 如『華嚴經』「十地品」說.
    歎色德竟.

『소』(1-700b16~20); 『회본』(1-735c5~9)

"자유자재하다"(自在)는 것은 그 [부처님] '몸의 작용'(色用)을 찬탄한 말이니, [눈, 귀, 코, 혀, 몸] '다섯 감관능력'(五根)이 [자유자재로] 서로 작용하고 '열 가지 몸'(十身)10이 서로 [작용하여] 지어내기 때문에 "몸이 자유자재하다"(色

---

8 『대방광불화엄경』 권1 「세간정안품世間淨眼品」(T9, 400a17~18). "求空邊際猶可得, 佛
    一毛孔無涯限, 佛德如是不思議, 是名如來淨知見."

9 질애質礙: 두 가지 이상의 사물이 동일한 시간에 동일한 공간을 점유할 수 없다는 뜻.
    형색(rūpa)의 특질의 하나로 설명된다. 하나의 사물이 특정한 공간을 점유한다는 것
    은 다른 사물이 그곳에 존재할 수 없다는 것을 의미하기에 '방해·장애'(礙)라는 표현
    이 쓰였다.

10 십신十身: 본문 아래에서 십신상작十身相作에 관해서는 "『화엄경』 「십지품十地品」에
    서 말한 것과 같다"라고 하듯이, 『화엄경』 권26 「십지품」에서는 십신에 관해 다음과
    같이 설명한다. "以聲聞乘度者, 示聲聞形色, 以辟支佛乘度者, 示辟支佛形色, 以菩薩乘度
    者, 示菩薩形色, 以佛身度者, 示佛身形色. 所有不可說諸佛國中, 隨衆生身信樂別, 現爲
    受身, 而實遠離身相差別, 常住平等. 是菩薩知衆生身, 知國土身, 知業報身, 知聲聞身, 知辟
    支佛身, 知菩薩身, 知如來身, 知智身, 知法身, 知虛空身, 是菩薩如是知衆生深心所樂"(T9,
    565b12~20). 이에 따르면 십신은 ① 중생신衆生身, ② 국토신國土身, ③ 업보신業報
    身, ④ 성문신聲聞身, ⑤ 벽지불신辟支佛身, ⑥ 보살신菩薩身, ⑦ 여래신如來身, ⑧ 지
    신智身, ⑨ 법신法身, ⑩ 허공신虛空身이다. 대승 보살은 중생 구제를 위해 삼승三乘
    및 불신佛身으로써 중생들 각자에게 맞는 각각의 형색形色을 나타내는데, 수많은 불
    국토佛國土에서 중생의 '믿음과 즐기는 것의 차이들'(信樂差別)에 따라 갖가지 몸을 받
    아 나타내면서도 실제로는 신상차별身相差別에서 멀리 벗어나 '평등한 경지에 늘 머

自在)라고 말하는 것이다. '다섯 감관능력(五根)이 [자유자재로] 서로 작용한다'(五根互用)는 것은 『열반경』의 '여덟 가지 자유자재[한 자아]'(八自在)[11]에 대한 설명] 중에서 설한 것과 같고, '열 가지 몸의 특징이 서로 [작용하여] 지어낸다'(十身相作)는 것은 『화엄경』「십지품」[12]에서 설한 것과 같다. '몸의 [수

무는 것'(常住平等)이기도 하다. 그러므로 십신은 보살이 중생의 '속마음이 즐기는 것'(深心所樂)을 알기 때문에 나타내는 몸이다. 『화엄경』의 이어지는 문장에서는 '열 가지 몸의 특징이 서로 [작용하여] 지어냄'(十身相作)에 관해 다음과 같이 설명한다. "若於衆生身作己身, 若於衆生身作國土身, 業報身, 聲聞身, 辟支佛身, 菩薩身, 如來身, 智身, 法身, 虛空身, 若於國土身作己身, 業報身, 乃至虛空身, 若於業報身作己身, 乃至虛空身, 若於己身作衆生身, 國土身, 業報身, 聲聞身, 辟支佛身, 菩薩身, 如來身, 智身, 法身, 虛空身"(T9, 565b20~26). 대체로 중생신을 '자기의 몸'(己身)으로 삼는 것으로부터 시작하여 십신이 각각 서로의 몸에 융통하는 모습에 관한 설명이다.

11 팔자재八自在: 팔자재에 대해서는 『열반경』 권21에서 "云何名爲大自在耶? 有八自在則名爲我. 何等爲八? 一者能示一身以爲多身, 身數大小猶如微塵, 充滿十方無量世界. … 二者示一塵身滿於三千大千世界. … 三者能以滿此三千大千世界之身, 輕擧飛空過於二十恒河沙等諸佛世界, 而無障礙. … 四者以自在故而得自在. … 如來之身常住一土, 而令他土一切悉見. … 五者根自在故. … 六者以自在故得一切法, 如來之心亦無得想. … 七者說自在故. … 八者如來遍滿一切諸處猶如虛空. … 如是自在名爲大我, 如是大我名大涅槃, 以是義故, 名大涅槃"(T12, 746c1~747a6)이라고 하여 ① 여래의 한 몸이 티끌같이 많은 몸으로 나타남, ② 한 티끌의 몸이 삼천대천세계를 가득 채움, ③ 삼천대천세계에 가득한 몸이 깃털처럼 가벼워 장애가 없음, ④ 한 국토에 머물면서도 다른 국토를 다 봄, ⑤ 감각기관의 자유로움, ⑥ 모든 것을 얻으면서도 얻는다는 생각이 없음, ⑦ 연설의 자유로움, ⑧ 모든 곳에 편재함이라고 설명하며, 이 8자재를 갖춘 것을 대아大我 및 대열반大涅槃이라고 부른다.

12 『대방광불화엄경』 권26「십지품」(T9, 565b16~c4). "常住平等, 是菩薩知衆生身, 知國土身, 知業報身, 知聲聞身, 知辟支佛身, 知菩薩身, 知如來身, 知智身, 知法身, 知虛空身. … 知如來身, 菩薩身, 願身, 化身, 住持身, 相好莊嚴身, 勢力身, 如意身, 福德身, 智身, 法身." 〈산스크리트본의 해당 내용: DBhK 141.07-142.09, sa sarvakāyavikalpavigataḥ kāyasamatāprāptas tac cāsya kāyasaṃdarśanam akṣūṇam abaṃdhyaṃ ca sattvaparipākavinayāya / sa sattvakāyaṃ ca prajānāti / kṣetrakāyaṃ ca karma-vipākakāyaṃ ca śrāvakakāyaṃ ca pratyekabuddhakāyaṃ ca bodhisattvakāyaṃ ca tathāgatakāyaṃ ca jñānakāyaṃ ca dharmakāyaṃ ca ākāśakāyaṃ ca prajānāti / sa sattvānāṃ cittāśayābhinirhāram ājñāya yathākālaparipākavinayānatikramād ākāṃkṣaṃ sattvakāyaṃ svakāyam adhitiṣṭhati / evaṃ kṣetrakāyaṃ kar-

mavipākakāyaṃ śrāvakakāyaṃ pratyekabuddhakāyaṃ bodhisattvakāyaṃ thatā-
gatakāyaṃ jñānakāyaṃ dharmakāyaṃ ākāśakāyaṃ ātmakāyam adhitiṣṭhati / sa
sattvānāṃ cittāśayābhinirhāram ājñāya ākāṃkṣaṃ svakāyaṃ sattvakāyam
adhitiṣṭhati / evaṃ kṣetrakāyaṃ * karmavipākakāyaṃ śrāvakakāyaṃ pratye-
kabuddhakāyaṃ bodhisattvakāyaṃ tathāgatakāyaṃ jñānakāyaṃ dharmakāyaṃ
ākāśakāyaṃ sattvakāyam adhitiṣṭhati / sa sattvānāṃ cittāśayābhinirhāram ājñāya
yaṃ yam eva kāyaṃ yasmin yasmin kāye ākāṃkṣati taṃ tam eva kāyaṃ tasmin
tasmin kāye svakāyaṃ adhitiṣṭhati / sa sattvakāyānāṃ karmakāyatāṃ ca prajānāti
/ vipākakāyatāṃ ca kleśakāyatāṃ ca rūpākāyatāṃ cārūpyakāyatāṃ ca prajānāti /
kṣetrakāyānāṃ** parīttatāṃ ca prajānāti / mahadgatatāṃ cāpramāṇatāṃ ca
saṃkliṣṭatāṃ ca viśuddhitāṃ ca vyatyastatāṃ ca / adhomūrdhatāṃ ca sama-
talatāṃ ca samavasaraṇatāṃ ca dikjālavibhāgatāṃ*** ca prajānāti / karma-
vipākakāyānāṃ vibhaktisaṃketaṃ prajānāti / evaṃ śrāvakākāyānāṃ
pratyekabuddhakāyānāṃ bodhisattvakāyānāṃ vibhaktisaṃketaṃ**** prajānāti /
tathāgatakāyānām abhisaṃbodhikāyatāṃ ca prajānāti / praṇidhānakāyatāṃ ca
nirmāṇakāyatāṃ cādhiṣṭhānakāyatāṃ ca rūpalakṣaṇānuvyaṃjanavicitrālaṃ-
kārakāyatāṃ ca prabhākāyatāṃ ca manomayakāyatāṃ ca puṇyakāyatāṃ ca
dharmakāyatāṃ ca jñānakāyatāṃ ca prajānāti /(*dharmavipākakāyaṃ이 있지만 문
맥과 한역에 따라 생략; **kṣetrakāyatāṃ을 kṣetrakāyānāṃ으로 교정; ***di-
kkālavibhāgatāṃ을 dikjālavibhāgatāṃ로 교정; ****abhinirhāravibhaktisaṃketaṃ을
vibhaktisaṃketaṃ으로 교정.); 모든 몸에 대한 분별을 떠나 몸들의 동일성을 획득한
그 [보살]은 중생들을 성숙시키고 훈련시키기 위하여 오류가 없이 효과적으로 그의 몸
을 나투어 냅니다. 그는 중생의 몸, 국토의 몸, 업이숙의 몸, 성문의 몸, 독각의 몸, 보
살의 몸, 여래의 몸, 지혜의 몸, 가르침의 몸(法身), 허공의 몸을 분명히 압니다. 그는
중생들에게 마음의 의향/성향이 일어나는 것을 신통력으로 알고서, 적절한 시간에
[중생들을] 성숙시키고 훈련시키는 것을 넘어서지 않는 방식으로/않기 때문에, 중생
의 몸을 원하면서 스스로의 몸을 변화시킵니다. 동일한 방식으로 국토의 몸·업이숙
의 몸·성문의 몸·독각의 몸·보살의 몸·여래의 몸·지혜의 몸·가르침의 몸·허
공의 몸으로 스스로의 몸을 변화시킵니다. 그는 중생들에게 마음의 의향/성향이 일어
나는 것을 신통력으로 알고서, 스스로의 몸을 원하면서 중생의 몸을 변화시킵니다.
동일한 방식으로 국토의 몸·업이숙의 몸·성문의 몸·독각의 몸·보살의 몸·여래
의 몸·지혜의 몸·가르침의 몸·허공의 몸으로 중생의 몸을 변화시킵니다. 그는 중
생들에게 마음의 의향/성향이 일어나는 것을 신통력으로 알고서, 어떠어떠한 몸 중에
서 바로 그러그러한 몸을 원하면서, 어떠어떠한 몸 중에서 바로 그러그러한 몸으로
스스로의 몸을 변화시킵니다. 그는 중생의 몸들이 업의 몸이라는 것을 분명히 알고,

승한] 능력'(色德)을 찬탄하는 것을 마친다.

【소】 "救世大悲者"者, 是第三句擧人結歎. 佛猶大長者, 以衆生爲子, 入三
界火宅, 救諸焚燒苦, 故言"救世", 救世之德, 正是大悲. 離自他悲, 無緣
之悲, 諸悲中勝, 故言"大悲". 佛地所有萬德之中, 如來唯用大悲爲力,
故偏擧之, 以顯佛人, 如『增一阿含』云, "凡聖之力有其六種, 何等爲六?
小兒以嗁爲力, 欲有所說, 要當先嗁, 女人以瞋恚爲力, 依瞋恚已, 然後
所說, 沙門婆羅門以忍爲力, 常念下於人, 然後自陳, 國王以橋慢爲力,
以此豪勢而自陳說, 阿羅漢以專精爲力, 而自陳說, 諸佛世尊以大悲爲
力, 弘益衆生故". 是知諸佛偏以大悲爲力, 故將表人名"大悲者". 上來
三句, 歎佛寶竟.

『소』(1-700b21~c11); 『회본』(1-735c9~736a1)

"세상을 구제하시는 크나큰 연민을 지닌 분"(救世大悲者)이라는 것은 세
번째 구절인 '사람을 내세워 찬탄을 마무리한 것'(擧人結歎)이다. 부처님은
마치 '[『법화경』에 등장하는] 큰 부자'(大長者)처럼 중생을 자식으로 여겨 '불타
는 집과 같은 세 가지 [모든] 세계'(三界火宅) 속으로 들어가 불타는 듯한 온
갖 고통에서 구해 주기 때문에 "세상을 구제한다"(救世)라고 말하였는데,
세상을 구제하는 능력(德)이 바로 '크나큰 연민'(大悲)이다. [이 부처님의 연민

[그 중생의 몸들이] 이숙의 몸이라는 것·번뇌의 몸이라는 것·물질의 몸이라는 것·
물질이 아닌 몸이라는 것을 분명히 압니다. 그리고 그는 국토의 몸들이 작다는 것·
크다는 것·측량을 넘어선 것·염오된 것·청정한 것·비스듬한 것·뒤집힌 것·평
평하다는 것·굴곡진다는 것·방위라는 그물에 의해 나누어진다는 것을 분명히 압니
다. 업이숙의 몸들의 다양한 언어관습/상징을 분명히 압니다. 동일한 방식으로 성문
의 몸들·독각의 몸들·보살의 몸들의 다양한 언어관습/상징을 분명히 압니다. 여래
의 몸들이 현등각現等覺의 몸이라는 것을 분명히 알고, [그것들이] 서원의 몸이라는
것·화현의 몸이라는 것·가피加被의 몸이라는 것·형상에 있어서 [32]상과 [80]종호
라는 다양한 장신구로 장식된 몸이라는 것·마음으로 만들어진 몸이라는 것·복덕의
몸이라는 것·가르침의 몸이라는 것·지혜의 몸이라는 것을 분명히 압니다.)

은 '나와 남[이라는 분별]을 떠난 연민'(離自他悲)이고 '조건 따지지 않는 연민'(無緣之悲)이어서 모든 연민 중에서 가장 뛰어나므로 "크나큰 연민"(大悲)이라 하였다. 부처님 경지에서 지니는 '온갖 능력'(萬德) 가운데 여래는 오로지 '크나큰 연민'(大悲)을 힘으로 삼기 때문에 특히 그 [크나큰 연민'(大悲)]만을 거론하여 '부처님이라는 인간'(佛人)을 드러낸 것이니, 『증일아함경增一阿含經』에서 다음과 같이 말한 것과 같다.

"범부와 성인의 힘에는 여섯 종류가 있으니, 무엇이 여섯인가? 어린아이는 울음을 힘으로 삼기에 말하고 싶은 것이 있으면 반드시 먼저 울려고 하고, 여인은 화내는 것을 힘으로 삼기에 화를 먼저 내고 난 뒤에 말을 하며, 사문沙門이나 바라문婆羅門은 인내를 힘으로 삼기에 늘 남들에게 [자신을] 낮출 것을 명심하고(念) 나서야 자기의 말을 하고, 임금은 교만을 힘으로 삼기에 이 [교만의]로써 위세를 부리고 나서야 자신의 말을 하며, 아라한阿羅漢은 [향상하려는] 노력'(精進)에 몰두하는 것을 힘으로 삼고 나서야 말을 하고, 부처님인 모든 세존들께서는 '크나큰 연민'(大悲)을 힘으로 삼아 중생을 널리 유익하게 하는 것이다."[13]

[그러므로] 모든 부처님은 오로지 '크나큰 연민'(大悲)을 힘으로 삼기 때문에 부처님의 인격을 드러내려고 "크나큰 연민을 지닌 분"(大悲者)이라 말한 것임을 알 수 있다. 이상의 세 구절로써 '부처님이라는 보배'(佛寶)를 찬탄하는 것이 끝난다.

---

[13] 『증일아함경增一阿含經』 권31 제38 「역품力品」 1(T2, 717b18~b25). "有六凡常之力, 云何爲六? 小兒以啼爲力, 欲有所說, 要當先啼. 女人以瞋恚爲力, 依瞋恚已, 然後所說. 沙門·婆羅門以忍爲力, 常念下於人然後自陳. 國王以憍鷔爲力, 以此豪勢而自陳說. 然阿羅漢以專精爲力, 而自陳說, 諸佛世尊成大慈悲, 以大悲爲力弘益衆生."

② 진리의 가르침이라는 보배를 나타냄(顯法寶)

【소】此下二句, 次顯法寶. "及彼身體相"者, 謂前所說如來之身, 即是報佛, 正用法界以爲自體, 故言彼身之體相也. 此是擧佛而取其法.

『소』(1-700c12~15); 『회본』(1-736a1~4)

이하의 두 구절은 다음으로 '[진리의] 가르침이라는 보배'(法寶)를 나타낸 것이다. "그 [부처님] 몸의 '[온전한] 본연'이 지닌 특징"(及彼身體相)이란, 앞에서 말한 여래의 몸은 곧 '[진리성취의] 결실인 부처 몸'(報身佛)[14]이니, 진리세계(法界)를 곧바로 '자신의 본연'(自體)으로 삼기 때문에 '그 [부처님] 몸의 [온전한] 본연(體)이 지닌 특징'(及彼身體相)이라고 하였다. 이는 부처님에 의거하여 그 '[진리의] 가르침'(法)을 드러낸 것이다.

【소】下句, 正出法寶體相. 言"法性"者, 所謂涅槃, 法之本性, 故名"法性". 如『智度論』云, "法名涅槃無戲論法, 性名本分種, 如黃石金性, 白石銀性, 如是一切法中有涅槃性", 故言"法性".

『소』(1-700c15~19); 『회본』(1-736a5~9)

아래 구절은 '[진리의] 가르침이라는 보배'(法寶)의 본연(體)이 지닌 특징(相)을 곧바로 드러내고 있다. "현상의 본연"(法性)이라 한 것은 열반을 일컫는 것이니, 현상(法)[이 갖추고 있는] '본연의 면모'(本性)이기 때문에 "현상의 본연"(法性)이라고 한 것이다. 『대지도론大智度論』에서 "법法은 〈열반인 '분별의 확산이 그친 현상'〉(涅槃無戲論法)이라고 부르고 성性은 '본래의 면

---

14 보신불報身佛: 보신은 인위因位의 무량원행無量願行으로 받는 만덕원만萬德圓滿의 과보신果報身으로서 구체적으로는 아미타불阿彌陀佛, 약사여래藥師如來 등을 가리킨다. 여래의 보신報身과 응화신應化身을 중생의 관점에서 구분하는 『대승기신론』에 따르면 보신은 보살菩薩의 마음에서 보이는 부처 몸이자 8식 차원인 업식業識에 의거한 것으로서 무량수불無量壽佛인 아미타불 같은 것이라면, 응화신은 범부凡夫와 이승二乘의 마음에서 보이는 부처 몸이자 6식 차원인 분별사식分別事識에 의거한 것으로서 제한된 수명과 모습을 갖는 석가모니釋迦牟尼 부처님 같은 것이다.

모'(本分種)라 부르니, 마치 [누런 돌에는 '금의 면모'(金性)[가 있고] 흰 돌에는
'은의 면모'(銀性)[가 있는 것과 같이 '모든 현상'(一切法)에는 '열반의 면모'(涅
槃性)가 있다"15라고 말한 것과 같으니, 그러므로 "현상의 본연"(法性)이라
말했다.

【소】 言"眞如"者, 無遣曰眞, 無立曰如. 如下文云, "此眞如體無有可遣, 以
　　一切法悉皆眞故, 亦無可立, 以一切法皆同如故. 當知一切法不可說不
　　可念, 故名爲眞如".

『소』(1-700c19~23); 『회본』(1-736a9~14)

　"참 그대로"(眞如)16라 말한 것은, 버릴 것이 없음을 '참'(眞)이라 하고 [따

15　『대지도론』 권32(T25, 298b19~21). "法性者, 法名涅槃, 不(可壞, 不可)戱論法, 性名本分
　　種, 如黃石(中有)金性, 白石(中有)銀性, 如是一切(世間)法中(皆)有涅槃性." 괄호는 생략
　　된 부분을 표시한다.
16　진여眞如: 통상적으로 진여를 존재론적 시선으로 이해하여 일종의 궁극실재로 간주하
　　곤 한다. 그리고 그런 이해에 입각하여 『대승기신론』이나 원효사상, 나아가 대승불교
　　의 철학을 해석하는 경우가 일반화되어 있다. 그러나 '진여'라는 개념을 구사하는 『대
　　승기신론』의 관련구절 맥락과 이에 대한 원효의 해석을 보면 이런 식의 이해는 부당
　　하다. 이런 관점은 존재론적 궁극실재를 설정하여 세계를 '본체와 현상'으로 구분하는
　　'본체-현상'론의 덫에 걸리는 것을 피하기 어렵다. 그리고 이 '본체-현상'론은 '본체=궁
　　극실재=불변실체=아트만'이라는 등식을 구사하는 우파니샤드 사유방식의 핵심이다.
　　따라서 진여를 존재론적 궁극실재로 이해하는 시선은, 붓다가 비판하면서 탈출한 '인
　　도전통의 실체/본질주의'로 불교철학을 재편입시키는 일을 불교의 이름으로 행하게
　　된다. 『대승기신론』이나 원효가 구사하는 진여의 의미지평에 대해서는 새로운 독법
　　으로 접근해야 할 필요가 있다. 여기서 더 이상의 정밀한 논의를 할 수는 없지만, 진
　　여를 '참 그대로'라고 번역하는 것은 존재론적 궁극실재로 이해하는 시선과는 무관하
　　며 또 새로운 관점을 반영하려는 것이라는 점만은 밝혀 둔다. 진여를 보는 새로운 관
　　점의 요점을 간단히 정리하면 이렇다. 〈진여는 '역동적으로 변화하는 차이현상들이
　　사실 그대로 드러나는 지평'이고 '차이현상들을 사실 그대로 만나는 온전한 경험지평'
　　이다. 이때 '사실 그대로'라는 말은, 동일성/독자성/절대성/실체성/본질성을 차이현상
　　들 위에 덧씌우는 무지와 그 무지에 입각한 '차이현상들에 대한 이해와 인식의 굴절과
　　오염'(분별희론)이 제거될 때 드러나는 '왜곡되지 않은 차이현상들의 지평'을 지시한
　　다.〉 이러한 관점과 관련된 충분한 논거와 정밀한 논리에 입각하여, 본 번역에서는 진

로] 세울 것이 없음을 '그대로'(如)라 한다. 아랫글에서 "이 '참 그대로'(眞如)의 [온전한] 본연'(體)은 버릴 수 있는 것이 없으니 모든 현상이 다 참되기 때문이고, 또 [별개로] 세울 수 있는 것이 없으니 모든 현상이 다 [참] 그대로와 같은 것'(同如)이기 때문이다. '모든 현상'(一切法)은 [언어로 확정하여] 설명할 수도 없고 [분별하는 마음으로] 생각할 수도 없기'(不可說不可念) 때문에 '참 그대로'라고 부른다는 것을 알아야 한다"(此眞如體無有可遺, 以一切法悉皆眞故, 亦無可立, 以一切法皆同如故. 當知一切法不可說不可念, 故名爲眞如)[17]라고 말한 것과 같다.

【소】 所言"海"者, 寄喩顯法. 略而說之, 海有四義. 一者, 甚深, 二者, 廣大, 三者, 百寶無窮, 四者, 萬像影現. 眞如大海當知亦爾, 永絶百非故, 苞容萬物故, 無德不備故, 無像不現故, 故言"法性眞如海"也. 如『華嚴經』言, "譬如深大海, 珍寶不可盡, 於中悉顯現衆生形類像, 甚深因緣海, 功德寶無盡, 淸淨法身中, 無像而不現故". 歎法寶竟.

『소』(1-700c24~701a8);『회본』(1-736a14~23)

"바다"(海)라고 한 것은 비유에 의거하여 '진리'(法)를 드러낸 것이다. 간략히 말해 바다에는 네 가지 면모(義)가 있다. 첫 번째는 '매우 깊음'(甚深)이고, 두 번째는 '넓고 큼'(廣大)이며, 세 번째는 '수많은 보물이 끝이 없음'(百寶無窮)이고, 네 번째는 '모든 것의 모습을 비추어 나타냄'(萬像影現)이다. '크나큰 바다와도 같은 참 그대로'(眞如大海)도 그와 같음을 알아야 하니, '부정의 모든 과정'(百非)[18]이 완전히 그쳤기 때문이고, 모든 것을 껴안기 때

어를 '참 그대로'라고 번역한다.

17 『대승기신론』(T32, 576a15~16).

18 백비百非: 사구백비四句百非라고도 한다. 사구四句는 존재에 대해 네 가지로 분류하여 고찰하는 방법으로, 사구분별四句分別이라고도 하는데, 존재에 대해 '① 있다, ② 없다, ③ 있기도 하고 없기도 하다, ④ 있는 것도 아니고 없는 것도 아니다'의 네 가지 판단을 적용하는 것이다. 백비는 이러한 사구를 갖가지로 조합하여 표현하는 극단적 견해들을 모두 부정하여 진실을 드러내는 것이다. 『중관론소』권2에서는 "道超四句,

문이며, 갖추지 못한 능력(德)이 없기 때문이고, [비추어] 나타내지 못하는 모습이 없기 때문이니, 따라서 "현상의 본연인 참 그대로의 바다"(法性眞如海)라고 말하였다. 『화엄경』에서 "비유하면 깊고 큰 바다에 진귀한 보물이 끊이지 않고 그 속에 중생들의 형태와 무리들이 모두 다 드러나는 것처럼, 깊고 깊은 인연의 바다에는 이로운 보물이 끝이 없고 '온전한 진리의 몸'(淸淨法身) 안에서는 드러나지 않는 모습이 없다"[19]라고 말한 바와 같다. '[진리의] 가르침이라는 보배'(法寶)를 찬탄하는 것이 [여기에서] 끝난다.

③ 진리의 가르침대로 수행하는 사람이라는 보배를 찬탄함(歎僧寶)

【소】 此下二句, 歎其僧寶. 言"無量功德藏"者, 擧德取人, 謂地上菩薩, 隨修一行, 萬行集成. 其一一行皆等法界, 無有限量, 積功所得, 以之故言"無量功德". 如是功德, 總屬菩薩, 人能攝德, 故名爲"藏".

『소』(1-701a9~13);『회본』(1-736a23~b4)

이하의 두 구절은 '수행공동체라는 보배'(僧寶)를 찬탄한 것이다. "한량없는 이로운 능력의 창고"(無量功德藏)라고 말한 것은 이로움(德)을 내세워 사

理絶百非, 蓋是諸法本體. 言三乘一乘常無常等, 皆是方便之用耳. 若息一切用, 則歸於此本體. 故言終歸於空"(T42, 30c19~21)이라고 하여, 초사구超四句·절백비絶百非의 도리道理가 제법본체諸法本體인 공空空이고, 삼승三乘·일승一乘, 상常·무상無常의 양 극단의 개념은 방편적인 사용일 뿐이라고 설명한다. 부정의 모든 과정으로서의 백비百非의 문맥이 잘 나타나 있는 『열반경』권21에서는 여래열반如來涅槃의 개념에 대한 양 극단의 사견邪見들을 끊는 과정에 관해 다음과 같은 방식으로 서술한다. "如來涅槃, 非有非無, 非有爲非無爲, 非有漏非無漏, 非色非不色, 非名非不名, 非相非不相, 非有非不有, 非物非不物, 非因非果, 非待非不待, 非明非闇, 非出非不出, 非常非不常, 非斷非不斷, 非始非終, 非過去非未來非現在, 非陰非不陰, 非入非不入, 非界非不界, 非十二因緣非不十二因緣, 如是等法甚深微密"(T12, 487a18~25).

19 『대방광불화엄경』권60「입법계품入法界品」(T9, 788a4~7). "譬如深大海, 珍寶不可盡, 於中悉顯現, 衆生形類像 甚深因緣海 功德寶無盡 淸淨法身中 無像而不現." 〈산스크리트본의 해당 내용: *Gaṇḍavyūha에서 일치하거나 유사한 게송을 찾을 수가 없다.〉

람을 드러낸 말이니, 이를테면 '[열 가지] 본격적인 수행경지[의 초지初地] 이상의 보살'(地上菩薩)²⁰이 한 가지 수행을 닦음에 따라 '온갖 수행'(萬行)을 다 갖추는 것이 그것이다. 그 [지상보살地上菩薩의] 하나하나의 수행은 모두 진리세계(法界)와 같아서 제한이나 한도가 없고 [또] 노력을 쌓아 올려 얻은 것이니, 그러므로 "한량없는 이로운 능력"(無量功德)이라고 말하였다. 이와 같은 '이로운 능력'(功)은 모두 보살에 소속되는 것이니, [따라서 보살인] 사람이 '이로운 능력'(德)을 모을 수 있는 것이기 때문에 "창고"(藏)라고 말한 것이다.

【소】次言"如實修行等"者, 正歎行德. 依『寶性論』, 約正體智名如實行, 其後得智名爲遍行, 今此中言"如實修行", 擧正體智, 次言"等"者, 取後得智. 若依『法集經』說, 總括萬行始終, 通爲二句所攝, 謂如實修行, 及不放逸. 如彼經言, "如實修行者, 謂發菩提願, 不放逸者, 謂滿足菩提願, 復次如實修行者, 謂修行布施, 不放逸者, 謂不求報. 如是持淨戒, 成就不退, 或修忍辱行, 得無生忍. 求一切善根而不疲倦, 捨一切所作事, 修禪定不住禪定, 滿足智慧, 不戲論諸法. 如其次第, 如實修行及不放逸", 乃至廣說.

『소』(1-701a13~b2);『회본』(1-736b4~18)

다음으로 말한 "사실 그대로 익히고 실천하는 분들"(如實修行等)이란 '수행의 이로움'(行德)을 곧바로 찬탄한 것이다. 『보성론寶性論』에 의하면 〈'본연에 대한 바른 이해'(正體智)에 의거하여 [수행하는 것을] '사실 그대로 수행함'(如實行)이라 말하고, 그 ['사실 그대로 수행함'(如實行)에 의해 깨달은] '후에 얻어지는 바른 이해'(後得智)를 '보편적으로 유효한 실천'(遍行)〉²¹이라고 하였

---

20 지상보살地上菩薩: 보살의 52계위階位 중 '십지十地'의 경지, 곧 초지初地 이상의 경지에 오른 보살을 가리킨다.

21 『구경일승보성론』에서 말하는 여실행如實行과 변행遍行: 『구경일승보성론』 권2에서는 "有二種修行, 謂如實修行, 及遍修行, 難證知義. 如實修行者, 謂見眾生自性清淨佛性境

으니, 지금 여기[『대승기신론』]서 말한 "사실 그대로 익히고"(如實修行)는 '본연에 대한 바른 이해'(正體智)를 거론한 것이고, 다음에 말한 "실천하는 분들"(等)이라는 것은 '['사실 그대로 수행함'(如實行)에 의해 깨달은] 후에 얻어지는 바른 이해'(後得智)[의 실천]을 나타낸 것이다.

界故. 偈言, 無障淨智者, 如實見衆生自性淸淨性佛法身境界故. 遍修行者, 謂遍十地一切境界故, 見一切衆生有一智故"(T31, 825a2~7)라고 하여 여실수행如實修行과 변수행遍修行의 2종 수행을 거론한다. 이에 따르면 여실수행은 중생의 자성청정불성경계自性淸淨佛性境界를 이해하는 것이고, 변수행은 십지十地 수행의 일체경계一切境界에 두루 펼쳐지기 때문에 일체중생이 지니는 일체지一切智를 이해하는 것이다. 본문에서 원효는 이 『구경일승보성론』에서 말하는 여실수행(如實行) 개념은 정체지正體智에 의거한 것이고, 변수행(遍行)은 후득지後得智에 의거한 것이라고 설명한다. 〈산스크리트본의 해당 내용: RGV 14,1-15,12, ye samyak-pratividhya sarva-jagato nairātmya-koṭiṃ śivāṃ tac-citta-prakṛti-prabhāsvaratayā kleśāsvabhāvekṣaṇāt / sarvatrānugatām anāvṛta-dhiyaḥ paśyanti saṃbuddhatāṃ tebhyaḥ sattva-viśuddhy-ananta- viṣaya-jñānekṣaṇebhyo namaḥ //13// ··· iti vistareṇa yathāvad-bhāvikatām ārabhya duṣprativedhārtha-nirdeśo yathā-sūtram anugantavyaḥ / yāvad-bhāvikatā jñeya-paryanta-gatayā dhiyā / sarva-sattveṣu sarvajña-dharmatāstitva-darśanāt //16// tatra yāvad-bhāvikatā sarva-jñeya-vastu-paryanta-gatayā lokottarayā prajñayā sarva-sattveṣv antaśas tiryag-yoni-gateṣv api tathāgata-garbhāstitva- darśanād veditavyā/ 그 [중생의] 마음이 본성상 맑게 빛나므로 번뇌의 무실체성을 관찰하여 모든 중생이 가진 무아성의 궁극이 적정함을 바르게 통찰한 후, 정각자성은 모든 곳에 존재한다는 것을 보는 덮개가 없는 지혜를 가진 자들, 중생의 청정함과 무한함을 대상으로 하는 지혜의 눈을 가진 그들(=승보)께 귀의합니다. //13// ··· 이상으로 자세하게 진실성에 관하여 통찰하기 어려운 의미의 자세한 설명은 경전에 설해진 대로 이해해야 한다. 전체성은 인식대상의 궁극에 이르기까지 지혜로서 모든 중생에게 일체지의 법성이 있다고 보기 때문이다. //16// 여기서 전체성이란 모든 인식대상이 되는 사상의 궁극에 이르기까지 출세간의 지혜로 모든 중생에게, 하물며 축생에게도 여래장이 있다고 보기 때문이라고 알아야 한다.〉(산스크리트본에서는 본송 13송이 있고 주석과정에서 그 내용을 다시 주석 게송 14송에서 18송까지 설명하면서 주석이 이루어진다. 진실성에 대한 설명을 요약한 후 전체성을 설명하면서, 한역은 주석 게송 16과 17 대신에 본송 13송의 c구와 d구를 각각 하나의 게송처럼 다시 인용하고 있어 완벽하게 일치하지 않는다. 한편, 한역에서 진실성(yathāvad-bhāvikatā)에 대한 설명은 산스크리트본의 긴 설명을 간략히 축약한 형태로 다시 제시하고 있는 문장으로서 산스크리트본에서는 발견되지 않는다.)

만약『법집경法集經』[22]에 의거해서 말하면, '모든 실천수행'(萬行)의 시작과 끝을 총괄하면 통틀어 두 구절로 모아지니, '사실 그대로 익힘'(如實修行)과 '게을리 하지 않음'(不放逸)이 그것이다. 그 경전에서 "'사실 그대로 익힘'(如實修行)이란 것은 '깨달음을 체득하겠다는 바람을 일으키는 것'(發菩提願)이요, '게을리 하지 않음'(不放逸)이란 것은 '깨달음을 체득하려는 바람을 충족시키는 것'(滿足菩提願)이다. 또 '사실 그대로 익힘'(如實修行)이란 것은 '베풂과 나눔'(布施)을 익히고 실천하는 것이고, '게을리 하지 않음'(不放逸)이란 것은 [보시를 행하고도] 보답을 바라지 않는 것이다. 이와 같이 [진리다운] 온전한 행위규범'(淨戒)을 간직하여 '퇴행하지 않는 경지'(不退)를 성취하며, 혹은 '참아냄의 실천'(忍辱行)을 익혀 '참을 것이 있다는 생각을 내지 않는 경지'(無生忍)[23]를 얻는다. [그리하여] 모든 '이로운 능력'(善根)을 추구하지만 힘들어하거나 싫증내지 않고, 모든 일 짓는 것을 내려놓고 선정禪定을 닦지만 선정에 머물러 있지도 않으며, 지혜를 완성시켜 모든 것에 대해 '분

22　『법집경』(T17): 북위北魏 보리류지菩提流志 역, 총6권. 육통六通, 삼명三明, 팔해탈八解脫, 십자재十自在, 구차제정九次第定, 십력十力, 십지十智, 육바라밀六波羅密 등 보살들이 성불의 과보를 얻기 위해 닦아야 할 승묘선근勝妙善根들에 관해 설한다(한글대장경『불설법집경』해제 참조).

23　무생인無生忍: 무생법인無生法忍이라고도 한다.『대지도론』권50에서는 "無生法忍者, 於無生滅諸法實相中, 信受通達無礙不退, 是名無生忍"(T25, 417c5~6)이라고 하여 무생멸無生滅의 제법실상諸法實相을 신수통달信受通達한 것이라 설명하고,『유가사지론』권48에서는 "菩薩無加行無功用無相住, 謂入一切法第一義智成滿得入故, 得無生法忍故, 除斷一切災患故"(T30, 561b3~6)라고 하여 무가행무공용무상주無加行無功用無相住(십지 중 제8부동지不動地)에서 얻는 것으로서 일체법에 대한 제일의지第一義智가 완성된 것이라고 설명하므로『대지도론』의 설명과 대체적으로 궤를 같이 하는 것으로 보인다. 무생법인의 범어인 'anutpattika-dharma-kṣānti'에서 인忍의 원어인 'kṣānti'에 대해 'patient waiting for anything'라고 하여 어떤 것을 참고 기다리는 것이라 하고 'the state of saintly abstraction'이라고 하여 무념무상無念無想의 상태라고도 설명한다(Sanskrit English Dictionary, p.326 참조). 무생인無生忍에 관한 일반적 설명과 함께 본문에서 논의되는 무생인은 육바라밀六波羅密 중 제3인욕행忍辱行의 완성태로서 참을 것이 있다는 생각조차 내지 않는 경지라는 문맥에 초점을 두어야 할 것으로 보인다.

별을 펼치지 않는다'(不戲論). 이와 같은 차례대로 '사실 그대로 익히고'(如實修行) '게을리 하지 않는다'(不放逸)"²⁴ 등으로 자세히 말하고 있다.

【소】今言"如實修行"者, 即攝發菩提願乃至滿足智慧. 次言"等"者, 取不放逸, 即是滿足菩提願, 乃至不戲論諸法也. 歸敬三寶, 竟在前.

『소』(1-701b2~6);『회본』(1-736b18~22)

지금 "사실 그대로 익히고"(如實修行)라고 말한 것은 곧 『법집경法集經』에서 말하는 '깨달음을 체득하겠다는 바람을 일으키는 것'(發菩提願)에서 '지혜를 완성시키는 것'(滿足智慧)까지를 포섭하고 있다. 그다음에 말한 "실천하는 분들"(等)이라는 것은 '게을리 하지 않는 것'(不放逸)을 나타내니, 곧 『법집경』에서 말하는 '깨달음을 체득하려는 바람을 충족시킨다'(滿足菩提願) 및 '모든 것에 대해 분별을 펼치지 않는다'(不戲論諸法)가 그에 해당하는 것이다. '세 가지 보배에 귀의하고 공경하는 것'(歸敬三寶)[에 대한 설명]이 여기서 끝난다.

---

24 『법집경』권4(T17, 635c3~25). "如實修行者, 謂發菩提願, 不放逸者, 謂滿足菩提願. 復次如實修行者, 謂修行布施, 不放逸者, 謂不求報. (復次如實修行者受)持淨戒, (不放逸者)成就不退(戒). (復次修行者始)修忍辱行, (不放逸者)得無生(法)忍. (復次修行者,) 求一切善根而不疲倦, (不放逸者)捨一切所作事(故. 復次修行者始)修禪定, (不放逸者)不住禪定. (復次修行者)滿足智慧, (不放逸者)不戲論諸法. … 〈世尊, 以是義故, 菩薩摩訶薩應當修習〉如實修行及不放逸." 괄호는 생략된 부분을 표시한다. 생략된 부분들에서 보듯이 원효는 지정계持定戒 이후부터 여실수행과 불방일의 주어를 생략하면서 인용하는 것을 알 수 있다. 중략된 『법집경』의 내용에서는 여실수행如實修行과 불방일不放逸의 내용들에 관한 대비가 계속 이어지는데, '〈〉'로 표시한 문장에 와서 원효는 앞의 중략된 내용들을 '如其次第'라는 언급으로 대체하고 있다. 중략된 내용을 제시하면 다음과 같다. "復次修行者守護妙法, 不放逸者不見諸法. 復次修行者令諸衆生得大菩提, 不放逸者不見諸衆生. 復次如實修行者聚集一切善根, 不放逸者迴向大菩提. 復次如實修行者以菩提爲實法, 不放逸者如實知一切法如菩提相. 復次如實修行者得無生法忍, 不放逸者願取有生. 復次如實修行者往詣道場示現一切勝莊嚴事, 不放逸者如實知阿僧祇劫. 復次如實修行者如實知菩提, 不放逸者過去諸業皆善故故. 復次如實修行者至大涅槃, 不放逸者善知諸法本性寂滅. 世尊, 菩薩摩訶薩善能如是修行及不放逸, 於得菩提不以爲難"(T17, 635c13~23).

2) 『대승기신론』을 지은 전체의 취지를 설명함(述造論大意)

> 爲欲令衆生, 除疑捨邪執, 起大乘正信, 佛種不斷故.
>
> 『논』(T32, 575b16~17); 『회본』(1-736b23~24)
>
> [이 논論을 펼치는 것은] 중생으로 하여금 의문을 제거하고 잘못된 집착을 버리게 하여 대승에 대한 바른 믿음을 일으켜 부처님 [깨달음의] 종자가 끊어지지 않게 하려 하기 때문입니다.

(1) 아래로는 중생을 교화함(下化衆生)

【소】 此下一頌,[25] 述造論大意. 造論大意, 不出二種, 上半明爲下化衆生, 下半顯爲上弘佛道. 所以衆生長沒生死之海, 不趣涅槃之岸者, 只由疑惑邪執故也. 故今下化衆生之要, 令除疑惑而捨邪執.

『소』(1-701b7~11); 『회본』(1-736c1~6)

이 아래 한 구절의 게송은 『대승기신론』을 지은 '전체의 취지'(大意)를 설명한 것이다. 『대승기신론』을 지은 '전체의 취지'(大意)는 두 가지를 벗어나지 않으니, 전반부는 '아래로는 중생을 교화함'(下化衆生)을 밝혔고, 후반부는 '위로는 부처가 되는 길을 넓힘'(上弘佛道)을 나타내었다. 중생들이 [근본무지에 매인 채] 생사生死의 바다에 오랫동안 빠져서 열반의 언덕으로 나아가지 못하는 이유는 오로지 의혹과 잘못된 집착 때문이다. 그러므로 이제 '아래로 중생을 교화하는 요점'(下化衆生之要)으로써 의혹을 제거하고 잘못된 집착을 버리게 하는 것이다.

---

25 '此下一頌'이 『회본』에는 '次'로 되어 있다.

【소】 汎論疑惑, 乃有多途, 求大乘者所疑有二. 一者, 疑法, 障於發心, 二者, 疑門, 障於修行.

『소』(1-701b11~14); 『회본』(1-736c6~8)

의혹을 널리 논하자면 많은 방식이 있지만, 대승을 추구하는 사람이 품는 의혹에는 두 가지가 있다. 첫 번째는 '진리에 대해 의문을 품는 것'(疑法)이니 [그로 인해 깨달음을 구하는] 마음을 일으키는 일에 장애가 생기고, 두 번째는 '[진리에 들어가는] 문에 대해 의문을 품는 것'(疑門)이니 [그로 인해] 수행에 장애가 생긴다.

【소】 言"疑法"者, 謂作此疑. 大乘法體爲一爲多? 如是其一, 則無異法, 無異法故, 無諸衆生, 菩薩爲誰發弘誓願? 若是多法, 則非一體. 非一體故, 物我各別, 如何得起同體大悲? 由是疑惑, 不能發心.

『소』(1-701b14~19); 『회본』(1-736c8~13)

"진리에 대해 의문을 품는 것"(疑法)이라 말한 것은 이런 의심을 일으키는 것이다. 〈대승[이 말하는] 진리의 본연'(大乘法體)은 하나인가 여럿인가? 만약 하나라면 곧 다른 진리가 없을 것이고, 다른 진리가 없기 때문에 [진리를 모르는] 모든 중생들도 없을 것이니, 보살은 누구를 위해 '넓고 큰 서원'(弘誓願)을 일으킬 것인가? [또] 만약 [진리가] 여럿이라면 곧 '같은 본연'(一體)[의 진리]가 아닐 것이고, '같은 본연'(一體)[의 진리]가 아니기 때문에 대상(物)과 주체(我)는 각기 다른 것이 되니, [그렇다면] 어떻게 '한 몸으로 여기는 크나큰 연민'(同體大悲)을 일으킬 수 있겠는가?〉 이러한 의혹 때문에 [깨달음을 구하는] 마음을 일으킬 수가 없게 된다.

【소】 言"疑門"者, 如來所立教門衆多, 爲依何門初發修行? 若共可依, 不可頓入, 若依一二, 何遣何就? 由是疑故, 不能起修行. 故今爲遣此二種疑, 立一心法, 開二種門.

『소』(1-701b19~23); 『회본』(1-736c13~17)

"[진리에 들어가는] 문에 대해 의문을 품는 것"(疑門)이란 [다음과 같이 의심하는 것이다.] 〈여래께서 세운 '[진리에 들어가는] 가르침의 문'(敎門)은 많고도 다양한데 어떤 문門에 의하여 처음으로 수행을 시작할 것인가? 만약 [여러 문들을] 함께 의지할 수 있다고 한다면 [진리에] '곧장 들어갈 수'(頓入) 없을 것이고, 만약 한두 문門을 의지한다면 어떤 것을 버리고 어떤 것으로 나아가야 하는가?〉 이러한 의문 때문에 수행을 시작할 수가 없게 된다. 그러므로 이제 이 두 가지 의혹을 제거해 주기 위하여, 〈'하나처럼 통하는 마음'(一心)이라는 도리〉(一心法)를 세우고 '두 가지 문'(二門)을 펼쳐 놓는다.

【仝】 立一心法者, 遣彼初疑, 明大乘法唯有一心. 一心之外更無別法, 但有
    無明迷自一心, 起諸波浪流轉六道. 雖起六道之浪, 不出一心之海. 良
    由一心動作六道, 故得發弘濟之願, 六道不出一心, 故能起同體大悲.
    如是遣疑, 得發大心也.

『소』(1-701b23~c5);『회본』(1-736c17~24)

〈'하나처럼 통하는 마음'이라는 도리를 세운다〉(立一心法)는 것은 저 첫번째 의문[인 '진리(法)에 대한 의문'(疑法)]을 제거하는 것이니, '대승의 진리'(大乘法)에는 오직 '하나처럼 통하는 마음'(一心)만 있다는 것을 밝히는 것이다. '하나처럼 통하는 마음'(一心) 이외의 또 다른 진리(法)란 없으니, 단지 근본무지(無明)가 있어 스스로의 '하나처럼 통하는 마음'(一心)을 미혹하게 하여 온갖 [분별의] 파도를 일으켜 '여섯 가지 미혹의 세계'(六道)에 떠돌아다니게 한다. [그러나] 비록 '여섯 가지 미혹의 세계'(六道)라는 파도를 일으키더라도 '하나처럼 통하는 마음'(一心)이라는 바다에서 벗어나지 않는다. 실로 '하나처럼 통하는 마음'(一心)으로 말미암아 '여섯 가지 미혹의 세계'(六道)를 움직여 생겨나게 하는 것이므로 '[중생을] 널리 구제하겠다는 서원'(弘濟之願)을 일으킬 수 있는 것이며, 또한 '여섯 가지 미혹의 세계'(六道)가 '하나처럼 통하는 마음'(一心)에서 벗어나지 않기 때문에 '한 몸으로 여기는 크나큰 연민'(同體大悲)을 일으킬 수 있게 된다. 이와 같이 의문을 제거하면 [깨달음을 구하려는 크나큰 마음'(大心)을 일으킬 수 있는 것이다.

【소】開二種門者, 遣第二疑, 明諸敎門雖有衆多, 初入修行, 不出二門. 依
眞如門, 修止行, 依生滅門, 而起觀行, 止觀雙運, 萬行斯備, 入此二門,
諸門皆達. 如是遣疑, 能起修行也.

『소』(1-701c5~10);『회본』(1-736c24~737a5)

‘두 가지 문을 펼쳐 놓는다’(開二種門)는 것은 두 번째 의문을 제거하는 것
이니, '[진리에 들어가는] 가르침의 문'(敎門)들이 비록 많이 있지만 처음 수행
에 들어가는 것은 두 가지 문門에서 벗어나지 않음을 밝히는 것이다. ‘참
그대로인 측면’(眞如門)[26]에 의하여 '[빠져들지 않고] 그치는 수행'(止行)을 익히
고, '[근본무지에 따라] 생멸하는 측면'(生滅門)[27]에 의거하여 '[사실대로] 이해하
는 수행'(觀行)을 일으키니,[28] '[빠져들지 않고] 그침'(止)과 '[사실대로] 이해함'(觀)

---

26 문門: '門'은 문자 그대로 '들어가는 문'이기도 하고, '특정한 길을 열어 주는 문' 혹은
'특정한 길과 연결된 문'이기도 하다. 문맥상 전자의 경우일 때는 '문', 후자일 경우에
는 '맥락'이나 '측면' 등으로 번역해 본다.

27 생멸문生滅門: 근본무지에 의한 '잘못된 분별의 조건인과적 생멸전개'의 측면을 중시
하는 방식을 의미한다.

28 진여문眞如門·생멸문生滅門과 지행止行·관행觀行:『대승기신론』에서 "'의문을 제거
함'(除疑)"이라고 설한 것에 관해 두 가지로 나누어 설명하면서 원효는 첫 번째인 '진
리에 대해 의문을 품는 것'(疑法)에 대해서는 '하나처럼 통하는 마음이라는 도리를 세
움'(入一心法)으로써 진리(法)에 대한 의심을 제거한다고 설명한다. 진여문과 생멸문
을 제시하는 것은 두 번째인 '[진리에 들어가는] 문에 대해 의문을 품는 것'(疑門)을 제
거하기 위해서이고, 지행과 관행은 각각 진여문과 생멸문에서 전개되는 수행으로 동
시에 제시된다. 지止는 사마타에 상응하는 용어이고 사마타는 산스크리트어
'śamatha'(팔리어 samatha)의 발음을 옮긴 것으로 한역漢譯으로는 사마타奢摩他라고
한다. 그리고 관觀은 위빠사나에 상응하는 용어이고 위빠사나는 산스크리트어
'vipaśyanā'(팔리어 vipassanā)의 발음을 옮긴 것으로 한역으로는 비발사나毘婆舍那
라고 한다. 사마타는 동사어근 'śam'(고요하다)에서 파생한 남성명사로서 고요
(quiet), 평정(tranquillity), 격정의 부재(absence of passion) 등의 뜻이다(Sanskrit
English Dictionary, p.1054 참고).『불광대사전』(p.1473)의 설명에 따르면, 문헌에
따라 다양한 뜻으로 해석될 수 있지만, 지관止觀과 병칭될 경우의 사마타(止)는 마음

을 함께 운용하면 '온갖 실천수행'(萬行)이 갖추어지고 이 '두 가지 문'(眞如門, 生滅門)으로 들어가면 [진리에 들어가는] 어떤 문門과도 다 통한다. 이렇게 의문을 제거하면 수행을 일으킬 수 있는 것이다.

【소】 "捨邪執"者, 有二邪執, 所謂人執及與法執. 捨此二義, 下文當說. 下化衆生, 竟在於前也.

『소』(1-701c10~12);『회본』(1-737a5~7)

"잘못된 집착을 버리게 한다"(捨邪執)라는 것은 [그 '잘못된 집착'(邪執)에] 두

을 한 곳으로 거두어들여 흐트러지거나 요동하는 것을 그치게 하고 망상 분별이 생겨나는 것을 막아서 그치게 하는 것을 의미한다. 그리고 위빠사나는 동사어근 '√paś'(보다)의 앞에 접두어 'vi'(분리)가 첨가된 여성 명사로서 '바른 앎'(right knowledge)의 뜻이다(Sanskrit English Dictionary, p.974 참고). 『불광대사전』(p.1473)의 설명에 따르면, 위빠사나(觀)는 '바른 지혜'(正智)를 열어 '모든 현상'(諸法)을 '살펴 이해하다'(觀照)는 뜻이다. 그런데 『대승기신론』와 원효의 관점은 이러한 일반적 관점과 달라 주목된다. 특히 지止를 '산만하거나 동요하지 않는 집중상태'라고 보는 통념과 많이 다르다. 그리고 이러한 『대승기신론』과 원효의 관점은 오히려 붓다의 정학定學/선禪 법설과 상통할 가능성이 있다(박태원의 본서 해제 글은 이러한 가능성을 거론하고 있다). 『대승기신론』 권1 「수행신심분修行信心分」에서는 "云何修行止觀門? 所言止者, 謂止一切境界相, 隨順奢摩他觀義故. 所言觀者, 謂分別因緣生滅相, 隨順毘鉢舍那觀義故"(T32, 582a12~15)라고 하여 일체경계상一切境界相을 그치는 것이 지止이고, 인연생멸상因緣生滅相을 구분하여 아는 것이 관觀이라고 설명한다. 원효는 이 대목에 관해 『기신론소』 권2에서 "言謂止一切境界相者, 先由分別, 作諸外塵, 今以覺慧, 破外塵相, 塵相既止, 無所分別. 故名爲止也. 次言分別生滅相者, 依生滅門, 觀察法相, 故言分別. 如『瑜伽論』「菩薩地」云, 〈此中菩薩, 即於諸法, 無所分別, 當知名止, 若於諸法, 勝義理趣, 及諸無量安立理趣世俗妙智, 當知名觀.〉 是知依眞如門, 止諸境相, 故無所分別, 即成無分別智, 依生滅門, 分別諸相, 觀諸理趣, 即成後得智也"(H1, 727a2~12. '〈 〉'는 『유가사지론』 권45의 인용 부분을 표시함)라고 하는데, 모든 현상에 대해 무소분별無所分別인 것이 지止이고 모든 현상의 승의이취勝義理趣와 무량안립이취無量安立理趣에 관한 세속묘지世俗妙智가 관觀이라는 『유가사지론』 권45의 설명에 따라 '지止는 진여문에 의거하여 각혜覺慧로 외진상外塵相을 깨뜨려 외진상에 대해 무분별지無分別智를 이루는 것'이고 '관觀은 생멸문에 의거하여 모든 현상의 특징들(法相)과 이취理趣를 관찰하여 후득지後得智를 이루는 것'이라고 결론짓는다.

가지 집착이 있으니, 이른바 '자아에 불변·독자의 실체나 본질이 있다고 하는 집착'(人執)과 '현상에 불변·독자의 실체나 본질이 있다고 하는 집착'(法執)²⁹이 그것이다. 이 두 가지 [집착의] 면모(義)를 버리는 것에 대해서

---

29 인집人執과 법집法執: 인아집人我執과 법아집法我執이라고도 하고, 반대말은 인공人空과 법공法空이다. 합하여 인법이집人法二執이라고도 부른다. '자아적 존재'(人)의 실체성에 집착하는 것이 인아집이고, '현상적 존재'(法)의 실체성에 집착하는 것이 법아집이다. 『섭대승론석』권12에서는 성문지혜聲聞智慧와 보살지혜菩薩智慧의 차이를 물으면서 인법이집의 대칭이자 보살지혜가 알아야 할 내용(所知分)인 인법이공人法二空에 관해 "所知分中復有二種, 謂人法二空. … 聲聞於所知分中, 但通達人空, 止於苦等四諦生無流智. … 菩薩於所知分中, 具通達人法二空, 於一切所生如理如量智, 於利益衆生分中, 依一切衆生利益事, 謂自他身發願修行"(T31, 245c19~25)이라고 한다. 이에 따르면 성문聲聞은 소지분所知分의 두 가지인 인공과 법공 중에서 인공에만 통달하는 반면 보살菩薩은 인공과 법공에 모두 통달하고, 나아가 성문은 인공에만 통달하여 고苦·집集·멸滅·도道의 사제四諦에서 무류지無流智(무루지無漏智의 구역舊譯)를 일으키는 데에서 그치는 반면, 보살은 인법이공에 모두 통달하여 여리지如理智(정체지正體智)뿐 아니라 여량지如量智(후득지後得智)에까지 나아간다고 설명한다. 한편 『대승기신론』에서는 "對治邪執者, 一切邪執, 皆依我見, 若離於我, 則無邪執. 是我見有二種, 云何爲二? 一者, 人我見, 二者, 法我見"(T32, 579c26~28)이라고 하여 '대치사집對治邪執' 단락에서 인집(人我見)과 법집(法我見)을 본격적으로 논의하기 시작하는데, 기본적으로 일체사집一切邪執이 의거하는 아견我見의 두 종류로서 인아견人我見과 법아견法我見이 제시된다. 원효는 이 대목에서 인아집과 법아집에 관해 "言人我見者, 計有總相宰主之者, 名人我執. 法我見者, 計一切法各有體性, 故名法執. 法執即是二乘所起, 此中人執, 唯取佛法之內, 初學大乘人之所起也"(H1, 723a15~19)라고 설명한다. 이에 따르면 우선 인아집은 총상주재지자總相宰主之者가 있다고 여기는 것이고, 법아집은 일체법一切法에 각각 체성體性이 있다고 여기는 것이라고 정의된다. 그런데 이 두 가지 집착을 일으키는 주체에 관해 법아집은 이승二乘이 일으키는 것이고 인아집은 대승초학인大乘初學人이 일으키는 것이라고 설명하여 기존의 관점과 다른 견해를 제시한다. 앞에서 보았듯이 범부凡夫가 집착하는 인아집에서 벗어나 인공에는 통달했지만 법아집에서는 아직 벗어나지 못한 자가 이승인 반면 보살은 이승이 아직 벗어나지 못한 법아집까지 벗어난 것이므로 기존의 관점에 따르면 대승초학인은 법아집을 벗어나야 할 주체이긴 하지만 인아집에서는 이미 벗어난 자이다. 그러므로 법집을 이승이 일으키는 것으로 보는 설명은 기존의 관점과 부합하지만, 인집을 범부가 일으키는 것이 아니라 대승초학인이 일으키는 것이라는 설명은 그렇지 않다는 데 유의할 필요가 있다. 원효는 『대승기신론』에서 제시하는 인집의 개념에 관해 설명을 이어 가면서 "上來五執, 依法身如

는 아랫글에서 설명할 것이다. '아래로는 중생을 교화함'(下化衆生)[에 대한 설명]이 여기서 끝난다.

(2) 위로는 부처가 되는 길을 넓힘(上弘佛道)

【소】此下二句, 上弘佛道. 除彼二邊之疑, 得起決定之信, 信解大乘唯是一心, 故言"起大乘正信"也. 捨前二執分別, 而得無分別智, 生如來家, 能紹佛位, 故言"佛種不斷故"也. 如論說云, "佛法大海信爲能入, 智慧[30]能度". 故擧信智, 明弘佛道. 偈首言"爲", 下結云"故"者, 爲明二意故, 造此論也. 歸敬述意竟.

『소』(1-701c12~20); 『회본』(1-737a7~15)

이 아래 두 구절은 '위로는 부처가 되는 길을 넓힘'(上弘佛道)[에 관한 것이다. 저 두 가지 치우친 의문을 제거하면 확고한 믿음을 일으키게 되어 대승이 오직 '하나처럼 통하는 마음'(一心)뿐임을 믿고 이해하니, 그러므로 "대승에 대한 올바른 믿음을 일으킨다"(起大乘正信)라고 말하였다. [또] 앞에서 말한 〈'자아에 불변·독자의 실체나 본질이 있다고 하는 집착'(人執)과 '현상에 불변·독자의 실체나 본질이 있다고 하는 집착'(法執)에 따른 분별〉(二執分別)을 버려 '분별이 없는 바른 이해'(無分別智)를 얻으면 여래의 집안에 태어나서 부처님의 지위를 이을 수 있으니, 그러므로 "부처님 [깨달음의] 종자가 끊어지지 않는다"(佛種不斷故)라고 말하였다. 『대지도론大智度論』에서 "부처님 가르침이라는 크나큰 바다에는 믿음으로써 들어갈 수 있고

來藏等總相之主, 而起執故, 通名人執也"(H1, 723b9~10)라고 하여 총상지주總相之主로서의 인아人我는 개별적 주체의 실체성에 관한 집착에 국한된 것이 아니라 법신法身이나 여래장如來藏과 같은 보편적 주체로서의 인아 개념에 관한 집착까지 '통틀어 부르는 것'(通名)임을 적시한다. 기존의 관점과 다른 원효 설명의 특징은 『대승기신론』에서 제시되는 인집 개념의 사상사적 추이를 반영한 결과로 보인다.

30 『대지도론』 권1(T25, 63a1~2) 본문에는 '慧'가 아니라 '爲'이다. '爲'로 교감한다.

지혜로써 건너갈 수 있다"³¹라고 말한 것과 같다. 따라서 믿음(信)과 지혜
(智)로써 '부처가 되는 길을 넓히는 것'(弘佛道)을 밝힌 것이다.

　게송의 첫머리에서 "위하여"(爲)라고 말하고, [게송의] 마지막에서 "때문이
다"(故)라는 말로 끝맺은 것은, ['아래로는 중생을 교화하고'(下化衆生) '위로는 부처
가 되는 길을 넓히는'(上弘佛道)] 두 가지 뜻 때문에 이 『기신론』을 지었다는 것
을 밝히려는 것이다. '의지하고 공경함'(歸敬)과 '『기신론』을 지은 뜻'(述意)
[에 관한 설명]이 [여기서] 끝난다.³²

---

31 『대지도론』 권1(T25, 63a1~2). "佛法大海信爲能入, 智〈爲〉能度." '〈 〉' 표시한 부분이
　본문에는 '慧'라고 되어 있다.

32 원효는 경론을 해석하면서 내용에 대한 자신의 이해에 따라 문단을 정밀하게 구분한
　다. 이것을 '과문科文'(문단구분)이라 부르는데, 과문에는 해석자의 이해와 관점이 반
　영되므로 과문 자체가 연구대상이 된다. 원효의 모든 과문은 그의 탁월한 해석을 정
　밀하게 반영하고 있는데, 『대승기신론』에 대한 원효의 과문을 부분별로 나누어 『대
　승기신론』의 해당 구절을 각주로 표기한다. 아울러 부분별로 구분한 과문표들과 해
　당 구절은 종합하여 부록으로 수록한다. 여기서는 표종체標宗體・석제명釋題名・의
　문현의依文顯義의 과문에 해당하는 『대승기신론』의 해당 구절을 밝힌다.
　Ⅰ. 標宗體
　Ⅱ. 釋題名
　　1. 言大乘
　　　1) 總說
　　　2) 分別
　　　　(1) 依經說
　　　　(2) 依論明
　　2. 言起信
　　3. 言論
　Ⅲ. 依文顯義
　　1. 歸敬述意
　　　1) 正歸三寶(歸敬三寶)
　　　　(1) 能歸相: "歸命."
　　　　(2) 顯所歸德
　　　　　① 歎佛報
　　　　　가. 歎心德: "盡十方, 最勝業徧知."
　　　　　나. 歎色德: "色無礙自在."

【소】 此下, 第二正立論體. 在文有三. 一者, 總標許說, 二者, 擧數開章, 三
者, 依章別解. 文處可見.

『소』(1-701c21~23); 『회본』(1-737a16~18)

이 아래[의 글]은 두 번째로 『기신론』의 본연(體)을 곧바로 세운 것이다.
본문에는 세 가지가 있다. 첫 번째는 '전체의 대의를 설명하는 것'(總標許說)
이고, 두 번째는 '숫자를 붙여 문장 부분을 펼치는 것'(擧數開章)이며, 세 번
째는 '문장 부분에 의거하여 하나씩 해설하는 것'(依章別解)이다. [각 장에] 해
당하는 구절들은 [어렵지 않게] 알 수 있다.

2. 『대승기신론』의 본연을 곧바로 세움(正立論體)

論曰. 有法能起摩訶衍信根, 是故應說.

『논』(T32, 575b18~21); 『회본』(1-737a19)

[이제부터] 논하여 보자. 도리(法)가 있어 대승大乘을 '믿는 능력'(信根)
을 일으키게 할 수 있으니, 그러므로 [그 도리를] 설하고자 한다.

　　　　다. 擧人結歎: "救世大悲者."
　　　② 顯法寶
　　　　가. 擧佛取法: "及彼身體相."
　　　　나. 正出法寶體相: "法性眞如海."
　　　③ 歎僧寶
　　　　가. 擧德取人: "無量功德藏."
　　　　나. 正歎行德: "如實修行等."
　　2) 述造論意(述造論大意)
　　　(1) 明爲下化衆生: "爲欲令衆生, 除疑捨邪執."
　　　(2) 顯爲上弘佛道: "起大乘正信, 佛種不斷故."

【소】 初中言"有法"者, 謂一心法. 若人能解此法, 必起廣大信根, 故言"能起大乘信根". 信根之相, 如題名說. 信根旣立, 卽入佛道, 入佛道已, 得無窮寶. 如是大利, 依論而得, 是故"應說". 總標許說, 竟在於前.

『소』(1-701c24~702a5); 『회본』(1-737a20~737b1)

첫 구절에서 말한 "도리가 있다(有法)"라는 것은 〈하나처럼 통하는 마음'에 관한 도리〉(一心法)를 일컫는 것이다. 만약 어떤 이가 이 도리를 이해할 수 있다면 반드시 광대한 '믿음의 능력'(信根)을 일으키니, 그러므로 "대승을 믿는 능력을 일으키게 할 수 있다"(能起大乘信根)라고 하였다. '믿음의 능력'(信根)[이 지니는] '특징'(相)은 [앞서 말한] 제목에 대한 설명과 같다. '믿음의 능력'(信根)이 확립되면 곧 '부처가 되는 길'(佛道)로 들어가게 되고, 부처가 되는 길에 들어서고 나면 '한계가 없는 보물'(無窮寶)을 얻는다. 이처럼 커다란 이로움을 『기신론』에 의해 얻게 되므로 "설하고자 한다"(應說)라고 한 것이다. '전체의 대의를 설명하는 것'(總標許說)이 여기서 끝난다.

> 說有五分, 云何爲五? 一者因緣分, 二者立義分, 三者解釋分, 四者修行信心分, 五者勸修利益分.
>
> 『논』(T32, 575b18~21); 『회본』(1-737b2~4)
>
> [그 도리를] 설함에 다섯 부분이 있으니, 어떤 것이 다섯 부분인가? 첫 번째는 '인연을 밝히는 부분'(因緣分)이고, 두 번째는 [대승의 현상과 면모에 관한] 뜻을 세우는 부분'(立義分)이며, 세 번째는 '해석하는 부분'(解釋分)이고, 네 번째는 '믿는 마음을 수행하는 부분'(修行信心分)이며, 다섯 번째는 '수행의 이로움을 권하는 부분'(勸修利益分)이다.

【소】 "說有五分"以下,[33] 第二擧數開章, "有五分"者, 是擧章數, "云何"以下, 列其章名. "因緣分"者, 非無所以, 而造論端, 智者所爲, 先應須知

---

33 『회본』에는 '說有五分以下'가 없다.

故. "立義分"者, 因緣旣陳, 宜立正義. 若不略立, 不知宗要故. "解釋分"者, 立宗旣略, 次應廣辯. 若不開釋, 義理難解故. "修行信心分"者, 依釋起信, 必應進修. 有解無行, 不合論意故. "勸修利益分"者, 雖示修行信心法門, 薄善根者不肯造修, 故擧利益, 勸必應修, 故言"勸修利益分"也.

『소』(1-702a6~16); 『회본』(1-737b5~15)

"설함에 다섯 부분이 있다"(說有五分) 이하는 두 번째인 '숫자를 붙여 문장 부분을 펼친 것'(擧數開章)이니, "다섯 부분이 있다"(有五分)라는 것은 '문장 부분의 숫자를 든 것'(擧章數)이며, "어떤 것이"(云何) 이하는 '그 문장 부분의 명칭을 열거한 것'(列其章名)이다.

"인연을 밝히는 부분"(因緣分)이라는 것은, 까닭 없이 이 논論을 지은 것이 아니니 지혜로운 사람[인 마명보살]이 행한 까닭을 먼저 반드시 알아야 하기 때문이다. [대승의 현상과 면모에 관한] 뜻을 세우는 부분"(立義分)이라는 것은, [논을 지은] 인연을 이미 밝혔기에 마땅히 '온전한 면모'(正義)를 세우는 것이다. 만약 [온전한 면모를] 요약해서 세워 두지 않으면 '가장 중요한 핵심'(宗要)을 알 수 없기 때문이다. "해석하는 부분"(解釋分)이라는 것은, '핵심을 세우는 것'(立宗)은 이미 요약되었으니 다음에는 자세하게 설명해야만 하는 것이다. 만약 풀어서 설명하지 않으면 '뜻과 이치'(義理)를 이해하기 어렵기 때문이다. "믿는 마음을 수행하는 부분"(修行信心分)이라는 것은, 해설에 의거해 믿음을 일으켰으면 반드시 수행으로 나아가야 하는 것이다. 이해만 있고 실천수행이 없으면 『기신론』의 뜻에 합치할 수 없기 때문이다. "수행의 이로움을 권하는 부분"(勸修利益分)이라는 것은, 비록 믿는 마음을 수행하는 가르침(法門)을 제시하여도 '이로운 능력'(善根)이 약한 이는 기꺼이 닦아 나가려 하지 않으므로 이익을 제시하여 반드시 닦아 나갈 것을 권유하는 것이니, 따라서 "수행의 이로움을 권하는 부분"(勸修利益分)이라고 하였다.

【소】此下, 第三依章別解, 即爲五分. 初中有二, 先牒章名, 次顯因緣.

『소』(1-702a17~18); 『회본』(1-737b16~17)

이 아래는 세 번째인 '문장 부분에 의거하여 하나씩 해설하는 것'(依章別解)으로 다섯 부분으로 나뉜다. 첫 부분 안에 두 가지가 있는데, 먼저 장章의 명칭을 표시하였고, 다음에는 인연을 밝혔다.

1)『대승기신론』을 지은 인연을 밝히는 부분(因緣分)

初說因緣分.

『논』(T32, 575b22); 『회본』(1-737b18)

먼저 '인연을 밝히는 부분'(因緣分)을 설명한다.

【소】顯因緣中, 有二問答, 一者, 直顯, 二者, 遣疑.

『소』(1-702a19~20); 『회본』(1-737b19~20)

인연을 밝히는 가운데 두 가지 문답을 두었으니, 첫 번째는 '곧바로 드러냄'(直顯)이고, 두 번째는 '의심을 제거하는 것'(遣疑)이다.

(1)『대승기신론』을 지은 여덟 가지 인연을 곧바로 밝힘(直顯因緣)

問曰. 有何因緣而造此論? 答曰. 是因緣有八種, 云何爲八? 一者因緣總相, 所謂爲令衆生離一切苦得究竟樂, 非求世間名利恭敬故. 二者爲欲解釋如來根本之義, 令諸衆生正解不謬故. 三者爲令善根成熟衆生, 於摩訶衍法堪任不退信故. 四者爲令善根微少衆生修習信心故. 五者爲示方便消惡業障善護其心, 遠離癡慢出邪網故. 六者爲示修習止觀, 對治凡夫二乘心過故. 七者爲示專念方便生於佛前必定不退信心故. 八者爲示利益勸修行故. 有如是等因緣, 所以造論.

『논』(T32, 575b19~c6); 『회본』(1-737b21~c9)

묻는다. 어떤 인연이 있어서 이 논을 짓는가?

답한다. 이 인연에 여덟 가지가 있으니, 어떤 것이 여덟 가지인가? 첫 번째는, 인연의 '보편적 특징'(總相)이니, 중생으로 하여금 모든 괴로움에서 벗어나 '궁극적 즐거움'(究竟樂)을 얻게 하려는 것이지 세간과 명예와 이익과 공경을 추구하게 하는 것이 아닌 것이다. 두 번째는, 여래[가 설한 가르침]의 근본 뜻을 해석하여 모든 중생으로 하여금 바르게 이해하여 그릇되지 않게 하고자 하는 것이다. 세 번째는, '이로운 능력'(善根)이 성숙한 중생으로 하여금 대승의 도리를 감당하여 [대승에 대한] 믿음에서 물러서지 않게 하고자 하는 것이다. 네 번째는, '이로운 능력'(善根)이 약하고 부족한 중생으로 하여금 [대승의 가르침을] '믿는 마음'(信心)을 닦아 익히도록 하고자 하는 것이다. 다섯 번째는, '수단과 방법'(方便)을 제시하여 '해로운 행위로 인한 장애'(惡業障)를 소멸하고 그 마음을 잘 보호하여 어리석음과 교만에서 멀리 벗어나 삿된 [집착의] 그물에서 벗어나게 하고자 하는 것이다. 여섯 번째는, '[빠져들지 않고] 그침'(止)과 '[사실대로] 이해함'(觀)을 '닦아 익힘'(修習)을 제시하여 범부와 '[성문聲聞, 연각緣覺] 두 부류의 수행자'(二乘)가 지닌 마음의 허물을 다스리게 하고자 하는 것이다. 일곱 번째는, '일념으로 몰입할 수 있는 방편'(專念方便)을 제시하여 부처님 앞에 태어나 반드시 결정코 [대승의 가르침을] '믿는 마음'(信心)에서 물러나지 않게 하고자 하는 것이다. 여덟 번째는, 이로움을 보여 주어 수행을 권하고자 하는 것이다. 이와 같은 인연들이 있기 때문에 논을 짓는다.

【仝】初問可見,[34] 答中有三, 總標·別釋·後還總結. 第二別解八因緣中, 初一, 是總相因, 後七, 是別相因.

『仝』(1-702a20~22);『회본』(1-737c10~12)

첫 번째 질문은 알 수 있는 것이고,[35] 대답에는 세 가지가 있는데 '총괄적인 제시'(總標)와 '하나씩 풀이함'(別釋) 그리고 뒤에 다시 '총괄하여 결론 맺는 것'(總結)이 그것이다. 두 번째인 '하나씩 풀이함'(別解)[에서 말하는] 여덟 가지 인연 중에서 처음 하나는 '보편적 특징을 지닌 인연'(總相因)이고 뒤의 일곱은 '개별적 특징을 지닌 인연'(別相因)이다.

① 보편적 특징을 지닌 인연(總相因)

【仝】初言"總相", 有其二義. 一者, 凡諸菩薩有所爲作, 每爲衆生離苦得樂, 非獨在此造論因緣, 故曰"總相". 二者, 此因雖望立義分文作緣, 然彼立義分, 總爲解釋分等作本, 此因亦通爲彼作緣, 依是義故, 亦解總相. 言"離一切苦"者, 分段變易一切苦也. "究竟樂"者, 無上菩提大涅槃樂也. "非求世間"者, 不望後世人天富樂也. "名利恭敬"者, 不求現在虛僞之事也.

『仝』(1-702a22~b7);『회본』(1-737c12~22)

처음에 말한 "보편적 특징"(總相)이라는 것에는 두 가지 뜻이 있다. 첫 번째는, 무릇 모든 보살이 하는 일이 있는 것은 언제나 중생이 고통에서 벗어나 즐거움을 얻게 하려는 것인데, [이것은] 단지 이 논을 지은 인연에만 있

---

34 『회본』에는 이 앞에 다음과 같은 『대승기신론』의 본문이 모두 수록되어 있다. "問曰. 有何因緣而造此論. 答曰. 是因緣有八種. 云何爲八. 一者因緣總相, 所謂爲令衆生離一切苦得究竟樂. 非求世間名利恭敬故. 二者爲欲解釋如來根本之義. 令諸衆生正解不謬故. 三者 爲令善根成熟衆生於摩訶衍法堪任不退信故. 四者爲令善根微少衆生. 修習信心故. 五者爲示方便消惡業障善護其心. 遠離癡慢出邪網故. 六者爲示修習止觀. 對治凡夫二乘心過故. 七者爲示專念方便. 生於佛前必定不退信心故. 八者爲示利益勸修行故. 有如是等因緣. 所以造論."

35 『대승기신론』 본문에 나오는 첫 번째 질문은 '이 논을 지은 인연因緣을 묻는 것'("有何因緣, 而造此論")이므로 이미 충분히 알 수 있다고 한 것이다.

는 것이 아니기 때문에 '보편적 특징'(總相)이라고 말하였다. 두 번째는, 이 인연이 비록 '인연을 밝히는 부분'(因緣分)의 글을 겨냥하여 [그것과 관련된] 연고(緣)를 짓는 것이지만, 그러나 저 '[대승의 현상과 면모에 관한] 뜻을 세우는 부분'(立義分)은 모두가 '해석하는 부분'(解釋分) 등을 짓는 근본이 되고, 이 인연 역시 통틀어 저 '[해석하는 부분'(解釋分)]을 짓는 인연이 되니, 이러한 뜻에 의거하기 때문에 또한 '보편적 특징'(總相)이라 해석한 것이다.

"모든 괴로움에서 벗어나고"(離─切苦)라고 말한 것[에서 모든 괴로움]은 '일정하게 제한된 수명과 형상을 가지고 받는 괴로움'(分段苦)과 '변하여 달라지는 괴로움'(變易)[을 포함한] 모든 괴로움[36]이다. "궁극적인 즐거움"(究竟樂)이란 '가장 높은 깨달음'(無上菩提)에서 누리는 '열반의 크나큰 즐거움'(大涅槃樂)이다. "세간을 추구하는 것이 아니다"(非求世間)라는 것은 후세의 인간 세상이나 천상세계에서의 부귀와 즐거움을 바라지 않는 것이다. "명예와 이익과 공경[을 추구하지 않는다]"(名利恭敬)라는 것은 현재의 세상에서의 공허하고 거짓된 일을 구하지 않는 것이다.

---

36 분단변역일체고分段變易─切苦: 분단생사分段生死와 변역생사變易生死에서 얻는 괴로움들이다. 분단생사는 삼계三界 내의 생사生死로서 육도六道에 윤회하는 중생의 과보가 각각 달라 모습과 수명에 각각 다른 분한이 있는 것으로 유위생사라고도 한다(『불광대사전』, pp.2446~2447 참조). 변역생사는 삼승三乘의 성인이 무루업無漏業을 인因으로 삼고 무명주지無明住地를 연緣으로 삼아 삼계 밖의 수승하고 미묘한 과보신果報身을 얻은 생사로서 무루無漏의 비원력悲願力에 따라 원래의 분단신分段身을 바꾸어 모습과 수명에 제한이 없는 변역신變易身을 얻은 생사로서 무위생사無爲生死라고도 한다(『불광대사전』, p.6916 참조). 『보살영락본업경』 권1에서는 변역생사와 관련하여 "唯有無明習在, 以大願力故變化生"(T24, 1016c20~21)이라고 하여 8지지地 보살 이상에서는 무명습無明習이 있지만 대원력大願力 때문에 변화생變化生(變易生死)을 받는다라 하고, 원효의 『본업경소本業經疏』에서는 이 대목에 대해 "以是法執無明力故, 發無漏業, 受變易報"(H1, 503a22~23)라고 하여 법집무명력法執無明力 때문에 무루업無漏業을 일으켜 변역생사의 과보를 받는다고 설명한다.

② 개별적 특징을 지닌 인연(別相因)

【소】此下, 七種是其別因, 唯爲此論而作因故, 望下七處作別緣故. 第二因
者, 解釋分內有三段中, 爲二段而作因緣, 謂顯示正義, 對治邪執. 顯示
正義之中說云, "依一心法有二種門, 是二種門皆各總攝一切諸法", 當
知卽是如來所說一切法門之根本義. 以是一心二門之內, 無一法義而所
不攝故, 故言"爲欲解釋如來根本之義"也. 彼第二段對治邪執者, 卽令
衆生捨離人法二種謬執, 故言"爲令衆生正解不謬故"也.

『소』(1-702b7~18);『회본』(1-737c22~738a9)

이 아래 일곱 가지는 '개별적 [특징을 지닌] 인연'(別[相]因)이니, 오로지 이
『기신론』을 위해 지은 인연이기 때문이며, 아래 일곱 군데에 대하여 각각의
인연이 되기 때문이다.

두 번째 인연은 '해석하는 부분'(解釋分) 안에 있는 세 단락 중에서 두 단
락에 대해 그 인연을 지은 것이니, '올바른 뜻을 나타내 보임'(顯示正義)과
'잘못된 집착을 치유함'(對治邪執)이 그것이다. '올바른 뜻을 나타내 보임'(顯
示正義)[의 단락] 안에서 말하기를, "〈'하나처럼 통하는 마음'이라는 도리〉(一
心法)에 의거하여 '두 가지 측면'(二種門)이 있게 되는데, 이 두 가지는 다 제
각기 모든 현상을 모두 포섭한다"(依一心法有二種門, 是二種門皆各總攝一切諸法)
라고 하였으니, 이것이 바로 여래께서 말씀하신 '진리로 들어가는 모든
문'(一切法門)의 근본 뜻임을 알아야 한다. 이 '하나처럼 통하는 마음'(一心)
과 '두 가지 측면'(二門) 안에서는 어떤 도리의 의미라도 놓치는 것이 없기
때문에 "여래의 근본 뜻을 해석하기 위해서"(爲欲解釋如來根本之義)라고 말한
것이다.

그 두 번째 단락인 '잘못된 집착을 치유함'(對治邪執)이란 것은, 중생들로
하여금 '사람'(人)과 '존재/대상'(法)[37]에 대한 두 가지 잘못된 집착을 버려

---

37 인人과 법法: 이에 관해서는 본서의 '인집人執과 법집法執' 주석 참조.

벗어나게 하는 것이니, 그러므로 "중생으로 하여금 바르게 이해하여 그릇되지 않게 하기 위하여"(爲令衆生正解不謬故)라고 말한 것이다.

【소】第三因者, 爲解釋分內第三段文而作因緣. 彼文分別發趣道相, 令利根者決定發心進趣大道, 堪任住於不退位故, 故言"爲令善根乃至不退信故".

『소』(1-702b18~21); 『회본』(1-738a9~13)

세 번째 인연은, '해석하는 부분'(解釋分) 안의 세 번째 단락의 글에 대해 그 인연을 지은 것이다. 그 글은, '깨달음을 구하는 마음을 일으켜 수행 길에 나아가는 모습'(發趣道相)을 자세히 설하여, '수승한 능력'(利根)을 지닌 사람으로 하여금 반드시 [깨달음을 구하는] 마음을 내어 '크나큰 [올바른] 수행길(大道)로 나아가 '물러서지 않는 경지'(不退位)에 자리 잡는 것을 감당하게 하기 때문이니, 그러므로 "이로운 능력이 성숙한 중생으로 하여금 … 믿음에서 물러서지 않게 하기 위하여"(爲令善根乃至不退信故)라고 말한 것이다.

【소】第四因者, 爲下修行信心分初四種信心及四修行之文而作因緣, 故言"爲令修習信心故"也.

『소』(1-702b22~24); 『회본』(1-738a13~16)

네 번째 인연은, [그] 다음에 나오는 '믿는 마음을 수행하는 부분'(修行信心分) 중의 처음 '네 가지 신심'(四種信心)[38] 및 '네 가지 수행'(四修行)[39]에 관한

---

38 사종신심四種信心: 『대승기신론』의 제4장 「수행신심분」의 앞부분에서 이에 대한 설명이 바로 나온다. 네 가지 신심이란 신근본信根本, 신불信佛, 신법信法, 신승信僧을 가리키는 말이다. 여기서 신근본이란 '진여眞如'의 이치를 믿는 것이고, 나머지 셋은 불법승 삼보를 믿는 것에 해당한다(『대승기신론』, T32, 581c8~14 참조).

39 사수행四修行: 여기서 네 가지란 보시(施), 지계(戒), 인욕(忍), 정진(進)을 가리킨다. 『대승기신론』「수행신심분」의 본문에서 제시되는 수행의 기본골격은 모두 '다섯 가지'(五行)인데, 이 중에서 지관止觀을 따로 다루었기 때문에 사행四行이라 한 것이다(『대승기신론』, T32, 581c13~582a5 참조).

글에 대해 그 인연을 지은 것이니, 그러므로 "믿는 마음을 닦아 익히도록 하기 위해서"(爲令修習信心故)라고 말한 것이다.

【소】第五因者, 爲下第四修行末云, "復次若人雖修信心, 以從先世來多有重惡業障"以下, 說除障法五行許文而作因緣, 故言"爲示方便消惡業障乃至出邪網故".

『소』(1-702b24~c4); 『회본』(1-738a16~20)

다섯 번째 인연은, [그] 다음에 나오는 네 번째 수행의 끝부분에서 말한 "또 어떤 사람이 믿는 마음을 닦을지라도 과거 세상으로부터의 무거운 악업의 장애가 많아서 …"[40]와 그 아래에 설하는 '장애를 제거하는 방법을 설명하는 다섯 줄 가량의 글'(除障法五行許文)에 대해 그 인연을 지은 것이니, 그러므로 "수단과 방법을 제시하여 악업의 장애를 소멸하고 … 삿된 집착의 그물에서 벗어나게 하기 위하여"(爲示方便消惡業障乃至出邪網故)[41]라고 말한 것이다.

【소】第六因者, 爲彼"云何修行止觀?"以下, 乃至"止觀不具則無能入菩提之道", 三紙許文而作因緣, 故言"修習止觀乃至心過故".

『소』(1-702c4~7); 『회본』(1-738a20~24)

여섯 번째 인연은, 저 "어떻게 [빠져들지 않고] 그침과 [사실대로] 이해함을 수행하는가?"(云何修行止觀) 이하에서 "[빠져들지 않고] 그침과 [사실대로] 이해함을 둘 다 갖추지 않으면 깨달음의 길로 들어갈 수 없다"(止觀不具則無能入菩提之道)라고 한 곳까지[42] 세 장 가량의 글에 대해 그 인연을 지은 것이니,

---

40 『대승기신론』 다음 원문 참조(T32, 582a6~a12). "復次若人雖修行信心, 以從先世來多有重罪惡業障故, 爲魔邪諸鬼之所惱亂, 或爲世間事務種種牽纏, 或爲病苦所惱. 有如是等衆多障礙, 是故應當勇猛精勤, 晝夜六時禮拜諸佛, 誠心懺悔勸請隨喜迴向菩提, 常不休廢, 得免諸障善根增長故."

41 원문은 "爲示方便消惡業障善護其心, 遠離癡慢出邪網故"이다.

그러므로 "[빠져들지 않고] 그침과 [사실대로] 이해함을 닦아 익힘을 [제시하여] … [범부와 성문·연각이 지닌] 마음의 허물을 [다스리기 위해서]"(修習止觀乃至心過故)라고 말하였다.

【소】第七因者, 爲彼修行信心分末云, "復次衆生初學是法"以下, 勸生淨土, 八行許文而作因緣. 故言"爲示專念方便生於佛前"等也.

『소』(1-702c7~10); 『회본』(1-738a24~b3)

일곱 번째 인연은, 저 '믿는 마음을 수행하는 부분'(修行信心分) 끝부분에서 말한 "다시 중생이 처음으로 이 도리를 배우고"(復次衆生初學是法) 이하는 "온전한 세상에 태어나기를 권하는 것"(勸生淨土)이니[43] 여덟 줄 가량의 글로 그 인연을 지은 것이다. 그러므로 "일념으로 몰입할 수 있는 수단과 방법을 제시하여 부처님 앞에 태어나게 하기 위해서"(爲示專念方便生於佛前) 등으로 말하였다.

【소】第八因者, 爲彼第五勸修利益分文而作因緣, 故言"爲示利益勸修行故". 次言"有如是等因緣, 所以造論"者, 第三總結也. 直顯因緣, 竟在於前.

『소』(1-702c10~14); 『회본』(1-738b3~7)

여덟 번째 인연은, 저 다섯 번째 '수행의 이로움을 권하는 부분'(勸修利益分)의 글에 대해 그 인연을 지은 것이니, 그러므로 "이로움을 보여 주어 수

---

42 『대승기신론』, T32, 582a12~583a11 참조. "云何修行止觀門? … 若止觀不具, 則無能入菩提之道."

43 『대승기신론』, T32, 583a12~583a21 참조. "復次衆生初學是法, 欲求正信, 其心怯弱, 以住於此娑婆世界, 自畏不能常値諸佛, 親承供養, 懼謂信心難可成就, 意欲退者, 當知如來有勝方便攝護信心. 謂以專意念佛因緣, 隨願得生他方佛土, 常見於佛, 永離惡道. 如修多羅說, '若人專念西方極樂世界阿彌陀佛, 所修善根廻向, 願求生彼世界, 卽得往生, 常見佛故, 終無有退, 若觀彼佛眞如法身, 常勤修習, 畢竟得生, 住正定故.'" 그런데 본문의 '勸生淨土'는 『대승기신론소』 본문에 그대로 나오지 않기 때문에 원효가 대의만을 표현한 것으로 이해할 수 있다.

행을 권하기 위해서"(爲示利益勸修行故)라고 말한 것이다. 그다음에 "이와 같은 인연들이 있기 때문에 논을 짓는다"(有如是等因緣, 所以造論)라고 말한 것은, 세 번째인 '총괄하여 결론 맺는 것'(總結)이다. [『대승기신론』을 지은] 인연을 곧바로 나타내는 것이 여기서 끝난다.

(2) 의혹을 제거함(遣疑)

問曰. 修多羅中具有此法, 何須重說? 答曰. 修多羅中雖有此法, 以衆生根行不等, 受解緣別. 所謂如來在世, 衆生利根, 能說之人色心業勝, 圓音一演異類等解, 則不須論. 若如來滅後, 或有衆生能以自力廣聞而取解者, 或有衆生亦以自力少聞而多解者, 或有衆生無自心力因於廣論而得解者, 亦有衆生復以廣論文多爲煩, 心樂總持少文而攝多義能取解者. 如是, 此論爲欲總攝如來廣大深法無邊義, 故應說此論.

『논』(T32, 575c7~17); 『회본』(1-738b8~19)

묻는다. 경전 속에 [이미] 이러한 가르침(法)을 갖추고 있거늘 어째서 거듭 설해야만 하는가?

답한다. 경전 중에 비록 이러한 가르침(法)이 있지만, 중생의 자질(根行)이 같지 않아 받아들이고 이해하는 조건이 다르다. 여래께서 이 세상에 계실 때에는, 중생들의 [이해] 능력(根)이 탁월하고 설하는 사람의 몸과 마음과 행위가 수승하여, '두루 통하는 말'(圓音)이 한번 펼쳐지면 자질이 서로 다른 사람들이 똑같이 이해하였으니, 그래서 논서를 필요로 하지 않았다. 그런데 여래가 세상을 떠나신 후에는, 능히 자신의 힘으로 널리 듣고 이해하는 중생이 있고, 또한 자신의 힘으로 적게 듣고도 많이 이해하는 중생이 있으며, 자기 마음의 힘이 없어 방대한 논서로 인해 이해하는 중생도 있고, 다시 방대한 논서의 글이 많은 것을 번잡하게 여기는 반면에 뜻이 압축된 적은 글이지만 많은 뜻을 안고 있는 것을 마음으로 좋아하여 [그런 글로써] 이해할 수 있는 중생도 있다. [사정이] 이와 같아

서 이 논은 여래의 광대하고 깊은 가르침의 끝없는 의미를 모두 포섭하
고자 하니, 그러므로 이 논을 설해야 한다.

【소】此下⁴⁴遣疑, 有問有答. 問中言"經中具有此法"者, 謂依前八因所說之
法, 如立義分所立法義, 乃至勸修分中所示利益. 如是等諸法, 經中具
說, 皆爲衆生離苦得樂, 而今更造此論重說彼法者, 豈非爲求名利等耶?
以之故言"何須重說?", 是擧疑情而作問也.

『소』(1-702c15~21); 『회본』(1-738b20~c2)

이 아래 부분은 의혹을 제거하는 것으로 질문과 대답이 있다. 질문 중에
서 "경전 속에 [이미] 이러한 가르침(法)이 갖추어져 있다"(經中具有此法)라고
말한 것은, 앞의 여덟 가지 인연에 의거하여 설해진 가르침이니, '대승의 현
상과 면모에 관한 뜻을 세우는 부분'(立義分)에서 세운 '현상(法)과 면모(義)'(法
義)⁴⁵에서부터 '수행의 이로움을 권하는 부분'(勸修利益分)에서 제시된 '이로
움'(利益)까지[의 내용이] 그것이다. 이와 같은 모든 가르침들은 경전에서 모
두 설했으며, [그 모든 것이] 다 중생들이 고통에서 벗어나 행복을 얻게 하기
위함인데, 지금 다시 이 『기신론』을 지어 거듭 그러한 가르침을 설한다는
것은 어찌 명예와 이익 따위를 구하기 위해서가 아니겠는가? 이 때문에
"어째서 거듭 설해야만 하는가?"(何須重說)라고 말한 것이니, 이것은 [제기될
수 있는] 의문을 겨냥하여 질문을 설정한 것이다.

---

44 『회본』에는 '第二'로 되어 있다.
45 입의분立義分에서 세운 법法과 의義: 『대승기신론』의 아래 '입의분' 단락에서는 "已說
因緣分, 次說立義分. 摩訶衍者總說有二種. 云何爲二? 一者法, 二者義"(T32, 575c 18~21)
라고 하여 대승大乘(摩訶衍)이라는 것에는 법法과 의義의 두 가지 측면이 있다고 알려
준다. 이하의 논의에 따르면 대승의 법이라는 것은 중생심衆生心이고, 대승의 의라는
것은 체대體大·상대相大·용대用大의 삼대三大를 가리킨다. 지금 '인연분因緣分' 단
락에서 이미 논의한 팔인연八因緣과 관련한다면 이 입의분에서 세운 법과 의는 첫 번
째 인연因緣인 총상인總相因의 구체적 내용에 해당한다.

【소】答中有三, 略答·廣釋·第三略結答. 答中言"修多羅中雖有此法"者, 與彼問辭也, "根行不等受解緣別"者, 奪其疑情也. 經論所說雖無別法, 而受解者根行不同, 或有依經不須論者, 或有依論不須經者, 故爲彼人 必須造論. 答意如是.

　　　『소』(1-702c21~703a3);『회본』(1-738c3~9)

대답에는 세 가지가 있으니, '간략한 대답'(略答)과 '자세한 해석'(廣釋) 그리고 세 번째인 '간략하게 대답을 결론 지은 것'(略結答)이다. 대답 중에 "경전 중에 비록 이러한 가르침이 있다"(修多羅中雖有此法)라고 말한 것은 그 질문을 인정하는 것이고, "자질이 같지 않아 받아들이고 이해하는 조건이 다르다"(根行不等受解緣別)라고 한 것은 그 의문을 제거한 것이다. 경전이나 논서에서 말한 것에 비록 서로 다른 가르침은 없지만, 받아들이고 이해하는 사람은 자질(根行)이 같지가 않으니, 어떤 이는 경전에 의거하면서 논서를 필요로 하지 않지만 어떤 이는 논서에 의거하면서 경전을 필요로 하지 않기 때문에, 그러한 [논서에 의거하는] 사람들을 위하여 반드시 논서를 지어야 하는 것이다. 답변의 뜻은 이와 같다.

【소】次則廣顯, 於中有二. 先明佛在世時說聽俱勝, 後顯如來滅後根緣參差.

　　　　　　　　　　　　　　　　　　　『소』(1-703a3~5);『회본』(1-738c9~11)

다음은 '자세하게 나타냄'(廣顯)이니, 그 가운데 두 가지가 있다. 먼저는 부처님이 이 세상에 계실 때에는 가르침을 설하는 사람이나 듣는 사람이나 모두 뛰어났다는 것을 밝혔고, 다음에는 여래가 돌아가시고 난 뒤에는 [가르침을 듣는] 능력이나 조건에 차이가 많음을 나타낸 것이다.

【소】初中言"如來在世衆生利根"者, 明聽人勝, "能說之人色心業勝"者, 顯說者勝. "圓音一演"者, 成說者勝, "異類等解"者, 成聽人勝, "則不須論"者, 結俱勝義.

　　　　　　　　　　　　　　　　　　　『소』(1-703a5~9);『회본』(1-738c11~15)

처음에 "여래께서 이 세상에 계실 때에는 중생들의 [이해] 능력이 탁월했다"(如來在世衆生利根)라고 말한 것은 듣는 사람의 탁월함을 밝힌 것이고, "설하는 사람의 몸과 마음과 행위가 수승했다"(能說之人色心業勝)라는 것은 설하는 사람의 탁월함을 나타낸 것이다. "두루 통하는 말이 한번 펼쳐지면"(圓音一演)이라는 것은 설하는 사람이 탁월했다는 것이고, "[자질이] 서로 다른 사람들이 똑같이 이해했다"(異類等解)라는 것은 듣는 사람이 탁월했다는 것이며, "그래서 논서를 필요로 하지 않았다"(則不須論)라는 것은 [말하는 사람이나 듣는 사람] 모두가 탁월했다는 뜻을 마무리한 것이다.

【소】 此言"圓音", 卽是一音, 一音圓音, 其義云何? 昔來諸師說者不同. 有師說云, 諸佛唯是第一義身, 永絶萬像, 無形無聲, 直隨機現無量色聲, 猶如空谷無聲, 隨呼發響. 然則就佛言之, 無音是一, 約機論之, 衆音非一, 何意說言一音圓音者? 良由一時一會異類等解, 隨其根性各得一音, 不聞餘聲, 不亂不錯. 顯是音奇特, 故名一音. 音遍十方隨機熟處無所不聞, 故名圓音, 非謂如空遍滿無別韻曲. 如經言"隨其類音普告衆生", 斯之謂也.

『소』(1-703a9~20); 『회본』(1-738c15~739a3)

여기에서 "두루 통하는 음성"(圓音)이라 한 것은 바로 '하나처럼 통하는 음성'(一音)이니, '하나처럼 통하는 음성이어서 두루 통하는 음성'(一音圓音)이란 것은 어떤 뜻인가? 예로부터 논사論師들이 설명한 것은 똑같지 않다. 어떤 논사[46]는 [이렇게] 말한다. 〈모든 부처님은 오로지 '궁극 진리의 몸'(第一義身)이라서 온갖 [실체적] 형상에서 완전히 벗어나 [실체로서의] 형태도 없고 음성도 없지만, 단지 [중생들의] 자질'(機)에 따라 한량없는 모습과 음성을 나타내니, 마치 빈 골짜기에는 음성이 없지만 말소리에 따라 메아리를 일으키는 것과 같다. 그렇다면 부처님의 입장에서 말하자면 [실체로서의] 음

---

46 원효 자신을 지칭하는 것으로 보인다.

성이 없는 것이 하나[처럼 통하는 것]이며, '[중생들의] 자질'(機)에 따라 논하자
면 무수한 음성이라서 하나가 아니니, 무슨 뜻으로 '하나처럼 통하는 음성
이어서 두루 통하는 음성'(一音圓音)이라고 하는가? 실로 같은 시간 같은 모
임에서 서로 다른 무리들이 똑같이 이해하니, 그들의 '자질과 성품'(根性)에
따라 제각각 '하나의 음성'(一音)을 얻고 다른 음성은 듣지 않아 혼란해하지
도 않고 착각하지도 않는다. [중생 각자가 듣게 되는] 음성의 이러한 다르고 독
특함을 나타내는 것이니, 그러므로 '하나처럼 통하는 음성'(一音)이라고 하
였다. [또한] 음성이 '모든 공간'(十方)에 두루 미쳐 [중생들의] 자질(機)이 성숙
한 정도에 따라 듣지 못하는 것이 없기 때문에 '두루 통하는 음성'(圓音)이
라 하는 것이지, 허공처럼 두루 가득 차서 [음성에] '운율과 가락'(韻曲)의 차
이가 없음을 말하는 것이 아니다. 경전에서 "부류에 따라 음성을 중생들에
게 널리 알려 준다"[47]라고 한 말이 바로 이것을 가리킨다.〉

【소】 或有說者. 就佛言之, 實有色聲, 其音圓滿, 無所不遍, 都無宮商之異,
何有平上之殊? 無異曲故名爲一音, 無不遍故說爲圓音. 但由是圓音作
增上緣, 隨根差別現衆多聲, 猶如滿月唯一圓形, 隨器差別而現多影.
當知此中道理亦爾. 如經言, "佛以一音演說法, 衆生隨類各得解故".

『소』(1-703a20~b3); 『회본』(1-739a3~11)

또 어떤 사람은 이렇게 말한다.[48] 〈부처님 입장에서 말하면 실제로 신체
와 음성이 있지만 그 음성은 두루 통하여 이르지 못하는 곳이 없으니, 궁
음宮音[49]과 상음商音[50]의 차이가 아예 없는데 어찌 평성平聲[51]과 상성上聲[52]

---

47 『대반열반경』 권1(T12, 605a11). "隨其類音, 普告衆生."

48 역시 원효 자신을 지칭하는 것으로 보인다.

49 궁음宮音: 전통 음악에서 '소리'를 다섯 가지 성격으로 나눈 궁宮, 상商, 각角, 치徵, 우
羽 오음五音의 첫 번째 소리이다.

50 상음商音: 전통 음악의 오음五音 중에서 두 번째 소리이다.

51 평성平聲: 한자어를 발음하는 방법에 따른 네 가지 분류 중의 첫 번째로 높고 평탄한
소리로 발음하는 방법이다.

의 차이가 있겠는가? 가락에 차이가 없기 때문에 '단일한 언어'(一音)라 하고, 고루 미치지 않음이 없기에 '두루 통하는 음성'(圓音)이라 하였다. 다만 이 '두루 통하는 음성'(圓音)이 '향상하게 하는 인연'(增上緣)⁵³을 만들기 때문에 [중생들의] 자질(根)의 차이에 따라서 여러 가지 다양한 소리를 나타내니, 마치 보름달은 하나의 둥근 모양일 뿐이지만 [달빛을 담는] 그릇의 차이에 따라 다양한 영상을 나타내는 것과도 같다. 여기서의 도리도 그와 같음을 알아야 한다. 『유마경維摩經』에서 "부처님은 '단일한 언어'(一音)로 진리(法)를 연설하지만 중생들은 '수준[의 차이]'(類)에 따라 각자 이해를 얻는 것이다"⁵⁴라고 말한 것과 같다.〉

【소】 或有說者. 如來實有衆多音聲, 一切衆生所有言音, 莫非如來法輪聲攝. 但此佛音無障無礙, 一卽一切, 一切卽一. 一切卽一, 故名一音, 一卽一切, 故名圓音. 如『華嚴經』言, "一切衆生語言法, 一言演說盡無餘, 悉欲解了淨密音, 菩薩因是初發心"故. 又此佛音不可思議, 不但一音言卽一音, 亦於諸法, 無不等遍.

『소』(1-703b4~12); 『회본』(1-739a11~20)

또 어떤 사람은 이렇게 말한다.⁵⁵ 〈여래에게는 실로 수많은 음성이 있으

---

52 상성上聲: 사성四聲 중에 두 번째로, 처음 낮은 소리로 시작하여 높은 소리로 끝내는 발음법이다.

53 증상연增上緣: 증상增上의 범어인 'aupacayica'는 'upacaya'의 형용사형인데, 'upacaya'는 축적・다량・향상시킴・증진・번영(accumulation, quantity, elevation, increase, prosperity) 등의 뜻이다(*Sanskrit English Dictionary*, p.197 참조).

54 『유마힐소설경維摩詰所說經』 권1 「불국품佛國品」(T14, 538a02). "佛以一音演說法, 衆生隨類各得解." 〈산스크리트본의 해당 내용: Vkn 7.05-08, ekāṃ ca vācaṃ bhagavān pramuñcase nānārutaṃ ca pariṣad vijānati / yathāsvakaṃ cārtha vijānate jano jinasya āveṇikabuddhalakṣaṇam //10// (밑줄 친 부분만 인용된 부분.); 세존께서는 단일한 언어로 말씀하시지만, 대중은 다양한 언어로 [그것을] 알아[듣습]니다. 그리고 중생은 각각 [그] 의미를 이해합니다. [이것이 성문 등과] 공통되지 않는 붓다의 특징(不共法)입니다.〉

므로 모든 중생들이 가지고 있는 말과 음성은 여래의 '설법 소리'(法輪聲)에 포함되지 않는 것이 없다. 다만 이 부처님의 음성은 장애가 없어 하나가 곧 일체이고, 일체가 곧 하나이다. 일체가 곧 하나이기 때문에 '단일한 언어'(一音)라 말하며, 하나가 곧 일체이므로 '두루 통하는 음성'(圓音)이라 말한다. 『화엄경』에서 "모든 중생들의 [수많은] 말들을 [부처님은] '하나의 말'(一言)로 남김없이 다 연설하여 [중생] 모두에게 [부처님의] '온전하고 깊은 말'(淨密音)을 이해시키려 하니, 보살도 이[러한 말]을 인연 삼아 처음으로 [깨달음을 구하려는] 마음을 일으키는 것이다"[56]라고 말한 것과 같다. 또 이 '부처님의 말'(佛音)은 생각으로 헤아릴 수 없는 것이니, '하나의 말'(一音)이 곧 '모든 말'(一音)일 뿐만 아니라 '모든 것'(諸法)에 골고루 이르지 않음도 없다.〉

【소】 今且略擧六雙, 顯其等遍之相. 一者, 等於一切衆生及一切法, 二者, 等於十方諸刹及三世諸劫, 三者, 等於一切應身如來及一切化身諸佛, 四者, 等於一切法界及虛空界, 五者, 等於無礙相入界及無量出生界, 六者, 等於一切行界及寂靜涅槃界.

『소』(1-703b12~18);『회본』(1-739a20~b2)

이제 간략하게 여섯 쌍을 내세워 [부처님 말소리의] 그 '골고루 적용되는 특징'(等遍之相)을 드러내 본다. 첫 번째는 모든 중생과 모든 것에 골고루 두루 미치고, 두 번째는 '모든 세계 모든 공간'(十方諸刹)과 '과거·현재·미래의 모든 시간'(三世諸劫)에 골고루 두루 미치며, 세 번째는 모든 '[중생의 바람에] 응하여 [특정한 부처님의 모습으로] 나타나는 몸'(應身)의 여래와 '[중생의 바람에 응하여 갖가지 모습으로] 나타나는 몸'(化身)의 모든 부처님에 골고루 두루 미치고, 네 번째는 '모든 현상세계'(一切法界)와 허공세계(虛空界)에 골고루 두루 미치며, 다섯 번째는 '걸림 없이 서로 들어가는 세계'(無礙相入界)와 '한량

---

55 역시 원효 자신을 지칭하는 것으로 보인다.

56 『화엄경』권8(T9, 447b6~7). "一切衆生語言法, 一言演說盡無餘, 悉欲解了淨密音, 菩薩因〈此〉初發心." '〈〉' 표시한 부분이 본문에는 '是'라고 되어 있다.

없이 생겨나는 세계'(無量出生界)에 골고루 두루 미치고, 여섯 번째는 '무명을 조건으로 생겨난 모든 세계'(一切行界)와 '[무명에 따른] 동요가 그친 열반의 세계'(寂靜涅槃界)에 골고루 두루 미친다.

【소】此義如『華嚴經』三種無礙中說. 隨一一聲等此六雙, 而其音韻恒不雜亂, 若音於此六雙有所不遍, 則音非圓, 若由等遍失其音曲, 則圓非音. 然今不壞曲而等遍, 不動遍而差韻, 由是道理, 方成圓音. 此非心識思量所測, 以是法身自在義故. 一音之義略說如是. 且止餘論, 還釋本文.

『소』(1-703b18~c1); 『회본』(1-739b2~10)

이 뜻은 『화엄경』에서 말하는 '세 가지의 걸림 없음'(三種無礙)에서 말한 것과 같다.[57] 하나하나의 음성을 따라 이 여섯 쌍에 골고루 두루 미치면서도 그 소리와 운율은 언제나 어지럽지도 뒤섞이지도 않으니, 만약 음성이 이 여섯 가지 쌍에 두루 미치지 못함이 있다면 [그] 음성은 '두루 통함'(圓)이 아니며, 만약 골고루 두루 미치기 때문에 그 소리와 가락[의 차이]를 잃는다면 두루 통하기는 해도 음성은 아닌 것이다. 그러나 이제 가락[의 차이]를 무너뜨리지 않으면서도 골고루 두루 미치고, 골고루 두루 미침을 변하게

---

57 『화엄경』의 3종무애三種無礙: 『화엄경』에서 삼종무애는 찾아지지 않지만, 『화엄경』 권26에서는 "是菩薩常隨四無礙智而不可壞. 何等爲四? 一法無礙, 二義無礙, 三辭無礙, 四樂說無礙"(T9, 568c16~18)라고 하여 보살이 항상 따르는 사무애지四無礙智로서 법무애法無礙, 의무애義無礙, 사무애辭無礙, 요설무애樂說無礙를 제시한다. 이 대목에 따르면 "是菩薩以法無礙智, 知諸法自相, 以義無礙智, 知差別法, 以辭無礙智, 知說諸法不可壞, 以樂說無礙智, 知說諸法次第不斷"(T9, 568c18~21)이라고 하여 법무애지法無礙智는 제법諸法의 자상自相을 아는 것이고, 의무애지義無礙智는 차별법差別法들을 아는 것이며, 사무애지辭無礙智는 제법이 파괴되지 않음을 설할 줄 아는 것이고, 요설무애지樂說無礙智는 제법이 순서대로 끊어지지 않음을 설할 줄 아는 것이다. 한편 『대보적경大寶積經』 권14에서는 "菩薩如是得三無礙, 何謂爲三? 一曰總持無所罣礙, 二曰辯才無所罣礙, 三曰道法無所罣礙"(T11, 79a13~15)라고 하여 총지무애總持無礙, 변재무애辯才無礙, 도법무애道法無礙의 삼종무애를 거론하기도 하는데, 이 역시 법신法身의 자재의自在義에 속하는 일음一音의 뜻과 상통하는 개념들로 보인다.

하지 않으면서도 소리의 운율(音韻)을 다르게 하니, 이러한 도리로 말미암아 바야흐로 '하나처럼 통하는 음성'(圓音)을 이룬다. 이것은 '분별하는 마음'(心識思量)으로 헤아릴 수 있는 것이 아니니, 이것은 '진리 몸'(法身)의 '자유자재하는 면모'(自在義)이기 때문이다. '하나처럼 통하는 음성'(一音)의 의미를 대략 설하면 이와 같다. 나머지 논의는 그만두고 다시 본문을 풀이하겠다.

【소】此下, 第二明佛滅後根行參差, 於中別出四種根性. 初二, 依經而得解者, 後二, 依論方取解者.

『소』(1-703c1~3);『회본』(1-739b10~13)

이 아래는 두 번째로 부처님이 돌아가신 뒤에 '자질과 수행'(根行)이 들쑥날쑥하게 된 것을 밝힌 것인데, 그중에서 '네 종류의 자질'(四種根性)을 골라 드러내었다. 앞의 두 종류는 경전에 의거해서 이해하는 사람이요, 뒤의 두 종류는 논론에 의거해야 비로소 이해하는 사람이다.

【소】初中言"能以自力廣聞而取解者"者, 依廣經聞得解佛意, 而不須論, 故言"自力"也. 第二中言"亦以自力少聞而多解者"者, 未必廣聞諸經文言, 而能深解諸經意致, 亦不須論, 故言"自力". 第三中言"無自心力"者, 直依佛經則不能解, 故言"無力", 因於『智度』·『瑜伽』等論, 方解佛經所說意趣, 故言"因於廣論得解"者. 第四中言"復以廣論文多爲煩"者, 雖是利根而不忍繁, 此人唯依文約義豊之論, 深解佛經所說之旨, 故言"心樂總持少文而攝多義能取解者". 此四中, 前三非今所爲, 今所爲者在第四人也.

『소』(1-703c3~16);『회본』(1-739b13~c2)

첫 번째 구절에서 "능히 자신의 힘으로 널리 들어 이해하는 사람"(能以自力廣聞而取解者)이라고 말한 것은, 광대한 경전에 의거하여 듣고 부처님의 뜻을 이해할 수 있어서 논론이 필요 없기 때문에 "자신의 힘"(自力)이라고 말한 것이다.

III. 문장에 따라 뜻을 밝힘(依文顯義) 313

두 번째 구절에서 "또한 자신의 힘으로 적게 들어도 많이 이해하는 사람"(亦以自力少聞而多解者)이라 말한 것은, 반드시 온갖 경전의 글을 널리 듣지 않아도 모든 경전의 뜻을 깊이 이해할 수 있어서 역시 논論이 필요 없기 때문에 "자신의 힘"(自力)이라고 말하였다.

세 번째 구절에서 "자기 마음의 힘이 없다"(無自心力)라고 말한 것은, 곧바로 불교경전에 의거해서는 이해할 수가 없기 때문에 "힘이 없다"(無力)고 말한 것이고, 『대지도론大智度論』이나 『유가사지론瑜伽師地論』 등의 논서論書에 의거하고서야 비로소 불교경전에서 설명하고 있는 뜻을 이해하기 때문에 "방대한 논서로 인해 이해한다"(因於廣論得解)라고 하였다.

네 번째 구절에서 "다시 방대한 논서의 글이 많은 것을 번잡하게 여긴다"(復以廣論文多爲煩)라고 말한 것은, 비록 '뛰어난 자질'(利根)이라 하더라도 번거로움을 참지 못하는 것이니 이런 사람은 오직 글이 간략하면서도 뜻이 풍부한 논論에 의해서만 불교경전이 설하는 뜻을 깊이 이해하므로 "뜻이 압축된 적은 글이지만 많은 뜻을 안고 있는 것을 마음으로 좋아하여 [그런 글로써] 이해할 수 있는 사람"(心樂總持少文而攝多義能取解者)이라고 하였다.

이 네 가지 중에서 앞의 셋은 지금의 [『기신론』이 대상으로] 해야 하는 것이 아니고, 지금의 [『기신론』이 대상으로] 해야 하는 것은 네 번째 [유형의] 사람이다.

【소】 "如是"以下, 第三結答. 言"如是"者, 通擧前四種人. "此論"以下, 別對第四之人, 結明必應須造論意.

『소』(1-703c17~19); 『회본』(1-739c2~5)

"이와 같아서"(如是) 이하는 세 번째로 '마무리하여 답한 것'(結答)이다. "이와 같아서"(如是)라고 말한 것은 앞에서 [설명한] 네 가지 유형의 사람을 모두 거론한 것이다. "이 논"(此論) 이하는, 네 번째 유형의 사람을 특별히 겨냥하여 반드시 『기신론』을 지어야 하는 뜻을 결론지어 밝힌 것이다.

【소】今此論者, 文唯一卷, 其普攝一切經意, 故言"總攝如來廣大深法無邊義故". 彼第四品樂總持類, 要依此論乃得悟道, 以之故言"應說此論"也.

『소』(1-703c19~23); 『회본』(1-739c5~9)

지금 이 논論이 글로는 비록 한 권이지만 모든 경전의 의미를 널리 포괄하고 있기 때문에 "여래의 광대하고 깊은 가르침의 끝없는 의미를 모두 포섭하고 있다"(總攝如來廣大深法無邊義故)라고 말하였다. 저 네 번째 유형인 '압축한 뜻'(總持)을 좋아하는 부류는 이 논에 의거해야만 진리(道)를 깨달을 수 있기 때문에 "마땅히 이 논을 설한다"(應說此論)라고 말한 것이다.

【별기】第二消文者. 初歸敬偈及因緣分, 文相可知.

『별기』(1-678b11~12)

두 번째로 본문을 해석하는 것이다. [앞의] 처음의 귀경게歸敬偈와 인연분因緣分은 그 글의 내용을 [어렵지 않게] 알 수 있다.[58]

---

58 원효의 과문에 따른 『대승기신론』해당 구절.

　2. 正立論體(正辨論宗)

　　1) 總標許說: "論曰. 有法能起摩訶衍信根, 是故應說."

　　2) 擧數開章: "說有五分, 云何爲五? 一者因緣分, 二者立義分, 三者解釋分, 四者修行信心分, 五者勸修利益分."

　　3) 依章別解

　　(1) 因緣分

　　　① 牒章名: "初說因緣分."

　　　② 顯因緣

　　　가. 直顯因緣

　　　가) 問: "問曰, 有何因緣而造此論?"

　　　나) 答

　　　(가) 總標: "答曰. 是因緣有八種, 云何爲八?"

　　　(나) 別釋(別解八因緣)

　　　　㉮ 總相因: "一者因緣總相, 所謂爲令衆生離一切苦得究竟樂, 非求世間名利恭敬故."

　　　　㉯ 別相因: "二者爲欲解釋如來根本之義, 令諸衆生正解不謬故. 三者爲令善根成熟衆生, 於摩訶衍法堪任不退信故. 四者爲令善根微少衆生修習信心故.

『소』	『별기』(1-678b11~12)
내용 없음	第二消文者. 初歸敬偈及因緣分, 文相可知.
※『별기』는 '입의분立義分'부터 다시 이어진다.	

2) 대승의 현상과 면모에 관한 뜻을 세우는 부분(立義分)

已說因緣分, 次說立義分. 摩訶衍者總說有二種. 云何爲二? 一者法, 二者義. 所言法者, 謂衆生心, 是心則攝一切世間法出世間法, 依於此心顯示摩訶衍義. 何以故? 是心眞如相, 卽示摩訶衍體故, 是心生滅因緣相, 能示摩訶衍自體相用故. 所言義者, 則有三種. 云何爲三? 一者體大, 謂一切法眞如平等不增減故. 二者相大, 謂如來藏具足無量性功德故. 三者用大, 能生一切世間出世間善因果故. 一切諸佛本所乘故, 一切菩薩皆乘此法到如來地故.

『논』(T32, 575c17~576a1);『회본』(1-739c10~21)

五者爲示方便消惡業障善護其心, 遠離癡慢出邪網故. 六者爲示修習止觀, 對治凡夫二乘心過故. 七者爲示專念方便生於佛前必定不退信心故. 八者爲示利益勸修行故."

(다) 總結: "有如是等因緣, 所以造論."

나. 遣疑

가) 問: "問曰, 修多羅中具有此法, 何須重說?"

나) 答

(가) 略答: "答曰, 修多羅中雖有此法, 以衆生根行不等, 受解緣別."

(나) 廣釋(廣顯)

㉮ 明佛在世時說聽俱勝: "所謂如來在世, 衆生利根, 能說之人色心業勝, 圓音一演異類等解, 則不須論."

㉯ 顯如來滅後根緣參差(明佛滅後根行參差): "若如來滅後, 或有衆生能以自力廣聞而取解者, 或有衆生亦以自力少聞而多解者, 或有衆生無自心力因於廣論而得解者, 亦有衆生復以廣論文多爲煩, 心樂總持少文而攝多義能取解者."

(다) 略結答(結答): "如是, 此論爲欲總攝如來廣大深法無邊義, 故應說此論."

'[저술] 인연을 설명하는 부분'(因緣分)을 이미 설하였으니, 다음으로 '대승의 현상과 면모에 관한 뜻을 세우는 부분'(立義分)을 설하겠다.

대승(摩訶衍)이란 것에는 총괄적으로 말해 두 가지 [의미]가 있다. 무엇이 두 가지인가? 첫 번째는 현상(法)이고, 두 번째는 면모(義)이다. 현상(法)이라고 말한 것은 '중생의 마음'(衆生心)을 일컫는 것이니, 이 마음이 곧 세간과 출세간의 모든 현상을 포섭하고 있기에 이 마음에 의거하여 대승의 면모를 드러내 보여 준다. 어째서인가? 이 '참 그대로인 마음양상'(心眞如相)이 곧 대승의 [온전한] 본연'(體)을 보여 주기 때문이고, 이 '원인과 조건에 의거하여 생멸하는 마음양상'(心生滅因緣相)이 대승 '자신의 [온전한] 본연'(自體)과 능력(相)과 작용(用)을 보여 줄 수 있기 때문이다. 면모(義)라고 말한 것에는 세 가지가 있다. 무엇이 세 가지인가? 첫 번째는 '[온전한] 본연의 위대함'(體大)이니, '모든 현상'(一切法)은 [본래] '참 그대로'(眞如)로서 평등하여 [그 평등한 본연이] 늘거나 줄지 않기 때문이다. 두 번째는 '능력의 위대함'(相大)이니, '여래의 면모가 간직된 창고'(如來藏)[인 중생의 마음]은 제한 없는 '본연의 이로운 능력'(無量性功德)을 모두 갖추고 있기 때문이다. 세 번째는 '작용의 위대함'(用大)이니, 세간과 출세간의 모든 이로운 '원인과 결과'(因果)를 일으킬 수 있기 때문이다. [이러한 대승의 면모는] 모든 부처님들이 본래 올라타고 있는 것이며, 모든 보살들이 다 이러한 [대승의] 현상(法)에 올라타고 '여래의 경지'(如來地)에 도달하는 것이다.

【소】 此下, 第二說立義分, 文中有二. 一者, 結前起後, "摩訶"以下, 第二正說, 立二章門, 謂法與義. 法者是大乘之法體, 義者是大乘之名義. 初立法者, 起下釋中初釋法體之文, 次立義者, 起下"復次眞如自體相者"以下釋義文[59]也.

『소』(1-703c24~704a5);『회본』(1-739c22~740a3)

---

59 '釋義文'은『별기』에 의거하여 '釋立義文'으로 교감한다.

이 아래는 두 번째인 '[대승의 현상과 면모에 관한] 뜻을 세우는 부분'(立義分)을 설하는 것이니, 글 가운데에는 두 가지가 있다. 첫 번째는 '앞 문단을 맺고 뒤 문단을 시작하는 것'(結前起後)이고,[60] "대승"(摩訶[衍][61]) 이하[62]는 두 번째인 [대승의 내용을] '[총론적으로] 곧바로 설한 것'(正說)인데, [여기에서는] '두 가지 내용의 문장부문'(二章門)을 세우니 [대승의] 현상(法)과 면모(義)[에 대한 것]이 그것이다. 현상(法)이란 '대승의 본연이 되는 현상'(大乘之法體)이고, 면모(義)란 대승이라는 이름이 지닌 면모이다. 처음에 '현상을 수립함'(立法)[63]은 아래의 해석 가운데 첫 부분인 '현상의 본연을 해석하는 글'(釋法體之文)을 시작하게 하는 것이고, 다음에 '[대승의] 면모를 세우는 것'(立義)[64]은 그 아래의 "또한 '참 그대로' 자신의 본연과 능력이란 것은"(復次眞如自體相者)[65] 이하의 '[대승의] 면모를 세우는 것을 해석하는 문단'(釋立義文)[66]을 시작하게 하는 것이다.

【별기】立義分中, 立二章門, 謂法與義. 法者是大乘之法體, 義者是大乘之名義. 初立法者, 起下釋中初釋立法之文, 後立義者, 起下"復次眞如自體相者"以下釋立義文也.

『별기』(1-678b12~16)

'[대승의 현상과 면모에 관한] 뜻을 세우는 부분'(立義分) 가운데 '두 가지 내용

---

60 『기신론』 본문의 "已說因緣分. 次說立義分"에 해당한다.
61 '衍'이 빠진 듯하다.
62 '해석분'이 나오기 전 '입의분' 끝까지에 해당한다.
63 『기신론』 본문의 "摩訶衍者總說有二種, 云何爲二? 一者法"에 해당한다.
64 『기신론』 본문의 "二者義"에 해당한다.
65 이 구절에 대한 해설에서부터 『소』의 '석의장문釋義章門'이 시작된다.
66 '입의분' 뒤의 '해석분'에서는 '석법장문釋法章門'과 '석의장문釋義章門'으로 전개하여 현상(法)과 면모(義)의 개념을 자세히 설명하는데, 여기서 앞의 '현상의 본연을 해석하는 문단'(釋法體文)이란 '석법장문'에 해당하고, 뒤의 '[대승의] 면모를 세우는 것을 해석하는 문단'(釋立義文)이란 '석의장문'에 해당한다. '석법장문'은 『소』에서 H1, 704c16~721c13이고, '석의장문'은 H1, 721c14~722c21이다.

의 문장부문'(二章門)을 세우니 [대승의] 현상(法)과 면모(義)[에 대한 것]이 그것이다. 현상(法)이란 '대승의 본연이 되는 현상'(大乘之法體)이고, 면모란 대승이라는 이름이 지닌 면모이다. 처음에 '현상을 수립함'(立法)은 아래의 해석가운데 첫 부분인 '현상을 수립하는 것을 해석하는 글'(釋立法之文)을 시작하게 하는 것이고, 다음에 '[대승의 현상과 면모에 관한] 뜻을 세우는 것'(立義)은그 아래의 "또한 '참 그대로'(眞如) 자신의 본연과 능력이란 것은"(復次眞如自體相者) 이하의 '[대승의] 면모를 세우는 것을 해석하는 문단'(釋立義文)을 시작하게 하는 것이다.

〈『소』와 『별기』의 구문 대조〉

『소』(1-703c24~704a5)	『별기』(1-678b12~16)
①此下, 第二說立義分, 文中有二. 一者, 結前起後. "摩訶"以下, 第二正說, (②) 立二章門, 謂法與義. 法者是大乘之法體, 義者是大乘之名義. 初立義者, 起下釋中初釋③法體之文, ④次立義者, 起下"復次眞如自體相者"以下釋義文也.	(①) ②立義分中, 立二章門, 謂法與義. 法者是大乘之法體, 義者是大乘之名義. 初立法者, 起下釋中初釋③立法之文, ④後立義者, 起下"復次眞如自體相者"以下釋立義文也.
※ ③: 『별기』에서의 '立法'이 『소』에서는 '法體'로 바뀌었다. ※ ④: 『별기』에서의 '後'가 『소』에서는 '次'로 바뀌었다.	

(1) 대승의 현상을 수립함에 관한 문장 부문(立法章門)

【소】 初立法中亦有二立. 一者, 就體總立, 起下釋中初總釋文. 二者, 依門別立, 起下"言眞如者"以下別釋文也.

『소』(1-704a5~8); 『회본』(1-740a3~6)

처음 '현상을 수립함'(立法)에도 '두 가지의 수립'(二立)이 있다. 첫 번째는'[온전한] 본연의 측면에서 총괄적으로 펼치는 것'(就體總立)이니,[67] [이것은] 아래의 해석[인 '해석분'의 '석법장문釋法章門'] 중에서 첫 부분인 '총괄적으로 해석하는 글'(總釋文)⁶⁸을 시작하게 한다. 두 번째는 '측면에 따라 개별적으로 펼치는 것'(依門別立)이니, [이것은] 그 아래 "'참 그대로'라고 하는 것은"(言眞如者)⁶⁹[이라는 말] 이하에 있는 '하나씩 해석하는 글'(別釋文)⁷⁰을 시작하게 한다.

【별기】初立法中亦有二立. 一就體總立. 起下釋中初總釋文. 二約門別立. 起下"言眞如者"以下別釋之文.

『별기』(1-678b16~19)

　처음 '현상을 수립함'(立法)에도 '두 가지의 수립'(二立)이 있다. 첫 번째는 '[온전한] 본연의 측면에서 총괄적으로 펼치는 것'(就體總立)이니, [이것은] 아래의 해석[인 '해석분'(解釋分)의 '석법장문釋法章門'] 중에서 첫 부분인 '총괄적으로 해석하는 글'(總釋文)을 시작하게 한다. 두 번째는 '측면에 의거하여 개별적으로 펼치는 것'(約門別立)이니, [이것은] 그 아래 "'참 그대로'라고 하는 것은"(言眞如者)[이라는 말] 이하에 있는 '하나씩 해석하는 글'(別釋文)을 시작하게 한다.

67　『기신론』본문에서 "所言法者, 謂衆生心. 是心則攝一切世間法出世間法. 依於此心顯示摩訶衍義"에 해당한다.

68　'해석분'의 '석법장문'에서 '총괄적 해석'(總釋, 『소』, H1, 704c16~705b2)의 내용에 해당한다. 『기신론』본문으로는 "顯示正義者, 依一心法, 有二種門. 云何爲二? 一者, 心眞如門, 二者, 心生滅門. 是二種門, 皆各總攝一切法. 此義云何? 以是二門不相離故"에 해당한다.

69　『소』(H1, 705b3).

70　'해석분'의 '석법장문'에서 '하나씩 해설함'(別解, 『소』, H1, 705b3~721c13)의 부문에 해당한다. 『기신론』본문으로는 "心眞如者, 即是一法界大總相法門體"로 시작하는 '심진여문'으로부터 '염정훈습'까지, 달리 말해 체대·상대·용대 3대에 대한 해설인 '석의장문'이 시작하기 전까지 내용에 해당한다.

<〈『소』와 『별기』의 구문 대조〉>

『소』(1-704a5~8)	『별기』(1-678b16~19)
初立法中亦有二立. ①一者, 就體總立. 起下釋中初總釋文. ②二者, 依門別立. 起下 "言眞如者"以下別釋文③也.	初立法中亦有二立. ①一就體總立. 起下釋中初總釋文. ②二約門別立. 起下 "言眞如者"以下別釋之文(③).

【소】 初中"所言法者, 謂衆生心"者, 自體名法. 今大乘中, 一切諸法皆無別體, 唯用一心爲其自體, 故言"法者, 謂衆生心"也. 言"是心卽攝一切"者, 顯大乘法異小乘法. 良由是心通攝諸法, 諸法自體唯是一心, 不同小乘一切諸法各有自體. 故說一心爲大乘法也.

『소』(1-704a8~14); 『회본』(1-740a6~13)

처음 [본연의 측면에서 총괄적으로 펼침'(就體總立)] 중에서 "현상이라고 하는 것은 중생의 마음을 말한다"(所言法者, 謂衆生心)라는 것은, [대승] '자신의 [온전한] 본연'(自體)을 현상(法)이라 말하는 것이다. 지금 대승에서는 모든 현상에 다 각자의 실체가 없으며 오로지 '하나처럼 통하는 마음'(一心)을 그 '자신의 [온전한] 본연'(自體)으로 삼으니, 그러므로 "현상이란 중생의 마음을 말한다"(法者, 謂衆生心)라고 하였다. "이 [중생의] 마음이 곧 [세간과 출세간의] 모든 것을 포섭하고 있다"(是心卽攝一切)라고 한 것은, '대승[에서 말하는] 현상'(大乘法)이 '소승[에서 말하는] 현상'(小乘法)과 다름을 드러낸다. 참으로 이 [중생의] 마음이 모든 현상(法)을 '[서로] 통하게 하고 [서로에게] 작용하게'(通攝) 하기 때문에 '모든 현상 자신의 [온전한] 본연'(諸法自體)은 오로지 '하나처럼 통하는 마음'(一心)이니, 소승에서 〈모든 현상에는 각각 자신의 실체가 존재한다〉(一切諸法各有自體)고 말하는 것과는 같지 않은 것이다. 그러므로 '하나처럼 통하는 마음'(一心)이 '대승의 현상'(大乘法)이라고 말하는 것이다.

【별기】 初中"言法者,[71] 謂衆生心"者, 自體名法. 今大乘中, 一切諸法皆無
　　　自體, 唯用一心爲其自體, 故言"法者, 謂衆生心". 言"是心卽攝一切法"
　　　者, 顯大乘法異小乘法. 良由是心通攝諸法, 言"是心卽攝一切法"者, 顯
　　　大法[72]自體唯是一心, 不同小乘一切諸法各有自體皆得作法. 故說一心
　　　爲大乘法. 所以依此心法, 顯大乘義.

『별기』(1-678b19~c3)

　　처음 ['본연의 측면에서 총괄적으로 펼침'(就體總立)] 중에서 "현상이라고 하는
것은 중생의 마음을 말한다"(所言法者, 謂衆生心)라는 것은, [대승] '자신의 [온
전한] 본연'(自體)을 현상(法)이라 말하는 것이다. 지금 대승에서는 모든 현
상에 다 각자의 실체가 없으며 오로지 '하나처럼 통하는 마음'(一心)을 그
'자신의 [온전한] 본연'으로 삼으니, 그러므로 "현상이란 중생의 마음을 말한
다"(法者, 謂衆生心)라고 하였다. "이 [중생의] 마음이 곧 [세간과 출세간의] 모든
것을 포섭하고 있다"(是心卽攝一切法)라고 한 것은, '대승[에서 말하는] 현상'(大
乘法)이 '소승[에서 말하는] 현상'(小乘法)과 다름을 드러낸다. 참으로 이 [중생
의] 마음이 모든 현상을 [서로] 통하게 하고 [서로] 포섭하게'(通攝)[73] 하기 때문
에, "이 [중생의] 마음이 곧 [세간과 출세간의] 모든 것을 포섭하고 있다"(是心卽
攝一切法)라고 말한 것은 '대승의 현상 자신의 본연'(大乘法自體)이 오로지 '하
나처럼 통하는 마음'(一心)임을 드러내니, 소승에서 〈모든 현상에는 각각

71　'言法者'는 '所言法者'의 오기로 보인다.
72　'大法'은 『소』에 의거하여 '大乘法'으로 교감한다.
73　통섭通攝과 섭일체법攝一切法: '통섭'은 원효사상을 관통하는 주요개념이다. 일심一
　　心·화쟁和諍·본각本覺·불이不二 등의 기호로써 직조되는 원효사상의 수렴 및 발
　　산의 원점에는 통섭철학이 자리 잡고 있는 것으로 보인다. 존재와 현상을 왜곡·오염
　　시키는 실체/본질주의적 기획을 해체하고 치유하여 차이들이 본질·실체의 벽에 간
　　히지 않고 '서로에게 열려 서로 통하고'(通) 그리하여 '서로 이롭게 포섭적으로 작용하
　　게 하는'(攝) 것이 원효 통섭철학의 요점이다. 원효는 이러한 통섭철학을 '언어·사
　　유·차이에 접속한 채 성취하는 이로운 능력'과 언어·사유에 기대어 발휘되는 '차이
　　들과 관계 맺는 이로운 실력'에 관한 통찰로 전개하고 있다. '섭일체법'은 모든 것을
　　이렇게 통섭시켜 포섭하는 국면을 지칭하는 것으로 볼 수 있다.

자신의 실체가 존재하여 모두 [각자] 현상을 만든다〉고 말하는 것과는 같지 않은 것이다. 그러므로 '하나처럼 통하는 마음'(一心)이 '대승의 현상'(大乘 法)이라고 설하는 것이고, 따라서 이 마음의 현상에 의거하여 대승의 면모 를 드러낸 것이다.

〈『소』와 『별기』의 구문 대조〉

『소』(1-704a8~14)	『별기』(1-678b19~c3)
初中"所言法者, 謂衆生心"者, 自體名法. 今大乘中, 一切諸法皆無①別體, 唯用一心爲其自體, 故言"法者, 謂衆生心"②也. 言"是心卽攝一切③"者, 顯大乘法異小乘法. 良由是心通攝諸法, ④諸法自體唯是一心, 不同小乘一切諸法各有自體⑤. 故說一心爲大乘法也. (⑥)	初中"言法者, 謂衆生心"者, 自體名法. 今大乘中, 一切諸法皆無①自體, 唯用一心爲其自體, 故言"法者, 謂衆生心"(②). 言"是心卽攝一切③法"者, 顯大乘法異小乘法. 良由是心通攝諸法, ④言"是心卽攝一切法"者, 顯大法自體唯是一心, 不同小乘一切諸法各有自體⑤皆得作法. 故說一心爲大乘法. ⑥所以依此心法, 顯大乘義.

※ ①: 『별기』에서의 '自'가 『소』에서는 '別'로 바뀌었다.

※ 『별기』의 ③과 ⑤ 및 ⑥ 부분이 『소』에서는 삭제되었다. 『소』에서는 (③), (⑤)와 (⑥) 으로 표시하여 삭제된 부분을 표시하였다.

※ ④: 『별기』에서의 '大'가 『소』에서는 '諸'로 바뀌었다.

【소】"何以故"下, 依門別立. 此一文內含其二義, 望上釋總義, 望下立別門. 然心法是一, 大乘義廣, 以何義故, 直依是心顯大乘義? 故言"何以故?". 下釋意云, 心法雖一, 而有二門. 眞如門中有大乘體, 生滅門中有體相用. 大乘之義, 莫過是三, 依[74]一心顯大乘義也.

『소』(1-704a14~21);『회본』(1-740a13~20)

"어째서인가?"(何以故) 이하[75]는 ['중생의 마음'(衆生心)이라는 현상(法)을 펼침에

---

74 『회본』에는 '依' 앞에 '故'가 있다.

75 『기신론』 본문으로는 "何以故? 是心眞如相, 卽示摩訶衍體故, 是心生滅因緣相, 能示摩訶

있어서 '측면에 따라 개별적으로 펼치는 것'(依門別立)이다. ['어째서인가" 이하의] 이 한 문장⁷⁶ 안에는 두 가지 뜻이 포함되어 있으니, 위의 문장⁷⁷과 관련해서는 '총괄적인 뜻'(總義)을 해석한 것이고, 아래의 문장들과 관련해서는 '개별적인 측면'(別門)을 세우는 것이다.

그런데 '마음이라는 현상'(心法)은 하나이고 '대승의 면모'(大乘義)는 넓은데, 어떤 까닭으로 다만 이 마음에 의거하여 '대승의 면모'(大乘義)를 드러낸다는 것인가?⁷⁸ 그러므로 [이런 의문을 드러내기 위해] "어째서인가?"(何以故)라고 말했다. 아래에서 그 뜻을 해석하여 〈'마음이라는 현상'(心法)은 비록 하나이지만 '두 가지 측면'(二門)이 있다. '참 그대로인 측면'(眞如門)에는 대승의 [온전한] 본연'(體)이 있고, '[근본무지에 따라] 생멸하는 측면'(生滅門)에는 '[온전한] 본연'(體)과 능력(相)과 작용(用)이 있다〉⁷⁹라고 말하였다. 대승의 면모는 '[온전한] 본연'(體)과 능력과 작용] 이 세 가지를 넘어서지 않기에 '하나처럼 통하는 마음'(一心)에 의거하여 '대승의 면모'(大乘義)를 드러내는 것이다.

【별기】"何以故"下, 約門別立. 此文望上釋總義, 望下立別門也. 心法是一, 大乘義多, 以何義故, 直依是心顯大乘義? 言"何以故". 下解意云, 心法雖一, 而有二門. 眞如門中有大乘體, 生滅門中亦有相用. 大乘義雖多, 莫過體相用. 故依一心顯大乘義.

『별기』(1-678c4~10)

"어째서인가?"(何以故) 이하는 ['중생의 마음'(衆生心)이라는 현상(法)을 펼침에 있어서] '측면에 의거하여 개별적으로 펼치는 것'(約門別立)이다. ['어째서인가" 이

衍自體相用故"에 해당한다.
76 『기신론』 본문의 "是心眞如相, 卽示摩訶衍體故, 是心生滅因緣相, 能示摩訶衍自體相用故"를 가리킨다.
77 『기신론』 본문의 "依於此心顯示摩訶衍義"를 가리킨다.
78 『기신론』 본문의 "依於此心顯示摩訶衍義"를 가리킨다.
79 『기신론』 본문의 "是心眞如相, 卽示摩訶衍體故, 是心生滅因緣相, 能示摩訶衍自體相用故"를 가리킨다.

하의] 이 문장은 위의 문장과 관련해서는 '총괄적인 뜻'(總義)을 해석한 것이고, 아래의 문장들과 관련해서는 '개별적인 측면'(別門)을 세우는 것이다. '마음이라는 현상'(心法)은 하나이고 '대승의 면모'(大乘義)는 다양한데, 어떤 까닭으로 단지 이 마음에 의거하여 대승의 면모(義)를 드러낸다는 것인가? [그러므로] "어째서인가?"(何以故)라고 말했다. 아래에서 그 뜻을 해석하여 〈마음이라는 현상은 비록 하나이지만 두 가지 측면이 있다. '참 그대로인 측면'(眞如門)에는 대승의 '[온전한] 본연'(體)이 있고, '[근본무지에 따라] 생멸하는 측면'(生滅門)에는 또한 능력(相)과 작용(用)이 있다〉라고 말하였다. '대승의 면모'(大乘義)가 비록 다양하지만 '[온전한] 본연'(體)과 능력과 작용을 넘어서지 않는다. 그러므로 '하나처럼 통하는 마음'(一心)에 의거하여 '대승의 면모'(大乘義)를 드러내는 것이다.

〈『소』와 『별기』의 구문 대조〉

『소』(1-704a14~21)	『별기』(1-678c4~10)
"何以故"下, ①依門別立. 此②一文③內含其二義, 望上釋總義, 望下立別門(④). ⑤然心法是一, 大乘義⑥廣, 以何義故, 直依是心顯大乘義? ⑦故言"何以故". 下⑧釋意云, 心法雖一, 而有二門. 眞如門中有大乘體, 生滅門中(⑨)有⑩體相用. 大乘⑪之義(⑫), 莫過⑬是三, (⑭)依一心顯大乘義⑮也.	"何以故"下, ①約門別立. 此(②)文(③)望上釋總義, 望下立別門④也. (⑤)心法是一, 大乘義⑥多, 以何義故, 直依是心顯大乘義? (⑦)言"何以故". 下⑧解意云, 心法雖一, 而有二門. 眞如門中有大乘體, 生滅門中亦有(⑩)相用. 大乘(⑪)義⑫雖多, 莫過⑬體相用. ⑭故依一心顯大乘義(⑮).
※ ⑨와 ⑩: 『별기』에서의 '亦有相用'이 『소』에서는 '有體相用'으로 바뀌었다.	

【소】 言"是心眞如"者, 總擧眞如門, 起下"卽是一法界"以下文也. 次言"相"者, 是眞如相, 起下"復次眞如者, 依言說分別, 有二種[80]"以下文也.

---

80 『대승기신론』 본문은 '有二種義'이다.

"이 마음의 참 그대로"(是心眞如)라고 말한 것은 '[중생 마음의] 참 그대로인 측면'(眞如門)을 총괄적으로 거론한 것이니, 아래의 "곧 '하나처럼 통하는 [차이들의] 현상세계'"(即是一法界) 이하[81]의 글을 시작하게 한다. 다음에 "양상(相)"이라고 한 것은 '참 그대로인 양상'(眞如相)이니, 아래의 "또한 '참 그대로'라는 것에는, '언어와 설명'에 의해 구분하면 두 가지 [면모(義)]가 있다"(復次眞如者, 依言說分別, 有二種[義]) 이하[82]의 글을 시작하게 하는 것이다.

〈『소』와 『별기』의 구문 대조〉

『소』(1-704a21~24)	『별기』(1-678c11~13)
言"是心眞如"者, 總擧眞如門, (①)起下"即是一法界"以下文②也. ③次言"相"者④是眞如相, 起下"復次眞如者, 依言說⑤分別, 有二種"以下文⑥也.	言"是心眞如"者, 總擧眞如門, ①即起下"即是一法界"以下文(②). (③)言"相"者(④)眞如相, 起下"復次眞如者, 依言說(⑤), 有二種"以下文(⑥).
※ ①에서 ⑥까지 생략되거나 추가된 글자를 제외하면, 『소』와 『별기』의 내용이 동일하다.	

【소】 言"是心生滅"者, 總擧生滅門, 起下"依如來藏故有生滅心"以下文也. 言"因緣"者, 是生滅因緣, 起下"復次生滅因緣"以下文也. 次言"相"者, 是生滅相, 起下"復次生滅者"[83]以下文也.

"이 생멸하는 마음"(是心生滅)이라고 한 것은 '[근본무지에 따라] 생멸하는 측

---

81 "心眞如者即是一法界大總相法門體"로 시작하는 '해석분解釋分'-'현시정의顯示正義'-'심진여문心眞如門'에서 '이언진여離言眞如'를 논하는 부분을 말한다(『회본』, H1, 743b14 이하).

82 '해석분'-'현시정의'-'진여문'에서 '의언진여依言眞如'를 논하는 부분을 말한다(『회본』, H1, 744b19 이하).

83 『대승기신론』 본문은 "復次生滅因緣者"(T32, 577b)이다.

면'(生滅門)을 총괄적으로 거론한 것이니, 아래의 "'여래의 면모가 간직된 창고'에 의거하기 때문에 '[근본무지의 분별에 따라] 생멸하는 마음[지평]'이 있게 된다"(依如來藏故有生滅心) 이하[84]의 글을 시작하게 한다. "원인과 조건"(因緣)이라고 한 것은 '[근본무지에 따라] 생멸하게 하는 원인과 조건'(生滅因緣)이니, 아래의 "또한 [근본무지에 따라] 생멸하게 하는 원인과 조건이란"(復次生滅因緣) 이하[85]의 글을 시작하게 한다. 다음에 "양상"(相)이라고 한 것은 '생멸하는 양상'(生滅相)이니, 아래의 "또한 '[근본무지에 따라] 생멸하게 하는 [원인과 조건]'은"(復次生滅[因緣]者) 이하[86]의 글을 시작하게 한다.

〈『소』와 『별기』의 구문 대조〉

『소』(1-704a24~b4)	『별기』(1-678c14~18)
言"是心生滅"者, 總擧生滅門, 起下"依如來藏故有生滅心"以下文①也. 言"因緣"者, 是生滅因緣, 起下"復次生滅因緣"以下文②也. ③次言"相"者, 是生滅相, 起下"復次生滅(④)"者以下文⑤也.	言"是心生滅"者, 總擧生滅門, 起下"依如來藏故有生滅心"以下文(①). 言"因緣"者, 是生滅因緣, 起下"復次生滅因緣"以下文(②). (③)言"相"者, 是生滅相, 起下"復次生滅④相"者以下文(⑤).
※『소』와 『별기』의 내용이 동일하다.	

【소】 言"能示摩訶衍自體"者, 卽是生滅門內之本覺心, 生滅之體, 生滅之因. 是故在於生滅門內. 然眞如門中直言大乘體, 生滅門中乃云自體者, 有深所以, 至下釋中, 其義自顯也.

『소』(1-704b5~9); 『회본』(1-740b4~9)

---

84 '해석분'-'현시정의'-'생멸문'에서 '심생멸의 각의覺義와 불각의不覺義'를 논하는 부분을 말한다(『회본』, H1, 745c7 이하).

85 '해석분'-'현시정의'-'생멸문'에서 '심생멸의 인연'을 논하는 부분을 말한다(『회본』, H1, 759a19 이하).

86 '해석분解釋分'-'현시정의顯示正義'-'생멸문生滅門'에서 '생멸상生滅相'을 논하는 부분을 말한다(『회본』, H1, 765a24 이하에서 '염정훈습'이 나오기 전까지임).

"대승 자신의 [온전한] 본연을 보여 줄 수 있다"(能示摩訶衍自體)라고 한 것
[에서 '자신의 [온전한] 본연'(自體)]이란 곧 '[근본무지에 따라] 생멸하는 측면'(生滅
門)에서의 '깨달음 본연의 마음지평'(本覺心)이니, 생멸의 본연(體)이고 생멸
의 근본원인(因)이다. 그러므로 '[근본무지에 따라] 생멸하는 측면'(生滅門)에
있다. 그런데 '참 그대로인 측면'(眞如門)에서는 단지 "대승의 [온전한] 본연"
(大乘體)이라 말했고 '[근본무지에 따라] 생멸하는 측면'(生滅門)에서는 다시 "자
신의 [온전한] 본연"(自體)이라 말한 것에는 깊은 까닭이 있으니, 아래의 해
석에서87 그 뜻이 저절로 드러날 것이다.

【별기】言"能示大乘自體"者, 是生滅門內之本覺, 本覺卽是生滅之因. 是故
示於生滅門也. 眞如門中直云大乘體, 生滅門中, 乃云"自體", 不無所
以, 至下釋中, 其義自顯也.

『별기』(1-678c18~679a1)

"대승 자신의 [온전한] 본연을 보여 줄 수 있다"(能示摩訶衍自體)라고 한 것
[에서 '자신의 [온전한] 본연'(自體)]이란 '[근본무지에 따라] 생멸하는 측면'(生滅門)에
서의 '깨달음의 본연'(本覺)이니, 깨달음의 본연이 곧 생멸의 원인이다. 그
러므로 [대승 자신의 [본연으로서의] 바탕을] 생멸하는 측면에서 드러낸 것이다.
[그런데] '참 그대로인 측면'(眞如門)에서는 단지 "대승의 [온전한] 본연"(大乘體)
이라 말했고 '[근본무지에 따라] 생멸하는 측면'(生滅門)에서는 다시 "자신의 [온
전한] 본연"(自體)이라 말한 것에는 까닭이 없지 않으니, 아래의 해석에서 그

---

87 예를 들어 '입의장문立義章門' 말미에 "'큼(大)'의 면모 중에 [온전한] 본연의 위대함'
(體大)은 '참 그대로인 측면'(眞如門)에 있고, 능력(相)과 작용(用) [이] '두 가지 위대
함'(二大)은 '[근본무지에 따라] 생멸하는 측면'(生滅門)에 있다. '[근본무지에 따라] 생
멸하는 측면'(生滅門) 안에도 '[대승] 자신의 [온전한] 본연'(自體)이 있지만, 단지 [근본
무지에 따라 생멸하는 측면 안의] [온전한] 본연'(體)은 능력(相)에 따르는 것이기 때
문에 따로 말하지 않은 것이다"(大義中, 體大者在眞如門, 相用二大在生滅門. 生滅門內亦
有自體, 但以體從相, 故不別說也. H1, 740b20 이하)와 같은 대목에서 진여문의 체體와
생멸문의 체를 구분하는 논의가 진행되고 있다.

뜻이 저절로 드러날 것이다.

〈『소』와 『별기』의 구문 대조〉

『소』(1-704b5~9)	『별기』(1-678c18~679a1)
言"能示①摩訶衍自體"者, ②卽是生滅門內之本覺③心, ④⑤生滅之體, 生滅之因. 是故⑥在於生滅門⑦內. ⑧然眞如門中直⑨言大乘體, 生滅門中, 乃云"自體"⑩者, ⑪有深所以, 至下釋中, 其義自顯也.	言"能示①大乘自體"者, （②)是生滅門內之本覺③, ④本覺卽是⑤生滅之因. 是故⑥示於生滅門⑦也. ⑧眞如門中直⑨云大乘體, 生滅門中, 乃云"自體"⑩, ⑪不無所以, 至下釋中, 其義自顯也.
※ (④): 『별기』의 '本覺卽是'가 『소』에서는 삭제되었다. ※ ⑤: 『별기』에 없던 '生滅之體'가 『소』에서 삽입되었다. ※ ⑪: 『별기』의 '不無'가 『소』에서는 '有深'으로 바뀌었다.	

【소】 言"相用"者, 含有二義. 一者, 能示如來藏中無量性功德相, 卽是相大義, 又示如來藏不思議業用, 卽是用大義也. 二者, 眞如所作染相名相, 眞如所起淨用名用. 如下文言, "眞如淨法, 實無於染, 但以無明而熏習故, 則有染相, 無明染法, 本[88]無淨業, 但以眞如而熏習故, 則有淨用"也. 立法章門, 竟在於前.

『소』(1-704b9~17); 『회본』(1-740b9~17)

"능력과 작용"(相用)이라 한 것은 두 가지 뜻을 지니고 있다. 첫 번째는 [대승은] '여래의 면모를 간직한 창고'(如來藏) 가운데 있는 제한 없는 '본연이 지닌 이로운 능력'(性功德相)을 드러낼 수 있는 능력(相)이니, 이것이 바로 '능력이 위대한 면모'(相大義)이며, 또 '여래의 면모를 간직한 창고'(如來藏)의 '생각으로는 이루 헤아릴 수 없는 행위의 작용'(不思議業用)을 드러낼 수 있으니, 이것이 바로 '작용이 위대한 면모'(用大義)이다. 두 번째는 '참 그대로'(眞如)가 지어내는 [분별에] 오염된 양상'(染相)을 능력(相)이라 말하고, '참

---

88 『대승기신론』 본문에는 '本'이 '實'로 되어 있다. '實'로 교감하여 번역한다.

그대로'(眞如)가 일으키는 '청정한 작용'(淨用)을 작용(用)이라 말하는 것이다. 아래 [『대승기신론』의] 문장에서 "'참 그대로인 온전한 현상'에는 실제로는 '[근본무지에 따르는] 오염'이 없지만 단지 근본무지로써 거듭 영향을 끼치기 때문에 '오염된 양상'이 있게 되고, '근본무지에 오염된 현상'에는 실제로는 '[참 그대로'에 따르는] 온전한 행위'가 없지만 단지 '참 그대로'(眞如)로써 거듭 영향을 끼치기 때문에 '온전한 작용'이 있게 된다"(眞如淨法, 實無於染, 但以無明而熏習故, 則有染相, 無明染法, 實無淨業, 但以眞如而熏習故, 則有淨用)[89]라고 말한 것과 같다.[90] '현상을 수립함'(立法)에 관한 문장부문(章門)은 여기에서 끝난다.

【별기】言"相用"者含有二義. 一者, 能示如來藏中無量性德相, 故名爲相, 亦示如來藏不思議業用, 故名爲用, 卽是相大用大義也. 二者, 眞如所作染相名相, 眞如所起淨用名用. 如下文云, "眞如淨法, 實無於染, 但以無明而熏習故, 卽有染相, 無明染法, 本無淨用, 但以眞如而熏習故, 則有淨用".

『별기』(1-679a1~8)

"능력(相)과 작용(用)"이라 한 것은 두 가지 뜻을 지니고 있다. 첫 번째는

---

89 『대승기신론』(T32, 578a). "眞如淨法, 實無於染, 但以無明而熏習故, 則有染相, 無明染法, 實無淨業, 但以眞如而熏習故, 則有淨用."

90 진여와 무명의 상호 훈습의 관계에 대해 원효는 다음과 같이 주석한다. "'거듭 영향을 끼치는 면모'(熏習之義)에는 두 가지가 있다. [한 가지는,] 저 『섭대승론석』은 '생각으로 헤아릴 수 있는 거듭된 영향력'(可思議熏)[의 측면]에 의거하였기 때문에 〈완전한 현상〉(常法)은 거듭된 영향을 받지 않는다〉고 말한 것이다. [다른 한 가지는,] 이 『기신론』은 그 '생각으로 헤아릴 수 없는 거듭된 영향력'(不可思議熏)[의 측면]을 밝히고 있기 때문에 〈근본무지(無明)가 '참 그대로'(眞如)에 거듭 영향을 끼치고, '참 그대로'(眞如)가 근본무지(無明)에 거듭 영향을 끼친다〉고 말한 것이다. [『섭대승론석』과 『기신론』이 드러내는 뜻이 같지 않으므로 서로 어긋나지 않는다"(熏習之義, 有其二種. 彼論且約可思議熏, 故說常法不受熏也, 此論明其不可思議熏, 故說無明熏眞如, 眞如熏無明. 顯意不同, 故不相違. 『소』, H1, 720b1~5).

[대승은] ‘여래의 면모를 간직한 창고’(如來藏) 가운데 있는 제한 없는 ‘본연이 지닌 이로운 능력’(性德)을 드러낼 수 있는 능력(相)이니 그러므로 능력(相)이라 말하며, 또 ‘여래의 면모를 간직한 창고’(如來藏)의 ‘생각으로 헤아릴 수 없는 행위의 작용’(不思議業用)을 드러낼 수 있으니 그러므로 작용(用)이라고 말한다. 두 번째는 ‘참 그대로’(眞如)가 지어내는 [분별에] 오염된 양상’(染相)을 능력이라 말하고, ‘참 그대로’(眞如)가 일으키는 ‘청정한 작용’(淨用)을 작용이라 말하는 것이다. 아래 [『대승기신론』의] 문장에서 “‘참 그대로인 온전한 현상’에는 실제로는 [근본무지에 따르는] 오염’이 없지만 단지 근본무지로써 거듭 영향을 끼치기 때문에 ‘오염된 양상’이 있게 되고, ‘근본무지에 오염된 현상’에는 실제로는 [‘참 그대로’에 따르는] 온전한 행위’가 없지만 단지 ‘참 그대로’로써 거듭 영향을 끼치기 때문에 ‘온전한 작용’이 있게 된다”(眞如淨法, 實無於染, 但以無明而熏習故, 則有染相, 無明染法, 實無淨業, 但以眞如而熏習故, 則有淨用)라고 말한 것과 같다.

〈『소』와 『별기』의 구문 대조〉

『소』(1-704b9~17)	『별기』(1-679a1~8)
言“相用”者含有二義. 一者, 能示如來藏中無量性功德相, ①即是相大義, ②又示如來藏不思議業用, (③) 即是(④)用大義也. 二者, 眞如所作染相名相, 眞如所起淨用名用. 如下文⑤言, “眞如淨法, 實無於染, 但以無明而熏習故, ⑥則有染相, 無明染法, 本無淨⑦業, 但以眞如而熏習故, 則有淨用⑧也. ⑨立法章門, 竟在於前.	言“相用”者含有二義. 一者, 能示如來藏中無量性德相, ①故名爲相, ②亦示如來藏不思議業用, ③故名爲用, 即是④相大用大義也. 二者, 眞如所作染相名相, 眞如所起淨用名用. 如下文⑤云, “眞如淨法, 實無於染, 但以無明而熏習故, ⑥即有染相, 無明染法, 本無淨⑦用, 但以眞如而熏習故, 則有淨用”(⑧). (⑨)
※ 『소』의 ①과 (④)를 보면, ‘相大’의 뜻을 명확히 하기 위해 『별기』의 표현을 수정하고 있음을 알 수 있다. ※ ⑨: 『별기』에 없던 내용을 『소』에서 추가한 것인데 ‘입법장문立法章門’의 내용이 여기서 끝난다는 사실을 제시한 것이다.	

(2) 대승의 면모를 세우는 문장 부문(立義章門)

【소】 此下, 第二立義章門, 於中亦二. 初明大義, 次顯乘義. 此亦起下釋中之文, 至彼文處, 更相屬當. 大義中, "體大"者, 在眞如門, "相用"二大, 在生滅門. 生滅門內亦有自體, 但以體從相故, 不別說也.

『소』(1-704b17~22); 『회본』(1-740b18~23)

이 아래는 두 번째인 '[대승의] 면모를 세우는 문장부문'(立義章門)[91]이니, 여기에도 두 가지가 있다. 처음에 '위대한 면모'(大義)를 밝히고, 다음에 '수레로서의 면모'(乘義)를 드러낸다. 이 『기신론』 본문의 문장] 또한 아래의 해석분 중의 문단[92]을 시작하게 하는 것이니, 저 문단의 [해당하는] 대목에 이르게 되면 다시 서로 배정될 것이다. '위대한 면모'(大義) 가운데 "[온전한] 본연의 위대함"(體大)은 '참 그대로인 측면'(眞如門)에 있고, "능력"(相)과 "작용"(用) [이] '두 가지 위대함'(二大)은 '[근본무지에 따라] 생멸하는 측면'(生滅門)에 있다. '[근본무지에 따라] 생멸하는 측면'(生滅門) 안에도 '[대승] 자신의 [온전한] 본연'(自體)이 있지만, 단지 [근본무지에 따라 생멸하는 측면 안의] '[온전한] 본연'(體)은 능력에 따르는 것이기 때문에[93] 따로 말하지 않은 것이다.

---

91 『기신론』 본문으로는 "所言義者, 則有三種. 云何爲三? 一者體大, 謂一切法眞如平等不增減故. 二者相大, 謂如來藏具足無量性功德故. 三者用大, 能生一切世間出世間善因果故. 一切諸佛本所乘故, 一切菩薩皆乘此法到如來地故"에 해당한다.

92 '세 가지의 위대함'(三大)에 대한 논의는 '해석분解釋分'-'현시정의顯示正義'-'석의장문釋義章門'에 해당한다. '석의장문' 초두에서 원효는 "今此文中, 正釋大義, 兼顯乘義"라고 하여 과문科文의 일관성을 유지한다.

93 '해석분' 중의 '석의장문'에서는 체상용 3대大에 대한 설명을 크게 '총석체상이대總釋體相二大'와 '별해용대別解用大'의 두 과목으로만 구분하여 진행하고 있다. '以體從相故'란 체와 상의 개념을 따로 구분하지 않고 '총석체상이대'로 합하여 설명한 까닭에 해당되는 것으로 볼 수도 있다. '석의장문'에서의 이러한 과문은 물론 『기신론』 본문의 맥락에 의거한 것이기도 한데, 『기신론』에서도 '眞如自體相'("復次, 眞如自體相者, 一切凡夫, 聲聞, 緣覺, 菩薩, 諸佛, 無有增減, 非前際生, 非後際滅, 畢竟常恒")이라고 하여 체와 상을 합하여 논의하고 있다. 어쨌든 원효는 '명대의明大義'의 과목에서 『기신론』 본문의 "一者體大, 謂一切法眞如平等不增減故"에 대한 정식적인 주석은 시도하지 않고 있다.

【별기】"所言義者"已下, 第二立義章門, 此中亦二. 一顯大義, 二明乘義. 此

二起下釋中二文, 至彼屬當也.

『별기』(1-679a9~11)

"면모라고 말한 것에는"(所言義者) 이하는 두 번째인 '[대승의] 면모를 세우
는 문장부문'(立義章門)이니, 여기에도 두 가지가 있다. 첫 번째로 '위대한
면모'(大義)를 밝히고, 두 번째로 '수레로서의 면모'(乘義)를 밝힌다. 이 두
가지는 아래의 '해석하는 부분'(解釋分) 중에서 두 개의 문단[94]을 시작하게
하니, 그곳에 이르면 배정될 것이다.

〈『소』와 『별기』의 구문 대조〉

『소』(1-704b17~22)	『별기』(1-679a9~11)
①此下, 第二立義章門, ②於中亦二. ③初明大義, ④次顯乘義. 此⑤亦起下釋中⑥之文, 至彼⑦文處, 更相屬當(⑧). ⑨大義中, "體大"者, 在眞如門, "相用"二大, 在生滅門. 生滅門內亦有自體, 但以體從相故, 不別說也.	①"所言義者"已下, 第二立義章門, ②此中亦二. ③一顯大義, ④二明乘義. 此⑤二起下釋中⑥二文, 至彼⑦屬當⑧也. (⑨)
※ ⑨의 긴 문장이 『소』에 새로 삽입되었다.	

【소】言"如來藏具足無量性功德"者, 二種藏內, 不空如來藏, 二[95]種藏中,
能攝如來藏. "性功德"義及"用大"義, 至下釋中, 當廣分別.

『소』(1-704b22~c1); 『회본』(1-740b23~c2); 『별기』에 없음.

"'여래의 면모가 간직된 창고'[인 중생의 마음]은 제한 없는 '본연의 이로운
능력'을 모두 갖추고 있다"(如來藏具足無量性功德)라고 한 것은, 두 종류의 여

---

[94] '석의장문'에서 '총석체상이대總釋體相二大'와 '별해용대別解用大'로 구분한 두 과목의
문단을 가리키는 것으로 보인다. 한편 '석의장문'에서 "승승"에 대한 특별한 설명은 거
의 보이지 않고 3대大에 대한 설명만 보이는데, 이에 대해 원효는 "今此文中, 正釋大
義, 兼顯乘義"라고 언급하고 있다.

[95] '二'는 '三'의 오기로 보인다. '三'으로 교감하여 번역한다.

래장⁹⁶에서 '[모든 능력이] 비어 있지 않은 여래장'(不空如來藏)이요, [또 다른 분류방식에 따른] 세 종류의 여래장에서 '[모든 능력을] 포섭하고 있는 여래장'(能攝如來藏)⁹⁷이다. "본연의 이로운 능력"(性功德)의 뜻과 "작용의 위대함"(用大)의 뜻은 아래 '해석하는 부분'(解釋分)에 이르러 자세히 분석하겠다.

【소】"乘"義中, 有二句. "一切諸佛本所乘故"者, 立果望因, 以釋"乘"義也, "一切菩薩皆乘此法到如來地故"者, 據因望果, 以釋"乘"義也.

　　　　　　　　『소』(1-704c1~4);『회본』(1-740c2~5);『별기』에 없음.

　"수레"(乘)의 면모[를 밝히는 것]에는 두 구절이 있다. "[이러한 대승은] 모든 부처님들이 본래 올라타고 있는 것이다"(一切諸佛本所乘故)라는 것은 '[부처라는] 결과에 입각하여 [부처가 되는] 원인을 보는 것'(立果望因)으로써 "수레"(乘)

---

96 이종장二種藏: 공여래장空如來藏과 불공여래장不空如來藏을 말한다. 아래『대승기신론』의 '명진여상明眞如相' 단락에서는 "眞如者, 依言說分別, 有二種義. 云何爲二? 一者, 如實空, 以能究竟顯實故, 二者, 如實不空, 以有自體具足無漏性功德故"(T32, 576a24~26)라고 한다. 이에 따르면 진여상眞如相은 여실공如實空과 여실불공如實不空의 두 측면으로 나뉘는데, 여실공은 실상實相인 공空을 궁극적으로 드러낼 수 있는 것이고, 여실불공은 진여眞如 자체自體에 무루성공덕無漏性功德을 구족한 것이라고 설명한다.

97 능섭여래장能攝如來藏: 원효의『금강삼매경론』권1「무상법품無相法品」에서는 삼종여래장三種如來藏에 관해 "案云, 是顯三種如來藏門. 何等爲三? 一者, 能攝如來藏, 住自性時, 能攝地如來功德, 能攝如來名如來藏故. 二者, 所攝如來藏, 謂煩惱纏不淸淨法, 一切皆在如來智內, 皆爲如來之所攝持, 如來所攝名如來藏. 三者, 隱覆如來藏, 謂法身如來, 煩惱所覆, 如來自隱名如來藏. 眞諦三藏, 作如是說"(H1, 615b14~23)이라고 하여 능섭여래장, 소섭여래장所攝如來藏, 은부여래장隱覆如來藏의 세 가지에 관해 설명한다. 이에 따르면 능섭여래장은 본연(自性)에 머무를 때 과지果地인 여래공덕如來功德을 포섭할 수 있는 것이고, 소섭여래장은 모든 번뇌전불청정법煩惱纏不淸淨法들이 여래지如來智 안에 있어 여래가 모두 포섭하고 있는 것이며, 은부여래장은 법신여래法身如來가 번뇌煩惱에 의해 덮여 있는 것이다. 그러므로 본문의 무루성공덕無漏性功德을 구족하는 여래장如來藏은 이 삼종여래장三種如來藏 중에서 능섭여래장에 해당한다. 삼종여래장은 진제眞諦 삼장三藏이 번역한『불성론佛性論』권2에 다음과 같이 제시되어 있었던 개념이기도 하다. "復次如來藏義有三種應知, 何者爲三? 一所攝藏, 二隱覆藏, 三能攝藏"(T31, 795c23~24).

의 면모를 해석한 것이고, "모든 보살들이 다 이러한 [대승의] 현상에 올라타고 '여래의 경지'에 도달하는 것이다"(一切菩薩皆乘此法到如來地故)라는 것은 '[보살행이라는] 원인에 의거하여 [여래의 경지라는] 결과를 보는 것'(據因望果)으로써 "수레"(乘)의 면모를 해석한 것이다.[98]

3) 해석하는 부분(解釋分)

【소】解[99]釋分中, 在文亦二, 一者, 結前起後, 二者, 正釋. 正釋中有三, 一者, 擧數總標, 二者, 依數開章, 三者, 依章別解.

『소』(1-704c5~7);『회본』(1-740c6~9);『별기』에 없음.

'해석하는 부분'(解釋分)에서 문단에 또한 두 가지가 있다. 첫 번째는 '앞의 내용을 맺고 뒤의 내용을 시작하게 하는 것'(結前起後)이고,[100] 두 번째는 '[핵심을] 곧바로 해석하는 것'(正釋)이다. '[핵심을] 곧바로 해석함'(正釋)에도 세 가지가 있으니, 첫 번째는 '숫자를 매겨 총괄적으로 제시함'(擧數總標)이고,[101] 두 번째는 '숫자에 따라 문장 부문을 펼침'(依數開章)이며,[102] 세 번째

---

98 원효의 과문에 따른 『대승기신론』 해당 구절.

　(2) 立義分

　　① 結前起後: "已說因緣分, 次說立義分."

　　② 正說立二章門

　　　가. 立法(立法章門)

　　　　가) 就體總立: "摩訶衍者總說有二種. 云何爲二? 一者法, 二者義. 所言法者, 謂衆生心, 是心則攝一切世間法出世間法, 依於此心顯示摩訶衍義."

　　　　나) 依門別立: "何以故? 是心眞如相, 卽示摩訶衍體故, 是心生滅因緣相, 能示摩訶衍自體相用故."

　　　나. 立義(立義章門)

　　　　가) 明大義: "所言義者, 則有三種. 云何爲三? 一者體大, 謂一切法眞如平等不增減故. 二者相大, 謂如來藏具足無量性功德故. 三者用大, 能生一切世間出世間善因果故."

　　　　나) 顯乘義: "一切諸佛本所乘故, 一切菩薩皆乘此法到如來地故."

99 『회본』에는 '解' 앞에 '第三'이 첨가되어 있다.

100 『기신론』 본문으로는 "已說立義分, 次說解釋分"에 해당한다.

는 '문장 부문에 따라 하나씩 해설함'(依章別解)이다.

> 已說立義分, 次說解釋分. 解釋分有三種, 云何爲三? 一者, 顯示正義,
> 二者, 對治邪執, 三者, 分別發趣道相.
>
> 『논』(T32, 576a2~4); 『회본』(1-740c10~12)
>
> '[대승의 현상과 면모에 관한] 뜻을 세우는 부분'(立義分)을 다 설명하였으
> 니, 다음으로는 '해석하는 부분'(解釋分)을 설명하겠다. '해석하는 부분'(解
> 釋分)에 세 가지가 있으니, 어떤 것들이 세 가지인가? 첫 번째는 '올바른
> 뜻을 드러내 보이는 것'(顯示正義)이고, 두 번째는 '잘못된 집착을 치유하
> 는 것'(對治邪執)이며, 세 번째는 '[마음을] 일으켜 [부처가 체득한] 깨달음을
> 향해 나아가는 양상을 나누어 구별함'(分別發趣道相)이다.

【소】開章中, 言"顯示正義"者, 正釋立義分中所立也. "對治邪執", "發趣道
相"者, 是明離邪就正門也.

『소』(1-704c8~10); 『회본』(1-740c13~15); 『별기』에 없음.

'문장 부문을 펼치는 것'(開章) 가운데서 "올바른 뜻을 드러내 보이는 것"
(顯示正義)이란, '[대승의 현상과 면모에 관한] 뜻을 세우는 부분'(立義分)에서 펼
친 내용[의 핵심을] 곧바로 해석하는 것이다. "잘못된 집착을 치유하는 것"
(對治邪執)과 "발심하여 수행 길에 오르는 모습을 자세히 설하는 것"(分別發
趣道相)이란, '잘못됨에서 벗어나 온전함으로 나아가는 방법'(離邪就正門)을
밝힌 것이다.

---

101 『기신론』 본문으로는 "解釋分有三種, 云何爲三?"에 해당한다.
102 『기신론』 본문으로는 "一者顯示正義, 二者對治邪執, 三者分別發趣道相"에 해당한다.

【소】別解之中, 卽有三章. 初釋顯示正義分中, 大分有二, 初正釋義, 後示
　　入門. 正釋之中, 依上有二, 初釋法章門, 後釋義章門. 初中亦二, 一者,
　　總釋, 釋上總立, 二者, 別解, 解上別立.

『소』(1-704c11~15); 『회본』(1-740c16~20)

'[문장 부문(章門)에 따라] 하나씩 해석함'(別解)에 곧 세 가지 '문장 부문'(章
門)[103]이 있다. 처음에 '올바른 뜻을 드러내어 보이는 부분'(顯示正義分)을 해
석하는 것에는 크게 나누어 두 가지가 있으니, 먼저는 '[핵심을] 곧바로 해석
하는 부문'(正釋義)이고, 나중은 〈'참 그대로인 측면'(眞如門)에 들어감을 보
여 줌〉(示入門)이다. '[핵심을] 곧바로 해석함'(正釋) 중에는 위[의 '대승의 현상과
면모에 관한] 뜻을 세우는 부분'(立義分)]에 따라 두 가지가 있으니, 먼저는 '[대승
의] 현상을 해석하는 문장 부분'(釋法章門)이고, 나중은 '[대승의] 면모를 해석
하는 문장 부분'(釋義章門)이다. 먼저[인 '현상을 해석하는 문장 부문'(釋法章門)]에
도 두 가지가 있으니, 첫 번째는 '총괄적 해석'(總釋)으로서 위에서 총괄적
으로 세운 것을 해석하는 것이고, 두 번째는 '개별적 해설'(別解)로서 위에
서 개별적으로 세운 것을 해설하는 것이다.

【별기】顯示正義中, 大分有二. 一正釋上名義分, 二"復次, 從生滅門"以下,
　　略明尋參入理之方. 正釋之中, 依上有二. 初釋法章門, 二"復次, 眞如
　　自體"已下, 釋義章門. 初釋法中亦二, 一者, 總釋, 釋上總立, 二者, 別
　　解, 解上別立.

『별기』(1-679a12~17)

'올바른 뜻을 드러내어 보임'(顯示正義)에는 크게 나누어 두 가지가 있다.
첫 번째는 위의 '[대승의 현상과 면모에 관한] 뜻을 세우는 부분'(立義分)을 곧바
로 해석하는 것이고, 두 번째는 "다시 [근본무지에 따라] 생멸하는 측면으로
부터"(復次從生滅門) 이하에서 진리에 들어가는 방법을 탐구하는 것을 간략

---

103 '현시정의', '대치사집', '분별발취도상'을 지칭한다.

히 밝히는 것이다. '곧바로 해석함'(正釋)에는 위의 부분에 따라 두 가지가 있다. 첫 번째는 '현상을 해석하는 문장 부분'(釋法章門)이고, 두 번째는 "또한 '참 그대로' 자신의 본연[과 능력]"(復次眞如自體[相])[104] 이하에서 '면모를 해석하는 문장 부분'(釋義章門)이다. 첫 번째인 '현상을 해석하는 문장 부분'(釋法章門)에도 두 가지가 있으니, 첫 번째는 '총괄적 해석'(總釋)으로서 위에서 총괄적으로 세운 것을 해석하는 것이고, 두 번째는 '개별적 해설'(別解)로서 위에서 개별적으로 세운 것을 해설하는 것이다.

〈『소』와『별기』의 구문 대조〉

『소』(1-704c11~15)	『별기』(1-679a12~17)
①別解之中, 卽有三章. ②初釋顯示正義③分中, 大分有二. ④初正釋⑤義, ⑥後示入門. 正釋之中, 依上有二. 初釋法章門, ⑦後釋義章門. 初(⑧)中亦二. 一者, 總釋, 釋上總立, 二者, 別解, 解上別立.	(①) (②)顯示正義③中, 大分有二. ④一正釋⑤上名義分, ⑥二"復次, 從生滅門"以下, 略明尋參入理之方. 正釋之中, 依上有二. 初釋法章門, ⑦二"復次, 眞如自體"已下, 釋義章門. 初⑧釋法中亦二, 一者, 總釋, 釋上總立, 二者, 別解, 解上別立.
※ 내용의 구분을 명확히 하기 위해『별기』에 없는 문장을『소』에서는 ①로 제시하고 있다.

(1) 올바른 뜻을 드러내어 보임(顯示正義)

① 핵심을 곧바로 해석하는 부문(正釋義)

가. 대승의 현상을 해석하는 문장 부문(釋法章門)

顯示正義者, 依一心法, 有二種門. 云何爲二? 一者, 心眞如門, 二者, 心生滅門. 是二種門, 皆各總攝一切法, 此義云何? 以是二門不相離故.

---

104 『대승기신론』(T32, 579a12) 이하이다.

'올바른 뜻을 드러내 보이는 것'(顯示正義)은, 〈'하나처럼 통하는 마음'이라는 도리〉(一心法)에 의거하여 '두 가지 측면'(二種門)이 있다는 것이다. 무엇이 두 가지인가? 첫 번째는 '참 그대로인 마음측면'(心眞如門)이고, 두 번째는 '[근본무지에 따라] 생멸하는 마음측면'(心生滅門)이다. 이 두 가지 측면 모두가 각각 모든 현상을 모두 포섭하니, 이 뜻은 무엇인가? 이 두 측면은 서로 분리되지 않기 때문이다.

【소】初中言"依一心法, 有二種門"者, 如經本言, "寂滅者名爲一心, 一心者名如來藏". 此言"心眞如門"者, 卽釋彼經"寂滅者名爲一心"也, "心生滅門"者, 是釋經中"一心者名如來藏"也.

처음[인 '총괄적 해석'(總釋)][105]에서 "〈'하나처럼 통하는 마음'이라는 도리〉(一心法)에 의거하여 두 가지 측면이 있다"(依一心法, 有二種門)라고 한 것은, 『능가경』에서 "[근본무지의 분별로 인한 왜곡과 동요가] 그쳐진 것(寂滅)[106]을 '하나처럼 통하는 마음'(一心)이라 부르고, '하나처럼 통하는 마음'(一心)을 '여래의 면모가 간직된 창고'(如來藏)라 부른다"[107]라고 말하는 것과 같다. 여기

---

105 '현시정의'의 '석법장문'의 첫째인 '총석總釋'을 말한다. 지금 『기신론』 본문인 "顯示正義者, 依一心法有二種門. 云何爲二? 一者心眞如門, 二者心生滅門. 是二種門皆各總攝一切法, 此義云何? 以是二門不相離故"의 내용은 '입의문'의 '법장문'인 『기신론』의 "所言法者, 謂衆生心, 是心則攝一切世間法出世間法. 依於此心顯示摩訶衍義. 何以故? 是心眞如相, 卽示摩訶衍體故, 是心生滅因緣相, 能示摩訶衍自體相用故"에 대한 '석법장문'의 '총괄적 해석'(總釋)이라는 것이다.

106 적멸寂滅: '열반涅槃'의 의역어이다. 사전에 따르면 그 체體는 적정寂靜이고 일체의 상相을 벗어났기 때문에 적멸이라고 한다. 원효의 『열반종요』에서도 열반의 체성體性을 밝히면서 "涅槃之義存於寂滅, 寂滅之德合於所了"(H1, 528b11~12)라고 하여 열반의 뜻(義) 및 그 능력(德)의 구체적 내용이 적멸이라고 표현된다.

107 『입능가경』 권1(T16, 519a1~2). "寂滅者名爲一心, 一心者名如來藏." 『입능가경』의 이 인용문은 『대승기신론』에서 진여眞如·생멸生滅의 이문二門을 전개하는 근거로 제시

『기신론』에서 말하는 "참 그대로인 마음측면"(心眞如門)이라는 것은 곧 저 『능가경』의 "'[근본무지의 분별로 인한 왜곡과 동요가] 그쳐진 것'을 '하나처럼 통하는 마음'이라 부른다"(寂滅者名爲一心)[의 의미]를 해석한 것이고, "[근본무지에 따라] 생멸하는 마음측면"(心生滅門)이라는 것은 『능가경』에서 "'하나처럼 통하는 마음'을 '여래의 면모가 간직된 창고'라 부른다"(一心者名如來藏)[의 의

된다. 『입능가경』 자체의 문맥을 살펴보기 위해 이 인용문을 포함하는 문단 전체를 제시해 보면 다음과 같다. "① 楞伽王, 若能如是見如實見者, 名爲正見, 若異見者, 名爲邪見, 若分別者, 名爲取二. 楞伽王, 譬如鏡中像, 自見像, 譬如水中影, 自見影, 如月燈光在屋室中影, 自見影, 如空中響聲, 自出聲, 取以爲聲. 若如是取法與非法, 皆是虛妄妄想分別. 是故不知法及非法, 增長虛妄, 不得寂滅. ② 寂滅者名爲一心, 一心者名如來藏, 入自內身智慧境界, 得無生法忍三昧"(T16, 518c24~519a3). 번호는 문단을 구분해 본 것이고, 밑줄은 원효가 인용한 부분에 해당하는데, 이 대목 전체는 능가왕과 부처님의 문답 형식으로 진행되는 『입능가경』 권1 「청불품請佛品」의 결론 부분에 해당하는 것이기도 하다. ①문단에서는 정견正見과 사견邪見에 대해 둘로 나누어 집착하는 것을 분별分別이라고 규정하면서 이 분별이 어째서 허망한 것인지를 비유로 설명한다. 거울 속의 영상, 물속의 영상, 달빛과 등불에 의해 방안에 비친 영상, 허공 중의 메아리 등이 모두 그때마다 스스로가 그 영상을 본 것(自見影)이고 스스로가 그 소리를 낸 것(自出聲)이기 때문에 정견과 사견의 실체적 분별이 있을 수 없음에도 불구하고 어떤 하나의 영상이나 소리를 법法(正見)과 비법非法(邪見)이라고 취하여 한쪽에 집착한다면, 이 집착은 모두 허망한 것이어서 망상妄想에 의해 분별된 것이다. 그러므로 법과 비법의 분별이 망상분별妄想分別임을 알지 못하면 허망虛妄이 증장할 뿐 적멸寂滅을 얻지 못한다. ②문단에서는 적멸을 일심一心이라 부르고 일심을 다시 여래장如來藏이라고 부르면서, 일심의 개념을 중심으로 망상분별妄想分別에서 벗어난 경지인 일심의 두 가지 면모를 적멸과 여래장이라는 개념으로 포섭한다. 먼저 적멸은 ①문단에서 이미 설명해 왔듯이 법과 비법에 대한 망상분별이 사라진 것을 말한다. 다음으로 여래장은 망상분별이 사라진 후 법과 비법이 '하나처럼 통하는 마음'(一心)에서 펼쳐지는 자내신自內身의 지혜경계智慧境界를 말한다. 대정장의 교감주에서는 여래장과 관련된 문장인 "一心者名爲如來藏, 入自內身智慧境界"가 "一心者名爲如來藏, 如來藏者, 入自內身智慧境界"라고 하여 '如來藏者'가 보충되어 있는 판본도 있다고 지적하므로 "入自內身智慧境界"의 문장이 여래장을 주어로 삼는 술부임을 더 분명히 알 수 있다. 정리하자면 『입능가경』에서는 무생법인삼매無生法忍三昧인 일심一心의 구체적 내용을 적멸과 여래장의 두 개념으로 포섭하는데, 적멸은 법과 비법에 대한 망상분별이 사라진 측면이고 여래장은 망상분별이 사라진 후 펼쳐지는 지혜경계의 측면이다.

미를 해석한 것이다.

〈『소』와 『별기』의 구문 대조〉

『소』(1-704c16~20)	『별기』(1-679a18~22)
①初中言"依一心法, 有二種門"者, 如經本言, "寂滅者名爲一心, 一心者名如來藏". 此言"心眞如門"者, 即釋②彼經(③)"寂滅者名爲一心"也, (④)"心生滅門"者, 是釋經⑤中"一心者名如來藏"⑥也.	(①)言"依一心法, 有二種門"者, 如經本言, "寂滅者名爲一心, 一心者名如來藏". 此言"心眞如門"者, 即釋(②)經③本"寂滅者名爲一心"也, ④言"心生滅門"者, 是釋經⑤本"一心者名如來藏"(⑥).
※『소』와 『별기』의 내용이 거의 동일하다.	

【소】 所以然者. 以一切法無生無滅, 本來寂靜, 唯是一心, 如是名爲"心眞如門"故, 言"寂滅者名爲一心". 又此一心體是本覺, 而隨無明動作生滅. 故於此門, 如來之性隱而不顯, 名"如來藏". 如經言, "如來藏者, 是善不善因, 能遍[108]興造一切趣生. 譬如伎兒變現諸趣". 如是等義, 在生滅門, 故言"一心者名如來藏", 是顯一心之生滅門. 如下文言, "心生滅者, 依如來藏故有生滅心", 乃至"此識有二種義, 一者, 覺義, 二者, 不覺義". 當知非但取生滅心爲生滅門, 通取生滅自體及生滅相, 皆在生滅門內義也.

『소』(1-704c20~705a10); 『회본』(1-741a6~19)

그 이유는 다음과 같다. '모든 현상'(一切法)에는 [근본무지에 따른] 생겨남과 사라짐이 [본래] 없고'(無生無滅) '본래부터 [근본무지의 분별로 인한 왜곡과 동요가 없이] 고요하여'(本來寂靜)[109] 오직 '하나처럼 통하는 마음'(一心)일 뿐이

---

108 『회본』에는 '遍'이 '偏'으로 되어 있다.

109 적정寂靜: 삼법인三法印 중 하나인 열반적정涅槃寂靜에서 보듯이 일반적으로 번뇌가 멸진되어 열반에 든 경지에 관한 술어로서 쓰인다. 『현양성교론』권13에서는 '부처님을 찬탄하는'(讚佛) 용어로서 "一妙色, 二寂靜, 三勝智, 四正行, 五威德"(T31, 541a3~4)의 다섯 가지를 제시하는데, 그중 두 번째인 적정에 관해 "寂靜者, 謂善能守護諸根門等, 及能永拔煩惱習氣"(T31, 541a5~6)라고 하여 육근六根을 수호守護하는 수행을 통

니, 이와 같은 것을 "참 그대로인 마음측면"(心眞如門)이라 부르기 때문에 『능가경』에서 "'[근본무지의 분별로 인한 왜곡과 동요가] 그쳐진 것'을 '하나처럼 통하는 마음'이라 부른다"(寂滅者名爲一心)라고 하였다. 또 이 '하나처럼 통하는 마음으로서의 바탕'(一心體)은 '깨달음의 본연'(本覺)이지만 근본무지(無明)에 따라 움직이면서 '[근본무지에 따른] 생겨남과 사라짐'(生滅)[의 양상]을 짓는다. 그러므로 이 [근본무지에 따라 생멸하는] 측면에서는 여래의 면모(性)가 숨겨져 드러나지 않아 [이 측면에서의 '하나처럼 통하는 마음'(一心)을] "여래의 면모가 간직된 창고"(如來藏)라고 부른다. 『능가경』에서 "'여래의 면모가 간직된 창고'란 이롭거나 이롭지 않은 [과보의] 원인이어서 '과보를 받아 생겨난 모든 것'(一切趣生)[110]을 두루 일으켜 만들 수 있다. 비유하자면 '재주 부리는 자'가 여러 모습들로 변하여 나타나는 것과 같다"(如來藏者, 是善不善因, 能遍興造一切趣生. 譬如伎兒變現諸趣)[111]라고 말한 것과 같다. 이와 같은 뜻이 '[근본무지에 따라] 생멸하는 측면'(生滅門)에 있기 때문에 『능가경』에서 "'하나처럼 통하는 마음'을 '여래의 면모가 간직된 창고'라 부른다"(一心者名如來藏)라고 하였으니, 이것은 '하나처럼 통하는 마음이 [근본무지에 따라] 생멸하는 측면'(一心之生滅門)을 나타낸다. 아랫글에서 "'마음이 생멸한다'는 것은 '여

해 번뇌습기煩惱習氣를 완전히 뿌리 뽑은 상태라고 설명한다.

110 취생趣生: 취趣는 나아감(going), 움직임(moving) 등을 뜻하는 범어 'gati'의 번역어이다(Sanskrit English Dictionary, p.283 참조). '행위의 과보'(業報)를 받아 나아가는 여섯 가지 세계를 지옥地獄・아귀餓鬼・축생畜生・아수라阿修羅・인人・천天의 육취六趣라고 부른다(『불광대사전』, p.6184 참조). 즉 취생은 업보業報인 육취로서 생겨난 것들을 가리킨다.

111 『능가아발다라보경楞伽阿跋多羅寶經』 권4(T16, 510b4~5). "如來之藏, 是善不善因, 能遍興造一切趣生. 譬如伎兒, 變現諸趣." 〈산스크리트본의 해당 내용: LAS 220,9-11, tathāgatagarbho mahāmate kuśalākuśalahetukaḥ sarvajanmagatikartā / pravartate naṭavad gatisaṃkaṭa ātmātmīyavarjitas; 여래의 장은 선과 불선의 원인으로서 모든 생존형태(趣)와 탄생형태(生)를 남김없이 만들 수 있으니, 배우가 [여러 배역을 연기하듯이] 여러 가지 생존형태로 변해 나타나지만, 자아의식(我)과 소유의식(我所)을 벗어나 있다.〉

래의 면모가 간직된 창고'를 조건으로 삼아 '[근본무지에 따라] 생멸하는 마음'[지평]이 있게 된다"(心生滅者, 依如來藏故有生滅心)[라고 말한 것에서]부터 "이 [아리야阿梨耶]식에는 두 가지 면모가 있으니, 첫 번째는 '깨달음의 면모'이고 두 번째는 '깨닫지 못함의 면모'이다"(此識有二種義, 一者覺義, 二者不覺義)까지에서[112] 말한 것과 같다. 단지 '[근본무지에 따라] 생멸하는 마음'(生滅心)만을 취하여 '생멸하는 측면'(生滅相)으로 삼는 것이 아니라 '[근본무지에 따라] 생멸하는 [마음] 자신의 [온전한] 본연'(生滅自體)[113]과 '생멸하는 양상'(生滅相)을 통틀어 취하여 그 모두를 '[근본무지에 따라] 생멸하는 측면'(生滅相)의 면모(義)에 두는 것임을 알아야 한다.

【별기】 是義云何? 以一切諸法無生無滅, 本來寂靜, 唯是一心, 如是一心是名爲"心眞如門"故, 言"寂滅者名爲一心". 又此一心體是本覺, 而隨無明動作生滅. 故於此門, 如來之性隱而不顯, 名"如來藏". 如經云, "如來藏是善不善因, 能通[114]興造一切趣生. 譬如伎兒反[115]現諸趣". 如是等義是生滅門, 故言"一心者名如來藏", 是顯一心之生滅門. 如下文云, "心生滅者, 依如來藏故有生滅心", 乃至"此識有二種義, 一者, 本覺, 二者, 不覺".[116] 故知非但取生滅心爲生滅門, 通取生滅自體生滅相, 皆爲生滅

---

112 『대승기신론』 본문의 내용이다. 전체 인용은 다음과 같다. "心生滅者, 依如來藏故有生滅心, 所謂不生不滅與生滅和合, 非一非異, 名爲阿梨耶識. 此識有二種義, 能攝一切法, 生一切法. 云何爲二? 一者, 覺義, 二者, 不覺義"(T32, 576b7~11). '해석분'-'현시정의'-'생멸문'에서 '심생멸의 각의覺義와 불각의不覺義'를 논하는 부분이다(『회본』, H1, 745c7 이하).

113 '생멸하는 [마음]'과 '[근본무지에 따라] 생멸하는 [마음] 자신의 [온전한] 본연'(生滅自體)은 구분되는 개념임을 밝히고 있다.

114 『능가경』에 따라 '通'을 '遍'으로 고친다. 한불전 교감주에도 "'通'은 '遍'인 듯하다"라고 되어 있다.

115 『능가경』에 따라 '反'을 '變'으로 고친다. 한불전 교감주에도 "'反'은 '變'인 듯하다"라고 되어 있다.

116 『대승기신론』 본문은 "一者, 覺義, 二者, 不覺義"이다. 교감하지 않고 『별기』 본문대로

相, 皆爲生滅門內義也. 以生滅因及生滅緣與生滅相, 爲生滅門故.

『별기』(1-679a22~b12)

이 뜻은 어떤 것인가? '모든 현상'(一切法)에는 '[근본무지에 따른] 생겨남과 사라짐이 [본래] 없고'(無生無滅) '본래부터 [근본무지의 분별로 인한 왜곡과 동요가 없이] 고요하여'(本來寂靜) 오직 '하나처럼 통하는 마음'(一心)일 뿐이니, 이와 같은 '하나처럼 통하는 마음'(一心)을 "참 그대로인 마음측면"(心眞如門)이라 부르기 때문에 [『능가경』에서] "'[근본무지의 분별로 인한 왜곡과 동요가] 그쳐진 것'을 '하나처럼 통하는 마음'이라 부른다"(寂滅者名爲一心)라고 하였다. 또 이 '하나처럼 통하는 마음으로서의 바탕'(一心體)은 '깨달음의 본연'(本覺)이지만 근본무지(無明)에 따라 움직이면서 '[근본무지에 따른] 생겨남과 사라짐'(生滅)[의 양상]을 짓는다. 그러므로 이 [근본무지에 따라 생멸하는] 측면에서는 여래의 면모(性)가 숨겨져 드러나지 않아 [이 측면에서의 '하나처럼 통하는 마음'(一心)을] "여래의 면모가 간직된 창고"(如來藏)라고 부른다. 『능가경』에서 "'여래의 면모가 간직된 창고'는 이롭거나 이롭지 않은 [과보의] 원인이어서 '과보를 받아 생겨난 모든 것'을 두루 일으켜 만들 수 있다. 비유하자면 '재주 부리는 자'가 여러 모습들로 변하여 나타나는 것과 같다"[117]라고 말한 것과 같다. 이와 같은 뜻이 '[근본무지에 따라] 생멸하는 측면'(生滅門)에 있기 때문에 [『능가경』에서] "'하나처럼 통하는 마음'을 '여래의 면모가 간직된 창고'라 부른다"(一心者名如來藏)라고 하였으니, 이것은 '하나처럼 통하는 마음이 [근본무지에 따라] 생멸하는 측면'(一心之生滅門)을 나타낸다. 아랫글에서 "'[근본무지의 분별에 따라] 마음이 생멸한다'는 것은, '여래의 면모가 간직된 창고'에 의거하기 때문에 '[근본무지의 분별에 따라] 생멸하는 마음[지평]'이 있게 되는 것이니"(心生滅者, 依如來藏故有生滅心)[라고 말한 것에서]부터 "이 [아리야阿梨耶]식

번역한다.

117 『능가아발다라보경楞伽阿跋多羅寶經』 권4(T16, 510b4~5). "如來(之)藏是善不善因, 能遍興造一切趣生. 譬如伎兒變現諸趣." 괄호는 생략된 부분을 표시한다.

에는 두 가지 면모가 있으니, 첫 번째는 '깨달음의 본연'이고 두 번째는 '깨
닫지 못함'이다"(此識有二種義, 一者, 本覺, 二者, 不覺)까지에서[118] 말한 것과 같
다. 그러므로 단지 '[근본무지에 따라] 생멸하는 마음'(生滅心)을 취하여 '생멸
하는 측면'(生滅門)으로 삼는 것이 아니라, '[근본무지에 따라] 생멸하는 [마음]
자신의 [온전한] 본연'(生滅自體)과 '생멸하는 양상'(生滅相)을 통틀어 취하여
모두 '생멸하는 양상'(生滅相)으로 삼아 다 '[근본무지에 따라] 생멸하는 측면'
(生滅門) 안의 면모(義)로 삼는 것을 알아야 한다. '생멸의 원인'(生滅因)과 '생
멸의 조건'(生滅緣)[119]과 '생멸의 양상'(生滅相)을 [모두] '[근본무지에 따라] 생멸하
는 측면'(生滅門)으로 삼기 때문이다.

〈『소』와 『별기』의 구문 대조〉

『소』(1-704c20~705a10)	『별기』(1-679a22~b12)
①<u>所以然者</u>, 以一切②<u>(　)</u>法無生無滅, 本來寂靜, 唯是一心. 如是③<u>(　)</u>名爲"心眞如門"故, 言"寂滅者名爲一心". 又此一	①<u>是義云何</u>? 以一切②<u>諸</u>法無生無滅, 本來寂靜, 唯是一心, 如是③<u>一心</u>是名爲"心眞如門"故, 言"寂滅者名爲一心". 又此一心體是

118 『대승기신론』 본문의 내용이다. 전체 인용은 다음과 같다. "心生滅者, 依如來藏故有生
滅心, 所謂不生不滅與生滅和合, 非一非異, 名爲阿梨耶識. 此識有二種義, 能攝一切法, 生
一切法. 云何爲二? 一者, 覺義, 二者, 不覺義"(T32, 576b7~11). '해석분'-'현시정의'-'생멸
문'에서 '심생멸의 각의覺義와 불각의不覺義'를 논하는 부분이다.

119 '생멸의 원인'(生滅因)과 '생멸의 조건'(生滅緣): 원효가 '생멸인生滅因'과 '생멸연生滅緣'
을 구분하여 논의하는 『소』의 대목은 '해석분'의 '현시정의'의 '생멸문'에서 '생멸인연'
의 과목을 주석하는 문단이다. 인용하면, 『기신론』 본문에서 "復次生滅因緣者, 所謂衆
生依心意識轉故"(『회본』, H1, 759a19 이하)라고 하는 것에 대해, 원효는 "初中言因緣
者, 阿梨耶心體變作諸法, 是生滅因, 根本無明熏動心體, 是生滅緣. 又復無明住地諸染根本,
起諸生滅, 故說爲因, 六塵境界能動七識波浪生滅, 是生滅緣. 依是二義以顯因緣. 諸生滅相
聚集而生, 故名衆生"이라고 한다. '생멸의 원인'(生滅因)이란 〈아리야식이라는 '바탕이
되는 마음'(心體)이 모든 현상(法)을 변화시키며 지어가는 것〉이고, '생멸의 조건'(生滅
緣)이란 〈근본무명이 '바탕이 되는 마음'(心體)인 아리야식에 거듭 영향을 끼쳐 움직
이게 하는 것〉인 동시에, 또한 '근본무지가 자리 잡은 단계'(無明住地)가 생멸인이고
'인식 능력의 여섯 가지 대상들'(六塵境界)이 생멸연이라는 것이다.

心體是本覺, 而隨無明動作生滅. 故於此門, 如來之性隱而不顯, 名"如來藏". 如經④言, "如來藏⑤者, 是善不善因, 能⑥遍120興造一切趣生. 譬如伎兒變現諸趣". 如是等義, ⑦在生滅門, 故言"一心者名如來藏", 是顯一心之生滅門. 如下文⑧言, "心生滅者, 依如來藏故有生滅心", 乃至"此識有二種義, 一者, ⑨覺義, 二者, 不覺⑩義". ⑪當知非但取生滅心爲生滅門, 通取生滅自體⑫及生滅相, ⑬皆⑭在生滅門內義也. (⑮)	本覺, 而隨無明動作生滅. 故於此門, 如來之性隱而不顯, 名"如來藏". 如經④云, "如來藏⑤是善不善因, 能⑥通興造一切趣生. 譬如伎兒反現諸趣". 如是等義⑦是生滅門, 故言"一心者名如來藏", 是顯一心之生滅門. 如下文⑧云, "心生滅者, 依如來藏故有生滅心", 乃至"此識有二種義, 一者, ⑨本覺, 二者, 不覺⑩". ⑪故知非但取生滅心爲生滅門, 通取生滅自體⑫生滅相, ⑬皆爲生滅相, 皆⑭爲生滅門內義也. ⑮以生滅因及生滅緣與生滅相, 爲生滅門故.

※『별기』의 ⑬, ⑮번이 『소』에서 삭제되었다.

【소】二門如是, 何爲"一心"? 謂染淨諸法其性無二, 眞妄二門不得有異, 故名爲一. 此無二處, 諸法中實, 不同虛空, 性自神解, 故名爲心. 然旣無有二, 何得有一, 一無所有, 就誰曰心? 如是道理, 離言絶慮, 不知何以目之, 强號爲一心也.

『소』(1-705a11~16); 『회본』(1-741a20~b2)

'두 측면'(二門)이 [나뉘는 것이] 이와 같은데, 어째서 "하나처럼 통하는 마음"(一心)이라 하는가? 오염되었거나 청정하거나 그 모든 것의 '본연적 면모'(性)는 [불변·독자의 실체나 본질에 의해] 둘[로 나뉨]이 없기에(無二) '참됨과 허구라는 두 측면'(眞妄二門)은 [본질적] 차이(異)가 있을 수 없으니, 그러므로 '하나'(一)[처럼 통함]이라 부른다. [그리고] 이 '[불변·독자의 실체나 본질에 의해] 둘[로 나뉨]이 없는'(無二) 자리에서 모든 것을 실재대로이게 하는 것121은 [이해하는 작용이 없는] 허공과는 같지 않아 〈'본연적 면모'(性) 자신이 지혜롭게 사실대로 이해하니〉(性自神解),122 그러므로 '마음'(心)이라 부른다. 그런데

---

120 『회본』에는 '遍'이 '徧'으로 되어 있다.
121 '中'을 동사로 번역한 것이다. 만약 개사라면 문맥상 '卽'이어야 한다.

이미 '둘'(二)[로 나뉘는 불변·독자의 실체나 본질]이 있지 않다면 어떻게 '하나'(一)[처럼 통함]이라는 것이 있을 수 있으며, '하나'(一)[처럼 통함]이 있지 않다면 무엇에 입각하여 '마음'(心)이라 하겠는가? 이와 같은 도리는 '언어적 규정에서 벗어나고 분별하는 생각을 끊은 것'(離言絶慮)이어서 무엇으로써 지칭해야 할지 알 수가 없지만 억지로나마 '하나처럼 통하는 마음'(一心)이라 부른다.

【별기】 二門義如是, 所言"一心"者, 染淨諸法其性無二, 眞妄二門不得有異, 故名爲一. 此無二處, 諸法中實, 體異虛空, 性自神解, 故名爲心. 然旣無其二, 何得有一, 一無所有, 將誰曰心? 如是道理, 離言絶慮, 不知何以,[123] 自云强爲一心也.

『별기』(1-679b12~18)

두 측면의 면모(義)가 이와 같은데도 "하나처럼 통하는 마음"(一心)이라 말하는 것은, 오염되었거나 청정하거나 그 모든 것의 '본연적 면모'(性)는 '[불변·독자의 실체나 본질에 의해] 둘[로 나뉨]이 없기에'(無二) '참됨과 허구라는 두 측면'(眞妄二門)은 [본질적] 차이(異)가 있을 수 없으니, 그러므로 '하나'(一)[처럼 통함]이라 부른다. [그리고] 이 '[불변·독자의 실체나 본질에 의해] 둘[로 나뉨]이 없는'(無二) 자리에서 모든 것을 실재대로이게 하는 것은 [그 본연(體)이 [이해하는 작용이 없는] 허공과는 달라서 〈'본연적 면모'(性) 자신이 지혜롭게 사실대로 이해하니〉(性自神解), 그러므로 '마음'(心)이라 부른다. 그런데 이미 그 '둘'(二)[로 나뉘는 불변·독자의 실체나 본질]이 있지 않다면 어떻게 '하나'[처럼 통함]이라는 것이 있을 수 있으며, '하나'(一)[처럼 통함]이 있지 않다면 무엇에 입각하여 '마음'(心)이라 하겠는가? 이와 같은 도리는 언어적 규정

---

122 '神解'의 '神'은 확정되지 않는 면모를 지시하는 개념으로서 불교철학으로는 '분별적 구획에 갇히지 않음'을 지칭한다.

123 한불전 교감주에는 "'以' 아래에 '呼之'가 탈락된 듯하다"(以下疑脫呼之)라고 되어 있다. 번역은 교감주에 따랐다.

을 벗어나고 분별하는 생각을 끊은 것이어서 무엇으로써 지칭해야 할지 알 수가 없지만 억지로 '하나처럼 통하는 마음'(一心)이라고 스스로 불러본다.

〈『소』와 『별기』의 구문 대조〉

『소』(1-705a11~16)	『별기』(1-679b12~18)
二門(①)如是, ②何爲"一心"? ③謂染淨諸法其性無二, 眞妄二門不得有異, 故名爲一. 此無二處, 諸法中實, ④不同虛空, 性自神解, 故名爲心. 然旣無⑤有二, 何得有一, 一無所有, ⑥就誰曰心? 如是道理, 離言絶慮, 不知何以⑦目之, ⑧强號爲一心也.	二門①義如是, ②所言"一心"者, (③)染淨諸法其性無二, 眞妄二門不得有異, 故名爲一. 此無二處, 諸法中實, ④體異虛空, 性自神解, 故名爲心. 然旣無⑤其二, 何得有一, 一無所有, ⑥將誰曰心? 如是道理, 離言絶慮, 不知何以⑦呼之, ⑧自云强爲一心也.
※『소』와 『별기』의 내용이 거의 동일하다.	

【소】 言"是二種門, 皆各總攝一切法"者, 釋上立中"是心卽攝一切世間出世間法". 上直明心攝一切法, 今此釋中顯其二門皆各總攝. 言"以是二門不相離故"者, 是釋二門各總攝義. 欲明眞如門者染淨通相, 通相之外無別染淨, 故得總攝染淨諸法, 生滅門者別顯染淨, 染淨之法無所不該, 故亦總攝一切諸法. 通別雖殊, 齊無所遣, 故言"二門不相離也". 總釋義竟.

『소』(1-705a17~b2); 『회본』(1-741b2~12)

"이 두 가지 측면 모두가 각각 모든 현상을 모두 포섭한다"(是二種門, 皆各總攝一切法)라고 말한 것은, 위의 '[대승의 현상과 면모에 관한] 뜻을 세우는 부분'(立義分)에서 "이 마음이 곧 세간과 출세간의 모든 현상을 포섭한다"(是心卽攝一切世間出世間法)라고 한 것을 해석한 것이다. 위 [[대승의 현상과 면모에 관한] 뜻을 세우는 부분'(立義分)]에서는 단지 마음이 모든 것을 포섭한다고만 밝혔으나, 지금 이 '해석하는 부분'(解釋分)에서는 그 [마음의] '두 측면'(二門)이 모두 각각 총괄적으로 포섭함을 드러낸다.

"이 두 측면은 서로 분리되지 않기 때문이다"(以是二門不相離故)라고 한 것은 '두 측면이 각각 총괄적으로 포섭하는 면모'(二門各總攝義)를 해석한 것이다. '참 그대로인 측면'(眞如門)은 오염[된 세간]과 청정[한 출세간]에 '[모두] 통하는 면모'(通相)여서 '[모두] 통하는 면모'(通相) 이외에 별개의 오염과 청정이 없기 때문에 오염과 청정의 모든 현상을 총괄적으로 포섭할 수 있고, '[근본무지에 따라] 생멸하는 측면'(生滅門)은 오염[된 세간]과 청정[한 출세간]을 나누어 드러내는 것이어서 오염되거나 청정한 현상이 [생멸문에] 포함되지 않는 것이 없으므로 [생멸문도] 또한 모든 것을 총괄적으로 포섭한다는 것을 밝히려고 한 것이다. 통함(通)과 나누어짐(別)이 비록 다르지만 모두 버리는 것이 없으니, 그러므로 "두 측면은 서로 분리되지 않는다"(二門不相離也)라고 하였다. '면모에 대한 총괄적 해석'(總釋義)을 마친다.

【별기】言"是二種門, 皆各總攝一切法"者, 釋上立中"是心則攝世出世法", 言"以此二門不相離故"者, 是釋二門各總攝義. 何者?

『별기』(1-679b19~21)

"이 두 가지 측면 모두가 각각 모든 현상을 모두 포섭한다"(是二種門, 皆各總攝一切法)라고 말한 것은 위의 '[대승의 현상과 면모에 관한] 뜻을 세우는 부분'(立義分)에서 "이 마음이 곧 세[간]과 출세[간]의 모든 현상을 포섭한다"(是心卽攝一切世[間]出世[間]法)라고 한 것을 해석한 것이고, "이 두 측면은 서로 분리되지 않기 때문이다"(以此二門不相離故)라고 한 것은 '두 측면이 각각 총괄적으로 포섭하는 면모'(二門各總攝義)를 해석한 것이다. 어째서인가?

〈『소』와 『별기』의 구문 대조〉

『소』(1-705a17~b2)	『별기』(1-679b19~21)
言"是二種門皆各總攝一切法"者, 釋上立中"是心①卽攝②一切世間出世間法". ③上直明心攝一切法, 今此釋中顯其二門皆各總攝. 言"以④	言"是二種門皆各總攝一切法"者, 釋上立中"是心①則攝②世出世法", ③ 言"以④此二門不相離故"者, 是

是二門不相離故"者, 是釋二門各總攝義. (⑤) ⑥欲明眞如門者染淨通相, 通相之外無別染淨, 故得總攝染淨諸法, 生滅門者別顯染淨, 染淨 之法無所不該, 故亦總攝一切諸法. 通別雖殊, 齊無所遣, 故言"二門不相離也". 總釋義竟.	釋二門各總攝義. ⑤何者? (⑥)

※ 『별기』에서는 『소』의 ⑥번에 해당하는 내용에 대해 "何者" 이후에서 자세히 설명하고 있다. 거꾸로 말하자면 『별기』에서 "何者" 이후에 장황하게 설명하고 있는 내용을 『소』에서는 ⑥번으로 축약하고 있다.

【별기】眞如門是諸法通相, 通相外無別諸法, 諸法皆爲通相所攝. 如微塵是法[124]器通相, 通相外無別瓦器, 瓦器皆爲微塵所攝, 眞如門亦如是. 生滅門者, 卽此眞如是善不善因, 與緣和合反[125]作諸法, 雖實反[126]作諸法, 而恒不壞眞性, 故於此門亦攝眞如. 如微塵性聚成瓦器, 而常不失微塵性相, 故瓦器門卽攝微塵, 生滅門亦如是.

『별기』(1-679b22~c6); 『회본』(1-741b13~22); 『소』에 없음.

'참 그대로인 측면'(眞如門)은 모든 것에 '통하는 면모'(通相)여서 '통하는 면모'(通相) 이외에 별개의 것들이 없기 때문에 모든 것은 다 '통하는 면모'(通相)에 포섭된다. 마치 진흙은 [모든] 질그릇에 [다] 통하는 면모여서 통하는 면모 이외에 별개의 질그릇이 없으므로 질그릇은 다 진흙에 포섭되는 것과 같이, '참 그대로인 측면'(眞如)도 이와 같다.

'[근본무지에 따라] 생멸하는 측면'(生滅門)이라는 것은, 곧 이 '참 그대로'(眞如)가 이로움과 이롭지 않음의 원인(因)으로서 조건(緣)과 화합하여 도리어 모든 현상을 지어내는데,[127] 비록 실로 도리어 모든 현상을 지어내긴 하지

---

124 한불전의 『별기』 교감주에 따라 '法'을 '瓦'로 교감한다.

125 『별기』의 한불전 교감주에는 "'反'은 '變'인 듯하다"라 되어 있다. 『회본』에는 '變'이다. 그러나 본문의 의미맥락을 고려하면 '反'이 적절하다.

126 위 역주와 동일하게 '反'으로 보고 번역한다.

127 앞에서도 비슷한 맥락의 내용이 거론된 바 있다. "此一心體是本覺, 而隨無明動作生滅. 故

만 언제나 '참다운 면모'(眞性)를 잃지는 않기 때문에 이 [생멸하는] 측면에서도 '참 그대로'(眞如)를 포섭한다. 마치 진흙의 성품이 모여 질그릇을 이루지만 항상 진흙의 성품과 특징을 잃지 않으므로 질그릇의 측면이 곧 진흙을 포섭하는 것과 같이, 생멸하는 측면도 이와 같다.

【별기】設使二門雖無別體, 二門相乖不相通者, 則[128]應眞如門中, 攝理而不攝理[129]事, 生滅門中, 攝事而不攝理. 而今二門互相融通, 際限無分, 是故皆各通攝一切理事諸法, 故言"二門不相離故".

『별기』(1-679c6~11); 『회본』(1-741b22~c3); 『소』에 없음.

만약 '두 측면'(二門)이 서로 다른 본연(體)은 아니라도 두 측면이 서로 어긋나 서로 통하지 않는 것이라고 한다면, '참 그대로인 측면'(眞如門)에서는 진리(理)는 포섭하지만 현상은 포섭하지 못해야 할 것이고, [근본무지에 따라] 생멸하는 측면'(生滅門)에서는 현상은 포섭하지만 진리는 포섭하지 못해야 할 것이다. 그러나 지금 두 측면은 서로 '섞이고 통하여'(融通) 경계가 [확정적으로] 구분되지 않으므로 [두 측면이] 다 각각 진리와 현상의 모든 것들을 '[서로] 통하게 하고 [서로] 포섭하게'(通攝)하며, 따라서 "두 측면은 서로 분리되지 않기 때문이다"(二門不相離故)라고 하였다.

【별기】問. 若此二門各攝理事, 何故眞如門中但示摩訶衍體, 生滅門中通示自體相用? 答. 攝義示義異. 何者? 眞如門是泯相以顯理. 泯相不除故得攝相, 泯相不存故非示相. 生滅門者攬理以成事. 攬理不壞得攝理, 攬理不泯故亦示體. 依此義故, 且說不同. 通而論之, 二義亦齊, 是故眞

於此門, 如來之性隱而不顯, 名如來藏. 如經言, 〈如來藏者是善不善因, 能遍興造一切趣生.〉"

128 『회본』의 한불전 교감주에는 "갑본에 '則'이 '相'으로 되어 있다"라고 되어 있다. 『별기』에는 '則'이라 되어 있다. 번역은 '則'에 따랐다.

129 『별기』의 한불전 교감주에는 "'理'는 잉자剩字인 듯하다"라고 되어 있다. 『회본』에는 '理'가 없다. 번역은 교감주에 따랐다.

如門中亦應示於事相, 略故不說耳.

『별기』(1-679c12~20); 『회본』(1-741c3~13); 『소』에 없음.

　묻는다. 만약 [진여문과 생멸문이라는] 이 두 측면이 각각 진리(理)와 현상(事)을 포섭한다면, 무슨 까닭으로 '참 그대로인 측면'(眞如門)에서는 단지 대승의 '[온전한] 본연'(體)만 보여 주고, '[근본무지에 따라] 생멸하는 측면'(生滅門)에서는 '자신의 [온전한] 본연'(自體)과 능력(相)과 작용(用)을 통틀어 보여 주는가?

　답한다. '포섭한다는 의미'(攝義)와 '보여 준다는 의미'(示義)가 다르다. 무슨 뜻인가? '참 그대로인 측면'(眞如門)은 '[근본무지에 따라 생멸하는] 양상'(相)을 없앰으로써 진리(理)를 드러낸다. [그런데] '없애 버린 [근본무지에 따라 생멸하는] 양상'(泯相)을 [아예] 제거하지는 않으므로 '[근본무지에 따라 생멸하는] 양상을 포섭'(攝相)할 수 있지만, '없애 버린 [근본무지에 따라 생멸하는] 양상'(泯相)을 존치하는 것도 아니므로 '[근본무지에 따라 생멸하는] 양상을 보여 주는 것'(示相)도 아니다. [한편] '[근본무지에 따라] 생멸하는 측면'(生滅門)은 진리(理)를 끌어들여 현상(事)을 이룬다. '진리를 끌어들이는 것'(攬理)을 파괴하지 않으므로 '진리를 포섭'(攝理)할 수 있고, '진리를 끌어들이는 것'(攬理)을 없애지 않으므로 '[온전한] 본연을 보여 주기도'(示體) 한다. 이러한 뜻에 의거하기 때문에 ['포섭한다'(攝)와 '보여 준다'(示)의 두 뜻이] 또한 같지 않다고 말했다. [그러나] 통틀어 논하자면 두 뜻은 또한 같기도 하니, 따라서 '참 그대로인 측면'(眞如門)에서도 마땅히 '[근본무지에 따라 생멸하는] 현상의 양상'(事相)을 보여 주어야 하지만 [『기신론』 본문에서] 생략되어 있기 때문에 설명하지 않을 따름이다.

【별기】 問. 二門不同, 其義已見, 未知二門所攝理事, 亦有隨門差別義不. 答. 隨門分別, 亦有不同. 何者? 眞如門中所攝事法, 是分別性. 以說諸法不生不滅本來寂靜, 但依妄念而有差別故. 心生滅門所說事法, 是依他性. 以說諸法因緣和合有生滅故. 然此二性雖復非一, 而亦不異. 何

以故? 因緣所生生滅諸法, 不離妄念而有差別故, 分別性不異依他, 亦在生滅門也. 又因緣之生, 自他及共皆不可得故, 依他性不異分別, 亦在眞如門也.

『별기』(1-679c20~680a10);『회본』(1-741c13~742a3);『소』에 없음.

묻는다. [진여문과 생멸문이라는] 두 측면이 같지 않다는 것은 알겠는데, 두 측면에 포섭되는 진리(理)와 현상(事)에도 각 측면에 따라 다른 의미가 있는 것은 아닌지 아직 잘 모르겠다.

답한다. 각 측면에 따라 나누어 보면 또한 같지 않음이 있다. 어떤 것인가? [먼저] '참 그대로인 측면'(眞如門)에 포섭되는 현상(事法)은 '분별된 것'(分別性)이다. 모든 것은 '[근본무지가 세운 불변·독자의 실체로] 생겨나는 것도 아니고 사라지는 것도 아니어서'(不生不滅) '본래부터 [근본무지의 분별로 인한 왜곡과 동요가 없이] 고요하지만'(本來寂靜) 단지 '[근본무지에 따라] 잘못 분별하는 생각'(妄念)에 의거하여 차별됨이 있는 것이라고 설하기 때문이다. [다음으로] '[근본무지에 따라] 생멸하는 마음측면'(心生滅門)에서 설해지는 현상(事法)은 '다른 것에 의존하는 것'(依他性)이다. 모든 것은 인연의 화합으로 생멸함이 있게 된다고 설하기 때문이다.

그런데 이 [분별성과 의타성의] 두 면모는 비록 같지 않지만 다르지도 않다. 어째서인가? 인연으로 생겨난 모든 생멸하는 것은 '[근본무지에 따라] 잘못 분별하는 생각'(妄念)을 떠나 차별이 있는 것은 아니므로, '[근본무지에 따라] 분별된 것'(分別性)은 '다른 것에 의존하는 것'(依他性)과 다르지 않아서 역시 '[근본무지에 따라] 생멸하는 측면'(生滅門)에도 속한다. 또 인연으로 생긴 것에서는 '자기만의 본질'(自性)과 '다른 것의 본질'(他性) 및 '공통되는 본질'(共性)을 모두 얻을 수 없기 때문에[130] '다른 것에 의존하는 것'(依他性)은 '[근본무지에 따라] 분별된 것'(分別)과 다르지 않아서 또한 '참 그대로인 측면'(眞如門)에도 속한다.

---

130 『중론』권1(T30, 2b6~7). "諸法不自生, 亦不從他生, 不共不無因, 是故知無生."

【별기】如是二性雖復不異, 而亦非一. 何以故? 分別性法本來非有亦非不無, 依他性法雖復非有而亦不無. 是故二性亦不雜亂. 如『攝論』說, "三性相望, 不異非不異, 應如是說". 若能解此三性不一不異義者, 百家之諍無所不和也.

『별기』(1-680a10~16);『회본』(1-742a3~9);『소』에 없음.

[또] 이와 같은 [분별성과 의타성의] 두 면모는 비록 다르지 않지만 또한 같지도 않다. 어째서인가? '[근본무지에 따라] 분별된 것들'(分別性法)은 본래 있는 것이 아니지만 없지 않은 것도 아니며, '다른 것에 의존하는 것들'(依他性法) 또한 비록 있는 것이 아니지만 없는 것도 아니다. 그러므로 [분별성과 의타성의] 두 면모는 또한 뒤섞여 어지러워지는 것이 아니다. 『섭대승론』에서 설명하기를, "[의타기성과 변계소집성과 원성실성이라는] 세 가지 면모는 서로 기대어 있어 다른 것도 아니고 다르지 않은 것도 아니니, 반드시 이와 같이 설명해야 한다"[131]라고 한 것과 같다. 만약 이 [의타기성과 변계소집성과 원성실성이라는] 세 가지 면모가 같지도 않고 다르지도 않다는 뜻을 이해할 수 있는 사람은 온갖 논쟁을 화해시키지 못할 것이 없다.

【별기】二門所攝理不同者. 眞如門中所說理者, 雖曰眞如, 亦不可得, 而亦非無. 有佛無佛, 性相常住, 無有反[132]異, 不可破壞. 於此門中, 假立眞如實際等名, 如『大品』等諸『般若經』所說. 生滅門內所攝理者, 雖復理體離生滅相, 而亦不守常住之性, 隨無明緣流轉生死. 雖實爲所染, 而自性淸淨. 於此門中, 假立佛性本覺等名, 如『涅槃』『華嚴經』等所說.

---

131 『섭대승론』권2(T31, 139b24~25). "復次, 此三自性爲異爲不異? 應言非異非不異." 전문을 인용해 두면 다음과 같다. "復次, 此三自性爲異爲不異? 應言非異非不異. 謂依他起自性, 由異門故成依他起; 卽此自性由異門故成遍計所執, 卽此自性由異門故成圓成實. 由何異門此依他起成依他起? 依他熏習種子起故. 由何異門卽此自性成遍計所執? 由是遍計所緣相故, 又是遍計所遍計故. 由何異門卽此自性成圓成實? 如所遍計畢竟不如是有故."
132 교감주와『회본』에는 '變'이라 되어 있다. 그러나 원본의 '反'을 그대로 채택한다.

『별기』(1-680a16~b1); 『회본』(1-742a9~20); 『소』에 없음.

[진여문眞如門과 생멸문生滅門, 이] '두 측면'(二門)에서 포섭되는 진리(理)가 같지 않다는 것은 다음과 같다. '참 그대로인 측면'(眞如門)에서 설해지는 진리는 비록 '참 그대로'(眞如)라고 말해지지만 또한 [그 불변의 실체를] 얻을 수 없으며, 그러나 또한 없는 것도 아니다. 부처님이 [세상에] 있든 없든 ['참 그대로'(眞如)의] '본연적 면모'(性相)는 '늘 그대로'(常住)[133]인 것이어서 [그 면모를] 거슬러 달라짐이 없고 파괴할 수 없다. 이 ['참 그대로인'(眞如)] 측면([眞如門)에서는 '참 그대로'(眞如)나 '참 지평'(實際)[134] 등의 명칭을 방편으로 세우니, 『대품반야경』 등의 여러 반야계 경전에서 설해진 것과 같다.[135]

[근본무지에 따라] 생멸하는 측면(生滅門)에서 포섭되는 진리(理)는, 비록 '진리 본연'(理體)[의 차원]에서는 '[근본무지에 따라] 생멸하는 양상'(生滅相)에서 벗어나 있지만 또한 '늘 그대로인 면모'(常住之性)를 지키지 않아 근본무지(無明)라는 조건(緣)에 따라 '[근본무지에 매인] 생사生死'[의 세계]를 떠돌아다닌다. [그러나] 비록 ['생멸하는 측면'(生滅門)에서 포섭되는 진리(理)가] 현실적으로는 오염되었지만 [그] 본연(自性)은 온전하다. 이 '[근본무지에 따라 생멸하는] 측면'([生滅]門)에서는 '부처의 면모'(佛性)나 '깨달음의 본연'(本覺) 등의 명칭을 방편으로 세우니, 『열반경』과 『화엄경』 등에서 설해진 것과 같다.[136]

---

133 주住: 원문의 '住'를 번역한 것이다. 통상적으로 '住'를 '머무르다'라고 직역하는데, '어떤 본질이나 실체의 불변상태'를 의미하는 것으로 오해할 위험이 있다. 불교사상이나 원효사상의 철학적 맥락을 고려할 때 '住'는 '특정한 국면의 지속'을 의미하는 것으로 보고, 한글의 '그대로이다'를 그런 의미를 지시하기 위한 번역어로 선택한다.

134 실제實際: 『중론』 권4(T30, 36a10) 이하에서는 "涅槃之實際, 及與世間際, 如是二際者, 無毫釐差別"이라고 하였다.

135 예를 들면 『대반야경』 권3(T5, 13b27) 이하에서는 "若菩薩摩訶薩欲通達一切法眞如, 法界, 法性, 不虛妄性, 不變異性, 平等性, 離生性, 法定, 法住, 實際, 虛空界, 不思議界, 應學般若波羅蜜多"라고 말한다.

136 예를 들면 『대반열반경』 권7(T12, 407b9) 이하의 "佛言, '善男子! 我者即是如來藏義. 一切衆生悉有佛性, 即是我義. 如是我義, 從本已來, 常爲無量煩惱所覆, 是故衆生不能得見'"이라든가 『화엄경』 권33(T10, 812a10) 이하의 "一切法中不執著故; 善知識者, 心如明燈,

【별기】今論所述楞伽經等, 通以二門爲其宗體. 然此二義亦無有異. 以雖離
生滅, 而常住性亦不可得, 雖曰隨緣, 而恒不動, 離生滅性故. 以是義故,
眞如門中, 但說不壞假名而說實相, 不動實際建立諸法, 生滅門中, 乃說
自性淸淨心因無明風動, 不染而染, 染而不染.

『별기』(1-680b1~8);『회본』(1-742a20~b3);『소』에 없음.

지금 『기신론』에서 [인용하여] 서술한 『능가경』 등에서는 [진여문眞如門과
생멸문生滅門, 이] '두 측면'(二門)을 통틀어 [가르침의] '가장 중요한 본연'(宗體)
으로 삼는다. 그러나 [진여문에서 포섭되는 진리와 생멸문에서 포섭되는 진리라는]
이 '두 가지 면모'(二義)[137]는 다른 것도 아니다. [진여문에서 포섭되는 진리는] 비
록 '[근본무지에 따른] 생멸'(生滅)에서 벗어나지만 [그] '늘 그대로인 면모'(常住
性)도 [불변·독자의 본질이나 실체로서] 얻을 수 없으며, [생멸문에서 포섭되는 진리
는] 비록 [근본무지(無明)라는] 조건을 따른다고 말하지만 [그 '진리의 본연'(理體)
은] 항상 동요하지 아니하여 '[근본무지에 따라] 생멸하는 면모'(生滅性)에서 벗
어나기 때문이다. 이러한 뜻 때문에 '참 그대로인 측면'(眞如門)에서는 단지
〈['참 그대로'(眞如)나 '참 지평'(實際) 등의] [불변·독자의 실체를 갖지 않는] '방편으로
세운 명칭'(假名)을 파괴하지 않으면서도 '참된 면모'(實相)를 설하고 '참 지
평'(實際)을 움직이지 않으면서도 모든 현상을 건립한다〉고 말하며, '[근본무
지에 따라] 생멸하는 측면'(生滅門)에서는 〈'본연이 온전한 마음'(自性淸淨心)이
근본무지라는 바람으로 인하여 움직인 것이니, '물들지 않은 것이지만 물
들었고 물들었지만 물들지 않은 것이다'(不染而染, 染而不染)〉라고 말한다.

順本覺性而覺了故"가 있다.

137 은정희 번역본의 역주(p.94)에서는 '여기서 두 가지 뜻이라 함은 진여문에서 포섭하
는 이理·사事의 뜻과 생멸문에서 포섭하는 이·사의 뜻 두 가지를 말한다'고 한다.
그러나 '두 가지 면모'(二義)는 '참 그대로인 측면'(眞如門)에서 포섭되는 진리(理)와
'생멸하는 측면'(生滅門)에서 포섭되는 진리(理)만을 지칭하는 것으로 보는 것이 적절
하다.

【별기】同.¹³⁸ 眞如門中說唯空義, 生滅門內說不空義, 爲不如是耶? 答. 一往
相配, 不無是義. 故上立義分眞如相中, 但說"能示摩訶衍體", 生滅門中,
亦說"顯示大乘相用". 就實而言, 則不如是. 故下論文二門皆說不空義.

『별기』(1-680b8~13); 『회본』(1-742b3~10); 『소』에 없음.

묻는다. '참 그대로인 측면'(眞如門)에서는 오직 '불변 · 독자의 실체가 없
는 면모'(空義)만을 설하고 [근본무지에 따라] 생멸하는 측면'(生滅門) 안에서는
'전혀 없지는 않은 면모'(不空義)를 설하[는 것으로 보이]는데, 그렇지 않은가?

답한다. [진여문과 생멸문 각각의] 한 측면에다가 [그러한 뜻을] 배정해 본다면
이러한 뜻이 없지는 않다. 그러므로 위의 '[대승의 현상과 면모에 관한] 뜻을 세
우는 부분'(立義分)에서 '참 그대로의 면모'(眞如相)에 대해서는 단지 "대승의
[온전한] 본연을 보여 줄 수 있다"(能示摩訶衍體)라고 설했지만, '[근본무지에 따
라] 생멸하는 측면'(生滅門)에 대해서는 또한 "대승의 능력과 작용을 드러내
보여 준다"(顯示大乘相用)라고 설했던 것이다. [그러나] '사실 그대로'(實)에 의
거하여 말하면 이와 같지 않다. 그러므로 아래의 『기신론』 문장¹³⁹에서는
[진여문과 생멸문 이] '두 측면'(二門) 모두에서 '전혀 없지는 않은 면모'(不空義)
를 말하는 것이다.

---

138 한불전 교감주에는 "'同'은 '問'인 듯하다"라고 되어 있다. 『회본』에는 '問'이라 되어 있
다. 번역은 교감주에 따랐다.

139 '아래의 『기신론』 문장'(下論文): 여기서 아래(下)는 '위의 입의분立義分'(上立義分)에
대응하는 용어이다. 즉 위의 입의분에서는 진여문眞如門에 공의空義를, 생멸문生滅門
에 불공의不空義를 각각 배당하여 논의했지만, 입의분 아래 해석분解釋分의 문장(下
論文)에서는 진여眞如 · 생멸生滅의 이문二門 모두에서 불공의를 말한다는 것이다. '아
래 해석분의 『기신론』 문장'(下論文)에 해당하는 내용을 인용하면 다음과 같은데, 원
효가 현재 『별기』에서 진행하고 있는 설명의 대상인 문장이기도 하다. "顯示正義者,
依一心法, 有二種門. 云何爲二? 一者, 心眞如門, 二者, 心生滅門. 是二種門, 皆各總攝一切
法, 此義云何? 以是二門不相離故"(T32, 576a4~7). '해석분' 내 '현시정의顯示正義' 단락
의 서두에 해당하는 이 문장에서는 일심법一心法을 심진여문心眞如門과 심생멸문心生滅
門으로 나누면서도 2문이 각각 일체법一切法을 총섭總攝하여 서로 분리되지 않는
측면을 부각하는 내용이 이어져 있다.

【별기】問. 若生滅門內二義俱有者, 其不空義可有隨緣作生滅義, 空義是無, 何有隨緣而作有義?

『별기』(1-680b13~15); 『회본』(1-742b10~12); 『소』에 없음.

묻는다. 만약 '[근본무지에 따라] 생멸하는 측면'(生滅門) 안에 [공空과 불공不空의] 두 가지 면모가 다 있다고 한다면, '전혀 없지는 않은 면모'(不空義)에는 조건(緣)에 따라 생멸(生滅)을 짓는 면모가 있을 수 있지만, '불변·독자의 실체가 없는 면모'(空義)는 '없다는 것'(無)인데 어떻게 [생멸문 안에] 조건(緣)에 따라 있음(有)을 짓는 면모가 있겠는가?

【별기】答. 二義是一, 不可說異, 而約空義, 亦得作有. 何者? 若空定是空, 應不能作有, 而是空亦空, 故得作有. 然此空空亦有二義. 一者, 有法性空, 是空亦空, 有之與空, 皆不可得. 如是空空, 有眞如門. 如『大品經』云, "一切法空, 此空亦空, 是名空空". 二者, 猶如有無有性, 故得爲空, 是名曰空, 如是空無空性, 故得作有, 是名空空. 如是空空, 在生滅門. 如『涅槃經』云, "是有是無, 是名空空, 是是是非, 是名空空. 如是空空, 十住菩薩尙得少分如毫釐許, 何況余[140]人?" 二門差別, 應如是知. 上來釋上總立法竟.

『별기』(1-680b16~c4); 『회본』(1-742b12~c3); 『소』에 없음.

답한다. [공함과 공하지 않음의] 두 가지 면모는 같은 것이어서 다르다고 말할 수 없으니, '불변·독자의 실체가 없는 면모'(空義)에 의거해도 [생멸의] 있음(有)을 지을 수 있다. 왜인가? 만약 '불변·독자의 실체가 없음'(空)이 [본질처럼] 확정된 '불변·독자의 실체가 없음'(空)이라면 마땅히 [생멸의] 있음(有)을 지을 수 없을 것이나, 이 '불변·독자의 실체가 없음'(空)도 또한 '불변·독자의 실체가 없기'(空) 때문에 [생멸의] 있음(有)을 지을 수 있다.

그런데 이 〈'불변·독자의 실체가 없음'도 불변·독자의 실체가 없다는

---

140 『회본』에는 '余'가 '餘'로 되어 있다. '餘'로 교감하여 번역한다.

것)(空空)에는 또한 두 가지 뜻이 있다. 첫 번째는, '존재하는 것'(有法)의 본연(性)이 공하고 이 공함도 공하여서 있음(有)과 공함(空)이 모두 [불변·독자의 실체를] 얻을 수 없다는 것이다. 이와 같은 '공함도 공함'(空空)은 '참 그대로인 측면'(眞如門)에 있다. 마치 『대품경』에서 "모든 현상은 공하고 이 공함도 공하니, 이것을 '공함도 공함'(空空)이라 부른다"[141]라고 말한 것과 같다. 두 번째는, 있음에는 '있음의 본질'(有性)이 없기 때문에 공함이 될 수 있고 [그리하여] 이것을 공함이라 부르는 것과 마찬가지로, 이와 같은 공함(空)에도 '공함의 본질'(空性)이 없기 때문에 있음(有)을 지을 수 있으니, 이것을 '공함도 공함'(空空)이라 부른다는 것이다. 이와 같은 '공함도 공함'(空空)은 [근본무지에 따라] 생멸하는 측면'(生滅門)에 있다. 마치 『열반경』에서 "있음이기도 하고 없음이기도 한 것을 '공함도 공함'(空空)이라 부르고, 그렇기도 하고 아니기도 한 것을 '공함도 공함'(空空)이라 부른다. 이와 같은 '공함도 공함'[에 대한 앎과 실천]은 '열 가지 [본격적인] 수행경지'(十住, 十地)의 지위에 있는 보살[142]에게도 털끝만큼의 적은 부분만 허락되는데, 하물며 나

---

141 『마하반야바라밀경』 권5(T8, 250b18~19). "何等爲空空? 一切法空, 是空亦空, 非常非滅故. 何以故? 性自爾. 是名空空." 〈산스크리트본의 해당 내용: PvsP I-2, 61.14-16, tatra katamā śūnyatāśūnyatā? yā sarvadharmāṇāṃ śūnyatā tayā śūnyatayā śūnyā akūṭasthāvināśitām upādāya. tat kasya hetoḥ? prakṛtir asyā eṣā, iyam ucyate śūnyatāśūnyatā.; 그 [20가지 공성 중에서] 무엇이 공성의 공성인가? 모든 다르마들의 공성에게는 바로 그 공성이 공하다. 왜냐하면 그것이 움직이지 않는 것도 아니고 소멸하지 않는 것도 아니기 때문이다. 무엇 때문인가? 바로 이것[즉, 움직이지 않고 소멸하지 않는 것]이 그 [공성의] 본질이기 때문이다. 이것이 공성의 공성이라고 가르쳐진다.〉

142 십주보살十住菩薩: 일반적으로 십주보살은 십신十信·십주十住·십행十行·십회향十迴向·십지十地·등각等覺·묘각妙覺의 52위 수행체계에서 제11~20위까지의 수행에 있는 보살로서 십주·십행·십회향의 삼현위三賢位 중 첫 번째 단계를 가리키지만, 본문에서 논의하는 공공空空의 개념적 위상과 『열반경』에 나오는 십주보살의 용례에 따르자면 본문에서 거론된 십주보살은 제41~50위까지의 십지보살을 가리킨다. 『열반경』에서 십주보살이라는 용어는 십지보살의 다른 이름으로 자주 쓰이는데, 예를 들어 『열반경』 권21에서는 "聲聞緣覺至十住菩薩不見佛性, 名爲涅槃, 非大涅槃. 若能了了見於佛性, 則得名爲大涅槃也"(T12, 746b2~4)라고 하여 성문·연각의 이승二乘에 대비

머지 사람들이야 어떻겠는가?"[143]라고 한 것과 같다. '두 측면'(二門)의 차이를 이와 같이 알아야 한다. 이상으로 위의 '총괄적으로 현상을 수립함'(總立法)에 대한 해석을 마친다.[144]

가) 참 그대로인 측면(眞如門)

【소】 "心眞如"者[145]以下, 釋上別立. 別釋二門, 即爲二分. 眞如門中, 亦有二意, 初釋眞如, 後釋如相. 又復初是總釋, 後是別解. 又初文明不可說, 顯理絶言, 後文明可得說, 顯不絶言.

『소』(1-705b3~7); 『회본』(1-743a7~11)

[아래 『기신론』 본문에서] "마음의 참 그대로라는 것"(心眞如者) 이하[146]에서는 위의 ['현상을 수립함'(立法)의 문장부문(章文)에서] '하나씩 수립함'(別立)[147]을 해

되는 대승 보살의 호칭으로 나온다. 원효의 『열반종요』에서도 불성佛性을 보는 것이 '완전한가 완전하지 못한가'(究竟不究竟)의 경증으로 『열반경』의 「사자후품師子吼品」을 다음과 같이 인용하면서 십주보살을 거론한다. "究竟不究竟門文證者, 「師子吼」中言, 〈佛性亦二. 色者阿耨菩提, 非色者凡夫乃至十住菩薩, 見不了了故, 名非色. 色者名爲眼見, 非色者名爲聞見〉"(H1, 540c15~19. '〈〉' 표시는 『열반경』 인용 부분에 해당함). 범부로부터 십주보살까지는 불성을 문견聞見하고 오직 아뇩보리阿耨菩提를 얻은 불지佛地에서 불성을 안견眼見한다는 내용인데, 이 『열반경』 경증에서 불지에 대비되는 부류로서 제시된 십주보살에 관해 원효 역시 십지보살의 다른 이름으로 이해하고 있는 것을 알 수 있다.

143 『대반열반경』 권15(T12, 704a24~26). "是有是無, 是名空空, 是是非是, 是名空空. 善男子, 十住菩薩尙於是中通達少分猶如微塵, 況復餘人." 『열반경』의 '是是非是'가 본문에는 '是是是非'라 되어 있고, 또한 '如是空空'이 추가되어 있으며, 『열반경』의 '尙於是中通達少分猶如微塵' 부분이 본문에서는 '尙得少分如毫釐許'로 축약되어 있고, 『열반경』의 '況復'이 본문에서는 '何況'이라고 되어 있다.

144 『회본』에서는 여기서 제1권을 마친다.

145 『회본』에는 '心眞如者'의 네 글자가 빠져 있다.

146 『대승기신론』의 "心眞如者, 即是一法界大總相法門體"(T32, 576a8)에서부터 '釋義章門'이 시작되기 전까지(T32, 579a11)에 해당한다.

147 『기신론』 '입의분'에서 "是心眞如相, 即示摩訶衍體故, 是心生滅因緣相, 能示摩訶衍自體

석한다.

'두 국면'(二門)을 '하나씩 해석하는 것'(別釋)은 곧 [진여문과 생멸문의] 두 부분[148]이 된다. '참 그대로인 측면'(眞如門)에도 두 가지 의미가 있으니, 먼저 '참 그대로'(眞如)[의 본연과 명칭]을 해석하고[149] 나중에 '참 그대로의 특징'(如相)[150]을 해석한다.[151] 또한 다시 처음[의 '참 그대로를 해석한 것'(釋眞如)]은 '총괄적인 해석'(總釋)이고, 나중[의 '참 그대로의 특징을 해석한 것'(釋如相)]은 '개별적인 해설'(別解)이다.[152] 또한 처음[의 '참 그대로를 해석하는'(釋眞如)] 문단에서는

相用故"의 문장을 말한다. 이 대목에 대한 과문 제목 역시 '의문별립依門別立'이었다.

148 과문 상에서도 '별해別解' 아래 '진여문'과 '생멸문'의 두 부분으로 나뉜다.

149 '석진여釋眞如'의 문단은 '광석廣釋'에서 '현진여체顯眞如體'와 '석진여명釋眞如名'의 대목이 주요 내용이므로 "석진여釋眞如"를 "참 그대로[의 본연과 명칭]을 해석하고"라고 번역한다. 해당하는 『기신론』의 전문(T32, 576a8~23)을 인용하면 다음과 같다. "心眞如者, 即是一法界大總相法門體(여기까지 약표略標). 所謂心性不生不滅, 一切諸法唯依妄念而有差別, 若離妄念則無一切境界之相. 是故一切法從本已來, 離言說相, 離名字相, 離心緣相, 畢竟平等, 無有變異, 不可破壞, 唯是一心故名眞如. 以一切言說假名無實, 但隨妄念不可得故(여기까지 광석廣釋의 현진여체顯眞如體). 言眞如者, 亦無有相, 謂言說之極因言遣言, 此眞如體無有可遣, 以一切法悉皆眞故. 亦無可立, 以一切法皆同如故. 當知一切法不可說, 不可念故, 名爲眞如(여기까지 광석廣釋의 석진여명釋眞如名). 問曰. 若如是義者, 諸衆生等云何隨順而能得入? 答曰. 若知一切法雖說, 無有能說可說, 雖念, 亦無能念可念, 是名隨順. 若離於念, 名爲得入(여기까지 왕복제의往復除疑)."

150 '석여상釋如相'의 문단이 실제로 시작되는 곳에서는 '석여상'의 과문 제목을 별다른 설명 없이 '명진여상明眞如相'이라 말하고 있고, 내용상으로도 '석여상'의 문단에서 '여如'를 '진여眞如'와 구분하여 논의하는 대목이 발견되지 않으므로 '여'는 '진여'의 약어로 보인다.

151 '석여상釋如相'의 문단에 해당하는 『기신론』의 전문(T32, 576a24~b7)은 다음과 같다. "復次, 此眞如者, 依言說分別有二種義(여기까지 거수총표擧數總標). 云何爲二? 一者, 如實空, 以能究竟顯實故. 二者, 如實不空, 以有自體, 具足無漏性功德故(여기까지 의수개장依數開章). 所言空者, 從本已來一切染法不相應故, 謂離一切法差別之相, 以無虛妄心念故. 當知眞如自性, 非有相, 非無相, 非非有相, 非非無相, 非有無俱相, 非一相, 非異相, 非非一相, 非非異相, 非一異俱相, 乃至總說. 依一切衆生以有妄心念念分別, 皆不相應故說爲空, 若離妄心實無可空故(여기까지 의장별해依章別解의 명공明空). 所言不空者, 已顯法體空無妄故, 即是眞心常恒不變淨法滿足, 故名不空, 亦無有相可取, 以離念境界唯證相應故(여기까지 의장별해依章別解의 석불공釋不空)."

['참 그대로'(眞如)가 말로 설명될 수 없음을 밝혀 '진리는 언어적 규정을 끊은 것임'(理絶言)을 드러내고,[153] 나중[의 '참 그대로의 특징을 해석하는'(釋如相)] 문단에서는 ['참 그대로'(眞如)가] 말로 설명될 수 있음을 밝혀 '[진리(理)는] 언어를 끊지 않음'(理不絶言)을 드러낸다.[154]

【별기】 "心眞如者"以下, 第二廣上別立. 廣二門, 卽爲二. 初中品二, 一廣眞
　　如, 二"復次"已下, 廣眞如相. 此二文意有異者, 初是總釋, 後是別解. 又
　　初文明不可說, 顯理絶言, 後文相可得說, 顯不絶言.

『별기』(1-680c5~9)

[아래 『기신론』 본문에서] "마음의 참 그대로라는 것"(心眞如者) 이하는 [첫 번째인 총괄적 해석에 이어] 두 번째로 위의 [[대승의 현상과 면모에 관한] 뜻을 세움'(立義)의 문장부문에서] 개별적으로 펼쳤던 것을 자세히 해설하는 것이다. 두 측면을 자세히 해설하는 것은 곧 ['참 그대로인 측면'(眞如門)과 '생멸하는 측면'(生滅門)의] 두 가지가 된다. 처음[의 '참 그대로인 측면'(眞如門)]에는 단락이 두 가지이니, 첫 번째로 '참 그대로'(眞如)를 자세히 해설하고, 두 번째로 "다음으로"(復次) 이하에서는 '참 그대로의 특징'(眞如相)을 자세히 해설한다. 이 두 문단의 뜻에 차이가 있는 것은, 처음[의 '참 그대로를 해석한 것'(釋眞如)]은 '총괄적인 해석'(總釋)이고, 나중[의 '참 그대로의 특징을 해석한 것'(釋如相)]은 '개별적인 해설'(別解)이다. 또한 처음[의 '참 그대로를 해석하는'(釋眞如)] 문단에서는 ['참 그대로'(眞如)가] 말로 설명될 수 없음을 밝혀 '진리는 언어적 규정을 끊은 것임'(理絶言)을 드러내고, 나중[의 '참 그대로의 특징'(眞如相)을 해석하는] 문단은

---

152 '석진여釋眞如'의 문단에서는 크게 말해 진여의 체를 통째로 해석하고 있고 '석여상釋如相'의 문단에서는 진여를 공의 차원과 불공의 차원으로 나누어 해석하고 있다는 점에서 총별總別로 나눈 것으로 보인다.

153 인용한 『기신론』 본문에서 '석진여'의 '현법체' 단락의 마지막 문장("以一切言說假名無實, 但隨妄念不可得故")을 보면 '현리절언顯理絶言'의 의미가 부각된다.

154 인용한 『기신론』 본문에서 '석여상' 단락의 첫 문장("此眞如者, 依言說分別有二種義")을 보면 '현부절언顯不絶言'의 의미가 부각된다.

['참 그대로'(眞如)의] 양상(相)을 말로 설명할 수 있어 '[진리'(理)는] 언어를 끊지 않음'([理]不絶言)을 드러낸다.

<『소』와 『별기』의 구문 대조>

『소』(1-705b3~7)	『별기』(1-680c5~9)
"心眞如者"以下, ①釋上別立. ②別釋二門, 卽爲二③分. ④眞如門中, 亦有二意, 初釋眞如, 後釋如相. (⑤) ⑥又復初是總釋, 後是別解. 又初文明不可說, 顯理絶言, 後文⑦明可得說, 顯不絶言.	"心眞如者"以下, ①第二廣上別立. ②廣二門, 卽爲二(③). ④初中品二, 一廣眞如, 二"復次"已下, 廣眞如相. ⑤此二文意有異者, (⑥)初是總釋, 後是別解. 又初文明不可說, 顯理絶言, 後文⑦相可得說, 顯不絶言.

【별기】故[155]初文中言"離言說相, 離名字相", 乃至言"眞如者, 因言遣言", 後文中言"依言說分別有二種義, 謂如實空·如實不空". 然後文亦說"一切分別皆不相應", 當知一切言說亦不相應. 此卽顯理離言絶慮. 又初文中要依"因言遣言"之言, 乃得顯其理之絶言, 此亦顯理不離言說相.

『별기』(1-680c10~17); 『회본』(1-743a12~24); 『소』에 없음.

그러므로 처음[의 '참 그대로를 해석하는'(釋眞如)] 문단에서는 "언어와 설명이 드러내는 특징에서 벗어나 있고, 명칭과 문자가 드러내는 특징에서도 벗어나 있다"(離言說相, 離名字相) 및 "'참 그대로'라는 것은 [언어와 설명의 궁극이어서] 말에 의하여 말을 버린다"(眞如者, 因言遣言)라고 말하였고, 나중[의 '참 그대로의 특징을 해석하는'(釋如相)] 문단에서는 "언어와 설명에 의해 [그 차이를] 나누면 두 가지 뜻이 있으니, <불변·독자의 실체가 없는 '사실 그대로'>(如實空)와 <전혀 없지는 않은 '사실 그대로'>(如實不空)가 그것이다"(依言說分別有二種義, 謂如實空·如實不空)[156]라고 말하였다. 그런데 나중[의 '참 그대로의

---

155 『회본』에는 '故'자가 빠져 있다.

156 『대승기신론』원문은 "此眞如者, 依言說分別有二種義. 云何爲二? 一者, 如實空, 以能究竟顯實故. 二者, 如實不空, 以有自體, 具足無漏性功德故"(T32, 576a24~26)이다.

특징을 해석하는'(釋如相)] 문단에서는 또한 "모든 [언어로 나누는] 분별이 다 ['참 그대로'(眞如)의 온전함과는] 서로 맞지 않는다"(一切分別皆不相應)라고도 하였으니, 모든 언어와 말은 ['참 그대로'(眞如)의 온전함과는] 서로 맞지 않기도 하다는 것을 알아야 한다. 이것은 곧 진리(理)는 '언어적 규정에서 벗어나고 분별하는 생각을 끊은 것'(離言絶慮)임을 드러낸 것이다. 또 처음[의 '참 그대로를 해석하는'(釋眞如)] 문단에서는 "말에 의하여 말을 버린다"(因言遣言)는 말에 의거하여 저 '진리가 언어[가 드러내는 특징]을 끊은 것'(理之絶言)임을 드러내니, 이것은 또한 진리(理)가 '언어와 설명이 드러내는 특징'(言說相)에서 벗어나 있지도 않음을 드러낸 것이다.

【소】 問. 理實而言, 爲絶爲不絶? 若不絶言者, 正體離言, 卽違[157]於理, 若實絶言, 後智帶言, 卽倒於理. 又若不絶, 則初段論文, 斯爲漫語, 若實絶言, 則後段論文, 徒爲虛設, 如說虛空爲金銀等. 解云. 是故當知, 理非絶言, 非不絶言, 以是義故, 理亦絶言, 亦不言絶, 是則彼難無所不審.[158] 且止傍論, 還釋本文.[159]

『소』(1-705b8~15); 『회본』(1-743b1~8)

묻는다. 진리(理)에서는 실제로 [언어가] 끊어진다고 해야 하는가, 끊어지지 않는다고 해야 하는가? 만약 [진리가] 언어를 끊은 것이 아니라면 '본연에 대한 바른 이해'(正體智)는 언어에서 벗어나 있으므로 [진리가 언어를 끊은 것이 아니라는 주장은] 곧 이치에 어긋나는 것이며, 만약 [진리가] 실제로 언어를 끊은 것이라면 ['본연에 대한 바른 이해'(正體智)에 의거하여 대상에 대해] 뒤이

---

157 『소』에는 '通'으로 되어 있지만, 문맥을 고려하면 『회본』의 '違'로 보는 것이 타당하다고 판단하여 '違'로 교감한다. 『별기』의 해당 문장에서도 '違'와 같은 문맥의 용어인 '過'로 표현되어 있다.

158 한불전에서는 원문인 '是則彼難無所不審'의 '審'을 '當'으로 교감하고 있다(H1, 705). 그러나 원문대로 '審'으로 보는 것이 적절해 보인다.

159 "且止傍論, 還釋本文"은 별기에는 없고, 『소』와 『회본』에 나온다.

어 얻어지는 바른 이해'(後得智)는 언어를 지니는 것이므로 [진리는 실제로 언어를 끊은 것이라는 주장은] 곧 이치를 거스르게 된다. 또 만약 [진리가 언어를] 끊은 것이 아니라고 하면 곧 첫 문단의 ['언어[가 드러내는 불변·독자의 실체적 양상]에서 벗어난 참 그대로'(離言眞如)를] 논하는 글이 함부로 한 말이 되고, 만약 [진리가] 실제로 언어를 끊은 것이라면 곧 뒷문단의 ['언어에 의거하여 드러나는 참 그대로'(依言眞如)를] 논하는 글이 단지 헛된 설정이 되어 버리니, 마치 허공을 금색이나 은색 등이라고 말하는 것과 같다.

답한다. 그러므로 진리(理)는 언어를 끊은 것도 아니고 끊지 않은 것도 아니며, 이러한 이치(義)로 인해서 진리(理)는 언어를 끊은 것이기도 하고 언어를 끊지 않은 것이기도 하다는 것을 알아야 하니, [이치가] 이렇다면 [질문과 같은] 그러한 난점은 설명되지 않는 것이 없다. 부차적인 논의는 여기서 그치고 다시 『기신론』 본문 해설로 돌아간다.

【별기】問. 理實而言爲絶? 若不絶言, 卽非絶慮.[160] 若言得說理實絶言者, 則墮自宗相違過, 先以絶言之言不絶而理實絶言故. 若使絶言之言亦言絶者, 則墮自語相違過, 先以絶言之言亦絶而言得說言故. 又若不絶言者, 正體離言則過於理, 若實絶言者, 後得帶言則倒於理. 又若不絶言, 則初段論文, 斯爲妄語, 若實絶言, 則後段論文, 徒爲虛設, 如說虛空爲靑黃等. 答. 或有說者, 是故當知, 理非絶言, 非不絶言, 以是義故, 理亦絶言, 亦不絶言. 如是等言, 無所不當, 故無所當, 由無所當, 故無所不當也. 眞如門中絶不絶義, 旣如是說. 生滅門中, 亦同此說.

『별기』(1-680c17~681a8); 『회본』(1-743b9~12)

묻는다. 진리(理)에서는 실제로 [언어가] 끊어진다고 해야 하는가? 만약 언어를 끊어 버리지 않는다면 곧 분별하는 생각을 끊은 것이 아니다. 만약

---

160 "問. 理實而言爲絶, 若不絶言, 卽非絶慮" 부분은 『별기』에는 있으나, 『회본』에는 누락되어 있다.

〈말을 해도 진리(理)는 실제로 언어를 끊은 것이다〉(得說理實絶言)라고 말한 다면 [이것은] 곧 '[내세운] 자신의 주장을 위배해 버리는 오류'(自宗相違過)에 떨어져 버리니, 앞에서의 〈'언어를 끊었다'고 하는 말〉(絶言之言)을 끊지 않으면서도 〈진리(理)는 실제로 언어를 끊은 것이다〉(理實絶言)[라고 주장하]기 때문이다. 만약 〈'언어를 끊었다고 하는 말'도 언어를 끊은 것이다〉(絶言之言亦言絶)라고 말한다면 곧 '스스로의 말을 위배해 버리는 오류'(自語相違過)에 떨어져 버리니, 앞에서의 〈'언어를 끊었다'고 하는 말〉(絶言之言) 또한 끊어졌다고 하면서도 〈[진리는] 말할 수 있다〉(得說言)고 말하기 때문이다.

또 만약 [진리(理)가] 언어를 끊은 것이 아니라면 '본연에 대한 바른 이해'(正體智)¹⁶¹는 언어에서 벗어난 것이므로 [진리가 언어를 끊은 것이 아니라는 주장은] 곧 이치에 어긋나는 것이며, 만약 [진리가] 실제로 언어를 끊은 것이라면 '[본연에 대한 바른 이해'(正體智)에 의거하여 대상에 대해] 뒤이어 얻어지는 바른 이해'(後得智)¹⁶²는 언어를 지니는 것이므로 [진리가 실제로 언어를 끊은 것이라는

---

161 '근본지根本智'라고도 한다.

162 정체지正體智와 후득지後得智: 『불광대사전』은 다음과 같이 해설하고 있다. 〈유식학唯識學에서 출세성자出世聖者의 지혜로 제시되는 두 가지의 지혜이다. 정체지는 또한 근본지根本智, 근본무분별지根本無分別智, 무분별지無分別智, 정체무분별지正體無分別智, 여리지如理智, 이지理智, 승의지勝義智 등으로 불리는데, 인공人空과 법공法空에 의해 드러나는 진여眞如의 이치를 직증直證하여 번뇌를 끊은 지혜로서 무차별無差別의 이치를 비추는 지혜이다. 후득지는 또한 후득차별지後得差別智, 여량지如量智, 양지量智, 분별지分別智, 속지俗智, 세속지世俗智 등으로 불리는데, 정체지를 깨달은 후 세간의 통속사通俗事에 대해 차별差別의 이치를 비추는 지혜이다〉(『불광대사전』, pp.215, 5012 참조). 정체지와 후득지가 거론되는 맥락과 용법들을 종합할 때, 현상의 〈'참 그대로인 본연'인 '불변·독자의 실체나 본질이 없음'〉(空, 空眞如)에 대한 이해는 정체지이고, '현상의 차이들이 지닌 특징'이나 '현상들의 관계'에 관한 이해는 후득지라고 하겠다. 원효는 이 두 가지 지혜에 대해 『이장의二障義』에서는 "若人若法, 非有非無. 非無故, 說人法皆有量智所照, 非有故, 說人法二空理智所證"(H1, 814a22~24)이라고 하여, 인법人法은 비유비무非有非無로서, 비무非無이기 때문에 인법의 유有가 양지量智로 이해되고 비유非有이기 때문에 인법의 공空이 이지理智로 증득된다고 설명한다.

주장은] 곧 이치를 거스르게 된다. 또 만약 [진리가 언어를] 끊은 것이 아니라면 곧 첫 문단의 ['언어[가 드러내는 불변·독자의 실체적 양상]에서 벗어난 참 그대로'(離言眞如)를] 논하는 글이 허망한 말이 되고, 만약 [진리가] 실제로 언어를 끊은 것이라면 곧 뒷문단의 ['언어에 의거하여 드러나는 참 그대로'(依言眞如)를] 논하는 글이 단지 헛된 설정이 되어 버리니, 마치 허공을 청색이나 황색이라고 말하는 것과 같다.

답한다. 어떤 사람[163]은 [다음과 같이 말한다.] 〈그러므로 진리(理)는 언어를 끊은 것도 아니고 끊지 않은 것도 아니며, 이러한 이치(義)로 인해서 진리(理)는 언어를 끊은 것이기도 하고 언어를 끊지 않은 것이기도 하다는 것을 알아야 한다. 이와 같은 말은 합당하지 않는 것이 없으니 따라서 합당한 것이 없고, 합당한 것이 없기 때문에 합당하지 않는 것이 없다.〉 '참 그대로인 측면'(眞如門) 안에서 ['진리'(理)가 언어를] 끊음과 끊지 않음의 뜻은 앞에서 설명한 것과 같다. '[근본무지에 따라] 생멸하는 측면'(生滅門) 안에서도 이와 같은 설명과 같다.

〈『소』와 『별기』의 구문 대조〉

『소』(1-705b8~15)	『별기』(1-680c17~681a8)
問. 理實而言, 爲絶①爲不絶? 若不絶言②者, ③正體離言, 卽違於理, 若實絶言, 後智帶言, 卽倒於理. 又若不絶④, ⑤ 則初段論文, 斯爲⑥漫語, 若實絶言, 則後段論文, 徒爲虛設, 如說虛空爲⑦金銀等. ⑧解云, 是故當知, 理非絶言,	問. 理實而言言絶(①)? 若不絶言(②), ③卽非絶慮. 若言得說理實絶言者, 則墮自宗相違過, 先以絶言之言不絶而理實絶言故. 若使絶言之言亦言絶者, 則墮自語相違過, 先以絶言之言亦絶而言得說言故. 又若不絶④言者, ⑤正體離言則過於理, 若實絶言者, 後得帶言則倒於理. 又若不絶言, 則初段論文, 斯爲⑥妄語, 若實絶言, 則後段論文, 徒爲虛設, 如說虛空爲⑦靑黃等. ⑧答. 或有說者, 是故當知, 理非絶言, 非不

---

163 원효 자신을 지시하는 것으로 보인다. 『소』에서는 이 말이 삭제되고 원효의 말로 등장한다.

非不絶言，以是義故，理亦絶言，亦不言絶，是則彼難無所不審，且止傍論，還釋本文.	絶言，以是義故，理亦絶言，亦不絶言，如是等言，無所不當，故無所當，由無所當，故無所不當也．眞如門中絶不絶義，既如是說，生滅門中，亦同此說.

※ 기존의 번역들에서는 모두 『회본』에만 의거한 결과, 『별기』에 서술되어 있는 내용이 『회본』에서 대폭 누락되어 있다는 사실을 간과하고 있다. 본 번역에서는 이와 같은 문제점을 주목하여 『소』·『별기』에서 동일한 논지를 펴고 있는 의미 단위를 새로 가려내어 『소』와 『별기』를 대조하고 있다. 구문을 서로 대조해 보면, 전체 대의에는 결정적인 차이가 없지만 『소』에서는 좀 더 간결한 표현방식(특히 『별기』의 ③과 ⑧의 문장과 『소』 비교)이 채택되어 『별기』에서 서술된 내용이 거의 절반으로 축약되어 있다는 사실을 확인할 수 있다.

※ 『회본』(1-743b9~b12)에는 『별기』의 "如是等言，無所不當，故無所當，由無所當，故無所不當也．眞如門中絶不絶義，既如是說．生滅門中，亦同此說" 부분만 소개하고 있다.

(가) 참 그대로의 본연과 명칭을 해석함(釋眞如)

心眞如者，即是一法界大總相法門體，所謂心性不生不滅. 一切諸法，唯依妄念而有差別，若離心念，則無一切境界之相. 是故一切法從本已來，離言說相，離名字相，離心緣相. 畢竟平等，無有變異，不可破壞，唯是一心，故名眞如. 以一切言說，假名無實，但隨妄念，不可得故.

『논』(T32, 576a8~14); 『회본』(1-743b14~21)

'참 그대로인 마음'(心眞如)이란 것은 곧 '하나처럼 통하는 [차이들의] 현상세계'(一法界)이자 '크나큰 총괄적 양상'(大總相)인 '진리 문'(法門)의 [온전한] 본연'(體)이니, '마음의 온전한 면모'(心性)는 [분별에 따라] 생겨나는 것도 아니고 사라지는 것도 아니다'(不生不滅)라는 것이 그것이다. 모든 현상은 오로지 [근본무지에 의해 분별하는] 망념에 의하여 차별이 존재하니, 만약 [근본무지에 의해 분별하는] '망념의 마음'(心念)에서 벗어나면 곧 '모든 대상의 [실체화된 차별적] 양상'(一切境界之相)이 없어진다. 그러므로 모든 현상은 본래부터 '언어와 설명이 드러내는 [불변·독자의 실체적] 특징에서 벗어

나 있고'(離言說相), '명칭과 문자가 드러내는 [불변·독자의 실체적] 특징에
서도 벗어나 있으며'(離名字相) '[분별하는] 마음으로 관계 맺는 [불변·독자의
실체적] 특징에서도 벗어나 있다'(離心緣相). [그리하여 모든 현상은] '[분별에 의
한 차별이 없어] 궁극적으로 평등하며'(畢竟平等) '[근본무지에 따른 분별에 의해]
변하거나 달라짐이 없고'(無有變異) '[그 본연적 면모를] 파괴할 수 없으며'(不
可破壞) 오직 '하나처럼 통하는 마음'(一心)[지평에서의 현상]일 뿐이니, 그러
므로 '참 그대로'(眞如)[164]라고 부른다. 모든 언어는 '방편으로 세운 명칭'

---

164 진여眞如: 진여문眞如門에 들어와 진여의 개념에 관해 본격적으로 해석하고 있는 이
문단에서 이 해석의 핵심을 간단히 요약하기 위해서는 미리 제시된 원효의 과문과 그
에 따르는 문단의 내용 규정들을 되돌아볼 필요가 있다. 원효는 앞서 진여문을 크게
두 가지 문단으로 나누면서 두 문단의 형식과 핵심내용을 다음과 같이 규정한다. "眞
如門中, 亦有二意, 初釋眞如, 後釋如相. 又復初是總釋, 後是別釋. 又初文明不可說, 顯理絶
言, 後文明可得說, 顯不絶言"(『기신론소』권2, H1, 705b4~7). 이에 따르면 먼저 진여
문은 첫 번째인 '참 그대로를 해석함'(釋眞如)과 두 번째인 '참 그대로의 특징을 해석
함'(釋如相)의 두 문단으로 나뉜다. 현재까지 본문에서 진행된 진여에 관한 해석들은
첫 번째인 '참 그대로를 해석함'(釋眞如)의 문단에 속한다. 이어서 원효는 이 두 문단
의 형식적 특징에 관해 첫 번째 문단은 '총괄적 해석'(總釋)이고, 두 번째 문단은 '개별
적인 해설'(別解)이라고 규정한다. 본문에서 보듯이 첫 번째 문단은 "心眞如者, 卽是一
法界大總相法門體"로 시작하여 진여의 개념을 통째로 해석하는 반면, 두 번째 문단은
그 문단의 첫 대목에서 보듯이 "復次, 此眞如者, 依言說分別有二種義. 云何爲二? 一者,
如實空, 以能究竟顯實故. 二者, 如實不空, 以有自體, 具足無漏性功德故"라고 하여 진여를
여실공의 측면과 여실불공如實不空의 측면으로 나누어 해석하기 때문이다. 끝으로 원
효는 두 문단의 내용적 특징에 관해 첫 번째 문단은 [참 그대로'(眞如)가] 말로 설명될
수 없음을 밝혀 '진리는 언어적 규정을 끊은 것임'(理絶言)을 드러내고, 두 번째 문단
은 [참 그대로'(眞如)가] 말로 설명될 수 있음을 밝혀 '[진리(理)는] 언어를 끊지 않은
것임'(不絶言)을 드러낸다고 규정한다. 즉 언설상言說相·명자상名字相·심연상心緣
相 및 그것에 매여 있는 심념心念에서 벗어나 모든 차별이 필경평등畢竟平等해진 지
평이 진여라고 총석總釋하는 본문의 설명내용에 관해, 원효는 '진리는 언어적 규정
을 끊은 것임'(理絶言)을 밝히는 것이라고 명료하게 요약한다. 또한 진여를 여실공의
측면과 여실불공의 측면으로 별석別釋하는 '참 그대로의 특징을 해석함'(釋如相)의
두 번째 문단에 관해서는, '[진리(理)는] 언어를 끊지 않은 것임'(不絶言)을 밝히는 것
이라고 해설하여 진여의 개념 안에서도 모든 차이의 지평이 보존되는 측면을 적시
해 준다.

(假名)이고 [그 안에] '[불변·독자의] 실체'(實)가 없으니, [언어에 따른 실체적 차별은] 다만 [근본무지에 의해 분별하는] 망념에 따른 것이어서 [불변·독자의 실체로서] 얻을 수가 없기 때문이다.

【仝】初文有三, 一者, 略標, 二者, 廣釋, 其第三者, 往復除疑. 略標中言"卽是一法界"者, 是擧眞如門所依之體, 一心卽是一法界故. 此一法界通攝二門, 而今不取別相之門, 於中但取總相法門. 然於總相有四品中, 說三無性所顯眞如, 故言"大總相". 軌生眞解, 故名爲"法", 通入涅槃, 故名爲"門". 如一法界擧體作生滅門, 如是擧體爲眞如門. 爲顯是義, 故言"體"也.

『仝』(1-705b16~c1); 『회본』(1-743b22~c7); 『별기』에 없음.

처음[의 '참 그대로인 마음측면'(心眞如)을 해설하는] 문단에는 세 가지가 있으니, 첫 번째는 '[핵심을] 간략히 제시함'(略標)이고, 두 번째는 '자세히 해석함'(廣釋)이며, 세 번째는 '[문답을] 주고받으며 의심을 제거함'(往復除疑)이다. [첫 번째인] '[핵심을] 간략히 제시함'(略標)에서 말한 "하나처럼 통하는 [차이들의] 현상세계"(一法界)라는 것은 '참 그대로인 측면'(眞如門)이 의거하는 '[온전한] 본연'(體)을 드러낸 것이니, '하나처럼 통하는 마음'(一心)이 바로 '하나처럼 통하는 [차이들의] 현상세계'(一法界)이기 때문이다. 이 '하나처럼 통하는 [차이들의] 현상세계'(一法界)는 '[개별적 양상'(別相)과 '총괄적 양상'(總相), 이] 두 가지 측면을 [서로] 통하게 하고 [서로] 포섭하게 하지만'(通攝), 지금은 '개별적 양상의 측면'(別相門)을 취하지 않고 이 중에서 단지 '총괄적 양상의 진리측면'(總相法門)만을 취하였다. 그런데 '총괄적 양상'(總相)에 있는 '네 가지 종류'(四品)[165] 가운데서 [유식에서 설하는] '세 가지 모두 각자의 본질이 없음'(三

---

165 총상사품總相四品: '총괄적 양상'(總相)은 '개별적 양상'(別相)의 대칭이다. 앞서 각주 '진여眞如' 조목에서 보았듯이, 지금 논의되고 있는 '석진여釋眞如' 단락은 '진리는 언어적 규정을 끊은 것임'(理絶言)이라는 진여의 '총괄적 양상'(總相)을 '총괄적으로 해석하는'(總釋) 대목이다. 그리고 다음의 '석여상釋如相' 단락은 [진리(理)는] 언어를 끊지

않은 것임'(不絶言)이라는 진여의 '개별적 양상'(別相)을 여실공如實空의 측면과 여실불공如實不空의 측면으로 나누어 '개별적으로 해설하는'(別解) 대목이 된다. 지금 논의하고 있는『대승기신론』의 '석진여' 단락에서는 진여의 총상總相인 '진리는 언어적 규정을 끊은 것임'(理絶言)에 관해 '네 가지 종류'(四品)의 개념으로써 '삼무성에 의해 드러나는 진여'(三無性所顯眞如)를 설한다는 것이 원효의 설명이다. 원효가 언급하는 총상사품總相四品과 '삼무성에 의해 드러나는 진여'(三無性所顯眞如)의 관계는, 곧바로 이어지는 다음 문단에서 '석진여' 단락에 관한 세부 과문과 연계되어 논의된다. '석진여' 단락의 과문에 따라 배분되는『대승기신론』문장을 배당해 보면, 분석된 과문으로부터 삼무성소현진여三無性所顯眞如의 총상사품을 추려낼 수 있다.

(ㄱ) 釋眞如

㉠ 略標: "心眞如者, 卽是一法界大總相法門體."

㉡ 廣釋

　A. 顯眞如體

　　A) 當眞實性以顯眞如: "所謂心性不生不滅."

　　B) 對分別性以明眞如絶相

　　　(A) 擧遍計所執之相: "一切諸法, 唯依妄念而有差別."

　　　(B) 對所執相顯無相性: "若離心念, 則無一切境界之相."

　　C) 就依他性以顯眞如離言

　　　(A) 約依他性法以明離言絶慮: "是故一切法從本已來, 離言說相, 離名字相, 離心緣相."

　　　(B) 依離絶之義以顯平等眞如: "畢竟平等, 無有變異, 不可破壞, 唯是一心, 故名眞如."

　　　(C) 釋平等離絶所以: "以一切言說, 假名無實, 但隨妄念, 不可得故."

　B. 釋眞如名

먼저 '㉡ 광석廣釋'의 'B. 석진여명釋眞如名'은『대승기신론』의 다음 문장에 관한 과문이므로 현재 논의의 대상인『대승기신론』의 문장은 과문 상에서 '㉠ 약표略標'와 '㉡ 광석'의 'A. 현진여체顯眞如體'까지에 해당함을 알 수 있고, 더불어 삼무성소현진여에 따르는 총상사품이 본격적으로 제시되는 곳은 '㉠ 약표' 이후 '㉡ 광석'의 'A. 현진여체' 대목에서임도 살펴볼 수 있다. 총상사품의 첫 번째는 'A)'에서 보듯이 진실성眞實性에 의해 드러나는 진여불생불멸상眞如不生不滅相이고, 두 번째는 'B)'에서 보듯이 분별성分別性에 대비하여 드러나는 진여절상眞如絶相 또는 진여무상성眞如無相性이다. 'C)' 문단의 큰 과문에만 따르면 총상의 세 번째는 의타성依他性에 의거하여 드러나는 진여리언상眞如離言相이 되지만, 부속하는 작은 과문인 'C)-(A)'와 'C)-(B)'에 따르면 이 언설상離言說相 · 이명자상離名字相 · 이심연상離心緣相을 포괄하는 진여리언상(이언절려상離言絶慮相)과 더불어 네 번째로 이 이[언]절[려]상[言]絶慮相에 의거하여 필경평등畢竟平等의 일심一心으로 드러나는 평등진여상平等眞如相이 언급된다. 'C)-(C)'에서는 평등상平等相과 이절상離絶相의 까닭을 밝힐 뿐이므로 총상사품과 직접적 연

無性)[166]을 밝히는 도리가 드러내는 '참 그대로'(眞如)를 설하기 때문에 "크나

관은 없다. 정리하면 삼무성소현진여에서 드러나는 총상사품은 ① 진여불생불멸상, ② 진여절상(진여무상성), ③ 진여리언상(이언절려상), ④ 평등진여상으로 추려질 수 있겠다. 한편 은정희 역(1991)에서는 '심생멸문心生滅門'의 성정본각지상性淨本覺之相을 밝히는 대목(T32, 576c20 이하)에서 각체상覺體相의 사종대의四種大義로서 제시되는 여실공경如實空鏡, 인훈습경因熏習鏡, 법출리경法出離鏡, 연훈습경緣熏習鏡을 총상사품의 내용으로 간주하고 있다(p.104 참조). 하지만 이런 이해는 기본적으로 논의 거리상의 격차를 문제점으로 안고 있을 뿐 아니라, 이 각체상覺體相의 사종대의四種大義를 해설하는 대목에서 정작 원효는 삼무성三無性과 관련된 논의를 전개하지 않고 있다는 문제점을 갖는다.

166 삼무성三無性: 인도 유식학파에서 말하는 변계소집성遍計所執性(分別性)·의타기성依他起性·원성실성圓成實性(眞實性)이라는 삼성三性의 있음(有)에 대해 이 삼성三性의 공의空義를 설명한 것으로서 ① 상무성相無性(lakṣaṇa-niḥsvabhāvatā), ② 생무성生無性(utpatti-niḥsvabhāvatā), ③ 승의무성勝義無性(paramārtha-niḥsvabhāvatā)을 말한다. 변계소집성은 망념으로 두루 분별하고 거기에 집착하는 것이고, 의타기성은 다른 것에 의존하여 발생하는 것이며, 원성실성은 참됨이 완전하게 이루어진 면모인데, 이 세 가지 모두 불변·독자의 본질이 없다는 뜻이다. 삼무자성三無自性이라고도 한다. 이것은 현상의 '본연의 면모'(性)를 세 가지 측면에서 밝힌 것이다. 변계소집성(分別性)·의타기성·원성실성(眞實性)이라는 삼성三性에 대해서는 유식학파의 근본경전인 『해심밀경解深密經』권2의 제4 「일체법상품一切法相品」에서 다음과 같이 서술하고 있다. "謂諸法相略有三種, 何等爲三? 一者, 遍計所執相; 二者, 依他起相; 三者, 圓成實相. 云何諸法遍計所執相? 謂一切法名假安立自性差別, 乃至爲令隨起言說. 云何諸法依他起相? 謂一切法緣生自性, 則此有故彼有, 此生故彼生, 謂無明緣行, 乃至招集純大苦蘊. 云何諸法圓成實相? 謂一切法平等眞如. 於此眞如, 諸菩薩衆勇猛精進爲因緣故, 如理作意, 無倒思惟爲因緣故, 乃能通達. 於此通達, 漸漸修集, 乃至無上正等菩提方證圓滿"(T16, 693a16~25). 삼무성에 대한 이해는 『해심밀경』권2의 제5「무자성상품無自性相品」에서 제시되고 있는데, 곧 변계소집성(分別性)·의타기성·원성실성(眞實性) 세 가지에 순서대로 상무자성相無自性, 생무자성生無自性, 승의무자성勝義無自性을 대입하여 모두 각자의 본질이 없다는 뜻을 설명하고 있다. 이러한 관점은 『유가사지론』권13(T30, 345c1~c3), 『성유식론成唯識論』권9(T31, 48a9~15), 『현양성교론』권16(T31, 557b17~23), 『대승아비달마집론大乘阿毘達磨集論』권6(T31, 687c29~688a4)으로 계승되고 있다. 『성유식론』권9에서 삼무성에 관해 설명하는 내용은 다음과 같다. "云何依此而立彼三? 謂依此初遍計所執, 立相無性. 由此體相畢竟非有, 如空華故. 依次依他, 立生無性. 此如幻事, 託衆緣生. 無如妄執, 自然性故. 假說無性, 非性全無. 依後圓成實, 立勝義無性. 謂卽勝義, 由遠離前遍計所執我法性故. 假說無性, 非性全無. 如太虛空雖

큰 총괄적 양상"(大總相)이라고 하였다. '일정한 법칙'(軌)이 '참된 이해'(眞解)를 생겨나게 하기 때문에 "법法"[167]이라 하였고, [이것으로] 열반에 통하여 들

遍衆色, 而是衆色無性所顯"(T31, 48a9~16). 이에 따르면 먼저 상무성은 변계소집성에 의거해 성립하는데, 변계소집성의 체상體相이 필경 실체로서의 있음(有)이 아닌 것이 마치 공화空華와 같기 때문이다. 다음으로 생무성은 의타기성에 의거하여 성립하는데, 의타기성은 환사幻事와 같이 중연衆緣에 의탁하여 생겨나는 것이어서 마치 망집妄執에 자연성自然性이 없는 것과 같기 때문이다. 그런데 의타기성은 '실체가 없는 것'(無性)이라고 '언어를 빌려 말하지만'(假說), 그렇다고 아무 것도 없는 전무全無는 아니다. 마지막으로 승의무성은 원성실성에 의거하여 성립하는데, 승의勝義라는 것은 앞의 변계소집성으로서의 아성我性과 법성法性에서 멀리 벗어난 것이기 때문이다. 그런데 원성실성도 '실체가 없는 것'(無性)이라고 '언어를 빌려 말하지만'(假說), 그렇다고 아무 것도 없는 전무全無는 아니다. 마치 크나큰 허공虛空이 비록 모든 '유형적인 것들'(色)에 두루 펼쳐져 있지만 이 모든 '유형적인 것들'(色)에 나타나는 허공의 실체는 없는 것과 같다. 이러한 설명에 따르면, 삼무성은 삼성의 뜻이 무자성에 있고 동시에 그 무자성無自性의 뜻이 단견斷見에 떨어지는 것도 아님을 알리는 데 핵심이 있는 것으로 보인다.

[167] 법法: 산스크리트어인 'dharma'(팔리어 dhamma)에서 기원한 개념이다. 'dharma'는 동사어근 '√dhṛ'(유지하다)에서 파생한 남성명사로 사전(*Sanskrit English Dictionary*, p.510)에 따르면 '수립하거나 확고하게 하는 것', '변함없는 법령', '법규', '의무', '올바름', '정의', '덕', '윤리', '종교적 가치', '선행' 등을 의미한다고 되어 있다. 한역漢譯어로는 달마達磨, 달마達摩, 타마馱摩, 담마曇摩, 담무曇無, 담曇 등이 있다. 법은 매우 많은 뜻을 지니고 있는 대표적인 술어로 볼 수 있는데, '법칙, 진실, 진리, 가르침'의 뜻으로 쓰는 것이 법의 첫 번째 용례이다. 삼보三寶에서의 법이 대표적인 용례이다. 두 번째는 '모양과 색깔을 지닌 것'(色)이 눈(眼)의 대상이 되듯이, 의식/생각의 대상이 되는 것을 법이라고 부르는 경우이다. 육경六境의 하나인 법法이 대표적인 용례이다. 세 번째 뜻은 사물 또는 존재라는 의미이다. 곧 개별적인 존재 또는 현상을 법이라 한다. 그런데 이러한 세 가지 용례는 밀접한 연관성을 지닌다. 특히 두 번째 용법이 근본이고, 첫 번째와 세 번째 용법은 이 근본용법에서 파생된 것으로 보인다. 붓다가 인간의 감관능력 가운데 사유능력(意根)이 그 대상으로 삼는 것을 '법法'이라고 부른다는 것은, 존재나 현상의 특징이나 질서가 '개념' 혹은 '개념들로 구성되는 논리나 이론'에 담긴 것을 '법法'이라는 용어로 지칭한다는 의미를 지닌다. 그러므로 '이치, 도리, 가르침, 진리, 법칙'이라는 첫 번째 용법과 '존재나 사물 및 현상'이라는 세 번째 용법은 이 두 번째 용법의 연장선에 있으며 또한 상호 결합되어 있다고 할 수 있다. 또한 하나의 존재가 다른 존재와 구별되는 '자기만의 본성'(自性)을 법의 뜻으로 쓰는 경우가 있다. 이러한 용법은 아비달마 문헌에서 두드러지는데 '유지하다'는

본래의 뜻을 '자기의 동일성을 유지하는 본질'이라는 관점으로 파악한 것이라고 말할
수 있다. 『구사론기俱舍論記』 권1에서, "位釋法名有二. 一能持自性, 謂一切法各守自性.
如色等性常不改變. 二軌生勝解, 如無常等, 生人無常等解"(T41, 8c14~17)라고 설명하는
데, 여기서 말한 능지자성能持自性이 이러한 법의 뜻에 부합한다. 『가산불교대사림』
의 설명에 따르면, 『성유식론술기成唯識論述記』 권1(T43, 239c4~6)에서는 법이란 궤
지軌持, 곧 '사물에 대한 이해를 낳는 것'(軌)과 '머물러 지속하면서 자신의 차별된 특
징인 상相을 버리지 않는 것'(持)이라고 하였다. 그리고 정영사淨影寺 혜원慧遠
(523~592)은 『대승의장大乘義章』 권10에서 법에 관해 다음과 같이 설명한다. "所言法
者, 外國正音, 名爲達摩, 亦名曇無, 本是一音傳之別耳. 此翻名法, 法義不同, 汎釋有二. 一
自體名法, 如成實說, 所謂一切善惡無記三聚法等. 二軌則名法, 辨彰行儀, 能爲心軌, 故名
爲法. 今三寶中所論法者, 軌則名法"(T44, 654a27~b3). 이에 따르면 법은 달마達摩(또는
담무曇無, dharma)의 의역으로서 그 뜻은 대개 두 가지가 있다. 첫 번째는 자체自體라
는 뜻이다. 여기서 자체라는 것은 선善・악惡・무기無記 등으로 규정되는 사물들의
특정한 성질을 말한다. 두 번째는 궤범이 되는 법칙(軌則)이라는 뜻이다. 사물이 작동
하는 질서(行儀)를 분석하여 드러낸 것은 마음의 궤범(心軌)이 될 수 있기 때문이다.
불・법・승 삼보 중 법이라고 말해지는 것은 이 두 번째 궤칙軌則의 뜻이다. 혜원慧遠
은 사물의 자체 또는 자체를 지니는 사물이라는 뜻과 궤범 또는 법칙이라는 두 가지
뜻으로 법을 설명한다. 같은 책 권11에서는 "所言法者, 汎釋有二. 一軌則名法, 二體名
法"(T44, 691c5~6)이라는 간단한 진술이 보이고, 징관澄觀의 『화엄경소』 권53에서는
"法有二義. 一持自性, 二軌生物解"(T35, 903a4)라고 하여 자성을 지니는 것과 법칙이
사물에 관한 이해를 일으키는 것이라고 두 가지 뜻을 간단히 정리하기도 한다. 또한
규기窺基(632~682)는 『대승백법명문론해大乘百法明門論解』 권2에서 법에 관해 법칙
을 지니는 것(軌持)이라고 규정하여 앞의 법에 관한 두 가지 뜻을 종합하는 설명 방식
을 보여 주는데, 다음과 같다. "言法者, 軌持之義, 謂諸法體, 雖復任持, 軌生物解, 亦無勝
性實自在用故"(T44, 52b1~2). 제법諸法은 비록 자체(自性)를 지녀 그 자체의 법칙이
사물에 대한 이해를 일으키지만 또한 승성勝性(勝義性)으로서의 실자재용實自在用은
없는 것이라는 설명이다. 이와 관련하여 좀 더 자세한 논의로서는 양분良賁(717~777)
의 『인왕경소』 권1에서 진행되는 다음과 같은 설명이 있다. "法謂五蘊色心之法, 任持
自性, 軌生物解, 故名爲法. 從衆緣生, 如幻士等. 依他不實, 故說爲假. 相無自性, 體唯眞如,
眞如不遷, 故說爲實. 觀即正慧能照之心, 由此而言, 法之一字標所觀境, 假實二字正解行相,
假即世俗, 實即勝義"(T33, 440c23~28). 이에 따르면 먼저 자성自性을 지니는 오온색심
五蘊色心과 같은 법은 그 자성의 법칙이 사물에 대한 이해를 일으킨다고 하여, 자성을
지니는 것과 법칙이 사물에 관한 이해를 일으키는 것이라는 법에 관한 두 가지 뜻을
종합하여 설명하는 방식을 유사하게 펼친다. 다음으로 이 법은 여러 인연因緣에 따라
생겨나는 가假(不實)의 측면과 상무자성相無自性(眞如)의 실實의 측면으로 나뉜다는

어가므로 "문門"이라 하였다. '하나처럼 통하는 [차이들의] 현상세계'(一法界)가 [자신의] '[온전한] 본연'(體)에 의거하여 [근본무지에 따라] 생멸하는 측면'(生滅門)을 만들어 내는 것과 같이, 마찬가지로 [자신의] '[온전한] 본연'(體)에 의거하여 '참 그대로인 측면'(眞如門)을 만든다. 이러한 뜻을 드러내고자 하기 때문에 "[온전한] 본연"(體)이라 말하였다.

㉮ 참 그대로의 온전한 본연을 나타냄(顯眞如體)

【소】此下廣釋, 於中有二, 一者, 顯眞如體, 二者, 釋眞如名. 初中有三, 一者, 當眞實性以顯眞如, 二者, 對分別性而明眞如絶相, 三者, 就依他性以顯眞如離言. 初中言"心性"者, 約眞如門論其心性. 心性平等, 遠離三際, 故言"心性不生不滅"也. 第二中有二句, 初言"一切諸法, 唯依妄念而有差別"者, 是擧遍計所執之相, 次言"若離心念, 卽無一切境界相"者, 對所執相顯無相性. 猶如空華, 唯依眼病而有華相, 若離眼病, 卽無華相, 唯有空性. 當知此中道理亦爾. 第三中有三句, 先約依他性法, 以明

설명이 이어진다. 규기가 법에는 승성실자재용勝性實自在用이 없다고 설명한 것은 의타불실依他不實인 가假의 측면에 입각한 관점이라고 하겠다. 결론적으로 법이라는 한 글자는 정혜능조지심正慧能照之心인 관관觀의 대상(소관경所觀境)으로서 총괄적으로 제시되는 개념이고, 가假와 실實의 두 글자는 소관경所觀境인 법에 대한 두 가지 정해행상正解行相이라고 설명한다. 즉 법의 개념으로부터 가假는 의타불실依他不實의 세속적 측면을 가리키고, 실實은 상무자성相無自性의 승의적 측면을 가리킨다는 것이다. 원효는 여기서 법의 의미를 "軌生眞解, 故名爲法"이라고 설명하고 있다. 『구사론기俱舍論記』의 '궤생승해軌生勝解'나 『화엄경소』의 '궤생물해軌生物解'와는 달리 원효가 여기서 법을 '궤생진해軌生眞解'라고 설명하는 것은, 심진여心眞如를 해석하는 문맥에서 법의 승의적 측면을 부각하려 하기 때문인 것으로 볼 수 있다. '법法'은 원효저술에서 크게 두 유형으로 사용되는 것으로 보인다. 하나는 '이치, 도리, 가르침, 진리, 법칙' 등으로 번역하는 것이 적절한 유형이고, 다른 하나는 '현상이나 존재, 사물, 대상' 등으로 번역하는 것이 적절한 유형이다. 본서에서는 문장의 의미맥락에 따라 이들 유형 가운데 적합한 것을 선택하고 있다.

離言絶慮, 次依離絶之義, 以顯平等眞如, 後釋平等離絶所以.

『소』(1-705c1~15); 『회본』(1-743c7~22); 『별기』에 없음.

이 아래는 '자세하게 해석하는 것'(廣釋)으로 그중에는 두 가지가 있으니, 첫 번째는 '참 그대로'(眞如)의 [온전한] 본연'(體)을 나타낸 것이요, 두 번째는 '참 그대로'(眞如)의 이름을 풀이한 것이다. 처음[참 그대로'(眞如)의 [온전한] 본연'(體)을 나타낸 것]에 세 가지가 있으니, 첫 번째는 '진실한 면모'(眞實性)[168]에 의거하여 '참 그대로'(眞如)를 드러내고, 두 번째는 [근본무지의 망상에 의해] 분별된 면모'(分別性)[169]에 대비시켜 '참 그대로'(眞如)가 [언어가 드러내는] 특징[에 대한 실체적 차별]을 끊어 버린 것'(絶相)임을 밝히며, 세 번째는 '다른 것에 의존하는 면모'(依他性)[170]에 나아가 '참 그대로'(眞如)가 '말[이 드러내는 특징]에서 벗어나 있음'(離言)을 나타낸다.

[참 그대로'(眞如)의 [온전한] 본연'(體)을 나타내는 세 가지 가운데 첫 번째의] 처음에 말한 "마음의 온전한 면모"(心性)라는 것은 '참 그대로인 측면'(眞如門)에 의거하여 그 '마음의 온전한 면모'(心性)를 논한 것이다. '마음의 온전한 면모'(心性)는 [분별에 의한 차별이 없어] 평등하여 '과거·현재·미래'(三際)[의 차별]에서 멀리 벗어나 있기 때문에 "'마음의 온전한 면모'는 [분별에 따라] 생겨나는 것도 아니고 사라지는 것도 아니다"(心性不生不滅)라고 하였다.

[참 그대로'(眞如)의 [온전한] 본연'(體)을 나타내는 세 가지 가운데] 두 번째에는 두 구절이 있으니, 처음에 말한 "모든 현상은 오로지 [근본무지에 의해 분별하는] 망념에 의하여 차별이 존재한다"(一切諸法, 唯依妄念而有差別)라는 것은 '[근본무지의 망념으로] 두루 분별하고 거기에 집착하는 양상'(遍計所執之相)을 거론한 것이고, 다음에 말한 "만약 [근본무지에 의해 분별하는] '망념의 마음'(心念)에서 벗어나면 곧 모든 대상의 [실체화된 차별적] 양상이 없어진다"(若離心念,

---

168 진실성眞實性: 원성실성圓成實性을 말한다.
169 분별성分別性: 변계소집성遍計所執性을 말한다.
170 의타성依他性: 의타기성依他起性을 말한다.

卽無一切境界相)라는 것은 '근본무지의 망념으로 두루 분별하고 서기에] 집착하는 양상'(所執相)에 대비시켜 '분별양상이 없는 면모'(無相性)를 드러낸 것이다. 마치 '허공 속[에 보이는] 꽃'(空華)은 오직 눈병에 의해서 꽃의 모습이 있는 것이어서 만약 눈병에서 벗어나면 곧바로 꽃의 모습이 없어지고 오직 '허공의 면모'(空性)만 있는 것과 같다. 여기서의 도리도 그와 같음을 알아야 한다.

['참 그대로'(眞如)의 '[온전한] 본연'(體)을 나타내는 세 가지 가운데] 세 번째에는 세 구절이 있으니, 먼저 '다른 것에 의존하는 면모'(依他性法)에 의거하여 ['참 그대로'(眞如)가] '언어적 규정에서 벗어나고 분별하는 생각을 끊은 것'(離言絶慮)임을 밝혔고, 다음에는 '[언어적 규정에서] 벗어나고 [분별하는 생각을] 끊은 면모'(離絶之義)에 의거하여 '평등한 참 그대로'(平等眞如)를 드러내었으며, 뒤에서는 ['참 그대로'(眞如)가] 평등하며 '[언어적 규정에서] 벗어나고 [분별하는 생각을] 끊은 것'(離言絶慮)인 까닭을 해석하였다.

【소】初中言"是故一切法"者, 謂從緣生依他起法, "離言說相"者, 非如音聲之所說故, "離名字相"者, 非如名句之所詮故, "離心緣相"者, 名言分別所不能緣故. 如虛空中鳥迹差別, 謂隨鳥形空相顯現, 顯現之相實有差別, 而離可見之相差別. 依他起法當知亦爾, 隨諸熏習差別顯現, 而離可言之性差別. 旣離可言可緣差別, 卽是平等眞如道理, 故言"畢竟平等" 乃至"故名眞如". 此是第二顯眞如平等.

『소』(1-705c15~706a3); 『회본』(1-744a1~11); 『별기』에 없음.

[세 구절 가운데] 처음에서 말한 "그러므로 모든 현상은"(是故一切法)이라는 것은 조건에 따라 생겨나는 '다른 것에 의존하여 발생하는 현상들'(依他起法)을 일컫고, "언어와 설명이 드러내는 [불변·독자의 실체적] 특징에서 벗어나 있다"(離言說相)라는 것은 ['참 그대로'(眞如)가] 음성으로 말한 것과 같지 않기 때문이며, "명칭과 문자가 드러내는 [불변·독자의 실체적] 특징에서도 벗어나 있다"(離名字相)라는 ['참 그대로'(眞如)가] 명칭(名)과 글(句)로 설명한 것

과 같지 않기 때문이고, "[분별하는] 마음이 관계 맺는 [불변·독자의 실체적] 특징에서 벗어나 있다"(離心緣相)라는 것은 '[참 그대로'(眞如)는 '명칭과 말에 의한 분별'(名言分別)에 의해 만날 수 없는 것이기 때문이다. 마치 허공 속의 새의 자취[에 따라 허공의 모습]에 차이가 생기는 것과 같으니, 새의 모양에 따라 허공의 모습이 나타나고 [그] 나타나는 모습에 실제로 차이가 있지만 [그 허공의 차이모습은 실제로 존재하는] 볼 수 있는 모습에서는 떠나 있는 차이인 것이다. '다른 것에 의존하여 발생하는 현상들'(依他起性) 또한 그와 같음을 알아야 하니, 모든 '익힌 버릇'(熏習)에 따라 차이들이 나타나지만 '말이 지시하는 [불변·독자의] 본질에서는 떠나 있는 차이'(離可言之性差別)인 것이다. 이미 '말로 지시하고 [분별하는 마음으로] 관계 맺는 [불변·독자의] 것에서 떠난 차이'(離可言可緣差別)라면 [그것이] 바로 '평등한 참 그대로'(平等眞如)의 도리이니, 그러므로 "궁극적으로 평등하다"(畢竟平等) 내지 "그러므로 '참 그대로'라 부른다"(故名眞如)라고 말한 것이다. 이것은 두 번째로 〈'참 그대로'로서의 평등〉(眞如平等)을 나타낸 것이다.

【소】"以一切"下, 釋其所以. 所以眞如平等離言者, 以諸言說唯是假名, 故
於實性不得不絕, 又彼言說但隨妄念, 故於眞智不可不離, 由是道理, 故
說離絕, 故言乃至"不可得"故. 顯體文竟.

『소』(1-706a3~7); 『회본』(1-744a11~16); 『별기』에 없음.

"모든"(以一切) 이하는 그 까닭을 해석한 것이다. '참 그대로'(眞如)가 평등하고 언어적 규정에서 벗어나 있는 까닭은 [다음과 같다.] 모든 '언어와 설명'(言說)이란 오직 [불변·독자의 실체를 갖지 않는] '방편으로 세운 명칭'(假名)일 뿐이기 때문에 [모든 현상의] '참된 면모'(實性)에서는 끊어질 수밖에 없고, 또 그 '언어와 설명'(言說)은 단지 망념에 따른 것이기 때문에 '참된 지혜'(眞智)에서는 벗어날 수밖에 없으니, 이러한 도리 때문에 〈[언어적 규정에서] 벗어나고 [분별하는 생각을] 끊는다〉(離絕)고 하고, 또한 "[불변·독자의 실체로서] 얻을 수 없다"(不可得)라고 말하는 것이다. '[온전한] 본연'(體)을 드러내는 글을 마친다.

④ 참 그대로의 명칭을 해석함(釋眞如名)

言眞如者, 亦無有相, 謂言說之極, 因言遣言. 此眞如體無有可遣, 以
一切法悉皆眞故, 亦無可立, 以一切法皆同如故. 當知一切法不可說不可
念, 故名爲眞如.

『논』(T32, 576a14~18); 『회본』(1-744a17~21)

'참 그대로'(眞如)라고 말하는 것에는 또한 '[언어가 드러내는] 특징'(相)에
대한 실체적 차별이 없으니, '언어와 설명'(言說)의 궁극을 일컫는 것이어서
'말에 의하여 말을 버리는 것'(因言遣言)이다. 이 '참 그대로'(眞如)의 '[온전
한] 본연'(體)은 버릴 수 있는 것이 없으니 모든 현상이 다 참(眞)되기 때문
이고, 또 [별개로] 세울 수 있는 것이 없으니 모든 현상이 다 '[참] 그대로와
같은 것'(同如)이기 때문이다. '모든 현상'(一切法)은 '[언어로 확정하여] 설명
할 수도 없고 [분별하는 마음으로] 생각할 수도 없기'(不可說不可念) 때문에
'참 그대로'(眞如)라고 부른다는 것을 알아야 한다.

【소】此下釋名, 於中亦三. 初標立名之意, 所謂"因言遣言", 猶如以聲止聲
也. 次正釋名, "此眞如體無有可遣"者, 非以眞體[171]遣俗法故, "以一切
法悉皆眞故"者, 依他性一切諸法, 離假言說, 故悉是眞. "悉是眞"者, 不
壞差別卽是平等, 是平等故, 無別可立. 故言"一切皆同如故". "當知"以
下, 第三結名. 直顯眞如, 竟在於前.

『소』(1-706a8~15); 『회본』(1-744a22~b6); 『별기』에 없음.

이 아래는 '[참 그대로'(眞如)의] 명칭을 해석한 것이니, 그 가운데 역시 세
가지가 있다. 첫 번째는 '[참 그대로'(眞如)라는] 명칭을 세운 취지(意)를 밝히

---

171 '眞體'는 '眞如體'의 오기로 보인다. '眞如體'로 교감하여 번역한다.

는 것이니, "말에 의하여 말을 버린다"(因言遣言)라는 것은 마치 소리로 소리를 그치게 하는 것과 같은 것이다. 두 번째는 ['참 그대로'(眞如)라는] 명칭[의 핵심을] 곧바로 해석한 것이니, "이 참 그대로'의 [온전한] 본연'은 버릴 수 있는 것이 없다"(此眞如體無有可遣)라는 것은 '참 그대로의 [온전한] 본연'(眞如體)은 '세속의 현상들'(俗法)을 버리는 것이 아니기 때문이고, "모든 현상이 다 참되기 때문이다"(以一切法悉皆眞故)라는 것은 '다른 것에 의존하는 성질'(依他性)을 지닌 '모든 현상'(一切諸法)은 '방편으로 세워진 언어적 설명'(假言說)에서 벗어나 있기 때문에 모두가 참(眞)이라는 것이다. "모두 참이다"(悉是眞)라는 말은 '차이를 없애지 않고서 곧 평등하다'(不壞差別卽是平等)는 것이니, 이러한 평등이기 때문에 세울 수 있는 별개의 것이 없다. 그러므로 "모든 현상이 다 [참] 그대로와 같은 것'(同如)이기 때문이다"(一切皆同如故)라고 말하였다. "마땅히 알아야 한다"(當知) 이하는 세 번째로 ['참 그대로'(眞如)의] 명칭[의 의미를] 결론지은 것이다. '참 그대로(眞如)'[의 핵심적 의미]를 곧바로 드러내는 것을 여기에서 마친다.

問曰. 若如是義者, 諸衆生等, 云何隨順而能得入? 答曰. 若知一切法雖說無有能說可說, 雖念亦無能念可念, 是名隨順, 若離於念, 名爲得入.
『논』(T32, 576a19~23); 『회본』(1-744b7~10)

묻는다. 만약 이와 같은 뜻이라면, 모든 중생들은 어떻게 따라야 [그 경지에] 들어갈 수 있는가? 답한다. 만약 모든 현상에 대해 비록 [언어로] 설명을 하더라도 설명할 수도 없고 설명될 수 있는 것이 없으며 [또] 비록 생각[으로 분별]하더라도 생각할 수도 없고 생각될 수 있는 것도 없다는 것을 안다면 이것을 '따른다'(隨順)라고 부르고, 만약 [분별하는] 생각에서 벗어나면 [그것을] [그 경지에] '들어간다'(得入)라고 부른다.

【소】 "問曰"以下, 往復疑問中, 言"云何隨順"者, 是問方便, "而能得入"者, 是問正觀. 答中次第答此二問. 初中言"雖說‧雖念"者, 明法非無, 以離惡取空見故, "無有能說可說"等者, 顯法非有, 離執著有見故. 能如是知, 順中道觀, 故"名隨順". 第二中言"離於念"者, 離分別念, "名得入"者, 顯入觀智也.

『소』(1-706a16~23); 『회본』(1-744b11~18); 『별기』에 없음.

"묻는다"(問曰) 이하에서 의문을 주고받는 중에 "어떻게 따라야"(云何隨順)라고 말한 것은 '수단과 방법'(方便)을 물은 것이고, "[그 경지에] 들어갈 수 있는가?"(而能得入)라는 말은 '온전한 이해'(正觀)[172]를 물은 것이다. 대답에서는 이러한 두 가지 질문에 차례로 답하였다.

첫 번째에서 "비록 [언어로] 설명을 하더라도"(雖說)[173] 및 "비록 생각[으로 분별]하더라도"(雖念)[174]라는 말은 '현상이 없는 것이 아니다'(法非無)라는 점을 밝혀 [아무것도 없다는] 허무주의 견해'(惡取空見)에서 벗어나게 하는 것이고, "설명할 수도 없고 설명될 수 있는 것이 없다"(無有能說可說)는 등으로 말한 것은 '현상이 [불변‧독자의 실체로서] 있는 것이 아니다'(法非有)라는 점을 드러내어 [불변의 존재가] 있다는 견해'(有見)에 집착하는 것에서 벗어나게 하는 것이다. 이와 같이 알 수 있으면 '중도적 이해'(中道觀)[175]에 따르는 것

---

172 방편관方便觀과 정관正觀: 원효는 수행을 크게 두 차원으로 구분하는데, 방편관과 정관이 그것이다. 보살의 52수행단계에서 십지의 초지初地부터 정관이고, 그 아래는 방편관이다. 원효에 의하면, 십신/십주는 자리행, 십행/십회향은 이타행에 초점이 있는 경지이고, 십지부터는 자리행과 이타행이 하나로 결합하는 경지이며, 등각/묘각에 이르러 그 경지가 완벽해진다고 보고 있다. 원효는 '관觀'을 '관행觀行'이라고도 부르는데, 관觀은 '이해 지평의 선택과 적용'에 초점이 있는 수행이고, 행行은 '직접 체득과 실천'에 초점이 있는 수행이다(박태원, 『원효의 '금강삼매경론' 읽기』, 세창미디어, 2014). 이런 점을 감안하여 정관을 '온전한 이해'로 옮긴다.

173 인용한 『기신론』 본문 전체는 "若知一切法雖說無有能說可說"이다.

174 인용한 본문 전체는 "雖念亦無能念可念"이다.

175 중도관中道觀: 〈'아무것도 없다'는 허무주의적 견해〉(無見, 斷見)와 〈'항상 동일한 것으로 존재한다'는 실체주의적 견해〉(有見, 常見) 그 어디에도 빠지지 않고 연기緣起

이므로 "'따른다'라고 부른다"(名隨順)라고 말하였다. 두 번째에서 말한 "[분별하는] 생각에서 벗어난다"(離於念)라는 것은 '분별하는 생각'(分別念)에서 벗어나는 것이고, "'[그 경지에] 들어간다'라고 부른다"(名得入)라는 것은 '[온전하게] 이해하는 지혜'(觀智, 正觀의 智)로 들어가는 것을 나타낸다.

(나) 참 그대로의 면모를 해석함(釋如相)

> 復次眞如者, 依言說分別, 有二種義. 云何爲二? 一者, 如實空, 以能究竟顯實故, 二者, 如實不空, 以有自體具足無漏性功德故.
>
> 『논』(T32, 576a24~26); 『회본』(1-744b19~22)
>
> 또한 [이] '참 그대로'(眞如)라는 것에는, '언어와 설명'(言說)에 의해 구분하면 두 가지 면모(義)가 있다. 무엇이 두 가지인가? 첫 번째는 〈불변·독자의 실체가 없는 '사실 그대로'〉(如實空)[의 면모]이니 [불변·독자의 실체가 없는] 사실(實)을 궁극적으로 드러낼 수 있기 때문이며, 두 번째는 〈전혀 없지는 않은 '사실 그대로'〉(如實不空)[의 면모]이니 ['참 그대로'(眞如)] '자신의 본연'(自體)에 '번뇌가 스며들지 않는 이로운 능력'(無漏性功德)을 모두 갖추고 있기 때문이다.

【소】 "復次"以下,[176] 第二明眞如相, 在文有三. 一者擧數總標, 二者依數開章, 三者依章別解. 別解中卽有二.

『소』(1-706a24~b2); 『회본』(1-744b23~c1); 『별기』에 없음.

현상을 사실대로 보는 이해이다. 그런데 '단斷/상常'과 '무無/유有'는 모두 현상에 대한 잘못된 '치우친 견해'(邊見)를 나타내는 짝 개념들이지만, '무無/유有'가 공간 범주에서의 '없음/있음'에 관한 오해라면 '단斷/상常'은 시간 범주에서의 '없음/있음'에 관한 오해를 지칭하는 것으로 보인다. 이런 이해를 반영하여 '斷'은 '항상 없음', '常'은 '항상 있음'으로 번역한다.

[176] 『소』의 '復次以下'는 『회본』에서는 누락되어 있다.

"또한"(復次) 이하는 두 번째로 '참 그대로의 면모'(眞如相)를 밝혔는데, 본문은 세 가지[로 나뉜]다. 첫 번째는 '숫자를 매겨 총괄적으로 제시함'(擧數總標)이고, 두 번째는 '숫자에 따라 문장 부문을 펼침'(依數開章)이며, 세 번째는 '문장 부문에 따라 하나씩 해설함'(依章別解)이다. '하나씩 해석함'(別解)에는 두 가지가 있다.

所言空者, 從本已來一切染法不相應故, 謂離一切法差別之相. 以無虛妄心念故. 當知眞如自性, 非有相, 非無相, 非非有相, 非非無相, 非有無俱相. 非一相, 非異相, 非非一相, 非非異相, 非一異俱相. 乃至總說, 依一切衆生以有妄心, 念念分別, 皆不相應, 故說爲空. 若離妄心, 實無可空故.
『논』(T32, 576a27~b5); 『회본』(1-744c2~9)

'불변·독자의 실체 없음'(空)이라고 말한 것은 본래부터 모든 '오염된 현상'(染法)과는 상응하지 않기 때문이니, 모든 현상의 [분별로] 차별된 양상'(差別之相)에서 벗어나 있는 것을 말한다. '잘못 분별하는 마음'(虛妄心念)이 없기 때문이다. '참 그대로'(眞如)의 '자신의 본연'(自性)은 '있는 양상도 아니고'(非有相) '없는 양상도 아니며'(非無相)도 아니며 '있는 양상이 아닌 것도 아니고'(非非有相) '없는 양상이 아닌 것도 아니며'(非非無相) '있는 양상이기도 하고 없는 양상이기도 한 것도 아니다'(非有無俱相). [또] '같은 양상도 아니고'(非一相) '다른 양상도 아니며'(非異相) '같은 양상이 아닌 것도 아니고'(非非一相) '다른 양상이 아닌 것도 아니며'(非非異相) '같은 양상이기도 하고 다른 양상이기도 한 것도 아니다'(非一異俱相). 총괄적으로 말하면, 모든 중생들은 '잘못 분별하는 마음'(妄心)이 있어 생각마다 분별하고 [그 분별] 모두가 [참 그대로'(眞如)와] 상응하지 않기 때문에 '불변·독자의 실체 없음'(空)이라고 말하는 것이다. 만약 '잘못 분별하는 마음'(妄心)에서 벗어난다면 실제로 '불변·독자의 실체가 없다고 할 수 있는 것'(可空)도 없기 때문이다.

㉮ 불변·독자의 실체 없음을 밝힘(明空)

【소】先明空中, 卽有三句, 略明, 廣釋, 第三總結. 初中言"一切染法不相應"者, 能所分別不相應故. "離一切法差別相"者, 離所取相故, "以無虛妄心念故"者, 離能取見故, 卽以離義而釋空也.

『소』(1-706b3~7); 『회본』(1-744c10~14); 『별기』에 없음.

먼저 '불변·독자의 실체 없음'(空)을 밝히는 것에는 세 구절이 있으니, '간략한 설명'(略明)과 '자세한 해석'(廣釋)과 '총괄적 결론'(總結)이다. 처음에 말한 "모든 '오염된 현상'과는 상응하지 않는다"(一切染法不相應)는 것은, ['참 그대로'(眞如)의 공空한 면모는] '주관과 객관으로 나누는 분별'(能所分別)이 상응하지 못하기 때문이다. [또] "모든 현상의 [분별로] 차별된 양상'에서 벗어나 있다"(離一切法差別相)라는 것은 [분별로써] 취한 차이'(所取相)에서 벗어나 있기 때문이고, "'잘못 분별하는 마음'이 없기 때문이다"(以無虛妄心念故)라는 것은 [분별하는] 견해'(能取見)에서 벗어나 있기 때문이니, [이것은] 곧 '벗어난 면모'(離義)를 가지고 '불변·독자의 실체 없음'(空)을 해석한 것이다.

【소】廣釋之中, 明絶四句. 四句雖多, 其要有二, 謂有無等及一異等. 以此二四句攝諸妄執, 故對此二以顯眞空, 如『廣百論』云, "復次爲顯世間所執諸法皆非眞實, 及顯外道所執不同, 故說頌曰, 有·非有·俱·非, 一·非一·雙·泯, 隨次應配屬, 智者達非眞. 釋曰, 一切世間色等句義, 言說所表, 心慧所知, 情執不同, 略有四種. 謂有, 非有, 俱許, 俱非. 隨次如應配四邪執, 謂一, 非一, 雙許, 雙非".

『소』(1-706b7~17); 『회본』(1-744c15~745a1); 『별기』에 없음.

'자세한 해석'(廣釋)에서는 '네 가지 [잘못된] 명제'(四句)[177]를 끊는 것을 밝

---

177 사구四句: 존재에 대해 네 가지로 분류하여 고찰하는 방법으로 '사구분별四句分別'이라고도 한다. 즉 존재에 대해 "① 있다, ② 없다, ③ 있기도 하고 없기도 하다, ④ 있는

했다. '네 가지 [잘못된] 명제'(四句)[의 내용]이 비록 많지만 그 요점에는 두 가지가 있으니, '[불변·독자의 존재로서] 있다(有)와 없다(無)'(有無) 및 '[불변·독자의 본질로서] 같다(一)와 다르다(異)'(一異) 등이다. 이 두 종류의 '네 가지 [잘못된] 명제'를 가지고 모든 잘못된 집착을 포섭하기 때문에 이 두 종류에 대비시켜 '참된 [불변·독자의] 실체 없음'(眞空)을 드러내었으니, 『대승광백론석론大乘廣百論釋論』에서 [다음과 같이] 설한 것과[178] 같다.

"또한 세상 사람들이 집착하는 '모든 존재'(諸法)가 다 진실한 것이 아님을 드러내고, 또 외도外道들이 집착하는 것과는 같지 않음을 나타내기 위하여, 게송으로 [다음과 같이] 말한다. 〈있다(有)·'있는 것이 아니다'(非有)·'있는 것이기도 하고 있는 것이 아니기도 하다'(俱)·'있는 것도 아니고 있지 않은 것도 아니다'(非) 및 같다(一)·'같지 않다'(非一)·'같기도 하고 같지 않기도 하다'(雙)·'같은 것도 아니고 같지 않은 것도 아니다'(泯)를 순차대로 배당하여도 지혜로운 이는 [그러한 명제들이] 참되지 않음을 통달한다.〉

풀어서 말하면 [다음과 같다.][179] 〈세상에서 말하는 '색깔이나 모양 있는 것'(色) 등에 관한 모든 '문구의 뜻'(句義)과 [그것을] 말로 나타낸 것은, '지혜로운 마음'(心慧)[180]으로 알아야 하는 것이지 분별심(情)으로 집착하면 [그 진실과] 다르니, [분별심으로 집착하는 것에는] 대략 네 가지가 있다. 있다(有)·'있는 것이 아니다'(非有)·'있는 것이기도 하고 있는 것이 아니기도 하다'(俱許)·'있는 것도 아니고 있지 않은 것도 아니다'(俱非)가 그것이다. 순차대

것도 아니고 없는 것도 아니다"의 네 가지 경우의 수를 모두 적용하여 존재의 진실에 대해 고찰하는 방법이다.

178 이하의 내용부터 『대승광백론석론大乘廣百論釋論』을 인용하여 『소』 본문을 설명하고 있다. 한두 구절을 인용하거나 몇 구절을 발췌 인용한 정도가 아니라 원문의(T30, 『대승광백론석론』 권8, 234c8~235b2) 절반 분량에 해당하는 문장을 거의 통째로 인용하면서 논의를 전개하고 있다.

179 인용한 『대승광백론석론』(T30, 234c12) 원문에는 '논하여 말한다'(論曰)로 되어 있다.

180 '心慧'를 어순대로 옮겨 '마음의 지혜'라고 하면 '마음'이 '지혜'와 별개의 것으로 되므로 '지혜로운 마음'이라 옮긴다.

로 [이] ‘네 가지 삿된 집착’(四邪執)을 배정한다면, 같다(一)·‘같은 것이 아니다’(非一)·‘같은 것이기도 하고 같은 것이 아니기도 하다’(雙許)·‘같은 것도 아니고 같지 않은 것도 아니다’(雙非)라는 것이 된다.〉"181

【소】 數論外道執有等性與諸法一, 即當有句. 此執非眞, 所以者何? 若靑等色與色性一, 應如色性其體皆同, 五樂等聲與聲性一, 應如聲性其體皆同.182 眼等諸根與根性一, 應如根性其體皆同, 應一一根取一切境, 應一一境對一切根. 又一切法與有性一, 應如有性其體皆同.183

『소』(1-706b17~24); 『회본』(1-745a1~9); 『별기』에 없음.

수론외도數論外道는184 있음(有) 등의 본질(性)과 ‘모든 존재’(諸法)가 ‘같은 것이다’(一)고 집착하니 [이것은] 바로 [‘네 가지 명제’(四句) 가운데] ‘있다’(有)는 명제에 해당한다. 이러한 집착은 참되지 않으니 무엇 때문인가? 만약 청색 등의 색깔(色)과 ‘색깔의 본질’(色性)이 같은 것이라면 ‘색깔의 본질’(色性)처

---

181 『대승광백론석론』 권8(T30, 234c8~14). "復次爲顯世間所執諸法皆非眞實, 及顯外道所執不同, 故次頌曰, 有非有俱非, 一非一雙泯, 隨次應配屬, 智者達非眞. 論曰, 一切世間色等句義, 名言所表, 心慧所知, 情執不同, 略有四種. 謂有, 非有, 俱許, 俱非. 隨次應知配四邪執, 謂一, 非一, 雙許, 雙非."

182 인용한 『대승광백론석론』에서는 이 문장 다음에 "香味觸等類亦應爾"구문이 나온다. 즉 원효가 이 논을 인용하면서 누락했거나 생략한 부분이다(T30, 『대승광백론석론』 권8, 234c18).

183 『소』에는 "同也"로 편집하였지만, 대정장에 수록된 『대승광백론석론』 본문에는 "同"으로 되어 있다.

184 수론외도數論外道: 인도의 육파 철학 중의 하나인 상키야(Sāṃkhya) 학파이다. 창시자는 카필라(Kapila, BC.4C-BC.3C)로 알려져 있다. 상키야 학파는 정신현상의 근원인 ‘푸루샤’(puruśa)와 물질현상의 근원인 ‘프라크리티’(prakṛti)를 근본적인 존재로 본다. 세계의 모든 존재는 푸루샤가 프라크리티를 비춤으로써 프라크리티로부터 갖가지 물질적 존재가 전개된다고 설명하고 있는데, 모두 25가지의 존재 요소를 제시하고 있다. 이 25가지 존재의 원리를 잘 헤아려 파악하고 있어야 한다는 점에 주목하여 동아시아권에서는 ‘수론數論’이라 부른다. 육파 철학의 체계 안에서는 요가학파의 이론적 토대를 확립하고 있다는 위상이 부여된다.

럼 [청색 등 모든] 색깔들의 [근본]바탕(體)이 모두 같은 것이어야만 할 것이고, '다섯 가지 음악'(五樂) 등의 소리와 '소리의 본질'(聲性)이 같은 것이라면 '소리의 본질'(聲性)처럼 [오악五樂 등 모든] 소리들의 [근본]바탕도 모두 같은 것이어야만 할 것이다. [또] [색깔을 보는] 눈(眼)과 같은 모든 감각기관(根)과 '감각기관의 본질'(根性)이 같은 것이라면 '감각기관의 본질'(根性)처럼 그 [눈 등 모든 감각기관들의] [근본]바탕도 모두 같은 것이어야만 할 것인데, [그렇다면] 각각의 감각기관이 모든 감각대상(境)을 취해야만 하며, 각각의 감각대상이 모든 감각기관과 대응해야만 한다. 또 '모든 존재'(一切法)와 '있음의 본질'(有性)이 같은 것이라면 '있음의 본질'(有性)처럼 그 [모든 존재들의] [근본]바탕(體)도 다 같은 것이어야 할 것이다.

【소】勝論外道說有等性與諸[185]法非一, 當非有句. 此亦非眞, 所以者何? 若靑等色與色性異, 應如聲等非眼所行, 聲等亦爾.[186] 又一切法異有性[187]者, 應如免角其體本無. 乃至廣破.

『소』(1-706b24~c4); 『회본』(1-745a9~13); 『별기』에 없음.

승론외도勝論外道는[188] 있음(有) 등의 본질(性)과 '모든 존재'(諸法)가 '같은

---

185 대정장에 수록된 『대승광백론석론』에는 "諸"자가 빠져 있어서 『소』와 달리 "與法非一"로 되어 있다(『大乘廣百論釋論』권8, T30, 234c24).

186 『대승광백론석론』원문에는 "然"자로 되어 있지만, 뜻에는 별 차이가 없다. 그러나 원문에서는 이 글자 다음의 본문이 나오는데("異聲等性應如色等, 非耳等境") 원효는 이 부분을 누락시켰다.

187 이 "一切法異有性"이 『대승광백론석론』원문에는 "一切法非有性"으로 나온다.

188 승론외도勝論外道: 인도 육파 철학의 하나인 와이셰시카(Vaiśeṣika) 학파를 가리킨다. 이 학파의 창시자는 카나다(kaṇāda, 기원전 2세기-기원전 1세기)로 알려져 있다. 세계의 현상을 '실實(실체)·덕德(성질)·업業(운동)·동同(사물에 공통되는 원리)·이異(사물의 차이를 가능하게 하는 원리)·화합和合(각각의 원리들을 결합시키는 원리)'의 여섯 가지 '원리/범주'(句義)로써 설명하였다. 따라서 해탈을 이루기 위해서는 이 여섯 가지 원리의 온전한 이해가 필요하다고 주장하였다. '실實'에 해당하는 존재는 '지·수·화·풍·공'(地水火風空)이며, 보편적 존재인 '유성有性'과 근원적 물질인

것이 아니다'(非一)라고 말하니, [이것은] [네 가지 명제'(四句) 가운데] '있는 것이
아니다'(非有)라는 명제에 해당한다. 이 [주장] 역시 참되지 않으니, 무엇 때
문인가? 만약 청색 등의 색깔(色)과 '색깔의 본질'(色性)이 다른 것이라면,
소리 등은 눈이 보는 것이 아닌 것처럼 소리의 경우도 역시 마찬가지[로 귀
로 들을 수 없는 것이어야만 한]다. 또 '모든 존재'(一切法)가 '있음의 본질'(有性)
과 다른 것이라면, 토끼의 뿔처럼 그들의 [근본]바탕(體)에는 본래 아무것도
없는 것이어야 한다. [이런 논법으로] 자세하게 논파한다.

【소】無慚外道執有等性與彼諸法亦一亦異, 當於亦有亦非有句. 此亦非
眞, 所以者何? 若有性等[189]與色等一, 同數論過, 與色等異, 同勝論失.
一異二種性相相違, 而言體同, 理不成立. 一應非一, 以卽異故如異, 異
應非異, 以卽一故如一. 乃至廣破.
　　　　　　　『소』(1-706c5~11); 『회본』(1-745a13~20); 『별기』에 없음.
　무참외도無慚外道[190]는 있음(有) 등의 본질(性)과 저 '모든 존재'(諸法)가 '같

'원자' 개념을 거론하는 등 경험적 현상들을 폭넓게 파악하여 거기에서 보편적 원리를
확립하려는 철학적 특징을 보이고 있다.
189 『대승광백론석론』 원문에는 "等性"으로 순서가 바뀌어 있다(T30, 『大乘廣百論釋論』
　　권8, 235a6).
190 무참외도無慚外道: 『성유식론』 권1에서도 "執有法與有等性亦一亦異, 如無慚等. 彼執非
　　理"(T31, 3c23~24)라고 하여 존재(法)와 본질(性)의 관계를 역일역이亦一亦異의 관점
　　으로 집착하는 부류로서 무참외도無慚外道를 거론한다. 승조僧肇의 『주유마힐경注維
　　摩詰經』 권3에서는 육사외도 중에서 가라구타가전연迦羅鳩馱迦旃延의 견해를 설명하
　　는 중에 "迦羅鳩馱迦旃延. 什曰, 外道字也. 其人應物起見, 若人問言有耶, 答言有, 問言無
　　耶, 答言無也. 肇曰, 姓迦旃延, 字迦羅鳩馱. 其人謂諸法亦有相亦無相"(T38, 351a9~12)이
　　라고 하는 대목이 보인다. 이 가라구타가전연외도는, 먼저 구마라집鳩摩羅什의 설명
　　에 따르면, 중생의 질문에 따라 유를 물으면 유라고 대답하고 무를 물으면 무라고 대
　　답하는 견해를 일으킨다. 다음으로 승조僧肇의 설명에 따르면, 제법은 유상有相이기
　　도 하고 무상無相이기도 하다는 견해를 갖는 부류이다. 본문에서 무참외도가 속하는
　　명제로 제시된 '역유역비유구亦有亦非有句'에 대체로 일치하는 설명으로 보인다. 가라
　　구타가전연 외도가 무참외도라고 일컬어지는 사정이 기술되어 있는 곳은 『열반경』

은 것이기도 하고 다른 것이기도 하다'(亦一亦異)고 집착하니, ['네 가지 명제'(四句) 가운데 '있는 것이기도 하고 있는 것이 아니기도 하다'(亦有亦非有句)는 명제에 해당한다. 이 [주장] 역시 참되지 않으니, 무엇 때문인가? 만약 있음 등의 본질(性)과 색깔(色) 등이 같은 것이라고 한다면 수론학파의 오류와 같고, [만약 '있음'(有) 등의 본질과] 색깔 등이 다른 것이라고 한다면 승론학파의 과오와 같다. 같음(一)과 다름(異)의 두 가지는 속성(性)과 특징(相)이 서로 어긋나는데도 [근본]바탕(體)이 같다고 말한다면 이치가 성립하지 않는다. 같음이 '같음이 아님'(非一)이어야 한다면 [같음이] 곧 다름이어야 하므로 [같음이] 다름과 같아지고, 다름이 '다름이 아님'(非異)이어야 한다면 [다름이] 곧 같음이어야 하므로 [다름이] 같음과 똑같게 된다. [이런 논법으로] 자세하게 논파한다.

【소】邪命外道執有性等與彼諸法非一非異, 當於非有非非有句. 此亦非眞, 所以者何? 汝此所說非一異者, 爲俱是遮, 爲偏有表? 若偏有表, 應不雙非, 若俱是遮, 應無所執. 有遮有表, 理互相違, 無遮無表, 言成戲論. 乃至廣破. 如是世間起四種謗, 謂有・非有・雙許・雙非. 如次增益, 損減, 相違, 戲論, 是故世間所執非實.

『소』(1-706c11~19); 『회본』(1-745a20~b5); 『별기』에 없음.

권17의 다음과 같은 대목이다. "今有大師名迦羅鳩馱迦旃延. … 若人殺害一切衆生, 心無慚愧終不墮惡, 猶如虛空不受塵水. 有慚愧者卽入地獄, 猶如大水潤濕於地. 一切衆生悉是自在天之所作, 自在天喜衆生安樂, 自在天瞋衆生苦惱. 一切衆生若罪若福, 乃是自在天之所爲, 云何當言人有罪福?"(T12, 719b12~23). 이에 따르면 이 외도는 모든 중생을 살해하더라도 마음에 부끄러움(慚愧)이 없다면 결코 악에 떨어지지 않지만 부끄러움(慚愧)이 있다면 지옥에 들어간다는 견해를 갖는다. 이러한 견해의 근거는 모든 중생이 자재천自在天에 의해 지어진 것이라는 데 있다. 즉 모든 것이 자재천에 의해 이루어진 것이므로 죄를 짓더라도 부끄러워할 필요가 없다(無慚)는 숙명론 또는 결정론적 근거로부터 일一이든 이異이든 유有이든 무無이든 무차별적으로 긍정하는 논리가 성립하는 것으로 보인다.

사명외도邪命外道[191]는 있음(有) 등의 본질(性)과 저 '모든 존재'(諸法)가 '같은 것도 아니고 다른 것도 아니다'(非一非異)라고 집착하니, ['네 가지 명제'(四句) 가운데] '있는 것도 아니고 있지 않은 것도 아니다'(非有非無有)라는 명제에 해당한다. 이 [주장] 역시 참되지 않으니, 무엇 때문인가? [사명외도] 그대가 여기서 말한 '같은 것도 아니고 다른 것도 아니다'(非一非異)라는 것은 [같음과 다름을] 둘 다 부정(遮)한 것인가, [같음과 다름 가운데] 한쪽만 긍정(表)한 것인가? 만약 한쪽만 긍정한 것이라면 ['같은 것도 아니고 다른 것도 아니다'(非一非異)라고 하는] '양자 부정'(雙非)은 하지 않아야만 하고, 만약 둘 다 부정한 것이라면 ['같은 것도 아니고 다른 것도 아니다'(非一非異)라고] 집착하는 것이 없어야만 한다. 부정도 있고 긍정도 있다면 [그럴 경우] 이치가 모순되며, 부정도 없고 긍정도 없다면 말이 '근거 없는 말장난'(戲論)이 되어 버린다. [이런 논법으로] 자세하게 논파한다. 이와 같이 세상 사람들은 [진실을 등지게 하는] 네 가지 방해를 일으키니, 있다(有)·'있는 것이 아니다'(非有)·'있는 것이기도 하고 있는 것이 아니기도 하다'(雙許)·'있는 것도 아니고 있는 것이 아닌 것도 아니다'(雙非)가 그것이다. 그 차례대로 긍정(增益)·부정(損減)·모순(相違)·'근거 없는 말장난'(戲論)에 해당하니, 그러므로 세상 사람들이 집착하는 것은 참되지 않다.[192]

【소】今此文中"非有相", 是遣初句, "非無相"者, 遣第二句. "非非有相, 非非無相"者, 遣第四句, "非有無俱"者, 遣第三句. 二句前後, 隨論者意, 皆有道理, 不相傷也. 一異四句, 準釋可知. "乃至"以下, 第三總結. 於

---

191 사명외도邪命外道: 잘못된 방식으로 생계활동을 하는 집단을 가리키는 말로 산스크리트어로는 아지비카(Ājīvika)교이다. 교조는 육사외도의 한 사람인 막칼리 고살라(Makkhali gosala)이다. 숙명론, 운명론, 결정론으로 분류될 수 있는 견해를 펼친 것으로 알려져 있다. 특히 초기불교경전에서 강하게 비판을 받는 장면이 나타나는데, 그 이유는 그들이 인과因果를 부정했기 때문이다. 즉 윤회의 원인이나 과보, 해탈의 원인이나 결과 등은 존재하지 않는다는 주장을 펼쳤던 것이다.
192 여기까지는 『대승광백론석론』의 내용을 거의 그대로 인용한 것이다.

中二句, 從此以下, 乃至"曰[193]爲空", 是順結也, "若離"以下, 是反結也.

『소』(1-706c19~707a2); 『회본』(1-745b5~12); 『별기』에 없음.

지금 이 [『대승기신론』의] 문장에서 "있는 양상이 아니다"(非有相)라는 것은 ['네 가지 명제'(四句) 중에서] 첫 번째 명제를 버리는 것이고, "없는 양상이 아니다"(非無相)라는 것은 두 번째 명제를 버리는 것이다. [또] "있는 양상이 아닌 것도 아니고 없는 양상이 아닌 것도 아니다"(非非有相, 非非無相)라는 것은 네 번째 명제를 버리는 것이고, "있는 양상이기도 하고 없는 양상이기도 한 것이 아니다"(非有無俱)라는 것은 세 번째 명제를 버리는 것이다. [세 번째와 네 번째인] 두 명제의 앞과 뒤[가 순서가 바뀐 것은 『대승기신론』을 지은] 논자論者의 의중에 따른 것이니, 모두 도리가 있어 [네 가지 명제의 본래 순서나 여기서의 바뀐 순서가] 서로 해치지 않는다. 같음(一)과 다름(異)에 관한 '네 가지 명제'(四句)도 [이에] 준하여 해석하면 알 수 있을 것이다. "내지乃至" 이하는 [처음의 '공함을 밝힌 글'(明空) 중에] 세 번째인 '총괄적 결론'(總結)이다. 거기에는 두 가지 구절이 있으니, 이 [「내지乃至」]부터 "공함이라고 한다"(說爲空)까지는 '[문장 내용을] 따라서 내리는 결론'(順結)이고, "만약 벗어난다면"(若離)이하는 '[문장 내용을] 거슬러서 내리는 결론'(反結)이다.

㉯ 전혀 없지는 않음을 해석함(釋不空)

所言不空者, 已顯法體空無妄故, 即是眞心常恒不變, 淨法滿足, 故名不空. 亦無有相可取, 以離念境界, 唯證相應故.

『논』(T32, 576b5~7); 『회본』(1-745b13~16)

'전혀 없지는 않음'(不空)이라 말한 것은, '현상의 [온전한] 본연'(法體)이 '불변·독자의 실체가 없어'(空) [불변의 실체와 같은] '거짓된 허구'(妄)가 없음을 이미 나타내었기 때문에 곧 이 '참 그대로와 만나는 마음'(眞心)[지평]

---

193 『기신론』 본문에는 '說'로 되어 있다.

이 '언제나 한결같고'(常恒) [그리하여] '온전한 현상'(淨法)들로 가득하니, 그러므로 '전혀 없지는 않음'(不空)이라 부른다. 또한 [불공不空이라고 하지만] [불변·독자의 실체나 본질로] 확보할 수 있는 차이(相)가 없으니, '대상을 잘못 분별하는 것'(念境界)에서 벗어난 것은 오직 [참 그대로'(眞如)를] 증득하여야 상응하기 때문이다.

【소】釋不空中, 亦有三句. 初牒空門, 謂言"已顯法體空無妄故". 次顯不空, "卽是眞心"乃至則"名不空"故. "亦無有相"以下, 第三明空·不空無二差別. 雖曰不空, 而無有相, 是故不空不異於空. 以離分別所緣境界, 唯無分別所證相應故也.

『소』(1-707a3~8); 『회본』(1-745b17~23); 『별기』에 없음.

'[전혀] 없지는 않음'(不空)을 해석하는 [글] 중에도 세 구절이 있다. 첫 구절은 '불변·독자의 실체가 없음을 밝히는 맥락'(空門)을 이은 것이니, "'현상의 [온전한] 본연'(法體)이 '불변·독자의 실체가 없어'(空) [불변의 실체와 같은] '거짓된 허구'(妄)가 없음을 이미 나타내었기 때문이다"(已顯法體空無妄故)라고 말한 것이 그것이다.

다음은 '전혀 없지는 않음'(不空)을 드러내었으니, "곧 이 '참 그대로와 만나는 마음'[지평]이"(卽是眞心)에서부터 "'전혀 없지는 않음'이라 부른다"(名不空)까지[가 그것]이다.

"또한 [불변·독자의 실체나 본질로 확보할 수 있는] 차이가 없다"(亦無有相[可取]) 이하는 세 번째 [구절]로서 '불변·독자의 실체가 없음'(空)과 '전혀 없지는 않음'(不空)에는 '[서로 다른] 둘로 나뉘는 차이'(二差別)가 없음을 밝힌 것이다. 비록 '전혀 없지는 않음'(不空)이라 하였지만 '[불변·독자의 실체나 본질인] 차이'(相)가 있는 것이 아니니, 이 때문에 '전혀 없지는 않음'(不空)은 '불변·독자의 실체가 없음'(空)과 다른 것이 아니다. '관계 맺는 대상'(所緣境界)을 분별하는 것에서 벗어나 오로지 '분별하지 않음'(無分別)에 의해 증득한 것에 상응하기 때문이다.[194]

(3) 解釋分

① 結前起後: "已說立義分, 次說解釋分."

② 正釋

가. 擧數總標: "解釋分有三種, 云何爲三?"

나. 依數開章: "一者, 顯示正義, 二者, 對治邪執, 三者, 分別發趣道相."

다. 依章別解

가) 顯示正義

(가) 正釋義(正釋所立法義)

㉮ 釋法章門

ㄱ. 總釋: "顯示正義者, 依一心法, 有二種門. 云何爲二? 一者, 心眞如門, 二者, 心生滅門. 是二種門, 皆各總攝一切法, 此義云何? 以是二門不相離故."

ㄴ. 別解(別釋)

ㄱ) 眞如門

(ㄱ) 釋眞如(顯體)

㉠ 略標: "心眞如者, 卽是一法界大總相法門體."

㉡ 廣釋

A. 顯眞如體

A) 當眞實性以顯眞如: "所謂心性不生不滅."

B) 對分別性以明眞如絶相

(A) 擧遍計所執之相: "一切諸法, 唯依妄念而有差別."

(B) 對所執相顯無相性: "若離心念, 則無一切境界之相."

C) 就依他性以顯眞如離言

(A) 約依他性法以明離言絶慮: "是故一切法從本已來, 離言說相, 離名字相, 離心緣相."

(B) 依離絶之義以顯平等眞如: "畢竟平等, 無有變異, 不可破壞, 唯是一心, 故名眞如."

(C) 釋平等離絶所以: "以一切言說, 假名無實, 但隨妄念, 不可得故."

B. 釋眞如名

A) 標立名之意: "言眞如者, 亦無有相, 謂言說之極, 因言遣言."

B) 正釋名: "此眞如體無有可遣, 以一切法悉皆眞故, 亦無可立, 以一切法皆同如故."

C) 結名: "當知一切法不可說不可念, 故名爲眞如."

㉢ 往復除疑: "問曰, 若如是義者, 諸衆生等, 云何隨順而能得入? 答曰, 若知一切法雖說無有能說可說, 雖念亦無能念可念, 是名隨順, 若離於念, 名爲得入."

나) 근본무지에 따라 생멸하는 측면(生滅門)

(가) 핵심을 곧바로 자세하게 해석함(正廣釋)

㉮ 입의분立義分에서 말한 '이 생멸하는 마음'을 해석함(釋上立義分中是心生滅)

【소】此下, 第二釋生滅門, 於中有二. 初正廣釋, "復次有四種熏習"以下, 因言重顯. 初中有三, 一者, 釋上立義分中"是心生滅", 二者, "復次生滅因緣"以下, 釋上生滅因緣. 三者, "復次生滅相"以下, 釋上生滅相. 初中有二, 一者, 就體總明, 二者, 依義別解.

『소』(1-707a9~15); 『회본』(1-745b24~c6)

이 아래는 두 번째로 '[근본무지에 따라] 생멸하는 측면'(生滅門)을 해석한 것이니, 이 가운데는 두 가지가 있다. 처음은 '[핵심을] 곧바로 자세하게 해석함'(正廣釋)이고, "또 네 가지의 거듭 영향[을 끼치는 면모]가 있다"(復次有四種

(ㄴ) 釋如相(明眞如相)
  ㉠ 擧數總標: "復次眞如者, 依言說分別, 有二種義. 云何爲二?"
  ㉡ 依數開章: "一者, 如實空, 以能究竟顯實故, 二者, 如實不空, 以有自體具足無漏性功德故."
  ㉢ 依章別解
    A. 明空
      A) 略明: "所言空者, 從本已來一切染法不相應故, 謂離一切法差別之相. 以無虛妄心念故."
      B) 廣釋: "當知眞如自性, 非有相, 非無相, 非非有相, 非非無相, 非有無俱相. 非一相, 非異相, 非非一相, 非非異相, 非一異俱相."
      C) 總結: "乃至總說, 依一切衆生以有妄心, 念念分別, 皆不相應, 故說爲空. 若離妄心, 實無可空故."
    B. 釋不空
      A) 牒空門: "所言不空者, 已顯法體空無妄故."
      B) 顯不空: "即是眞心常恒不變, 淨法滿足, 故名不空."
      C) 明空不空無二差別: "亦無有相可取, 以離念境界, 唯證相應故."

[法]熏習[義] 이하는 '[모든 현상을 생겨나게 할 수 있다'(能生一切法)는] 말에 따라 거듭 밝힌 것'(因言重顯)이다.

처음 [부분에 다시] 세 가지가 있으니, 첫 번째는 앞서의 '[대승의 현상과 면모에 관한] 뜻을 세우는 부분'(立義分)[에서 말한] "이 생멸하는 마음"(是心生滅)을 해석한 것이고, 두 번째인 "또 [근본무지에 따라] 생멸하게 하는 원인과 조건"(復次生滅因緣) 이하는 앞에서 말한 '[근본무지에 따라] 생멸하게 하는 원인과 조건'(生滅因緣)을 해석한 것이다. [그리고] 세 번째인 "또 [근본무지에 따라] 생멸하는 양상"(復次生滅相) 이하는 앞에서 말한 '생멸하는 양상'(生滅相)을 해석한 것이다.

첫 번째[인 '이 [원인과 조건에 의거하여] 생멸하는 마음[양상]'(是心生滅)을 해석한 것] 가운데 두 가지가 있으니, 하나는 '[온전한] 본연에 의거하여 총괄적으로 밝힌 것'(就體總明)이고, 다른 하나는 '면모에 의거하여 하나씩 해석한 것'(依義別解)이다.

【별기】言"生滅"者已下, 第二釋生滅門, 於中有二. 初正廣釋, 二"復次有四種熏習"已下, 因言重顯. 初中有三, 一廣上立義分"是心生滅", 二"復次生滅因緣"已下, 廣上生滅因緣. 三"復次生滅相"已下, 廣上生滅相. 初中有二, 一約體總明, 二依義別解.

『별기』(1-681a9~15); 『회본』에 없음.

"[근본무지에 따라 마음이] 생겨나고 사라진다"(生滅)라고 말한 것 이하는 두 번째로 '[근본무지에 따라] 생멸하는 측면'(生滅門)을 해석한 것이니, 이 가운데는 두 가지가 있다. 처음은 '[핵심을] 곧바로 자세하게 해석함'(正廣釋)이고, 두 번째인 "또 네 가지의 거듭 영향[을 끼치는 면모]가 있다"(復次有四種[法]熏習[義])[195] 이하는 '[모든 현상을 생겨나게 할 수 있다'(能生一切法)는] 말[196]에 따라 거

---

195 『대승기신론』 원문은 "復次有四種法熏習義"이다.
196 "이 [아리야]식에는 ['깨달음'(覺)과 '깨닫지 못함'(不覺)의] 두 가지 면모가 있어서 모든

듦 밝힌 것'(因言重顯)이다.

처음 [부분에 다시] 세 가지가 있으니, 첫 번째는 앞서의 '[대승의 현상과 면모에 관한] 뜻을 세우는 부분'(立義分)[에서 말한] "이 [원인과 조건에 의거하여] 생멸하는 마음[양상]"(是心生滅)을 자세히 해석한 것이고, 두 번째인 "또 [근본무지에 따라] 생멸하게 하는 원인과 조건은"(復次生滅因緣) 이하는 앞에서 말한 '[근본무지에 따라] 생멸하게 하는 원인과 조건'(生滅因緣)을 자세히 해석한 것이다. [그리고] 세 번째인 "또 [근본무지에 따라] 생멸하는 양상"(復次生滅相) 이하는 앞에서 말한 '생멸하는 양상'(生滅相)을 자세하게 해석한 것이다.

첫 번째[인 '이 [원인과 조건에 의거하여] 생멸하는 마음[양상]'(是心生滅)을 해석한 것] 가운데 두 가지가 있으니, 하나는 '[온전한] 본연에 의거하여 총괄적으로 밝힌 것'(約體總明)이고, 다른 하나는 '면모에 의거하여 하나씩 해석한 것'(依義別解)이다.

〈『소』와 『별기』의 구문 대조〉

『소』(1-707a9~15)	『별기』(1-681a9~15)
①此下, 第二釋生滅門, 於中有二. 初正廣釋, (②)"復次有四種熏習"③以下, 因言重顯. 初中有三, ④一者, 釋上立義分⑤中"是心生滅", 二⑥者, "復次生滅因緣"⑦以下, ⑧釋上生滅因緣. 三⑨者, "復次生滅相"⑩以下, ⑪釋上生滅相. 初中有二, 一⑫者, 就體總明, 二⑬者, 依義別解.	①言"生滅"者已下, 第二釋生滅門, 於中有二. 初正廣釋, ②二"復次有四種熏習"③已下, 因言重顯. 初中有三, ④一廣上立義分(⑤)"是心生滅", 二⑥"復次生滅因緣"⑦已下, ⑧廣上生滅因緣. 三⑨"復次生滅相"⑩已下, ⑪廣上生滅相. 初中有二, 一⑫約體總明, 二(⑬)依義別解.
※『소』와 『별기』의 내용이 거의 동일하다.	

현상을 포섭할 수 있고 모든 현상을 생겨나게 할 수 있다"(此識有二種義, 能攝一切法, 生一切法)는 『대승기신론』 본문(T32, 576b10) 가운데 "모든 현상을 생겨나게 할 수 있다"(能生一切法)는 말을 지칭한다.

ㄱ. 온전한 본연에 의거하여 총괄적으로 밝힘(就體總明)

> 心生滅者, 依如來藏故有生滅心, 所謂不生不滅, 與生滅和合, 非一非異, 名爲
> 阿梨耶識.
>
> 『논』(T32, 576b7~9); 『회본』(1-745c7~9)

'[근본무지에 따라] 마음이 생멸한다'(心生滅)는 것은, '여래의 면모가 간직
된 창고'(如來藏)에 의거하기 때문에 '[근본무지에 따라] 생멸하는 마음[지평]'
(生滅心)이 있게 되는 것이니, 이른바 '[근본무지에 따라] 생멸하지 않는 [마
음]지평'(不生不滅)이 '[근본무지에 따라] 생멸하는 [마음]지평'(生滅)과 동거하
여(和合) [두 지평이] 같은 것도 아니고 다른 것도 아닌 [마음국면을] '아리야
식阿梨耶識(阿黎耶識, ālaya vijñāna)'이라 부른다.

【소】初中三句, 一者, 標體, 二者, 辯相, 三者, 立名. 初中言"依如來藏故有
生滅心"者, 自性淸淨心, 名爲如來藏, 因無明風動作生滅, 故說生滅依
如來藏.

『소』(1-707a16~19); 『회본』(1-745c10~14)

[이] 첫 문장에 세 구절이 있으니, 첫 번째는 '[온전한] 본연을 세운 것'(標體)
이고, 두 번째는 '양상을 자세히 설명한 것'(辯相)이며, 세 번째는 '명칭을 제
시한 것'(立名)이다. 처음에 말한 "'여래의 면모가 간직된 창고'에 의거하기
때문에 '[근본무지에 따라] 생멸하는 마음'[지평]이 있게 된다"(依如來藏故有生滅
心)는 것은, '본연이 온전한 마음'(自性淸淨心)을 '여래의 면모가 간직된 창
고'(如來藏)라고 부르는데, '근본무지의 바람'(無明風)에 의해 움직여 [분별에
따라] 생멸[하는 현상을 짓게 되므로 〈[근본무지에 따라] 생멸[하는 마음지평]'(生
滅)은 '여래의 면모가 간직된 창고'(如來藏)에 의거한다〉고 말하는 것이
다.[197]

---

[197] 원효는 여래장을 두 가지 의미로 사용한다. 하나는 불생불멸不生不滅의 지평이고, 또

【별기】 初言"依如來藏故有生滅心"者, 謂不生滅心, 因無明風動作生滅, 故說生滅心依不生滅心.[198] 然不生滅心與生滅心, 心體無二, 但將二義 取心爲二, 以說"依"耳. 如不動水爲風所吹而作動水. 動靜雖異, 水體是 一, 而得說言依靜水故有其動水. 當知此中道理亦爾.

『별기』(1-681a15~21); 『회본』(1-745c15~20)

처음에 말한 "'여래의 면모가 간직된 창고'에 의거하기 때문에 '근본무지 에 따라] 생멸하는 마음'[지평]이 있게 된다"(依如來藏故有生滅心)는 것은, '[근본 무지에 따라] 생멸하지 않는 마음[지평]'(不生滅心)이 '근본무지의 바람'(無明風) 에 의해 움직여 [분별에 따라] 생멸[하는 현상]을 짓게 되므로 〈[근본무지에 따라] 생멸하는 마음[지평]'(生滅心)은 '[근본무지에 따라] 생멸하지 않는 마음[지평]'(不 生滅心)에 의거한다〉고 말하는 것이다. 그런데 '[근본무지에 따라] 생멸하지 않는 마음[지평]'(不生滅心)에서는, '[근본무지에 따라] 생멸하는 마음[지평]'(生滅 心)과 [그] '마음의 온전한 본연'(心體)[199]이 '[불변·독자의 실체나 본질이 있다는 생 각에 의해] 둘[로 나뉨]이 없지만'(無二), 단지 '두 가지 측면'(二義)을 가지고 마 음[의 지평]을 둘로 나누어 취급하기에 "의거한다"(依)라고 말한 것이다. 마 치 움직이지 않는 물이 바람에 불리어 움직이는 물을 일으키는 것과 같다. 움직임(動)과 고요함(靜)이 비록 다르지만 물이라는 바탕(體)은 같은데, 그 렇지만 〈고요한 물에 의거하기 때문에 그 움직이는 물이 있게 된다〉고 말 할 수 있다. 여기에서의 ["여래장(如來藏)에 의거하기 때문에 생멸심(生滅心)이 있게 된다"는 말의] 도리도 그와 같음을 알아야 한다.

___

하나는 생멸화합生滅和合의 지평이다.

198 『별기』의 이 문장(初言依如來藏故有生滅心者, 謂不生滅心, 因無明風動作生滅, 故說生滅 心依不生滅心)은 『회본』에는 누락되어 있다.

199 심체心體: '心體'를 여기서는 '마음의 온전한 본연'이라 번역하였다. 『대승기신론』과 원 효의 저술에서 자주 등장하는 '體'라는 용어는 맥락에 따라 '본연' '바탕' '토대' 등 다양 한 개념을 지닌다. 여기서 '心體'는 '모든 현상의 기저에 있는 불변의 실체'라는 의미가 아니라 '근본무지의 분별에 의해 오염되지 않은 마음지평'을 지칭하려는 번역어이다.

〈『소』와 『별기』의 구문 대조〉

『소』(1-707a16~19)	『별기』(1-681a15~21)
①初中三句, 一者, 標體, 二者, 辯相, 三者, 立名. 初②中言"依如來藏故有生滅心"者, ③自性清淨心, 名爲如來藏, 因無明風動作生滅, 故說生滅④依如來藏. (⑤)	(①) 初②言"依如來藏故有生滅心"者, ③謂不生滅心, 因無明風動作生滅, 故說生滅④心依不生滅心. ⑤然不生滅心與生滅心, 心體無二, 但將二義取心爲二, 以說依耳. 如不動水爲風所吹而作動水, 動靜雖異, 水體是一, 而得說言依靜水故有其動水. 當知此中道理亦爾.
※ 『별기』에 없던 과문 ①이 『소』에서는 삽입되었다. ※ 『회본』의 비유 ⑤가 『소』에서는 삭제되었다.	

【소】 如『四卷經』言, "如來藏爲無始惡習所熏, 名爲識藏", 又言"刹那者, 名爲識藏"故.

『소』(1-707a19~21);『회본』(1-745c21~23)

『사권능가경四券楞伽經』에서 "'여래의 면모가 간직된 창고'(如來藏)는 시작을 알 수 없는 때부터 해로운 버릇에 물들어 왔기에 '[분별하는] 식의 창고'(識藏)[인 알라야식/아리야식]이라 부른다"[200]라고 하고, 또 "찰나[에 생멸하는 것]을 '[분별하는] 식의 창고'(識藏)[인 알라야식/아리야식]이라 부르는 것이다"라고[201] 말하는 것과 같다.

【별기】 如下論云, 自性清淨心, 因無明風動, 又『四卷經』云, "如來藏爲無始惡習所熏, 名爲識藏", 又言"刹那者, 名爲識藏".

『별기』(1-681a22~24);『회본』에 없음.

아래 『대승기신론』[본문]에서 〈'본연이 온전한 마음'(自性清淨心)이 근본무지(無明)의 바람에 의해 동요한다〉고 말하고,[202] 또 『사권능가경四卷楞伽經』[203]

---

200 『사권능가경』권4(T16, 510b7~8). "爲無始虛僞惡習所薰, 名爲識藏."
201 『사권능가경』권4(T16, 512b12). "刹那者, 名識藏如來藏意倶."

에서 "'여래의 면모가 간직된 창고'(如來藏)는 시작을 알 수 없는 때부터 해로운 버릇에 물들어 왔기에 '[분별하는] 식의 창고'(識藏)[인 알라야식/아리야식]이라 부른다"(如來藏爲無始惡習所熏, 名爲識藏)[204]라고 하며 또 "찰나[에 생멸하는 것]을 '[분별하는] 식의 창고'(識藏)[인 알라야식/아리야식]이라 부르는 것이다"(刹那者, 名爲識藏)[205]라고 말하는 것과 같다.

〈『소』와『별기』의 구문 대조〉

『소』(1-707a19~21)	『별기』(1-681a22~24)
(①) ②如『四卷經』③言, "如來藏爲無始惡習所熏, 名爲識藏", 又言"利刹那者, 名爲識藏④故".	①如下論云, 自性淸淨心, 因無明風動, ②又『四卷經』③云, "如來藏爲無始惡習所熏, 名爲識藏", 又言"刹那者, 名爲識藏(④)".
※『별기』의 ① "如下論云, 自性淸淨心, 因無明風動"이『소』에서는 삭제되었다.	

---

202 『대승기신론소』의 내용과 대응 관계를 설정하기가 애매한 부분이다. 왜냐하면 이전 서술을 보충하는 글로 볼 수도 있고, 이후 서술의 도입부로 볼 수도 있기 때문이다.

203 『사권능가경四卷楞伽經』: 443년 구나발타라求那跋陀羅가 번역한 4권본『능가아발타라보경楞伽阿跋陀羅寶經』을 가리킨다. 이것은 현존하는 세 종류의『능가경』번역본 중에서 시기가 가장 빠른 것이다. 나머지 두 판본은 513년 보리유지菩提留支가 번역한 10권본『입능가경入楞伽經』과 700~704년에 실차난타實叉難陀가 번역한 7권본『대승입능가경大乘入楞伽經』이다.『능가경』은 '여래장'과 '알라야식'이 동시에 중요시되었다는 점에서『대승기신론』사상의 연원을 보여 주고 있는 경전이다.

204 『사권능가경』권4(T16, 510b7~8). "爲無始虛僞惡習所熏, 名爲識藏." 〈산스크리트본의 해당 내용: LAS 220,13-16, anādikālavividhaprapañcadauṣṭhulyavāsanāvāsita ālaya-vijñānasaṃśabdito 'vidyāvāsanābhūmijaiḥ saptabhir vijñānaiḥ saha mahodadhi-taraṅgavan nityam avyucchinnaśarīraḥ pravartate; 무한한 과거로부터 다양한 희론의 추중의 습기에 훈습되고 알라야식이라고 불리는 [여래장]이 단절되지 않는 것을 본질로 하여 항상 무명주지로부터 발생한 7식과 결합하여 대해와 파도처럼 발생한다.〉

205 『사권능가경』권4(T16, 512b12). "刹那者, 名識藏如來藏意俱." 〈산스크리트본의 해당 내용: LAS 235,15-236,1, kṣaṇikaṃ punar mahāmate ālayavijñānaṃ tathāgatagarbhasa-ṃśabditaṃ manaḥsahitaṃ pravṛttivijñānavāsanābhiḥ kṣaṇikam, anāsravavāsa-nābhir akṣaṇikam; 또 대혜여, 찰나란 여래장이라고 불리는 알라야식이 의意를 동반할 때, 전식의 습기에 의해서는 찰나이고 무루의 습기에 의해서는 찰나가 아니다.〉

【별기】當知此云"有生滅心", 正謂識藏. 今通取所依如來藏與能依生滅心, 合爲心生滅門, 故言"心生滅門²⁰⁶者, 依如來藏故有生滅心", 非擧²⁰⁷如來藏而取生滅心爲生滅門也. 如下文云²⁰⁸"此識有二種義". 故知二義皆在生滅門也.

『별기』(1-681a24~b6); 『회본』(1-746a1~7); 『소』에 없음.

여기 『기신론』에서 "'[근본무지에 따라] 생멸하는 마음[지평]'이 있게 된다"(有生滅心)라고 말한 것은 바로 '[분별하는] 식의 창고'(識藏)[인 알라야식/아리야식]을 일컫는 것임을 알아야 한다. 지금은 〈의지되는 '여래의 면모가 간직된 창고'〉(所依如來藏)와 〈의지하는 '[근본무지에 따라] 생멸하는 마음[지평]'〉(能依生滅心)을 모두 취하여 합해 '[근본무지에 따라] 생멸하는 마음측면'(心生滅門)으로 삼았기에 "[근본무지에 따라] 마음이 생멸한다는 것은, '여래의 면모가 간직된 창고'에 의거하기 때문에 '[근본무지에 따라] 생멸하는 마음[지평]'이 있게 된다"(心生滅者, 依如來藏故有生滅心)라고 말한 것이지, '여래의 면모가 간직된 창고'(如來藏)를 [중심으로] 세우고 '[근본무지에 따라] 생멸하는 마음[지평]'(生滅心)을 취하여 '[근본무지에 따라] 생멸하는 [마음]측면'(生滅門)으로 삼은 것이 아니다. 마치 [『대승기신론』 본문의] 아래 문장에서 "이 [아리야]식에 두 가지 면모가 있다"(此識有二種義)라고 말한 것과 같다. 그러므로 '[깨달음과 깨닫지 못함의] 두 가지 면모'(二義)는 모두 '[근본무지에 따라] 생멸하는 [마음]측면'(心生滅門)에 있다는 것을 알아야 한다.

---

206 『별기』(H1, 681b)에서는 '心生滅門', 『회본』(H1, 746a)에서는 '心生滅'로 되어 있다. 『기신론』 원문에는 '心生滅'이다.

207 『별기』(H1, 681b)에서는 '擧', 『회본』(H1, 746a)에서는 '棄'로 되어 있다. '擧'가 보다 정밀한 철학적 의미를 드러낸다고 보아 『별기』의 기록을 선택한다.

208 한불전 제1권 『별기』 원문에는 "之"로 되어 있지만, 문맥의 의미로 보면 『회본』에서 편집한 것처럼 "云"으로 보는 것이 적절하다고 생각된다.

【소】"所謂"以下, 第二辯相. "不生不滅"者, 是上如來藏. 不生滅心動作生滅, 不相捨離, 名"與和合". 如下文言, 如大海水因風波動, 水相風相不相捨離, 乃至廣說. 此中水之動是風相, 動之濕是水相, 水擧體動, 故水不離風相, 無動非濕, 故動不離水相. 心亦如是, 不生滅心擧體動, 故心不離生滅相, 生滅之相莫非神解, 故生滅不離心相. 如是不相離, 故名"與和合".

『소』(1-707a22~b7);『회본』(1-747a8~17)

"이른바"(所謂) 아래 문장은 두 번째인 '양상을 자세히 설명한 것'(辯相)이다. "[근본무지에 따라] 생멸하지 않는 [마음]지평"(不生不滅)이라는 것은 위에서 [말한] '여래의 면모가 간직된 창고'(如來藏)이다. '[근본무지에 따라] 생멸하지 않는 마음[지평]'(不生滅心)이 [근본무지의 바람에] 동요하여 [분별에 따라] 생멸[하는 현상]을 짓고 '[근본무지에 따라] 생멸하지 않는 마음[지평]'(不生滅之心)과 '[근본무지에 따라] 생멸[하는 현상]'(生滅)이 '서로 배제하거나 떠나지 않는 것'(不相捨離)을 "더불어 동거한다"(與和合)라고 말한다. 아래 『기신론』 본문에서 말한 것처럼, 〈큰 바다의 물이 바람에 의하여 파도를 일으키지만 물의 양상과 바람의 양상은 서로를 배제하거나 떠나지 않는다〉 등으로 자세히 설한 것과 같다. 여기에서 물의 움직임은 바람의 양상이고 움직인 [물의] 습한 것은 물의 양상이니, 물이 [그] 본연(體)에 의거하면서 움직인 것이므로 물은 바람의 양상에서 떠나지 않고, 움직인 [물]은 모두 습한 것이므로 움직임이 물의 양상에서 떠나지 않는다. 마음도 이와 같으니, '[근본무지에 따라] 생멸하지 않는 마음[지평]'(不生滅心)이 [그] [온전한] 본연'(體)에 의거하면서 움직인 것이므로 [근본무지에 따라 생멸하지 않는] 마음은 '[근본무지에 따라] 생멸하는 양상'(生滅相)에서 떠나지 않으며, '[근본무지에 따라] 생멸하는 양상'(生滅之相)은 모두 '지혜롭게 사실대로 이해함'(神解)[이 가능한 것]이므로 [근본무지에 따라] 생멸[하는 양상]이 [근본무지에 따라 생멸하지 않는] '마음 양상'(心相)에서 떠나지 않는다. 이와 같이 [근본무지에 따라 생멸하지 않는 마음'과 '근본무지에 따라 생멸하는 양상'이] 서로 떠나지 않기 때문에 "더불어 동거한다"(與和合)라고 말한다.

【별기】"所謂不生不滅與生滅和合，非一非異，名爲阿梨耶識"者，此不生滅，卽上如來藏. 言"生滅"者，是上不生滅心之生滅. 言"與和合"者，不生滅心動作生滅，名之曰"與"，此生滅之心，[209] 心之生滅，不相捨離，名爲"和合". 如下論云，如大海水因風波動，水相風相不相捨離. 此中水之動是風相，動之濕是水相，雖有二相而無二體，故不相離. 心亦如是，[210] 心之生滅，依無明成，生滅之心，[211] 從本覺成，而無二體，不相捨離，故爲和合.

『별기』(1-681b7~17); 『회본』(1-746a17~18)에는 별기문(1-681b7~15)이 누락.

"이른바 '[근본무지에 따라] 생멸하지 않는 [마음]지평'이 '[근본무지에 따라] 생멸하는 [마음]지평'과 어울려 동거하여 [두 지평이] 같은 것도 아니고 다른 것도 아닌 [마음국면을] 아리야식이라 부른다"(所謂不生不滅, 與生滅和合, 非一非異, 名爲阿梨耶識)라는 것은, 이 '[근본무지에 따라] 생멸하지 않는 [마음]지평'(不生滅)이 바로 위에서 [말한] '여래의 면모가 간직된 창고'(如來藏)라는 것이다.

"[근본무지에 따라] 생멸한다"(生滅)라고 말한 것은 위에서 [말한] '[근본무지에 따라] 생멸하지 않는 마음[지평]'(不生滅心)이 [근본무지에 따라] 생멸하는 것이다.

"'[근본무지에 따라] 생멸하는 [마음]지평'(生滅)과 더불어 동거한다"(與和合)라고 말한 것은, '[근본무지에 따라] 생멸하지 않는 마음[지평]'(不生滅心)이 [근본무지의 바람에] 동요하여 [분별에 따라] 생멸[하는 현상]을 짓는 것을 "더불어"(與)라 말하고, 이 '[근본무지에 따라] 생멸하지 않는 마음[지평]'(不生滅心)과 '마음이 [근본무지에 따라] 생멸하는 지평'(心之生滅)이 '서로 배제하거나 떠나지 않는 것'(不相捨離)을 "동거한다"(和合)라고 말한다. 아래『기신론』본문에서 말한 것처럼, 큰 바다의 물이 바람에 의하여 파도를 일으키지만 '물의 양상'(水相)과 '바람의 양상'(風相)은 서로를 배제하거나 떠나지 않는 것과 같다. 여기

---

209 『별기』(H1, 681b)에는 '生滅之心'이라 되어 있는데, 맥락으로 보면 '不生滅之心'이라야 적절하다. 오기인 듯하다. 여기서는 '不生滅之心'으로 보고 번역한다.
210 이 부분(所謂不生不滅 … 心亦如是)은『별기』에 있지만『회본』에서 누락된 내용이다.
211 역시 '不生滅之心'으로 보는 것이 적절하다.

에서 물의 움직임은 바람의 양상이고 움직인 [물의] 습한 것은 물의 양상이니, 비록 두 가지 양상이 있지만 두 가지 [별개의] 본연(體)은 없기 때문에 서로 떠나지를 않는다. 마음도 이와 같으니, '마음이 생멸하는 지평'(心之生滅)은 근본무지(無明)에 의거하여 이루어지고 '[근본무지에 따라] 생멸하지 않는 마음[지평]'(不生滅之心)²¹²은 '깨달음의 본연'(本覺)에 따라 이루어지지만, [이들은] 두 가지 [별개의] 실체(體)가 아니기에 서로 배제하거나 떠나지를 않으므로 '동거하게'(和合)하게 된다.

〈『소』와『별기』의 구문 대조〉

『소』(1-707a22~b7)	『별기』(1-681b7~17)
①"所謂"以下. ②第二辯相. ③"不生不滅"者, 是上如來藏. ④不生滅心動作生滅, 不相捨離, 名"與和合". 如下⑤文言, 如大海水因風波動, 水相風相不相捨離, ⑥乃至廣說. 此中水之動是風相, 動之濕是水相, ⑦水擧體動, 故水不離風相, 無動非濕, 故動不離水相. 心亦如是, ⑧不生滅心擧體動, 故心不離生滅相, 生滅之相莫非神解, 故生滅不離心相. 如是不相離, 故名"與和合".	①"所謂不生不滅與生滅和合, 非一非異, 名爲阿梨耶識"者, (②) ③此不生滅, 卽上如來藏. ④言"生滅"者, 是上不生滅心之生滅. 言"與和合"者, 不生滅心動作生滅, 名之曰"與", 此不生滅之心, 心之生滅, 不相捨離, 名爲"和合". 如下⑤論云, 如大海水因風波動, 水相風相不相捨離. (⑥) 此中水之動是風相, 動之濕是水相, ⑦雖有二相而無二體, 故不相離. 心亦如是. ⑧心之生滅, 依無明成, 不生滅之心, 從本覺成, 而無二體, 不相捨離, 故爲和合.
※『소』와『별기』의 서술에서 크게 차이가 있는 부분이다. 특히 ④와 ⑧에서 논술의 차이를 살펴볼 수 있다. ※『회본』(1-746a17~18)에는『별기』(1-681b7~15) 내용이 누락되어 있다.	

---

212 역시 '不生滅之心'으로 번역한다.

【소】此是不生滅心與生滅和合, 非謂生滅與不生滅和合也. "非一非異"者, 不生滅心擧體而動, 故心與生滅非異, 而恒不失不生滅性, 故生滅與心非一. 又若是一者, 生滅識相滅盡之時, 心神之體亦應隨滅, 墮於斷邊. 若是異者, 依無明風熏動之時, 靜心之體不應隨緣, 卽墮常邊. 離此二邊, 故"非一非異".

『소』(1-707b7~15); 『회본』(1-747a18~b2)

이것은 '[근본무지에 따라] 생멸하지 않는 마음[지평]'(不生滅心)이 '[근본무지에 따라] 생멸하는 [마음]지평'(生滅)과 '동거'(和合)하는 것이지, '[근본무지에 따라] 생멸하는 [마음]지평'(生滅)이 '[근본무지에 따라] 생멸하지 않는 [마음]지평'(不生滅)과 '동거'(和合)한다는 말이 아니다. "두 지평이 같지도 않고 다르지도 않다"(非一非異)는 것은, '[근본무지에 따라] 생멸하지 않는 마음[지평]'(不生滅心)이 [그] '[온전한] 본연'(體)에 의거하면서 움직이는 것이기 때문에 '[근본무지에 따라 생멸하지 않는] 마음[지평]'(心)과 '[근본무지에 따라] 생멸하는 [마음]지평'(生滅)이 다르지 않고, 그러나 언제나 '[근본무지에 따라] 생멸하지 않는 본연'(不生滅性)을 잃어버리지 않기 때문에 '[근본무지에 따라] 생멸하는 [마음]지평'(生滅)과 '[근본무지에 따라 생멸하지 않는] 마음[지평]'(心)이 같지 않다.

또 만약 '[근본무지에 따라 생멸하지 않는] 마음[지평]'(心)과 '[근본무지에 따라] 생멸하는 [마음]지평'(生滅)이 같은 것이라면, '[근본무지에 따라] 생멸하는 식의 양상'(生滅識相)이 없어질 때 '마음의 신묘한 본연'(心神之體) 역시 그에 따라 사라져야 하니, [그렇다면] '[완전히] 없어진다는 치우친 견해'(斷邊)에 떨어지게 된다. 또 만약 '[근본무지에 따라] 생멸하지 않는 마음[지평]'(心)과 '[근본무지에 따라] 생멸하는 [마음]지평'(生滅)이 다른 것이라면, '근본무지의 바람'(無明風)에 영향 받아 동요할 때 '동요하지 않는 마음의 [온전한] 본연'(靜心之體)은 '[근본무지의 바람'(無明風)이라는] 조건에 따르지 않아야 하니, [그렇다면] 곧 '[불변·독자의 실체가] 항상 존재한다는 치우친 견해'(常邊)에 떨어지게 된다. 이러한 두 가지 '치우친 견해'(邊)에서 떠나기 때문에 "[두 지평이] 같지도 않고 다르지도 않다"(非一非異)는 것이다.

【별기】正是不生滅與生滅和合, 非是生滅與不生滅和合也. 言"非一非異"者, 此心與生滅非一, 故恒不失不生滅性, 又心與生滅非異故, 亦擧體作生滅相. 若是一者, 作生滅時, 失不生滅, 如其異者, 此不生滅不作生滅, 故言 "非一非異". 雖有二義, 心體無二, 此合二義不二之心, 名爲梨耶識也.

『별기』(1-681b17~24); 『회본』(1-746b3)에는 별기문(1-681b17~23)이 누락.

이것은 바로 '[근본무지에 따라] 생멸하지 않는 [마음]지평'(不生滅)이 '[근본무지에 따라] 생멸하는 [마음]지평'(生滅)과 '동거'(和合)하는 것이지, '[근본무지에 따라] 생멸하는 [마음]지평'이 '[근본무지에 따라] 생멸하지 않는 [마음]지평'과 '동거'하는 것이 아니다.

"[두 지평이] 같은 것도 아니고 다른 것도 아니다"(非一非異)라고 말한 것은, 이 '[근본무지에 따라 생멸하지 않는] 마음[지평]'(心)이 '[근본무지에 따라] 생멸하는 [마음]지평'(生滅)과 같은 것이 아니기 때문에 언제나 '[근본무지에 따라] 생멸하지 않는 본연'(不生滅性)을 잃어버리지 않고, 또 '[근본무지에 따라 생멸하지 않는] 마음[지평]'이 '[근본무지에 따라] 생멸하는 [마음]지평'(生滅)과 다르지 않기 때문에 역시 [마음의] '[온전한] 본연'(體)에 의거하면서 '[근본무지에 따라] 생멸하는 양상'(生滅相)을 짓는다.

만약 '[근본무지에 따라 생멸하지 않는] 마음[지평]'(心)과 '[근본무지에 따라] 생멸하는 [마음]지평'(生滅)이 같은 것이라면 '[근본무지에 따라] 생멸하는 [마음]지평'(生滅)을 지을 때는 '[근본무지에 따라] 생멸하지 않는 [마음]지평'(不生滅)을 잃어버릴 것이고, 만약 그 [두 가지가] 다른 것이라면 이 '[근본무지에 따라] 생멸하지 않는 [마음]지평'(不生滅)은 '[근본무지에 따라] 생멸하는 [마음]지평'(生滅)을 짓지 않을 것이니, 그러므로 "[두 지평이] 같은 것도 아니고 다른 것도 아니다"(非一非異)라고 말한다. 비록 '[[근본무지에 따라] 생멸하지 않는 [마음]지평'(不生滅)과 '[근본무지에 따라] 생멸하는 [마음]지평'(生滅)이라는] 두 가지 측면(義)이 있지만 '마음의 온전한 본연'(心體)에서는 '[불변·독자의 실체나 본질이 있다는 생각에 의해] 둘[로 나뉨]이 없으니'(無二), 이 '두 가지 측면을 합하여 둘로 나누어지지 않는 마음국면'(合二義不二之心)을 아리야식阿梨耶識이라 부른다.

『소』(1-707b7~15)	『별기』(1-681b17~24)
此是不生滅心與生滅和合, 非謂生滅與不生滅和合也. "非一非異"者, ①<u>不生滅心擧體而動, 故心與生滅非異, 而恒不失不生滅性, 故生滅與心非一</u>. ②又若是一者, ③<u>生滅識相滅盡之時, 心神之體亦應隨滅, 墮於斷邊. 若是異者, 依無明風熏動之時, 靜心之體不應隨緣, 卽墮常邊. 離此二邊</u>, 故 ④"非一非異". ⑤	正是不生滅與生滅和合, 非是生滅與不生滅和合也. 言"非一非異"者, ①<u>此心與生滅非一, 故恒不失不生滅性, 又心與生滅非異故, 亦擧體作生滅相</u>. ②若是一者, ③<u>作生滅時, 失不生滅, 如其異者, 此不生滅不作生滅</u>, 故④<u>言"非一非異"</u>. ⑤<u>雖有二義, 心體無二, 此合二義不二之心, 名爲梨耶識也</u>.

※ ①에서 『소』와 『별기』의 서술의 차이를 살펴볼 수 있다.
※ 『회본』(1-746b3)은 『별기』 가운데 "雖有二義, 心體無二, 此合二義不二之心, 名爲梨耶識也" 부분만 소개하고 있다.

【소】如『四卷經』云, "譬如泥團微塵, 非異非不異, 金莊嚴具亦如是. 若泥團微塵異者, 非彼所成, 而實彼成, 是故非異, 若不異者, 泥團微塵應無差別. 如是轉識·藏識眞相若異者, 藏識非因. 若不異者, 轉識滅, 藏識亦應滅, 而自眞相實不滅, 是故非自眞相識滅, 但業相滅". 今此論主, 正釋彼文, 故言"非一非異". 此中業識者, 因無明力不覺心動, 故名業識, 又依動心轉成能見, 故名轉識, 此二皆在梨耶識位.

『소』(1-707b15~c1); 『회본』(1-746b3~14)

마치 『사권능가경四券楞伽經』에서 [다음과 같이] 말한 것과 같다.

"비유하면 진흙덩이와 진흙입자가 [서로] 다른 것이 아니고 다르지 않은 것도 아니며, 금과 [금으로 만든] 장신구도 이와 마찬가지인 것과 같다. 만약 진흙덩이와 진흙입자가 다르다면 [진흙덩이는] 진흙입자들에 의해 만들어진 것이 아니겠지만, 실제로는 [진흙덩이는] 진흙입자들이 만든 것이므로 [이 둘은 별개의] 다른 것이 아니며, 만약 다르지 않은 것이라면 진흙덩이와 진흙입자는 차이가 없어야 할 것이다. 이와 같이 '[불변·독자의 실체로 간주되는 주관으로] 바뀌어 가는 식'(轉識)과 '[여래의 면모와 분별하는 식의 면모를 모두] 간직하고 있는 식'(藏識)[인 알라야식/아리야식]의 '공통된 온전한 면모'(眞相, jātilakṣaṇa)²¹³가 다른 것이라면, '[여래의 면모와 분별하는 식의 면모를 모두] 간직하고 있는 식'(藏識)[인 알라야식/아리야식]은 '[불변·독자의 실체로 간주되는 주관으로] 바뀌어 가는 식'(轉識)의] 원인이 아닐 것이다. 만약 [전식과 장식의 '공통된 온전한 면모'(眞相)가] 다른 것이 아니라면, '[불변·독자의 실체로 간주되는 주관으로] 바뀌어 가는 식'(轉識)이 사라지면 '[여래의 면모와 분별하는 식의 면모를 모두] 간직하고 있는 식'(藏識)[인 알라야식/아리야식]도 사라져야만 하지만, [그 알라야식/아리야식의] '개별적인 온전한 면모'(自眞相, svajātilakṣaṇa)는 실제로 사라지지는 않기 때문에 '알라야식/아리야식의 개별적인 온전한 면모'(自眞相識)가 사라지는 것이 아니고 단지 '작용의 특징'(業相, karmalakṣaṇa)만 사라지는 것이다."²¹⁴

---

213 『능가경』산스크리트 본본의 해당 구절과 대조해 보면, '眞相'은 '보편적 특징'을 의미하는 'jātilakṣaṇa'를, '自眞相'은 '개별적 특징'을 의미하는 'svajātilakṣaṇa'를 옮긴 용어이다. 그런데 이에 관한 원효의 주석이나 이 구절이 등장하는 『능가경』의 의미맥락을 고려하면 '보편적 특징'이나 '개별적 특징'이라는 언어학적 번역어는 그리 적합하지 않아 보인다. '보편적 특징'이나 '개별적 특징'이라는 말이 지시하는 내용이 모호하기 때문이다. 본 번역에서는 원효의 주석을 고려하여 '眞相'은 '공통된 온전한 면모', '自眞相'은 '개별적인 온전한 면모'로 번역한다.

214 『사권능가경』권1(T16, 483a26~b3). "譬如泥團微塵非異非不異, 金莊嚴具亦復如是. 大慧! 若泥團微塵異者, 非彼所成而實彼成. 是故不異, 若不異者, 則泥團微塵應無分別. 如是大慧! 轉識藏識眞相若異者, 藏識非因, 若不異者, 轉識滅藏識亦應滅, 而自眞相實不滅. 是故大慧! 非自眞相識滅, 但業相滅." 〈산스크리트본의 해당 내용: LAS, 38,8-18, tadyathā mahāmate mṛtparamāṇubhyo mṛtpiṇḍo na cānyo nānanyas tathā suvarṇaṃ bhūṣaṇāt / yadi ca mahāmate mṛtpiṇḍo mṛtparamāṇubhyo 'nyaḥ syāt tair nārabdhaḥ syāt sa cārabdhas tair ṛtparamāṇubhiḥ tasmān nānyaḥ / athānanyaḥ syāt mṛtpiṇḍaparamāṇoḥ pratibhāgo na syāt / evam eva mahāmate pravṛttivijñānāny ālayavijñānajātilakṣaṇād anyāni syur anālayavijñānahetukāni syuḥ / athānanyāni pravṛttivijñāninirodha ālayavijñāninirodhaḥ syāt sa ca na bhavati svajātilakṣaṇinirodhaḥ / tasmān mahāmate na svajātilakṣaṇinirodho vijñānānāṃ kiṃtu karmalakṣaṇinirodhaḥ; 예를 들면 대혜여, 진흙 덩어리는 진흙의

지금 이 『기신론』의 저자는 저 [『능가경』의] 문장[의 핵심을] 곧바로 해석한 것이니, 그러므로 "같은 것도 아니고 다른 것도 아니다"(非一非異)라고 말한 것이다. 여기서 '[근본무지에 따라 처음] 움직이는 식'(業識)란 것은, 근본무지(無明)의 힘 때문에 '깨닫지 못하는 마음'(不覺心)이 움직이므로 '[근본무지에 따라 처음] 움직이는 식'(業識)이라 부르고, 또 [깨닫지 못하여] 움직인 마음에 의해 [그 양상이] 바뀌어 주관(能見)을 수립하기 때문에 '[불변·독자의 실체로 간주되는 주관으로] 바뀌어 가는 식'(轉識)이라 부르는데, 이 두 가지는 모두 아리야식(阿梨耶識) 범주에 있다.

【별기】如『四卷經』云, "譬如泥團微塵, 非異非不異, 金莊嚴具亦如是.[215] 若泥團微塵異者, 非彼所成, 而實彼成, 是故非異, 若不異者, 泥團微塵應無差別. 如是轉識藏識眞相若異者, 藏識非異.[216] 若不異者, 轉識滅, 藏識亦應滅, 而自眞相實不滅, 是故非眞識滅, 但業相滅". 今此論者, 正釋此經文, 故言"非一非異". 此言轉識者, 梨耶識內生滅見相名爲轉識, 於中體名爲藏識.

『별기』(1-681c1~10); 『회본』(1-746b314~15)

───

원자와 다른 것도 아니고 다르지 않은 것도 아니다. 마찬가지로 금은 장신구와 [다른 것도 아니고 다르지 않은 것도 아니다.] 그리고 만약 대혜여, 진흙 덩어리가 진흙의 원자와 다른 것이라면 [진흙 덩어리는] 그 [진흙의 원자]에 의해 만들어지지 않았을 것이다. [그러나] 그 [진흙 덩어리]는 그 진흙의 원자로 만들어져 있다. 그러므로 다른 것이 아니다. 또 다르지 않은 것이라면 진흙 덩어리와 원자는 차이가 없어야 할 것이다. [그러나 실제로 차이가 있으므로 다르지 않은 것도 아니다.] 이와 꼭 같이 대혜여, 만약 전식이 알라야식[이 가진 식으로서]의 보편적 특징(jātilakṣaṇa, 眞相)과 다른 것이라면 알라야식을 원인으로 하지 않을 것이다. 또 다르지 않은 것이라면 전식이 소멸하면 알라야식도 소멸할 것이지만, [하지만 사실은] 그 [알라야식의] 개별적 특징(svajātilakṣaṇa, 自眞相)의 소멸은 없다. 그러므로 대혜여, 식의 개별적 특징이 소멸하는 것이 아니라 작용의 특징(karmalakṣaṇa, 業相)이 소멸하는 것이다.)

215 대정장 『사권능가경』 원문에는 "亦復如是"(T16, 483a27)로 되어 있다.

216 "非異"가 『소』에서는 "非因"으로 되어 있다. 『사권능가경』 원문에도 "非因"이다. "非因"으로 교감하여 번역한다.

마치 『사권능가경四券楞伽經』에서 [다음과 같이] 말한 것과 같다.

"비유하면 진흙덩이와 진흙입자가 [서로] 다른 것이 아니고 다르지 않은 것도 아니며, 금과 [금으로 만든] 장신구도 이와 마찬가지인 것과 같다. 만약 진흙덩이와 진흙입자가 다르다면 [진흙덩이는] 진흙입자들에 의해 만들어진 것이 아니겠지만, 실제로는 [진흙덩이는] 진흙입자들이 만든 것이므로 [이 둘은 별개의] 다른 것이 아니며, 만약 다르지 않은 것이라면 진흙덩이와 진흙입자는 차이가 없어야 할 것이다. 이와 같이 '불변·독자의 실체로 간주되는 주관으로] 바뀌어 가는 식'(轉識)과 '[여래의 면모와 분별하는 식의 면모를 모두] 간직하고 있는 식'(藏識)[인 알라야식/아리야식]의 '공통된 온전한 면모'(眞相, jātilakṣaṇa)가 다른 것이라면, '[여래의 면모와 분별하는 식의 면모를 모두] 간직하고 있는 식'(藏識)[인 알라야식/아리야식]은 '[불변·독자의 실체로 간주되는] 주관으로 바뀌어 가는 식'(轉識)의] 원인이 아닐 것이다. 만약 [전식轉識과 장식藏識의 '공통된 온전한 면모'(眞相)가] 다른 것이 아니라면, '[불변·독자의 실체로 간주되는 주관으로] 바뀌어 가는 식'(轉識)이 사라지면 '[여래의 면모와 분별하는 식의 면모를 모두] 간직하고 있는 식'[인 알라야식/아리야식]도 사라져야만 하지만, '개별적인 온전한 면모'(自眞相, svajātilakṣaṇa)는 실제로 사라지지는 않기 때문에 '[알라야식/아리야식의] 개별적인 온전한 면모'(自眞[相]識)가 사라지는 것이 아니고 단지 '작용의 특징적 면모'(業相, karmalakṣaṇa)만 사라지는 것이다."

지금 이 『기신론』의 저자는 이 『능가경』의 문장[의 핵심]을 곧바로 해석한 것이니, 그러므로 "같은 것도 아니고 다른 것도 아니다"(非一非異)라고 말한 것이다. 여기서 말하는 '[불변·독자의 실체로 간주되는 주관으로] 바뀌어 가는 식'(轉識)이란 것은, 아리야식 범주 안에서 '[근본무지에 따라] 생멸하는 주관'(生滅見相)을 '[불변·독자의 실체로 간주되는 주관으로] 바뀌어 가는 식'(轉識)이라 부르는 것이며, 그 가운데의 바탕(體)을 '[여래의 면모와 분별하는 식의 면모를 모두] 간직하고 있는 마음'(藏識)[인 알라야식/아리야식]이라 부른다.

『소』(1-707b15~c1)	『별기』(1-681c1~10)
如『四卷經』云, "譬如泥團微塵, 非異非不異, 金莊嚴具亦如是. 若泥團微塵異者, 非彼所成, 而實彼成, 是故非異, 若不異者, 泥團微塵應無差別. 如是轉識・藏識眞相若異者, 藏識①非因. 若不異者, 轉識滅, 藏識亦應滅, 而自眞相實不滅, 是故②非自眞相識滅, 但業相滅." 今此論③主, 正釋④彼文, 故言"非一非異". ⑤此中業識者, 因無明力不覺心動, 故名業識, 又依動心轉成能見, 故名轉識, 此二皆在梨耶識位.	如『四卷經』云, "譬如泥團微塵, 非異非不異, 金莊嚴具亦如是. 若泥團微塵異者, 非彼所成, 而實彼成, 是故非異, 若不異者, 泥團微塵應無差別. 如是轉識・藏識眞相若異者, 藏識①非異. 若不異者, 轉識滅, 藏識亦應滅, 而自眞相實不滅, 是故②非眞識滅, 但業相滅". 今此論③者, 正釋④此經文, 故言"非一非異". ⑤此言轉識者, 梨耶識內生滅見相名爲轉識, 於中體名爲藏識.

※ ⑤의 서술에서 차이가 보인다. 『별기』에서는 전식轉識과 장식藏識의 관계에 대해서만 서술하고 있는데, 『소』에서는 업식業識, 전식, 장식의 세 가지 개념을 모두 다루고 있다.

※ 『회본』(1-746b14~15)은 『별기』 가운데 "梨耶識內生滅見相名爲轉識, 於中體名爲藏識" 부분만 소개하고 있다.

【소】 如『十卷經』言, "如來藏卽阿梨耶識, 共七識生, 名轉滅相", 故知轉相在梨耶識. "自眞相"者, 『十卷經』云, "中眞名自相", 本覺之心, 不藉妄緣, 性自神解名自眞相. 是約不一義門說也. 又隨無明風作生滅時, 神解之性, 與本不異, 故亦得名爲自眞相. 是依不異義門說也. 於中委悉, 如『別記』說也.

『소』(1-707c1~8); 『회본』(1-746b15~23)

『십권입능가경十卷入楞伽經』에서는 "'여래의 면모가 간직된 창고'(如來藏)가 바로 아리야식(阿梨耶識)이며, '일곱 가지 식識'[217](七識)과 함께 생겨나는

---

217 '識'에 대한 한글번역어로는 통상 '알음알이'라는 말이 채택되는데, 현대인들에게 '알음알이'라는 말은 오히려 낯설다. 그래서 그대로 '식識'이라 번역한다. 또 작은따옴표

것을 '[근본무지에 따라] 바뀌어 가며 사라지는 양상'(轉滅相)이라 부른다"²¹⁸라고 말하니, 그러므로 '[근본무지에 따라] 바뀌어 가는 양상'(轉相) 역시 아리야식[阿梨耶識]의 범주에 있다는 것을 알아야 한다.

"개별적인 온전한 면모"(自眞相)라는 것은 『십권입능가경』에서는 "참다움에 맞아진 것을 '자신의 면모'라 부른다"(中眞名自相)²¹⁹라고 하였으니, '깨달음의 본연으로서의 마음'(本覺之心)이 '망상을 짓는 조건'(妄緣)에 의지하지 않고 〈'본연적 면모'(性) 자신이 지혜롭게 사실대로 이해함〉(性自神解)을 '개별적인 온전한 면모'(自眞相)라 부른다. 이것은 '같지 않은 측면'(不一義門)에 의거하여 설명한 것이다.

또 '근본무지의 바람'(無明風)에 따라 [근본무지에 의해] 생멸하는 [마음]지

안은 뜻을 풀어낸 한글 번역어를 쓰고 따옴표 밖의 괄호 안에 해당 한자나 한문을 쓰는 것이 본 번역의 표기방식이지만 '식識'의 경우는 독자들의 식별을 위해 작은따옴표 안에서도 한글과 한자를 병기한다. '의意'와 '의식意識'의 경우도 그러한데, 해당 용어가 나올 때 다시 설명한다.

218 『십권입능가경』 권7(T16, 557a7~8) "說如來藏阿梨耶識, 共七種識生名轉滅相." 〈산스크리트본의 해당 내용: LAS 222,2-3, eva mahāmate mayā śrīmālāṃ devīm adhikṛtya deśanāpāṭhe 'nyāṃś ca sūkṣmanipuṇaviśuddhabuddhīn bodhisattvān adhiṣṭhāya tathāgatagarbha ālayavijñānasaṃśabditaḥ saptabhir vijñānaiḥ saha pravṛttyabhiniviṣṭānāṃ śrāvakāṇāṃ dharmanairātmyapradarśanārthaṃ śrīmālāṃ devīm adhiṣṭhāya tathāgataviṣayo deśito na śrāvakapratyekabuddhānyatīrthakaratarkaviṣayo …; 대혜여, 바로 이것을 나는 승만부인을 대상으로 하는 가르침에서, 다른 미세하고 예리하며 청정한 지혜를 가진 보살들에게 의탁하여 7식과 결합한 알라야식이라 불리는 여래장을 [가르쳤으며], 발생에 집착하는 성문에게 법무아를 가르치기 위해 승만부인에 의탁하여 [여래장은] 여래의 대상이지만, 성문과 독각 그리고 다른 비불교도의 사유의 대상은 아니라고 가르쳤다.〉

219 대정장 『입능가경』 원문에서 발견되지 않는다. 은정희(2018, p.171, 역주 1)에 따르면 이 구절은 "(『사권능가경』에서의) '자진상'이라는 것은 『십권능가경』에서는 '자상'이라 하였다"는 설명으로서 4권본과 10권본의 번역어가 다르다는 사실을 언급하는 것이다(자진상이라는 단어는 앞의 『능가경』, LAS, 38,8-18에서 인용한 구절에 나타남). 그는 그 근거로 징관의 『대방광화엄경수소연의초』가 "云中眞名"을 "但云"으로 수정한 것을 들었다. 이에 따르면, 『능가경』 구절의 인용이라기보다는 한역본 사이의 역어 차이가 반영된 것으로 보인다.

평'(生滅)을 지을 때에도 '지혜롭게 사실대로 이해하는 면모'(神解之性)는 '본연의 것'(本)과 다르지 않으므로 역시 '개별적인 온전한 면모'(自眞相)라 부를 수 있게 된다. 이것은 '다르지 않은 측면'(不異義門)에 의거하여 설명한 것이다. 이에 관한 자세한 것은 『별기』에서 설명한 것과[220] 같다.

【별기】如『十卷經』云, "如來藏阿梨耶識, 共七種識生, 名轉相", 故知轉相亦在阿梨耶識. 言"自眞相"者, 『十卷經』, "中眞名自相", 本覺之心, 不藉妄緣, 性自神解名爲自眞相. 是約不一義門說也. 然隨無明風作生滅時, 神解之性, 與本不異, 故亦得名爲自眞相. 是依不異義門說也. 當知自眞名不偏在不生滅.

『별기』(1-681c10~18); 『회본』(1-746b22)

『십권입능가경十卷入楞伽經』에서는 "'여래의 면모가 간직된 창고'(如來藏)가 아리야식阿梨耶識이며, '일곱 가지 식識'(七種識)과 함께 생겨나는 것을 '[근본무지에 따라] 바뀌어 가는 양상'(轉相)이라 부른다"고 말하니, 그러므로 '[근본무지에 따라] 바뀌어 가는 양상' 역시 아리야식[의 범주]에 있다는 것을 알아야 한다.

"개별적인 온전한 면모"(自眞相)라는 것은 『십권입능가경』에서는 "참다움에 맞아진 것을 '자신의 면모'라 부른다"(中眞名自相)라고 하였으니, '깨달음의 본연으로서의 마음'(本覺之心)이 '망상을 짓는 조건'(妄緣)에 의지하지 않고 〈'본연적 면모'(性) 자신이 지혜롭게 사실대로 이해함〉(性自神解)을 '개별적인 온전한 면모'(自眞相)라 부른다. 이것은 '같지 않은 측면'(不一義門)에 의거하여 설명한 것이다.

그런데 '근본무지의 바람'(無明風)에 따라 '[근본무지에 의해] 생멸하는 [마음] 지평'(生滅)을 지을 때에도 '지혜롭게 사실대로 이해하는 면모'(神解之性)는

---

220 이에 대한 논의는 『별기』에 매우 방대한 분량으로(H1, 681c18~682b18) 자세하게 다루어지고 있다.

'본연의 것'(本)과 다르지 않으므로 역시 '개별적인 온전한 면모'(自眞相)라 부를 수 있게 된다. 이것은 '다르지 않은 측면'(不異義門)에 의거하여 설명한 것이다. '자신의 온전함'(自眞)이라는 명칭은 '[근본무지에 따라] 생멸하지 않는 [마음]지평'(不生滅)에만 있는 것이 아니라는 것을 알아야 한다.

〈『소』와 『별기』의 구문 대조〉

『소』(1-707c1~8)	『별기』(1-681c10~18)
如『十卷經』①言, "如來藏②卽阿梨耶識, 共③七識生, 名④轉滅相", 故知轉相⑤在梨耶識. ⑥"自眞相"者, 『十卷經』⑦云, "中眞名自相", 本覺之心, 不藉妄緣, 性自神解名自眞相. 是約不一義門說也. ⑧又隨無明風作生滅時, 神解之性, 與本不異, 故亦得名爲自眞相. 是依不異義門說也. ⑨<u>於中委悉, 如別記說也.</u>	如『十卷經』①云, "如來藏②阿梨耶識, 共③七種識生, 名④轉相", 故知轉相⑤亦在阿梨耶識. ⑥言"自眞相"者, 『十卷經』(⑦), "中眞名自相", 本覺之心, 不藉妄緣, 性自神解名爲自眞相. 是約不一義門說也. ⑧然隨無明風作生滅時, 神解之性, 與本不異, 故亦得名爲自眞相. 是依不異義門說也. ⑨<u>當知自眞名不偏在不生滅.</u>
※『회본』(1-746b22)은 『별기』 가운데 "當知自眞名不偏在不生滅" 부분만 소개하고 있다.

【별기】問. 如『瑜伽論』等說阿梨耶識, 是異熟識, 一向生滅, 何故此論乃說此識具含二義? 答. 各有所述, 不相違背. 何者? 此微細心略有二義. 若其爲業煩惱所感義邊, 辨無令有, 一向生滅. 若論根本無明所動[221]義邊, 熏靜令動, 動靜一體. 彼所論等, 依深密經, 爲除是一是常之見, 約業煩惱所感義門. 故說此識一向生滅, 心心數法差別而轉. 今此論者, 依楞伽經, 爲治眞俗別體執,[222] 就其無明所動義門. 故說不生滅與生滅和合不異. 然此無明所動之相, 亦卽爲彼業惑所感. 故二意雖異, 識體無二也.

---

[221] 『회본』의 교감주에 "『속장경』에는 '動'이 '感'으로 되어 있다"라고 한다. 원문대로 '動'으로 보고 번역한다.

[222] 『회본』에는 '別體執'이 '別體之執'으로 되어 있다.

『별기』(1-681c18~682a9);『회본』(1-746b24~c14);『소』에 없음.

문는다. 『유가사지론』 등에서 설하는 아리야식은 '다르게 변해 가는 식'(異熟識)[223][224]이어서 한결같이 [근본무지에 따라] 생멸하기만 하는데, 무슨 까닭으로 이 『기신론』에서는 이 아리야식이 '[근본무지에 따라] 생멸하지 않음'과 '근본무지에 따라 생멸함'의 '두 가지 측면'(二義)을 모두 가진다고 말하는가?

답한다. 각자가 말하는 것이 서로 위배되지 않는다. 어째서인가? [아리야식이라는] 이 미세한 마음에는 대략 두 가지 측면(義)이 있다. 만약 그 ['미세한 마음'(微細心)인 아리야식]이 '[근본무지에 따른] 행위의 번뇌[225]에 감응되는 측면'(業煩惱所感義邊)이 되면 없던 것을 [분별하여] 있게 하니,[226] [그 마음은] 한결같이 [근본무지에 따라] 생멸한다. 만약 ['미세한 마음'(微細心)인 아리야식을] '근본적인 무지에 의해 동요되는 측면'(根本無明所動義邊)에서 논한다면 고요하던 ['미세한 마음'(微細心)]에 [근본무지의] 세력을 끼쳐 [그 '미세한 마음'(微細心)을] 동요하게 하니,[227] [그렇다면] '동요와 고요함은 그 본연을 같이한다'(動靜一體).

---

223 이숙식異熟識: 알라야식의 다른 이름. '이숙異熟'이란 과보가 원인과 다른 종류로 이어진다는 뜻인데, 여기서 다른 종류란 선업이 낙과를 악업이 고과를 초래할 때 원인인 선업과 악업에 비교하여 과보인 낙과와 고과는 선도 아니고 악도 아닌 무기無記의 성질이므로 원인과 과보가 서로 이어지긴 하지만 다른 종류로 바뀐다는 것이다. 알라야식을 이숙식이라 부를 때는 이 끊임없는 변화의 성격을 강조하는 맥락이고, 그리하여 알라야식을 '한결같이 생멸하기만 한다'(一向生滅)고 규정하는 것으로 보인다.

224 『유가사지론』 권1(T30, 279b1~3). "一切種子識, 謂無始時來樂著戱論, 熏習爲因, 所生一切種子異熟識." 〈산스크리트본의 해당 내용: YoBh 4.11-12, sarvabījakaṃ vijñānaṃ katamat / pūrvakaṃ prapañcaratihetum upādāya yaḥ sarvabījako vipāko nirvṛttaḥ //; 무엇이 모든 종자를 가지고 있는 식인가? 그것은 [각각의 중생들에게 있었던] 과거(전생)에 다양성(戱論)을 좋아하는 것을 주요 원인으로 하기 때문에 나타난 '모든 종자를 가진 이숙異熟'이다.〉

225 업번뇌業煩惱: 『성유식론』 권8(T31, 43b19~21). "生死相續由惑業苦, 發業潤生煩惱名惑, 能感後有諸業名業, 業所引生衆苦名苦." '혹·업·고'의 개념적 관계에 따라 번역했다. 이 문단 뒷내용에 '업번뇌'를 '업혹'이라고도 부르고 있다.

226 앞 문단의 『능가경』 인용문에서 "自眞相實不滅, 是故非自眞相識滅, 但業相滅"이라고 했다. 여기에 따르면 생멸 또는 유무의 문제는 자진상이 아니라 업상의 국면에 걸려 있다는 뜻으로 보인다.

저 [『유가사지론』]에서 [생멸하기만 한다고] 논의된 것들은 『해심밀경』에 의거한 것이니, [아리야식이] 동일하다(一)거나 불변한다(常)는 견해들을 제거하기 위해 '[근본무지에 따른] 행위의 번뇌에 감응되는 측면'(業煩惱所感義門)에 의거하였다. 그러므로 이 [아리야]식이 한결같이 생멸하면서 마음작용(心)과 마음현상(心數法)이 달라지면서 바뀌어져 간다고 말한다. 지금 이 『대승기신론』에서 [아리야식은 '근본무지에 따라 생멸하지 않음'과 '근본무지에 따라 생멸함'의 두 가지 측면을 모두 가진다고 논한 것은 『능가경』에 의거한 것이니, 〈'[온전한] 진리'와 '[오염된] 세속'이 다른 실체라고 집착하는 것〉(眞俗別體執)을 치유하기 위해 그 '[미세한 마음'(微細心)인 아리야식의] '근본무지에 의해 동요되는 측면'([根本]無明所動義門)에 의거하였다. 그러므로 '[근본무지에 따라] 생멸하지 않는 [마음]지평'(不生滅)이 '[근본무지에 따라] 생멸하는 [마음]지평'(生滅)과 '동거'(和合)하면서 [서로] 다르지 않다고 말한다. 그런데 이 '근본무지에 의해 동요되는 양상'(無明所動之相)은 또한 곧 저 '[근본무지에 따른] 행위의 번뇌에 감응되는 것'(業惑所感)이기도 하다. 그러므로 [『유가사지론』과 『대승기신론』의] 두 가지 의도가 비록 다르지만 '[아리야]식의 온전한 본연'(識體)에서는 '[불변·독자의 실체나 본질이 있다는 생각에 의해 둘[로 나뉨]이 없다'(無二).

【별기】問. 爲當心體常住, 心相生滅, 體相不離, 合爲一識, 爲當心體常住, 亦卽心體生滅耶? 答. 若得意者, 二義俱許. 何者? 若論其常住, 不隨他成曰體, 論其無常, 隨他生滅曰相, 得言體常, 相是無常. 然言生滅者, 非生之生非滅之滅, 故名生滅, 是心之生心之滅, 故乃名生滅. 故得言心體生滅. 如似水之動名爲波. 終不可說是動非水之動. 當知此中道理亦爾. 設使心體不動, 但無明相動者, 則無轉凡成聖之理. 以無明相一向滅故, 心體本來不作凡故.

---

227 앞 문단의 소문에서 "業識者, 因無明力不覺心動, 故名業識. 又依動心轉成能見, 故名轉識, 此二皆在梨耶識位"라고 했다. 여기에 따르면 업식이나 전식이라도 불생멸심이 동요한 국면이라는 뜻으로 보인다.

『별기』(1-682a9~20);『회본』(1-746c14~747a5);『소』에 없음.

묻는다. '마음의 온전한 본연'(心體)은 '늘 그대로'(常住)이고 '마음의 양상'(心相)은 생멸하지만 '[온전한] 본연'(體)과 양상(相)이 떨어지지 않으므로 합하여 '하나의 [아리야]식'(一識)이 된다고 해야 하는가, [아니면] '마음의 온전한 본연'(心體)은 '늘 그대로'(常住)이고 또한 바로 [그] '마음의 온전한 본연'(心體)이 생멸하기도 한다고 해야 하는가?

답한다. 뜻을 얻은 자라면 두 가지 의미를 모두 허용할 것이다. 어째서인가? 만약 그 '늘 그대로'(常住)[의 측면]을 논한다면 '[분별하게 하는] 다른 것을 따르지 않고서 이루어진 것'(不隨他成)을 '[온전한] 본연'(體)이라 하고, [만약] 그 '항상됨이 없음'(無常)[의 측면]을 논한다면 '[분별하게 하는] 다른 것을 따라 생멸하는 것'(隨他生滅)을 양상(相)이라 하니, 〈[온전한] 본연은 늘 그대로이고 양상은 항상됨이 없다〉(體常, 相是無常)고 말할 수 있다. 그런데 '생겨남과 사라짐'(生滅)이라 말하는 것은, '[불변·독자의 실체로서] 생겨나지 않는 생겨남'(非生之生)과 '[허무로서] 사라지지 않는 사라짐'(非滅之滅)이기 때문에 '생겨남과 사라짐'(生滅)이라 부르는 것이고, [또한] 이러한 '[불변·독자의 실체로서 생겨나지 않는] 마음의 생겨남'(心之生)과 '[허무로서 사라지지 않는] 마음의 사라짐'(心之滅)이기 때문에 '생겨남과 사라짐'(生滅)이라 부른다. 그러므로 〈마음의 온전한 본연이 생멸한다〉(心體生滅)고 말할 수 있다. 마치 바닷물의 움직임을 파도라고 부르지만, 이 움직임이 [파도의 움직임일 뿐이지] 바닷물의 움직임이 아니라고는 끝내 말할 수 없는 것과 같다. 여기서의 도리도 역시 그러함을 알아야 한다. 만약 〈마음의 온전한 본연은 움직이지 않고 단지 근본무지의 양상만 움직인다〉(心體不動, 但無明相動)고 한다면, 곧 범부를 바꾸어 성인을 이루는 도리가 없을 것이다. 근본무지(無明)의 양상(相)은 언제나 '[생겨났다가] 사라지는'([生]滅) 것이고, '마음의 온전한 본연'(心體)은 본래 범부를 만들지 않기 때문이다.

【별기】難曰. 若使心體生滅, 則眞心有盡, 以生滅時無常住故. 又若心體本靜而隨緣動, 則生死有始. 是爲大過, 以本靜時無生死故. 又若心隨緣變作生滅, 亦可一心隨緣反[228]作多心. 是三難不能得離, 故知此義不可立也. 解云. 此義無妨. 今從後而答. 如說常心隨無明緣反*作無常之心, 而其常性恒自不反*. 如是一心隨無明緣反*作多衆生心, 而其一心常自無二. 如『涅槃經』云, "一味之藥隨其流處有種種味,[229] 而其[230]眞味亭[231]留在山", 正謂此也. 又雖曰本靜隨緣而動, 而無生死有始之過. 以如是展轉動靜皆無始.[232] 如[233]說云, "先是果報, 後反成因, 而恒展轉因果皆無始." 故當知此中道理亦爾. 又雖心體生滅, 而恒心體常住, 以不一不異故. 所謂心體不二而無一性, 動靜非一而無異性. 故如水依相續門則有流動, 依生滅門而恒不動, 以不常不斷故, 所謂不度亦不滅故. 當知此中道理亦爾. 是故所設三難無不消也. 上來約體總立已竟.[234]

『별기』(1-682a20~b18); 『회본』(1-747a5~b5); 『소』에 없음.

[이런 설명에 대해 다음과 같이] 비판한다고 해 보자. 〈만약 '마음의 온전한 본연'(心體)을 생멸하는 것이라고 한다면 곧 '참 그대로와 만나는 마음'(眞心)도 다 없어지는 경우가 있을 것이니, 생멸할 때에는 '[참 그대로와 만나는 것이 늘 그대로임'(常住)이 없기 때문이다. 또 만약 '마음의 온전한 본연'(心體)은 본래 고요하지만 조건(緣)에 따라 움직인다고 한다면 곧 삶과 죽음에 시초가 있을 것이다. [그러나] 이것은 큰 오류이니, ['마음의 온전한 본연'(心體)

---

228 한불전 『별기』 교감주에서는 "'反'은 '變'인 듯하다"라고 하였고 『회본』에도 모두 '變'으로 되어 있지만, '反'으로 보는 것이 더 적절하다. '一心'과 '多心'의 모순을 문제 삼는 것이기 때문이다. 이 번역에서는 '反'으로 보고 번역한다.
229 『회본』에는 '味'가 '異'로 되어 있다. '味'로 보고 번역한다.
230 『회본』에는 '而其'가 '是藥'으로 되어 있다. '而其'로 보고 번역한다.
231 『회본』에는 '亭'이 '停'으로 되어 있다. 같은 뜻이기에 교감하지 않는다.
232 『회본』에는 '始' 뒤에 '故'가 있다. '故'를 추가하여 번역한다.
233 『회본』에는 '如' 뒤에 '論'이 있다. 원문대로 번역한다.
234 『회본』에는 '上來約體總立已竟'이 없다.

이] 본래 고요할 때에는 삶도 죽음도 없기 때문이다. 또 만약 마음이 조건에 따라 변하면서 생멸하는 사태를 짓는다고 한다면, 또한 '하나의 마음'(一心)²³⁵이 조건에 따라 도리어 수많은 마음들을 지을 수도 있을 것이다. 이 세 가지 비판에서 벗어날 수가 없기 때문에 [당신이 설명하는] 이러한 뜻은 성립할 수 없음을 알아야 한다.〉

[이러한 비판에 대해] 해명해 보겠다. [비판자가 제기하는] 이러한 뜻은 [내 설명을] 방해함이 없다. 이제 뒤[의 비판]부터 [올라오면서] 대답해 보자. [세 번째 비판에서 거론하는 것처럼] 만약 '[참 그대로와 만나는 것이] 늘 그대로인 마음'(常心)이 근본무지(無明)라는 조건(緣)에 따라 도리어 '항상됨이 없는 마음'(無常心)을 짓는다고 말할지라도, 그 '[참 그대로와 만나는 것이] 늘 그대로인 면모'(常性)는 언제나 자신을 뒤집지 않는다. 이와 같이 '하나의 마음'(一心)이 근본무지라는 조건에 따라 도리어 수많은 중생의 마음들을 짓기는 하지만, 그 '하나의 마음'(一心)은 언제나 자신에 [불변·독자의 실체나 본질에 의해] 둘[로 나뉨]이 없다'(無二). 『열반경』에서 "한 맛인 약은 그 약이 흘러가는 곳에 따라 다양한 맛을 갖게 되지만 그 참된 맛은 [히말라야의] 설산에 머물러 있다"²³⁶라고 말한 것이, 바로 이것을 일컫는다.

또 [두 번째 비판에서 거론하는 것처럼] 비록 〈[마음의 본연은] 본래 고요하지만 조건에 따라 움직인다〉고 말할지라도, 삶과 죽음에 시초가 있다는 오류는 없다. 이와 같이 거듭하여 바뀌어 가는 움직임(動)과 고요함(靜)에는 모두 시초가 없기 때문이다. 마치 "앞에서는 과보였던 것이 뒤에서는 도리어 원

---

235 문맥으로 볼 때 여기서의 '一心'은 궁극적 지위에서의 '하나처럼 통하는 마음'이 아니라 '하나의 마음'이다. '一心'과 '多心'의 모순 문제를 거론하는 것이기 때문이다.

236 『대반열반경』권8(T12, 649b14~24)의 내용에 대한 요약이다. 일미약의 비유란, 설산의 깊은 숲속에 단맛을 내는 약이 있어 전륜성왕이 이 약의 맛을 세상에 전하기 위해 나무 대롱을 사방팔방으로 만들어 흘러나오도록 했는데, 전륜성왕이 사라지자 달던 맛이 시거나 쓴 여러 가지 맛으로 변해 가서 고유의 단맛은 설산에서만 찾아볼 수 있게 되었다는 것이 대강의 내용이다. 경전에서는 일미가 불성이고, 여러 가지 맛이 육도 윤회하는 중생의 번뇌를 비유한다고 설명한다.

인이 되니, 언제나 거듭 바뀌어 가는 원인과 결과에는 모두 시초가 없다"[237]라고 말하는 것과 같다. 그러므로 여기서의 도리도 이러하다고 알아야 한다.

또 [첫 번째 비판에서 거론하는 것처럼] 비록 〈마음의 온전한 본연이 생멸한다〉(心體生滅)[고 말할지라도], [또한] 언제나 '마음의 온전한 본연은 [참 그대로와 만나는 것이] 늘 그대로'(心體常住)이니, [생멸하거나 생멸하지 않는 '마음의 온전한 본연'(心體)은 '같지도 않고 다르지도 않기'(不一不異) 때문이다.[238] 이른바 '마음의 온전한 본연'(心體)은 '[실체로서의] 둘로 나뉘는 것도 아니지만 [불변의] 하나도 아닌 면모'(不二而無一性)이고, '움직임과 고요함'(動靜)은 '같지도 않지만 다르지도 않은 면모'(非一而無異性)인 것이다. 그러므로 마치 물이 '이어지는 측면'(相續門)에 의거하여 흘러감이 있고 [이처럼] '생멸하는 측면'(生滅門)에 의거할지라도 [물 자체는] 언제나 움직이지 않는 것과 같으니, ['마음의 온전한 본연'(心體)은] '불변의 것으로 있지도 않고 [변화가] 끊어지지도 않기'(不常不斷) 때문이고, 이른바 '어디로 가지도 않고 없어지지도 않기'(不度

---

237 동일한 문장이 검색되지 않지만, 『섭대승론석』권1에서 아려야식阿黎耶識에 관해 설명하는 다음과 같은 문장이 유사한 내용에 해당한다. "一切種子識, 由煩惱業故變, 阿黎耶識相續. 前果報後成因故, 名阿黎耶者"(T31, 157a20~22).

238 心體의 불일불이不一不異: '생멸하는 마음과 생멸하지 않는 마음의 본연은 같지도 않고 다르지도 않다'는 말에는 『대승기신론』과 원효가 구사하는 '마음의 온전한 본연'(心體)이나 '깨달음의 본연'(本覺) 및 '하나처럼 통하는 마음'(一心)과 같은 궁극개념의 의미지평이 압축적으로 담겨 있다. 이 의미에 접근하려면 기존의 교학적 통념이나 원효사상 내지 기신론사상에 대한 통설적 관점과는 다른 접근이 필요해 보인다. 그리고 이러한 새로운 접근은 붓다의 법설 및 불교철학에 대한 새로운 이해를 요구하는 것이라서 많은 논의가 필요하다. 여기서는 붓다의 법설의 핵심과, 그것을 '마음의 온전한 본연'이나 '깨달음의 본연' 및 '하나처럼 통하는 마음'이라는 개념으로 읽고 있는 시선이, '역동적으로 변화하는 현상과의 접속을 유지한 채 확보하는 평온과 자유의 지평'을 겨냥하고 있다는 점을 강조해 두는 정도로 그친다. 붓다와 원효 그리고 기신론이 펼치는 깨달음의 소식은 변화하는 현상의 이면에 있는 '불변의 본체'를 추구하는 것이 아니라는 점은 아무리 강조해도 지나치지 않다. 학인들이 이러한 깨달음관 혹은 진리관을 제대로 설명해 내지 못하는 것이 문제일 뿐이다.

亦不滅) 때문이다. 여기서의 도리도 이러하다고 알아야 한다. 따라서 [앞에서] 설정된 세 가지 비판은 해소되지 않음이 없다. 이상으로 '[생멸하는 측면의] [온전한] 본연에 의거하여 총괄적으로 펼침'(約體總立)을 마친다.[239]

【소】第三立名. "名爲阿梨耶識"[240]者, 不生滅與生滅和合, 非一非異, 故總名爲阿梨耶識. 翻名釋義, 是如『楞伽宗要』中說. 就體總明, 竟在於前.

『소』(1-707c9~12);『회본』(1-747b6~9);『소』에 없음.

세 번째는 명칭을 수립하는 것이다. "아리야식이라 부른다"는 것은, '[근본무지에 따라] 생멸하지 않는 [마음]지평'(不生滅)이 [근본무지에 따라] 생멸하는 [마음]지평'(生滅)과 '동거하여'(和合) [두 지평이] 같은 것도 아니고 다른 것도 아닌 [마음국면이니,] 그러므로 총괄적으로 아리야식이라 부른다. 명칭 번역과 뜻 해석은『능가경종요楞伽經宗要』[241]에서 설명한 것과 같다. '[온전한] 본연에 의거하여 총체적으로 밝힘'(就體總明)은 여기에서 끝난다.

---

239 『별기』에서는 여기서 '약체총립約體總立'을 마치고 있지만, 『소』에서는 다음에 보듯이 '제삼립명第三立名'을 덧붙인 후에 마친다.

240 『대승기신론』원문은 "心生滅者, 依如來藏故有生滅心, 所謂不生不滅, 與生滅和合, 非一非異, 名爲阿梨耶識"(T32, 576b7~9)이다.

241 『능가종요楞伽宗要』: 현존하지 않는 원효저술이다. 『기신론소』외에 원효의 저작 중에서 이 책이 언급되는 곳은『열반종요涅槃宗要』이다. "於中委悉亦有多門, 具如『楞伽經宗要』中說"(H1, 537b16~17; T38, 248c9)이라고 하여『열반종요』에서는 '능가경종요楞伽經宗要'라는 서명으로 기재되어 있다. 『중경목록衆經目錄』, 『신편제종교장총록新編諸宗教藏總錄』등 대장경의 목록서들에서『능가경종요』또는『능가종요』의 서명은 검색되지 않는다.

ㄴ. 면모에 의거하여 하나씩 해석함(依義別解)

【仝】此下, 第二依義別解. 此中有三. 一開義總標, 略明功能. 二依義別釋,
廣顯體相. 三明同異.

『仝』(1-707c13~15);『회본』(1-747b10~12)

이하에서는 두 번째로 '면모에 의거하여 하나씩 해석한 것'(依義別解)이
다. 여기에는 세 가지가 있다. 첫째, [아리야식의] 면모(義)를 ['깨달음의 면모'(覺
義)와 '깨닫지 못함의 면모'(不覺義)의 두 가지로] 나누어 총괄적으로 세우고, 간략
히 [아리야식의] 능력을 밝힌다.[242] 둘째, 면모에 따라 하나씩 풀이하여 [아리
야식의] '[온전한] 본연과 특징'(體相)을 자세히 드러낸다. 셋째, ['깨달음'(覺)과
'깨닫지 못함'(不覺)의] 같은 점과 다른 점을 밝힌다.

【별기】"此識有二種義"已下, 第二約義別解. 此中有三. 一門[243]義總摽, 略
明功能. 二"云何爲二?"已下, 依義別釋, 廣顯體相. 三"復次, 覺與不覺"
已下, 總約二義, 明同異相.

『별기』(1-682b19~23)

"이 [아리야]식에는 ['깨달음'(覺)과 '깨닫지 못함'(不覺)의] 두 가지 면모가 있다"
(此識有二種義) 이하는 두 번째로 '면모에 의거하여 하나씩 해석한다'(約義別
解). 여기에는 세 가지가 있다. 첫째, [아리야식의] 면모를 ['깨달음의 면모'(覺義)
와 '깨닫지 못함의 면모'(不覺義)의 두 가지로] 나누어 총괄적으로 세우고, 간략히
[아리야식의] 능력을 밝힌다. 둘째, "어떤 것이 두 가지인가?"(云何爲二?) 이
하[244]는 면모에 따라 하나씩 풀이하여 [아리야식의] '[온전한] 본연과 특징'(體

---

242 『기신론』 본문으로는 바로 아래 "此識有二種義. 能攝一切法, 生一切法"에 해당한다.
243 『仝』에서는 '開'이다. '開'의 오기로 보인다.
244 『기신론』 본문으로는 "云何爲二? 一者覺義, 二者不覺義. 所言覺義者, 謂心體離念"부터
"云何爲六? 一者智相, 依於境界, 心起分別愛與不愛故. 二者相續相, 依於智故生其苦樂, 覺
心起念相應不斷故. 三者執取相, 依於相續緣念境界, 住持苦樂, 心起著故. 四者計名字相,

422 『대승기신론소大乘起信論疏』와 『별기別記』

相)을 자세히 드러낸다. 셋째, "또 깨달음과 깨닫지 못함에는"(復次, 覺與不覺) 이하[245]는 ['깨달음'(覺)과 '깨닫지 못함'(不覺)의] 두 가지 면모를 총괄하여 [그들의] '같거나 다른 양상'(同異相)을 밝힌다.

〈『소』와 『별기』의 구문 대조〉

『소』(1-707c13~15)	『별기』(1-682b19~23)
①此下, 第二②依義別解. 此中有三. 一③開義總標, 略明功能. 二④依義別釋, 廣顯體相. 三⑤明同異⑥.	①"此識有二種義"已下, 第二②約義別解. 此中有三. 一③門義總標, 略明功能. 二④"云何爲二"已下, 依義別釋, 廣顯體相. 三⑤"復次覺與不覺"已下, 總約二義, 明同異⑥相.

此識有二種義, 能攝一切法, 生一切法.

『논』(T32, 576b10); 『회본』(1-747b13)

이 [아리야]식에는 ['깨달음'(覺)과 '깨닫지 못함'(不覺)의] 두 가지 면모가 있어서 모든 현상을 포섭할 수 있고 모든 현상을 생겨나게 할 수 있다.

依於妄執, 分別假名言相故. 五者起業相, 依於名字, 尋名取著, 造種種業故. 六者業繫苦相, 以依業受果不自在故. 當知無明能生一切染法, 以一切染法皆是不覺相故"(T32, 576b10~577a21)까지이다.

245 『기신론』 본문으로는 "復次, 覺與不覺有二種相. 云何爲二? 一者同相, 二者異相. 同相者, 譬如種種瓦器皆同微塵性相, 如是無漏無明種種業幻皆同眞如性相. 是故修多羅中依於此眞如義故, 說一切衆生本來常住入於涅槃, 菩提之法非可修相, 非可作相, 畢竟無得, 亦無色相可見. 而有見色相者, 唯是隨染業幻所作, 非是智色不空之性, 以智相無見故. 異相者, 如種種瓦器各各不同, 如是無漏無明隨染幻差別, 性染幻差別故"(T32, 577a22~b2)에 해당한다. 여기서 '의의별해依義別解'의 과목을 마침으로써 '광석廣釋'의 '석심생멸釋心生滅'의 과목도 마친다. 여기 이후로는 "復次, 生滅因緣者 …"로 이어짐으로써 '광석'의 '석생멸인연釋生滅因緣'의 과목이 시작된다.

【소】 初中言"此識有二種義, 能攝一切法, 生一切法"者, 能攝之義如前廣說. 然上說二門各攝一切, 今此明一識含有二義. 故此一識能攝一切, 不言二義各攝一切. 以此二義唯在生滅門內說故, 如是二義不能各攝一切法故.

『소』(1-707c16~21); 『회본』(1-747b14~20)

처음에 말한 "이 [아리야]식에는 ['깨달음'(覺)과 '깨닫지 못함'(不覺)의] 두 가지 면모가 있어서 모든 현상을 포섭할 수 있고 모든 현상을 생겨나게 할 수 있다"(此識有二種義, 能攝一切法, 生一切法)라는 것은 [다음과 같은 의미이다.] '[모든 현상을] 포섭할 수 있는 면모'(能攝之義)는 앞에서[246] 자세히 설명한 것과 같다. 그런데 앞에서는 ['참 그대로인 측면'(眞如門)과 '[근본무지에 따라] 생멸하는 측면'(生滅門), 이 '두 측면'(二門)이 각각 모든 것을 포섭한다[247]고 설명했지만, 지금 여기서는 ['근본무지에 따라] 생멸하는 측면'에서의] '하나의 [아리야]식'(一識)이 ['깨달음'(覺)과 '깨닫지 못함'(不覺)의] 두 가지 면모를 포함한다고 밝힌다. 그러므로 이 하나의 [아리야]식이 모든 것을 포섭할 수 있다는 것이지, ['깨달음'(覺)과 '깨닫지 못함'(不覺)의] 두 가지 면모가 각각 모든 것을 포섭한다고 말하는 것은 아니다. 이 ['깨달음'(覺)과 '깨닫지 못함'(不覺)의] 두 가지 면모는 오직 '[근본무지에 따라] 생멸하는 측면' 안에서 설하는 것이기 때문이고, [따라서] 이와 같은 ['깨달음'(覺)과 '깨닫지 못함'(不覺)의] 두 가지 면모가 각각 모든 것을 포섭할 수는 없기 때문이다.

---

246 능섭지의能攝之義: '능섭지의'에 대해서는 '입의문'의 '법장문'에 해당하는 『기신론』의 "所言法者, 謂衆生心, 是心則攝一切世間法出世間法"에서 처음 논의되었고, 그 후 '현시정의'의 '석법장문'인 『기신론』의 "顯示正義者, 依一心法有二種門. 云何爲二? 一者心眞如門, 二者心生滅門. 是二種門皆各總攝一切法. 此義云何? 以是二門不相離故"에서 다시 논의된다. 다음에 이어지는 『소』의 내용으로 볼 때 후자의 내용을 가리키는 듯하다. 한편 '현시정의'의 '석법장문'에 대한 해석으로 『별기』에서 '능섭지의能攝之義'를 자세히 논의하는 대목이 있었는데, '섭攝'과 '시示'의 개념적 차이를 논의하기도 하고, 진여문과 생멸문에서 '이理'와 '사事'의 포섭 관계를 논의하기도 하였다.

247 '현시정의' '석법장문'의 "是二種門皆各總攝一切"에 해당한다.

『소』(1-707c16~21)	『별기』(1-682b23~c4)
初中言"此識有二種義, 能攝一切法, 生一切①法"者, 能攝之義如前②廣說. 然③上說二門各攝一切, 今④此明一識含有二義. 故⑤此一識能攝一切, 不言二義各攝一切. 以此二義唯在生滅門內⑥說故, ⑦如是二義不能攝一切法故.	初中言"此識有二種義, 能攝一切法, 生一切(①)"者, 能攝之義如前②已說. 然(③)說248二門各攝一切, 今(④)明一識含有二義. 故(⑤)一識能攝一切, 不言二義各攝一切. 以此二種唯在生滅門內⑥義故, ⑦又此二義不能各攝一切法故.
※『소』와『별기』의 내용이 거의 동일하다.	

【소】 又上二門, 但說攝義, 以眞如門無能生義故. 今於此識亦說生義, 生滅門中有能生義故. 此義云何? 由不覺義熏本覺故生諸染法, 又由本覺熏不覺故生諸淨法. 依此二義通生一切, 故言"識有二義, 生一切法". 此文卽起下"有四種熏習"以下文也. 當知一心義寬, 總攝二門, 此識義狹, 在生滅門. 此識二義既在一門故, 知門寬而義狹也. 引經釋義, 如別記也.

『소』(1-707c21~708a6);『회본』(1-747b20~c6)

또 앞에서 말한 '[마음지평의] 두 측면'(二門)에서는 단지 '포섭하는 면모'(攝義)만 말했으니, '참 그대로인 측면'(眞如門)에는 '생겨나게 하는 면모'(能生義)가 없기 때문이다. 지금 이 [아리야]식에 대해서는 '생겨나게 하는 면모'(生義)도 말하니, '[근본무지에 따라] 생멸하는 측면'(生滅門)에는 '생겨나게 하는 면모'(生義)가 있기 때문이다. 이 의미는 어떤 것인가?

'깨닫지 못하는 면모'(不覺義)가 [그 세력을] '깨달음의 본연'(本覺)에 끼치기 때문에 모든 오염된 현상을 생겨나게 하고, 또 '깨달음의 본연'(本覺)이 [그 세력을] '깨닫지 못함'(不覺)에 끼치기 때문에 모든 온전한 현상을 생겨나게 한다. [깨달음의 본연'(本覺)과 '깨닫지 못함'(不覺)] 이 '두 가지 면모'(二義)에 의거

---

248 『별기』의 교감주에 "'說' 앞에 '上'이 탈락된 듯하다"라고 되어 있다.

하여 [아리야식이] 모든 것을 통틀어 생겨나게 하므로 "[아리야]식에는 두 가지 면모가 있어서 모든 현상을 생겨나게 할 수 있다"(識有二義, 生一切法)라고 한 것이다. 이 문장은 곧 뒤의 "네 종류의 훈습이 있다"(有四種熏習) 이하의 문단249을 일으킨다.

'하나처럼 통하는 마음의 면모'(一心義)는 넓어서 ['참 그대로인 측면'(眞如門)과 '[근본무지에 따라] 생멸하는 측면'(生滅門), 이] '두 가지 측면'(二門)을 모두 포섭하지만, 이 '[아리야]식의 면모'(識義)는 좁아서 '[근본무지에 따라] 생멸하는 측면'(生滅門)에만 있음을 알아야 한다. 이 [아리야]식識의 ['깨달음'(覺)과 '깨닫지 못함'(不覺)] '두 가지 면모'(二義)는 이미 [[근본무지에 따라] 생멸하는] '한 측면'(一門)에만 있기 때문에, ['하나처럼 통하는 마음'(一心)에 포섭되는 두 가지] 측면(門)은 넓지만 '[근본무지에 따라] 생멸하는 측면'에만 있는 아리야식의 두 가지] 면모(義)는 좁다는 것을 알아야 한다. 경전을 인용하여 면모를 해석하는 것은 『별기』의 내용과 같다.

【별기】又復上於二門, 但說攝義, 以眞如門中無能生義故. 今於此識亦說生義, 以上生滅門中方有能生義故. 此義云何? 由不覺熏本覺故生諸染法, 由本覺熏不覺故生諸淨法. 如此二義和合, 方能遍生一切. 故言"識有二義, 生一切法". 此言卽起下"有四熏習"已下文也.

『별기』(1-682c4~11)

또 앞에서 말한 '[마음지평의] 두 측면'(二門)에서는 단지 '포섭하는 면모'(攝義)만 말했으니, '참 그대로인 측면'(眞如門)에는 '생겨나게 하는 면모'(能生

---

249 『대승기신론』(T32, 578a14~17), "復次, 有四種法熏習義故, 染法淨法起不斷絶. 云何爲四? 一者淨法, 名爲眞如. 二者一切染因, 名爲無明. 三者妄心, 名爲業識. 四者妄境界, 所謂六塵" 이하이다. 여기부터 시작되는 훈습에 대한 논의는 '석생멸문'에서 '심생멸'과 '생멸인연'과 '생멸상'에 대한 논의가 모두 끝난 후 '석생멸문'의 마지막을 장식하는 대목인데, 크게 '염법훈습'과 '정법훈습'으로 나누어 진행된다. 훈습론이 '능생일체법'의 실제 내용이 되고 있다.

義)가 없기 때문이다. 지금 이 [아리야]식에 대해서는 '생겨나게 하는 면모'(生義)도 말하니, 위의 '[근본무지에 따라] 생멸하는 측면'(生滅門)에는 비로소 '생겨나게 하는 면모'(生義)가 있기 때문이다. 이 의미는 어떤 것인가?

'깨닫지 못함'(不覺)이 [그 세력을] '깨달음의 본연'(本覺)에 끼치기 때문에 모든 오염된 현상을 생겨나게 하고, 또 '깨달음의 본연'(本覺)이 [그 세력을] '깨닫지 못함'(不覺)에 끼치기 때문에 모든 온전한 현상을 생겨나게 한다. 이와 같은 ['깨달음'(覺)과 '깨닫지 못함'(不覺)의] 두 가지 면모가 어울려 동거하여야 비로소 [아리야식은] 모든 것을 두루 생겨나게 할 수 있다. 그러므로 "[아리야]식에는 두 가지 면모가 있어서 모든 현상을 생겨나게 할 수 있다"(識有二義, 生一切法)라고 말한 것이다. 이 말은 곧 뒤의 "네 종류의 훈습이 있다"(有四種熏習) 이하의 문단을 일으킨다.

〈『소』와 『별기』의 구문 대조〉

『소』(1-707c21~708a6)	『별기』(1-682c4~11)
又①上②二門, 但說攝義, 以眞如門③無能生義故. 今於此識亦說生義, ④生滅門中⑤有能生義故. 此義云何? 由不覺⑥義熏本覺故生諸染法. ⑦又由本覺熏不覺故生諸淨法. ⑧依此二義⑨通生一切, 故言"識有二義, 生一切法". 此⑩文卽起下"有四⑪種熏習"⑫以下文也. ⑬當知一心義寬, 總攝二門, 此識義狹, 在生滅門. 此識二義旣在一門故, 知門寬而義狹也, 引經釋義, 如別記也.	又①復上②於二門, 但說攝義, 以眞如門③中無能生義故. 今於此識亦說生義, ④以上生滅門中⑤方有能生義故. 此義云何? 由不覺⑥熏本覺故生諸染法. ⑦由本覺熏不覺故生諸淨法. ⑧如此二義⑨和合, 方能遍生一切. 故言"識有二義, 生一切法". 此⑩言卽起下"有四⑪熏習"⑫已下文也. ⑬
※『별기』에 없는 내용을 『소』에서는 ⑬으로 자세한 서술을 추가하였다.	

【별기】問. 上言"一心有二種門", 今云"此識有二種義", 彼心此識, 有何差別? 解云. 上就理體, 名爲一心. 體含絶相隨緣二義門, 故言"一心有二種門". 如經本言, "寂滅者名爲一心, 一心者名如來藏", 義如上說. 今此

中識者, 但就一心隨緣門內, 理事無二, 唯一神慮, 名爲一識. 體含覺與不覺二義, 故言"此識有二種義". 是故心寬識狹, 以心含二門識故. 又門寬義狹, 以生滅門含二義故. 如『四卷經』云, "不離不轉名如來藏識,[250] 七識流轉不滅, 所以者何? 彼因擧[251]緣諸識生故, 非聲聞緣覺修行境界",『十卷經』云, "如來藏[252]不在阿梨耶識中. 是故七種識有生有滅, 如來藏[253]不生不滅. 何以故? 彼七種識依諸境界念觀而生, 此七識境界, 一切聲聞外道[254]修行者不能覺知".

『별기』(1-682c11~683a5); 『회본』(1-747c7~748a2); 『소』에 없음.

묻는다. 앞에서는 "'하나처럼 통하는 마음'에 ['참 그대로임'(眞如)과 '근본무지에 따라 생멸함'(生滅)의] 두 가지 측면이 있다"(一心有二種門)고 하고, 지금은 "이 [아리야]식에 ['깨달음'(覺)과 '깨닫지 못함'(不覺)의] 두 가지 면모가 있다"(此識有二種義)고 하니, 저 '하나처럼 통하는 마음'(一心)과 이 [아리야]識에는 어떤 차이가 있는가?

설명해 보겠다. 앞에서는 '진리의 본연'(理體)에 나아가 '하나처럼 통하는 마음'(一心)이라 부른 것이다. ['하나처럼 통하는 마음'(一心)의] 본연(體)은 ['분별된] 차이를 끊음'(絶相)과 '조건을 따름'(隨緣)이라는 '두 가지 면모의 측면'(二義門)을 포함하고 있으므로 "'하나처럼 통하는 마음'에 ['참 그대로인 마음측면'(心眞如門)과 ['근본무지에 따라] 생멸하는 마음측면'(心生滅門)이라는] 두 가지 측면이 있다"(一心有二種門)라고 말한다. 『입능가경入楞伽經』에서 "[근본무지의 분별로 인한 왜곡과 동요가] 그쳐진 것을 '하나처럼 통하는 마음'이라 부르고, '하

---

250 『회본』에는 '如來藏識'이 '如來藏識藏'이라 되어 있다. 『능가아발다라보경』 원문에도 '如來藏識藏'이라 되어 있다. '如來藏識藏'으로 번역한다.

251 『회본』에는 '攀'으로 되어 있다. 『능가아발다라보경』 원문에도 '攀'으로 되어 있다.

252 『회본』에는 '如來藏'이 '如來藏識'이라 되어 있다. 『입능가경』 원문에도 '如來藏識'이다.

253 『회본』에는 '如來藏'이 '如來藏識'이라 되어 있다. 『입능가경』 원문에도 '如來藏識'이다.

254 『회본』에는 '聲聞外道'가 '聲聞辟支佛外道'라 되어 있다. 『입능가경』 원문에도 '聲聞辟支佛外道'이다.

나처럼 통하는 마음'을 '여래의 면모가 간직된 창고'라 부른다"(寂滅者名爲一
心, 一心者名如來藏)²⁵⁵라고 말하는 것과 같으니, 그 뜻은 앞에서²⁵⁶ 설명한 것
과 같다.

지금 여기서의 [아리야]식(識)이란 단지 〈'하나처럼 통하는 마음'의 '조건에
따르는 측면'〉(一心隨緣門)에 의거한 것이니, [이 측면에서의 '하나처럼 통하는 마
음'(一心)이] '진리와 현상을 [불변·독자의 실체나 본질이 있다는 생각에 의해] 둘[로

---

255 『입능가경』 권1(T16, 519a1~2). 어떤 맥락에서 등장하는 구절인지 알기 위해 전후를
소개하면 다음과 같다. "復次, 楞伽王! 譬如壁上畵種種相, 一切衆生亦復如是. 楞伽王! 一
切衆生猶如草木無業無行. 楞伽王! 一切法非法無聞無說. 楞伽王! 一切世間法皆如幻, 而諸
外道凡夫不知. 楞伽王! 若能如是見如實見者名爲正見, 若異見者名爲邪見, 若分別者名爲取
二. 楞伽王! 譬如鏡中像自見像, 譬如水中影自見影, 如月燈光在屋室中影自見影, 如空中響
聲自出聲取以爲聲, 若如是取法與非法, 皆是虛妄妄想分別. 是故不知法及非法, 增長虛妄不
得寂滅. 寂滅者名爲一心, 一心者名爲如來藏, 入自內身智慧境界, 得無生法忍三昧"(T16,
518c20~519a3). 이 단락은 『입능가경』에서 제1품인 '請佛品'(4권 『능가경』에는 『청
불품』이 없다고 함)의 마지막 대목이다. 대강의 내용을 보면, 일체중생과 일체세간과
일체법 및 비법이 모두 환영이며, 이것을 아는 것이 정견이라는 내용이 먼저 나온다.
그리고 거울에 비친 영상과 실제를 둘로 나누어 보는 등의 비유들을 통해, 법과 비법
을 둘로 집착하는 것이 허망한 망상분별이라 규정한다. 법과 비법의 하나됨을 알지
못하면 허망을 증장할 뿐 적멸을 얻지 못한다. 적멸은 허망분별의 대칭어로 등장한
다. 적멸이 일심이므로 『입능가경』에 따르면 일심은 망상분별이 제거된 마음이라 할
수 있다. 〈산스크리트본의 해당 내용: LAS 20,17-21,5, api ca* svavikalpagrahaṇaṃ
pratigṛhya dharmādharmaṃ prativikalpayanti / na ca dharmādharmayoḥ pra-
hāṇena caranti vikalpayanti /** puṣṇanti /** na praśamaṃ pratilabhante / ekāgra-
syatad adhivacanaṃ / tathāgatagarbhasvapratyātmāryajñānagocarasyatat praveśo
yasmāt*** samādhiḥ paramā jāyata iti //(*티베트어역 gzhan yang에 따라 atra를 api
ca로 수정; **티베트어역에 따라 '/' 삽입; ***티베트어역 phyir에 따라 yat를 yasmāt로
수정.); 또 [비불교도와 범부 수행자들은] 자신의 분별의 대상을 집착한 후 존재(法)와
비존재(非法)를 분별한다. 그러나 존재와 비존재를 끊는 방식으로 행하지 않는다. [오
히려 존재와 비존재를] 분별하고 확장하여 적정을 획득하지 못한다. 이 [적정이란] 하
나의 대상[을 가진 마음, 곧 삼매의] 이명異名(adhivacana)이다. 이 [하나의 대상을 가
진 마음]은 여래장 곧 자신의 개별적인 성스러운 지혜의 대상에 대한 이해(praveśa)
로서 그 때문에 최고의 삼매가 발생한다.〉

256 '현시정의'의 '석법장문' 과목에서 논의되었다.

나뉨]이 없고'(理事無二) '오로지 [진리와 현상을] 하나처럼 통하게 보는 신묘한 사유'(唯一神慮)라서 '[진리와 현상을] 하나처럼 통하게 하는 식'(一識)이라 부른다. [이 아리야식의] '[온전한] 본연'(體)²⁵⁷은 깨달음(覺)과 '깨닫지 못함'(不覺)의 두 가지 면모를 포함하고 있으므로 "이 [아리야]식에 두 가지 면모가 있다"라고 말한다. 이런 까닭에 '[하나로 보는] 마음'(心)은 넓은 것이고 '[아리야]식 識'은 좁으니, [하나로 보는] 마음은 '두 가지 측면'(二門)과 [생멸하는 측면인] [아리야]식을 포함하기 때문이다. 또 '측면'(門)은 넓은 것이고 '면모'(義)는 좁으니, '생멸하는 측면'(生滅門)은 [아리야식이 지닌 '깨달음'(覺)과 '깨닫지 못함'(不覺)의] 두 가지 면모를 포함하기 때문이다.

4권으로 된 『능가아발다라보경楞伽阿跋多羅寶經』에서 "'[온전한] 본연'(體)을] 벗어나지도 않고 '[온전한] 본연'(體)을] 바꾼 것도 아닌 것을 '여래의 면모를 품은 마음'(如來藏識)²⁵⁸이라 부르지만 '일곱 가지 식識'(七識)들은 [근본무지에] 따라 바뀌어 가는 것이 그치질 않으니, 까닭이 무엇인가? 저 '[여래의 면모를 품은 마음'(如來藏識)]이 [근본무지에 따르는] 조건과 관계 맺어 모든 [일곱 가지] 식이 생겨나기 때문이니, [이러한 내용은] 성문聲聞이나 연각緣覺²⁵⁹[같은 소

---

257 체體: '體'는 『논』이나 원효저술에서 어떤 현상의 '가장 근원적 위상'을 지칭할 때 채택되는 개념인데, 본 번역에서는 '본연'이나 '바탕'이라는 번역어를 취하고 있다. 만약 근원적 위상이 '의지하게 되는 토대적 조건'을 의미할 때는 '바탕'으로, 또 그 근원적 위상이 '참된 국면/지평'이나 본래의 고유성'을 의미할 때는 '본연本然'이라 번역하고 있다. 이 "[아리야식의 온전한] 본연은 깨달음(覺)과 '깨닫지 못함'(不覺)의 두 가지 면모를 포함하고 있다"(體含覺與不覺二義)는 문장에서의 '體'를 '[온전한] 본연'이라 번역한 것은 '참된 국면/지평'이라는 의미를 반영한 것이다.

258 여래장식如來藏識: 여기서 '여래장식'의 '식識'을 '마음'이라고 번역한 까닭은, 분별에 따라 생멸하는 지평의 모든 '식識'들과 '여래장식'을 구분해야 할 필요에서이다. 한편 '여래장식'의 개념과 관련하여 『소』에서 등장하는 '마음'(心) 관련 개념들의 위상을 대강 나타내 보면, 〈진여문의 진여심→생멸문의 여래장→여래장식→아리야식 또는 식장→칠전식〉이라는 계열로 정리해 볼 수 있다. 한편 『능가아발다라보경』 원문의 '여래장식장如來藏識藏'이 『소』에서는 '여래장식如來藏識'으로 바뀌어 있는 것이 원효의 의도적 선택인지는 확실치 않다. 다만 '여래장식'과 '여래장식장', 나아가 '식장識藏 또는 아리야식'까지의 내용적 차이를 원효가 의식하고 있었을 가능성을 배제할 수 없다.

승학인이 알 수 있는 수행 경지가 아니다"[260]라고 하고, 또 10권으로 된 『입능가경入楞伽經』에서 "'여래의 면모를 품은 마음'(如來藏識)[261]은 아리야식에 있지 않다. 따라서 '근본무지에 따라 양상을 바꾸어 가는 일곱 가지 식'(七種識)에는 생멸함이 있지만, '여래의 면모를 품은 마음'(如來藏識)[262]은 생멸하지 않는다. 어째서인가? 저 '근본무지에 따라 양상을 바꾸어 가는 일곱 가지 식'(七種識)들은 '근본무지에 따라 분별된' 모든 대상들을 조건으로 삼아 '생각으로 헤아려'(念觀) 생겨나는 것이니, 이 '근본무지에 따라 양상을 바꾸어 가는 일곱 가지 식'(七識)의 범주는 모든 성문과 '벽지불辟支佛과'[263] 외도의 수행자들이 깨달아 알 수 있는 것이 아니다"[264]라고 한 것과 같다.

【별기】之[265]二文, 同明此識不生滅義. 何者? 欲明境界風所動故, 藏海中七識浪轉, 是故七識有生有滅, 如來藏者卽是藏識, 雖不離轉而體不轉,

---

259 성문과 연각: 『대승의장』권17의 성문, 연각, 보살의 비교 대목 참고.
260 『능가아발다라보경』권4(T16, 510b16~18). "不離不轉, 名如來藏識藏. 七識流轉不滅. 所以者何? 彼因攀緣諸識生故, 非聲聞, 緣覺修行境界." 〈산스크리트본의 해당 내용: LAS, 221,12-14, [⋯ yoginām vimokṣabuddhir bhavaty] apravṛtteḥ // aparāvṛtte ca tathāgatagarbha(śabda)saṃśabdita ālayavijñāne nāsti saptānāṃ pravṛttivijñānāṃ nirodhaḥ / tat kasya hetoḥ [/] taddhetvālambanapravṛttatvād vijñānānām aviṣayatvāc ca sarvaśrāvakapratyekabuddhatīrthyayogināṃ [/]; [⋯ 수행자에게 해탈이라는 인식이 있다.] 발생하지 않았기 때문이다. 여래장이라고 불리는 알라야식이 전의하지 않았을 경우는 일곱 가지 발생하는 식의 소멸은 없다. 왜 그런가. [7]식은 그것(=전의하지 않은 알라야식)을 인연과 소연연으로 하여 발생하기 때문이다. 그리고 [그 알라야식은] 모든 성문 · 연각 · 외도 수행자의 대상이 아니다.〉
261 『입능가경』원문에 따라 '如來藏'을 '如來藏識'으로 교감하여 번역하였다.
262 역시 『입능가경』원문에 따라 '如來藏'을 '如來藏識'으로 교감하여 번역하였다.
263 『입능가경』원문에는 '聲聞辟支佛外道'로 되어 있다.
264 『입능가경』권7(T16, 556c11~15). "大慧! 如來藏識不在阿梨耶識中, 是故七種識有生有滅, 如來藏識不生不滅, 何以故? 彼七種識依諸境界念觀而生, 此七識境界一切聲聞辟支佛外道修行者不能覺知."
265 『별기』교감주에 "'之' 앞에 '此'가 탈락된 듯하다"라고 되어 있다. 『회본』에는 '此之'라 되어 있다. '此之'로 보고 번역한다.

故如來藏不生不滅. 故言"不離不轉名如來藏識"等. 十卷意者, 欲明七
識是浪不²⁶⁶非海, 相在梨耶識海中, 故有生滅. 如來藏者是海非浪, 不
在阿梨耶識海中, 故無生滅. 故言"如來藏不在阿梨耶識中. 是故七識有
生有滅"等. 以如來藏即是阿梨耶識, 故言"不在". 若使如來藏不在生滅
梨耶識中者, 即應下云'是故八種識有生有滅', 何故但言"是故七識有生
滅"耶? 當知此二經文其本是一, 但翻譯者異故, 致使語有不同耳.

『별기』(1-683a6~20); 『회본』(1-748a2~17); 『소』에 없음.

이 [『능가아발다라보경』과 『입능가경』의] 두 가지 글은 모두 이 [아리야]식의
'[근본무지에 따라] 생멸하지 않는 면모'(不生滅義)를 밝힌 것이다. 왜 그런가?
[먼저 『능가아발다라보경』 구절의 의미는] 다음과 같은 내용을 밝히려고 하는 것
이다.²⁶⁷

[근본무지에 따라 분별된] 대상들의 바람에 움직이었기에 '[여래의 면모가] 간
직된 창고라는 바다'(藏海)에서 '일곱 가지 식(識)들의 파도'(七識浪)로 바뀌므
로 '일곱 가지 식'(七識)에는 [근본무지에 따라] 생멸함이 있고, '여래의 면모가
간직된 창고'(如來藏)는 곧 '[여래의] 면모를 품은 마음'([如來]藏識)이니 [이 '여래
의 면모를 품은 마음'(藏識)은] 비록 [근본무지에 따라 생멸하는 식으로] 바뀌어 가는
것을 떠난 것은 아니지만 그 '[온전한] 본연'(體)은 [근본무지에 따라 생멸하는 식
으로] 바뀌지 않는 것이므로 '여래의 면모가 간직된 창고'(如來藏)는 생멸하
지 않는다. 그러므로 [『능가아발다라보경』에서는] "'[온전한 본연'(體)을] 벗어나지
도 않고 '[온전한 본연'(體)을] 바꾼 것도 아닌 것을 '여래의 면모를 품은 마음'
(如來藏識)이라 부른다" 등으로 말한 것이다.

[그리고] 10권으로 된 『입능가경』 구절의 의미는 다음과 같은 내용을 밝
히려고 하는 것이다. '일곱 가지 식'(七識)은 [파도와 바다의 관계에 비유하자면]

---

266 『회본』에는 '不'이 없다. 그러나 문맥상 '不'이 있어야 문맥이 통한다.

267 원문의 '欲明'을 먼저 번역하였다. 통상의 한문번역으로 하자면 맨 나중에 '~을 밝히고
자 하는 것이다'라고 해야 하지만, 그렇게 번역하면 번역문을 읽는 사람이 문장 파악
에 어려움을 겪기 때문에 먼저 번역하였다.

파도이며 [또한] 바다가 아닌 것이 아니니, [일곱 가지 식으로 '바뀌어 가는'(轉)] 양상(相)은 [근본무지에 따라 생멸하는] 아리야식의 바다에 있으므로 ['일곱 가지 식'(七種識)에는] 생멸함이 있다. [이에 비해] '여래의 면모가 간직된 창고'(如來 藏)는 바다이지 파도가 아니니, ['일곱 가지 식識의 파도'(七識浪) 양상은] 아리야 식의 바다에 있지 않으므로 ['여래의 면모가 간직된 창고'(如來藏)에는] 생멸함이 없는 것이다. 그러므로 [『입능가경』에서는] "'여래의 면모가 간직된 창고'(如來 藏)는 아리야식에 있지 않다. 따라서 [근본무지에 따라 양상을 바꾸어 가는] 일곱 가지 식'(七識)에는 생멸함이 있지만, ['여래의 면모가 간직된 창고'(如來藏)는 생멸 하지 않는다]" 등으로 말한 것이다. '여래의 면모가 간직된 창고'(如來藏)가 곧 아리야식이니, 따라서 "[여래장은 아리야식에] 있지 않다"라고 말한 것이다. 만약 '여래의 면모가 간직된 창고'(如來藏)가 생멸하는 아리야식에 있지 않 다고 한다면 곧바로 [『입능가경』의 "있지 않다"는 구절] 아래에서 〈따라서 '여덟 가지 식'(八種識)에는 생멸함이 있다〉라고 말해야 하는데, 왜 단지 "따라서 일곱 가지 식'(七種識)에는 생멸함이 있다"²⁶⁸라고 말했겠는가? 이 두 경전의 문장은, [범어로 된] 원본은 동일하지만 단지 번역자가 달라서 용어사용에 다른 점이 있게 된 것일 뿐임을 알아야 한다.

【별기】又『四卷經』云, "阿梨耶識名如來藏, 而與無明七識共俱, 離無常過, 自性清淨. 餘七識者, 念念不住, 是生滅法", 如是等文, 同明梨耶本覺不 生滅義. 又『四卷經』云, "刹那者名爲識藏", 『十卷』云, "如來藏阿梨耶 識, 共七識²⁶⁹生, 名轉滅相", 如是等文, 是顯梨耶生滅不覺之義. 此今論 主總括彼經始終之意, 故言遣"此識有二種義"也.

『별기』(1-683a20~b4); 『회본』(1-748a17~b3); 『소』에 없음.

---

268 앞에서 『입능가경』을 인용했던 대목에서 "『十卷經』云, 如來藏不在阿梨耶識中. 是故七 種識有生有滅"에 해당한다.
269 『회본』에는 '七識'이 '七種識'이라 되어 있다. 『능가아발다라보경』에도 '七種識'이다.

또 4권으로 된『능가아발다라보경』에서는 "아리야식을 '여래의 면모가 간직된 창고'(如來藏)라 부르니, '근본무지'(無明) 및 '일곱 가지 식識'(七識)과 함께 하지만 [아리야식의 '여래의 면모'(如來)는] [근본무지에 따라 생멸하는] 변화의 허물'(無常過)에서 떠나 [그] 본연(自性)이 온전하다. 나머지 '일곱 가지 식識' (七識)은 생각마다 [분별하면서] 끊임없이 움직이니, 이것은 [근본무지에 따라] 생멸하는 현상'(生滅法)이다"[270]라고 하는데, 이와 같은 문장들은 하나같이 아리야식이 지닌 '깨달음 본연의 생멸하지 않는 면모'(本覺不生滅義)를 밝히고 있다.

또 4권으로 된『능가아발다라보경』에서는 "찰나[에 생멸하는 것]을 [분별하는] 식의 창고'(識藏)[인 알라야식/아리야식]이라 부른다"[271]라고 하고, 10권으로 된『입능가경』에서는 "'여래의 면모가 간직된 창고'(如來藏)인 아리야식이 '일곱 가지 식'(七種識)과 함께 생겨나는 것을 [근본무지에 따라] 바뀌어 가며 생멸하는 양상'(轉滅相)이라 부른다"[272]라고 말하는데, 이와 같은 문장들은

---

270 『능가아발다라보경』 권4(T16, 510b6~11). "外道不覺, 計著作者. 爲無始虛僞惡習所薰, 名爲識藏. 生無明住地, 與七識俱. 如海浪身, 常生不斷. 離無常過, 離於我論, 自性無垢, 畢竟淸淨. 其諸餘識, 有生有滅. 意, 意識等, 念念有七"의 내용에 해당한다. 『능가아발다라보경회역楞伽阿跋多羅寶經會譯』을 참고하면 해당 문단마다 이역異譯 현황을 알아볼 수 있는데, 원효가 인용한 내용은『능가아발다라보경』보다『입능가경』과 더 일치함을 알 수 있다. 『입능가경』 권7(T16, 556b27~c4). "大慧! 諸外道等妄計我故, 不能如實見如來藏, 以諸外道無始世來虛妄執著種種戲論諸熏習故. 大慧! 阿梨耶識者, 名如來藏, 而與無明七識共俱, 如大海波常不斷絕身俱生故, 離無常過離於我過自性淸淨, 餘七識者, 心, 意, 意識等念念不住是生滅法."

271 『능가아발다라보경』 권4(T16, 512b12~15). "大慧! 剎那者, 名識藏, 如來藏意俱生識習氣剎那. 無漏習氣非剎那, 非凡愚所覺. 計著剎那論故, 不覺一切法剎那非剎那, 以斷見壞無爲法." 〈산스크리트본의 해당 내용: LAS 235,15-236,1, kṣaṇikaṃ punar mahāmate ālayavijñānaṃ tathāgatagarbhasaṃśabditaṃ manaḥsahitaṃ pravṛttivijñānavāsanābhiḥ kṣaṇikam, anāsravavāsanābhir akṣaṇikam /; 또 대혜여, 찰나란 여래장이라고 불리는 알라야식이 의意를 동반할 때, 전식의 습기에 의해서는 찰나이고 무루의 습기에 의해서는 찰나가 아니다.〉

272 『입능가경』 권7(T16, 557a6~10). "大慧! 我依此義依勝鬘夫人, 依餘菩薩摩訶薩深智慧者, 說如來藏阿梨耶識, 共七種識生名轉滅相, 爲諸聲聞辟支佛等示法無我, 對勝鬘說言, 如來藏是如來境界." 〈산스크리트본의 해당 내용: LAS 222,2-3, etad eva mahāmate mayā

아리야식이 지닌 '[근본무지에 따라] 생멸하는 깨닫지 못함의 면모'(生滅不覺之義)를 나타낸다. 지금 이 『대승기신론』의 저자는 저 『능가경』의 전체 의미를 총괄하고 있으니, 따라서 [『대승기신론』에서] "이 [아리야]식에는 ['깨달음'(覺)과 '깨닫지 못함'(不覺)의] 두 가지 면모가 있다"[273]라고 말했다.

云何爲二? 一者, 覺義, 二者, 不覺義.

『논』(T32, 576b10~11); 『회본』(1-748b4)

무엇을 두 가지라고 하는가? 첫 번째는 '깨달음의 면모'(覺義)이고, 두 번째는 '깨닫지 못함의 면모'(不覺義)이다.

【소】第二, 廣中有三. 初言"云何爲二?"者, 問數發起. 次言覺義不覺義者, 依數列名. "所言"以下, 第三別解. 先釋覺義, 後解不覺. 覺中有二, 先略, 後廣.

『소』(1-708a7~10); 『회본』(1-748b5~8)

두 번째로, [면모(義)에 따라 하나씩 해석하여 아리야식의 '[온전한] 본연과 특징'(體相)을] '자세히 설명함'(廣)에는 세 가지가 있다. 처음에 말한 "무엇을 두 가지라고 하는가?"(云何爲二)라는 것은, [아리야식이 지닌 면모의] '개수를 물으면서 [논의를] 시작하는 것'(問數發起)이다. 다음으로 '깨달음의 면모'(覺義)와 '깨닫지 못함의 면모'(不覺義)를 말한 것은 '개수에 따라 명칭을 나열한 것'(依數

śrīmālāṃ devīm adhikṛtya deśanāpāṭhe 'nyāṃś ca sūkṣmaṇipuṇaviśuddhabuddhīn bodhisattvān adhiṣṭhāya tathāgatagarbha ālayavijñānasaṃśabditaḥ saptabhir vijñānaiḥ saha pravṛttyabhiniviṣṭānāṃ śrāvakāṇāṃ dharmanairātmyapradarśanārtham śrīmālāṃ devīm adhiṣṭhāya tathāgataviṣayo deśito na śrāvakapratyekabuddhānyatīrthakaratarkaviṣayo …; 대혜여, 바로 이것을 나는 승만부인을 대상으로 하는 가르침에서, 다른 미세하고 예리하며 청정한 지혜를 가진 보살들에게 의탁하여 7식과 결합한 알라야식이라 불리는 여래장을 [가르쳤으며], 발생에 집착하는 성문에게 법무아를 가르치기 위해 승만부인에 의탁하여 [여래장은] 여래의 대상이지만, 성문과 독각 그리고 다른 비불교도의 사유의 대상은 아니라고 가르쳤다.〉

273 『대승기신론』(T32, 576b10); 『회본』(H1, 747b13).

列名)이다.

"이른바"(所言) 이하[274]는, 세 번째로 '하나씩 해석하는 것'(別解)[275]이다. 먼저 '깨달음의 면모'(覺義)를 해석하고,[276] 다음에 '깨닫지 못함[의 면모]'(不覺[義])를 해석한다. [먼저] '깨달음[의 면모를 해석함]'([釋]覺[義])에는 두 가지가 있다. ['깨달음의 본연'(本覺)과 '비로소 깨달아 감'(始覺), 이 두 가지의 깨달음에 대해] 먼저 간략히 밝히고,[277] 나중에 자세히 해석한다.

【별기】"云何爲二?"已下, 第二依義別解.

『별기』(1-683b5)

"무엇을 두 가지라고 하는가?"(云何爲二) 이하는 두 번째로 ['깨달음'(覺)과 '깨닫지 못함'(不覺)의] 면모(義)에 따라 하나씩 해석하는 것이다.

〈『소』와 『별기』의 구문 대조〉

『소』(1-708a7~10)	『별기』(1-683b5)
第二廣中有三. 初言"云何爲二?"者, 問數發起. 次言覺義不覺義者, 依數列名. 所言以下, 第三別解. 先釋覺義, 後解不覺. 覺中有二. 先略, 後廣.	"云何爲二?"已下, 第二依義別解.
※ 『소』에서의 '依義別釋廣顯體相'(여기서는 '廣')이 『별기』의 '依義別解'에 해당할 텐데, 『소』와 달리 『별기』에서는 더 이상의 복잡한 과문이 없다.	

274 『대승기신론』의 다음 내용인 "所言覺義者, 謂心體離念, …" 이하를 말한다.

275 '의의별석광현체상依義別釋廣顯體相' 과목에 해당하는 전체 내용에서 여기의 "云何爲二? 一者覺義, 二者不覺義"를 뺀 내용에 해당한다.

276 『대승기신론』(T32, 576b11~c29). "所言覺義者, 謂心體離念"부터 "四者, 緣熏習鏡. 謂依法出離故, 遍照衆生之心, 令修善根, 隨念示現故"까지에 해당한다.

277 "所言覺義者, 謂心體離念. 離念相者, 等虛空界無所不遍, 法界一相即是如來平等法身, 依此法身說名本覺. 何以故? 本覺義者, 對始覺義說, 以始覺者即同本覺. 始覺義者, 依本覺故而有不覺, 依不覺故說有始覺"에 해당한다.

ㄱ) 깨달음의 면모를 해석함(釋覺義)

所言覺義者. 謂心體離念. 離念相者, 等虛空界, 無所不遍,[278] 法界一相, 卽是如來平等法身. 依此法身說名本覺, 何以故? 本覺義者, 對始覺義說, 以始覺者卽同本覺. 始覺義者, 依本覺故而有不覺, 依不覺故說有始覺.

『논』(T32, 576b11~16); 『회본』(1-748b9~14)

이른바 '깨달음의 면모'(覺義)란 '마음의 온전한 본연'(心體)이 '[근본무지에 따라] 분별하는 생각'(念)에서 벗어난 것을 말한다. '[근본무지에 따라] 분별하는 생각에서 벗어난 양상'(離念相)은 허공세계와 같이 미치지 못하는 곳이 없어 '모든 현상세계가 하나처럼 통하는 양상'(法界一相)이니, 이것이 바로 '진리와 같아진 분'(如來)의 '평등해진 진리 [그 자체로서의] 몸'(平等法身)이다. 이 '진리 [그 자체로서의] 몸'(法身)에 의거하여 '깨달음의 본연'(本覺)이라 부르니, 어째서인가? '깨달음 본연의 면모'(本覺義)란 것은 '비로소 깨달아 가는 면모'(始覺義)에 대응하여 설하는 것이니, '비로소 깨달아 감'(始覺)이란 것은 바로 '깨달음의 본연'(本覺)과 같기 때문이다. '비로소 깨달아 가는 면모'란 것은, '깨달음의 본연'(本覺)에 의거하기 때문에 '깨닫지 못함'(不覺)이 있고 [다시 이] '깨닫지 못함'(不覺)에 의거하기 때문에 '비로소 깨달아 감'(始覺)이 있다고 말하는 것이다.

(ㄱ) 본각本覺과 시각始覺의 두 가지 깨달음을 간략히 밝힘(略明二覺)

【소】略中亦二, 先本, 後始. 明本覺中, 亦有二句, 先明本覺體, 後釋本覺義. 初中言"心體離念"者, 謂離妄念, 顯無不覺也. "等虛空界"者, 非唯無闇, 有慧光明, 遍[279]照法界平等無二, 如下文云, "有大智慧光明義故, 遍[280]

---

278 『회본』에는 '徧'으로 되어 있다.
279 『회본』에는 '遍'이 '徧'으로 되어 있다.
280 『회본』에는 '遍'이 '徧'으로 되어 있다.

照法界義故”. “何以故?”下, 第二釋義, 是對始覺釋本覺義. 明本覺竟.

『소』(1-708a11~17); 『회본』(1-748b15~22)

[본각과 시각, 이 두 가지의 깨달음을] 간략히 밝힘에도 두 가지가 있으니, 먼저는 ‘깨달음의 본연’(本覺)[을 밝힌 것]이고, 나중은 ‘비로소 깨달아 감’(始覺)[을 밝힌 것]이다. ‘깨달음의 본연’(本覺)을 밝히는 데에도 두 구절이 있으니, 먼저 〈온전한 바탕인 ‘깨달음의 본연’(本覺)〉(本覺體)을 밝혔고 나중에는 ‘깨달음 본연의 면모’(本覺義)를 해석하였다.

처음에 말한 “‘마음의 온전한 본연’이 [근본무지에 따라] 분별하는 생각’에서 벗어났다”(心體離念)라는 것은, [‘마음의 온전한 본연’(心體)이] [근본무지에 따라] 잘못 분별하는 생각’(妄念)에서 떠나 있어 [‘마음의 온전한 본연’(心體)에는] ‘깨닫지 못함’(不覺)이 없음을 드러내는 것이다. “허공세계와 같다”(等虛空界)라는 것은, 단지 어둠이 없을 뿐 아니라 지혜의 밝음이 있어서 ‘모든 현상은 평등하고 [불변·독자의 실체나 본질에 의해] 둘[로 나뉨]이 없음’(法界平等無二)을 두루 비추어 내니, [『대승기신론』의] 아래 문장에서 “[참 그대로’(眞如) ‘스스로의 본연’(自體)에 크나큰 지혜 광명의 면모가 있기 때문이며, 모든 현상을 두루 비추는 면모가 있기 때문이다”(有大智慧光明義故, 遍照法界義故)[281]라고 말하는 것과 같다.

“어째서인가?”(何以故?) 이하는 둘째로 [깨달음 본연’(本覺)의] 면모(義)를 해석한 것이니, ‘비로소 깨달아 감’(始覺)에 대응시켜 ‘깨달음 본연의 면모’(本覺義)를 해석한 것이다. [여기서 ‘깨달음의 본연을 밝힘’(明本覺)이 끝난다.

---

281 아래 ‘석의장문釋義章門’의 ‘석체상이대釋體相二大’의 과목에서 나오는 『대승기신론』의 문장을 말한다. “復次, 眞如自體相者, 一切凡夫, 聲聞, 緣覺, 菩薩, 諸佛, 無有增減, 非前際生, 非後際滅, 畢竟常恒. 從本已來, 性自滿足一切功德. 所謂自體有大智慧光明義故(T32, 579a15), 遍照法界義故, 眞實識知義故, 自性淸淨心義故, 常樂我淨義故, 淸涼不變自在義故”(T32, 579a12~17).

【별기】言"覺義"者, 卽有二種, 謂本覺始覺. 言"本覺"者, 謂此心性離不覺相, 是覺照性, 名爲本覺. 如下文云, "所謂自體有大智惠[282]光明義故". 言"始覺"者, 卽此心體隨無明緣動, 作妄念, 而以本覺熏習力故, 稍有覺用, 乃至究竟, 還同本覺, 是名始覺.

『별기』(1-683b5~11); 『회본』(1-748c7~14)

"깨달음의 면모"(覺義)라고 말한 것에는 곧 두 가지가 있으니, '깨달음의 본연'(本覺)과 '비로소 깨달아 감'(始覺)을 말한다. '깨달음의 본연'(本覺)이라 말한 것은 이 '마음의 온전한 면모'(心性)가 '깨닫지 못함의 양상'(不覺相)에서 벗어난 것을 일컫는 것이니, 이 ['마음의 온전한 면모'(心性)가 지닌] '깨달음으로 [현상들을] 비추는 면모'(覺照性)를 '깨달음의 본연'(本覺)이라 부른다. [『대승기신론』의] 아래 문장에서 "이른바 [참 그대로'(眞如)] '스스로의 본연'(自體)에 크나큰 지혜 광명의 면모가 있기 때문이다"(所謂自體有大智慧光明義故)[283]라고 한 것과 같다.

"비로소 깨달아 감"(始覺)이라 말한 것은, 곧 이 '마음의 온전한 본연'(心體)[284]이 근본무지(無明)라는 인연(緣)에 따라 움직여 [근본무지에 따라] 잘못 분별하는 생각'(妄念)을 짓지만, '깨달음 본연'(本覺)의 '거듭된 영향력'(熏習力) 때문에 점점 '깨달음의 작용'(覺用)이 있게 되다가 궁극에 이르러서는 '깨달음의 본연'(本覺)과 다시 같아지니, 이것을 '비로소 깨달아 감'(始覺)이

---

282 『별기』의 교감주에 "'惠'는 '慧'와 통용된다. 다음의 것도 같다"라고 되어 있다.

283 아래 '석의장문釋義章門'의 '석체상이대釋體相二大'의 과목에서 나오는 『대승기신론』의 문장을 말한다. "復次, 眞如自體相者, 一切凡夫, 聲聞, 緣覺, 菩薩, 諸佛, 無有增減, 非前際生, 非後際滅, 畢竟常恒. 從本已來, 性自滿足一切功德. 所謂自體有大智慧光明義故(T32, 579a15), 遍照法界義故, 眞實識知義故, 自性淸淨心義故, 常樂我淨義故, 淸涼不變自在義故"(T32, 579a12~17).

284 '현시정의'-'석법장문'-'총석'에서 원효가 "一心體是本覺, 而隨無明動作生滅"이라 언급한 것을 참고했다. '총석'에서는 나아가 '여래장'의 개념과 관련하여 "此一心體是本覺, 而隨無明動作生滅. 故於此門, 如來之性隱而不顯, 名如來藏. 如經言, '如來藏者是善不善因, 能遍興造一切趣生. 譬如伎兒變現諸趣'. 如是等義在生滅門, 故言'一心者名如來藏', 是顯一心之生滅門"이라고 규정하고 있는 것도 다시 주목되는 지점이다.

라 부른다.

<『소』와 『별기』의 구문 대조>

『소』(1-708a11~17)	『별기』(1-683b5~11)
略中亦二, 先本, 後始. 明本覺中, 亦有二句, 先明本覺體, 後釋本覺義. 初中言"心體離念"者, 謂離妄念, 顯無不覺也. "等虛空界"者, 非唯無闇, 有慧光明, 遍照法界平等無二, <u>如下文云, "有大智慧光明義故,</u> 遍照法界義故". "何以故"下, 第二釋義. 是對始覺釋本覺義. 明本覺竟.	言"覺義"者, 卽有二種, 謂本覺始覺. 言"本覺"者, 謂此心性離不覺相, 是覺照性, 名爲本覺. <u>如下文云, "所謂自體有大智惠光明義故".</u> 言"始覺"者, 卽此心體隨無明緣動, 作妄念, 而以本覺熏習力故, 稍有覺用, 乃至究竟, 還同本覺, 是名始覺.

※ 『회본』에서는 여기 『별기』의 내용을 따로 떼어 소문 뒤에 붙여 두고 있다. <구문 대조>에서는 밑줄 친 곳에서 내용이 겹친다는 점에 의거하여 대조해 보았다.

※ "於中委悉, 如別記說也"라든가 "引經釋義, 如別記也" 등과 같이 『소』에서 『별기』의 논의를 보증하는 경우가 있는데, 이하의 『별기』 내용은 이러한 보증의 언급이 없는 경우에 해당한다.

【소】次釋始覺. 於中有二, 先顯亦對本覺不覺起義, 後對不覺釋始覺義. 此中大意, 欲明始覺待於不覺, 不覺待於本覺, 本覺待於始覺. 旣互相待, 則無自性, 無自性者, 則非有覺. 非有覺者, 由互相待, 相待而成, 則非無覺. 非無覺故, 說名爲覺, 非有自性名爲覺也. 略明二覺, 竟在於前.

『소』(1-708a18~b1); 『회본』(1-748b22~c6)

다음으로 '비로소 깨달아 감'(始覺)을 해석한다. 여기에 두 가지가 있으니, 먼저 '깨달음의 본연'(本覺)에 대응하여 '깨닫지 못함'(不覺)이라는 것이 생겨난다는 뜻을 드러내고,[285] 나중에 '깨닫지 못함'(不覺)에 대응하여 '비로소 깨달아 감'(始覺)[이 있다는] 뜻을 해석한다.[286] 여기에서 [말하는] 요지(大意)

---

[285] "依本覺故, 而有不覺"에 해당한다.

는, '비로소 깨달아 감'(始覺)은 '깨닫지 못함'(不覺)[이라는 조건]에 기대어 있고 '깨닫지 못함'(不覺)은 '깨달음의 본연'(本覺)[이라는 조건]에 기대어 있으며 '깨달음의 본연'(本覺)은 '비로소 깨달아 감'(始覺)[이라는 조건]에 기대어 있다는 것을 밝히려고 하는 것이다.

이미 서로에 [조건으로서] 기대어 있기에 곧 [불변의 독자적] 본질/실체(自性)가 없으니, [불변의 독자적] 본질/실체가 없다는 것은 곧 [불변의 독자적 본질/실체로서의] 깨달음(覺)이 있지 않다는 것이다. [불변의 독자적 본질/실체로서의] 깨달음이 있지 않다는 것은 서로가 [조건으로] 기대어 있기 때문인데, 서로가 [조건으로] 기대어 이루어지니 곧 깨달음이 없지도 않다. 깨달음이 없지 않기 때문에 '깨달음'(覺)이라 말하는 것이지, [불변의 독자적] 본질/실체가 있어서 '깨달음'(覺)이라 하는 것은 아니다. [본각本覺과 시각始覺, 이] 두 가지의 깨달음을 간략히 설명함(略明二覺)을 여기에서 마친다.

【별기】言"不覺"義, 亦有二種, 一者根本不覺, 二者枝末不覺. 枝末[287]不覺者, 謂梨耶識內根本無明名爲不覺. 如下文云, "依阿梨耶識說有無,[288] 覺而起"故. 言枝末不覺者, 謂無明所起一切染法, 皆名不覺. 如下文云, "一切染法, 皆是不覺相故". 若依識相差別簡本異末義門, 則梨耶識中, 唯有本覺及本不覺, 若就識體無二攝末歸本義門, 則彼始覺及末不覺, 亦是梨耶識內之義. 故上云, "此識有二義"者, 通含如是二種之意. 故下釋中, 通擧本始二覺及二不覺義也.

『별기』(1-683b11~23); 『회본』(1-748c14~749a3); 『소』에 없음.

---

286 "依不覺故, 說有始覺"에 해당한다.

287 『별기』에는 '枝末'이라 되어 있는데 '根本'의 오기로 보인다. 한불전『별기』교감주에서도 "'枝末'은 '根本'인 듯하다"라 되어 있다.『회본』에는 '根本'이라 되어 있다.

288 『별기』에는 '無明不'이 '無'로 되어 있는데 '明不'이 탈락된 오기로 보인다. 한불전『별기』교감주에서도 "'無' 아래 '明不'이 탈락된 듯하다"라 되어 있다.『회본』에는 '無' 자리에 '無明不'이라 되어 있다. '無' 아래 '明不'을 추가하고 '無明, 不'로 번역한다.

"깨닫지 못함의 면모"(不覺義)라고 말한 것에도 두 가지가 있으니, 첫째는 '근본적으로 깨닫지 못함'(根本不覺)이고, 둘째는 '지엽적으로 깨닫지 못함'(枝末不覺)이다.

'근본적으로 깨닫지 못함'(根本不覺)이란, 아리야식 내의 '근본적인 무지'(根本無明)를 '깨닫지 못함'(不覺)이라 부르는 것이 그것이다. 아래 [『대승기신론』의] 문장에서 "아리야식을 조건으로 삼아 근본무지가 있다고 말하니, 깨닫지 못하여 [깨닫지 못하는 마음이] 일어나"(依阿梨耶識說有無明, 不覺而起)[289]라고 한 것과 같은 것이다.

'지엽적으로 깨닫지 못함'(枝末不覺)이란, 근본무지(無明)에 의해 일어난 '모든 오염된 현상들'(一切染法)을 다 '깨닫지 못함'(不覺)이라 부르는 것이 그것이다. 아래 [『대승기신론』의] 문장에서 "모든 오염된 현상들이 다 '깨닫지 못함의 양상'이기 때문이다"(一切染法, 皆是不覺相故)[290]라고 한 것과 같은 것이다.

만약 '아리야식의 차별하는 양상이 근본에서 떨어지게 하여 지엽을 다르게 만들어 가는 측면'(識相差別簡本異末義門)에 의거[하여 말]한다면 아리야식에는 오로지 '깨달음의 본연'(本覺)과 '근본적으로 깨닫지 못함'([根]本不覺) [의 두 가지 면모]만이 있는 것이고, 만약 '아리야식의 온전한 본연에는 [불변·독자의 실체나 본질에 의해] 둘[로 나뉨]이 없어 [나뉜] 지엽을 거두어 [나뉨이 없는] 본연으로 돌아가는 측면'(識體無二攝末歸本義門)에 나아가 [말]하면 저 '비로소 깨달아 감'(始覺)과 '지엽적으로 깨닫지 못함'([枝]末不覺)도 [모두] 아리야식 안의 면모이다. 그러므로 앞의 [『대승기신론』] 문장에서 "이 아리야식에는 두 가지 면모가 있다"(此識有二義)[291]라고 말한 것은 이와 같은 두 가지 의미를

---

289 『대승기신론』(T32, 577b3~5). "復次, 生滅因緣者, 所謂衆生依心, 意, 意識轉故. 此義云何? 以依阿梨耶識說有無明, 不覺而起." 원효의 과목으로는 '석생멸인연釋生滅因緣'의 '선명생멸의인연의先明生滅依因緣義'의 첫 대목이다.

290 『대승기신론』(T32, 577a20~21). "當知無明能生一切染法. 以一切染法皆是不覺相故."

291 『대승기신론』(T32, 576b10~11). "此識有二種義, 能攝一切法, 生一切法. 云何爲二? 一

모두 포함한다. 따라서 아래의 해석에서 '깨달음의 본연'(本覺)과 '비로소 깨달아 감'(始覺)의 두 가지 깨달음과 ['근본적으로 깨닫지 못함'([根]本不覺)과 '지엽적으로 깨닫지 못함'([枝]末不覺), 이] 두 가지 '깨닫지 못함'(不覺)의 면모를 모두 거론한다.[292]

【별기】問. 爲當心體只無不覺故名本覺, 爲當心體有覺照用名爲本覺? 若言只無不覺名本覺者, 可亦無覺照故是不覺. 若言有覺照故名本覺者, 未知此覺爲斷惑不. 若不斷惑, 則無照用, 如其有斷, 則無凡夫.

『별기』(1-683b23~c4); 『회본』(1-749a3~9); 『소』에 없음.

묻는다. '마음의 온전한 본연'(心體)에 단지 '깨닫지 못함'(不覺)[의 면모]가 없기 때문에 '깨달음의 본연'(本覺)이라 불러야 하는가, '마음의 온전한 본연'(心體)에 '깨달음으로 [현상들을] 비추는 작용'(覺照用)이 있기에 '깨달음의 본연'(本覺)이라 불러야 하는가? 만약 단지 '깨닫지 못함'(不覺)[의 면모]가 없는 것을 '깨달음의 본연'(本覺)이라 부르는 것이라면, '깨달음으로 [현상들을] 비춤'(覺照)[의 작용은] 없을 수도 있으므로 이러한 ['깨달음의 본연'(本覺)]은 '깨닫지 못함'(不覺)일 것이다. [또] 만약 '깨달음으로 [현상들을] 비춤'(覺照用)[의 작용이] 있기 때문에 '깨달음의 본연'(本覺)이라 부르는 것이라면, 이러한 [본연의] '깨달음'(覺)은 '번뇌를 끊은 것'(斷惑)[293]인지 아닌지 알지 못하겠다.[294]

者, 覺義, 二者, 不覺義."

292 『소』의 과문에 따르면 '석각의釋覺義'와 '석불각의釋不覺義'로 나누어 '석각의'에서는 본각本覺과 시각始覺을 크게 '약략'과 '광廣'으로 나누고, '석불각의'에서는 크게 근본불각根本不覺과 지말불각枝末不覺으로 나누어 본격적으로 분석해 들어간다.

293 '번뇌를 끊는 것'(斷惑): 'kleśaḥ prahiyate'. 단결斷結·단장斷障·이염離染이라고도 한다. 번뇌를 끊어 열반의 진리를 증득하므로 '단혹증리斷惑證理'라 갖추어 말하기도 한다.

294 처음의 물음은 본각의 무작용성과 관련한 의문이고, 다음의 물음은 본각의 작용성과 관련한 의문이다. 본각이 그저 '불각의 없음'이고 어떠한 작용성도 갖지 않는 상태라면 번뇌를 끊는 각조覺照라는 작용이 있을 수 없어 깨달음의 개념에 흠결이 발생한다는 것이 첫째 물음의 요지이다. 반대로 본각에 각조의 작용이 있다면 번뇌를 끊는 각조의 작용이 모든 중생들에게 본각의 면모로 갖추어져 있을 것이므로 번뇌를 끊지 못

만약 [각조覺照의 작용을 갖는다고 하는] '깨달음의 본연'(本覺)이] '번뇌를 끊은 것' (斷惑)이 아니라면 [깨달음의 본연'(本覺)에는 [깨달음으로] 비추는 작용'(照用)이 없을 것이고, 만약 그 [깨달음의 본연'(本覺)에 [번뇌를] 끊음(斷)이 있다면 [번뇌를 끊지 못한] 범부凡夫가 [애초부터] 없을 것이다.

【별기】答. 非但無闇, 亦有明照, 以有照故, 亦有斷惑. 此義云何? 若就先眠後覺名爲覺者, 始覺有覺, 本覺中無. 若論本來不眠名爲覺者, 本覺是覺, 始覺則非覺. 斷義亦爾. 先有後無名爲斷者, 始覺有斷, 本覺無斷. 本來離惑名爲斷者, 本覺是斷, 始覺非斷. 若依是義, 本來斷故, 本來無凡. 如下文云, "一切衆生從本已來[295]入於涅槃菩提之法". 然雖曰有本覺故本來無凡, 而未有始覺故本來有凡. 是故無過. 若汝言由有本覺本來無凡, 則終無始覺, 望何有凡者? 他亦終無始覺則無本覺, 依何本覺以說無凡? 當知由有本覺故本無不覺, 無不覺故終無始覺, 無始覺故本無本覺. 至於無本覺者源由有本覺, 有本覺者由有始覺, 有始覺者由有不覺, 有不覺者由依本覺. 如下文云, "本覺義者, 對始覺義說, 以始覺者卽同本覺. 始覺[296]者, 依本覺故而有不覺, 依不覺故說有始覺". 當知如是展轉相依, 卽顯諸法非無而非有, 非有而非無也.

『별기』(1-683c4~684a5); 『회본』(1-749a9~b10); 『소』에 없음.

답한다. [깨달음의 본연'(本覺)에는] 단지 [깨닫지 못함'(不覺)의] 어둠이 없을 뿐 아니라 '[깨달음으로] 밝게 비추는 [작용]'(明照)도 있고, '[깨달음으로] 비추는 [작용]'(照)이 있으므로 '번뇌를 끊음'(斷惑)도 있다. 이 뜻은 무엇을 말하는가?

한 중생인 범부의 성립이 불가능해진다는 것이 둘째 물음의 요지이다. 그리고 둘째 물음의 연장에서, 만약 본각에 '번뇌를 끊음'(斷惑)이 없다면 곧 각조의 작용이 없는 것이므로 본각에 각조의 작용이 있다는 애초의 전제를 위반하게 된다는 것이다.

295 『회본』에는 '從本已來'가 '本來常住'라 되어 있다. 『대승기신론』 원문에는 '本來常住'라 되어 있다.
296 『회본』에는 '覺' 뒤에 '義'가 첨가되어 있다. 『대승기신론』 원문에도 '覺' 뒤에 '義'가 첨가되어 있다.

만약 〈'먼저 번뇌에 빠졌다가'(先眠)[297] '나중에 깨닫는 것'(後覺)을 깨달음이라 한다〉(先眠後覺名爲覺)는 측면에서라면, [본래 깨달아 있는 것이 아니라 비로소 깨달은 것이므로] '비로소 깨달아 감'(始覺)에는 깨달음이 있지만 '깨달음의 본연'(本覺)에는 깨달음이 없다. [또] 만약 〈본래 번뇌에 빠지지 않은 것을 깨달음이라 한다〉(本來不眠名爲覺)는 측면에서 논한다면, [비로소 깨달은 것이 아니라 본래 깨달아 있는 것이므로] '깨달음의 본연'(本覺)은 깨달음이지만 '비로소 깨달아 감'(始覺)은 깨달음이 아니다.

[번뇌를] 끊는다는 뜻도 이러하다. 먼저 [번뇌가] 있었다가 나중에 없어진 것을 '끊음'(斷)이라 부르는 것이라면, [본래 끊어져 있던 것이 아니라 비로소 끊은 것이므로] '비로소 깨달아 감'(始覺)에는 [깨달음으로 비추는 작용에 의해 번뇌를] 끊음이 있지만 '깨달음의 본연'(本覺)에는 끊음이 없다. [또] 본래 '번뇌에서 벗어나 있는 것'(離惑)을 '끊음'(斷)이라 부르는 것이라면, '깨달음의 본연'(本覺)은 [번뇌를] 끊은 것이지만 '비로소 깨달아 감'(始覺)은 [번뇌를] 끊은 것이 아니다. 만약 이 ['깨달음의 본연'(本覺)은 본래 번뇌에서 벗어나 있다는 뜻에 따른다면, 본래 [번뇌가] 끊어져 있으므로 본래 범부凡夫는 없다. 아래 『대승기신론』의 문장에서 "모든 중생은 본래 열반과 깨달음의 현상에 [늘 그대로][298] 들어가 있다"(一切衆生本來常住於涅槃菩提之法)[299]라고 한 것과 같다.

---

297 '번뇌에 빠짐'(眠, middha): '수면睡眠'이라고도 한다. 심소법心所法 중 '부정지법不定地法'의 하나이다. '심신을 흐리멍덩하게 하여'(昧略) '극도로 무기력하게 만드는'(闇劣) 정신작용을 말한다. 『성유식론』 권7(T31, 35c14~16). "眠謂睡眠, 令身不自在昧略爲性. 障觀爲業, 謂睡眠位身不自在心極闇劣." 수행을 장애하는 다섯 가지 번뇌(五蓋) 중 하나로서 '혼침수면개惛沈睡眠蓋'라 불리기도 한다. 『유가사지론』 권11(T30, 329b9~24). "復次於諸靜慮等至障中, 略有五蓋, 將證彼時能爲障礙. 何等爲五? 一貪欲蓋, 二瞋恚蓋, 三惛沈睡眠蓋, 四掉擧惡作蓋, 五疑蓋. … 睡眠者, 謂心極昧略, 又順生煩惱壞斷加行, 是惛沈性. 心極昧略, 是睡眠性. 是故此二合說一蓋." 여기서는 '깨달음'의 대칭어로서 '번뇌'를 통칭한다고 보아 '번뇌에 빠짐'이라 번역했다.

298 『대승기신론』 원문에는 '本來常住'라 되어 있으므로 이 번역문을 삽입한다.

299 『대승기신론』(T32, 577a25~28). "修多羅中依於此眞如義故, 說一切衆生本來常住於涅槃菩提之法. 非可修相, 非可作相, 畢竟無得, 亦無色相可見."

그러나 비록 〈'깨달음의 본연'이 있으므로 본래 범부는 없다〉(有本覺故本來無凡)고 말하더라도, 아직 '비로소 깨달아 감'(始覺)이 있지 않으므로 본래 범부가 있기도 하다. 이런 까닭에 [현실적으로 존재하는 범부를 '본래 없다'(本來無)고 말하는 것에] 오류는 없다. 만약 그대가 〈[본래 번뇌가 끊어져 있는] 깨달음의 본연'(本覺)이 있기 때문에 본래 범부가 없다〉고 말한다면, 끝내 [깨달음으로 비추는 작용'(覺照用)에 의해 번뇌를 끊는] '비로소 깨달아 감'(始覺)이 없을 것인데, 무엇에 의거하여 [현실적으로 존재하는] 범부가 있는 것이겠는가? [또] 그 범부에게도 끝내 '비로소 깨달아 감'(始覺)이 없다면 [범부에게는 '비로소 깨달아 감'(始覺)으로 회복해야 할] '깨달음의 본연'(本覺)도 없을 것인데, 어떤 [있지도 않은] '깨달음의 본연'(本覺)에 의거하여 범부가 없다고 말하겠는가?

[본래부터 번뇌가 끊어져 있는] '깨달음의 본연'(本覺)이 있기 때문에 '깨닫지 못함'(不覺)은 본래 없고, '깨닫지 못함'(不覺)이 없으므로 끝내 [깨달음으로 비추는 작용'(覺照用)에 의해 번뇌를 끊는] '비로소 깨달아 감'(始覺)이 없을 것이며, '비로소 깨달아 감'(始覺)이 없으므로 [비로소 깨달아 감'(始覺)으로 회복해야 할] '깨달음의 본연'(本覺)도 본래 없다는 것을 알아야 한다. [그러나] 〈'깨달음의 본연'(本覺)이 없다〉[는 말에] 이른 것은 그 연원이 〈'깨달음의 본연'(本覺)이 있다〉는 것에서 비롯하는 것이고, 〈'깨달음의 본연'(本覺)이 있다〉는 것은 〈'비로소 깨달음'(始覺)이 있다〉는 것에서 비롯하는 것이며, 〈'비로소 깨달아 감'(始覺)이 있다〉는 것은 〈'깨닫지 못함'(不覺)이 있다〉는 것에서 비롯하는 것이고, 〈'깨닫지 못함'(不覺)이 있다〉는 것은 '깨달음의 본연'(本覺)을 조건으로 삼기 때문이다. [이런 도리는] 아래 『대승기신론』의] 문장에서 "'깨달음 본연의 면모'란 것은 '비로소 깨달아 가는 면모'에 대응하여 설하는 것이니, '비로소 깨달아 감'이란 것은 바로 '깨달음의 본연'과 같기 때문이다. '비로소 깨달아 가는 면모'란 것은, '깨달음의 본연'에 의거하기 때문에 '깨닫지 못함'이 있고 [다시 이] '깨닫지 못함'에 의거하기 때문에 '비로소 깨달아 감'이 있다고 말하는 것이다"(本覺義者, 對始覺義說, 以始覺者即同本覺. 始覺義者, 依本覺故而有不覺, 依不覺故說有始覺)[300]라고 한 것과 같다. 이와 같이 거듭

하여 바뀌어 가면서 서로에게 기대어 있음을 알아야 하니, [이것은] 바로 모든 현상은 '[전혀] 없는 것이 아니지만 [불변·독자적 실체로서] 있는 것도 아니며 [또한] [불변·독자적 실체로서] 있는 것이 아니지만 [전혀] 없는 것도 아니라는 것'(非無而非有, 非有而非無)을 드러내는 것이다.

【별기】 問. 此本覺性, 爲當通爲染淨因性, 爲當但是諸淨法性? 若言但是淨法因者, 何故經云, "如來之藏, 是善不善因", 乃至廣說? 若通作染淨者, 何故唯說"具足性功德", 不說"具足性染患"耶? 答. 此理通與染淨作性, 是故唯說具性功德. 是義云何? 以理離淨性故, 能隨緣作諸染法, 又離染性故, 能隨緣作諸淨法. 以能作染淨法故, 通爲染淨性, 由離染淨性故, 唯是"性功德". 何以得離染淨性乃成諸功德? 取著染淨性皆是妄想故.

『별기』(1-684a5~16); 『회본』(1-749b10~22); 『소』에 없음.

문는다. 이 '깨달음 본연의 면모'(本覺性)는 '오염된 것들'(染)과 '청정한 것들'(淨) 모두의 원인이 되는 면모여야 하는가, 단지 모든 청정한 것들만의 [원인이 되는] 면모여야 하는가? 만약 ['깨달음 본연의 면모'(本覺性)가] 단지 청정한 것들만의 원인이라 말한다면, 무슨 까닭으로 『능가아발다라보경』에서는 "'여래의 면모가 간직된 창고'(如來之藏)란 유익하거나 유익하지 않은 [과보의] 원인이어서 '과보를 받아 생겨난 모든 것'(一切趣生)을 두루 일으켜 만들 수 있다. 비유하자면 '재주 부리는 자'(伎兒)가 여러 모습들로 변하여 나타나는 것과 같다.]"[301] 라고 하면서 나아가 자세히 설명하였는가? [또] 만약 ['깨달음 본연의 면모'(本覺性)가] 오염된 것들과 청정한 것들을 모두 짓는 것이라면, 무슨 까닭으로 [『대

---

300 『대승기신론』(T32, 576b14~16).
301 『능가아발다라보경』 권4(T16, 510b4~5); "佛告大慧. 如來之藏, 是善不善因, 能遍興造一切趣生." 〈산스크리트본의 해당 내용: LAS 220,9-11, tathāgatagarbho mahāmate kuśalākuśalahetukaḥ sarvajanmagatikartā / pravartate naṭavad gatisaṃkaṭa ātmātmīyavarjitaḥ; 여래의 장은 선과 불선의 원인으로서 모든 생존형태(趣)와 탄생형태(生)를 남김없이 만들 수 있으니, 배우가 [여러 배역을 연기하듯이] 여러 가지 생존형태로 변해 나타나지만, 자아의식(我)과 소유의식(我所)을 벗어나 있다.〉

승기신론』에서는] "[둘째는 '능력의 위대함'(相大)이니, '여래의 면모가 간직된 창고'(如來藏)가 제한 없는] '본연의 이로운 능력'(性功德)을 모두 갖추고 있기 때문이다"(具足性功德)[302]라고만 말하고, 〈['여래의 면모가 간직된 창고'(如來藏)가] '본연이 지닌 오염'(性染患)을 모두 갖추고 있다〉(具足性染患)라고는 말하지 않는가?

답한다. 이 ['깨달음 본연의 면모'(本覺性)가 작용하는] 이치는 '오염된 것들'(染)과 '청정한 것들'(淨) 모두와 더불어 그 본연(性)을 일으키므로 오로지 〈본연이 지닌 능력을 모두 갖추고 있다〉(具性功德)고 말한다. 이 뜻은 무엇을 말하는가? ['깨달음 본연의 면모'(本覺性)가 작용하는] 이치는 '청정의 면모'(淨性)에서 벗어나는 것이기 때문에 조건들(緣)에 따라 '온갖 오염된 현상들'(諸染法)을 지을 수 있고, 또 ['깨달음 본연의 면모'(本覺性)가 작용하는 이치는] '오염의 면모'(染性)에서 벗어나는 것이기 때문에 조건들에 따라 '온갖 청정한 현상들'(諸淨法)을 지을 수 있는 것이다. ['깨달음 본연의 면모'(本覺性)가 작용하는 이치는] 오염된 현상들과 청정한 현상들을 지을 수 있기 때문에 ['깨달음 본연의 면모'(本覺性)는] 오염된 것과 청정한 것의 모두의 [원인이 되는] 면모이고, ['깨달음의 본연'(本覺)은] 오염된 것들과 청정한 것들에서 벗어나는 면모(性)이기 때문에 오로지 "본연이 지닌 능력"(性功德)[을 모두 갖추고 있다고 말하는 것이다. 어떻게 ['깨달음의 본연'(本覺)은] 오염된 것과 청정한 것 [모두에서] 벗어나는 면모(性)를 지녀 모든 능력(功德)을 이루는 것인가? '오염되거나 청정한 면모'(染淨性)에 집착하는 것은 모두 '[근본무지에 따르는] 잘못된 생각'(妄想)이기 때문이다.

【별기】 文中先明覺義. 於中有二, 一略明二種覺義, 二"又以覺心原[303]故" 以下, 廣二種覺相. 略中先明本覺, 後明始覺. 初中有二, 一顯覺體, 二釋覺義. 言"心體離念"者, 謂離妄念, 顯無不覺也. "離念相者, 等虛空

---

302 『대승기신론』(T32, 575c26~27). "二者相大, 謂如來藏具足無量性功德故."
303 『대승기신론』 본문에는 '源'으로 되어 있다.

界"者, 非唯無闇, 無闇卽是智惠光明遍照法界平等無二, 故言"等虛空
界". 如下言"智惠光明義故, 遍照法界義故".[304] "何以故"已下, 第二釋本
覺義, 是對始覺, 釋本覺義. 文相可知. "始覺義者"以下, 明始覺義, 是對
不覺, 釋始覺義. 文相可解.

『별기』(1-684a16~b4);『소』와『회본』에 없음.

[이 아래의] 글에서는 먼저 '깨달음의 면모'(覺義)를 밝힌다. 여기에는 두 가
지가 있으니, 첫 번째로는 '두 가지의 깨달음의 면모'(二種覺義)를 간략하게
밝혔고, 두 번째로는 "또 '[사실 그대로와 만나는] 근원적 마음'(心源)을 깨닫기
때문에"(又以覺心源故) 이하에서 '두 가지 깨달음의 양상'(二種覺相)을 자세히
밝혔다. 간략히 밝힌 것에서는 먼저 '깨달음의 본연'(本覺)을 밝히고 나중에
는 '비로소 깨달아 감'(始覺)을 밝혔다. 처음[인 '깨달음의 본연'(本覺)을 밝힌 것]
에는 두 가지가 있으니, 첫 번째는 '깨달음의 바탕'(覺體)을 드러내었고, 두
번째는 '깨달음의 면모'(覺義)를 해석하였다. "'마음의 온전한 본연'이 '[근본
무지에 따라] 분별하는 생각'에서 벗어났다"(心體離念)라고 말한 것은 '[근본무
지에 따라] 잘못 분별하는 생각'(妄念)에서 벗어났음을 일컫는 것이니, '깨닫
지 못함'(不覺)이 없음을 나타내는 것이다. "'[근본무지에 따라] 분별하는 생각
에서 벗어난 양상'은 허공세계와 같다"(離念相者, 等虛空界)라는 것은 오직
'[깨닫지 못함'(不覺)의] 어두움이 없는 것만이 아니라는 것이니, '[깨닫지 못함'(不
覺)의] 어두움이 없으면 곧 지혜의 광명으로 '모든 현상세계'(法界)가 '[불변·
독자의 실체나 본질이 없어] 평등하고 [별개의 실체인] 둘로 나뉨이 없음'(平等無二)
을 두루 비추니, 그러므로 "허공세계와 같다"(等虛空界)고 말하였다. 아래에
서 "'[참 그대로'(眞如)의 '자신의 본연'(自體)에는] '환한 빛과도 같은 [위대한] 지혜
의 면모'가 있기 때문이고, '모든 현상을 '[항상 있음'(有)과 '아무것도 없음'(無)이
라는 치우침 없이] 두루 비추어 내는 면모'가 있기 때문이다"([自體有大]智慧光明
義故, 偏照法界義故)라고 말하는 것과 같다. "어째서인가?"(何以故) 이하는 두

---

304 『대승기신론』본문은 "大智慧光明義故, 偏照法界義故"이다.

번째로 '깨달음 본연의 면모'(本覺義)를 해석한 것이니, 이것은 '비로소 깨달아 감'(始覺)에 대응시켜 '깨달음 본연의 면모'(本覺義)를 해석하였다. 글의 내용은 [어렵지 않게] 알 수 있다. "'비로소 깨달아 가는 면모'란 것은"(始覺義者) 이하는 '비로소 깨달아 가는 면모'(始覺義)를 밝힌 것이니, 이것은 '깨닫지 못함'(不覺)에 대응시켜 '비로소 깨달아 가는 면모'(始覺義)를 해석하였다. 글의 내용은 [어렵지 않게] 이해할 수 있다.

(ㄴ) 시각始覺과 본각本覺의 두 가지 깨달음을 자세히 해석함(廣釋二覺)

【소】 此下, 第二廣釋二覺. 於中先釋始覺, 後廣本覺. 初中有三. 一者, 總標滿不滿義, 二者, 別解始覺差別, 三者, 總明不異本覺.

『소』(1-708b2~5); 『회본』(1-749b22~749c2)

이 아래에서는 두 번째로 ['비로소 깨달아 감'(始覺)과 '깨달음의 본연'(本覺), 이 두 가지의 깨달음을] 자세히 해석한다.[305] 여기서는 먼저 '비로소 깨달아 감'(始覺)을 해석하고,[306] 나중에 '깨달음의 본연'(本覺)을 자세히 해석한다.[307] 처음[인 '비로소 깨달아 감'(始覺)을 해석하는 것]에는 세 가지가 있다. 첫 번째는 [비로소 깨달아 감의] '충분한 면모'(滿義)와 '불충분한 면모'(不滿義)를 총괄적으로 세우는 것이고,[308] 두 번째는 '비로소 깨달아 감'(始覺)의 차이들을 하나씩

---

[305] 『대승기신론』(T32, 576b16~c29). "又以覺心源故名究竟覺, 不覺心源故非究竟覺. 此義云何?"에서부터 "四者, 緣熏習鏡. 謂依法出離故, 遍照衆生之心, 令修善根, 隨念示現故"까지에 해당한다.

[306] 『대승기신론』(T32, 576b16~c4). "又以覺心源故名究竟覺, 不覺心源故非究竟覺. 此義云何?"에서부터 "以無念等故, 而實無有始覺之異, 以四相俱時而有皆無自立, 本來平等同一覺故"까지에 해당한다.

[307] 『대승기신론』(T32, 576c5~c29). "復次, 本覺隨染, 分別生二種相, 與彼本覺不相捨離, 云何爲二?"에서부터 "四者, 緣熏習鏡. 謂依法出離故, 遍照衆生之心, 令修善根, 隨念示現故"까지에 해당한다.

[308] 『대승기신론』(T32, 576b16~b18). "又以覺心源故名究竟覺, 不覺心源故非究竟覺"에 해당한다.

해석하는 것이며,309 세 번째는 [비로소 깨달아 감이] '깨달음의 본연'(本覺)과 다르지 않음을 총괄적으로 밝히는 것이다.310

【별기】又以"覺心原311故"以下, 第二廣明二覺. 於中有二. 初即依近廣始覺義, "復次本覺"以下, 第二廣本覺. 初中亦二. 先總標滿不滿, "此義云何?"以下, 第二別解.

『별기』(1-684b4~8)

"또 '[사실 그대로와 만나는] 근원적 마음'을 깨닫기 때문에"(覺心源故) 이하는 두 번째로 ['비로소 깨달아 감'(始覺)과 '깨달음의 본연'(本覺), 이 두 가지의 깨달음을] 자세히 밝힌다. 여기에 두 가지가 있다. 첫 번째는 ['깨닫지 못함'(不覺)에] 가까운 것에서부터 [궁극적 깨달음에까지]312 '비로소 깨달아 감의 면모'(始覺義)를 자세히 밝히는 것이고, "또한 '깨달음의 본연'은"(復次本覺) 이하에서는 두 번째로 '깨달음의 본연'(本覺)을 자세히 밝힌다.

앞의 것에도 두 가지가 있다. 첫 번째는 [비로소 깨달아 감의] 충분함과 불충분함[의 면모]를 총괄적으로 세우는 것이고, "이 뜻은 무엇을 말하는가?"(此義云何) 이하313는 두 번째로 [비로소 깨달아 감'(始覺)[의 면모]를] 하나씩 해석

---

309 『대승기신론』(T32, 576b18~b27). "此義云何? 如凡夫人覺知前念起惡故, 能止後念令其不起, 雖復名覺, 即是不覺故. 如二乘觀智, 初發意菩薩等, 覺於念異, 念無異相, 以捨麤分別執著相故, 名相似覺. 如法身菩薩等, 覺於念住, 念無住相, 以離分別麤念相故, 名隨分覺. 如菩薩地盡, 滿足方便一念相應, 覺心初起, 心無初相, 以遠離微細念, 故得見心性, 心即常住, 名究竟覺. 是故修多羅說, 若有衆生能觀無念者, 則爲向佛智故"에 해당한다.

310 『대승기신론』(T32, 576b27~c4). "又心起者, 無有初相可知, 而言知初相者, 即謂無念. 是故一切衆生不名爲覺, 以從本來念念相續未曾離念故, 說無始無明. 若得無念者, 則知心相生住異滅. 以無念等故, 而實無有始覺之異, 以四相俱時而有皆無自立, 本來平等同一覺故"에 해당한다.

311 『대승기신론』 본문에는 '原'이 아니라 '源'이다.

312 시각의 면모를 밝히는 『대승기신론』 본문의 내용을 보면 '불각으로부터 구경각에 이르기까지의 과정'을 차례대로 밟아 가는 방식인데, 여기서 '依近'의 용어도 이러한 본문의 성격을 표현하는 것으로 보인다.

하는 것이다.

<『소』와 『별기』의 구문 대조>

『소』(1-708b2~5)	『별기』(1-684b4~8)
①此下, 第二廣②釋二覺. 於中③ ④先釋始覺, ⑤後廣本覺. 初中⑥有 三. ⑦一者, 總標滿不滿⑧義, ⑨ ⑩ 二者, 別解⑪始覺差別, ⑫三者, 總明 不異本覺.	①又以"覺心原故"以下, 第二廣②明二覺. 於中 ③有二. ④初卽依近廣始覺義, ⑤"復次本覺"以 下, 第二廣本覺. 初中⑥亦二. ⑦先總標滿不滿 ⑧, ⑨"此義云何?"以下, ⑩第二別解⑪. ⑫
※ ⑥에서 ⑫에 이르기까지 『별기』와 『소』의 내용에 차이가 나타나는데, 과문科文의 차이에 따른 결과이다.	

㉠ 비로소 깨달아 감을 해석함(釋始覺)

A. 비로소 깨달아 감의 충분한 면모와 불충분한 면모를 총괄적으로 세움(總標滿 不滿義)

又以覺心源故, 名究竟覺, 不覺心源故, 非究竟覺.

『논』(T32, 576b16~18); 『회본』(1-749c3~4)

또 '[사실 그대로와 만나는] 근원적 마음'(心源)을 깨닫기 때문에 '궁극적인 깨달음'(究竟覺)이라 부르고, '[사실 그대로와 만나는] 근원적 마음'(心源)을 깨 닫지 못하기 때문에 '궁극적인 깨달음'(究竟覺)이 아니다.

【소】總標中, 言"覺心源故, 名究竟覺"者, 在於佛地, "不覺心源故, 非究竟 覺"者, 金剛已還也.

『소』(1-708b6~8); 『회본』(1-749c5~7); 『별기』에 없음.

---

313 『별기』의 '別解' 과목은 『소』의 과문에 따르면 '二者別解始覺差別'과 '三者總明不異本覺' 을 합친 것에 해당하겠다.

'[비로소 깨달아 감의 충분한 면모와 불충분한 면모를] 총괄적으로 세움'(總標[滿不滿義])에서 "[사실 그대로와 만나는] 근원적 마음을 깨닫기 때문에 '궁극적인 깨달음'이라 부른다"(覺心源故, 名究竟覺)라고 말한 것은 '부처님 경지'(佛地)에 해당하는 것이고, "[사실 그대로와 만나는] 근원적 마음을 깨닫지 못하기 때문에 '궁극적인 깨달음'이 아니다"(不覺心源故, 非究竟覺)라는 것은 '금강처럼 굳센 선정'(金剛喩定)[314] 아래[의 경지에 해당하는 것이다.

B. 비로소 깨달아 감의 차이들을 하나씩 해석함(別解始覺差別)

此義云何? 如凡夫人, 覺知前念起惡故, 能止後念令其不起. 雖復名覺, 即是不覺故. 如二乘觀智, 初發意菩薩等, 覺於念異, 念無異相. 以捨麤分別執著相故, 名相似覺. 如法身菩薩等, 覺於念住, 念無住相. 以離分別麤念相故, 名隨分覺. 如菩薩地盡, 滿足方便, 一念相應, 覺心初起, 心無初相. 以遠離微細念故, 得見心性, 心即常住, 名究竟覺. 是故修多羅說, "若有衆生能觀無念者, 則爲向佛智故".

『논』(T32, 576b18~27); 『회본』(1-749c8~18)

이 뜻은 어떤 것인가? '보통 사람'(凡夫人)이라면 [분별로 망상하는] 앞의

---

314 금강유정金剛喩定: 금강정金剛定, 금강삼매金剛三昧, 금강심金剛心이라고도 한다. 성문승에서 금강유정은 번뇌를 끊는 수행 중 마지막 단계인 무간도無間道에서 발생하는 선정으로서, 금강유정으로 인해 발생하는 지혜가 '진지盡智'이며 이 진지로 인해 무학의 아라한과가 이루어진다. 『아비달마구사론』권24(T29, 126c23~26), "金剛喩定是斷惑中最後無間道所生. 盡智是斷惑中最後解脫道. 由此解脫道與諸漏盡得最初俱生故名盡智. 如是盡智至己生時便成無學阿羅漢果." 삼승의 수행에서는 최후의 선정으로서 일반적으로 52위 중 묘각위妙覺位 이전의 등각위等覺位에 해당하는데, 이 선정으로 인해 가장 미세한 번뇌가 끊어져 가장 높은 지위인 불과佛果를 얻는다. 『성유식론』권10(T31, 54c13~15). "由三大劫阿僧企耶修習無邊難行勝行, 金剛喩定現在前時永斷本來一切麤重, 頓證佛果, 圓滿轉依." 『금강삼매경론』권2(T34, 979b10~14)에는 다음과 같은 설명이 있다. "若對生得無明住地, 即金剛心爲無間道, 妙覺初心爲解脫道. 無間道時與無明俱, 解脫道起方能正斷. 若對諸識戲論種子, 則其前心爲無間道, 與彼種子俱起俱滅, 最後一念金剛喩定是解脫道, 正斷種子."

생각이 '해로운 것'(惡)을 일으킨 것을 '깨달아 알기'(覺知) 때문에, ['해로운 것'(惡)에 뒤따르는] 뒤의 생각을 그쳐 일어나지 않게 할 수 있다. [그러나] 비록 [이것을] 깨달음(覺)이라 부르기는 하지만 ['사실 그대로와 만나는] 근원적 마음'(心源)을 기준으로 본다면] [아직은] '깨닫지 못함'(不覺)이다.³¹⁵ '[소승 수행자인] 성문과 연각'(二乘)의 '이해하는 지혜'(觀智)와 '처음으로 깨달음에 뜻을 일으킨 대승의 보살'(初發意菩薩) 등은 [분별하는] 생각이 달라지는 단계'(念異)에서 [그것을] 깨닫기에, [분별하는] 생각'(念)에 '달라지는 양상'(異相)이 없다. [그리하여] '뚜렷하게 분별하여 집착하는 양상'(麤分別執著相)을 버리기 때문에 '[사실 그대로와 만나는] 근원적 마음'(心源)에 가까워진] 비슷한 깨달음'(相似覺)이라 부른다. '[열 가지 본격적인 수행경지(十地)에서] 진리의 몸을 얻은 보살'(法身菩薩) 등은 '[분별하는] 생각이 머무르는 단계'(念住)에서 깨닫기에, '[분별하는] 생각'(念)에 '머무르는 양상'(住相)이 없다. [그리하여] '분별[하여 망상을 수립]하는 뚜렷한 생각의 양상'(分別麤念相)에서 벗어나기 때문에 '[사실 그대로와 만나는] 근원적 마음'(心源)의 범주에] 부분적으로 들어간 깨달음'(隨分覺)이라 부른다. '보살의 수행단계'(菩薩地)를 모두 마친 사람은 '[수행의] 수단과 방법'(方便)을 완전히 성취하였기에 '[근본무지에 따라 분별하는 첫 생각을 포착하여'(一念相應) '[분별하는] 마음이 처음 일어나는 것을 깨달아'(覺心初起) 마음에 [분별하는 생각이] 처음 일어나는 양상'(初相)이 없다. [그리하여] '[근본무지에 사로잡히는] 미세한 생각'(微細念)에서 멀리 벗어나기 때문에 '마음의 온전한 면모'(心性)를 보아 '마음이 늘 [그 온전함에] 자리 잡는 것'(心卽常住)을 '궁극적 깨달음'(究竟覺)이라 부른다. 그러므로 경전에서 "만일 어떤 중생이 '[근본무지에 따라 분별하는 생각이 '생겨나고 머무르며 변이되고 사라지는'(生住異滅) 양상을 깨달아] 분별하는 생각이 없어

---

315 일념사상一念四相: 일념사상은 다시 '멸상滅相'과 '이상異相/주상住相/생상生相'의 두 범주로 구분할 수 있다. 멸상은 분별심이 행위로 구현되어 마음범주를 벗어나는 것이고, 이상/주상/생상은 마음범주의 분별이다. 기신론은 마음범주의 분별을 알아차려 그치는 수준이라야 '깨달음' 영역으로 간주하고 있다.

짐'(無念)을 이해할 수 있다면 곧 부처의 지혜로 나아가게 된다"라고 하였다.

A) 네 가지 양상을 밝힘(明四相)

【소】 次別解中, 約四相說. 此中先明³¹⁶四相, 然後消文. 問. 此中四相, 爲當同時, 爲是前後? 此何所疑? 若同時那, 論說四相覺時差別, 若前後那,³¹⁷ 下言"四相俱時而有".

『소』(1-708b9~13); 『회본』(1-749c19~23)

다음으로 ['비로소 깨달아 감'(始覺)의 차이들을] '하나씩 해석함'(別解)에서는 ['생겨남(生)·머무름(住)·달라짐(異)·사라짐(滅), 이] 네 가지 양상'(四相)에 의거하여 설명한다. 여기서는 먼저 '네 가지 양상'(四相)을 밝히고, 그런 후에 본문을 분석한다.

묻는다. 여기서의 '네 가지 양상'(四相)은 동시[에 있는 것]인가, 전후[의 시간적 차이가 있는 것]인가? 이것은 어떤 의문인가? 만약 동시라면 [바로 위의] 『대승기신론』에서는 '네 가지 양상'(四相)을 깨달을 때의 [시간적] 차이를 말하니 [따라서 동시라고 할 수 없고], 만약 전후[의 시간적 차이가 있는 것]이라면 [같은 『대승기신론』의] 아래에서는 "네 가지 양상이 동시에 있다"(四相俱時而有)³¹⁸라고 말하니 [따라서 시간적 차이가 있다고도 할 수 없다.]

---

316 『회본』교감주에 "'明'이 『속장경』에서는 '時'라 되어 있다"라 한다. '明'으로 보고 번역한다.

317 『소』교감주에 "'那'는 '耶'인 듯하다"라 한다. '耶'로 교감한다.

318 바로 다음 단락인 '총명시각불이본각(總明始覺不異本覺)'의 과목에서 나온다. 『대승기신론』(T32, 576b27~c4). "又心起者, 無有初相可知, 而言知初相者, 即謂無念. 是故一切衆生不名爲覺, 以從本來念念相續未曾離念故, 說無始無明. 若得無念者, 則知心相生住異滅. 以無念等故, 而實無有始覺之異, 以四相俱時而有, 皆無自立, 本來平等同一覺故."

【별기】別解之中, 約四相以明究竟不究竟義. 此中先略決擇四相之義, 然
後消文. 問. 此中四相, 爲當同時, 爲是前後? 此何所疑? 若同時耶, 論
說四位覺時差別, 答[319]前後耶, 下言"四相俱時而有".

『별기』(1-684b8~12)

['비로소 깨달아 감'(始覺)의 차이들을] '하나씩 해석함'(別解)에서는 '네 가지 양
상'(四相)에 의거하여 [깨달음의] 궁극적인 면모와 궁극적이지 않은 면모를
밝힌다. 여기서는 먼저 '네 가지 양상'(四相)의 면모를 간략히 구분하고, 그
런 후에 본문을 분석한다.

묻는다. 여기서의 '네 가지 양상'(四相)은 동시[에 있는 것]인가, 전후[의 시간
적 차이가 있는 것]인가? 이것은 어떤 의문인가? 만약 동시라면 [바로 위의] 『대
승기신론』에서 ['네 가지 양상'(四相)이 전개되는] '네 가지 자리'(四位)를 깨달을
때의 [시간적] 차이를 말하고 있으니 [따라서 동시라고 할 수 없고], 만약 전후[의
시간적 차이가 있는 것]이라면 [같은 『대승기신론』의] 아래에서는 "네 가지 양상이
동시에 있다"(四相俱時而有)[320]라고 말하니 [따라서 시간적 차이가 있다고도 할 수
없다.]

〈『소』와 『별기』의 구문 대조〉

『소』(1-708b9~13)	『별기』(1-684b8~12)
①次別解②中, 約四相③說. 此中先④明四相, 然後消文. 問. 此中四相, 爲當同時, 爲是前後? 此何所疑? 若同時⑤那, 論說四⑥相覺時差別, ⑦若前後⑧那, 下言"四相俱時而有".	①別解②之中, 約四相③以明究竟不究竟義. 此中先④略決擇四相之義, 然後消文. 問. 此中四相, 爲當同時, 爲是前後? 此何所疑? 若同時⑤耶, 論說四⑥位覺時差別, ⑦答前後⑧耶, 下言"四相俱時而有".

---

319 '答'은 '若'의 오기인 듯하다.

320 바로 다음 단락인 '총명시각불이본각總明始覺不異本覺'의 과목에서 나온다. 『대승기
신론』(T32, 576b27~c4). "又心起者, 無有初相可知, 而言知初相者, 即謂無念. 是故一切衆
生不名爲覺, 以從本來念念相續未曾離念故, 說無始無明. 若得無念者, 則知心相生住異滅.
以無念等故, 而實無有始覺之異, 以四相俱時而有, 皆無自立, 本來平等同一覺故."

【소】 或有說者, 此依薩婆多宗四相, 四體同時, 四用前後. 用前後故, 覺時差別, 體同時故, 名"俱時而有". 或有說者, 是依成實, 前後四相. 而言"俱時而有"者, 以本覺望四相, 則無四相前後差別, 故言"俱時而有, 皆無自立". 或有說者, 此是大乘祕密四相, 覺四相時, 前後淺深, 所覺四相, 俱時而有. 是義云何? 夫心性本來離生滅相, 而有無明迷自心性, 由違心性離於寂靜故, 能生起動念四相. 四相無明和合力故, 能令心體生住異滅. 如似小乘論議之中, 心在未來未逕生滅, 而由業力引於四相, 能令心法生住異滅. 大乘四相當知亦爾, 如經言, "卽此法身, 爲諸煩惱之所漂動, 往來生死, 名爲衆生". 此論下文云, "自性淸淨心, 因無明風動", 正謂此也.

『소』(1-708b13~c5); 『회본』(1-749c23~750a18)

어떤 사람은 [이렇게] 설명한다.[321] 〈이것은 설일체유부說一切有部에 의거한 '네 가지 양상'(四相)인데, '네 가지 [양상]의 바탕'(四體)은 동시이지만 '네 가지 [양상]의 작용'(四用)에는 전후가 있다. 작용(用)에 전후가 있으므로 깨닫는 시기에 차이가 있고, 바탕(體)은 동시이므로 "[네 가지 양상'(四相)이] 동시에 있다"(俱時而有)라고 한다.〉[322]

---

[321] 이하의 '或有說者'는 원효가 이 문제에 대한 다양한 관점을 자신의 폭넓은 교학 이해에 의거하여 교학유형별로 정리하는 것으로 볼 수 있다.

[322] 유부有部의 사상차별四相差別: 권오민(『유부아비달마와 경량부철학의 연구』, 경서원, 1994, p.129)에 따르면, "유부에서는 제법의 본질은 독립된 자기 동일적 존재로서 과거·현재·미래의 삼세에 걸쳐 실재한다고 주장하지만, 각기 작용하는 상태에 따라 삼세를 구별한다. 즉 현재란 항상 존재하는 법체가 작용하는 찰나이며, 작용하지 않을 때, 다시 말해 이미 작용을 끝마쳤을 때나 아직 작용하지 않을 때가 과거나 미래이다"라 한다. 『아비달마구사론』 권5(T29, 28a23~26). "用時別故, 謂生作用在於未來, 現在已生不更生故, 諸法生已正現在時, 住等三相作用方起, 非生用時有餘三用, 故雖俱有而不相違." 미래의 유위법은 찰나적으로 현재에 발생하고 현재의 유위법은 찰나적으로 과거로 소멸하지만 이 찰나적 생멸의 사태는 작용하는 상태의 차이에서 비롯한 것일 뿐 법체는 불변이라는 관점이다. 『아비달마구사론』 권20(T29, 104c27~29). "諸法作用未有名爲未來, 有作用時名爲現在, 作用已滅名爲過去, 非體有殊."

[또] 어떤 사람은 [이렇게] 설명한다. 〈이것은 성실종成實宗에 의거하여 '전후로 [차별되는] 네 가지 양상'(前後四相)³²³[을 말한 것이다.] "동시에 있다"(俱時而有)라고 말한 것은, '깨달음의 본연'(本覺)에서 '네 가지 양상'(四相)을 바라보면 '네 가지 양상'이 전후로 차별[되는 양상]은 없으니, 그러므로 [『대승기신론』에서] "['네 가지 양상'이] 동시에 있으니, 모두 [차별되는 양상으로] 자립함이 없다"(俱時而有, 皆無自立)³²⁴라고 말한 것이다.〉

　[또] 어떤 사람은 [이렇게] 설명한다.³²⁵ 〈이것은 '대승[이 설하는] 심오한 네 가지 양상'(大乘秘密四相)인데, '네 가지 양상'(四相)을 깨달을 때에는 전후前後와 '깊고 얕음'(深淺)이 있지만 '네 가지 양상을 깨달은 것'(所覺四相)은 동시에 있다. 이 뜻은 무엇을 말하는가? '마음의 온전한 면모'(心性)는 본래 '[분별에 따라] 생멸하는 양상'(生滅相)에서 벗어나 있지만, 근본무지(無明)가 '자기 마음의 온전한 면모'(自心性)를 미혹케 함이 있어 '마음의 온전한 면모'(心性)에 어긋나고 '[분별로 인한 왜곡과 동요가 없는] 고요함'(寂靜)에서 벗어나기 때문에 '네 가지 양상을 분별함'(念四相)을 생겨나게 하여 작동하게 한다. '[생겨남(生)·머무름(住)·달라짐(異)·사라짐(滅), 이] 네 가지 양상'(四相)과 근본무지(無明)를 어울리게 하는 힘 때문에, '마음의 온전한 본연'(心體)으로 하여금 [분별하는 양상으로] '생기고 머무르며 달라지고 사라지게'(生住異滅) 할 수 있는 것이다. 소승小乘의 논의에서 "마음이 [아직 오지 않은] 미래에서는 아직 생멸하지 않다가 '[근본무지에 따르는] 행위의 힘'(業力)이 '네 가지 양상'(四相)을 끌어들이는 것 때문에 '마음 현상'(心法)을 '생기고 머무르며 달라지고 사라지게'(生住異滅) 할 수 있다"³²⁶라고 하는 설명과 유사하다.³²⁷ 대승

---

323 성실종에 해당하는 것은 아니지만, 권오민은 사상四相에 대한 경량부經量部의 설명으로 "諸行相續初起名生, 終盡位中說名爲滅, 中間相續隨轉名住, 此前後別名爲住異"(『아비달마구사론』 권5, T29, 27c10~12)의 내용을 소개하고 있다(『유부아비달마와 경량부 철학의 연구』, pp.131~132).

324 『대승기신론』(T32, 576c3~c4). "以四相俱時而有, 皆無自立."

325 원효의 관점으로 보인다. 여러 설을 소개하면서 주석하는 경우, 원효는 마지막에 자신의 관점을 '或有說者'로 피력하는 경우가 많다.

이 말하는 '네 가지 양상'(四相)도 이러함을 알아야 하니, 『부증불감경不增不減經』에서 "바로 이 '진리 [그 자체인] 몸'(法身)이 모든 번뇌에 의해 물결에 떠가듯 동요하면서 '삶과 죽음'(生死)을 왕래하는 것을 중생이라 부른다"[328]라고 한 것과 같다. 이 『대승기신론』의 아래 문장에서 "'본연이 온전한 마음'이 근본무지의 바람 때문에 동요한다"(自性淸淨心, 因無明風動)[329]라고 한 것이 바로 이것을 말한다.〉

〈『소』와 『별기』의 구문 대조〉

『소』(1-708b13~c5)	『별기』(1-684b12~c5)
或有說者, 此依薩婆多宗四相, (①)四體同時, 四用前後. 用前後故, 覺時差別, 體同時故, 名"俱時②而有". 或有說者, 是依成實, 前後四相. 而言"俱時③而有"者, 以本覺望四相, 則無四相前後差別, 故言"(④)俱時而有, ⑤皆無自立". 或有說者, 此是大乘祕密四相, 覺四相時, 前後淺深, 所覺四相, 俱時而有. 是義云何? 夫心性本來離生滅相, 而有無明迷自心性, 由違心性離⑥於寂靜故, 能生起動念四相. ⑦四相無明和合力故, 能令心體生住異滅. 如似小乘論議之中, 心在未來⑧未逕生	或有說者, 此依薩婆多宗四相, ①以四體同時, 四用前後. 用前後故, 覺時差別, 體同時故, 名"俱時(②)有". 或有說者, 是依成實前後四相. 而言"俱時(③)"者, 以本覺望四相, 則無四相前後差別, 故言"④四相俱時而有, ⑤而無自立". 或有說者, 此是大乘祕密四相, 覺四相時, 前後淺深, 所覺四相, 俱時而有. 此義云何? 夫心性本來離生滅相, 而有無明迷自心性, 由違心性離⑥相[330]寂靜故, 能生起動念四相. ⑦無明四相相應力故, 能令心體生住異滅. 如似小乘論議之中, 心在未來(⑧)[331]逕生

---

328 『아비달마구사론』 권5(T29, 27a21~24). "此經說爲有爲之相, 令諸有情生厭畏故. 謂彼諸行生力所遷, 令從未來流入現在, 異及滅相力所遷迫, 令從現在流入過去, 令其衰異及壞滅故."

327 소승의 설명을 마음을 중심으로 수용하고 있다. 사상四相의 개념을 업력에 의한 마음의 생주이멸로 설명함으로써, '불변의 실체'를 사상四相의 바탕(體)에 별도로 상정하는 소승 유부有部의 설명과는 차별화된다.

328 『부증불감경』(T16, 467b6~8). "舍利弗! 即此法身, 過於恒沙無邊煩惱所纏, 從無始世來隨順世間, 波浪漂流, 往來生死, 名爲衆生."

329 『대승기신론』(T32, 576c13~14). "如是衆生自性淸淨心, 因無明風動." '廣本覺'의 '明隨染本覺'의 과목이다.

滅, 而由業力引⑨於四相, 能令心⑩法生住異滅. 大乘四相⑪當知亦爾, 如經⑫言, "卽此法⑬身, 爲諸煩惱之所漂動, ⑭往來生死, 名爲衆生". 此論⑮下文云, "自性淸淨心因無明風動", 正謂此⑯也.	滅, 而由業力引(⑨), 能令心⑩體生住異滅. 大乘四相⑪義亦如是, 如經⑫云, "卽此法⑬界, 爲諸煩惱之所漂動, ⑭流轉五道, 名爲衆生". 此論(⑮)云, "自性淸淨心因無明風動", 正謂此⑯乎.
※『소』와 『별기』의 내용이 거의 동일하다.	

【소】總說雖然, 於中分別者, 四相之內各有差別, 謂生三住四異六滅七. 生相三者, 一名業相, 謂由無明不覺念動. 雖有起滅, 見相未分. 猶如未來生相將至正用之時. 二者, 轉相, 謂依動念轉成能見. 如未來生至正用時. 三者, 現相, 謂依能見現於境相. 如未來生至現在時. 無明與此三相和合, 動一心體隨轉至現. 猶如小乘未來藏心, 隨其生相轉至現在. 今大乘中如來藏心隨生至現, 義亦如是. 此三皆是阿梨耶識位所有差別, 於中委悉, 下文當說. 是名甚深三種生相.

『소』(1-708c6~18); 『회본』(1-750a18~b7)

총괄적인 설명은 이러하지만 [그] 가운데서 [내용을] 구별하면 [다음과 같다.] '네 가지 양상'(四相) 안에도 각각 차이가 있으니, '생겨남[의 양상]'(生)이 세 가지이고 '머무름[의 양상]'(住)이 네 가지이며 '달라짐[의 양상]'(異)이 일곱 가지이고 '사라짐[의 양상]'(滅)이 일곱 가지이다.

〈'생겨나는 양상'(生相) 세 가지〉에서 첫 번째는 '[근본무지(無明)에 의해 '마음의 온전한 본연'(心體)을 동요시키는] 움직이는 양상'(業相)이라 부르니, '근본무지'(無明)로 말미암아 깨닫지 못하여 '분별하는 생각'(念)이 작동하는 것을 말한다. [이때는] 비록 ['분별하는 생각'(念)이] 일어나고 사라지는 것은 있지만 '주관과 객관이 아직 [별개의 실체로] 갈라지지는 않는다'(見相未分). 마치 [소승에서 말하는 것처럼] 미래의 '생겨나는 양상'(生相)이 작용 직전에 막 도달하려

---

330 '相'은 '於'의 오기로 보인다. 『소』에서는 '於'로 되어 있다.

331 『소』와 비교할 때 '未來' 뒤에 '未'가 탈락되어 있다.

는 것과 같다.

['생겨나는 양상'(生相) 세 가지 가운데] 두 번째는 '[불변·독자의 실체로 간주되는 주관으로] 바뀌어 가는 양상'(轉相)이니, '작동하게 된 분별하는 생각'(動念)에 의거하여 바뀌어 '주관 인식'(能見)을 이루는 것을 말한다. 마치 [소승에서 말하는 것처럼] 미래의 '생겨남[의 양상]'(生)이 작용하는 때에 이른 것과 같다.

['생겨나는 양상'(生相) 세 가지 가운데] 세 번째는 '[불변·독자의 실체로 간주되는 대상을] 나타내는 양상'(現相)이니, '주관 인식'(能見)에 의거하여 '대상의 양상'(境相)을 나타내는 것을 말한다. 마치 [소승에서 말하는 것처럼] 미래의 '생겨남[의 양상]'(生)이 현재의 때에 이른 것과 같다.[332] 근본무지(無明)와 이 '[움직이는 양상'(業相)과 '바뀌어 가는 양상'(轉相)과 '나타내는 양상'(現相)이라는] 세 가지 양상이 어울려 '하나처럼 통하는 마음인 온전한 본연'(一心體)을 동요시키고[333] '바뀌어 가는 [양상]'(轉[相])을 따라 [마침내] '나타내는 [양상]'(現[相])에 이르는 것이다. 마치 소승[교학에서]의 '미래를 간직하고 있는 마음'(未來藏心)[334]이 그 '생겨나는 양상'(生相)에 따라 바뀌어 현재에 이르는 것과 같다. 지

---

332 생상生相은 업상業相에서 시작하여 전상轉相으로 발전하고 현상現相에서 완성되는 셈이다.

333 '동요시킴'(動)이 '업상業相'에 해당하는 듯하다.

334 미래장심未來藏心: 미래장심이라는 용어는 원효의 『기신론소』와 『별기』에서 한 번씩만 나오는 것으로 검색되므로 삼세실유三世實有·법체항유法體恒有라는 명제로 요약되는 소승 설일체유부說一切有部의 실재론적 교학에 대한 원효의 이해가 반영된 용어로 보인다. 권오민은 "三世實有는 바로 과거·현재·미래에 걸친 유위제법의 실유를 의미하며, 그것은 결국 '諸法〈體〉恒有'와 다르지 않다. 따라서 三世實有說은 유부 실재론(諸法有論)의 이론적 근거라고 할 만한 것이다"(『유부아비달마와 경량부철학의 연구』, pp.184~185)라고 설명한다. 즉 미래장심은 미래를 간직하고 있는 마음 또는 미래라는 영역에 실유實有하는 마음현상들을 의미하고, 이 미래장심이 생주이멸生住異滅이라는 유위사상有爲四相 중 하나인 생상生相의 인연에 따라 현재에 생겨난다는 소승 교학의 논리를 사례로 들어 원효는 본문에서 여래장심如來藏心이 현재에 생겨나는 현상을 보충설명하고자 하는 것으로 보인다. 미래장심이라는 용어가 제시되지는 않지만, 동시대인인 법장法藏의 『화엄경탐현기』권20에 "小乘一切有部未來藏中, 先有體性, 次第待緣而生也"(T35, 487a25~26)라고 하여 유사한 내용의 기술이 보이는데, 여기

금 대승[교학]에서 '여래의 면모가 간직된 마음'(如來藏心)이 '생겨남[의 양상]'(生)을 따라 '나타내는 [양상]'(現)에 이른다는 것도 [그] 뜻이 이와 같다.

이 ['움직이는 양상'(業相)과 '바뀌어 가는 양상'(轉相)과 '나타내는 양상'(現相)이라는] 세 가지는 모두 '아리야식 범주'(阿梨耶識位)에 있는 차이인데, 자세한 내용은 아랫글에서 설명할 것이다. 이것을 '매우 깊은 세 가지 생겨남의 양상'(甚深三種生相)이라 부른다.

〈『소』와 『별기』의 구문 대조〉

『소』(1-708c6~18)	『별기』(1-684c5~17)
總①說雖然, 於中分別者, 四相之內各有差別, 謂生三住四異六滅七. 生相三者, 一名業相, 謂由無明不覺念動. 雖有起滅, 見相未分. 猶如未來生相將至正用之時. 二者, 轉相, 謂依動念轉成能見. ②如未來生至正用時. 三者, 現相, 謂依能見③現於境相. 如未來生至現在時. 無明與此三相④和合, ⑤動一心體隨轉至現. ⑥猶如小乘未來藏心, 隨其生相⑦轉至現在. ⑧今大乘⑨中如來藏心⑩隨生至現, 義亦如是. 此三皆是⑪阿梨耶識位所有差別, 於中委⑫悉, (⑬)下文⑭當說. 是名甚深三種生相.	總①相雖然, 於中分別者, 四相之內各有差別, 謂生三住四異六滅七. 生相三者, 一名業相, 謂由無明不覺念動. 雖有起滅, 見相未分. 猶如未來生相將至正用之時. 二者, 轉相, 謂依動念轉成能見. ②知³³⁵彼生相至正用時. 三者, 現相, 謂依能見③境相已現. 如未來生至現在時. 無明與此三相④相應, ⑤熏動心體與相和合, 心隨動轉乃至現相. ⑥譬如小乘未來藏心, 隨其生相⑦漸至現在. (⑧)大乘⑨之中如來藏心(⑩), 義亦如是. 此三皆是⑪梨耶識位所有差別, 於中委⑫曲, ⑬至下文(⑭)說. 是名甚深三種生相.

※ 『소』와 『별기』는 내용상 거의 동일하다. 『소』와는 다른 『별기』의 ②, ⑤ 이하 문장만 번역한다.

※ ②번 문장: "[소승에서 말하는 것처럼] 저 [미래의] '생겨나는 양상'(生相)이 작용하는 때에 이른 것과 같다"(如彼生相至正用時).

※ ⑤번 문장: "'마음의 온전한 본연'(心體)으로 하여금 [이 세 가지] 양상들과 어울리

서도 미래장未來藏이라는 용어를 통해 소승 설일체유부가 갖는 실재론적 교학 성격이 설명되어 있다.

> 게 '영향을 끼쳐 움직이게 하고'(熏動) 마음이 [그] 움직임(動)에 따라 '바뀌어 가다
> 가'(轉) '나타내는 양상'(現相)에 이른다"(熏動心體與相和合, 心隨動轉乃至現相).

【仝】住相四者, 由此無明與生和合, 迷所生心無我我所故, 能生起四種住
相, 所謂我癡我見我愛我慢. 如是四種依生相, 起能相心體, 令至住位
內緣而住, 故名住相. 此四皆在第七識位.

『仝』(1-708c18~22); 『회본』(1-750b7~12)

〈'머무르는 양상'(住相) 네 가지〉라는 것은 [다음과 같은 것이다.] 이 근본무
지(無明)가 '생겨남[의 양상]'(生[相])과 어울려 〈생겨난 마음에는 [불변·독자인]
나'(我)도 없고 '나에 속한 [불변·독자인] 것'(我所)도 없다〉는 것에 미혹하게
하기 때문에 '머무르는 양상'(住相) 네 가지를 생겨나게 할 수 있으니, 이른
바 '나에 대한 무지'(我癡)와 '나에 대한 [잘못된] 견해'(我見)와 '나에 대한 애
착'(我愛)과 '나와 남을 비교하는 마음'(我慢)[336]이 그것이다. 이와 같은 네 가
지는 '생겨나는 양상'(生相)에 의거하여 '주관양상의 기본이 되는 마음'(能相
心體)을 일으키고 [이 '주관양상의 기본이 되는 마음'(能相心體)으로 하여금] '머무르
는 단계의 내적 조건'(住位內緣)[이 되는 것]에 이르게 하여 자리 잡게 하니, 그
러므로 '머무르는 양상'(住相)이라 부른다. 이 네 가지는 모두 '제7말나식의
범주'(第七識位)에 있다.

〈『仝』와 『별기』의 구문 대조〉

『仝』(1-708c18~22)	『별기』(1-684c17~22)
住相四者, 由此無明與生和合, 迷所生心 無我我所故, 能生起四種住相, 所謂我癡	住相四者, 由此無明與生和合, 迷所生心 無我我所故, 能生起四種住相, 所謂我癡

---

335 '知'는 '如'의 오기로 보인다. 여기서는 '如'로 본다.
336 아치我癡·아견我見·아애我愛·아만我慢: 일반적으로 제7말나식에 상응하는 '네 가
지 근본번뇌'라 한다. 『이장의二障義』에서는 '欲界中末那四惑'(H1, 790c8~9)이라 하면
서 모두 유부무기有覆無記에 속한다고 한다.

我見我愛我慢. 如是四種依生相, 起能① 相心②體, 令至住位內緣而住, 故名住相. 此四皆在第七識位.	我見我愛我慢. 如是四種依生相, 起能① 生相心②, 令至住位內緣而住, 故名住 相. 此四皆在第七識位.
※『소』와『별기』의 내용이 거의 동일하다.	

【소】異相六者, 無明與彼住相和合, 不覺所計我我所空, 由是能起六種異
　　相, 所謂貪瞋癡慢疑見. 如新論云, "煩惱自性, 唯有六種", 此之謂也. 無
　　明與此六種和合, 能相住心令至異位, 外向攀緣, 故名異相. 此六在於
　　生起識位.

『소』(1-708c23~709a5);『회본』(1-750b12~18)

〈'달라지는 양상'(異相) 여섯 가지〉라는 것은 [다음과 같은 것이다.] '근본무
지'(無明)가 저 '머무르는 양상'(住相)과 어울려 〈'나'(我)와 '나의 것'(我所)이라
고 헤아린 것이 '불변·독자의 실체가 없는 것'(空)〉임을 깨닫지 못하고 이
에 따라 여섯 가지 '달라지는 양상'(異相)을 일으킬 수 있으니, 이른바 [여섯
가지의 '근본이 되는 번뇌'(根本煩惱)인] 탐욕(貪)·'성내는 마음'(瞋)·어리석음
(癡)·'비교하는 마음'(慢)·[진리에 대한] 의혹(疑)·[잘못된] 견해'(見)가 그것
이다. 새로운 논서[인『유가사지론』][337]에서 "번뇌의 속성(自性)에는 오로지 여
섯 가지가 있다"[338]라고 한 것은 이것을 말한다. 근본무지(無明)가 이 여섯
가지와 어울려 '주관양상인 머무르는 마음'(能相住心)을 '달라지는 단계'(異
位)에 이르게 하고 ['주관양상인 머무르는 마음'(能相住心, 제7말나식)으로 하여금] 밖
으로 향하여 [다양한] 대상들에 얽혀들게'(攀緣) 하니, 그러므로 '달라지는 양
상'(異相)이라 부른다. 이 여섯 가지는 '[대상들과 관계 맺어] 생겨난 의식[인 6식
(六識)]의 범주'(生起識位)에 있다.[339]

337　신론新論『유가사지론』: 당唐 현장玄奘이 646년에서 648년 사이에 번역하였다고 한
　　다. 원효에게는 30-32세 때의 일이 된다.
338　『유가사지론』권55(T30, 603a21~22). "問. 煩惱自性, 有幾種? 答. 有六種, 一貪, 二瞋,
　　三無明, 四慢, 五見, 六疑."

『소』(1-708c23~709a5)	『별기』(1-684c22~685a4)
異相六者, 無明與彼住相和合, 不覺所計我我所空, 由①是能起六種異相, 所謂貪②瞋癡慢疑見. 如新論云, "煩惱自性, 唯有六種", 此之謂也. 無明與此六種和合, 能相住心令至異位, 外向攀緣, 故名異相. 此六在於生起識位.	異相六者, 無明與彼住相和合, 不覺所計我我所空, 由①此能起六種異相, 所謂貪②嗔癡慢疑見. 如新論云, "煩惱自性, 唯有六種", 此之謂也. 無明與此六種和合, 能相住心令至異位, 外向攀緣, 故名異相. 此六在於生起識位.
※『소』와 『별기』의 내용이 거의 동일하다.	

【소】 滅相七者, 無明與此異相和合, 不覺外塵違順性離, 由此發起七種滅相, 所謂身口七支惡業. 如是惡業能滅異心, 令墮惡趣, 故名滅相. 猶如小乘, 滅相滅現在心, 令入過去. 大乘滅相, 當知亦爾.

『소』(1-709a5~10); 『회본』(1-750b18~23)

〈'사라지는 양상'(滅相) 일곱 가지〉라는 것은 [다음과 같은 것이다.] 근본무지(無明)가 이 '달라지는 양상'(異相)과 어울려 〈'외부의 인식대상들'(外塵)이 [본래] '부정하거나 긍정해야 할 본질'(違順性)에서 벗어나 있음〉을 깨닫지 못하고 이에 따라 일곱 가지 '사라지는 양상'(滅相)을 일으키니, 이른바 '몸과 입으로 짓는 일곱 가지 해로운 행위'(身口七支惡業)[340]가 그것이다. 이와

---

339 생기식위生起識位: 근본 육번뇌인 탐·진·치·만·의·견을 육식에 배당하고 있다. 제7식이 외면으로 향하여 대상들에 집착한 결과가 육식의 다양한 양상이다.

340 신구칠지악업身口七支惡業: '열 가지 해로운 행위'(十惡業)를 몸(身)·언어(口)·마음(意)의 '세 부류 행위'(三業)로 분류한 것 중에, '몸으로 짓는 행위'(身業)에 속하는 세 가지 '해로운 행위'(惡業)와 '언어로 짓는 행위'(口業)에 속하는 네 가지 '해로운 행위'(惡業)를 말한다. 신업身業의 세 가지는 ① '의도적 살생'(殺生), ② '정당하지 않게 취함'(偸盜), ③ '사특한 음행'(邪淫)이고, 구업口業의 네 가지는 ④ 거짓말(妄言), ⑤ '내용을 과장하여 꾸미는 말'(綺語), ⑥ 욕설(惡口), ⑦ 이간질(兩舌)이다. 의업意業의 세 가지인 ⑧ 간탐慳貪(貪), ⑨ 질투嫉妬(瞋), ⑩ 사견邪見(癡)까지 합하여 십악업十惡業이 된다(『불광대사전』, pp.93, 468 참조). 초기불교 이래 널리 통용되는 개념인데, 각

같은 '해로운 행위'(惡業)는 [분별하며] 달라지는 마음'(異心)을 [행위를 통해 표현함으로써] 사라지게 하여 '해로운 환경'(惡趣)에 떨어지게 하니, 그러므로 '사라지는 양상'(滅相)이라 부른다. 마치 소승에서 〈'사라지는 양상'(滅相)이 현재의 마음을 사라지게 하여 과거로 들어가게 한다〉고 말하는] 것과 같다. 대승에서 [말하는] '사라지는 양상'(滅相)도 이러함을 알아야 한다.

〈『소』와 『별기』의 구문 대조〉

『소』(1-709a5~10)	『별기』(1-685a4~9)
滅相七者, 無明與此異相和合, 不覺外塵違順性離, 由此發起七種滅相, 所謂身口七支惡業. 如是①惡業能滅異心, 令②墮惡趣, 故名滅相. 猶如小乘(③), 滅相滅現在心, 令入過去. 大乘滅相, ④當知亦爾.	滅相七者, 無明與此異相和合, 不覺外塵違順性離, 由此發起七種滅相, 所謂身口七支惡業. 如是①七支能滅異心, 令②入惡趣, 故名滅相. 猶如小乘③宗中, 滅相滅現在心, 令入過去. 大乘滅相, ④義亦如是.
※『소』와 『별기』의 내용이 거의 동일하다.	

【소】 由是義故, 四相生起, 一心流轉, 一切皆因根本無明. 如經言, "無明住地, 其力最大", 此論云, "當知無明力能生一切染法也". 又所相之心, 一心而來, 能相之相, 無明所起. 所起之相, 隨其所至, 其用有差別, 取塵別相, 名爲數法. 良由其根本無明, 違平等性故也. 其所相心, 隨所至處, 每作總主, 了塵通相, 說名心王. 由其本一心, 是諸法之總源故也. 如『中邊論』云, "唯塵智名心, 差別名心法", 長行釋云, "若了塵通相名心, 取塵別相名爲心法". 『瑜伽論』中, 亦同是說. 以是義故, 諸外道等多於心王計爲宰主作者受者, 由不能知其無自性隨緣流轉故也.

각의 용어에 미세한 차이가 있지만 예를 들어 『장아함경長阿含經』 권6에서는 "汝聽刹利種中有殺生者, 有盜竊者, 有婬亂者, 有欺妄者, 有兩舌者, 有惡口者, 有綺語者, 有慳貪者, 有嫉妬者, 有邪見者. 婆羅門種, 居士種, 首陀羅種, 亦皆如是, 雜十惡行"(T1, 37a4~8)이라고 십악업十惡業을 거론한다.

이러한 뜻 때문에 '[생겨나(生)·머무르고(住)·달라지며(異)·사라지는(滅) 분별 망상의] 네 가지 양상'(四相)의 생겨남은 '하나처럼 통하는 마음'(一心)이 '[근본 무지에 이끌려] 바뀌어 감'(流轉)이니, 모든 것은 다 '근본적인 무지'(根本無明)에 기인한다. 『승만경勝鬘經』에서 "'근본무지가 자리잡은 단계'(無明住地)가 그 힘이 가장 크다"³⁴¹라고 말하였고, 이 『대승기신론』에서 "근본무지의 힘이 모든 오염된 현상들을 만들어 낸다는 것을 알아야 한다"(當知無明力能生一切染法也)³⁴²라고 말한 것과 같다.

또 '[네 가지] 양상으로 나타난 마음'(所相之心)은 '하나처럼 통하는 마음'(一心)에서 왔고, '[네 가지 양상을] 지어내는 양상'(能相之相)은 근본무지(無明)가 일으킨 것이다. [근본무지가] 일으킨 [네 가지] 양상은 그것이 이르는 곳에 따라 그 작용에 차이가 있으니, '대상들 각각의 모습'(塵別相)을 취하는 것을 '무수한 현상'(數法)이라 부른다. 그 '근본적인 무지'(根本無明) 때문에 '[현상들 의] 평등한 면모'(平等性)에서 어긋나기 때문이다. [또] 그 '[네 가지] 양상으로 나타난 마음'(所相心)이 이르게 되는 곳마다 늘 주인노릇을 하면서 '대상들 전체의 모습'(塵通相)을 헤아리는 것을 '왕 노릇하는 마음'(心王)이라 부른다. 그 [네 가지 양상으로 나타난 마음의] 근본인 '하나처럼 통하는 마음'(一心)이 모든 현상의 '총괄적 근원'(總源)이기 때문이다. 『중변분별론中邊分別論』에서 "오직 대상들을 '아는 작용'(智)을 마음(心)이라 하고, 차별하[여 아]는 것을 '마음의 현상'(心法)이라 부른다"³⁴³고 하고, [이에 대해] '산문으로 된 구절'(長行)³⁴⁴에서 해석하여 "만약 '대상들 전체의 모습'(塵通相)을 헤아린다면 마음

---

341 『승만경』 권1(T12, 220a10). "無明住地, 其力最大."
342 『대승기신론』(T32, 577a20~21). "當知無明能生一切染法也." 『기신론』 본문에서는 '無 明力'이 아니라 '無明'으로 되어 있다. 『별기』에서는 '無明'으로 표기하였다.
343 『중변분별론中邊分別論』 권1(T31, 451c25). "唯塵智名心, 差別名心法." 〈산스크리트 본의 해당 내용: MAVBh 20.18, tatrārthadṛṣṭir vijñānaṃ tadviśeṣe tu caitasāḥ // I.8; 그 경우 식은 대상을 보는 것이지만, 심소들은 그 [대상]의 차별에 관해서 [보는 것이다.]〉

(心)이라 부르고, '대상들 각각의 모습'(塵別相)을 취한다면 '마음의 현상'(心法)이라 부른다"[345]라고 말한 것과 같다. 『유가론瑜伽論』 중에서도[346] 이 설명과 동일[한 내용이 나온]다. 이러한 뜻 때문에 [불교와는 다른 진리를 주장하는] 온갖 외도外道들은 흔히 '왕 노릇하는 마음'(心王)을 '주재하는 자'(宰主), '짓는 자'(作者), '받는 자'(受者) 등으로 간주하니, 그 ['왕 노릇하는 마음'(心王)은] '자기만의 변치 않는 본질'(自性)이 없이 조건(緣)에 따라 '바뀌어 가는 것'(流轉)임을 알지 못하기 때문이다.

〈『소』와 『별기』의 구문 대조〉

『소』(1-709a10~24)	『별기』(1-685a9-23); 『회본』에 없음.
①由是義故, 四相生起, 一心流轉, 一切皆②因根本無明. 如經③言, "無明住地, 其力最大", 此論云, "當知無明④力能生一切染法也". 又所相之⑤心, 一心⑥而來, 能相之相, 無⑦明所起. (⑧)所起⑨之相, 隨其所⑩至, ⑪其用有差別, 取塵別相, 名爲數法. ⑫良由其⑬根本無明, 違平等性故⑭也. ⑮其所相心, 隨所至處, ⑯每作總主, 了塵⑰通相, 說名心王. 由其本一心, ⑱是諸法⑲之總源故⑳也. (㉑) 如『中邊論』云, "唯塵智名心, 差別名心法", 長行	①是故當知, 四相生起, 一心流轉, 一切皆②由根本無明. 如經③云, "無明住地, 其力最大", 此論云, "當知無明(④)能生一切染法也". 又所相之(⑤), 一心⑥所來, 能相之相, 無⑦相[347]所起. ⑧無相[348]所起⑨故, 隨其所⑩生, (⑪)用有差別, 取塵別相, 名爲數法. ⑫由其⑬本無明, 違平等性故(⑭). ⑮一心所來故, 隨所至處, ⑯皆作總主, 了塵⑰總相, 說名心王. 由其本一心, ⑱諸法⑲總原故(⑳). ㉑由是義故, 諸外道等多於心王計爲宰主作者受者, 以不

---

344 장행長行(Gadya): 게송으로 이루어진 경전 문구의 뜻을 자세하게 풀기 위해서 다시 쓴 산문 형식의 풀이 구절을 가리킨다.

345 『중변분별론』 권1(T31, 451c26~27). "心者但了別塵通相, 若了塵別相說名爲心法, 謂受想行等, 說總別相已, 次顯生起相." 〈산스크리트본의 해당 내용: MAVBh 20.19-22, tatrārthamātre dṛṣṭir vijñānaṃ / arthaviśeṣe dṛṣṭiś caitasā vedanādayaḥ / pravṛttilakṣaṇam ca khyāpayati /; 그 경우 식은 다만 대상만을 보는 것이다. 수受 등의 심소들은 대상의 차별에 관하여 보는 것이다.〉

346 인용한 경론의 출처가 확인되지 않는다.

釋㉒云, "若了(㉓)塵通相名心, 取塵別相名爲心法". 『瑜伽論』中, ㉔亦同是說. 以是義故, 諸外道等多於心王計爲宰主作者受者, 由不能知其無自性隨緣流轉故也.	能知由無自性隨緣流轉故.³⁴⁹ 如『中邊論』云, "唯塵智名心, 差別名心法", 長行釋㉒之, "若了(㉓)別塵通相名心, 取塵別相名爲心法". 『瑜伽論』中, ㉔亦如是說. 大乘四相, 相心道現. 略說如是.³⁵⁰

> ※『별기』는『소』의 문장과 거의 동일한 내용이나 외도들이 '왕 노릇하는 마음'(心王)에 대해 주재자적 성격으로 오해하고 있다는 설명의 순서가『소』와 다르다.
> ※ "대승이 말하는 '[분별망상의] 네 가지 양상'(四相)은 '[네 가지] 양상을 짓는 마음의 길'(相心道)에서 나타난다. 간략하게 설명하면 이와 같다"(大乘四相, 相心道現. 略說如是)라는『별기』의 구절은『소』에 없는 내용이다.『소』를 지을 때 삭제한 것으로 보인다.

【소】總此四相名爲一念, 約此一念四相, 以明四位階降. 欲明本依無明不覺之力, 起生相等種種夢念, 動其心源, 轉至滅相. 長眠三界, 流轉六趣, 今因本覺不思議熏, 起厭樂心, 漸向本源. 始息滅相, 乃至生相, 朗然大悟, 覺了自心本無所動, 今無所靜, 本來平等, 住一如床. 如經所說夢度河喩, 此中應廣說大意如是.

『소』(1-709a24~b8);『회본』(1-750c14~c23)

이 '[생거나(生)·머무르고(住)·달라지며(異)·사라지는(滅) 분별망상의] 네 가지 양상'(四相)을 총괄하여 '[분별하는] 한 생각'(一念)이라 부르니, 이 '[분별하는] 한 생각의 네 가지 양상'(一念四相)에 의거하여 '네 가지 지위'(四位)에 차례로 나아감을 밝혔다. [이것은 다음과 같은 내용을] 밝히려고 하는 것이다.

본래 '근본무지의 깨닫지 못하는 힘'(無明不覺之力)에 의거하여 '생겨나는 양상'(生相) 등 갖가지 '[허망한] 꿈과 같은 분별하는 생각'(夢念)을 일으켜 '[사

---

347 '無相'은 '無明'의 오기로 보인다.『소』에서는 '無明'이다.
348 '無相'은 '無明'의 오기로 보인다.『소』에서는 '無明'이다.
349 "由是義故 … 以不能知由無自性隨緣流轉故" 부분은『대승기신론소』에서 삭제되었음을 알 수 있다.
350 이 문장은『대승기신론소』에는 없는 부분이다.

실 그대로와 만나는 근원적 마음'(心源)[인 온전한 마음지평]을 동요시켜 바꾸어서 [마침내 분별망상의] '사라지는 양상'(滅相)에까지 이른다. [그래서] 오랫동안 '[근본무지에 매인] 세 가지 세계'(三界) 속에 잠자듯 빠져들어 '몸의 과보를 받는 여섯 가지 세계'(六趣)로 떠돌아다니다가, 이제 〈'깨달음의 본연'에서 나오는 '생각으로는 이루 헤아릴 수 없는 거듭된 영향력'〉(本覺不思議熏) 때문에 [분별에 이끌리는 것을] 싫어하고 [온전한 진리세계를] 즐거워하는 마음'(厭樂心)을 일으켜 차츰 '본래적 근원'(本源)[인 '하나처럼 통하는 마음지평'(一心)]으로 향한다. [그리하여] 비로소 [분별망상의] '사라지는 양상'(滅相)을 [깨달아] 그치고, 나아가 [분별망상의] '생겨나는 양상'(生相)[을 깨달아 그치는 데]에 이르러 환하게 크게 깨닫고, '자기 마음이 본래 [실체로서] 동요한 것이 없음'(自心本無所動)을 확연하게 깨달아, 이제 고요한 것도 없고 본래 평등하여 '[사실 그대로와] 하나로 같아지는 자리'(一如床)에 머물게 된다. [이것은] 『금광명경金光明經』에서 말한 '꿈속에서 강물을 건너가는 비유'(夢度河喩)[351]와 같은 것이니, 이 [『대승기신론』]에서 자세하게 설명하려는 '핵심 취지'(大意)도 이와 같은 것이다.

〈『소』와 『별기』의 구문 대조〉

『소』(1-709a24~b8)	『별기』(1-685a24~b8); 『회본』에 없음.
① 總②此四相名爲一念, ③約此一念四相, 以明四位④階降. 欲明本依無明不覺之力, 起生相等種種夢念, 動其心⑤源, 轉至滅相. 長眠三界, ⑥流轉六趣,[352] 今因本覺不思議⑦熏, 起厭樂心, 漸⑧向本源. 始息滅相, ⑨乃至生相, 朗然大悟, 覺了自心本無所動, 今無所靜, 本來平等, ⑩住一如床. 如經⑪所說	①次正消文. 總②別四相名爲一念, ③紛[354]此一念四相, 以明四位④漸次. 欲明本依無明不覺之力, 起生相等種種夢念, 動其心⑤原,[355] 轉至滅相. 長眠三界, ⑥無始流轉, 今因本覺不思議⑦業, 起厭樂心, 漸⑧次趣向. 始息滅相, ⑨終歸心源, 朗然大悟, 覺了自心本無所動,

351 『금광명최승왕경金光明最勝王經』 권2(T16, 410a29~b3); 『합부금광명경合部金光明經』 권1(T16, 364c1~3).

夢度河喩, 此中應廣說大意如是.[353]	今無所靜, 本來平等, ⑩同一覺也. 如經 ⑪夢度河喩, 此中應廣說大意如是.

※『별기』는 『소』와 그 대의大意와 논지가 거의 같으므로 번역은 생략한다. 단, 첫 문장인 "다음으로 본문을 곧바로 해석한다"(次正消文)는 구절은 『소』에 없고, "점차 앞으로 나아간다. [그리하여] 비로소 [분별망상의] '사라지는 양상'(滅相)을 그치고 마침내 '[사실 그대로와 만나는] 근원적 마음'(心源)으로 돌아간다"(漸次趣向. 始息滅相, 終歸心源)는 구절은 표현이 다르다.

B) 네 가지 양상에 따라 네 가지 지위를 나눔(約於四相以別四位)

(A) 깨닫지 못함(不覺)

【소】次消其文. 約於四相以別四位, 四位之中各有四義. 一能覺人, 二所覺相, 三覺利益, 四覺分齊. 初位中言"如凡夫人"者, 是能覺人, 位在十信也. "覺知前念起惡"者, 顯所覺相. 未入十信之前, 具起七支惡業, 今入信位, 能知七支實爲不善, 故言"覺知前念起惡". 此明覺於滅相義也. "能止後念令不起"者, 是覺利益. 前由不覺, 起七支惡念, 今旣覺故, 能止滅相也. 言"雖復名覺, 卽是不覺"者, 明覺分齊. 雖知滅相實是不善, 而猶未覺滅相是夢也.

『소』(1-709b9~20); 『회본』(1-750c23~751a11)

다음으로 그 본문을 해석한다. [분별망상의] 네 가지 양상'(四相)에 따라 '네 가지 지위'(四位)를 나누는데, '네 가지 지위'(四位) 안에 각각 네 가지 뜻이 있다. 첫 번째는 '깨닫는 사람'(能覺人)이고, 두 번째는 '깨달은 양상'(所覺

---

352 '無始流轉'으로 표현된 『별기』에 비해, 좀 더 구체화된 표현을 쓰고 있음을 알 수 있다.

353 "以是義故 … 此中應廣說大意如是"는 『별기』에 없으므로 『대승기신론소』에서 추가로 서술된 부분이다.

354 '約'의 오기인 듯하다. 『소』 문장처럼 '約'이 문맥상 맞다.

355 『소』에는 '源'으로 되어 있어 차이가 있지만, 문장의 뜻이 달라지지는 않으므로 미미한 차이일 뿐이다.

相)이며, 세 번째는 '깨달음의 이익'(覺利益)이고, 네 번째는 '깨달음의 범위'(覺分齊)이다. '첫 번째 지위'(初位) 중에서 "보통 사람이라면"(如凡夫人)이라고 말한 것은 '깨닫는 사람'(能覺人)이니, 그 지위가 '열 가지 믿음」을 얻는 단계'(十信)[356]에 있다.

"[분별로 망상하는] 앞의 생각이 '해로운 것'(惡)을 일으킨 것을 깨달아 안다"(覺知前念起惡)라고 한 것은, '깨달은 양상'(所覺相)을 나타낸 것이다. 아직 '[진리에 대한] 믿음을 세우는 열 가지 단계'(十信)로 들어가기 전에는 '몸과 입으로 짓는] 일곱 가지 해로운 행위'([身口]七支惡業)를 모두 일으키다가, 이제 '[진리에 대한] 믿음을 세우는 단계'(信位)로 들어가서 일곱 가지 [해로운 행위'(惡業)]가 참으로 '이롭지 못한 것'(不善)이라고 알 수 있기 때문에 "[분별로 망상하는] 앞의 생각이 '해로운 것'(惡)을 일으킨 것을 깨달아 안다"(覺知前念起惡)라고 말한 것이다. 이는 [분별망상의] '사라지는 양상'(滅相)에서 깨닫는 면모를 밝힌 것이다.

"[해로운 것'(惡)에 뒤따르는] 뒤의 생각을 그쳐 일어나지 않게 할 수 있다"(能止後念令不起)라는 것은 '깨달음의 이익'(覺利益)이다. 이전에는 '[해로운 것'(惡)을 일으키는 생각을] 깨닫지 못하여 '[몸과 입으로 짓는] 일곱 가지 해로운 [행위에 대한] 생각'([身口]七支惡[業]念)을 일으켰지만, 이제는 '[해로운 것'(惡)을 일으키는 생각을] 깨달으므로 능히 [분별망상의] '사라지는 양상'(滅相)을 그칠 수 있다.

"비록 [이것을] 깨달음(覺)이라 부르기는 하지만 '[사실 그대로와 만나는] 근원적 마음'(心源)을 기준으로 본다면] [아직은] '깨닫지 못함'(不覺)이다"(雖復名覺, 卽是不覺)라고 한 것은 '깨달음의 범위'(覺分齊)를 밝힌 것이다. 비록 [분별망상의] '사라지는 양상'(滅相)이 참으로 '이롭지 못한 것'(不善)인 줄은 알았지만, [분

---

356 십신十信: 보살의 경지를 수행하는 단계에 따라 52위位로 나눈 것 중에서 처음의 10위까지를 가리키는 말이다. 기본적으로 부처님의 가르침을 신뢰하여 수용하게 되는 단계라는 의미가 내포되어 있다. 열 가지란 신심信心·염심念心·정진심精進心·혜심慧心·정심定心·불퇴심不退心·호법심護法心·회향심廻向心·계심戒心·원심願心이다.

별망상의] '사라지는 양상'(滅相)이 꿈에 지나지 않는 것인 줄은 아직 깨닫지 못하였다는 것이다.

〈『소』와 『별기』의 구문 대조〉

『소』(1-709b9~20)	『별기』(1-685b8~20);『회본』에 없음.
①次消其文, 約於四相以別四位. (②)四位③之中各有四義. 一能覺人, 二所覺相, 三覺利益, 四覺分齊. 初④位中言"如凡夫人"者, 是能覺人, 位在十信⑤也. "覺知前念起惡"者, ⑥顯所覺相. 未入⑦十信之前, 具起七支惡業, 今入⑧信位, ⑨能知七支實爲不善, 故言"覺知前念起惡". 此明覺於滅相義也. "能止後念令不起"者, 是覺利益. 前由不覺, 起⑩七支惡念, 今⑪旣覺故, 能止滅相也. 言"雖復名覺, 卽是不覺"者, 明覺分齊. 雖知滅相實是不善, 而猶未覺滅相是夢也.	①文中有二, 初紛357四相以明究竟義, 二"又心起"者以下, 明究竟覺同覺義, ②此四位③中各有四義, 一能覺人, 二所覺相, 三覺利益, 四覺分齊. 初④中言"如凡夫人"者, 是能覺人, 位在十信⑤. "覺知前念起惡"者, ⑥是所覺相. 未入⑦此位以前, 具起七支惡業, 今入⑧十信, ⑨卽知前惡實是不善, 故言"覺知前念起惡". 此明覺於滅相義也. "能止後念令不起"者, 是覺利益. 前由不覺, 起⑩惡念, 今⑪卽覺故, 能止滅相也. 言"雖復名覺, 卽是不覺"者, 明覺分齊. 雖知滅相實是不善, 而猶未覺滅相是夢也.
※『별기』의 첫 문장 ①을 빼고는『소』와 내용이 거의 같다.『별기』첫 문장의 번역은 다음과 같다. "본문에는 두 가지가 있으니, 첫 번째는 [분별망상의] 네 가지 양상'(四相)에 의거하여 '궁극적인 뜻'(究竟義)을 밝히고, 두 번째인 '또 마음을 일으켜'(又心起) 이하에서는 ['비로소 깨달아 감'(始覺)과 '깨달음의 본연'(本覺)이] 같은 깨달음이라는 뜻을 궁극적으로 깨닫는 것을 밝힌다"(文中有二, 初約四相以明究竟義, 二"又心起"者以下, 明究竟覺同覺義).	

---

357 이 글자도 앞의 경우처럼『소』에 의거하여 "約"으로 보는 쪽이 적절하다.

(B) '사실 그대로와 만나는 근원적 마음'에 가까워진 비슷한 깨달음(相似覺)

【소】第二位中言"如二乘觀智, 初發意菩薩等"者, 十解以上三賢菩薩. 十解初心, 名發心住, 擧此初人, 兼取後位, 故言"初發意菩薩等", 是明能覺人也. "覺於念異"者, 明所覺相. 如前所說六種異相, 分別內外計我我所, 此三乘人了知無我, 以之故言"覺於念異". 欲明所相心體, 無明所眠, 夢於異相, 起諸煩惱, 而今與智慧相應, 從異相夢而得微覺也. "念無異相"者, 是覺利益. 旣能覺於異相之夢, 故彼六種異相永滅, 以之故言"念無異相"也. "捨麤分別執著相故, 名相似覺"者, 是覺分齊. 分別違順起貪瞋等, 是名麤分別執著相, 雖捨如是麤執著想, 而猶未得無分別覺, 故名相似覺也.

『소』(1-709b20~c11);『회본』(1-751a11~b3)

두 번째 지위 중에서 "'[소승 수행자인] 성문과 연각'(二乘)의 '이해하는 지혜'(觀智)와 '처음으로 깨달음에 뜻을 일으킨 대승의 보살'(初發意菩薩) 등"(如二乘觀智, 初發意菩薩等)이라고 한 것은, '[진리에 대한] 이해가 확고해지는 열 가지 단계'(十解)[358] 이상[의 지위에 도달한] 삼현三賢보살[359]이다. '[진리에 대한] 이해가 확고해지는 열 가지 단계에 진입하는 첫 마음'(十解初心)을 '[이해하는] 마음 일으킴이 자리 잡음'(發心住)이라 하는데, 이 '첫 진입자'(初人)를 거론하면서 그다음의 지위까지 아우르기 때문에 "처음으로 깨달음에 뜻을 일으킨 대승의 보살 등"(初發意菩薩等)이라 말하였으니, 이는 '깨닫는 사람'(能覺人)을 밝힌 것이다.

"'[분별하는] 생각이 달라지는 단계'에서 [그것을] 깨닫는다"(覺於念異)라고 하

---

358 십해十解: 십주十住를 가리키는 말이다. 곧 보살의 52위位에서 제11위부터 제20위까지를 가리킨다. 초발심주初發心住, 치지주治地住, 수행주修行住, 생귀주生貴住, 방편구족주方便具足住, 정심주正心住, 불퇴주不退住, 동진주童眞住, 법왕자주法王子住, 관정주灌頂住가 그것이다.

359 삼현보살三賢菩薩: 보살의 52위位에서 십해十解/십주十住, 십행十行, 십회향十廻向의 단계에 도달한 보살, 즉 제11위에서 제40위까지에 해당하는 보살을 가리키는 말이다.

는 것은 '깨달은 양상'(所覺相)을 밝힌 것이다. 앞에서 설명한 [여섯 가지의 근본번뇌根本煩惱인 탐욕(貪)·'성내는 마음'(瞋)·어리석음(癡)·'비교하는 마음'(慢)·[진리에 대한] 의혹(疑)·[잘못된] 견해'(見), 이] 여섯 가지 '달라지는 양상'(異相)과 같은 것들은 안과 밖으로 [불변·독자인] 나'(我)와 '나에 속한 [불변·독자인] 것'(我所)을 생각하여 분별하는 것인데, 이 삼승三乘[360]의 수행인은 [나'(我)와 '나의 것'(我所)에] '불변·독자의 자아가 없다'(無我)는 것을 분명히 알기 때문에 "'[분별하는] 생각이 달라지는 단계'에서 [그것을] 깨닫는다"(覺於念異)라고 말한 것이다. [이것은] 〈[분별하는] 양상으로 나타나는 '바탕이 되는 마음'〉(所相心體)이 근본무지(無明)에 의해 잠든 바가 되어 '달라지는 양상'(異相)을 꿈꾸면서 온갖 번뇌를 일으키다가 이제 지혜와 어울리면서 '달라지는 양상'(異相)의 꿈으로부터 조금 깨어나게 된다는 것을 밝히려는 것이다.

"[분별하는] 생각에 '달라지는 양상'이 없다"(念無異相)라는 것은, '깨달음의 이익'(覺利益)[을 말한 것이다. 이미 '변이되는 양상'(異相)의 꿈을 깨달을 수 있기 때문에 그 '여섯 가지로 달라지는 양상'(六種異相)들이 완전히 그치게 되니, 그러므로 "[분별하는] 생각에 '달라지는 양상'이 없다"(念無異相)라고 말한 것이다.

"'뚜렷하게 분별하여 집착하는 양상'을 버리기 때문에 '[[사실 그대로와 만나는] 근원적 마음'(心源)에 가까워진] 비슷한 깨달음'이라 부른다"(捨麤分別執著相故, 名相似覺)라는 것은, '깨달음의 범위'(覺分齊)[를 말한 것이다. '부정할 것과 긍정할 것'(違順)을 [불변의 본질처럼] 분별하여 탐욕과 분노 등을 일으키는 것을 '뚜렷하게 분별하여 집착하는 양상'(麤分別執着相)이라 하는데, 비록 이와 같은 '뚜렷하게 [분별하여] 집착하는 생각'(麤執着想)은 버렸지만 아직 '분별하지 않는 깨달음'(無分別覺)을 얻지는 못했기 때문에 '[[사실 그대로와 만나는] 근원적

---

360 삼승三乘: [가르침을] 들어서 [혼자] 부처가 되려는 수행자'(聲聞), '연기의 이치를 깨달아 [혼자] 부처가 되려는 수행자'(緣覺), '[자신의 이로움과 타인의 이로움을 함께 추구하는] 대승의 수행자'(菩薩) 등 세 부류의 수행자 집단을 가리키는 개념이다.

마음'(心源)에 가까워진] 비슷한 깨달음'(相似覺)이라 부른다.

【별기】第二位中言"初發意菩薩等"者, 十解已上三賢菩薩也. 十解初心, 名
發心住, 是故此中名"初發意". "覺於念異"者, 異相之中, 分別內外計我
我所, 此三乘人皆能了知內無神我外無我所. 欲明所相心體, 爲無明眠,
夢於異相, 而今漸與智惠相應, 從異相夢少得覺悟, 故言"覺於念異". 由
得此覺, 六種異相永滅不起, 故言"念無異相", 是覺利益. "捨麤執著
故,³⁶¹ 名相似覺"者, 分別內外計我我所, 名麤執着, 雖捨如是麤分別想,
而未證知唯識實性, 名相似覺, 是覺分齊.

『별기』(1-685b20~c8); 『회본』에 없음.

두 번째 지위 중에서 "'처음으로 깨달음에 뜻을 일으킨 대승의 보살' 등"
(初發意菩薩等)이라고 말한 것은, [진리에 대한] 이해가 확고해지는 열 가지 단
계'(十解) 이상[의 지위에 도달한] 삼현三賢보살이다. [진리에 대한] 이해가 확고
해지는 열 가지 단계에 진입하는 첫 마음'(十解初心)을 [이해하는] 마음 일으
킴이 자리 잡음'(發心住)이라 하니, 그러므로 여기에서 "처음으로 깨달음에
뜻을 일으킨다"(初發意)라고 불렀다.

"'[분별하는] 생각이 달라지는 단계'에서 [그것을] 깨닫는다"(覺於念異)라는
것은, '달라지는 양상'(異相) 중에서 안과 밖으로 '[불변·독자인] 나'(我)와 '나
에 속한 [불변·독자인] 것'(我所)을 생각하여 분별하는 것에 대해 이 삼승三乘
의 수행인은 〈안으로는 '신묘한 불변·독자의 자아'가 없고 밖으로는 '나
에 속한 불변·독자의 것'이 없음〉(內無神我外無我所)을 모두 분명히 알 수
있다는 것이다. [이것은] 〈[분별하는] 양상으로 나타나는 '바탕이 되는 마
음'〉(所相心體)이 근본무지(無明)에 의해 잠든 바가 되어 '달라지는 양상'(異
相)을 꿈꾸다가 이제 차츰 지혜와 어울리면서 '달라지는 양상'(異相)의 꿈
으로부터 조금씩 깨어나게 된다는 것을 밝히려고 한 것이니, 따라서 "'[분

---

361 『대승기신론』 원문은 '捨麤分別執著相故'이다.

별하는] 생각이 달라지는 단계'에서 [그것을] 깨닫는다"(覺於念異)라고 말한 것이다.

이러한 깨달음을 얻음으로 말미암아 '여섯 가지로 달라지는 양상'(六種異相)이 완전히 그쳐 일어나지 않기 때문에 "[분별하는] 생각에 '달라지는 양상'이 없다"(念無異相)고 말한 것이니, 이것은 '깨달음의 이익'(覺利益)[을 말한 것]이다.

"'뚜렷하게 분별하여 집착하는 양상'을 버리기 때문에 '[[사실 그대로와 만나는] 근원적 마음'(心源)에 가까워진] 비슷한 깨달음'이라 부른다"(捨麤[分別]執著[相]故, 名相似覺)라는 것은, 안과 밖으로 [불변·독자인] 나'(我)와 '나에 속한 [불변·독자인] 것'(我所)을 생각하여 분별하는 것을 '뚜렷하게 [분별하여] 집착함'(麤執着)이라고 하고, 비록 이와 같은 '[불변·독자의 실체나 본질이 있다는 생각으로] 뚜렷하게 분별하여 [집착하는] 생각'(麤分別想)은 버렸지만 아직 '[모든 현상은] 오로지 분별하는 마음[에 의한 구성]일 뿐이라는 실제 면모'(唯識實性)는 증득하지 못한 것을 '[[사실 그대로와 만나는] 근원적 마음'(心源)에 가까워진] 비슷한 깨달음'(相似覺)이라 부르니, 이것은 '깨달음의 범위'(覺分齊)[를 말한 것]이다.

〈『소』와 『별기』의 구문 대조〉

『소』(1-709b20~c11)	『별기』(1-685b20~c8)
第二位中言"①如二乘觀智, 初發意菩薩等"者, 十解②以上三賢菩薩(③). 十解初心, 名發心住, ④擧此初人, 兼取後位, 故言"初發意菩薩等", 是明能覺人也. "覺於念異"者, ⑤明所覺相, 如前所說六種異相, 分別內外計我我所, 此三乘人了知⑥無我, ⑦以之故言"覺於念異". 欲明所相心體, ⑧無明所眠, 夢於異相, ⑨起諸煩惱, 而今⑩與智慧相應, 從異相夢⑪而得微覺也. "念無異相"者, 是覺利	第二位中言"(①), 初發意菩薩等"者, 十解②已上三賢菩薩③也. 十解初心, 名發心住, ④是故此中名"初發意". "覺於念異"者, ⑤異相之中, 分別內外計我我所, 此三乘人皆能了知⑥內無神我外無我所. (⑦) 欲明所相心體, ⑧爲無明眠, 夢於異相, (⑨) 而今⑩漸與智惠相應, 從異相夢⑪少得覺悟, 故言"覺於念異". 由得此覺, 六種異相永滅不起, 故言"念

益, 旣能覺於異相之夢, 故彼六種異相永滅, 以之故言"念無異相"也. "捨麤⑫分別執著相故, 名相似覺"者, ⑬是覺分齊. 分別違順起貪瞋等, 是名麤分別執著相, 雖捨如是麤執著想, 而猶未得無分別覺, 故名相似覺也.	無異相", 是覺利益. "捨麤⑫執著故,362 名相似覺"者, ⑬分別內外計我我所, 名麤執着, 雖捨如是麤分別想, 而未證知唯識實性, 名相似覺, 是覺分齊.

※『소』와 『별기』의 내용이 다른 부분이다. ①와 ⑤처럼 표현을 가감한 경우가 있고, 『소』의 ⑦과 ⑨처럼, 『별기』의 내용을 삭제하고 서술을 추가한 부분도 나타나며, ⑪과 ⑬처럼 거의 새롭게 서술된 내용도 나타나고 있다.

(C) '사실 그대로와 만나는 근원적 마음'의 범주에 부분적으로 들어간 깨달음 (隨分覺)

【소】第三位中"法身菩薩等"者, 初地以上十地菩薩, 是能覺人也. "覺於念住"者, 住相之中, 雖不能計心外有塵, 而執人法內緣而住, 法身菩薩通達二空. 欲明所相心體前覺異相, 而猶眠於住相之夢, 今與無分別智相應, 從住相夢而得覺悟. 故言"覺於念住", 是所覺相也. "念無住相"者, 四種住相滅而不起, 是覺利益也. "以離分別麤念相"者, 人我執名分別, 簡前異相之麤分別, 故不名麤, 法我執名爲麤念, 異後生相之微細念, 故名麤念. 雖復已得無分別覺, 而猶眠於生相之夢, 故名隨分覺, 是覺分齊也.

『소』(1-709c11~23); 『회본』(1-751b3~16)

세 번째 지위 중에서 "'진리의 몸을 얻은 보살' 등"(法身菩薩等)이라는 것은 [십지十地의] '첫 번째 단계'(初地) 이상부터 '열 번째 단계'(十地)의 보살363을 [모두 말하는 것]이니, 이것은 '깨닫는 사람'(能覺人)이다.

"[분별하는] 생각이 머무르는 단계'에서 깨닫는다"(覺於念住)라는 것은, '[분

---

362 『대승기신론』 원문은 '捨麤分別執著相故'이다.

363 십지十地: 보살이 수행하는 계위인 52위 중 제41위로부터 제50위까지를 말한다. 환희지歡喜地, 이구지離垢地, 발광지發光地, 염혜지焰慧地, 난승지難勝地, 현전지現前地, 원행지遠行地, 부동지不動地, 선혜지善慧地, 법운지法雲地가 그것이다.

별망상의] 머무르는 양상'(住相) 속에서는 비록 마음 바깥에 [별개의 실체적] 대상이 있다고 헤아리지는 않지만 '자아와 존재에 대한 [마음] 안의 조건'(人法內緣)에 집착하여 머무르니, 법신보살은 [이] [자아(我)와 존재(法)에 대한 마음 안의 조건] 두 가지가 [모두] '불변·독자의 실체가 없음'(空)을 통달한다는 것이다. [이것은,] 〈[분별하는] 양상으로 나타나는 '바탕이 되는 마음'〉(所相心體)을 이전에는 '[분별망상의] 달라지는 양상'(異相)에서 깨달았지만 아직도 '[분별망상의] 머무르는 양상'(住相)의 꿈속에서 잠들어 있다가 이제 '분별이 없는 바른 이해'(無分別智)와 어울리게 되면서 '[분별망상의] 머무르는 양상'(住相)의 꿈에서 깨어나게 된다는 것을 밝히려고 한 것이다. 그러므로 "[분별하는] 생각이 머무르는 단계'(覺於念住)에서 깨닫는다"라고 말하였으니, 이는 '깨달은 양상'(所覺相)이다.

"[분별하는] 생각'에 '머무르는 양상'(住相)이 없다"(念無住相)라는 것은, 네 가지 '머무르는 양상'(住相)이 사라져 일어나지 않는 것이니, 이것은 '깨달음의 이익'(覺利益)이다.

"'분별[하여 망상을 수립]하는 뚜렷한 생각의 양상'에서 벗어나기 때문에"(以離分別麤念相)라는 것은 [다음과 같은 뜻이다.] '자아에 불변·독자의 실체나 본질이 있다고 하는 집착'(人我執)을 분별分別이라 부르는데 이전의 것인 '달라지는 양상'(異相)에서의 '뚜렷한 분별'(麤分別)과는 구별되기 때문에 '뚜렷하다'(麤)고 부르지는 않으며, '현상에 불변·독자의 실체나 본질이 있다는 집착'(法我執)을 '뚜렷한 생각'(麤念)이라 부르는데 뒤의 것인 '생겨나는 양상'(生相)의 '[근본무지에 사로잡히는] 미세한 생각'(微細念)과는 다르기 때문에 '뚜렷한 생각'(麤念)이라고 부른다. 비록 이미 '분별하지 않는 깨달음'(無分別覺)을 얻었지만 아직 '생겨나는 양상'(生相)의 꿈에 잠들어 있기 때문에 '[[사실 그대로와 만나는] 근원적 마음'(心源)의 범주에] 부분적으로 들어간 깨달음'(隨分覺)이라 부르니, 이는 '깨달음의 범위'(覺分齊)[를 말한 것이다.

『소』(1-709c11~23)	『별기』(1-685c8~20); 『회본』에 없음.
第三位中"法身菩薩等"者, 初地以上十地菩薩, ①是能覺人也. "覺於念住"者, 住相之中, 雖不能計心外有塵, 而執人法②內緣而住, 法身菩薩③通達二空. 欲明所相心體前覺異相, 而④猶眠於住相之夢, 今與⑤無分別智相應, 從住相夢而得覺悟, 故言"覺於念住", ⑥是所覺相也. "念無住相"者, 四種住相滅而不起, ⑦是覺利益也. "以離分別麤念相"者, 人我⑧執名分別, 簡⑨前異相之麤分別, 故⑩不名麤, ⑪法我執名⑫爲麤念, ⑬異後生相⑭之微細念, 故名⑮麤念. 雖復⑯已得無分別覺, 而猶⑰眠於生相之夢, 故名隨分覺, ⑱是覺分齊也.	第三位中"法身菩薩等"者, 初地以上十地菩薩(①)也. "覺於念住"者, 住相之中, 雖不能計心外有塵, 而執人法②因緣而住, 法身菩薩③覺人法相唯是識性. 欲明所相心體前覺異相, 而(④)眠於住相之夢, 今與⑤唯識眞智相應, 從住相夢而得覺悟, 故言"覺於念住". ⑥由得此覺, 四種住相滅而不起, ⑦故言"念無住相". "以離分別麤念相"者, 人我⑧見名分別, 簡⑨異異相麤分別, 故⑩不加麤言, (⑪)我執[364]名⑫麤念, ⑬簡異生相⑭微細念, 故名⑮爲麤念. 雖復⑯覺知唯識實性, 而猶⑰睡於生相之夢, 故名隨分覺(⑱)也.

※『소』와 다른 『별기』 문장의 번역은 다음과 같다. "… 법신보살은 '자아와 존재의 양상'(人法相)이 오직 '식의 면모'(識性)라고 깨닫는다(法身菩薩覺人法相唯是識性) … 이제 '[모든 현상은] 오로지 분별하는 마음[에 의한 구성]일 뿐이라고 아는 참된 지혜'(唯識眞智)와 어울리게 되면서(今與唯識眞智相應) … 비록 다시 '[모든 현상은 오로지 분별하는 마음[에 의한 구성]일 뿐이라는] 실제 면모'(唯識實性)를 깨달아 알았다고 하더라도(雖復覺知唯識實性) …"

(D) 궁극적인 깨달음(究竟覺)

【소】 第四位中"如菩薩盡地"者, 謂無垢地, 此是總擧. 下之二句, 別明二道, "滿足方便"者, 是方便道, "一念相應"者, 是無間道. 如『對法論』云, "究竟道者, 謂金剛喩定. 此有二種, 謂方便道攝, 無間道攝", 是明能覺人也. "覺心初起"者, 是明所覺相. "心初起"者, 依無明有生相, 相[365]心

---

364 '我執'은 '法我執'의 오기로 보인다. '法我執'으로 교감한다.
365 한불전 교감처럼 문맥상 '迷'가 되는 것이 적절하다. 『별기』에도 '迷'로 되어 있다.

體令動念, 今乃證知離本覺無不覺, 卽動念是靜心, 故言"覺心初起". 如迷方時謂東爲西, 悟時乃知西卽是東, 當知此中覺義亦爾也. "心無初相"者, 是明覺利益. 本由不覺, 有心元起, 今旣覺故, 心無所起, 故言"心無初相". 前三位中雖有所離, 而其動念猶起未盡, 故言"念無住相"等, 今究竟位, 動念都盡, 唯一心在, 故言"心無初相"也.

『소』(1-710a1~16); 『회본』(1-751b17~c9)

네 번째 지위 중에서 "'보살의 수행단계'(菩薩地)를 모두 마친 사람"(如菩薩盡地)이라는 것은 '번뇌가 없어진 경지'(無垢地)[366]를 가리키니, 이는 총체적으로 거론한 말이다. 그다음 두 구절은 두 가지 수행(道)을 하나씩 밝힌 것이니, "'[수행의] 수단과 방법'(方便)을 완전히 성취한다"(滿足方便)는 것이란 '방편에 의거하는 수행'(方便道)이고, "[근본무지에 따라 분별하는] 첫 생각을 포착한다"(一念相應)라는 것은 '[번뇌가 스며들] 틈이 없는 수행'(無間道)[367]이다.

---

366 무구지無垢地: 이구지(보살 제2지)의 이명異名이다. 그러나 여기서는 등각보살等覺菩薩을 무구지보살 또는 금강심보살이라고도 한다.

367 무간도無間道: 번뇌를 끊어 깨달음을 증득하는 단도斷道의 과정인 가행도加行道(方便道)·무간도(無礙道)·해탈도解脫道·승진도勝進道의 사도四道 중 하나이다(『불광대사전』, p.1789 참조). 『아비달마구사론』권25에서는 "加行道者, 謂從此後無間道生. 無間道者, 謂此能斷所應斷障. 解脫道者, 謂已斷除所應斷障最初所生. 勝進道者, 謂三餘道"(T29, 132a8~11)라고 설명한다. 이에 따르면 가행도는 무간도가 생겨나기 전에 아직 번뇌를 끊지 못한 상태에서 번뇌의 장애를 끊기 위해 수행하는 과정이고, 무간도는 가행도가 완성되어 끊어야 할 번뇌의 장애를 끊은 것이며, 해탈도는 끊어야 할 번뇌의 장애에서 이미 해탈한 것이 처음으로 생겨난 것이고, 승진도는 여타의 세 가지 도인 가행도·무간도·해탈도가 다시 펼쳐지는 것이다. 원효는 『이장의』에서 이 수행 과정의 구분 방식을 자량도資糧道·가행도·무간도·해탈도·승진도의 오도五道로 세분하여 견도見道의 과정에 적용하는데, 다음과 같다. "資糧道者, 謂諸凡夫所有尸羅守護根門等, 乃至勤修止觀, 正知而住, 諸如是等解脫分善根, 爲資糧道. 方便道者, 所有資糧, 皆是方便. 復有方便, 非資糧道, 所謂順決擇分善根. 無間道者, 謂方便道最後刹那, 世第一法無間定位, 由此道力, 從此無間, 必能永斷惑種子故. 解脫道者, 謂正通達見道自性, 以此見道自性解脫, 證斷煩惱之解脫. 勝進道者, 謂後得智具知名義, 勝前智故, 爲進後位, 起加行故"(H1, 802c7~17). 이에 따르면 자량도資糧道는 사선근四善根 이전의 해탈분선근解脫分善根을 닦는 것이고, 방편도는 난煖·정頂·인忍·세제일법世第一法의 사

마치 『아비달마잡집론阿毘達磨雜集論』에서 "'궁극적인 수행'(究竟道)이란 '금강처럼 굳센 선정'(金剛喩定)을 말한다. 여기에는 두 가지가 있으니, '방편에 의거하는 수행'(方便道)에 해당하는 것과 [번뇌가 스며들] 틈이 없는 수행'(無間道)에 해당하는 것이 그것이다"368라고 말한 것과 같으니, 이는 '깨닫는 사람'(能覺人)을 밝힌 것이다.

"[분별하는] 마음이 처음 일어나는 것을 깨닫는다"(覺心初起)라는 것은 '깨달은 양상'(所覺相)을 밝힌 것이다. '[분별하는] 마음이 처음 일어나는 것'(心初起)이란 [다음과 같은 뜻이다.] 근본무지(無明)에 의해 '생겨나는 양상'(生相)이

―――

선근 수행을 가리키는 순결택분선근順決擇分善根을 닦는 것이며, 무간도는 방편도의 최후 찰나인 세제일법世第一法을 닦는 것이고, 해탈도는 견도見道의 본연(自性)에 통달한 것이며, 승진도는 다음 단계인 수도修道로 나아가기 위해 가행도를 일으킨 것이다. 견도를 기준으로 삼을 때의 무간도가 지전地前 수행의 최후찰나인 세제일법이 되는 것과 같이 구경도究竟道를 기준으로 삼을 때의 무간도는 수도의 최후찰나인 금강유정金剛喩定이 되는데, 같은 책에서는 이 금강유정에 관해 다음과 같이 다각도로 설명하기도 한다. "當知最後金剛喩定, 若望修道所斷, 一向是解脫道, 若望非二所斷, 一向爲無間道. 又復金剛以還, 乃至初地, 皆爲究竟道之方便道"(H1, 805a8~12). 이에 따르면 초지初地 이후 수도위修道位의 관점에서 보면 금강유정은 보살 십지十地의 과정이 완성된 단계이므로 한결같이 해탈도이지만, 견소단見所斷과 수소단修所斷의 과정이 아닌 구경도의 관점에서 보면 금강유정은 아래 단계인 수도위의 최후찰나에 해당하므로 한결같이 무간도이고 금강유정 이전에서 십지의 초지까지는 자연히 무간도보다 더 아래 단계인 방편도가 된다. 사도四道 또는 오도五道라는 수행 과정의 분류 방식에서는 구체적인 수행 단계들 중에서 어느 단계를 기준으로 삼느냐에 따라 각각의 수행 과정에 해당하는 실제 항목들이 유동적으로 바뀔 수 있음을 알 수 있다.

368 『대승아비달마잡집론』 권10(T31, 742b25~27); 『대승아비달마집론』 권5(T31, 685c14~15). 이 구절은 『아비달마잡집론』의 원문 그대로를 인용한 것이 아니라 금강유정金剛喩定에 대한 일부의 내용을 원효가 발췌 인용한 것이다. 다음의 밑줄 친 부분이 원문에서 인용한 내용에 해당한다. "金剛喩定者, 謂居修道最後斷結道位所有三摩地. 此復略有二種, 謂方便道攝, 無間道攝." 〈산스크리트본의 해당 내용: AS^P 76.21-23, vajropamaḥ samādhiḥ katamaḥ / bhāvanāmārgagatasya taduttaraṃ saṃyojana-prahāṇamārgavasthāyāṃ yaḥ samādhiḥ prayogamārgasaṃgraho vā ānantarya-mārgasaṃgraho vā /; 무엇이 '금강과 같은 삼매'(金剛喩定)인가? 수도에 있는 사람이 그 [수도의] 마지막 결박(結)을 끊는 길이라는 상태에서 지니는 삼매인데, 가행도에 포함되거나 혹은 무간도에 포함된다.〉

일어나 '마음의 온전한 본연'(心體)을 미혹하게 하여 [분별하는] 생각'(念)을 움직이게 하다가, 이제 〈'깨달음의 본연'에서 벗어나서는 '깨닫지 못함'도 없다〉(離本覺無不覺)는 것을 '직접 알게 되어'(證知) 곧 [분별로] 움직이는 생각'(動念)이 바로 [분별이 그친] 고요한 마음'(靜心)이 되니, 그러므로 "[분별하는] 마음이 처음 일어나는 것을 깨닫는다"(覺心初起)라고 말하였다. 마치 방향을 모를 때에는 동쪽을 서쪽이라고 말하다가 [잘못된 것인 줄] 깨달았을 때는 곧 서쪽이 바로 동쪽임을 알게 되는 것과 같으니, 이 [『대승기신론』]에서 [말하는] '깨달음의 면모'(覺義)도 이와 같음을 알아야 한다.

"마음에 [분별하는 생각이] 처음 일어나는 양상'이 없다"(心無初相)라는 것은 '깨달음의 이익'(覺利益)을 밝힌 것이다. 본래 '깨닫지 못함'(不覺)으로 말미암아 [분별하는] 마음이 근원적으로 일어났다가 이제 이미 깨달았기 때문에 마음에 [분별이] 일어나는 것이 없으니, 그러므로 "마음에 [분별하는 생각이] 처음 일어나는 양상'이 없다"(心無初相)라고 말하였다. 앞의 세 가지 지위에서는 비록 벗어난 곳이 있기는 하나 그 [분별로] 움직이는 생각'(動念)은 여전히 일어나는 것이 아직 다하지 않기 때문에 "'[분별하는] 생각'에 '머무르는 양상'이 없다"(念無住相) 등으로 말하였지만, 이제 '궁극적인 경지'(究竟位)에서는 [분별로] 움직이는 생각'(動念)[의 일어남]이 모두 다하고 오직 '하나처럼 통하는 마음'(一心)[지평]만 있기 때문에 "마음에 [분별하는 생각이] 처음 일어나는 양상'이 없다"(心無初相)라고 말한 것이다.

〈『소』와 『별기』의 구문 대조〉

『소』(1-710a1~16)	『별기』(1-685c20-686a14); 『회본』에 없음.
第四位中①<u>如</u>菩薩盡地"者，謂無垢地，②<u>此是</u>總擧．（③）下之二句，別明二道，"滿足方便"者，是方便道，"一念相應"者，是無間道．如『對法論』云，"究竟道者，謂金剛喩定．此有二種，謂方便道攝，無間道攝"，④<u>是明能覺人也</u>．（⑤）（⑥）"覺心	第四位中"（①）菩薩盡地"者，謂無垢地，②<u>是</u>總擧一位．③<u>如『本業經』說，"無垢地菩薩，逕百千劫住"</u>．[369] 下之二句，別明二道，"滿足方便"者，是方便道．"一念相應"者，是無間道．如『對法論』云，"究竟道者，謂金剛喩定．此有二種，謂方便道攝，無間道攝"．

初起"者, 是明所覺⑦相. "⑧心初起"者, 依無明有生相, ⑨相心體令動念, 今乃證知離本覺無不覺, 即動念是⑩靜心, 故言"覺心初起". 如迷方時謂東爲西, 悟時乃知⑪西即是東, 當知此中覺義亦爾也. ⑫"心無初相"者, 是明覺利益. 本由不覺, ⑬有心元起, 今旣覺故, 心無所起, 故言"心無初相". 前三位中雖⑭有所離, 而其動念猶起未盡, 故言"念無住相等", 今究竟位, 動念⑮都盡, 唯一心在, 故言"心無初相⑯也.	(④) ⑤此之三句, 明能覺也. ⑥言"覺心初起"者, 是明所覺⑦也. "⑧覺心初起"者, 依無明有生相, ⑨迷心體令動念, 今乃證知離本覺無不覺, 即動念是⑩寂心, 故言"覺心初起". 如迷方時謂東爲西, 悟時乃知⑪即邪西是正東, 覺心初起義, 亦如是. (⑫)本由不覺, ⑬動心無起, 今旣覺故, 心無所起, 故言"心無初相". 前三位中雖⑭各除相, 動念未盡, 故言"念無住相等", 今究竟位, 動念⑮頓盡, 唯一心在, 故言"心無初相", ⑯是覺利益.
※『疏』와 다른 『별기』 문장의 번역은 다음과 같다. "… 마치 『본업경本業經』에서 "'번뇌가 없어진 경지'(無垢地)를 [성취한] 보살은 백천 겁劫을 지나도록 머무른다"370 라고 말한 것과 같다(如『本業經』說, "無垢地菩薩, 逕百千劫住"). …"	

【疏】"遠離"以下, 明覺分齊, 於中二句. 初正明覺分齊, "是故"以下, 引經證成. 業相動念, 念中最細, 名微細念. 此相都盡, 永無所餘, 故言"遠離", 遠離之時, 正在佛地. 前來三位, 未至心源, 生相未盡, 心猶無常, 今至此位, 無明永盡, 歸一心源, 更無起動, 故言"得見心性, 心即常住", 更無所進, 名究竟覺. 又復未至心源, 夢念未盡, 欲滅此動, 望到彼岸, 而今

---

369 『기신론소』에서 삭제된 부분이다. 별기에서 『본업경』의 '무구지보살'에 대한 내용을 인용하여 '무구지'의 의미를 보완 설명하려는 의도가 보이는데, 『소』에서는 이 구절이 삭제되었다.

370 같은 구문은 찾아지지 않지만, 『보살영락본업경』 권1의 아래 문장을 요약한 것으로 보인다. "無垢菩薩從發心住來, 至此一地, 經無量劫, 修四十心無量功德法門. 復從喜地, 修行二種法身無量功德, 經百千劫法藏始滿"(T24, 1015c2~4). 묘각지妙覺地 이전의 등각지等覺地에 해당하는 무구지보살無垢地菩薩(無垢菩薩)이 십주十住의 제1주인 발심주發心住로부터 무구지無垢地에 이르기까지 십주十住·십행十行·십회향十迴向·십지十地라는 40심四十心의 무량공덕無量功德을 닦고, 또 초지初地인 환희지歡喜地(喜地)로부터는 법신法身의 무량공덕無量功德을 닦아 백천겁百千劫이 지나면 법장法藏이 비로소 원만해진다는 내용이다.

既見心性, 夢想都盡, 覺知自心本無流轉. 今無靜息, 常自一心, 住一如床, 故言"得見心性, 心即常住". 如是始覺不異本覺, 由是道理, 名究竟覺. 此是正明覺分齊也.

『소』(1-710a16~b5); 『회본』(1-751c9~23)

"'[미세한 생각'(微細念)에서] 멀리 벗어나기 [때문에]"(遠離) 이하는 '깨달음의 범위'(覺分齊)를 밝힌 것인데, 여기에는 두 구절이 있다. 첫 번째 [구절]은[371] '깨달음의 범위'(覺分齊)를 곧바로 밝힌 것이고, [다음으로] "그러므로"(是故) 이하는 경전을 인용하여 입증한 것이다. '[근본무지에 의해 처음] 움직이는 양상'(業相)이 동요시킨 '[분별하는] 생각'(念)[372]은 [분별하는] 생각 중에서 가장 미세하므로 '[근본무지에 사로잡히는] 미세한 생각'(微細念)이라 하였다. [또] 이 '[근본무지에 의해 움직이는] 양상'([業]相)이 모두 사라져서 조금도 남지 않기 때문에 "멀리 벗어난다"(遠離)라고 말하였는데, 멀리 벗어날 때 바로 '부처의 경지'(佛地)에 있는 것이다. 앞서의 세 지위에서는 아직 '[사실 그대로와 만나는] 근원적 마음'(心源)에 이르지 못하여 '[분별망상의] 생겨나는 양상'(生相)이 아직 다하지 않고 마음이 여전히 '늘 [본연에] 머무르지 못하지만'(無常), 이제 [궁극적인 경지인] 이 지위에 이르러서는 근본무지(無明)가 완전히 사라지고 '하나처럼 통하는 마음의 근원'(一心源)으로 돌아가서 다시는 [분별을] 일으켜 움직임이 없기 때문에 "'마음의 온전한 면모'를 보아 마음이 늘 [그 온전함에] 자리 잡는다"(得見心性, 心即常住)라고 말했으니, 다시 [더는] 나아갈 곳이 없는 것을 '궁극적인 깨달음'(究竟覺)이라고 부른다.

또한 아직 '[사실 그대로와 만나는] 근원적 마음'(心源)에 이르지는 못하여 '[허망한] 꿈처럼 분별하는 생각'(夢念)이 여전히 사라지지 않아, 이 [분별망상의] 동요를 없애려 하고 [분별망상이 그친] 피안[의 세계]에 이르기를 바라다가, 이

『대승기신론』본문에서, "以遠離微細念故, 得見心性, 心即常住, 名究竟覺"에 해당한다.

'業相動念'을 번역한 것이다. 바로 이어 '念中最細, 名微細念'이라는 말이 나오므로 '業相이 動하게 한 念'으로 번역해야 한다. 분별의 염념은 업상業相, 전상轉相, 현상現相 모든 단계에서 발생할 수 있는데, 업상에서 발생한 것이 가장 미세한 초기단계이다.

III. 문장에 따라 뜻을 밝힘(依文顯義) 485

제 '마음의 온전한 면모'(心性)를 보게 되어 '꿈처럼 [헛되이] 분별하는 생각'(夢想)이 모두 사라지고 '자신의 마음에는 본래부터 [분별망상에 따라] 흘러 바뀌어 감이 없음'(自心本無流轉)을 '깨달아 알게 된다'(覺知). [그리하여] 이제는 '[분별망상이 그쳐] 고요히 쉰다'(靜息)[는 생각도] 없이 늘 스스로 '하나처럼 통하는 마음'(一心)이어서 '[사실 그대로와] 하나로 같아지는 자리'(一如床)에 자리 잡으니, 그러므로 "'마음의 온전한 면모'를 보아 마음이 늘 [그 온전함에] 자리 잡는다"(得見心性, 心卽常住)라고 말한 것이다. 이와 같이 [이 경지에서는] '비로소 깨달아 감'(始覺)이 '깨달음의 본연'(本覺)과 다르지 않으니, 이러한 도리에 따라 '궁극적인 깨달음'(究竟覺)이라 부른다. 이것은 '깨달음의 범위'(覺分齊)를 곧바로 밝힌 것이다.

〈『소』와 『별기』의 구문 대조〉

『소』(1-710a16~b5)	『별기』(1-686a14~b2); 『회본』에 없음.
"遠離"以下, 明覺分齊, ①於中二句. 初正明覺分齊, "是故"以下, 引經證成. 業相動念, 念中最細, 名微細念. 此相都盡, 永無所餘, 故言"遠離", 遠離之時, 正②在佛地. 前來③三位, 未至心源, 生相未盡, 心猶無常, 今至此位, 無明永④盡, 歸一心源, 更無起動, 故言"得見心性, 心卽常住", 更無所進, 名究竟覺. 又⑤復未至心源, 夢念未盡, 欲滅此動, 望到彼⑥岸, ⑦而今旣見心性, 夢想都盡, 覺知自心本無流轉. 今無⑧靜息, 常自一心, ⑨住一如床, 故言"得見心性, 心卽常住". 如是始覺⑩不異本覺, ⑪由是道理, 名究竟覺, ⑫此是正明覺分齊也.	"遠離"已下, 明覺分齊. (①) 業相動念, 念中最細, 名微細念. 此相都盡, 永無所餘, 故言"遠離", 遠離之時, 正②是佛地. 前來③諸位, 未覺心源, 生相未盡, 心猶無常, 今至此位, 無明永④滅, 還歸心源, 無更起動, 故言"得見心性, 心卽常住", 更無所進, 名究竟覺. 又⑤說未歸心源, 夢念未盡, 欲滅此動, 望到彼⑥靜, (⑦) 今旣見心性, 夢想都盡, 覺知自心本無流轉. 今無⑧息滅, 常自一心, ⑨如住一床,³⁷³ 故言"得見心性, 心卽常住". 如是始覺⑩卽與本覺, ⑪等同無別, 名究竟覺, ⑫是明覺分齊也.
※『별기』에 없는 문장 ①을 『소』에서는 서술하여 과문科文을 제시하였다.	

【별기】 問. 若言始覺同於本覺離生滅者, 此說云何通? 如『攝論』[374]云, "本既常住, 未[375]依於本, 相續恒在", 乃至廣說. 答. 二意異故, 理不相違, 何者? 此論主意, 欲顯本由不覺, 動於靜心, 今息不覺, 還歸本靜, 故成常住. 彼『攝論』意, 欲明法身本來常住不動, 依彼法身, 起福惠二行, 能感萬德報果, 既爲因緣所起, 是故不離生滅, 故說相續. 具義而說, 始成萬德要具二義. 依前義故常住, 依後義故生滅, 生滅常住不相妨礙. 以一一念迷遍三世, 不過一念故, 如似一一毛孔, 皆遍十方, 雖遍十方, 不增毛孔. 佛佛如是無障無礙, 豈容偏執於其門[376]哉? 如『花嚴經』偈云, "牟尼離三世, 相好悉具足, 住於無所住, 法界悉清淨. 因緣故法生, 因緣故法滅, 如是觀如來, 究竟離癡惑". 今二論主, 各述一義, 有何相妨耶?

『별기』(1-686b2~b19);『회본』(1-751c24~752a20);『소』에 없음.

묻는다. 만약 〈'비로소 깨달아 감'(始覺)이 '깨달음의 본연이 [분별에 따른] 생멸에서 벗어난 것'(本覺離生滅)과 같다〉고 말한다면, [다음의] 이 말과는 어떻게 통하는가? 예컨대『섭대승론석』에서는, "법신(本)[377]은 이미 늘 머무르며, 화신(末)은 법신(本)에 의지하면서 '서로 이어 가며'(相續) 항상 존재한다"[378]면서 자세히 설하고 있지 않은가.

답한다.『기신론』과『섭론석』, 이 두 가지[에서 말하는 설명의] 의미가 다르므로 이치가 서로 어긋나지 않으니, [그 내용은] 무엇인가? 이『기신론』을 지은 이의 의도는, '깨달음의 본연'(本覺)이 '깨닫지 못함'(不覺)에 기인하여 [분별없

---

373 '如住一床'은 '住一如床'의 오기로 보인다.

374 실제로는『섭론석攝論釋』, 즉『섭대승론석』에서의 인용이다. 따라서 번역에서는『섭대승론석』이라 하였다.

375 '未'로 되어 있지만 문맥으로 볼 때 '末'의 오기로 보인다.

376 '門'으로 되어 있는데 한불전에서는 '間'으로 교감하고 있다. 그러나 원문 그대로 '門'으로 보는 것이 적절하다.

377 『섭대승론석』의 해당 내용은 법신과 응화신의 문제를 거론하는 것이다. 따라서 '本'은 법신, '末'은 화신으로 번역한다.

378 『섭대승론석』 권15(T31, 269b15~16). "本既常住, 末依於本, 相續恒在."

던] 고요한 마음을 동요시켰지만 이제 '깨닫지 못함'(不覺)을 그치고 '본연적 깨달음의 [분별없는] 고요함'(本靜)으로 다시 돌아가기에 '늘 [본연에] 머무름'(常住)을 성취하는 것을 밝히고자 한 것이다. [그리고] 저 『섭대승론석』의 의도는, '진리의 몸'(法身)은 본래 늘 [본연에] 머물러 동요하지 않으며 그 '진리의 몸'(法身)에 의거하여 복덕과 지혜의 두 가지 행위를 일으켜 '온갖 이로운 과보'(萬德報果)에 감응할 수 있지만 이미 인연에 의해 생겨난 것이기 때문에 '생겨나고 사라짐'(生滅)에서 벗어나지 않기에 '서로 이어 간다'(相續)고 말한다는 것을 밝히려고 한 것이다.

[그러므로] 의미를 모두 갖추어 설명하려면, 〈비로소 온갖 이로움(功德)을 이루려면 반드시 [상주常住와 생멸生滅, 이] 두 가지 면모를 다 갖추어야 한다〉[고 말해야 한다.] [즉] 앞의 [『기신론』] 뜻에 의거하기에 '늘 [본연에] 머무르고'(常住), 뒤의 [『섭대승론석』] 뜻에 의거하여 '생멸하기에', '생멸함'(生滅)과 '늘 머무름'(常住)은 서로 방해하거나 장애하지 않는다. [분별하는] 생각'(念) 하나하나의 미혹이 과거·현재·미래에 편만하여도 [분별하는] 한 생각'(一念)에 지나지 않기 때문이니, 마치 하나하나의 털구멍이 모두 [각자] '모든 공간'(十方)을 담고 있어서 비록 모든 공간을 담고 있어도 털구멍[의 수]를 늘리지 않는 것과 같다. 부처와 부처도 이와 같이 [서로] 방해가 없고 장애가 없으니, 어찌 그 [상주와 생멸 두 가지 중 하나의] 측면(門)에 치우치게 집착하는 것을 허용하겠는가?

마치 『화엄경』에서 [다음과 같이] 게송으로 말하는 것과 같다. "석가모니는 과거·현재·미래에서 벗어나 있지만 '수승한 용모와 빼어난 특징'(相好)을 다 갖추고서 머무르는 곳이 없는 곳에 머무르니, [그분에게는] '모든 현상'(法界)이 온통 온전하다네. [그저] 인연 때문에 현상(法)이 생겨나고 인연 때문에 현상이 사라지니, 이와 같이 여래를 본다면 어리석은 미혹에서 궁극적으로 벗어나리."³⁷⁹

---

379 『화엄경』 권7(T9, 442b20~23). "牟尼離三世, 相好悉具足, 於住無所住, 法界悉清淨. 因

지금 『대승기신론』과 『섭대승론석』, 이 두 논의 저자들은 각자 [두 가지 뜻 가운데] 하나의 뜻을 말했으니, 어찌 서로 방해하는 것이 있겠는가?

【소】 引證中, 言"能觀無念者, 則爲向佛智故"者, 在因地時, 雖未離念, 而能觀於無念道理, 說此能觀爲向佛地, 以是證知, 佛地無念. 此是擧因而證果也. 若引通說因果文證者, 『金鼓經』言, "依諸伏道起事心滅, 依法斷道依根本心滅, 依勝拔道根本心盡". 此言"諸伏道"者, 謂三十心, "起事心滅"者, 猶此論中捨麤分別執著想, 卽是異相滅也. "法斷道"者, 在法身位, "依根本心滅"者, 猶此中說捨分別麤念相, 卽是住相滅也. "勝拔道"者, 金剛喩定, "根本心盡"者, 猶此中說遠離微細念, 是謂生相盡也. 上來別明始覺差別.

『소』(1-710b6~19); 『회본』(1-752a21~b10)

[경전 문구를] 인용하여 입증하는 가운데 "[근본무지에 따라 분별하는 생각이 '생겨나고 머무르며 변이되고 사라지는' 양상을 깨달아] 분별하는 생각이 없어짐을 이해할 수 있다면 곧 부처의 지혜로 나아가게 된다"(能觀無念者, 則爲向佛智故)라고 말한 것은, '[부처를 이루는] 원인이 되는 수행 경지'(因地)에 있을 때 비록 아직 '분별하는 생각'(念)에서 벗어나지 못했더라도 '분별하는 생각이 없어지는 도리'(無念道理)를 이해할 수 있기에 〈이 [분별하는 생각이 없어지는 도리를 이해할 수 있는 것이 '부처 경지'(佛地)로 향함이 되고 이로써 '부처 경지에는 분별하는 생각이 없다'(佛地無念)는 것을 체득해 알게 된다〉고 말한 것이다. 이것은 원인에 의거하여 결과를 입증한 것이다. 만약 '원인과 결과'(因果)를 통틀어 설하는 경전 구절을 끌어다 입증한다면, 『금고경金鼓經』의 [다음과 같은] 말이 [그것이다.]

"모든 '[번뇌를] 억누르는 수행'(伏道)에 의하여 '분별의 일들을 일으키는 마음'(起事心)[380][인 육식六識]이 사라지고, '[번뇌] 현상을 끊어 내는 수행'(法斷

緣故法生, 因緣故法滅, 如是觀如來, 究竟離癡惑."

道)³⁸¹에 의하여 '근본[인 아뢰야식]에 의지하는 마음'(依根本心, 末那識)이 사라지며, '[번뇌의 뿌리를] 빼내 버리는 수행'(勝拔道)에 의하여 [근본무지에 걸려든] 근본마음'(根本心, 阿賴耶識)이 사라진다."³⁸²

여기서 말한 "모든 '[번뇌를] 억누르는 수행'"(諸伏道)은 '[번뇌를 억누르는] 서른 가지 마음'(三十心)³⁸³이고, "'분별의 일들을 일으키는 마음'이 사라진다"(起事心滅)는 것은 이 『대승기신론』에서의 〈뚜렷하게 분별하여 집착하는 생각'(麤分別執着想)을 버리는 것〉과 같으니, 바로 [분별하는 생각의 네 가지 양상 가운데] '달라지는 양상'(異相)이 사라지는 것이다. "[번뇌] 현상을 끊어내는 수행"(法斷道)이라는 것은 '진리의 몸[을 얻게 되는] 단계'(法身位)에 해당하는 것이며, "'근본[인 아뢰야식]에 의지하는 마음'이 사라진다"(依根本心滅)라는 것은 이 『대승기신론』에서의 〈분별[하여 망상을 수립]하는 뚜렷한 생각의 양상'(分別麤念相)을 버리는 것〉과 같으니, 바로 [분별하는 생각의 네 가지 양상 가운데] '머무르는 양상'(住相)이 사라지는 것이다. "[번뇌의 뿌리를] 빼내 버리는 수행"(勝拔道)이라는 것은 '금강처럼 굳센 선정'(金剛喩定)이고, "[근본무지에 걸려든] 근본마음'(根本心)이 사라진다"(根本心盡)는 것은 이 『대승기신론』에서 말한 "'[근본무지에 사로잡히는] 미세한 생각'에서 멀리 벗어난다"(遠離微細念)는 것과 같으니, 이것은 [분별하는 생각의 네 가지 양상 가운데] '생겨나는 양상'(生相)이 사라지는 것을 가리킨다.

---

380 기사심起事心: 유식설에 의하면 인간의 마음은 근본심根本心(제8알라야식), 의본심依本心(제7말나식), 기사심(제6의식)'의 세 가지로 나눈다. 이를 '세 가지 마음'(三心)이라고 부른다. 『금광명경』에서 설명하고 있는 삼심三心의 하나인 '기사심'은 곧 육식六識을 가리키는 개념이다.

381 단도斷道: 앞에서 나온 '[번뇌가 스며들] 틈이 없는 수행'(無間道)과 같은 말이다.

382 『금광명최승왕경金光明最勝王經』 권2(T16, 409a19~20). "依諸伏道, 起事心盡, 依法斷道, 依根本心盡, 依最勝道, 根本心盡.";『합부금광명경合部金光明經』 권1(T16, 363b22~24). "依諸伏道, 起事心盡, 依法斷道, 依根本心盡, 依勝拔道, 根本心盡." 〈산스크리트본의 해당 내용: 현존 산스크리트에 없는 품이다.〉

383 30심三十心: 십주十住・십행十行・십회향十迴向의 3현위三賢位 수행 과정에 있는 마음을 말한다.

여기까지 '비로소 깨달아 감'(始覺)의 [갖가지] 차이점을 하나씩 밝혔다.

〈『소』와 『별기』의 구문 대조〉

『소』(1-710b6~19)	『별기』(1-686b19~c4); 『회본』에 없음.
①引證中, 言"能觀無念者, 則爲向佛智故"者, 在因地時, 雖未離念, 而能觀於無念道理, 說此能觀爲向佛也, 以是證知, 佛地無念. 此是擧因而證果也. 若引通說因果文證者, ②『金鼓經』言. "依諸伏道起事心滅, 依法斷道依根本心滅, 依勝拔道根本心盡". 此言"諸伏道"者, 謂三十心, "起事心滅"者, 猶此論中捨麤分別執著③想, 卽④是異相滅也. "(⑤)法斷道⑥者, 在法身位, 依根本心滅"者, 猶⑦此中說捨分別麤念相, ⑧卽是住相滅也. "勝拔道"者, ⑨金剛喩定, "根本心盡"者, 猶此⑩中說遠離微細念(⑪), ⑫是謂生相盡也. ⑬上來別明始覺差別.	(①) ②又如經,384 "依諸伏道起事心滅, 依法斷道依根本心滅, 依勝拔道根本心盡". 此言"諸伏道"者, 謂三十心, "起事心滅"者, 猶此論中捨麤分別執著③相,385 卽④異相386也. "⑤依法斷道⑥在法身位, 依根本心滅"者, 猶(⑦)捨分別麤念相, ⑧是住相也. "勝拔道"者, ⑨金剛無礙,387 "根本心盡"者, 猶此⑩遠離微細念⑪也. ⑫此謂生相. ⑬是故已下, 引經證成也.
※ 『별기』에는 없는 내용인 문장 ①을 『소』에서 자세하게 서술함으로써 『금고경』의 내용에 대한 주석을 보완하였다.	

---

384 이 부분은 『소』의 "『金鼓經』言"에 해당한다. 그러므로 『소』에서 "引證中, 言能觀無念者 … 若引通說因果文證者"로 설명하고 있는 내용이 『별기』에는 없었다는 사실을 보여 준다.

385 『소』에서는 '집착상執著想'이라 되어 있어서 차이가 있다.

386 『소』에서는 '달라지는 양상'(異相)의 뒤에 '멸滅'이라는 글자가 추가되어 있어서 차이를 보이고 있는데, 아래에서 '머무르는 양상'(住相)과 '생겨나는 양상'(生相) 부분에서도 『소』에서는 각각 '滅'과 '盡'이 추가되어 있음을 알 수 있다.

387 『소』에서는 '금강석처럼 굳센 선정'(金剛喩定)으로 되어 있다.

C. '비로소 깨달아 감'이 '깨달음의 본연'과 다르지 않음을 총괄적으로 밝힘(總明 始覺不異本覺)

又心起者, 無有初相可知, 而言知初相者, 卽謂無念. 是故一切衆生不名爲覺, 以從本來念念相續, 未曾離念, 故說無始無明. 若得無念者, 則知心相生住異滅. 以無念等故, 而實無有始覺之異, 以四相俱時而有, 皆無自立, 本來平等同一覺故.

『논』(T32, 576b27~c4);『회본』(1-752b11~b17)

또 '마음이 일어난다'(心起)는 것에는 알 수 있는 '첫 양상'(初相)이 없지만 '첫 양상을 안다'(知初相)고 말한 것은, 바로 '분별하는 생각이 없어짐'(無念)을 일컫는 것이다. 이런 까닭에 모든 중생을 '깨달았다'(覺)고 부르지 못하니, 본래부터 '[근본무지에 따라 분별하는] 생각'(念)들이 서로 꼬리를 물고 이어져 아직 그 생각에서 떠난 적이 없기 때문에 '시작을 말할 수 없는 근본무지'(無始無明)라 말한다. 만일 '분별하는 생각이 없어짐'(無念)을 체득한 자라면 곧 '[근본무지에 따라 분별하는] 마음양상'(心相)의 '생겨나고 머무르며 달라지고 사라짐'(生住異滅)을 안다. '분별하는 생각이 없는 경지'(無念)와 같아졌기 때문에 [이럴 때] 실제로는 '비로소 깨달아 감'(始覺)의 [내용들에] 차이가 없으니, '[분별망상의] 네 가지 양상'(四相)이 동시에 있어도 모두 스스로 존립할 수 없으며 본래 평등하고 동일한 깨달음(覺)이기 때문이다.

【소】 "又心起者"以下,[388] 第三總明始覺不異本覺. 此中有二, 一者, 重明究竟覺相, 二者, 正明不異本覺. 初中有三. 一者, 直顯究竟相, 二者, 擧非覺顯是覺, 三者, 對境廣顯智滿. 初中言"又心起者"者, 牒上"覺心初起"之言, 非謂覺時知有初相, 故言"無有初相可知". 而說'覺心初起相'者, 如覺方時知西是東, 如是如來覺心之時, 知初動相卽本來靜, 是故說言

---

388 『회본』에는 '又心起者以下'가 없다(H1, 752b11).

"卽謂無念"也. 是故以下, 擧非顯是. 如前所說'無念是覺', 是故有念不得名覺. 是卽金剛心以還一切衆生, 未離無始無明之念, 依是義故不得名覺. 然前對四相之夢差別, 故說漸覺, 今約無明之眠無異, 故說不覺. 如『仁王經』言, "始從伏忍至頂三昧, 照第一義諦, 不名爲見, 所謂見者, 是薩婆若故".

『소』(1-710b20~c12);『회본』(1-752b18~c11)

"또한 '마음이 일어난다'라는 것은"(又心起者) 이하는, 세 번째로 '비로소 깨달아 감'(始覺)이 '깨달음의 본연'(本覺)과 다르지 않음을 총괄적으로 밝힌 것이다. 여기에는 두 가지가 있으니, 첫 번째는 '궁극적 깨달음의 면모'(究竟覺相)를 거듭 밝힌 것이고 두 번째는 ['비로소 깨달아 감'(始覺)이] '깨달음의 본연'(本覺)과 다르지 않음을 곧바로 밝힌 것이다.

처음 부분에는 세 가지가 있다. 첫 번째는 '궁극적인 면모'(究竟相)를 곧바로 나타내었고, 두 번째는 깨달음 아닌 것을 내세워 이 [궁극적] 깨달음을 드러냈으며, 세 번째는 대상세계(境)에 대응시켜 '지혜가 모두 갖추어짐'(智滿)을 자세하게 드러내었다.

['궁극적 깨달음의 면모'(究竟覺相)를 거듭 밝힌] 첫 부분에서 "또한 '마음이 일어난다'는 것"(又心起者)이라고 말한 것은, 앞에서의 "[분별하는] 마음이 처음 일어나는 것을 깨닫는다"(覺心初起)라는 말을 이은 것이지 깨달을 때 〈'첫 양상'(初相)이 있음을 안다〉는 것을 말한 것이 아니니, 그러므로 "알 수 있는 '첫 양상'이 없다"(無有初相可知)라고 말한 것이다. 그럼에도 〈마음이 처음 일어나는 양상을 깨닫는다〉(覺心初起相)라고 말한 것은, 마치 방향을 [제대로] 깨달았을 때 서쪽[이라 착각하고 있던 것]이 동쪽이라는 것을 아는 것처럼, 이와 같이 여래가 마음을 깨달을 때는 '처음 움직인 [분별하는 마음의] 양상'(初動相)이 바로 [분별의 동요가 없어] 본래 고요한 것'(本來靜)임을 아는 것이니, 그러므로 "바로 '분별하는 생각이 없어짐'을 일컫는 것이다"(卽謂無念)라고 말하였다.

"이런 까닭에 [모든 중생을 '깨달았다'고 부르지 못하니"(是故) 이하는, 그릇됨

(非)을 내세워 올바름(是)을 드러낸 것이다. 앞에서 말한 '[분별하는] 생각이 없음이 바로 깨달음'(無念是覺)이라는 것과 같으니, 따라서 '[분별하는] 생각'(念)이 있다면 깨달음이라고 부를 수가 없다. 이것은 바로 '금강석[처럼 굳센 선정에 든] 마음'(金剛心)389[을 성취한 보살] 이하의 모든 중생들은 아직 '시작을 말할 수 없는 근본무지'(無始無明)[에서 비롯된] '분별하는 생각'(念)에서 떠나지 못했다는 것이니, 이러한 뜻에 의거하기 때문에 깨달음이라 부를 수 없는 것이다. 그런데 앞에서는 〈'[허망한] 꿈과 같은 [분별망상의] 네 가지 양상'(四相)의 차이〉(四相之夢差別)에 대응시키기 때문에 '[비로소] 점차 깨달아 감'(漸覺)이라 말했고, 지금은 [아직] 〈'근본 무지'(無明)에 [취해] 잠들어 있는 것에는 차이가 없다〉(無明之眠無異)[는 뜻]에 의거하므로 '깨닫지 못함'(不覺)이라 말하는 것이다. 『인왕반야경』에서 "처음의 '[번뇌를] 억누를 수 있는 경지'(伏忍)390로부터 '최고의 삼매'(頂三昧)에 이르기까지 '궁극적 진리'(第一義諦)를 [단지] 이해(照)하는 것은 봄(見)이라고 부를 수 없으니, 이른바 봄이란 것은 '모든 것을 사실대로 아는 지혜'(薩婆若, 一切智)391이기 때문이다"392라고 말한 것과 같다.

---

389 금강심金剛心: 십지十地에 도달한 보살들이 행하는 '금강석처럼 굳센 선정'(金剛喩定)을 가리키는 말이다. 따라서 본문에서 '금강석[처럼 굳센 선정에 든] 마음 이하'(金剛心以還)라는 말은 십지보살의 경지에 이르지 못한 이들을 총칭하는 것이 된다.

390 복인伏忍: 십주十住, 십행十行, 십회향十迴向의 단계에 있는 삼현三賢보살을 가리키는 말이다.

391 살바야薩婆若: 산스크리트어 'sarva-jñā'(팔리어 sabba-nāṇa)의 소리를 옮긴 말로서, 뜻으로 풀면 '일체지一切智'이다.

392 인용된 내용은 『인왕경』의 원문을 축약한 것으로 보인다. 『인왕반야바라밀호국경仁王般若波羅蜜護國經』 권2 제7 「수지품受持品」. "善男子! 從習忍至頂三昧, 皆名爲伏一切煩惱. 而無相信, 滅一切煩惱, 生解脫智, 照第一義諦, 不名爲見. 所謂見者是薩婆若"(T8, 832b6~9).

【별기】 言"又心起者"已下, 二明始覺不異本覺. 此中亦二, 初卽因言重覈
始覺分齊. "而實無有"已下, 正明不異. 言"一切衆生不名爲覺"者, 金剛
已還一切衆生, 長眠無明, 未曾相離, 依是義故, 不得名覺. 由永離眠,
方名覺故. 然若對四相差別, 有漸覺義, 義如前說, 今紛[393]無明之眼,[394]
無差別相故, 皆是不覺. 如『仁王經』云, "始從伏忍至等覺位, 照第一義
諦, 不名爲見, 所謂見者, 唯佛如來".

『별기』(1-686c5~14);『회본』에 없음.

"또한 '마음이 일어난다'라는 것은"(又心起者)이라 말한 것 이하는, 두 번
째로 '비로소 깨달아 감'(始覺)이 '깨달음의 본연'(本覺)과 다르지 않음을 밝
힌 것이다. 이 중에도 두 가지가 있으니, 첫 번째는 말에 의해 '비로소 깨달
아 감'의 범위를 거듭 밝힌 것이다. "실제로는 ['비로소 깨달아 감'(始覺)의 내용
에 차이가] 없으니"(而實無有) 이하는 ['비로소 깨달아 감'(始覺)의 내용들이] 차이가
없음을 곧바로 밝힌 것이다.

"모든 중생을 '깨달았다'고 부르지 못한다"(一切衆生不名爲覺)라는 것은,
'금강석[처럼 굳센 선정에 든] 마음'(金剛心)[을 성취한 보살] 이하의 모든 중생들
은 오랫동안 근본무지(無明)에 [취해] 잠들어 아직 [근본무지와] 서로 떠난 적
이 없으니, 이런 뜻에 의거하여 [중생은] 깨달았다고 부를 수 없는 것이다.
[근본무지의 오랜 꿈에서] 완전히 벗어나야 비로소 깨달음이라 부르기 때문이
다. 그런데 만약 [분별망상의] 네 가지 양상'(四相)에 대응시켜 차이를 구별한
다면 '점차 깨달아 간다'(漸覺)는 뜻이 있게 되고 그 뜻은 앞서 설명한 것과
같지만, 지금은 [아직] '근본 무지'(無明)에 [취해] 잠들어 있다는 점에 의거해
서는 차이가 없으므로 모두가 '깨닫지 못함'(不覺)이다. 『인왕반야경』에서
"처음의 [번뇌를] 억누를 수 있는 경지'(伏忍)로부터 [부처의 깨달음과] 동등한
경지'(等覺位)에 이르기까지 '궁극적 진리'(第一義諦)를 [단지] 이해(照)하는 것

---

393 '紛'으로 표기되어 있지만, 한불전 교감주와 문맥을 고려해서 '約'으로 바꾸었다.
394 '眼'으로 되어 있지만, 한불전 교감주와 문맥을 고려하여 '眠'으로 바꾸었다.

은 봄(見)이라고 부를 수 없으니, 이른바 봄(見)이란 오로지 부처와 여래[의 경지]이기 때문]이다"라고 말한 것과 같다.

〈『소』와 『별기』의 구문 대조〉

『소』(1-710b20~c12)	『별기』(1-686c5~14)
(①)"又心起者"②以下, ③第三總明始覺不異本覺. 此中有二, 一者, 重明究竟覺相, 二者, 正明不異本覺. 初中有三. 一者, 直顯究竟相, 二者, 擧非覺顯是覺, 三者, 對境廣顯智滿. 初中言"又心起者"者, 牒上覺心初起之言, 非謂覺時知有初相, 故言"無有初相可知", 而說'覺心初起相'者, 如覺方時知西是東, 如是如來覺心之時, 知初動相卽本來靜, 是故說言"卽謂無念"也. ④是故以下, 擧非顯是, 如前所說'無念是覺', 是故有念不得名覺, 是卽金剛心以還一切衆生, 未離無始無明之念, 依是義故不得名覺. ⑤然前對四相之夢差別, 故說漸覺, 今約無明之眠無異, 故說不覺. 如『仁王經』⑥言, "始從伏忍至⑦頂三昧, 照第一義諦, 不名爲見, 所謂見者, ⑧是薩婆若故".	①言"又心起者"②已下, ③二明始覺不異本覺. 此中亦二, 初卽因言重牒始覺分齊, "而實無有"已下, 正明不異. ④言"一切衆生不名爲覺"者, 金剛已還一切衆生, 長眠無明, 未曾相離, 依是義故, 不得名覺, 由永離眠, 方名覺故. ⑤然若對四相差別, 有漸覺義, 義如前說, 今約無明之眠, 無差別相故, 皆是不覺. 如『仁王經』⑥云, "始從伏忍至⑦等覺位, 照第一義諦, 不名爲見, 所謂見者, ⑧唯佛如來".

※ ③: 과문科文을 새롭게 구성했기 때문에 서술한 내용이 크게 달라졌다. 세부적으로 대조번호를 매겨 구분하기가 매우 어렵기 때문에 내용 구분에 따라 상호간에 서술이 달라진 부분만 전체적으로 지적하였다. ④와 ⑤ 부분도 같은 이유로 내용 구분에 따라 서술이 달라진 부분을 전체적으로 지적하였다.

【소】"若得"以下, 對境顯智. 若至心原, 得於無念, 卽能遍知一切衆生一心動轉四相差別, 故言"卽知心相生住異滅". 次言"以無念等故"者, 釋成上義. 此中有疑云, 佛得無念, 衆生有念, 有無隔別, 云何無念能知有念? 作如是疑, 故遣之云, 衆生有念, 本來無念, 得無念與彼平等. 故言"以無念等故". 是明旣得平等無念, 故能遍知諸念四相也. 此下第二正明無異. 雖曰始得無念之覺, 而覺四相本來無起, 待何不覺而有始覺? 故言

"實無始覺之異", 下釋此義. 四相俱有爲心所成, 離一心外, 無別自體, 故言"俱時而有, 皆無自立". 皆無自立, 故本來平等同一本覺也.

『소』(1-710c12~711a3);『회본』(1-752c11~753a2)

　"만일 ['분별하는 생각이 없어짐'(無念)을] 체득한 [자라면]"(若得) 이하는, 대상(境)에 대응시켜 지혜를 드러낸 것이다. 만약 '[사실 그대로와 만나는] 근원적 마음'(心原)[인 온전한 마음지평]에 이르러 '분별하는 생각이 없어짐'(無念)을 체득하면 곧바로 〈모든 중생이 지닌 '하나처럼 통하는 마음'(一心)이 [근본무지에 의해] 동요하여 [분별망상의] 네 가지 양상'(四相)으로 바뀌는 것임을 온전히 알 수 있으니, 그러므로 "곧 [근본무지에 따라 분별하는] 마음양상'의 '생겨나고 머무르며 달라지고 사라짐'을 안다"(即知心相生住異滅)라고 말하였다. 다음으로 말한 "'분별하는 생각이 없는 경지'와 같아졌기 때문에"(以無念等故)라는 것은 위의 뜻을 풀이해 놓은 것이다.

　이에 대해 어떤 사람은 의문을 품어 [다음과 같이] 묻는다. 〈부처는 '분별하는 생각이 없어짐'(無念)을 체득하였고 중생은 '분별하는 생각'(念)이 있어서 [분별하는 생각이] 있음과 없음이 완전히 다른 것인데, 어떻게 '분별하는 생각이 없음'(無念)이 '분별하는 생각이 있음'(有念)을 알 수 있는가?〉 이와 같은 의문을 일으키기 때문에 그 의문을 없애 주기 위해 [다음과 같이] 말한다. 〈중생들의 '분별하는 생각이 있음'(有念)은 [근본무지를 일으키기 이전의] '본래[지평]에서는 분별하는 생각이 없음'(本來無念)이니, '분별하는 생각이 없어짐'(無念)을 체득하여 그 ['분별하는 생각이 있음'(有念)]과 평등하게 되는 것이다〉라고. 그러므로 "'분별하는 생각이 없는 경지'와 같아졌기 때문에"(以無念等故)라고 말한 것이다. 이것은 이미 '분별하는 생각이 없는 경지'(無念)와 같아졌음을 체득하였기 때문에 모든 분별하는 생각의 네 가지 양상을 온전히 알 수 있다는 것을 밝히는 것이다.

　이 아래는 두 번째로 '[비로소 깨달아 감'(始覺)이 '깨달음의 본연'(本覺)과] '다르지 않음'(無異)을 곧바로 밝힌 것이다. 비록 〈'분별하는 생각이 없어지는 깨달음'을 비로소 체득했다〉(始得無念之覺)고 하지만 [내용으로 보면] 〈['분별망상의] 네 가지 양상'이 [근본무지를 일으키기 이전의] 본래[지평]에서는 일어난 바가 없다〉(四相本來無起)는 것을 깨달은 것이니, 어떤 '깨닫지 못함'(不覺)에 기대어 '비로소 깨달아 감'(始覺)이 있겠는가? 그러므로 "실제로는 '비로소 깨달아 감'의 [내용들에] 차이가 없다"(實無始覺之異)라고 말하고, 아래에서는 이 뜻을 해석하였다.

'[분별망상의] 네 가지 양상'(四相)이 '모두 존재함'(俱有)은 마음에 의해 이루어진 것이어서 '하나처럼 통하는 마음'(一心)에서 떠나 별개의 '자기 실체'(自體)가 없으니, 그러므로 "[네 가지 양상'이] 동시에 있어도 모두 스스로 존립할 수 없다"(俱時而有皆無自立)라고 말하였다. 모두 '스스로 존립할 수 없기'(無自立) 때문에 〈본래 평등하고 동일한 '깨달음의 본연'〉(本來平等同一本覺)인 것이다.

【별기】言"若得無念, 則知心相生住異滅"者, 由未得無念時, 不能遍知一切心相皆悉是夢, 故不得名覺, 佛得無念故, 能遍知一切眾生眠於無明夢於四相, 方得名覺. 言"以無念等"者, 是釋成上義. 此中有伏疑云, 佛得無念, 眾生有念, 如是隔別, 所以自得無念知他有念者何? 由彼一切有念, 其性本來無念, 今佛所得無念, 與彼無念平等無二, 言"以無念平等故". 旣得平等無念, 故能遍知諸念也. 此中正明無異之義. 雖曰始得無念方成始覺, 而覺於四相本來無起, 得[395]何不覺而有始覺? 故言"而實無有始覺之異". 云何無異者? 以四相生起, 義有前後, 而從本已來同時相依. 又此四相爲心[396]所成, 除心以外, 無別自體, 故言"四相俱時而有, 皆無自立".

『별기』(1-686c14~687a10);『회본』에 일부 있음(1-752c23~24).

"만일 '분별하는 생각이 없어짐'을 체득한 자라면 곧 '[근본무지에 따라 분별

---

395 '得'은 '待'의 오기로 보인다.『소』에서는 '待'로 되어 있다.
396 한불전에서는 '一心'으로 표기되는 것이 적절하다는 의견을 주에서 말하고 있다. 그러나 원문에 '一'자를 넣지 않아도 통하는 뜻이므로 그대로 '心'으로 두고 번역한다.

하는] 마음양상'의 '생겨나고 머무르며 달라지고 사라짐'을 안다"(若得無念, 則知心相生住異滅)라는 것은, 아직 '분별하는 생각이 없어짐'(無念)을 체득하지 못했을 때는 모든 '마음의 양상'(心相)이 다 꿈[과 같이 허망한 분별]이라는 것을 온전히 알 수 없기 때문에 깨달음(覺)이라 부르지 못하지만, 부처님은 '분별하는 생각이 없어짐'(無念)을 체득하였기 때문에 〈모든 중생이 근본무지(無明)의 잠에 취해 [분별망상의] 네 가지 양상'(四相)을 꿈꾼다〉는 것을 온전히 알 수 있어 비로소 깨달음(覺)이라 부르게 된다는 것이다. "'분별하는 생각이 없는 경지'와 같아지기 때문에"(以無念等)라고 말한 것은 위의 뜻을 풀이해 놓은 것이다.

이에 대해 어떤 사람은 의문을 품어 [다음과 같이] 묻는다. 〈부처는 '분별하는 생각이 없어짐'(無念)을 체득하였고 중생은 '분별하는 생각'(念)이 있어서 이와 같이 [분별하는 생각이 있음과 없음이] 완전히 다른 것인데, 자신이 체득한 '분별하는 생각이 없음'(無念)이 다른 사람의 '분별하는 생각이 있음'(有念)을 아는 까닭은 무엇인가?〉

저 [중생의] 모든 '분별하는 생각이 있음'(有念)은 그 '본연의 면모'(性)가 [근본무지를 일으키기 이전의] 본래[지평]에서는 '분별하는 생각이 없음'(無念)이기 때문에, 지금 부처가 체득한 '분별하는 생각이 없어짐'(無念)은 저 [근본무지를 일으키기 이전 본래지평에서의] '분별하는 생각이 없음'(無念)과 평등하여 다르지 않으니, [그러므로] "'분별하는 생각이 없는 경지'와 같아졌기 때문에"(以無念等故)라고 말하였다. 이미 '분별하는 생각이 없는 경지'(無念)와 평등하게 됨을 체득하였으므로 갖가지 '분별하는 생각'(念)들을 온전히 알 수 있는 것이다. 여기서는 ['비로소 깨달아 감'(始覺)이 '깨달음의 본연'(本覺)과] 다르지 않다는 뜻을 곧바로 밝힌 것이다.

비록 〈'분별하는 생각이 없어짐'(無念)을 비로소 체득하여 바야흐로 '비로소 깨달음'(始覺)을 이루었다〉(始得無念方成始覺)고 말하지만 [내용으로 보면] 〈[분별망상의] 네 가지 양상'(四相)이 [근본무지를 일으키기 이전의] 본래[지평]에서는 일어난 바가 없다〉(四相本來無起)는 것을 깨달은 것이니, 어떤 '깨닫지 못함'(不覺)에 기대어 '비로소 깨달아 감'(始覺)이 있겠는가? 그러므로 "실제로는 '비로소 깨달아 감'의 [내용들에] 차이가 없다"(實無始覺之異)라고 말한 것이다.

차이가 없다는 것은 무엇을 의미하는가? '[분별망상의] 네 가지 양상'(四相)의 생겨남은 이치(義)로는 전후[의 차이가] 있지만 본래부터 동시에 서로 의존하기 때문이다. 또 이 '[분별망상의] 네 가지 양상'(四相)은 마음에 의해 이루어진 것이어서 마음을 제외하고서 별개의 '자기 실체'(自體)가 없으니, 그러므로 "[네 가지 양상'이] 동시에 있어도 모두 스스로 존립할 수 없다"(俱時而有皆無自立)라고 말하였다.

〈『소』와 『별기』의 구문 대조〉

『소』(1-710c12~711a3)	『별기』(1-686c14~687a10)
①"若得"以下, 對境顯智, 若至心原, 得於無念, 卽能遍知一切衆生一心動轉四相差別, 故言"卽知心相生住異滅". ②次言"以無念等③故"者, (④)釋成上義. 此中有(⑤)疑云, "佛得無念, 衆生有念, 有無隔別, ⑥云何無念能知有念?" 作如是疑, 故遣之云, "衆生有念, 本來無念, 得無念與彼平等." ⑦故言"以無念⑧等故". ⑨是明旣得平等無念, 故能遍知諸念⑩四相也. 此⑪下第二正明無異(⑫). 雖曰始得無念⑬之覺, 而覺(⑭)四相本來無起, ⑮待何不覺而有始覺? 故言"(⑯)實無(⑰)始覺之異", ⑱下釋此義. ⑲四相俱有爲心所成, ⑳離一心外, 無別自體, 故言"俱時而有, 皆無自立", 皆無自立, 故本來平等同一本覺也.	①言"若得無念, 則知心相生住異滅"者, 由未得無念時, 不能遍知一切心相皆悉是夢, 故不得名覺, 佛得無念故, 能遍知一切衆生眠於無明夢於四相, 方得名覺. (②)言"以無念等③"者, ④是釋成上義. 此中有⑤伏疑云, "佛得無念, 衆生有念, 如是隔別, ⑥所以自得無念知他有念者何?" 由彼一切有念, 其性本來無念, 今佛所得無念, 與彼無念平等無二, (⑦)言"以無念⑧平等故". (⑨)旣得平等無念, 故能遍知諸念(⑩)也. 此⑪中正明無異⑫之義. 雖曰始得無念⑬方成始覺, 而覺⑭於四相本來無起, ⑮得何不覺而有始覺? 故言"⑯而實無⑰有始覺之異". ⑱云何無異者? 以四相生起, 義有前後, 而從本已來同時相依. ⑲又此四相爲心所成, ⑳除心以外, 無別自體, 故言"四相俱時而有, 皆無自立".
※ 이 부분에서도 『소』와 『별기』 사이에 크게 달라진 서술이 나타나고 있다. ①, ⑥, ⑳은 문장의 가감 및 수정이 크게 달라진 부분이므로 내용 구분에 따라 밑줄을 그	

어 표시하였다.

※ 『회본』에는 『별기』 가운데 "以四相生起, 義有前後, 而從本已來同時相依" 부분만 수록되어 있다.

【별기】 猶如海水之動, 說名爲波, 波無自體故, 無波之動, 水有體故, 有水之動, 心與四相義亦如是. 爲顯是義故, 『四卷經』云, "大惠,³⁹⁷ 七識不流轉, 不受苦樂, 非涅槃因, 如來藏者, 受苦樂與因俱, 若生若滅". 又『夫人經』云, "於此六識及心法智, 此七法利那³⁹⁸不種衆苦, 不得厭苦樂求涅槃. 世尊! 如來藏者, 無前際, 不起不滅法, 種諸苦, 得厭苦樂求涅槃". 又云, "生死者, 是二法是如來藏, 世間言說故, 有生有死, 非如來藏有生死法". 此二經意, 同明卽如來藏流轉生死, 生死根本無自體. 無自體故, 無別流轉相, 旣無轉體, 何由動? 故言"非如來藏有生有死". 由是義故, 四相唯是一心, 不覺卽同本覺, 故言"本來平等同一覺"也.

『별기』(1-687a10~b2); 『회본』(1-753a3~21); 『소』에 없음.

마치 바닷물의 움직임을 파도라 부르지만 파도에는 '자기 실체'(自體)가 없기 때문에 파도의 움직임[이라 할 실체]는 없지만 물에는 [그] 본연(體)이 있기 때문에 물의 움직임[이라 할 현상]이 있는 것처럼, 마음과 '[분별망상의] 네 가지 양상'(四相)의 이치도 이와 같다. 이러한 뜻을 나타내기 위하여 『사권능가경四卷楞伽經』에서는 [다음과 같이] 말하였다.

"대혜大慧여, '[불변·독자의 자아관념을 만드는] 제7[말나]식'(七識)은 '흘러 바뀌면서'(流轉) [윤회하지도] 않고 [과보인] 괴로움이나 즐거움도 받지 않으며 '열반의 원인[이 되는 것]'(涅槃因)도 아니지만, '여래의 면모가 간직된 창고'(如來藏)에는 [과보인] '괴로움이나 즐거움을 받는 것'(受苦樂)과 '[열반의] 원인[이 되는 것]'([涅槃]因)이 모두 갖추어져 있고 [근본무지(無明)에 의거하는 현상들이] 생

---

397 대정장 원문에는 '대혜大慧'로 되어 있다.
398 『승만경』 원문에는 있는 '不住'가 누락되었다. '不住'를 넣어서 번역한다.

겨나기도 하고 사라지기도 한다."³⁹⁹

또 『부인경夫人經』에서 [다음과 같이] 말하였다. "이 ['눈에 상응하는 인식, 귀에 상응하는 인식, 코에 상응하는 인식, 혀에 상응하는 인식, 몸에 상응하는 인식, 의식에 상응하는 인식으로 구성되는] 제6식'(六識)과 '[6식의] 마음현상[을 자아의 현상이라고 헤아리는 7식의] 분별하는 작용'(心法智)에서 이들 '일곱 가지 현상'(七法)은 잠깐(刹那) 동안도 머무르지 않아 온갖 괴로움[의 종자들]을 심지 않고, 괴로움을 싫어하여 열반을 즐겨 구하지도 못합니다. 세존이시여, '여래의 면모가 간직된 창고'(如來藏)는 [언제부터 시작되었는지를 알 수 있는] 과거(前際)가 없기에 생겨나지도 않고 사라지지도 않는 것이며, 온갖 괴로움[의 종자들]을 심고, 괴로움을 싫어하여 열반을 즐겁게 구할 수가 있습니다."⁴⁰⁰ 또 [다음과 같이] 말하였다. "'삶과 죽음'(生死)이라는 이 두 가지 현상(法)이 바로 '여래의 면모가 간직된 창고'(如來藏)이니, 세간世間[에서 통용되는] 언어로 말하기 때문에 〈삶이 있고 죽음이 있다〉(有生有死)고 하는 것이지, '여래의 면모가 간직된 창고'(如來藏)에 삶과 죽음이라는 현상이 [별도로] 있는 것은 아니다."⁴⁰¹

이 두 경전의 뜻은 모두 〈여래장如來藏이 바로 삶과 죽음으로 '흘러 바뀌어 가는'(流轉) 것이라서 삶과 죽음에는 근본적으로 '자기 실체'(自體)가 없

---

399 『능가아발다라보경楞伽阿跋多羅寶經』 권4(T16, 512b15~17). "大慧! 七識不流轉, 不受苦樂, 非涅槃因. 大慧, 如來藏者, 受苦樂與因俱, 若生若滅." 〈산스크리트본의 해당 내용: LAS 236,4-7, asaṃsāriṇo mahāmate pañcavijñānakāyā ananubhūtasukhaduḥkhā anirvāṇahetavaḥ / tathāgatagarbhaḥ punar mahāmate anubhūtasukhaduḥkhahetusahitaḥ pravartate nivartate ca catasṛbhir vāsanābhiḥ saṃmūrchitaḥ /; 대혜여, 5식신은 윤회하는 것이 아니고, 즐거움과 고통을 경험하지 않고, 열반의 원인이 아니다. 하지만 대혜여, 여래장은 경험된 고통과 즐거움의 원인과 함께 발생하고, 네 가지 훈습에 의해 혼미한 채 소멸한다.〉

400 『승만사자후일승대방편방광경』 「자성청정장」 제13(T12, 222b16~19). "於此六識及心法智, 此七法刹那不住, 不種衆苦, 不得厭苦樂求涅槃. 世尊! 如來藏者, 無前際不起不滅法, 種諸苦得厭苦樂求涅槃."

401 『승만사자후일승대방편방광경』 「자성청정장」 제13(T12, 222b8~10). "世尊! 死生者此二法是如來藏, 世間言說故, 有死有生, 死者謂根壞, 生者新諸根起, 非如來藏有生有死."

다〕는 것을 밝히는 것이다. 〔삶과 죽음에〕 '자기 실체'(自體)가 없기 때문에 〔삶과 죽음으로〕 '흘러 바뀌어 가는'(流轉) 별개의 것이 없으며, 이미 '바뀌어 가는 실체'(轉體)가 없는데 어떤 〔실체에〕 의거하여 〔흘러가며〕 움직이겠는가? 그러므로 "'여래의 면모가 간직된 창고'(如來藏)에 삶과 죽음이 〔별도로〕 있는 것은 아니다"라고 말한 것이다. 이러한 뜻으로 말미암아 〔분별망상의〕 네 가지 양상'(四相)이 바로 '하나처럼 통하는 마음'(一心)이고, '깨닫지 못함'(不覺)이 바로 '깨달음의 본연'(本覺)과 같으니, 그러므로 "본래 평등하고 동일한 깨달음이다"(本來平等同一覺)라고 말하였다.

ⓛ 깨달음의 본연을 자세히 밝힘(廣本覺)

【소】 "復次"以下, 廣本覺. 於中有二, 先明隨染本覺, 後顯性淨本覺.

『소』(1-711a4~5); 『회본』(1-753b7~8)

"또한"(復次) 이하〔의 내용〕은 '깨달음의 본연'(本覺)을 자세히 밝힌 것이다. 여기에는 두 가지가 있으니, 먼저 〔분별에〕 오염된 것에 응하여 〔작용하는〕 깨달음의 본연'(隨染本覺)을 밝혔고, 다음에 〈본래의 온전함인 '깨달음의 본연'〉(性淨本覺)을 나타냈다.

【별기】 "復次"已下, 第二廣明本覺. 於中有二, 初明本覺功能能生二相.

『별기』(1-687b3-4); 『회본』에 없음.

"또한"(復次) 이하〔의 내용〕은 두 번째로 '깨달음의 본연'(本覺)을 자세히 밝힌 것이다. 여기에는 두 가지가 있으니, 먼저 '깨달음의 본연이 지닌 능력'(本覺功能)이 '두 가지 양상'(二相)을 일으킬 수 있음을 밝힌 것이다.

〈『소』와 『별기』의 구문 대조〉

『소』(1-711a4~5)	『별기』(1-687b3-4)
"復次"①以下, ②廣本覺, 於中有二, ③先明隨染本覺, 後顯性淨本覺.	"復次"①已下, ②第二廣明本覺. 於中有二, ③初明本覺功能能生二相.

A. 분별에 오염된 것에 응하여 작용하는 '깨달음의 본연'을 밝힘(明隨染本覺)

復次本覺隨染分別, 生二種相, 與彼本覺不相捨離, 云何爲二? 一者,
智淨相, 二者, 不思議業相. 智淨相者, 謂依法力熏習, 如實修行, 滿足方
便故, 破和合識相, 滅相續心相, 顯現法身, 智淳淨故. 此義云何? 以一切
心識之相, 皆是無明, 無明之相, 不離覺性, 非可壞, 非不可壞. 如大海
水, 因風波動, 水相風相不相捨離, 而水非動性, 若風止滅, 動相則滅, 濕
性不壞故. 如是衆生自性淸淨心, 因無明風動, 心與無明俱無形相, 不相
捨離, 而心非動性, 若無明滅, 相續則滅, 智性不壞故. 不思議業相者, 以
依智淨, 能作一切勝妙境界, 所謂無量功德之相, 常無斷絶, 隨衆生根,
自然相應, 種種而現, 得利益故.

『논』(T32, 576c5~19); 『회본』(1-753b9~24)

또한 '깨달음의 본연'(本覺)은 [분별에] 오염된 것에 따라 나뉘어 두 가지
양상(相)을 일으키면서 그 '깨달음의 본연'(本覺)과 서로 배제하거나 분리
되지 않으니, 무엇이 두 가지인가? 첫 번째는 '지혜를 온전하게 하는 양
상'(智淨相)이고, 두 번째는 '생각으로는 이루 헤아릴 수 없는 행위[를 드러
내는] 양상'(不思議業相)이다.

'지혜를 온전하게 하는 양상'(智淨相)이라는 것은, 〈[참 그대로인] 현상의
힘'이 거듭 영향을 끼침〉(法力熏習)에 의거하여 '사실 그대로 익히고 실
천'(如實修行)하고 [수행의 갖가지] '수단과 방법'(方便)을 완전히 충족시키기
때문에 ['근본무지에 지배받지 않는 본연'과 '근본무지에 지배받는 오염'이] 동거하
고 있는 식의 양상'(和合識相)을 깨뜨리고 [분별을] 서로 이어 가는 마음양
상'(相續心相)을 소멸시켜 '진리 몸'(法身)을 드러내어 지혜가 온전해지는
것을 일컫는 것이다. 이 뜻은 어떠한 것인가?

모든 [분별하는] 마음과 의식의 양상'(心識之相)은 다 근본무지(無明)이지
만 근본무지의 양상(相)은 '깨달음의 면모'(覺性)에서 떠난 것이 아니기
때문에 깨뜨릴 수 있는 것도 아니고 깨뜨릴 수 없는 것도 아니다. 마치
큰 바다의 물이 바람에 의해 파도로 일렁일 때, '물의 양상'(水相)과 '바람

의 양상'(風相)은 서로 배제하거나 분리되지 않지만 물은 '움직이는 성질'(動性)[을 본질로 지닌 것]이 아니며, 만약 바람이 그쳐 사라지면 [물의] '움직이는 양상'(動相)은 곧 사라지지만 [물의] '습한 성질'(濕性)은 파괴되지 않는 것과 같은 것이다. 이와 마찬가지로 중생의 '본연이 온전한 마음'(自性淸淨心)이 근본무지(無明)의 바람에 의해 움직일 때 마음(心)과 근본무지는 둘 다 [독자적인] 모습이 없어 서로 배제하거나 분리되지 않지만 마음은 '움직이는 성질'[을 본질로 지닌 것]이 아니며, 만약 근본무지가 소멸하면 [분별하는 마음들이] '서로 이어 가는 것'(相續)도 곧 사라지지만 [마음이 지닌] '지혜의 면모'(智性)는 파괴되지 않는 것이다.

'생각으로는 이루 헤아릴 수 없는 행위[를 드러내는] 양상'(不思議業相)이라는 것은, '지혜가 온전해짐'(智淨)에 의거하여 온갖 탁월한 일들을 할 수 있는 것이니, 이른바 '한량없는 이로운 능력의 [갖가지] 양상들'(無量功德之相)이 늘 단절되지 않고 중생들의 '타고난 성품과 능력'(根)에 따라 자연히 상응하면서 여러 가지 모습으로 나타나 이익을 얻게 하기 때문이다.

A) 지혜를 온전하게 하는 양상을 밝힘(辨智淨相)

【소】初中有三, 一者, 總標, 二者, 列名, 三者, 辨相. 初中言"生二種相"者, 如是二種相在隨動門, 故言"生"也, 此二不離性淨本覺, 故言"與彼[402]不相捨離". 第二列名中言"智淨相"者, 正明隨染本覺之相, "不思議業相"者, 明此本覺還淨時業也. 第三辨相中, 先辨智淨相, 於中有三, 法喩與合. 法中有二, 直明重顯. 初中言"法力熏習"者, 謂眞如法內熏之力, 依此熏力修習資糧, 得發地上如實修行, 至無垢地滿足方便. 由是能破和合識內生滅之相, 顯其不生不滅之性, 故言"破和合識相, 顯現法身".[403]

---

402 『대승기신론』 원문에 따라 '與彼本覺'으로 교감한다.

403 『대승기신론』 원문은 "破和合識相, 滅相續心相, 顯現法身"이다. '滅相續心相'이 생략되어 있다.

此時能滅相續心⁴⁰⁴中業相・轉相, 令其隨染本覺之心, 遂得歸源, 成淳
淨智, 故言"滅相續心相, 智淳淨故".⁴⁰⁵ 此中"相續識"⁴⁰⁶者, 猶是和合
識⁴⁰⁷內生滅之心, 但爲顯現法,⁴⁰⁸ 故說"破和合識",⁴⁰⁹ 爲成應身淨智, 故
說"滅相續識相."⁴¹⁰ 然不滅相續心, 但滅相續心之相也. 如經說言, "是
故大慧, 諸識自相滅, '自相滅'者, 業相滅. 若自相滅者, 不異外道斷見
戲論, 諸外道說, 離諸境界, 相續識滅, 相續識滅已, 卽滅諸識. 大慧! 若
相續識滅者, 無始世來諸識應滅", 乃至廣說也.

『소』(1-711a6~b5); 『회본』(1-753c1~754a3); 『별기』에 없음.

[기신론 본문의] 첫 구절에는 세 가지가 있으니, 첫 번째는 '총괄적으로 나
타냄'(總標)이고, 두 번째는 '이름을 열거함'(列名)이며, 세 번째는 [그것들의]
'양상을 분명하게 밝힘'(辨相)이다.

처음에 말한 "두 가지 양상을 일으킨다"(生二種相)라는 것은, 이와 같은
두 가지 양상이 '움직임을 따르는 측면'(隨動門)에 있기 때문에 "일으킨다"
(生)라고 말하였고, 이 두 가지 [양상]은 〈본래의 온전함인 '깨달음의 본연'〉
(性淨本覺)에서 떠나지 않기 때문에 "그 깨달음의 본연과 서로 배제하거나
분리되지 않는다"(與彼本覺不相捨離)라고 말한 것이다.

두 번째로 이름을 열거하는 가운데 말한 "지혜를 온전하게 하는 양상"
(智淨相)이란 [분별에] 오염된 것에 응하여 [작용하는] 깨달음의 본연[이 나타내
는] 양상'(隨染本覺之相)을 곧바로 밝힌 것이고, "생각으로는 이루 헤아릴 수
없는 행위[를 드러내는] 양상"(不思議業相)이란 이 [오염된 것에 따라 작용하는] 깨
달음의 본연'(本覺)이 [그 오염된 것들을] 온전한 것으로 되돌릴 때의 행위를

---

404 『대승기신론』 원문에 따라 '相續心'을 '相續心相'으로 교감한다.
405 『대승기신론』 원문은 "滅相續心相, 顯現法身, 智淳淨故"이다. '顯現法身'이 생략되어 있다.
406 『대승기신론』 원문에 따라 '相續心相'으로 교감한다.
407 『대승기신론』 원문에 따라 '和合識'을 '和合識相'으로 교감한다.
408 『대승기신론』 원문에 따라 '法'을 '法身'으로 교감한다.
409 『대승기신론』 원문에 따라 '破和合識相'으로 교감한다.
410 『대승기신론』 원문에 따라 '相續心相'으로 교감한다.

밝힌 것이다.

세 번째로 [그것들의] 양상(相)을 분명하게 밝히는 곳에서는 먼저 '지혜를 온전하게 하는 양상'(智淨相)을 밝혔는데. 그 안에 세 가지가 있으니 도리(法)와 비유(喩)와 '[비유와의] 합치'(合)이다. 도리 안에도 두 가지가 있으니, '곧바로 밝힘'(直明)과 '거듭 드러냄'(重顯)이다. 처음에 말한 "'[참 그대로인] 현상의 힘'이 거듭 영향을 끼침"(法力熏習)이라는 것은 '참 그대로인 현상'(眞如法)[411]이 지닌 '거듭 영향을 끼치는 힘'(熏之力)을 일컫는 것이니, 이 '거듭 영향을 끼치는 힘'(熏力)에 의해 [궁극적 깨달음에 필요한] 기초 역량'(資糧)[412]을 닦아 익혀 '열 가지 본격적인 수행경지'(十地)에서의 '사실 그대로 익히고 실천함'(如實修行)을 일으킬 수 있게 되고 [번뇌에] 더럽혀짐이 없어진 경지'

---

411 진여법眞如法: '진여법'을 '참 그대로인 현상'으로 번역한 데에는 복잡한 철학적 문제를 고려한 결과이다. '법法'은 '모든 현상'을 지칭하기도 하고 '이법, 이치, 진리, 법칙, 도리'와 같은 '법칙적 현상'을 지칭하기도 한다. 붓다가 구사하는 '담마(法, Dhamma)라는 용어는 이 두 가지 의미가 모두 담겨져 있는 것으로 보인다. 〈모든 현상은 '조건에 따른 인과적 발생'(緣起)이라는 연기법緣起法으로 묶을 수 있는 법칙적 현상이다〉라고 하는 통찰을 담고 있는 용어라고 생각된다. 대승불교의 다르마(Dharma)에서도 이 담마의 의미를 그대로 계승하고 있다. 따라서 '진여법'이라는 말에서의 '법法'도 두 가지로 번역할 수 있다. 여기서는 '현상'이라는 번역어를 채택한다. 맥락에 따라서는 '법칙, 도리, 진리, 이치'라는 번역어를 채택하기도 하지만, 『대승기신론』에서 등장하는 '진여법'이라는 용어는 기본적으로 '참 그대로인 현상'으로 번역하는 것이 적절해 보인다. 그래야 '진여眞如'라는 용어에 '실체, 본질, 본체'라는 개념을 덧씌우는 우를 피할 수 있다고 생각하기 때문이다. 여기에는 불교 내지 대승불교의 핵심개념 중 하나인 '진여'의 의미를 어떻게 파악해야 붓다의 법설과 불교철학의 본령에 부합하는가 하는 철학적 과제가 얽혀 있다. 본 번역에서 '진여법'이나 '법'을 '현상'으로 번역하는 것은 나름대로의 면밀한 성찰과 철학적 근거에 입각한 것이다. 그 성찰과 근거의 구체적 내용은 다른 기회를 통해 개진할 것이다. 이 문제는 『대승기신론』이나 원효사상을 읽는 독법의 핵심부를 차지하는 것이기도 하다.

412 자량위資糧位: 보살의 수행 경지를 53단계로 나누어 설명하는 방식에서, '열 가지 자리 잡음'(十住)의 첫 단계에서 '열 가지 되돌려 향함'(十廻向)의 마지막 단계까지를 아울러 가리키는 말이다. 이제 기본적인 자산과 양식을 갖추게 되었다는 뜻에서 '자량'의 개념을 사용한 것으로 보인다.

(無垢地)에 이르러 '[수행의] 수단과 방법'(方便)을 완전하게 충족시키게 된다.

이에 따라 '['근본무지에 지배받지 않는 본연'과 '근본무지에 지배받는 오염'이] 동거하고 있는 식의 양상'(和合識相)이 지닌 '[분별에 따라] 생멸하는 양상'(生滅之相)을 깨뜨려 그 '[분별에 따라] 생멸하지 않는 [본연의] 면모'(不生不滅之性)를 드러낼 수 있으니, 그러므로 "['근본무지에 지배받지 않는 본연'과 '근본무지에 지배받는 오염'이] 동거하고 있는 식의 양상'을 깨뜨려 '진리 몸'을 드러낸다"(破和合識相, 顯現法身)라고 말한 것이다. 이러한 때에는 '[분별을] 서로 이어 가는 마음양상'(相續心相) 안의 '[근본무지에 의해 '깨달음의 본연'(本覺)을 동요시키는] 움직이는 양상'(業相)과 '[불변·독자의 실체로 간주되는 주관으로] 바뀌어 가는 양상'(轉相)을 소멸시켜, 저 '[분별에 의해] 오염된 것에 응하여 [작용하는] 깨달음의 본연'(隨染本覺)으로서의 마음을 마침내 '[사실 그대로와 만나는] 본래의 근원'(本源)으로 돌아가게 하여 '온전한 지혜'(淳淨智)를 이루게 하니, 그러므로 "'[분별을] 서로 이어 가는 마음양상'을 소멸시켜 지혜가 온전해진다"(滅相續心相, 智淳淨故)라고 말했다.

여기서의 "'[분별을] 서로 이어 가는 마음양상"(相續心相)이라는 것은, '['근본무지에 지배받지 않는 본연'과 '근본무지에 지배받는 오염'이] 동거하고 있는 식의 양상'(和合識相)에서의 '[분별에 따라] 생멸하는 마음'(生滅之心)인데, 단지 '진리 몸'(法身)[413]을 드러내기 위해 "['근본무지에 지배받지 않는 본연'과 '근본무지에 지배받는 오염'이] 동거하고 있는 식의 양상'(和合識相)을 깨뜨린다"(破和合識相)라고 말했고, '[중생에] 응하여 나타나는 몸'(應身)[414]의 '온전한 지혜'(淨智)를 이

---

413 '法'을 '法身'으로 교감하여 번역하였다.

414 응신應身: '응화신應化身'과 관련한 『대승기신론』에서의 설명은 다음과 같다. "此用有二種, 云何爲二? 一者依分別事識, 凡夫二乘心所見者, 名爲應身. 以不知轉識現故, 見從外來, 取色分齊, 不能盡知故. 二者依於業識, 謂諸菩薩從初發意乃至菩薩究竟地心所見者, 名爲報身"(T32, 579b20~25). 여기에 따르면 보신報身은 보살의 마음에서 보이는 부처 몸으로서 팔식 차원인 '[근본무지에 따라 처음] 움직이는 식'(業識)에 의거한 것인 데 비해, 보신보다 낮은 단계를 가리키는 응신의 개념은 범부와 이승의 마음에서 보이는 부처 몸으로서 육식 차원인 '[불변·독자의 실체로 간주된] 현상을 분별하는 식'(分別

루기 위해 "[분별을] 서로 이어 가는 마음양상을 소멸시킨다"(滅相續心相)라고 말했다.

그런데 [이 말의 의미는] '[분별을] 서로 이어 가는 마음'(相續心) [자체]를 소멸시킨다는 것이 아니라 단지 '[분별을] 서로 이어 가는 마음의 양상'(相續心之相)을 소멸시킨다는 것이다. [이것은]『입능가경入楞伽經』에서, "그러므로 대혜大慧여! 모든 식識의 '개별적 특징'(自相, svajātilakṣaṇa)이 사라지는 것이니, [이때] '개별적 특징이 사라진다'(自相滅)는 것은 '작용의 특징'(業相, karmalakṣaṇa)이 사라지는 것이다. 만약 '개별적 특징'(自相)이 사라지는 것이라면, '불교와는 다른 가르침'(外道)이 [주장하는] 〈'아무것도 없다는 견해'처럼 '근거 없는 주장'〉(斷見戲論)과 다르지 않으니, 불교와는 다른 모든 가르침들은 〈모든 대상에서 떠나면 '[분별을] 서로 이어 가는 식'(相續識)이 소멸하고, '[분별을] 서로 이어 가는 식'이 다 소멸하면 곧 모든 식識 [자체가 소멸한다〉고 말한다. 대혜여, 만약 '[분별을] 서로 이어 가는 식'(相續識) [자체]가 사라져 버리는 것이라면, 시작을 알 수 없는 때부터 [이미] 모든 식識은 사라졌어야 한다"[415]는 등으로 자세하게 설명한 것과 같다.

事識)에 의거한 것이다. 응신과 화신이 응화이신應化二身으로 묶여 법신法身에 상대하는 뜻으로 쓰일 때는 양자 모두 여래如來가 중생에 응하여 세상에 나타나는 몸의 뜻이 된다. 양자가 범어에서 똑같이 'nirmāṇa-kāya'로 쓰이는 것도 이러한 이유로 보인다. 응신과 화신의 차이를 일반적 용법에 따라 구분한다면, 응신은 32상相 80종호種好를 갖추어 중생을 교화하는 석가모니 부처님의 몸을 가리키고, 화신은 응신의 분신 화불分身化佛로서 중생을 교화하기 위해 천룡天龍, 귀신鬼神 등 불형佛形이 아닌 모습으로 나타나는 몸을 가리킨다.

415 본문에서 인용한 내용은 대정장 원문과 차이가 있다. 원효는『입능가경』의 경문을 그대로 옮긴 것이 아니라, 내용을 축약시켜 인용하고 있다.『입능가경』권2(T16, 522a19~24). "是故大慧! 諸識自相滅, 自相滅者業相滅. 若自相滅者, 阿梨耶識應滅. 大慧! 若阿梨耶識滅者, 此不異外道斷見戲論. 大慧! 彼諸外道作如是說, 所謂離諸境界相續識滅, 相續識滅已卽滅諸識. 大慧! 若相續識滅者, 無始世來諸識應滅." 〈산스크리트본의 해당 내용: LAS 38,17-39,4, tasmān mahāmate na svajātilakṣaṇanirodho vijñānānāṃ kiṃtu karmalakṣaṇanirodhaḥ / svajātilakṣaṇe punar nirudhyamāna ālayavijñānanirodhaḥ syāt / ālayavijñāne punar nirūpyamāṇe nirviśiṣṭas tīrthakaroccedavādenāyaṃ vādaḥ

【仝】"此義云何?"以下, 重顯前說滅不滅義. "一切心識之相, 皆是無明"者, 謂業識轉識等諸識相, 無明所起, 皆是不覺, 以之故言"皆是無明". 如是 諸識不覺之相, 不離隨染本覺之性, 以之故言"不離覺性". 此無明相, 與 本覺性, 非一非異. 非異故非可壞, 而非一故非不可壞. 若依非異非可 壞義說, 無明轉, 即變爲明, 若就非一非不可壞之義說, 無明滅, 覺性不 壞. 今此文中依非一門, 故說"滅相續心相"也.

『仝』(1-711b6~16); 『회본』(1-754a3~14)

"이 뜻은 어떠한 것인가?" 이하[416]에서는 앞에서 설명한 [['근본무지에 지배 받지 않는 본연'과 '근본무지에 지배받는 오염'이] 동거하고 있는 식'(和合識)과 [분별을] 서로 이어 가는 마음'(相續心)의 양상은] 소멸되고 [온전해진 지혜는] 소멸되지 않는 면모'(滅不滅義)를 거듭 드러낸다. "모든 [분별하는] 마음과 의식의 양상'은 다 근본무지이다"(一切心識之相, 皆是無明)라는 것은, '[근본무지에 의해 처음] 움직 이는 식'(業識) · '[불변 · 독자의 실체로 간주되는 주관으로] 바뀌어 가는 식'(轉識) 등 모든 [분별] 식의 양상'(識相)이 근본무지(無明)에 의해 일어난 것이어서 모두 '깨닫지 못함'(不覺)이라는 것이니, 그러므로 "다 근본무지이다"(皆是無 明)라고 하였다. [그런데] 이와 같은 '모든 식의 깨닫지 못하는 양상'(諸識不覺 之相)은 〈[분별에] 오염된 것에 응하여 [작용하는] 깨달음의 본연'이라는 면 모〉(隨染本覺之性)에서 떠나지 않으니, 그러므로 "'깨달음의 면모'에서 떠난

syāt / tīrthakarāṇāṃ mahāmate ayaṃ vādo yaduta viṣayagrahaṇoparamād vijñānaprabandhoparamo bhavati vijñānaprabandhoparamād anādikālaprabandhavyucchittiḥ syāt /; 대혜여, 식의 개별적 특징(svajātilakṣaṇa)이 소멸하는 것이 아니라 작용의 특 징(karmalakṣaṇa, 業相)이 소멸하는 것이다. 개별적 특징이 소멸한다면 알라야식이 소멸할 것이다. 나아가 알라야식이 남김없이 소멸한다면, 이것은 비불교도의 단견론 이 될 것이다. 대혜여, 다음은 비불교도의 주장이다. 곧 "대상을 파악하는 것이 소멸 하므로 식의 흐름도 소멸한다." 식의 흐름이 소멸하므로 무한한 과거로부터의 흐름도 끊어질 것이다.〉

416 '중현重顯'에 해당하는 『대승기신론』 본문은 다음과 같다. "此義云何? 以一切心識之相, 皆是無明, 無明之相, 不離覺性, 非可壞非不可壞."

것이 아니다"(不離覺性)라고 하였다.

이 '근본무지의 양상'(無明相)은 '깨달음 본연의 면모'(本覺性)와 같지도 않고 다르지도 않다. [근본무지의 양상'(無明相)은 '깨달음 본연의 면모'(本覺性)를 조건으로 삼아 성립한다는 점에서 '깨달음의 본연'(本覺)과] 다르지 않기 때문에 ['근본무지의 양상'(無明相)은 단독으로] 파괴할 수 있는 것이 아니지만, [근본무지(無明)는] '깨닫지 못함'(不覺)이어서 '깨달음의 본연'(本覺)과] 같지 않기 때문에 파괴할 수 없는 것도 아니다. 만약 '다르지 않아서 파괴할 수 있는 것이 아니라는 뜻'(非異非可壞義)에 따라 설명하자면 근본무지(無明)가 바뀌면 곧 '밝은 지혜'(明)로 변화되는 것이고, 만약 '같지 않아서 파괴할 수 없는 것이 아니라는 뜻'(非一非不可壞之義)에 나아가 설명하자면 근본무지가 소멸되어도 '깨달음의 면모'(覺性)는 파괴되지 않는 것이다. 지금 이 ['지혜를 온전하게 하는 양상'(智淨相)의 도리(法)에 대한] 문단에서는 '같지 않은 측면'(非一門)에 따르기 때문에 "[분별을] 서로 이어 가는 마음양상'(相續心相)을 소멸시킨다"(滅相續心相)라고 말하였다.

【소】喻中言"水非動性"者, 明今之動非自性動, 但隨他動. 若自性動者, 動相滅時, 濕性隨滅, 而隨他動故, 動相雖滅, 濕性不壞也. 合中言"無明滅"者, 本無明滅, 是合風滅也. "相續卽滅"者, 業識等滅, 合動相滅也. "智性不壞"者, 隨染本覺神解之性名爲智性, 是合濕性不壞也.

『소』(1-711b16~23); 『회본』(1-754a14~21)

비유(喻)에서 말한 "물은 '움직이는 성질'이 아니다"(水非動性)라는 것은, 여기서의 움직임(動)은 '독자적인 움직임'(自性動)이 아니라 단지 '[자기 아닌] 다른 것에 따른 움직임'(隨他動)이라는 것을 밝힌 것이다. 만약 '독자적인 움직임'(自性動)이라면 '움직이는 양상'(動相)이 소멸할 때 '습한 성질'(濕性)도 따라서 소멸하겠지만, '[자기 아닌] 다른 것에 따른 움직임'(隨他動)이므로 '움직이는 양상'(動相)이 비록 소멸하더라도 '습한 성질'(濕性)은 파괴되지 않는다.

'[비유와의] 합치'(合)에서 말한 "근본무지가 소멸한다"(無明滅)라는 것은 '본래부터의 근본무지'(本無明)가 소멸하는 것이니, 이것은 '바람이 소멸한다'(風滅)[는 비유]에 해당한다. "'[분별하는 마음들이] 서로 이어 가는 것'도 곧 사라진다"(相續卽滅)라는 것은 '[근본무지에 의해 처음] 움직이는 식'(業識) 등이 소멸하는 것이니, '[물의] 움직이는 양상이 소멸한다'(動相滅)[는 비유]에 해당한다. "[마음이 지닌] 지혜의 면모는 파괴되지 않는다"(智性不壞)라는 것은 '[분별에] 오염된 것에 응하여 [작용하는] 깨달음의 본연'(隨染本覺)이 지닌 '지혜롭게 사실대로 이해하는 면모'(神解之性)를 '지혜의 면모'(智性)라 부르는 것이니, 이것은 '[물의] 습한 성질은 파괴되지 않는다'(濕性不壞)[는 비유]에 해당한다.

〈『소』와 『별기』의 구문 대조〉

> ※ 여기(과목명에 따르면 明隨染本覺-辨相-辨智淨相-法 · 喩 · 合)까지의 '광본각廣本覺' 부분에 대한 『별기』의 주석 내용을 『소』와 대조해 보면 매우 다른 구성을 가지고 있음을 알 수 있다. 예를 들어 '중현重顯' 과목科目이나 다음에 진행될 '석불사의업상釋不思議業相' 과목에 해당하는 내용들이 『별기』에는 완전히 빠져 있고, 겹친다고 지목할 수 있는 대목들도 문장 구조 상에서 큰 차이를 보인다. 보통의 경우에는 『별기』의 내용을 기본으로 삼아 『소』의 내용을 구성하지만, 이 대목에서는 기존 『별기』의 내용을 무시하고 새롭게 주석한 것으로 보일 정도이다. 『회본』에는 『소』의 내용만 수록되어 있을 뿐 『별기』의 내용은 없다. **이하에서는 『별기』 부분 (1-687b3~c7)을 별도로 번역하는 것으로써 『소』와 『별기』의 구문 대조를 대신한다.**

【별기】 "復次"已下, 第二廣明本覺. 於中有二. 初明本覺功能能生二相, "復次覺體相"以下, 二明本覺體相, 相有四種.[417] 初中[418]"智淨相"者, 明

---

417 여기까지와 겹치는 『소』의 문장은 "復次以下, 廣本覺, 於中有二, 先明隨染本覺, 後顯性淨本覺"이다. '初明本覺功能能生二相'에서 '先明隨染本覺'으로, '二明本覺體相'에서 '後顯性淨本覺'으로 과목명이 바뀌었다.

418 『소』에서는 "初中有三, 一者總標, 二者列名, 三者辨相. 初中言'生二種相'者, 如是二種相在隨動門, 故言'生'也, 此二不離性淨本覺, 故言'與彼不相捨離'"라고 하여, 세 가지 과목으로

本覺隨染還淨, "不思議業"[419]者, 是還淨之用.[420] 言"滿足方便"者, 在無垢地. "破和合識相"者, 謂不生滅與生滅和合名和合識, 今破其所合之生滅相故. 不生滅體, 離相而影, 故下言影"顯現法身", 是本覺也.[421]

『별기』(1-687b3~11)

"또한"(復次) 이하[의 내용]은 두 번째로 '깨달음의 본연'(本覺)을 자세히 밝힌 것이다. 여기에는 두 가지가 있다. 먼저 '깨달음의 본연이 지닌 능력'(本覺功能)이 두 가지 양상(相)을 일으킬 수 있음을 밝혔고, "또한 깨달음의 근본양상은"(復次覺體相) 이하에서는 두 번째로 '깨달음의 본연이 지닌 근본양상'(本覺體相)을 밝히니, [그] 양상(相)에는 네 가지가 있다.

앞[의 '깨달음의 본연'(本覺)이 지닌 능력이 두 가지 양상을 일으킬 수 있음을 밝히는 것]에서 "지혜를 온전하게 하는 양상"(智淨相)이란 '깨달음의 본연'(本覺)이 [분별에 의해] 오염된 것에 따라 [지혜를] 온전한 것으로 되돌리는 것'(隨染還淨)을 밝힌 것이고, "생각으로는 이루 헤아릴 수 없는 행위[를 드러내는] 양상"(不思議業相)이란 '온전한 것으로 되돌아온'(還淨) [지혜의] 작용이다. "[수행의 갖가지] '수단과 방법'을 완전히 충족시킨다"(滿足方便)라고 말한 것은 '[번뇌에] 더럽혀짐이 없어진 경지'(無垢地)에 해당한다. "['근본무지에 지배받지 않는 본연'과 '근본무지에 지배받는 오염'이] 동거하고 있는 식의 양상'(和合識相)을 깨뜨린다"(破和合識相)는 것은, '[분별에 따라] 생멸하지 않는 [측면]'(不生滅)과

나눈 내용과 '총표總標'에서 '생이종상生二種相'과 '여피불상사리與彼不相捨離'에 대한 주석 내용을 덧붙인다. 반면 『별기』에서는 곧바로 수문해석隨文解釋으로 들어간다.

419 '相'이 빠진 것으로 보인다. '不思議業相'으로 교감한다.

420

『별기』	『소』
"智淨相"者, 明本覺隨染還淨, "不思議業"者, 是還淨之用.	第二列名中言"智淨相"者, 正明隨染本覺之相, "不思議業相"者, 明此本覺還淨時業也.

421 『소』에는 '만족방편滿足方便'에 대한 수문해석이 없지만 "第三辨相中, 先辨智淨相, 於中有三, 法喩與合. 法中有二, 直明重顯. 初中言"力本熏習"者, 謂眞如法內熏之力, 依此熏力修習資糧, 得發地上如實修行, 至無垢地滿足方便. 由是能破和合識內生滅之相, 顯其不生不滅之性, 故言"破和合識相, 顯現法身""이라는 대목을 연관된 내용으로 볼 수도 있을 것이다.

'[분별에 따라] 생멸하는 [측면]'(生滅)이 동거하는 것을 '[근본무지에 지배받지 않는 본연'과 '근본무지에 지배받는 오염'이 동거하고 있는 식'(和合識)이라 부르는데 지금 그 동거하고 있는 '[분별에 따라] 생멸하는 양상'(生滅相)을 깨뜨린다는 것이다. [그리하여] '[분별에 따라] 생멸하지 않는 [온전한] 본연'(不生滅體)이 '[분별에 따라 생멸하는] 양상'(相)에서 벗어나 모습을 드러내므로 아래에서 [그] 모습을 말하여 "진리 몸을 드러낸다"(顯現法身)라고 하였으니, 이것이 '깨달음의 본연'(本覺)인 것이다.

【별기】言"相續心相"者, 猶是阿梨耶識. 但通攝生滅與不生滅, 名和合識, 爲顯法身本覺義故, 偏取生滅相內自相, 名相續心, 爲顯應身始覺義故. 相是業相, 此不滅相續心, 但滅相續心相. 相滅之時, 其相續心永離識相, 轉成圓智故, 言"智淳淨故", 卽是應身始覺義也. 然此始覺無別始起, 卽本覺體隨染作染, 今自染緣還得淳淨, 名始覺耳. 是故始覺卽是本覺之隨緣義也.[422] 如經言, "是故大慧, 諸自相滅, 自相滅者, 業相滅. 若自相者, 不異外道斷見戲論, 外道說, 離諸境界, 相續識滅, 相續識滅已, 卽滅諸識. 大慧! 若相續識滅者, 無始世來, 諸識應滅", 正謂此也.[423]

『별기』(1-687b11~c1)

"[분별을] 서로 이어 가는 마음양상"(相續心相)이라 말한 것은 아리야식阿梨耶識과 같은 것이다. 다만 '[분별에 따라] 생멸하는 [측면]'(生滅)과 '[분별에 따라] 생멸하지 않는 [측면]'(不生滅)에 '[모두] 통하고 [모두] 포섭하는 것'(通攝)을 '[근본무지에 지배받지 않는 본연'과 '근본무지에 지배받는 오염'이 동거하고 있는 식'(和

---

422 여기까지 『소』와 겹치는 내용으로는 "此時能滅相續心中業相·轉相, 令其隨染本覺之心, 遂得歸源, 成淳淨智, 故言'滅相續心相, 智淳淨故'. 此中'相續識'者, 猶是和合識內生滅之心, 但爲顯現法, 故說'破和合識', 爲成應身淨智, 故說'滅相續識相' 然不滅相續心, 但滅相續心之相也"의 대목을 지목할 수 있을 것이다.

423 『대승기신론』 본문으로는 "破和合識相, 滅相續心相. 顯現法身, 智淳淨故. 此義云何? 以一切心識之相, 皆是無明, 無明之相, 不離覺性, 非可壞, 非不可壞"까지의 주석이다.

合識)이라 부르는 것은 '진리 몸인 깨달음 본연의 면모'(法身本覺義)를 드러내기 위한 것이고, '[분별에 따라] 생멸하는 양상'(生滅相) 안의 '그 [생멸하는] 양상'(自相)만을 선택하여 '[분별을] 서로 이어 가는 마음'(相續心)이라 부르는 것은 '[중생에] 응하여 나타내는 진리 몸인 비로소 깨달아 감의 면모'(應身始覺義)를 드러내기 위한 것이다.

'[서로 이어 가는 마음'(相續心)의 양상(相)이란 '[근본무지(無明)에 의해 '깨달음의 본연'(本覺)을 동요시키는] 움직이는 양상'(業相)이니, [따라서] '["상속심상相續心相을 소멸시킨다"는 이 『대승기신론』의 말]은 '[분별을] 서로 이어 가는 마음'(相續心) [자체]를 소멸시킨다는 것이 아니라 단지 '[분별을] 서로 이어 가는 마음의 [움직이는(業)] 양상'(相續心相)을 소멸시킨다는 것이다. [움직이는] 양상이 소멸할 때 저 '[분별을] 서로 이어 가는 마음'(相續心)은 '[분별하는] 식의 양상'(識相)에서 완전히 벗어나 '온전한 지혜'(圓智)로 바뀌기 때문에 "지혜가 온전해진다"(智淳淨故)고 말했으니, 이것이 바로 '[중생에] 응하여 나타내는 진리 몸인 비로소 깨달아 감의 면모'(應身始覺義)이다.

그런데 이 '비로소 깨달아 감'(始覺)에는 [깨달음의 본연과는] 별개인 '비로소 일어남'(始起)이 없으니, 곧 〈온전한 바탕인 '깨달음의 본연'〉(本覺體)이 [분별에 의한] 오염에 따라 오염된 것들을 짓다가 이제 스스로 '오염의 조건들'(染緣)을 다시 온전하게 한 것을 '비로소 깨달아 감'(始覺)이라 부를 뿐이다. 그러므로 '비로소 깨달아 감'(始覺)이란 곧 '깨달음의 본연이 [오염의] 조건들에 따라 [그 조건들을 치유하는] 면모'(本覺之隨緣義)이다. 『입능가경入楞伽經』에서 "그러므로 대혜大慧여! 모든 [식識의] '자기 양상'(自相)이 사라지는 것이니, [이때] '자기 양상이 사라진다'(自相滅)는 것은 '[근본무지에 의해 본연적 깨달음을 동요시키는] 움직이는 양상'(業相)이 사라지는 것이다. 만약 '자기 자체'(自相) [가 사라지는 것]이라면, '불교와는 다른 가르침'(外道)이 [주장하는] 〈'아무것도 없다는 견해'처럼 '근거 없는 주장'〉(斷見戱論)과 다르지 않으니, 불교와는 다른 모든 가르침들은 〈모든 대상에서 떠나면 '[분별을] 서로 이어 가는 식'(相續識)이 소멸하고, '[분별을] 서로 이어 가는 식'(相續識)이 다 소멸하면 곧 모든 식識 [자체가 소멸한다]고 말한다. 대혜여, 만약 '[분별을] 서로 이어 가는 식'(相續識) [자체가] 사라져 버리는 것이라면, 시작을 알 수 없는 때부터 [이미] 모든 식識은 사라졌어야 한다"[424]라고 말하는 것이 바로 이것을 일컫는 것이다.

【별기】 喻中言"水非動性"者, 今雖非靜, 而此動若不由自性故動, 但是隨他而動. 心亦如是, 隨緣而動, 不由自性故動, 故言"非動性"也. "若無明滅, 相續則滅"者, 相續相滅也. "智性不壞"者, 相續心體相續不滅, 卽是自相, 神解之性, 名爲智性.[425]

『별기』(1-687c1~7)

비유에서 말한 "물은 '움직이는 성질[을 본질로 지닌 것]이 아니다"(水非動性)라는 것은, 지금 『대승기신론』의 비유에서 물이 움직여] 고요하지 않지만 이 움직임은 '자신의 [움직이는] 성질'(自性)로 말미암아 움직이는 것이 아니라 다만 다른 것에 따라 [그것을 조건으로 삼아] 움직인다는 것이다. 마음도 이와 같아서 [다른] 조건(緣)들에 따라 움직이는 것이지 '자신의 [움직이는] 성질'(自性)로 말미암아 움직이는 것이 아니니, 그러므로 "[마음은] 움직이는 성질[을 본질로 지닌 것]이 아니다"(非動性)라고 말하였다.

424

『별기』	『소』
如經言, "是故大慧, 諸自相滅, '自相滅'者, 業相滅. 若自相者, 不異外道斷見戲論, 外道說, 離諸境界, 相續識滅, 相續識滅已, 卽滅諸識. 大慧! 若相續識滅者, 無始世來, 諸識應滅", 正謂此也.	如經說言, "是故大慧, 諸識自相滅, '自相滅'者, 業相滅. 若自相滅者, 不異外道斷見戲論, 諸外道說, 離諸境界, 相續識滅, 相續識滅已, 卽滅諸識. 大慧! 若相續識滅者, 無始世來, 諸識應滅". 乃至廣說也.

425 여기까지 『소』와 겹치는 내용이라면 "喻中言'水非動性'者, 明今之動非自性動, 但隨他動. 若自性動者, 動相滅時, 濕性隨滅, 而隨他動故, 動相雖滅, 濕性不壞也. 合中言'無明滅'者, 本無明滅, 是合風滅也. '相續卽滅'者, 業識等滅, 合動相滅也. '智性不壞'者, 隨染本覺神解之性名爲智性, 是合濕性不壞也"의 대목이 아닐까 한다. 그리고 『대승기신론』 본문으로는 "如大海水, 因風波動, 水相風相不相捨離, 而水非動性, 若風止滅, 動相則滅, 濕性不壞故. 如是衆生自性淸淨心, 因無明風動, 心與無明俱無形相, 不相捨離, 而心非動性, 若無明滅, 相續則滅, 智性不壞故"까지에 대한 주석이다.

"만약 근본무지가 소멸하면 [분별하는 마음들이] '서로 이어 가는 것'도 곧 사라진다"(若無明滅, 相續則滅)라는 것은 '[분별하는 마음들이] 서로 이어 가는 양상'(相續相)이 사라진다는 것이다. "지혜의 면모는 파괴되지 않는다"(智性不壞)라는 것은, '서로 이어 가는 마음의 [온전한] 본연'(相續心體)의 '서로 이어 감'(相續)은 사라지지 않으니 이것이 바로 '[서로 이어 가는 '깨달음의 본연'(本覺)] 자신의 양상'(自相)이고, [이 양상에서의] '지혜롭게 사실대로 이해하는 면모'(神解之性)를 '지혜의 면모'(智性)라 부른다.

B) 생각으로 가늠하기 어려운 행위를 드러내는 양상을 풀이함(釋不思議業相)

【소】次釋不思議業相中, "依智淨"者, 謂前隨染本覺之心, 始得淳淨, 是始覺智. 依此智力, 現應化身, 故言"無量功德之相". 此所現相, 無始無終, 相續不絶, 故言"無斷". 如『金鼓經』言, "應身者, 從無始生死相續不斷故, 一切諸佛不共之法能攝持故. 衆生不盡, 用亦不盡. 故說常住". 『寶性論』云, "何者成就自身利益? 謂得解脫, 遠離煩惱障智障, 得無障礙清淨法身, 是名成就自身利益. 何者成就他身利益? 旣得成就自身利益已, 無始世來, 自然依彼二種佛身, 示現世間自在力行, 是名成就他身利益".

『소』(1-711b23~c11); 『회본』(1-754a21~b11)

다음으로 '생각으로 가늠하기 어려운 행위[를 드러내는] 양상'(不思議業相)을 풀이하면서 "'지혜가 온전해짐'에 의거한다"(依智淨)라는 것은, 이전의 [분별에] 오염된 것에 응하여 [작용하는] 깨달음의 본연'(隨染本覺)으로서의 마음이 비로소 온전해짐을 얻은 것이니, 이 [지혜는] '비로소 깨달아 감'(始覺)의 지혜이다. 이 지혜의 힘에 의거하여 '[중생에] 응하여 나타내는 몸'(應化身)을 드러내니, 그러므로 "한량없는 이로운 능력의 [갖가지] 양상들"(無量功德之相)이라 말했다. 이 나타낸 양상들은 시작도 없고 끝도 없이 서로 이어져 끊어지지 않으니, 그러므로 "단절되지 않는다"(無斷)라고 말했다. 마치 『금광명최승왕경金光明最勝王經』에서 "[중생에] 응하여 나타내는 몸'(應身)은 시작을 알 수 없는 때부터 [중생의] 삶과 죽음이 서로 이어져 끊어지지 않기 때문[에 나타내는 것이고, 모든 부처들만이 갖는 '고유한 능력'(不共之法)이 [모든 중생을] 다 도와줄 수 있기 때문에 [나타내는] 것이다. 중생이 다 없어지지 않으므로 [중생에 응하여 몸을 나타내는] 작용도 다하지 않는다. 그러므로 '늘 머문다'(常住)고 말한다"[426]라고 한 것과 같다.

[또] 『구경일승보성론究竟一乘寶性論』에서는 [이렇게] 말한다. "자신의 이익을 성취한다는 것은 무엇인가? 해탈을 얻어 '번뇌로 인한 장애'(煩惱障)와 '올바른 이해를 가로막는 장애'(智障)[427]에서 멀리 벗어나 '장애 없는 온전한 진리의 몸'(無障礙淸淨法身)을 얻는 것이니, 이것을 '자신의 이익을 성취함'

---

[426] 『금광명최승왕경』 권2(T16, 409b7~9). "應身者, 從無始來相續不斷, 一切諸佛不共之法能攝持故. 衆生無盡, 用亦無盡. 是故說常." 〈산스크리트본의 해당 내용: 현존 산스크리트에 없는 품이다.〉

[427] 번뇌장煩惱障과 지장智障: 명칭과 관련하여 원효의 『이장의二障義』에서는 "言二障者, 一煩惱障, 亦名惑障, 二所知障 亦名智障"(H1, 789c6~7)이라고 하여, 번뇌장은 혹장惑障이라고도 하고 지장은 소지장所知障의 다른 이름이라고 설명한다. 같은 곳에서는 먼저 번뇌장에 관해 "煩惱障者, 貪瞋等惑煩勞爲性, 適起現行, 惱亂身心, 故名煩惱. … 障以遮止爲義, 亦用覆蔽爲功, 遮止有情, 不出生死, 覆蔽理性, 不顯涅槃"(H1, 789c9~15)이라고 하여 번뇌장의 명칭을 풀이한다. 이에 따르면 탐탐貪 · 진진瞋 · 치癡 등 '미혹의 괴로움'(煩勞)을 본연으로 삼아 때마다 현행現行을 일으켜 신심身心을 뇌란惱亂하기 때문에 번뇌煩惱라 하고, 이 번뇌들은 중생들이 생사生死에서 벗어나는 것을 '가로막아 멈추게 하고'(遮止) '진리의 면모'(理性)를 '덮어 가려'(覆蔽) 열반涅槃을 드러내지 못하기 때문에 번뇌장이라고 한다. 아울러 번뇌장의 자성自性에 관해서는 "人執爲首, 根本煩惱, 忿恨覆等諸隨煩惱, 是爲煩惱障之自性"(H1, 790a17~18)이라고 하여, 인집人執을 으뜸으로 삼는 탐탐貪 · 진진瞋 · 치癡 · 만慢 · 의疑 · 견見의 근본번뇌根本煩惱와 이 근본번뇌에 따르는 번뇌들인 분念 · 한恨 · 부覆 등 수번뇌隨煩惱들이라고 설명한다. 다음으로 소지장(智障)에 관해서는 "所知障者, 盡所有性, 如所有性, 二智所照, 故名所知. 法執等惑, 遮止智性, 不成現觀, 覆蔽境性, 不現觀心, 由是義故, 名所知障"(H1, 789c16~19)이라고 설명한다. 정체지正體智와 후득지後得智라는 '두 가지 지혜'(二智)에 의해 밝혀지는 진소유성盡所有性과 여소유성如所有性이 알아야 할 대상(所知)인데, 법집法執 등의 미혹이 '두 가지 지혜'(二智)라는 지성智性을 가로막아 멈추게 하여 현관現觀을 이루지 못하게 하고 진소유성과 여소유성이라는 경성境性을 덮어 가려 관심觀心을 나타나지 못하게 한다는 것이다. 아울러 소지장의 자성에 관해서는 "所知障者, 法執爲首, 妄想分別及與法愛慢無明等, 以爲其體"(H1, 790a20~21)라고 하여, 법집을 으뜸으로 삼는 망상분별妄想分別과 법애法愛, 만慢, 무명無明 등이 그 바탕(體)이라고 설명한다.

(成就自身利益)이라 부른다. 다른 사람의 이익을 성취한다는 것은 무엇인가? 이미 자신의 이익을 성취하고 나서는 '시작[과 끝]을 말할 수 없는 세월 동안'(無始世來) 저절로 저 [응신應身과 화신化身, 이] '두 가지 부처 몸'(二種佛身)[428]에 의거하여 '세간에서 자유자재로 쓰는 힘으로 실천함'(世間自在力行)을 나타내 보이는 것이니, 이것을 '다른 사람의 이익을 성취함'(成就他身利益)이라 부른다."[429]

---

428 이종불신二種佛身: 앞에 나온 '청정법신'과 여기의 이종불신이 가리키는 것으로 보이는 '응신'과 '화신'의 삼신三身에 대한 설명으로는 『금광명최승왕경』 권2(T16, 408b12~c1)가 있다. "善男子! 一切如來有三種身. 云何爲三? 一者, 化身, 二者, 應身, 三者, 法身. 如是三身具足, 攝受阿耨多羅三藐三菩提, 若正了知, 速出生死. 云何菩薩了知化身? 善男子! 如來昔在修行地中, 爲一切衆生修種種法, 如是修習至修行滿, 修行力故, 得大自在. 自在力故, 隨衆生意, 隨衆生行, 隨衆生界, 悉皆了別, 不待時, 不過時, 處相應, 時相應, 行相應, 說法相應, 現種種身, 是名化身. 善男子! 云何菩薩了知應身? 謂諸如來爲諸菩薩得通達故, 說於眞諦, 爲令解了生死涅槃是一味故, 爲除身見衆生怖畏歡喜故, 爲無邊佛法而作本故, 如實相應如如, 如如智本願力故, 是身得現具三十二相, 八十種好, 項背圓光, 是名應身. 善男子! 云何菩薩摩訶薩了知法身? 爲除諸煩惱等障, 爲具諸善法故, 唯有如如, 如如智, 是名法身. 前二種身, 是假名有, 此第三身, 是眞實有, 爲前二身而作根本."

429 『구경일승보성론』 권4(T31, 841c23~842a1). "又向說以二種智依自利利他業. 何者爲二? 一者出世間無分別智, 二者依出世間無分別智. 轉身得身行因遠離煩惱, 得證智果故. 又何者是成就自利? 謂得解脫, 遠離煩惱障遠離智障, 得無障礙淸淨法身, 是名成就自身利益. 又何者是成就他利益? 既得成就自身利已, 無始世來自然依後二種佛身, 示現世間自在力行, 是名成就他身利益." 〈산스크리트본의 해당 내용: RGV 82,5-9, yat tu dvividhaṃ lokottara avikalpaṃ tatpṛṣṭhalabdhaṃ ca jñānam āśrayaparivṛtter hetur visaṃyogaphalasaṃjñātāyāḥ / tat karma svaparārthasaṃpādanam ity uktam/ tatra katamā svaparārthasaṃpat / yā savāsanakleśajñeyāvaraṇavimokṣād anāvaraṇadharmakāyaprāptir iyam ucyate svārthasaṃpattiḥ / yā tad ūrdhvam ā lokād anābhogataḥ kāyadvayena saṃdarśanadeśanā vibhutvadvayapravṛttir iyam ucyate parārthasaṃpattir iti /; 그런데 출세간의 무분별지와 후득지라는 두 가지 지혜가 전의(āśrayaparivṛtti) 곧 이계과(visaṃyoga-phala)라고 불리는 것의 원인이다. 그 작용은 자타의 이익을 완성하는 것이라고 한다. 그중에서 자타의 이익의 완성이란 무엇인가? [먼저] 습기를 동반한 번뇌장과 소지장으로부터 벗어났기 때문에 장애가 없는 법신을 획득하는 것이 자리의 완성이다. 그 후 세간이 존재하는 한 저절로 [수용신과 변화신이라는] 2신에 의해 현시와 가르침이라는 경이로운 두 가지가 발생하는 것이 타리의 완성이라고 한다.〉

> ※ 『별기』에는 '釋不思議業相'에 해당하는 내용이 없으므로 『소』의 주석은 새롭게 추가된 내용에 해당한다. 아래의 문답도 마찬가지이다.

【소】 問. 始得自利已, 方起利他業, 云何利他說無始耶? 解云. 如來一念, 遍[430]應三世, 所應無始故, 能應則無始. 猶如一念圓智遍[431]達無邊三世之境, 境無邊故, 智亦無邊, 無邊之智所現之相故, 得無始亦能無終. 此非心識思量所測, 是故名爲"不思議業"也.

『소』(1-711c11~18); 『회본』(1-754b11~18); 『별기』에 없음.

묻는다. 비로소 자신의 이익을 얻고 나서야 다른 사람을 이롭게 하는 행위를 일으키는 것인데, 어째서 [『구경일승보성론』에서는] 다른 사람을 이롭게 하는 것을 시작이 없다고 말하는가?

답한다. '여래의 한 생각'(如來一念)은 [과거·현재·미래의] 모든 시간(三世)에 두루 응하는데, '응하는 대상'(所應)이 시작[을 말할 수] 없기 때문에 '응하는 주체'(能應)도 시작[을 말할 수] 없다. 마치 '한 생각의 온전한 지혜'(一念圓智)가 [과거·현재·미래] 모든 시간의 끝없는 세계에 두루 도달하는 것과 같으니, [모든 시간의] 세계에 끝이 없기 때문에 [한 생각의 온전한] 지혜도 끝이 없고, 끝없는 지혜가 나타내는 양상이기 때문에 시작도 없고 끝도 없을 수 있다. 이것은 '분별하는 마음의 사유'(心識思量)로 헤아려지는 것이 아니니, 그러므로 "생각으로는 이루 헤아릴 수 없는 행위[를 드러내는 양상]"(不思議業[相])이라고 부른 것이다.

---

430 『회본』에는 '徧'으로 되어 있다.
431 『회본』에는 '徧'으로 되어 있다.

B. 본래의 온전함인 '깨달음의 본연'을 밝힘(顯性淨本覺)

復次覺體相者, 有四種大義, 與虛空等, 猶如淨鏡. 云何爲四? 一者, 如實空鏡, 遠離一切心境界相, 無法可現, 非覺照義故. 二者, 因熏習鏡, 謂如實不空. 一切世間境界, 悉於中現, 不出不入, 不失不壞, 常住一心. 以一切法卽眞實性故. 又一切染法所不能染, 智體不動, 具足無漏, 熏衆生故. 三者, 法出離鏡, 謂不空法. 出煩惱礙智礙, 離和合相, 淳淨明故. 四者, 緣熏習鏡, 謂依法出離故, 徧[432]照衆生之心, 令修善根, 隨念示現故.

『논』(T32, 576c20~29); 『회본』(1-754b19~c6)

또 다음으로 '깨달음의 근본양상'(覺體相)에는 4가지 위대한 면모(義)가 있으니, [모든 것을 안는] 허공과도 같으며, [모든 것을 그대로 비추어 내는] 맑은 거울과도 같다. 네 가지란 무엇을 말하는가?

첫 번째는 〈불변·독자의 실체가 없는 '사실 그대로'를 드러내는 거울 [과도 같은 면모]〉(如實空鏡)이니, '마음이 분별해 낸 모든 대상의 [실체적] 특징'(一切心境界相)에서 멀리 벗어나 '나타낼 수 있는 [실체적] 현상이 없어' (無法可現) '깨달아 비추어 내는 면모'(覺照義)가 아니다.

두 번째는 '[바른] 원인으로 [중생에게] 거듭 영향을 끼치는 거울[과도 같은 면모]'(因熏習鏡)이니, 〈전혀 없지는 않은 '사실 그대로'〉(如實不空)가 그것이다. 세간의 모든 모습이 다 그 안에서 나타나지만, 나오지도 않고 들어가지도 않으며 사라지지도 않고 파괴되지도 않으며 '늘 하나처럼 통하는 마음[지평]에 머문다'(常住一心). '모든 현상'(一切法)이 바로 '참된 본연'(眞實性)이기 때문이다. 또 [이 면모는] 모든 [분별에] 오염된 현상들이 오염시킬 수 있는 것이 아니니, '지혜의 본연'(智體)은 [분별에] 동요하지 않고 '번뇌가 스며들지 않는 능력'(無漏)을 완전히 갖추고서 [이 능력으로] 중생에게 거듭 영향을 끼치는 것이다.

세 번째는 '진리에 의거하여 [번뇌에서] 벗어난 현상들을 비추어 내는

---

432 대정장본에는 '遍'으로 되어 있다.

거울[과도 같은 면모]'(法出離鏡)이니, '없지 않은 현상들'(不空法)이 그것이다. '번뇌로 인한 방해'(煩惱礙)와 '올바른 이해를 가로막는 방해'(智礙)[433]를 벗어 버리고 ['근본무지에 지배받지 않는 본연'과 '근본무지에 지배받는 오염'이] 동거하고 있는 양상'(和合相)에서 벗어나 [사실 그대로가] '온전히 밝게 드러난 것'(淳淨明)이다.

네 번째는 '[깨달음으로 이끌어 가는] 조건들로써 [중생에게] 거듭 영향을 끼치는 거울[과도 같은 면모]'(緣熏習鏡)이니, 진리에 의거하여 [번뇌에서] 벗어났기 때문에 중생의 마음을 두루 비추어 '이로운 능력'(善根)을 닦도록 [중생의] 생각에 따라 [깨달음으로 이끄는 조건들을] 나타내 보이는 것이다.

【疏】"復次"以下, 次明性淨本覺之相. 於中有二, 一者, 總標, 二者, 別解. 初中言"與虛空等"者, 無所不偏故, "猶如淨鏡"者, 離垢現影故. 四種義中第一第三, 依離垢義, 以況淨鏡, 第二第四, 依現像義, 亦有淨義也.

『소』(1-711c19~712a1); 『회본』(1-754c7~12)

"또 다음으로"(復次) 이하[434]에서는 다음으로 〈본래의 온전함인 '깨달음의 본연'〉(性淨本覺)이 나타내는 양상(相)을 밝힌다. 여기에는 두 가지가 있으니, 첫 번째는 '총괄적으로 나타낸 것'(總標)[435]이고, 두 번째는 '하나씩 해석한 것'(別解)이다. 처음[의 총괄적으로 나타낸 것]에서 말한 "[모든 것을 아는] 허공과도 같다"(與虛空等)는 것은 두루 미치지 않음이 없기 때문이고, "[모든 것을 그대로 비추어 내는] 맑은 거울과도 같다"(猶如淨鏡)는 것은 [거울의 더러운] 때(垢)에서 벗어나 [온전한] 영상影像을 나타내기 때문이다. [성정본각性淨本覺의]

---

433 '礙'를 '방해'로 번역한 것은 원효가 '현상으로 드러나는 측면'(顯了門)과 '현상으로 드러나지 않는 측면'(隱密門)을 구분하면서 각각에 '障'과 '礙'라는 용어를 달리 배정하고 있기 때문이다(『소』, H1, 717c20). 원효의 관점을 반영하기 위해 '礙'는 '방해', '障'은 '장애'로 번역한다.

434 위의 『대승기신론』 본문 전체에 해당한다.

435 위의 『대승기신론』 본문에서 "復次覺體相者, 有四種大義, 與虛空等, 猶如淨鏡"에 해당한다.

네 가지 면모(義) 가운데 첫 번째와 세 번째는 '때에서 벗어난 면모'(離垢義)에 의거하여 [성정본각性淨本覺의 면모를] '맑은 거울'(淨鏡)에 비유한 것이고, 두 번째와 네 번째는 '[온전한] 영상을 나타내는 면모'(現像義)에 의거하여 [성정본각의 면모에] 또한 '[사실 그대로 비추어 내는] 온전한 면모'(淨義)가 있다는 것이다.

〈『소』와 『별기』의 구문 대조〉

『소』(1-711c19~712a1)	『별기』(1-687c8)
復次以下, 次明性淨本覺之相. 於中有二, 一者總標, 二者別解. 初中言"與虛空等"者, 無所不偏故, "猶如淨鏡"者, 離垢現影故. 四種義中, 第一第三依離垢義, 以況淨鏡, 第二第四依現像義, 亦有淨義也.	復次以下, 第二明本覺體相.
※『별기』에는 "第二明本覺體相"이라는 과문만 있고 『소』의 해당 내용은 없다. 그런데 과문에서 사용된 용어를 보면 『별기』의 '本覺'이 『소』에서는 '性淨本覺'으로 바뀌었음을 알 수 있다. '隨染本覺'과 대비하기 위한 의도로 보인다. '隨染本覺'에 해당하는 『별기』의 과문은 "本覺功能能生二相"이다.	

【소】 別解之中, 別顯四種. 此中前二, 在於因性, 其後二種, 在於果地. 前二種者, 明空與智. 如『涅槃經』言, "佛性者第一義空, 第一義空名爲智慧. 智者見空及與不空, 愚者不見空與不空", 乃至廣說. 今此初中言"遠離一切心境界相"者, 卽顯彼經"第一義空"也. "無法可現, 非覺照義"者, 是釋"不見空與不空"也.

『소』(1-712a1~8); 『회본』(1-754c12~20); 『별기』에 없음.

'하나씩 해석함'(別解)에서는 네 가지를 하나씩 드러낸다. 이 중에서 앞의 두 가지는 '원인의 면모'(因性)에 해당하고, 뒤의 두 가지는 '결과의 지위'(果地)에 해당한다. 앞의 두 가지는 '불변·독자의 실체가 없음'(空)과 '[사실 그대로를 비추어 내는] 지혜'(智)를 밝히는 것이다. 『대반열반경大般涅槃經』에서 "'부처의 면모'(佛性)란 '[불변·독자의] 실체가 없는 지평의 궁극적 경지'(第一

義空)이니, [이] '[불변·독자의] 실체가 없는 지평의 궁극적 경지'[에 대한 이해]를 지혜智慧라 부른다. 지혜로운 자는 '[불변·독자의] 실체가 없음'(空)과 '전혀 없지는 않음'(不空)을 [함께] 보고, 어리석은 자는 '[불변·독자의] 실체가 없음'(空)과 '전혀 없지는 않음'(不空)을 [함께] 보지 못한다"[436]라는 등으로 자세히 말한 것과 같다.

지금 이 처음[인 〈불변·독자의 실체가 없는 '사실 그대로'를 드러내는 거울과도 같은 면모〉(如實空鏡)를 말하는 문단]에서 말한 "마음이 분별해 낸 모든 대상의 [실체적] 특징에서 멀리 벗어난다"(遠離一切心境界相)라는 것은 바로 저 『열반경』에서의 "불변·독자의 실체가 없는 지평의 궁극적 경지"(第一義空)를 드러낸 것이다. "나타낼 수 있는 [실체적] 현상이 없어 '깨달아 비추어 내는 면모'가 아니다"(無法可現, 非覺照義)라는 것은 [『열반경』의] "'불변·독자의 실체가 없음'(空)과 '전혀 없지는 않음'(不空)을 [함께] 보지 못한다[는 뜻]을 해석한 것이다.

【소】第二中言"一切世間境界, 悉於中現"者, 是釋彼經"智慧者, 見空及與不空", 如彼經言, "空者一切生死. 不空者謂大涅槃故". 此中但現生死境界, 旣現於鏡, 故言"不出", 而不染鏡, 故曰"不入". 隨所現像, 同本覺量, 等虛空界, 遍[437]三世際, 故無念念之失, 亦無滅盡之壞. 故言"不失不

---

436 『대반열반경』 권27(T12, 523b12~23). "佛性者名第一義空, 第一義空名爲智慧. 所言空者, 不見空與不空. 智者見空及與不空, 常與無常, 苦之與樂, 我與無我. 空者一切生死, 不空者謂大涅槃; 乃至無我者卽是生死, 我者謂大涅槃. 見一切空, 不見不空, 不名中道; 乃至見一切無我, 不見我者, 不名中道, 中道者名爲佛性. 以是義故, 佛性常恒, 無有變易, 無明覆故, 令諸衆生不能得見. 聲聞緣覺見一切空, 不見不空; 乃至見一切無我, 不見於我. 以是義故, 不得第一義空, 不得第一義空故, 不行中道, 無中道故, 不見佛性." 『대반열반경』 권27(T12, 523b12~23)의 해당 내용은 "佛性者名第一義空, 第一義空名爲智慧. 所言空者, 不見空與不空. 智者見空及與不空"이다. 따라서 『소』의 "智者見空及與不空, 愚者不見空與不空"은 원효가 해설을 위해 『대반열반경』의 문장을 임의로 재구성한 것이다.
437 『회본』에는 '徧'이라 되어 있다.

壞, 常住一心"等也. 上來明其淨鏡之義, "又一切"下, 釋因熏習義也.

『소』(1-712a8~17); 『회본』(1-754c20~755a5); 『별기』에 없음.

두 번째[인 '[지혜의 능력을] 원인으로 [중생에게] 거듭 영향을 끼치는 거울[과도 같은 면모]'(因熏習鏡)를 말하는 문단]에서 말한 "세간의 모든 모습이 다 그 안에서 나타난다"(一切世間境界, 悉於中現)라는 것은, 저 『대반열반경』에서 "지혜로운 자는 '불변·독자의 실체가 없음'과 '전혀 없지는 않음'을 [함께] 본다"(智慧者, 見空及與不空)는 말을 해석한 것이니, 그 『대반열반경』에서 "'불변·독자의 실체가 없는 것'(空者)은 모든 삶과 죽음이고, '전혀 없지는 않은 것'(不空者)은 '위대한 열반'(大涅槃)을 일컫는 것이다"438라고 말한 [뜻]과 같다. 이 『대승기신론』에서는 단지 '삶과 죽음[으로 대변되는 세간]의 세계'(生死境界)만을 나타냈으니, [이 생사의 세계가] 이미 [〈본래의 온전함인 '깨달음의 본연'〉(性淨本覺)이라는] 거울에 나타나 있기 때문에 "나오지도 않는다"(不出)라고 말했고, 그러나 [이 생사의 세계가] [〈본래의 온전함인 '깨달음의 본연'〉(性淨本覺)이라는] 거울을 오염시키지 않기 때문에 "들어가지도 않는다"(不入)라고 말했다.

[〈본래의 온전함인 '깨달음의 본연'〉(性淨本覺)이라는 거울에] 따라 나타난 모습들은 '깨달음의 본연'(本覺)의 양量과 같아서 허공세계와 같고 과거·현재·미래에 두루 미치니, 그러므로 '생각 생각마다 사라짐'(念念之失)이 없고, 또한 '다 없어지는 파괴'(滅盡之壞)도 없다. 그러므로 "사라지지도 않고 파괴되지도 않으며 늘 '하나처럼 통하는 마음[지평]'에 머문다"(不失不壞, 常住一心) 등으로 말했다. 앞에서는439 저 '[모든 것을 사실 그대로 비추어 내는] 맑은 거울[과도 같은] 면모'(淨鏡之義)를 밝혔고, "또 모든"(又一切) 이하에서는440 '[지혜의 능력을] 원인으로 [중생에게] 거듭 영향을 끼치는 면모'(因熏習義)를 해석하였다.

---

438 『대반열반경』 권27(T12, 523b15). "空者一切生死, 不空者謂大涅槃."

439 『대승기신론』 본문으로는 "二者因熏習鏡, 謂如實不空. 一切世間境界, 悉於中現, 不出不入, 不失不壞, 常住一心. 以一切法即真實性故"에 해당한다.

440 『대승기신론』 본문으로는 "又一切染法所不能染, 智體不動, 具足無漏, 熏衆生故"에 해당한다.

【소】第三中言"出於二礙, 淳淨明"441者, 是明前說因熏習鏡出纏之時爲法身也. 第四中言"依法出離故, 遍442照衆生心"者, 卽彼本覺顯現之時, 等照物機, 示現萬化, 以之故言"隨念示現".

『소』(1-712a17~21);『회본』(1-755a5~10);『별기』에 없음.

세 번째[인 '진리에 의거하여 [번뇌에서] 벗어난 현상들을 비추어 내는 거울[과도 같은 면모]'(法出離鏡)를 말하는 문단]에서 말한 "[번뇌로 인한 장애'와 '올바른 이해를 가로막는 장애', 이] 두 가지 장애에서 벗어나 [사실 그대로가] 온전히 밝게 드러난다"(出於二礙, 淳淨明)는 것은, 앞에서 말한 '[지혜의 능력을] 원인으로 [중생에게] 거듭 영향을 끼치는 거울[과도 같은 면모]'(因熏習鏡)가 '[두 가지 장애의] 속박'(纏)에서 벗어나 있는 때가 '진리 몸'(法身)임을 밝힌 것이다.

네 번째[인 '[깨달음으로 이끌어 가는] 조건들로써 [중생에게] 거듭 영향을 끼치는 거울[과도 같은 면모]'(緣熏習鏡)를 말하는 문단]에서 말한 "진리에 의거하여 [번뇌에서] 벗어났기 때문에 중생의 마음을 두루 비춘다"(依法出離故, 遍照衆生心)라는 것은, 곧 저 '깨달음의 본연'(本覺)이 나타날 때 '중생의 능력'(物機)을 골고루 비추어 온갖 교화를 나타내 보이는 것이니, 그러므로 "[중생의] 생각에 따라 [깨달음으로 이끄는 조건들을] 나타내 보인다"(隨念示現)라고 말했다.

【소】此與前說不思議業有何異者? 彼明應身始覺之業, 此顯本覺法身之用, 隨起一化, 有此二義. 總說雖然, 於中分別者. 若論始覺所起之門, 隨緣相屬而得利益. 由其根本隨染本覺, 從來相關有親疎443故. 論其本覺所顯之門, 普益機熟, 不簡相屬. 由其本來性淨本覺, 等通一切, 無親疎444故. 廣覺義竟.

『소』(1-712a22~b5);『회본』(1-755a10~18);『별기』에 없음.

---

441 『대승기신론』본문의 "出煩惱礙智礙, 離和合相, 淳淨明故"라는 구절을 축약한 것이다.
442 『회본』에는 '徧'이라 되어 있다.
443 『회본』에는 '疏'라 되어 있다.
444 『회본』에는 '疏'라 되어 있다.

[묻는다.] 이 '[깨달음으로 이끌어 가는] 조건들로써 [중생에게] 거듭 영향을 끼치는 거울[과도 같은 면모]'(緣熏習鏡)는 앞에서 말한 '생각으로는 이루 헤아릴 수 없는 행위[를 드러내는 양상]'(不思議業[相])과 어떤 차이가 있는가?

　[답한다.] 그 '생각으로는 이루 헤아릴 수 없는 행위'(不思議業)는 '[중생에] 응하여 나타내는 몸'(應身)의 '비로소 깨달아 감'(始覺)의 행위를 밝히는 것이고, 이 '[깨달음으로 이끌어 가는] 조건들로써 [중생에게] 거듭 영향을 끼치는 거울[과도 같은 면모]'(緣熏習鏡)는 '깨달음의 본연'(本覺)인 '진리 몸'(法身)의 작용을 드러내는 것이니, [중생에] 응해 하나의 교화를 일으키는 데에는 이러한 두 가지 면모(義)가 있는 것이다. 총괄적으로 말하면 그러하지만, 그 가운데서 [차이를] 구분하여 보자면 다음과 같다. 만약 '비로소 깨달아 감이 일으키는 [중생 교화의] 측면'(始覺所起之門)에서 논하자면, '[중생이 처한] 조건에 따르면서 서로 상응하여'(隨緣相屬) [중생으로 하여금] 이로움을 얻게 한다. 왜냐하면 그 '[생각으로는 이루 헤아릴 수 없는 행위'(不思議業)의] 근본인 '[분별에] 오염된 것에 응하여 [작용하는] 깨달음의 본연'(隨染本覺)이 [중생이 처한 조건에 따라] [중생과] 서로 관련을 맺는 데에는 '가깝거나 먼 것'(親疎)[의 차이]가 있기 때문이다. [만약] '깨달음의 본연이 드러내는 [중생 교화의] 측면'(本覺所顯之門)에서 논하자면, 두루 이롭게 하여 [중생의] 근기를 성숙시키면서 [중생 각자와의] 상관관계(相屬)를 따지지 않는다. 왜냐하면 그 '[깨달음으로 이끌어 가는] 조건들로써 [중생에게] 거듭 영향을 끼치는 거울[과도 같은 면모]'(緣熏習鏡)의] 근본인 〈본래의 온전함인 '깨달음의 본연'〉(性淨本覺)은 모든 [중생]에 평등하게 통하여 '가깝거나 먼 것'[의 차이]가 없기 때문이다. '깨달음의 면모를 자세히 밝힘'(廣覺義)을 마친다.

【별기】四種鏡中, 第二因熏習者, 此性功德, 能作正因, 熏衆生心, 能起厭樂及諸加行, 乃至佛果, 言因熏習. 一切諸法, 悉於中現, 故名爲鏡. 如『華嚴』云, "譬如深大海, 彌[445]寶不可盡, 於中悉顯現, 衆生形類像, 甚深因緣海, 功德寶無盡, 清淨法身中, 無像而不顯",[446] 正謂此也. 第四緣熏

習者, 始起圓智, 作增上緣, 熏衆生心, 令起厭樂及諸加行, 乃至佛果, 故名緣熏. 此諸行德, 不離圓智, 是波[447]智影, 故名爲鏡. 如『佛地經』說, "大圓鏡智能起一切衆生諸善法影", 此之謂也. 余[448]二種鏡, 義顯可知 (起信論別記本終).[449]

『별기』(1-687c8~21); 『회본』(1-755a19~b8)[450]

네 가지의 '거울[과도 같은 면모]'(鏡) 가운데 둘째인 '[바른] 원인으로 [중생에게] 거듭 영향을 끼치는 거울[과도 같은 면모]'(因熏習鏡)에서의 '[바른] 원인으로 [중생에게] 거듭 영향을 끼침'(因熏習)이란 것은, 이 '[깨달음의] 본연이 지닌 능력'(性功德)이 '[깨달음 성취를 위한] 바른 원인'(正因)을 지어 중생의 마음에 거듭 영향을 끼칠 수 있어서 [중생으로 하여금] '[근본무지에 매인 삶과 죽음을] 싫어하고 [열반을] 좋아하는 [마음]'(厭樂)과 '모든 수행'(諸加行)을 일으키게 하여 [마침내] '부처라는 결과'(佛果)에 이르게 하기 때문에 '[바른] 원인으로 [중생에게] 거듭 영향을 끼침'(因熏習)이라 말하는 것이다. [또] 모든 현상(法)이 그 가운데 나타나기 때문에 '거울[과도 같은 면모]'(鏡)라 부른다. 예컨대『화엄경』에서 "비유하면 깊고 큰 바다에 있는 끝이 없을 정도로 많은 진귀한 보물이 모두 그 [바다] 가운데 드러나는 것처럼, 중생의 모습과 종류의 [모든] 영상과 깊고 깊은 인연의 바다 속에 있는 끝없는 '보배 같은 이로운 능력'(功德寶)들이 '온

---

445 『별기』의 편집주에 "'彌'는 '珍'인 듯하다"라고 되어 있다.『회본』에는 '珍'이라고 되어 있다. 대정장본『화엄경』에는 '珍'이라고 되어 있다. '珍'으로 보고 번역한다.

446 『회본』에는 '現'이라고 되어 있다. 대정장본『화엄경』에는 '現'이라고 되어 있다. '現'으로 보고 번역한다.

447 『별기』의 편집주에 "'波'는 '彼'인 듯하다"라고 되어 있다.『회본』에는 '彼'라고 되어 있다. '彼'로 보고 번역한다.

448 『회본』에는 '餘'라고 되어 있다. '餘'로 보고 번역한다.

449 『별기』에만 있는 문장이다.『별기』는 본本과 말末의 2권으로 되어 있다.

450 '성정본각'의 단락에 대한『별기』의 주석 내용에 해당한다.『소』와 겹치는 내용이 거의 없으므로『회본』의 편집자는 이 내용을『소』의 내용 뒤에 붙이고 있는데, 이런 사례는 자주 목격된다. 그런데 앞의 '수염본각'의 단락에 대한『별기』의 주석 내용은『소』와 겹치는 내용이 거의 없음에도 불구하고『회본』에는 아예 빠져 있어 주목된다.

전한 진리의 몸'(淸淨法身) 안에서 다 모습을 나타낸다"⁴⁵¹라고 말한 것이 바로 이를 일컫는다.

네 번째인 '[깨달음으로 이끌어 가는] 조건들로써 [중생에게] 거듭 영향을 끼치는 거울[과도 같은 면모]'(緣熏習鏡)에서의 '[깨달음으로 이끌어 가는] 조건들로써 [중생에게] 거듭 영향을 끼침'(緣熏習)이란, 비로소 '완전한 지혜'(圓智)를 일으켜 '향상시켜 주는 조건들'(增上緣)⁴⁵²을 만들어 [그 향상시키는 조건들로써] 중생의 마음에 거듭 영향을 끼쳐 '[근본무지에 매인 삶과 죽음을] 싫어하고 [열반을] 좋아하는 [마음]'(厭樂)과 '모든 수행'(諸加行)을 일으키게 하여 [마침내] '부처라는 결과'(佛果)에 이르게 하기 때문에 '[깨달음으로 이끌어 가는] 조건들로써 [중생에게] 거듭 영향을 끼침'(緣熏)이라 부른다.

[또] 이 모든 '행위를 할 수 있는 능력'(行德)은 '완전한 지혜'(圓智)에서 떠나지 않아 [모든 '행위를 할 수 있는 능력'(行德)들이] 저 [완전한] 지혜의 영상影像[과도 같은 것]이기 때문에 '거울[과도 같은 면모]'(鏡)라 부른다. 예컨대『불지경

---

451 『화엄경』권60(T9, 788a4~7). 같은 인용문이 앞의 귀경게에 대한 주석인 '정귀삼보正歸三寶'의 '탄법보歎法寶' 대목에서도 보인다. "譬如深大海, 彌寶不可盡, 於中悉顯現, 衆生形類像, 甚深因緣海, 功德寶無盡, 淸淨法身中, 無像而不顯."

452 증상연增上緣(adhipati pratyaya): 증상增上의 범어인 'aupacayika' 또는 'adhipati' 중에서 'aupacayika'는 'upacaya'의 형용사형인데, 'upacaya'는 축적 · 다량 · 향상시킴 · 증진 · 번영(accumulation, quantity, elevation, increase, prosperity) 등의 뜻이다 (*Sanskrit English Dictionary*, p.197 참조). 증상연은 소승 아비달마阿毘達磨에서 제시하는 사연四緣 중 하나이기도 하다. 다른 존재가 발생하는 데 간접적인 원인으로서 조력하거나 장애가 되지 않는 조건이다. 다른 존재의 발생을 돕는 조건은 여력증상연與力增上緣, 다른 존재의 발생을 적어도 방해하지 않는 조건은 부장증상연不障增上緣으로 불린다. 이처럼 모든 존재는 어느 하나의 존재가 발생하는 것과 관련할 때 증상연이 된다. 나머지 세 가지 조건 중에서 ① '원인이 되는 조건'(因緣, hetu-pratyaya)이란 것은 모든 유위법有爲法들이 만들어지는 직접적인 원인을 가리킨다. ② '틈새 없이 앞의 마음이 뒤의 마음을 발생시키는 것'(等無間緣, 次第緣, samanantara-pratyaya)이란 앞 순간의 마음이 다른 것의 개입이 없이 뒤 순간의 마음을 발생시키는 조건이 되는 것을 가리킨다. ③ '반연하는 대상'(所緣緣, 緣緣, ālambana-pratyaya)이란 것은 마음이 생겨나는 데 조건이 되는 대상을 의미한다(『불광대사전』, pp.1832, 5966 참조).

佛地經』에서 "'완전해진 [거울 같은] 지혜'(大圓鏡智)가 일체 중생의 '모든 이로운 것들의 영상'(諸善法影)을 일으킬 수 있다"⁴⁵³라고 말한 것이 이것을 일컫는다. 나머지의 두 가지 '거울[과도 같은 면모]'(鏡)는 [이러한 설명에 비추어 보면] 그 뜻이 드러나 알 수 있을 것이다. (『기신론별기』 본권本卷을 마친다.)

---

453 『불지경』 권1(T16, 721b12~15)에 다음과 같은 유사한 내용이 나온다. "復次妙生, 大圓鏡智者, 如依圓鏡衆像影現. 如是依止如來智鏡, 諸處境識衆像影現. 唯以圓鏡爲譬喩者, 當知圓鏡, 如來智鏡平等平等, 是故智鏡名圓鏡智." 『불지경론』 권4(T26, 309a24)에는 다음과 같이 좀 더 유사한 내용이 나오는데, 위에서 인용한 『불지경』 대목의 주석으로 보인다. "復次, 妙生大圓鏡等, 應知此中以喩顯示大圓鏡智是能生現諸法影像平等因緣, 謂諸如來第八淨識能現能生智等影像, 如大圓鏡能現世間一切影像, 智相應故, 假說名智."

🏵 번역어 색인

ㄴ